臺灣文獻

教育部人文社會科學研究項目（08JA770031）中期研究成果之一

清代福建大員巡臺奏摺

尹全海　黃治國　李志堅　蘆　敏　吴天鈞　陳錦勝　整理

上册

九州出版社
JIUZHOUPRESS

圖書在版編目（CIP）數據

清代福建大員巡臺奏摺／尹全海等整理．—北京：
九州出版社，2011.8
(中央政府管理臺灣歷史文獻叢編)
ISBN 978-7-5108-1189-0

Ⅰ．①清… Ⅱ．①尹… Ⅲ．①奏議－匯編
－福建省－清代 ②臺灣省－地方史－史料－清代
Ⅳ．① K249.065 ② K295.8

中國版本圖書館 CIP 數據核字（2011）第 205760 號

清代福建大員巡臺奏摺

作　　者　尹全海 黃治國 李志堅 藘 敏 吴天鈞 陳錦勝　整理
出版發行　九州出版社
出 版 人　徐尚定
地　　址　北京市西城區阜外大街甲35號（100037）
發行電話　（010）68992190/2/3/5/6
網　　址　www.jiuzhoupress.com
電子信箱　jiuzhou@jiuzhoupress.com
印　　刷　涿州市星河印刷有限公司
開　　本　850毫米×1168毫米　　16開
印　　張　45
字　　數　552千字
版　　次　2011年8月第1版
印　　次　2011年8月第1次印刷
書　　號　ISBN 978-7-5108-1189-0
定　　價　980.00圓（全二册）

自序

乾隆五十一年臺灣林爽文起義與康熙六十年朱一貴起義一樣，“皆因官員貪婪，激變民亂”。所以，乾隆皇帝對臺政策之調整亦從整飭涉臺官員開始。凡與臺灣地方有關之臺灣鎮道、福建水陸提督、福建督撫、巡臺御史等均在整飭之列。比如，乾隆五十二年十二月，福康安大軍打通南北兩路、林爽文起義即將蕩平之際，朝廷便開始對此次民變進行檢討。十二月十七日的上諭稱：“向來三年一次派出巡臺御史滿漢各一員，前往巡視；該御史職分較小，且由京派往，不能備悉該處情形，易爲地方官欺蒙，不過虛應故事，屬有名無實。嗣後著照四川巡查促浸贊拉之例，令該督、撫及水師、陸路兩提督每年輪值一人前往臺灣，嚴行稽查。”

次年三月初四日，再諭稱：“臺灣孤懸海外，遠隔重洋；民情刁悍，奸徒易于滋事。向來衹派御史前往巡察，職分較小且不能備悉該處情形，殊屬有名無實。著將請派御史之例停止，令該督、撫，及水師、陸路兩提督每年輪值一人前渡臺灣，嚴行稽查。如地方文武或有執法營私、擾害兵民之事，可就近查明，據實參奏。福州將軍亦係該省大員，自應一體輪派。”由此，清代中央政府對臺灣的管轄方式由福建大員輪值巡臺代替御史巡臺。

清軍入關之前，實行獨特的八旗制度，管理所轄區域；入關後，劃全國腹地爲十八行省。在東北，繼續實行八旗制；在蒙古、青海、新疆、西藏，以及邊疆少數民族居住區，設都統、將軍、辦事大臣等，“因俗而治”；北京、盛京兩都，爲特別行政區，直省與特別行政區并存。直省總督、巡撫，駐防將軍和緑營水陸兩提督并稱地方大員。

自乾隆五十三年，至同治十三年，福建大員輪值巡臺制度實際執行八十六年間，一般有兩種情況福建大員才肯轮值巡臺：一是輪值之年循例巡臺，其職責主要有查察官吏、出具考語，巡閲營武，稽查地方民情等；更多的則是因事巡臺，如遇有海盜、發生民變、分類械鬥、番界紛争等，福建大員奉命追剿海盜、平定民變、彈壓械鬥、招墾番地。據統計這八十六年間，共有福州將軍三十四人，三十五任，三人巡臺；閩浙總督（福建總督）四十八人，四十八任，六人巡臺；福建巡撫三十一人，三十四任，三人巡臺；福建陸路提督二十六人，二十六任，五人巡臺；福建水師提督二十七人，二十七任，十一人巡臺。共有二十七人，三十二次巡臺，其中，有六人兩次巡臺。其朝代分布爲：乾隆朝三人次，嘉慶朝七人次，道光朝十三人次，咸豐朝〇人次，同治朝六人次。另有光緒元年至十一年駐臺閩撫七人。

無論是循例巡臺，還是因事巡臺，每遇輪值巡臺之期，一般是由福建督撫奏明朝廷，説明巡臺緣由、巡臺大員、巡臺日期。而巡臺大員從離開福建衙署到巡臺結束回署，必將其所見所聞一一奏報，因此留下大量珍貴文獻。本書依據海峽兩岸宫藏檔案，整理福建大員輪值巡臺和閩撫駐臺（光緒元年至十一年）奏摺，并按照參與輪值巡臺或駐臺的福建大員之官職分爲福州將軍巡臺奏摺、福建督撫巡臺奏摺、福建水陸提督巡臺奏摺，及其他巡臺奏摺，共四卷、四百七十一份。

整理說明

作爲文化、文明的重要載體，文獻在中國傳統文化語境中，具有十分特殊而重要的地位。重視文獻是中華文化的傳統，孔子云："郁郁乎文哉，吾從周。"文獻不僅是時代歷史的重要證明，也是時代歷史的重要內容，臺灣文獻就是如此。通過對臺灣文獻的整理和解讀，可以進一步明晰臺灣自古就是中國的一部分，深刻認識臺灣歷史和社會。

在衆多宫藏臺灣檔案中，清代福建大員巡臺奏摺具有十分重要的意義。此部奏摺爲福建大員輪值巡臺或駐臺期間根據自己的所見、所聞、所感而寫成的，是了解清代臺灣社會和記録清政府對臺灣直接管轄的原始資料。其中，既有福建大員與中央政府及地方政府之間的來往公文，也有福建大員對臺灣風土人情的詳細描述，不僅是福建大員巡臺或駐臺活動的真實記載，同時也是中央政府對臺灣進行有效管轄的直接證明。

本書所整理之清代福建大員巡臺奏摺，主要依據九州出版社出版之《明清宫藏臺灣檔案匯編》爲底本，兼及其他檔案文獻，做到齊全完整，便于研究之用。由于我們整理的目的在于爲讀者提供一個內容詳實、文字可靠的讀本，既要有利于學者的學術研究，同時也使一般讀者易于了解福建大員的巡臺活動。所以我們的整理包括對文本進行考訂和對奏摺內容進行適度的説明。奏摺的編排根據輪值巡臺或駐臺之福建大員分爲福州將軍巡臺奏摺、福建督撫巡臺奏摺、福建水陸提督巡臺奏摺，及其他巡臺奏摺，共四編，每一編之奏摺依據時間先後進行排列。

文本的考訂方面：我們對底本給予充分的尊重，不任意增删改動，對于底本的訛、脱、衍、倒等文字錯誤，直接加以更正，并注明相應的類型；對于异體字、俗體字，非人名、地名者，均以規範字代之，保留原字，以[ ]注之。如“驗”作[驗]。避諱字直接改回。缺筆字及版刻誤字均予以更正。原始奏摺因模糊不清、無法辨認的字，不妄加猜測，一律用□代之。對于不同的記載，根據史料學的原則，以較爲原始的記載爲依據。根據古籍整理的習慣，我們採用繁體，横排。根據現代漢語規範格式對原奏摺標點；對表示尊敬而空格、頂格者，正文和注文等進行相應改變，正文爲小四號宋體原奏摺中的數位以及計量單位，照錄。

整理奏摺需要較高的史學素養和較高的文字校勘、考證能力，由于我們水平的限制，盡管在整理過程中，已經小心謹慎，但錯誤在所難免，希望讀者給予批評指正。

总目錄

上册目錄

第一卷　福州將軍巡臺奏摺

第二卷　福建督撫巡臺奏摺

下 册 目 錄

第三卷　福建水陸提督巡臺奏摺

第四卷　其他巡臺奏摺

第一卷

福州將軍巡臺奏摺

清軍入關後，以各地之位置或政治、軍事價值之大小，設立將軍、都統或副都統。將軍，從一品（乾隆三十三年前爲正一品），其職掌爲：“鎮守險要，綏和軍民，均齊政刑，修舉武備。”統領八旗軍，並節制緑營水陸鎮協各營，與加尚書銜的總督同，因駐防全國要沖重地，也有“封疆大吏”之稱。與總督同城時，若會同奏事，以將軍領銜，其地位略重于總督，但實權不及之。清代共設將軍九人，福州將軍之設稍遲。順治十三年（1674年），駐福建八旗長官爲固山額真，十七年改都統，十九年置福州將軍，駐福州。管轄軍標，節制陸路鎮協各營。

本卷共收錄乾隆五十三年（1788年）時福州將軍魁麟因處理林爽文善後事宜巡臺、嘉慶十一年至十三年（1806—1808年）時福州將軍賽沖阿因蔡牽事件巡臺和道光十三年（1887年）時署理福州將軍瑚松額因張丙事件巡臺期間留下的巡臺奏摺，共一百三十八份。

福州將軍魁麟奏摺

一、福州將軍魁麟奏摺：臺灣滿洲官兵撤回（滿譯漢）

[乾隆五十三年三月二十三日]，魁麟奏：爲從内地帶數人前往臺灣事摺。

奴才到臺灣接印後，具摺、辦事、諸項差使，俱需用人，故奴才從在福州省城内由厦門地方撤回之滿洲官兵内，欲帶印務處行走驍騎校松簡、委署驍騎校安珠、滿洲兵十六名前往。現在臺灣滿洲官兵即行撤回，俟奴才到後，與福康安商議，從在臺灣隨印辦事章京、筆貼式内並酌情留數人隨印辦事，除順便另行奏聞外，將奴才從内地帶滿洲官兵十八人前往之處，謹繕夾片，一併奏聞。

乾隆五十三年三月二十三日奉硃批：知道了。欽此。

二、福州將軍魁麟奏摺：自福州赴臺灣府沿途民情及耕種情形（滿譯漢）

[乾隆五十三年四月二十三日]，魁麟奏：爲赴臺沿途民情安寧並田禾情形事摺。

魁麟又奏：奴才魁麟自鹿仔江來臺灣府時，留心看視路經地方，民情甚安寧。福安康所派地方官員正賑濟錢米，各村人俱爲除盡惡賊而喜悦，紛紛感激聖主再生天恩，勤于農事。因臺灣地方較熱，故田内插秧已生長。詢據告稱：在此地方于五月内即可收糧等語。將此一併謹具奏聞。

乾隆五十三年四月二十三日奉硃批：知道了。欽此。

三、福州將軍魁麟奏摺：自臺灣府撤回行至厦門接海關關防（滿譯漢）

［乾隆五十三年五月十八日］，福州將軍魁麟奏：爲自臺灣府渡海到任事摺。

爲奴才自臺灣府返回途中受海關關防事。奴才魁麟自于三月二十二日到臺灣以來，謹遵諭旨，每日隨福康安學習辦事，今已辦完善後事宜，在此無事可做，福康安以奴才住所亦要緊，故經具奏，令奴才先行起程。奴才魁麟于四月二十八日之鹿耳門登船候風，于五月初七日得風起程，因澎湖地方無順風，滯住二日。于十三日才到厦門。于十六日由署理巡撫伍拉納處派員捧送海關關防，奴才恭設香案，朝東叩謝天恩受訖。俟奴才到任所後，照例另繕奏文進呈。將奴才自臺灣渡途中受海關關防之處，謹繕摺子。由驛先行奏聞。

乾隆五十三年六月初六日奉硃批：知道了。欽此。

四、福州將軍魁麟奏摺：自臺灣撤回福州將軍印（滿譯漢）

[乾隆五十三年五月二十九日],奴才魁麟謹奏：爲叩謝天恩事。

奴才魁麟將以前在臺灣受將軍印、于厦門途中受海關關防之事，曾俱繕摺謹奏。今奴才自臺灣地方返還，已于五月二十四日到福州任所，恭設香案，叩謝聖恩，除盡力勤辦任内事務外，伏思奴才係一介微末愚昧滿洲奴才，自幼仰荷聖主高厚之恩，用至將軍重任，且又令管理海關税務，奴才委實不敢夢寐以求，甚恐不能稱職。奴才惟謹遵訓旨，凡處盡愚誠，好生端正駐防地方風俗，令官兵熟諳滿洲習俗、騎射、滿語、才能等項，盡力練習。海關税務，亦奴才任内要緊事，奴才亦必爲國帑充裕、不勞商人，盡力勤辦，嚴查委派辦理税務滿洲官員、書吏等，除盡隱瞞之弊，以圖報聖主鴻恩于萬一。爲此謹奏叩謝天恩。

乾隆五十三年七月初五日奉硃批：已有旨了。欽此。

福州將軍賽沖阿奏摺

一、福州將軍賽沖阿奏摺：到臺日期並查明各路搜捕情形

[嘉慶十一年三月初三日]，奴才賽沖阿跪奏：爲恭報奴才到臺灣日期，並查明南北兩路水陸搜捕情形酌籌辦理，及停止前調兩粵及福建滿洲官兵恭摺具奏，仰祈聖鑒事（[硃批]：汝竟明白曉事。）。

竊奴才在厦門登舟後，因風訊未順業于二月十九日將船開至料羅候風緣由，恭摺馳奏在案。嗣于二十四日放洋，二十五日申刻駛至澎湖西嶼洋面，風息船緩，二十八日陡遇颶風，在澎湖嵵里澳寄椗。適提臣李長庚亦至該處避風，會晤奴才告知蔡逆自鹿耳門竄往鳳山洋面，經該提督追捕，又折回北路。二十四日申刻，該提督尾追至臺仔乞遇風收泊樹嶺，了見盜船二三十隻往西戧駛，二十五日在青鯤身探聞蔡逆已經内竄，是以放洋由澎湖内渡追剿等情。奴才查蔡逆既已由臺西竄，内地各口岸均關緊要，所有督臣玉德前派參將蔡安國所帶護送水師兵四百名未便再隨奴才東渡（[硃批]：是極。），當即諭令跟隨提臣李長庚□候調遣（[硃批]：所辦甚是。）。奴才即于三十日在嵵里澳開行，三月初一日行抵臺灣府城（[硃批]：實深欣慰。），所有隨帶兵船十八號及汀漳龍道清華賫帶軍需銀二十萬兩並糧米軍火等項，均于初一、初二、三等日先後齊抵臺郡，惟載馬哨船四隻尚有二隻未到。奴才查臺灣南路鳳山縣于奴才未到之先，已經臺灣鎮總兵愛新泰于二月十五日帶兵收復，其北路嘉義縣鹽水港一帶屯聚匪徒，亦經水師提督許文謨于十七日痛加剿洗，餘匪奔散。詢據臺灣道慶保禀稱：南北各路賊匪經官兵節次剿捕東逃西竄，現在分兵搜拏，並無成股賊匪等語。並據駐防鹿港口之總兵張

見陞報稱：二月二十三日有蔡逆匪船三十餘隻竄至鹿港招外，二十四、二十六等日希圖進招，經官兵鎗砲齊發，仍退出招外，于二十七日向北逃竄各等情。是否蔡逆分幫夥匪抑有蔡逆在内，未據明晰具禀，現飭確查另報。奴才復就該鎮道等節次奏報及現在情形通盤查覈，上年十一月蔡逆竄臺滋擾，以劫掠資財邀結陸路匪徒一時烏合及迫脅之衆，原不下二三萬人，迨該鎮道等將附近府城之洲仔尾賊巢剿除，蔡逆窮蹙逃竄，陸路匪徒無所依藉，其未獲股頭洪四老、陳棒、周添秀、葉豹、陳齊、邱恩、吴三池等或上蔡逆匪船，或潛匿内山，匪夥陸續逃散，此時南北兩路均無屯聚成股抗拒官兵之賊，自應以鎮定民心搜拏首惡爲第一要務（[硃批]：甚是。）。查總兵愛新泰現帶同延平協副將張良槐、南路營參將英林等官兵二千一百餘名札營鳳山縣城，提臣許文謨及汀州鎮總兵李應貴、署興化協副將什格等現帶兵三千三百餘名在鹿港札營，分别搜捕。惟鳳山甫經收復，逃逆潛匪正資兵力分途搜查，該處山海交錯，總兵愛新泰僅帶兵二千一百餘名尚不敷調撥。奴才現飭帶兵到臺之羅源營游擊林登雲帶領督撫等標兵五百名赴愛新泰營盤，聽候分撥巡緝。又府城迤東之大穆降地方爲内山出入要道，係南北兩路餘匪竄逃必經之路，先經該道慶保派令屯番、義勇把守，未經派兵，奴才即令現到之連江營游擊曾振帶領長福興化兵五百名赴彼彈壓堵緝。又淡水滬尾地方上年蔡逆曾經滋擾，今蔡逆匪船既自鹿港北竄，則淡水地方亦應嚴防，奴才現亦知會提臣許文謨于所帶官兵三千三百餘名内，酌撥四五百名先赴淡水防守搜捕，如果許文謨須添兵力，現有奴才帶到官兵除撥赴鳳山愛新泰營盤及分防大穆降外，尚有七百餘名，可以隨時撥往，似此星羅棊布，不惟搜拏逸匪可期得力，而奸民震讋，兵威亦可絶其覬覦勾結之心。至蔡逆狡猾异常，匪船往來聚散無定，提臣李長庚既于二十四日申刻在樹嶺了見盜船二三十隻往西戧使，而總兵張見陞又稱鹿港地方二月二十四、二十六等日，均有蔡逆匪船滋擾，至二十七日始經北竄，是否蔡逆見李長庚大幫舟師尾追緊急，故意分幫誆誘，冀圖逃逸，抑係舟師沖散分逃，蔡逆究在何處殊關緊要，奴才一面札致提臣許文謨就近確查，一面知會督臣玉德、提臣李長庚一體查明剿辦。惟臺灣上至淡水下至鳳山沿海綿長一千餘里，額設水師兵船不敷巡防守禦，督臣玉德曾經奏請添設梭船水兵，奉旨交愛新泰議奏等因。先經內地將應造梭船三十隻造竣，以十六隻交澎湖協副將王得禄管駕隨提臣李長庚剿匪，其十四隻現係署安平協副將邱良功配兵在鹿耳門巡防，至愛新泰議請添募水兵八百餘名，現亦尚未募補，此時正當臺地堵剿吃緊之際，應令王得禄即將所帶臺灣梭船十六隻並配駕水兵一併帶領回臺，以備援急調用。至提臣李長庚統領大幫舟師，又有奴才交令調遣之參將蔡安國所帶水師兵四百名，于在洋剿捕似亦不致支絀，此奴才現在查明水陸情形酌籌辦理之原委也。至奴才于二月二日行抵厦門，維時蔡逆潛逃内地尚未接有文報，而陸路匪徒據報有二三萬人，是以面商督臣玉德奏明請調兩粤兵四千名、福建滿洲兵一千名協剿。今蔡逆潛逃，其勾結陸路匪犯除官兵臨陣殲戮擒獲外，餘已散匿，現有到臺閩省内地官兵五千餘名，已敷分撥搜拏，所有前調之兩粤及福州駐防兵，奴才現已移咨各督撫及福州將軍飛行停止歸伍，以省靡費。奴才現因府城附近各莊被賊擾害日久，莊民尚未寧業，緝匪安民辦理倍須慎重，且有迫脅餘匪畏罪歸莊，若搜查過嚴，民情疑懼，亦無以仰體皇上罪嚴首惡網開一面之至意。府城大員除總兵愛新泰現在鳳山，知府馬夔陛亦先隨提臣許文謨前赴彰化外，府城僅有該道慶保一人。奴才唯有暫駐府城，督同該道妥協查辦，查看民情寧貼即赴南北兩路巡查撫綏，仍先出示曉諭，出力各義民務須安分守法，共邀恩賞，毋得恃功滋事，致蹈愆尤。並將實在出力各義民首分别獎賞，令其妥爲約束，該義首等均知感畏。府城街市貿易如常，糧價每石尚糶錢二千七八百文，漸次莊民歸耕，可期日就平減，除俟拏獲著名股頭並查明蔡逆踪迹另行具奏外，所有奴才到臺灣後查辦事宜，理合先行由驛馳奏，伏祈皇上睿鑒。謹奏。

[硃批]：另有旨。

二、福州將軍賽沖阿奏片：抵臺灣日期

[嘉慶十一年三月初四日]，再，奴才于二月二十三日在料羅舟次奉到諭旨：賽沖阿隨帶渡臺之將備官弁及所帶兵數定于何日放洋之處，著先由五百里馳奏等因。欽此。奴才接奉諭旨後，即于二十四日辰刻放洋。玆于三月初一日抵臺灣府城。所有抵臺日期及籌辦事宜，現在旨由五百里馳遞。嗣後遇有奏報，仍查明緩急辦理，謹附片奏聞，伏祈皇上睿鑒。謹奏。

[硃批]：覽。

三、福州將軍賽沖奏摺：臺灣難民漸次歸莊酌籌撫恤並搜獲餘股許和尚等分別辦理

[嘉慶十一年三月十日]，奴才賽沖阿跪奏：爲臺灣難民漸次歸莊，酌籌安頓撫恤，並搜捕獲犯分別辦理，恭摺具奏仰祈聖鑒事。

竊奴才于三月初一日到臺灣府城，當將籌辦南北兩路搜捕情形及奴才暫住府城督同該道慶保撫輯莊民搜查餘匪緣由，恭摺具奏在案。玆查府城附近各莊民，旬日以來見官兵分往堵緝，極爲嚴密，其義勇兵役搜拏餘匪亦無仇攀誣陷之事，難民漸次歸莊，尚覺寧帖。嗣接據駐紮鳳山之臺灣鎮總兵愛新泰禀稱，該鎮查看鳳山縣之萬丹、阿猴、阿里港各處村莊被賊焚燬，難民未能歸莊安業，又准現駐鹿港之水師提督許文謨信開，鹿港地方現有無依男婦萬數，亟須安頓撫恤等情。奴才查該難民等，當賊匪剿散之後未盡歸莊，雖有房屋被燬一時無力修葺，亦有因該處漳、泉、閩、粵素分氣類，誠恐挾嫌妄拏，懷疑不敢回莊之人。奴才

現已知會提督許文謨、總兵李應貴、愛新泰就近剴切曉諭，鎮定民心，一面諭令該道慶保馳赴鹿港督同知府馬夔陞，將現在聚集鹿港之無依男婦萬餘口酌量煮粥安頓，俾無失所（[硃批]：是。）。至該難民房屋被燬，田地荒廢，情亦可憫，有應酌給修費量借籽種之處，亦即督飭該地方官趕緊查明辦理。奴才俟該道回郡後即赴南北各路巡查撫綏，務期地方速臻寧謐，以仰副皇上軫念民依之至意。至搜查各路餘匪，先據該道慶保等督飭兵役、義勇拏獲股頭許和尚、陳番及匪夥林損等三十七犯，業經奴才審明辦理另摺具奏。嗣又經奴才分撥官兵、義勇陸續獲犯陳旺等二十二犯，並有據報獲犯尚未解郡者，現在飭提解府研訊確情，分別辦理。至南路之峎嶠、風港等處，深林密箐，最易藏姦。北路茅港、尾蔴豆一帶爲山海通衢，居民良莠不齊，業經奴才諄囑愛新泰在南路留心偵察，並分撥弁兵赴茅港、尾蔴豆各處將末獲逸犯嚴密踩緝，以盡根株。惟蔡逆匪船先據總兵張見陞稟報，于二月二十七日由鹿港北竄之後，經奴才移查准提臣許文謨覆稱蔡逆匪船現無實在踪迹，並准提臣李長庚信稱在澎湖拏獲蔡逆分幫賊目蔡添來船上匪夥，訊據供稱蔡逆已經內竄等情。查蔡逆內竄既經提臣李長庚拏獲匪夥訊有確供，諒提臣李長庚自必跟踪追捕，所有臺灣各海口亦應一體嚴防。先經奴才查明北路淡水地方兵力較單，應添兵駐守。現准提臣許文謨知會已派撥北路協副將金殿安帶兵四百名前往淡水、滬尾各港口巡防堵剿。奴才仍嚴飭沿海帶兵鎮將張見陞等一體嚴密堵緝，務使窮蹙，逆犯逃竄無所，速就殲擒，以慰聖廑，以靖海洋。所有奴才現在安輯難民，搜拏匪犯各緣由，謹恭摺具奏，伏祈皇上睿鑒。再，提臣許文謨現在鹿港未及會銜，合併陳明。謹奏。

[硃批]：另有旨。

四、福州將軍賽沖阿奏片：委令陳起鯤署理鳳山縣知縣並胡應魁暫

署嘉義縣知縣

[嘉慶十一年三月十三日]，再，查鳳山縣甫經收復，該處廣東漳、泉民莊素分氣類，現當搜拏餘匪，整飭地方，必得民情愛戴之員方資治理。經奴才諭令該鎮道愛新泰、慶保稟稱：該縣收復後因一時乏員，暫委縣丞姚文蔚代理，該縣丞才具未能開展，業經具奏在案。現在雖奉總督行知以候補知縣翟傳奏補，但該員現署彰化縣知縣，該縣係北路官兵入口首站，有經手軍需銀款，未便遽易生手。且調補彰化縣知縣陳國麟現亦尚未配渡到任，遲速難定，鳳山員缺緊要，亟應遴員署理，查有現任嘉義縣知縣陳起鯤先因署理鳳山縣任内民情愛戴，著有循聲，奏補嘉義縣繁缺。該員自離鳳邑兩載有餘，士民謳思如同一日，應請即以陳起鯤署理鳳山縣，于凋弊之區實有裨益。至嘉義縣員缺，現有奉文引見卸事之淡水同知胡應魁，上年即在嘉義縣幫同陳起鯤辦理軍務，堪以委令暫署嘉義縣。俟彰化縣實任知縣陳國麟到任，接收交代清楚，再令翟傳、陳起鯤各回本任。又現在題補南路營參將英林甫經到臺，于該處地方情形亦未熟悉，查有前護參將事守備藍玉芳，當賊匪滋擾時固守軍裝火藥局兩月有餘，兵民信服，應請仍令該守備藍玉芳護理參將，于搜捕彈壓可期得力。其現出鎮標左營游擊一缺即令英林署理，如此一轉移間，各要缺均可得人。至鳳山縣印信被賊搶失，先經檄飭代理縣丞姚文蔚借用縣丞關防辦公，今姚文蔚既回縣丞本任，亦有應辦事件需用關防，應令陳起鯤暫借臺灣府經歷印信應用，以昭信守等情。奴才當令該鎮道等具稟督撫覈辦，惟是鳳山縣需員經理正在緊要之際，若令該鎮道等俟有督撫批示再行檄委，重洋遠隔，誠恐地方貽誤，且係暫時委署，與更調員缺有間。奴才不敢拘泥，已諭令分别檄委並飭署理鳳山縣知縣陳起鯤暫借臺灣府經歷印信任事，除咨明督臣玉德、撫臣李殿圖外，謹附片奏聞，伏乞皇上睿鑒。謹奏。

嘉慶十一年四月初六日奉硃批：覽奏俱悉。欽此。

五、福州將軍賽沖阿奏摺：臺灣拏獲許和尚等犯分别審辦並獎賞獲犯義民

[嘉慶十一年三月十三日]，奴才賽沖阿跪奏：爲拏獲賊目匪夥審明分别辦理，並將獲犯義民遵旨獎賞，恭摺具奏，仰祈聖鑒事。

案據臺灣道慶保稟稱：臺灣陸路賊目李添賜等聽從蔡逆勾結滋擾，除節次勦殺外，尚有餘匪逃匿未獲。兹經督飭義民首黄志、黄化鯉拏獲賊目許和尚一犯，又據義民首蕭步雲、陳秉忠、林玉和拏獲賊目陳番一犯，並據兵役義勇先後獲解匪夥林損等三、十七犯等情。經奴才轉飭研訊確情辦理去後，兹據該道慶保審擬解勘並據稟稱：二月十五日欽奉上諭：擒獲賊目如李添賜、許和尚之類賞銀五百兩並給官職等因。欽此。將前奉諭旨恭錄呈送前來。奴才隨督同臺彎道慶保及委辦糧務之汀漳龍道清華親提各犯逐一研訊。據許和尚供認，上年十一月内領過蔡逆賊旗，充爲股頭，受封僞職，轉糾匪夥，同已正法之股頭李添賜及在逃之陳棒等攻陷鳳山縣城，並在下淡水溪墘殺害官兵義民及叠次攻打郡城。又陳番一犯供認領過蔡逆旗印充爲股頭，受封僞職，糾夥屢次攻打郡城。又林損、陳明、陳眉、郭專、黄遇、陳巖、汪鶴、陳開、黄監、莊蒞、洪幅、鄭鏵即鄭柯、魏鳥、沈岱、鄭科、林祖即林繼祖、王月、鄭報、林登科、游素、林玉、徐虞、李章、謝九、王粒、張良即張長、廖前、鄧言即鄭言、林志江、蔡讓、張道、朱碧玉、周礎、李緣、林得、邱好即曾好地等三十七犯，訊係聽糾從逆，拒敵官兵，以上各情節經奴才逐一研訊，供認不諱。查許和尚、陳番二犯受封僞職，叠次攻城，殺害官兵，實屬罪大惡極，合依反逆凌遲律凌遲處死。林損等三十七犯均屬同惡相濟，合依謀叛律，擬斬立决。奴才于審明後即恭請臺灣鎮衙門王命，飭委臺彎道慶保、臺灣城守營參將吉凌阿將許和尚等三十九犯綁赴市曹，分别

凌遲處斬梟示，家屬財產飭查另辦。至拏獲賊目許和尚、陳番之義民首黃志等是否堪以入仕，經奴才諭令該道慶保傳齊送驗。據慶保禀稱黃化鯉一名係臺灣縣學廩生，年壯才明，堪以入仕；其武生林玉和同民人黃志、蕭步雲、陳秉忠四名，均自揣不諳仕途，願給頂戴榮身等情。奴才驗看無异，所有廩生黃化鯉一名可否以教職選用，武生林玉和可否賞給千總頂戴，並黃志、蕭步雲、陳秉忠等三名可否賞給把總頂戴以示鼓勵之處，出自皇上天恩。至該義首于賊目逃散後，跟踪躧緝，雖屬出力，究與臨陣擒獲有間，既請賞給官職頂帶，所有原奉上諭賞給銀五百兩之處，應請減半給賞，以示區別。至此外尚有捐財守城殺賊各義民，現飭該鎮道查明等第另辦。除未獲逸犯仍飭文武嚴密躧緝務期全獲，並錄各犯供單送部外，所有獲犯審明辦理緣由，謹恭摺具奏，伏乞皇上睿鑒。再，水師提督許文謨現在鹿港搜捕餘匪，未經會銜，合併陳明。謹奏。

[硃批]：另有旨。

六、福州將軍賽沖阿奏摺：隨帶兵船赴臺于黑水溝與蔡牽幫船遭遇情形

[嘉慶十一年三月十四日]，再，奴才隨帶官兵一千八百名配坐商船十八號，内船户葉振一船配坐福建督標兵一百名，又補額兵二名，交把總饒成基、外委餘得恩管帶，該船行駛落後。二月二十八日奴才寄椗澎湖蒔里澳始行趕到，查據帶兵參將常陞保禀稱：船户葉振因船身滯笨不能趕隨大幫兵船，二十五日亥刻行至黑水溝，有賊船三隻撲攏伺劫，把總饒成基等開放槍砲，賊船退走，饒成基等向前追趕，賊匪情急亦用槍砲拒捕，把總饒成基被賊槍傷落海身死，船蓬着火燒斃外委餘得恩一名，又傷斃兵丁蔡得富等五名，受傷落海兵丁郭朝漢等四十五名。有無鳧水遇救得生，查明另報。又受傷兵丁萬必勝等十五名，被燒賬房九架。時賊匪望見另有兵船前來即行退去，並無劫去財物。該船户葉振同

已傷未傷兵陳文斌等五十二名現在趕到具禀等情。奴才當飭邵武、參將慶熙、署漳州鎮標游擊如柏前赴查驗，與常陞保所禀情節相符。是否蔡逆匪船分幫行劫，除咨提臣李長庚查拏匪船務獲究辦，一面將傷斃弁兵尸身飭交署澎湖協副將陳景星暫行淺埋，並將受傷兵丁調治務痊，仍移咨督臣玉德照例辦理外，理合附片具奏，伏祈皇上睿鑒。謹奏。

[硃批]：另有旨。

七、福州將軍賽沖阿奏片：渡臺隨帶國字二號哨船于青水洋面被圍情形

[嘉慶十一年三月二十四日]，再，查隨同奴才渡臺之載馬哨船四隻，奴才到臺後查有二隻未到，當經附片具奏在案。嗣據隨營翼長慶熙、如柏報稱：定字二號哨船配載營馬十二匹已于三月初九日續行到臺，惟載馬之國字二號哨船尚無下落等情。又經奴才轉飭確查去後，茲據代辦澎湖協副將陳景星呈稱有國字二號哨船，水兵林果一名到營禀報，該船目兵徐元成帶同舵水二十名配載營馬八匹，管馬兵丁六名，附搭漳州鎮拔赴臺灣補額兵四名，于二月二十七日駛至青水洋面，遇賊船三隻圍劫，因衆寡不敵，被賊過船殺傷舵水兵丁十餘人，餘皆落海。該水兵林果因遇漁船救載得生，船隻馬匹均無下落等情。並據護理澎湖通判周元梓詳同前由，查林果一名，係國字二號哨船水兵，據禀該船被賊圍劫之處，自屬寔情。除飭澎湖通判將該兵丁林果移回原營歸伍，一面查明兵丁舵水實在傷亡名數，通詳辦理外。奴才謹附片具奏，伏祈皇上睿鑒。謹奏。

[硃批]：另有旨。

八、福州將軍賽沖阿奏摺：愛新泰在南路鳳山續獲蔡牽夥犯洪建等審明辦理

[嘉慶十一年三月二十四日]，奴才賽沖阿跪奏：爲臺灣鎮總兵愛新泰在南路續獲賊目匪夥據稟審明就地辦理恭摺具奏事。

竊照臺灣陸路匪徒除剿殺擒捕外，尚有餘匪藏匿未獲，節經奴才督飭鎮道實力搜拏，毋任漏網。兹據駐紥南路鳳山之臺灣鎮總兵愛新泰稟稱，續獲賊目洪建等五名，匪夥李光裕等八十二名，並聲明人數衆多，道路綿長，未便解府審辦，致滋疎虞等情。經奴才檄飭該鎮督同南路理番同知錢澍、代理鳳山縣姚文蔚研訊確情，就地辦理去後。兹據該鎮愛新泰稟稱：督同廳縣提犯研訊，據洪建一犯供認，領過在逃股頭陳齊賊旗一桿、番銀五十圓，轉糾匪夥隨同陳齊攻擾府城，殺死義民三人。又張簡興、林江二犯領過在逃股頭陳棒賊旗、番銀，轉糾匪夥攻擾府城拒敵官兵，張簡興殺死官兵五人，林江殺死官兵三人。又陳摇一犯聽從陳棒糾約入夥，拒敵官兵，殺死官兵、義民四人。又鄭烏番一犯領過蔡牽夥匪烏皮舵船上賊旗一桿、番銀五十圓，轉糾匪夥攻擾府城及鳳山火藥局，殺死官兵二人。又李光裕、林趙、林他、李贊、張應、陳侯、許西、鄭懷、王胡、郭忠、林助、李格、陳和、鄭贊、鄭便、周權、陳春即易春、王權、吴塔、張物、吴賓、林果、蔡才、吴贊、謝沛、陳檜、陳添賞、林觀興、黄民、梁喬、張天恩、黄會、尤標、林贊、曾心、葉江、楊登山、施番、陳遁、蔡鼎、王椰、林麟、陳勝、陳梅、吴勝、林揚、徐恩、吴跳、陳三奇即陳三、楊文右、張馬、林臏、林萬、黄合、陳摻、謝鹿、王球、吴用、吕北知、吴楠、蘇强、王伯東、阮造、蔡盛、吴榮、陳球、陳汀、黄九、林石、李秋、王吉、江潭、王達、陳允、王岱、陳沙、陳輂、沈柳、吴墻、何進、辛和尚、劉得水等八十二犯，訊係聽糾從逆，拒敵官兵。以上各情節業經逐一訊究，供認不諱。查洪建、張簡興、林江、陳摇、鄭烏番五犯，分領賊旗，糾夥攻城，殺害官兵義民多人，實屬罪大惡極，合依反逆凌遲律凌遲處死。李光裕等八十二犯，同惡相濟，合依謀叛律擬斬立决。該犯等情罪重大，未便稽誅。經該鎮于審明後督同南路理番同知錢澍將該犯洪建等八十七名，分別凌遲斬决梟示，錄供禀請覈奏前來。奴才覆覈無异，除犯屬財産飭查另辦，未獲逸犯仍飭文武嚴密踮緝，務期全獲，暨錄各犯供單送部外，所有據報獲盜辦理緣由，謹恭摺具奏，伏乞皇上睿鑒。謹奏。

[硃批]：刑部知道。

九、福州將軍賽沖阿奏摺：臺灣搜捕蔡牽現已無須增兵

[嘉慶十一年三月二十四日]，奴才賽沖阿跪奏：爲欽奉上諭，恭摺覆奏，仰祈聖鑒事。

竊奴才于三月二十三日在臺灣府奉到上諭：現在渡臺官兵衹有三千餘名，合之賽沖阿帶領渡臺者共不過四千餘名，兵力究覺稍單。著玉德即咨會陽春、紥拉芬于福州滿營内挑選精鋭兵丁一千名，並于協領等員内查有從前曾經隨徵林爽文，熟悉可任者遴選數員帶領赴臺，交與賽沖阿統轄。陽春、紥拉芬二人均未身經行陣，無庸帶兵親往，亦無庸奏懇，仍著玉德就近于陸路各營分再行選調三四千名赴臺協剿。所有此次躍上海盜船殺賊被傷之千總王贊，著即以守備陞用。其殺賊被戕之千總薛元勛，著照守備例賜恤。把總郭建生著照千總例賜恤。兵丁程遇春著照外委陣亡例賜恤。其在下淡水打仗之都司凃鍾爾著查明實在下落，俟奏到時再降諭旨。此外如有傷亡兵勇，均著查明咨部賜恤等因。欽此。

同日又奉到上諭：金殿安等既于臘月到彼，何以一月以來臺灣文武設法札催，尚未得知伊進兵消息，而伊等自行禀報總督，則云大得勝仗，恐不無粉飾情事。著愛新泰、慶保就近詳查，並著賽沖阿于過臺後據實查明，如果係捏飾冒功即行嚴參辦理，如所禀不虚亦即據實奏聞，候朕施恩。又據愛新泰等摺内稱：賊匪股頭陳棒等勾結生番，欲圖功業，生番頭目諦窩蘭等不肯從逆等語。生番頭目諦窩蘭等能知大義，不肯附逆，甚爲可嘉，著愛新泰、慶保傳知該番目以爾等不肯從賊，業經

奏明大皇帝，深爲獎許。如諦窩蘭本無頂戴，即傳旨賞給六品頂戴，並加尚藍翎，如本有頂戴即著加等賞給，並當諭知該番目等以蔡逆一犯罪大惡極，現在官兵圍拏甚緊，設該逆竄入内山，爾等務將該逆生擒縛獻，即其餘匪夥賊目向山内逃逸，亦均一一按名獻出，果能實心出力，必再奏明優加獎賞，如此剴切曉諭，則該番目等自必倍加感奮。並當出示曉諭，軍民以現在特派欽差大臣德愣泰，帶領巴圖魯侍衛及吉林、黑龍江勁旅，並四川各鎮官兵及屯練等水陸數萬大兵一同進發，軍火糧餉源源接濟，蔡逆首夥不難一鼓殲除，以鎮人心而寒賊膽，亦兵貴先聲之一道也。至現在德愣泰自京起程，路途稍遠，總須遲至五月方到，所有剿辦機宜愈速愈妙，賽沖阿威勇素著，前經朕特派前往，惟當奮勉立功不可因聞德愣泰到彼剿辦之信，稍爲延緩鬆勁，並不可存一讓功之心，以爲德愣泰將次到彼，若先行辦竣，轉似忌伊分已之功。如果賽沖阿能于德愣泰未到之前督同李長庚、愛新泰、慶保等力加剿殺，已將蔡逆生擒，地方漸次寧謐，賽沖阿即可據實奏明停止德愣泰渡臺。伊與德愣泰本係親戚，久經共事戎行，此時惟當以國事爲重，屏除一切私見。如必須德愣泰前往，所有前頒欽差大臣關防，俟德愣泰到臺後即行移交德愣泰，以一事權。賽沖阿仍與德愣泰聯銜奏事，著列銜于德愣泰之次。李長庚摺内陣亡之署都司凃鍾璽，著即照都司例咨部賜恤，其陣亡千總蘇明榮、把總蘇國梁、外委惠連陞、額外嚴有信等，亦俱著加一等咨部賜恤。此外傷亡兵勇均著查明，一體咨部賜恤等因。欽此。奴才跪讀之下仰見聖主廑注海疆，訓誨周詳之至意。伏查奴才于三月初一日到臺灣府城，當即查明南北兩路匪犯，經該鎮道愛新泰、慶保及提臣許文謨等節次剿捕殲戮，餘匪散匿，現有到臺内地官兵五千餘名，足敷分撥搜捕，請將前調之福州滿營及兩粵官兵停止歸伍。嗣因無依難民亟須安頓撫恤，彙同搜捕獲犯分别辦理緣由，于三月初三十三等日，先後恭摺馳奏在案。玆奉諭旨特派欽差大臣德愣泰帶領巴圖魯侍衛官兵渡臺剿捕，令奴才查明，如地方漸次寧謐即可據實奏明停止德愣泰渡臺，如須德愣泰前往，所有前頒欽差大臣關防即行移交等因。查臺灣搜捕彈壓現既無需多兵，而難民獲有撫恤，陸續歸莊，地方亦漸寧謐。所有現蒙欽派巴圖魯侍衛及滿漢屯練官兵，自已邀蒙聖鑒停其來閩，惟是蔡逆現竄内洋，臺地雖無應辦緊要事務，而内地舟師圍捕正當吃緊之際，德愣泰仰蒙簡任業已出京，計不日可抵閩省，如有應辦事件自必需用關防，奴才俟親赴南北各路查看後，如果地方寧貼，德愣泰已有抵閩確信，即差官敬賫欽差大臣關防内渡，移交德愣泰辦公。奴才現已札商德愣泰妥酌辦理，仍候諭旨遵行。奴才受恩深重，斷不敢稍存私見自干咎戾。至北路協副將金殿安于正月初八日在斗六門打仗獲勝之處，現據該副將稟稱：正月初八日會同副將什格、參將英林、淡水同知胡應魁等帶領弁兵番勇赴斗六門剿捕，初九日行至斗六門社口莊地方，有賊匪千餘迎拒，經該副將等打退，生擒匪犯方進來等十一名等情，是否屬實，有無捏飾冒功，奴才現在飛移提臣許文謨就近確查，另容具奏。又生番頭目諦窩蘭等能知大義不肯附逆，奉旨給賞翎頂，查該番目先經總兵愛新泰派赴峎嶠一帶内山搜捕餘匪，奴才現亦知會愛新泰先將奉到恩旨傳知該番目諦窩蘭，俾知感激。一面查明該番目如本無頂戴即遵旨賞給六品頂戴，加賞藍翎，如有頂戴即加等給賞，以示鼓勵。奴才復查鳳山之峎嶠風港一帶深山密菁，内通生番，餘匪多有竄匿，先經愛新泰稟商奴才派委延平協副將張良槐、羅源營游擊林登雲帶兵一千名，在附近峎嶠之北勢簝地方駐紥，以莊聲勢。一面令番社通事曉諭生番縛獻匿匪，經奴才飭令妥辦去後。兹又蒙聖恩將能知大義之番目諦窩蘭賞給翎頂，該番目等自必益加感畏出力，以冀共沐恩賞。至北路地方情形，現准駐紥鹿港之提臣許文謨及分駐嘉義之總兵李應貴咨報，尚屬寧貼，並據臺灣道慶保稟稱：鹿港難民業已督飭府縣煮粥賑濟，其臺、嘉、義並淡水所屬被賊滋擾，村莊無依難民亦應一體撫恤，俾免向隅。至漳、泉各莊素分氣類，有懷挾舊嫌，藉搜捕餘匪搶奪滋事者，均令各莊義民首自行拏解究辦，俾知警惕等情，所辦亦尚妥協。奴才仍分飭臺灣沿海水陸鎮將等，嚴防口岸，毋因蔡逆内竄稍存懈忽，倘蔡逆因内地舟師圍捕緊急，復行竄臺，立即協力堵剿，務期殲擒巨逆，速靖海洋。除出力千總王贇，現在查明水師守備員缺遵旨陞補，並將陣亡之署都司凃鍾璽、千總薛元勛、蘇明桀、把總郭建生、蘇國梁及外委兵丁等轉飭各營，彙册詳咨，遵旨分别優恤外，所有奴才欽奉諭旨，理合由驛覆奏，伏祈皇上睿鑒。謹奏。

[硃批]：另有旨。

一〇、福州將軍賽沖阿奏摺：飭查李長庚火攻鹿耳門蔡牽竄逃確情

[嘉慶十一年四月初四日]，奴才賽沖阿跪奏：爲欽奉上諭，恭摺覆奏，仰祈聖鑒事。

竊奴才于三月二十八、二十九等日在臺灣府城奉到上諭：金殿安等在斗六門打仗得勝一事，昨據玉德奏到，業經降旨飭查，今日愛新泰等奏報情形大畧相同。著賽沖阿到彼後，會同查明確實，再行保奏，候朕施恩等因。欽此。又奉上諭：蔡逆盜船屯聚鹿耳門内勾結岸匪分路滋擾，極爲狡譎，若見官兵聲勢壯盛，勢必出洋竄逸，朕早經籌慮及此，是以叠次降旨諭令李長庚逼令上岸殲擒務獲。今竟任其逃竄，果不出朕所料，賽沖阿現已渡臺，著即就近查詢，此次蔡逆逃出鹿耳門是否實由官兵攻剿緊急所致？王得禄如何進攻洲仔尾？是否係李長庚派令前往抑係該副將自行上岸擊散賊匪？李長庚在北汕如何堵禦？伊前此所奏擬用火攻燒燬賊船是否如計而行？該逆如何與官兵接仗？若果實係窮蹙，該逆所坐大船爲官兵所得，或乘坐小船潛竄？則李長庚疎縱之罪尚輕，若該逆竟係乘坐大船，率領夥船多隻衝出，而李長庚統領官兵不能攔截，則李長庚咎無可諉，賽沖阿即當據實嚴參，勿得稍存廻護。一面仍嚴催該提督及許松年、王得禄等設法追捕，不可稍有鬆勁。至賽沖阿本不諳

水師，即現在隨帶之官兵等亦多係陸路營分調撥，衝涉風濤皆非所長，賽沖阿斷不可希圖立功，親自出洋督勦，惟當于陸路一帶，將南北勾結餘匪悉數殲擒，絶其黨羽，並當出示曉諭，以蔡逆畏懼軍威現已出洋逃竄，各路大兵雲集追捕務獲，爾等良民可各安生理，其有曾經賊匪煽誘者，切勿爲所淆惑，致罹法網。如蔡逆夥黨中有緊要頭目潛匿陸地，務當按名擒捕，肅清陸路，以絶根株。至該逆逃往南路鳳山一帶，難保不別有窺伺，或又思勾結岸匪乘間滋擾。著賽沖阿隨時留意，派委員弁嚴密防範爲要。總之蔡逆在海逃竄責成于李長庚，倘被舟師勦急竟舍舟登陸則責成于賽沖阿，務各盡所長，必期殄滅蔡逆方完此事，勉之。望之。至奏調廣東、廣西二省兵各二千名，計算尚未到閩，此時該逆已經逃竄陸路，自可無需多兵，其所調之兵有係水師者，自應仍令赴閩幫勦，如係陸路兵丁即可飭令停止，著玉德察看情形，酌量辦理。再許文謨在嘉義一帶曾否將賊匪勦淨，如北路已無賊匪，或派赴鳳山一帶勦辦餘匪，不必全赴郡城，轉致不能兼顧。此後陸路一切勦捕事宜均著賽沖阿首列銜名率同臺灣鎮道具奏。其許文謨一路有應行奏聞事宜亦著報明賽沖阿，由賽沖阿會銜具奏。又玉德早聞奏到嘉義北路官兵攻勦賊匪情形，係接據副將張良槐、金殿安等禀報，于正月二十七、八、九等日連次殲擒賊匪多名，内有義民首廖子石等幫同抄殺，能知大義出力可嘉。廖子石、張田玉、張心仁三人著賽沖阿、玉德查明，如未有頂戴即著賞給七品頂戴，如已有頂戴即著賞給加一等頂戴，以示獎勵。其陣亡義勇十四名，均著查明咨部賜恤等因。欽此。又奉上諭：此次愛新泰、慶保等既能固守郡城，復以賊勢鴟張，不俟内地兵到即行籌商夾擊，連獲勝仗，大挫賊鋒，殊屬出力可嘉。該鎮等係于月之初五日發摺，尚未得蔡逆逃竄信息，看來該逆勢已窮蹙，自因震懾兵威，踉蹌竄走，但南路尚有股頭陳棒在彼，或該逆仍竄往會合，難保其不別生窺伺。即蔡逆果竄出外洋而其夥匪嘯聚陸路如陳棒者諒必不少，此等從逆匪徒僞封將軍、先鋒，實屬罪大惡極，必當趁此勝勢，嚴密緝捕，按名弋獲，務絶根株，勿任一名漏網，現在德楞泰帶領巴圖魯、侍衛章京等于初四日起程赴閩。賽沖阿渡臺以後自應統帶大兵直赴南路督剿著名大股賊匪，如陳棒等逆皆受僞封，勿令幸免爲要。一面聲言大兵指日雲集，並有東三省勁旅及四川屯練兵陸續繼進。俾該逆聞風喪膽，以壯聲威。一面督同該鎮道即將陸路之賊實力剿捕净盡，倘能于德楞泰未到以前，先行蕆事，即係賽沖阿及愛新泰、慶保之功，一經奏捷立沛恩施。至愛新泰、慶保守城本屬有功，此次復能督兵打仗，連次克捷，著先交部議叙。游擊吉凌阿帶兵殺賊，首先槍斃賊目，該員前已加恩賞戴花翎以參將陞用，著再交部議叙。知縣薛志亮統帶義民、屯番箭斃賊目，著加恩賞給知州銜，兵丁著賞給一月錢糧，義勇、屯番等著賽沖阿等酌量獎賞，以示鼓勵。其員弁兵勇、屯番，内有實在出力者並著查明據實保奏，候朕加恩。賽沖阿、玉德等如得有李長庚追剿情形確信，即先行馳奏以慰　注等因。欽此。又奉上諭：現在德楞泰帶領巴圖魯侍衛等甫于本日起程，計到閩須在五月，賽沖阿不可聞有德楞泰赴閩督剿之信，心存讓功之見，稍事遲回觀望，如能于德楞泰未到以前，將陸路夥匪悉數掃除，即屬賽沖阿之功。至蔡逆雖已潛竄而陸路既有夥匪嘯聚，該逆狡譎伎倆自必別生窺伺，賽沖阿當密行傳知各路鎮將員弁等，留心偵訪，設該逆被舟師剿急，或思乘間登岸正當誘致陸地以便合圍掩捕，較之洋面窮追自更易于得手，不可稍存拘泥，轉事攔禦。倘誘令上岸之後能將蔡逆擒獲，則賽沖阿等之功甚偉，必當立沛殊恩，勉之。望之。至許文謨一路弁兵現由嘉義進剿，該提督帶兵本屬不多，若再分撥各處，未免見單，著賽沖阿飭知許文謨統領所帶兵丁聚集進剿，即賊匪散屯各處，無難剿净一處再剿一處，以期合力制勝爲要。至提鎮本有奏事之責，但現值軍興之際，事權總須歸一，若紛紛各自陳奏，不特體制未協，且未免徒勞驛站，著飭知許文謨及臺灣鎮道等，嗣後除謝恩等事應各自專摺陳奏外，其一切勦捕事宜，均令據實呈報賽沖阿，仍著賽沖阿將所報事件覈明具奏，如有呈報不實者即應劾參，俟德楞泰到後賽沖阿再與會銜奏事可也。至鹿耳門地方本有李長庚及鎮將等分兵守禦，蔡逆此次竄出，自係見官兵聲勢震慴奔逃，但官兵究竟如何擊勦？該逆因何遽爾竄逸？是否勦急脱逃抑係疎于防範？其竄出處所係在何員駐守營卡？著賽沖阿、玉德詳細查詢據實參奏等因。欽此。奴才跪讀之下，仰見皇上策勵戎行，務使功罪分明，咸知懲勸，奴才敢不悉心詳查，仰副聖訓。伏查蔡逆在鹿耳門竄逃，奴才先在厦門聞信，當經會同督臣玉德奏蒙聖鑒。迨三月初一日奴才舟抵鹿耳門親在該處查看，鹿耳門新舊二港中有沙綫一條，舊港靠在南汕，沙淤水淺，新港靠在北汕即商船往來出入之所，堵口沉船業經風潮移動，尚在口門。維時接見臺灣道慶保，當經查問，據稱蔡逆困泊鹿耳門招内，係提督李長庚扼住北汕，護温州鎮總兵李景曾扼住南汕，另派護安平協副將邱良功防守大港口，其護金門鎮許松年、澎湖協王得禄則係提督李長庚派令管帶哨船在内港洲仔尾一帶往來勦捕，蔡逆因洲仔尾賊巢于二月初二日經官兵勦破，水陸賊匪隔絶。初六日匪船駛近招口，經提督李長庚督令兵船三面攻勦，不能出口，詎初七日早風順潮長，逆匪乘機從新港迤南竄逃等情。兹蒙諭旨飭查李長庚在北汕如何堵禦？王德禄進攻洲仔尾是否李長庚派令前往？擬用火攻是否如計而行等因。奴才又經飭令該鎮道確查具覆，覈與慶保原禀情形相符。並稱蔡逆匪船進口時原有一百餘隻，李長庚、愛新泰、慶保等用計火攻，多備澎漁船隻，裝載火器、油柴、枯藤，乘風縱火，先後燒燬大小賊船七十餘隻，初七日蔡逆竄逃，官兵向前圍捕，又燒燬盗船九隻，拏獲盗船五隻，擊沉盗船六隻，蔡逆僅存大小賊船三十餘隻竄出外洋，蔡逆究在何船實不能知。其王德禄進攻洲仔尾實係李長庚派往等因。奴才查李長庚分派鎮將防堵各口，節次焚燬賊船多隻，辦理雖尚周密，但當賊勢窮蹙，踉蹌竄走之際，未能將首逆一鼓擒獲，疎虞之咎實所難辭。現准督臣玉德知會業經據實參奏，聽候諭旨。至北路協金殿安在斗六門打仗得勝一事，先奉諭旨飭查，經奴才于三月二十四日覆奏，摺內聲明確查另奏在案。兹據愛新泰、慶保禀稱，正月初九日金殿安會同副將什格、參將英林、同知胡應魁進剿斗六門賊匪，打仗得勝，殲擒賊匪多名，並無揑飾等情。覈與金殿安原禀同什格、英林、胡應魁等帶領弁兵、番勇在斗六門社口莊遇見賊匪千餘，打仗得勝，生擒匪犯方進來十一名正法之語相符，並經提臣許文謨就近訪查無异，是金殿安等尚無揑飾邀功之事。又該鎮道愛新泰、慶保等督率員弁、兵勇保守郡城，節次打仗克捷，除該鎮道蒙恩議叙之處，現在自行奏謝外，其游擊吉凌阿先蒙賞戴花翎，以參將陞用，兹又蒙恩議叙。知縣薛志亮蒙賞知州職衔，並兵丁義勇均荷鴻慈獎賞，奴才宣示恩旨，無不踴躍舞蹈，同聲感謝。其員弁、兵勇、屯番內有實在出力應行保奏者，另容奴才確切查明，再行遵旨保奏，並將先奉諭旨賞戴花翎以守備用之義民首賴熊飛、鍾麟江移咨督臣，遇有守備缺出，酌量補用。至義民首廖子石、張田玉、張心仁等幫同官兵剿賊，奉旨查明該義首等原有頂戴加等賞給，經奴才行據該道慶保查覆張田玉一名，先于剿辦陳逆案內賞有五品頂戴。張心仁一名先于剿辦林逆案內賞有六品頂戴，惟廖子石一名並無頂戴等情。奴才隨遵旨將五品頂戴張玉田加賞四品頂戴，六品頂戴張心仁加賞五品頂戴，民人廖子石賞給七品頂戴，又番目諦窩蘭一名，蒙恩賞給翎頂，先因該番目派在峎嶠內山緝匪，有無頂戴尚須確查。經奴才移會愛新泰就近查明給賞去後。嗣據同知錢澍帶同番目諦窩蘭並出力生番淡嗎黨等六十八名到府謁見，奴才查諦窩蘭並無頂戴，隨即遵旨賞給六品頂戴，並于前奉頒發藍翎內賞給藍翎一枝，仍令番通事宣示恩旨，該番目碰頭感謝，自稱願赴內山搜拏逸匪，以圖報效。至奴才到臺灣後遇有提鎮許文謨、愛新泰等呈報事件，均即覈明具奏，兹奉諭旨毋庸各自陳奏，徒勞驛站等因。查提臣許文謨現在督同臺灣道在彰化、嘉義一帶撫恤搜查，總兵愛新泰駐紮鳳山，李應貴分駐嘉義，張見陞駐防鹿港海口，奴才一併移行欽遵辦理。奴才欽乘恩命渡海剿賊，到臺之日蔡逆先已竄回内地，乃蒙訓誨諄諄，以奴才未諳水師毋庸冲涉風濤，出洋督剿，寸功未效，上□宸衷，寤寐彌切難安，惟有督飭鎮道于搜拏逸匪，撫輯民莊各事宜一切實心經理，斷不敢因德楞泰現已來閩，稍存觀望，致多貽誤，以期稍酬高厚恩慈于萬一。除應賞攻剿洲仔尾賊巢兵丁一月錢糧，現飭查明給賞，並將義勇、屯番分别奬賞，陣亡義民轉飭彙册咨部賜恤外，所有奴才奉到諭旨，謹由驛恭摺覆奏，伏祈皇上睿鑒。謹奏。

[硃批]：另有旨。

一一、福州將軍賽沖阿奏摺：審明幫夥陳受等犯一案按律定擬事

[嘉慶十一年四月初四日]，奴才賽沖阿跪奏：爲續獲賊目匪夥，審明分别辦理，恭摺具奏，仰祈聖鑒事。

竊照臺灣陸路逸匪節經奴才督同鎮道嚴密飭拏，首夥許和尚、洪建等先後辦理奏報在案。兹據員弁兵勇續獲賊目匪夥陳受等四十七名，先後押解到府，奴才行據委辦糧務之汀漳龍道清華審擬解勘前來，奴才親提各犯督同覆訊。據陳受一犯供認，上年十二月内聽從股頭周添秀糾邀入夥，領旗督陣攻城八次，並在鹽水港拒敵官兵，殺死兩人。又李聘一犯認領賊旗，充當股頭，糾衆攻擾笨港、鹽水港、府城等處，殺死義民一人。又張響、張送、林掃即林耍、鄭添即陳添、林耀、李來、張章、邱喜、黄縱、林串、王鳌即王明、劉來、陳權、石幅、蔡假、趙春、劉言、宋士、謝全、葉頂、盧禄即盧芷、李求、蔡恩、施幅、黄力、林聽、鄭胡、廖盧、李圭、姚鳳、王意、葉塞、陳九、王誠、王團、祖何延、楊輕、江樟、陳開、吴傳、陳添齊、餘道明、蔡秋、黄眼、陳旺等四十五犯，訊係聽糾從匪，拒敵官兵，以上各情節均據供認不諱。查陳

受、李聘二犯領受賊旗充當股首，叠次攻城，殺害兵勇，實屬罪大惡極，合依反逆凌遲律應凌遲處死。張響等四十五犯均屬同惡相濟，合依謀叛律擬斬立决，該犯等情罪重大，未便稽誅，奴才于審明後即恭請臺灣鎮衙門王命飭委汀漳龍道清華、臺灣城守營參將吉凌阿將陳受等四十七犯，綁赴市曹，分別凌遲處斬梟示。除犯屬財産飭查另辦，未獲逸犯督飭文武嚴密踹緝務期全獲，並錄各犯供單送部外，所有續獲首夥各犯審明辦理緣由，謹恭摺具奏，伏祈皇上睿鑒。謹奏。

[硃批]：刑部知道。

一二、福州將軍賽沖阿奏摺：審明幫夥吴尾等攻擾營盤在洋肆劫一案按照分别定擬

[嘉慶十一年四月初四日]，奴才賽沖阿跪奏：爲巡洋官兵拏獲賊目匪夥，審明分别辦理，恭摺具奏，仰祈聖鑒事。

竊照臺灣陸路逸匪經奴才督飭鎮道分撥兵勇搜捕，節次獲犯辦理，惟蔡逆現在内洋，誠恐該犯等因臺地搜拏嚴緊，冀圖偷渡回内與蔡牽合夥，殊關緊要。查有候補守備王贊熟悉洋面，經奴才飭委駕坐哨船，在于沿海一帶，實力巡緝去後。嗣據王贊稟稱，四月初一日巡至五條港洋面，有賊船三隻在洋游奕，當即向前緝拏，賊匪膽敢持械喊殺拒捕，經該守備點放大砲，擊沉賊船一隻，淹斃賊匪多名。又拏獲盗船二隻，生擒賊匪周丑等十五名，並在艙底搜出禁押事主及擄禁民人吴霖、張喜二名，同賊船砲械一併解送到府。緣臺灣道府均在北路未回，經奴才行據隨辦糧務之汀漳龍道清華審擬解勘前來。奴才隨督同覆訊，緣周丑、許止二犯，均係蔡牽幫船賊夥，蔡牽于上年十一月内竄至臺灣勾結陸路匪徒洪四老、陳棒等，糾夥助逆，嗣經官兵剿散竄出鹿耳門外，駛往南路，囑令現在因砲擊斃之賊目大臭帶領已斃之夥賊曾阿二、黄發、江六、徐仔、張栽、陳江、吴九及現獲之周丑、許止共坐漁船一隻，赴北

路沿海一帶找尋散敗夥賊，大臭先後尋獲現獲之股頭吴尾及夥賊鄭春、林切、吴正、蔡象、凃雙、許應、許美、莊青、楊有、林錫助及在逃之洪塔等下船，吴尾又轉糾鄭紀信入夥同逃，適蔡牽由南洋竄至鹿港，後經官兵堵剿逃回内地，該犯等船小不能趕上，大臭與股頭吴尾商議欲牽劫大船内竄與蔡牽合幫。三月二十九日了見樹苓外洋有艕船二隻，大臭駛船向前牽劫，將事主舵水分禁船底，大臭與曾阿二、黄發、江六、徐仔、張裁、陳江、吴九仍在本船，令周丑、許止分駕二船，並將賊目匪夥吴尾等亦分在二船配載。大臭又在海邊擄吴霖、張喜二人上船，勒令入夥不從，一併押禁艙底。四月初一日駛至五條洋面遇見官兵圍拏，該犯大臭等持械拒捕，經守備王贊開放大砲將大臭一船打沉，賊匪大臭、曾阿二、黄發、江六、徐仔、張裁、陳江、吴九登時落海身死，拏獲賊船二隻，生擒股頭吴尾，賊夥鄭春、林切、吴正、鄭紀信、蔡象、凃雙、許應、許瑞、許美、莊青、楊有、林錫助、周丑、許止，惟洪塔一犯見官兵圍捕，鳧水脱逃。經該守備王贊將該犯吴尾等十五犯同禁押事主及擄禁之民人吴霖、張喜一併解府，飭發隨辦糧務之汀漳龍道清華督同委員等研訊，並究出吴尾一犯受過蔡牽僞封中路大元帥，叠次攻擾營盤，拒敵官兵。周丑、許止二犯本係蔡牽幫船匪夥，又叠次攻城拒敵，楊有、蔡象、林切、林錫助、許應、許瑞、許美、莊青、鄭春、吴正十犯均經從逆抗拒官兵，鄭紀信、凃雙各在洋行劫一次等情。逐一究訊，供認不諱。查吴尾一犯受封僞職，叠次攻擾營盤，拒敵官兵，實屬罪大惡極，合依反逆凌遲律應凌遲處死。周丑、許止、楊有、蔡象、林切、林錫助、許應、許瑞、許美、莊青、鄭春、吴正十二犯，隨同打仗，均屬同惡相濟，合依謀叛律擬斬立決。鄭紀信、凃雙二犯在洋肆劫，合依江洋行劫例擬斬立決。奴才于審明後恭請王命，飭委汀漳龍道清華、臺灣城守營參將吉凌阿將該犯吴尾等十五犯分别凌遲斬決梟示。各該犯家屬財産飭查另辦，吴霖、張喜均係被擄押禁，應同各事主人等分别省釋遞籍安插。現獲船隻給還事主領回，砲械交營配緝，並錄各犯供單送部，未獲各逸犯仍飭文武嚴密踹緝，務期速獲，以净根株。再，候補守備王贊先于臺協水師千總任内堵禦蔡逆，跳船殺賊，蒙恩以守備陞用，該弁熟悉洋面情形，實屬水師得力之員，現在水師將備内可靠者甚少，今王贊荷蒙恩擢之後，又復奮勉出力，可否于現奉頒發藍翎五枝内賞給藍翎一枝戴用，以示鼓勵之處，出自皇上天恩。所有審明辦理緣由，謹恭摺具奏，伏乞皇上睿鑒。謹奏。

[硃批]：即有旨。

一三、福州將軍賽沖阿奏摺：代臺灣府南路同知錢澍謝恩

[嘉慶十一年四月十六日]，奴才賽沖阿跪奏：爲據情代奏叩謝天恩事。

竊照臺灣府南路理番同知錢澍欽奉恩旨以知府補用，加賞道銜，賞戴花翎並蒙頒發花翎一枝，當經奴才轉飭欽遵祗領去後。兹據該同知禀稱：錢澍前蒙派往南路剿捕賊匪，仰賴皇上天威，義民、屯番踴躍助順克復縣城，實無微勞可錄，乃蒙恩慈逾格以知府補用，加賞道銜，又復賞戴花翎，實聖主非常之恩寵，爲書生未有之遭逢，所有感激下忱禀懇據情代奏，叩謝天恩等情。奴才察其情詞實出至誠，謹據情代奏，伏祈皇上睿鑒。謹奏。

嘉慶十一年五月初九日奉硃批：覽。

一四、福州將軍賽沖阿奏摺：臺灣鎮總兵愛新泰續獲叛民審明辦理

[嘉慶十一年四月十六日]，奴才賽沖阿跪奏：爲臺灣鎮總兵愛新泰在南路續獲賊目匪夥，據禀審明就地辦理，恭摺具奏事。

竊照臺灣南路鳳山一帶自官兵收復後日漸寧謐，惟是地方遼闊，尚有餘匪藏匿未獲，節經奴才督飭該鎮實力搜捕，並據報獲匪犯洪建等

八十七名就地辦理，經奴才據稟具奏在案。嗣據該鎮稟報續獲賊目張添等七名，匪夥方愛等五十二名，並聲明人數衆多，道路綿長，未便解府審辦，致滋疎虞等情。復經奴才檄飭該鎮督同南路理番同知錢澍、署鳳山縣知縣陳起鯤研訊確情，就地辦理去後。兹據該總兵愛新泰稟稱，督同廳縣提犯研訊，據張添即張順一犯供認，領過賊旗一桿、番銀五十圓糾夥抗拒官兵，殺死一人。又吴賀一犯領過賊旗一桿、番銀二百圓糾夥抗拒官兵，殺死一人。又余閣一犯領過賊旗一桿、番銀十圓糾夥抗拒官兵，殺死兵勇四人。又黄水一犯領過賊旗一桿、番銀十二圓糾夥抗拒官兵，殺死兵勇二人。又陳助一犯從逆迭攻府城、鳳山火藥局各處，殺死兵勇二人。又吴豹、黄響二犯各領賊旗糾衆抗拒官兵，各殺兵勇二人。又方愛、洪秀、蔡信郎、尤六、陳幅、林語、胡培、吴萬、陳房、陳斌、陳容、林振、易水、林他、郭加禮、曾佳、洪以、余傳、陸奄、李楠、林育、張先、陳頂、李稟、蘇球、洪番、王挺、陳喜即朱喜、張科、李天錫、鄭洪、張番、蕭俄、尤稿、林敷、李向、洪耀、鄭昌善、林光盛、藍成、鄭媽喜、陳轄、鄭奇、梁文、李勝、吴錦、劉漏、丁俊、江塞、郭白、蘇媽乞、鄭起等五十二犯，訊係聽糾從逆，抗敵官兵，並未殺人。以上各情節業經逐一訊究，供認不諱。查張添即張順、吴賀、余閣、黄水、陳助、吴豹、黄響等七犯分領賊旗，糾夥攻城，殺害官兵義勇，罪大惡極，合依反逆凌遲律凌遲處死。方愛等五十二犯同惡相濟，合依謀叛律擬斬立决。該犯等情罪重大，未便稽誅，經該鎮于申明後，督同南路理番同知錢澍將該犯張添即張順等五十九名分别凌遲斬决梟示，錄供稟請覆奏前來。奴才覆覈無异，除犯屬財産飭查另辦，未獲逸犯仍飭文武嚴密踹緝務期全獲，並錄各犯供單送部外，所有據報獲犯辦理緣由，謹會同奴才福建水師提督許文謨，恭摺具奏，伏乞皇上睿鑒。謹奏。

嘉慶十一年五月初九日奉硃批：刑部知道。欽此。

一五、福州將軍賽沖阿等奏摺：籌辦臺灣水師兵船巡防事宜

[嘉慶十一年四月十六日]，奴才賽沖阿、奴才許文謨跪奏：爲籌辦臺灣水師兵船巡防事宜，恭摺具奏，仰祈聖鑒事。

竊照臺灣孤懸海外，水師巡防最關緊要，先經奴才賽沖阿查明水師兵船不敷防守，業經檄令澎湖協副將王得禄將隨同提臣李長庚緝匪之臺灣善字號兵船十六隻管駕回臺，以備緩急調用，並經奏明在案。兹查蔡逆雖已竄回内洋，而臺地舟師巡緝不容少懈，此時添募缺額水兵，趕修在廠船隻，均屬緩不濟急之事，自應就現有船隻現在兵數妥酌辦理，經奴才等督同臺灣鎮總兵愛新泰查明副將王得禄管帶善字兵船十六隻，除提臣李長庚堵塞鹿耳門招口鑿破五船，又遭風損壞一船外，寔存船十隻，現經守備吴安邦等管駕九船回臺，尚有王得禄自坐善字一號船搭配二等侍衛武隆阿一員未經同到。據吴安邦禀稱因遭風飄散，現在收泊何處另查辦理。又内地各標營先後出差來臺哨船十一隻，間有損壞及蓬索等項應須添换之處，于軍需項下酌借銀兩修葺，堪以配用。又鹿耳門海口現有善字號船十四隻，臺營戰船十隻，駐防鹿港海口之福寧鎮，總兵張見陞現帶兵船五隻，以上共得船四十九隻，按照船隻大小配兵，約計應配兵二千九百餘名，以臺洋現在情形而論，寔足以壯聲勢而肅緝捕。惟是臺灣額設水師兵二千五百七十餘名，尚有出差未回缺額未補者難以並計，寔在不敷配駕。奴才等悉心籌議，除臺營水師兵盡數配駕外，不敷之數即將内地出差來臺及班滿水師兵暫留應用（[硃批]：甚是。），仍照内地緝匪之例，每兵每日給銀四分，以資口食，暫于軍需項下借領，仍俟奏准發商生息銀兩解到扣息還款。臺灣沿海地方一千餘里，港汊紛岐，此項兵船若零星分撥，仍于巡防無益。奴才等會同酌商，查有鹿港口岸地居南北之中，總兵張見陞現帶兵船五隻在彼駐守，此項船隻

應即全數駛赴鹿港，統交張見陞管帶，上顧淡水下應府城，遇有援急仍可隨時調撥。俾令連合捕，以厚兵力。奴才等因堵勦喫緊通融辦理，仍移會督臣查照。至在廠應修船隻，臺營應募水兵，仍令該鎮道等照例趕緊辦理，所有奴才等籌酌事宜，謹合詞恭摺具奏，伏祈皇上睿鑒。再，淡水、滬尾砲臺上年十一月間，蔡逆滋擾焚燬，此時亟應修築，並應添建兵房以備防守，未便拘泥題估成例致有貽誤。奴才現已飭令趕緊借項興修，將來仍照例覈寔造册報銷，合併陳明。謹奏。

嘉慶十一年五月初九日奉硃批：另有旨。欽此。

一六、福州將軍賽沖阿等奏摺：遵旨保奏臺灣出力義首員弁吴春貴等請獎

[嘉慶十一年四月十六日]，奴才賽沖阿、奴才許文謨跪奏：遵旨保奏出力員弁、義民、屯番，恭摺具奏，仰祈聖鑒事。

竊照臺灣鎮總兵愛新泰、臺灣道慶保等督率員弁兵勇攻勦洲仔尾賊巢案内，奉到上諭：員弁、兵勇、屯番内有寔在出力者並著查明據寔保奏，候朕加恩等因。欽此。又奉上諭：李長庚摺内前在洲仔尾隨同官兵打仗之候補郎中吴春貴等，著賽沖阿查明分别保奏等因。欽此。奴才賽沖阿查該鎮道愛新泰、慶保等攻勦洲仔尾等處賊巢，所有出力員弁、兵勇、屯番，該鎮道得之目擊，尤爲真知灼見，當經轉飭開叙功績，分别保送去後。兹據愛新泰、慶保詳稱除提督李長庚原奏出力義首吴春貴、柯緯章、王得昌、林瀚四員名外，兹復將二月初二、三、四等日在洲仔尾、桶盤棧、大穆降等處隨同打仗員弁，通較出力等次。查有守備官贇朝、把總李元陞、翁朝龍、陳登高、黄廷耀、陳金標六員，義民首、布政司經歷職銜陳啓良、武舉張文雅、貢生郭拔萃、游化、武生林廷邦、民人張健、蘇麗水、洪秀文、蔡源順、許高嵩、張爵、黄藤十二名，屯弁千總戴光位、把總卓加郎、外委王老鈴、李文貴等四名，以上員弁、

義民、屯番共二十二員名，寔在奮勇出力，堪膺保送等情。並將該員出力功績開册呈請覈奏前來。適奴才許文謨亦自北路回郡，會同覆查該鎮道所保員弁、義民、屯番尚屬覈寔，奴才等謹遵旨分别保奏，仍將該守備官贇朝等六員，義民首郎中吴春貴等十六員名，屯弁戴光位等四名寔在功績，並請量加陞擢酌給頂戴之處，敬繕清單，恭呈御覽，可否仰邀恩施出自聖主鴻慈，所有保奏出力員弁、義民、屯番緣由，奴才等謹合詞恭摺具奏，伏祈皇上睿鑒。謹奏。

[硃批]：即有恩旨。

一七、福州將軍賽沖阿等奏摺：辦理圍捕蔡牽情形並嘉獎各出力官兵

[嘉慶十一年四月十六日]，奴才賽沖阿跪奏：爲恭奉諭旨欽遵辦理後，奴才即赴嘉義、彰化、淡水一帶巡查撫綏，恭摺具奏，仰祈聖鑒事。

竊奴才在臺灣府城節次欽奉上諭業于三月二十四日、四月初四等日恭摺覆奏在案。兹于十二、十四等日奉到上諭：蔡逆罪大惡極，必須亟正刑誅，責成于李長庚等速擒則受重賞，遲滯則罹重罰。朕言不再此時蔡逆勢雖窮蹙而水陸賊匪爲數尚屬不少，正須及早厚集兵力掃逆擒渠。前據賽沖阿、玉德奏調粤東、粤西兵各兩千名計算尚未到閩，粤西本無水師自應調派陸路兵丁，至臺灣現在需用水師，昨已諭令吴熊光于廣東水師兵丁内酌量調派，如可派足二千之數即如數派往，若粤東現在巡防亦關緊要，不能如數，或一千五百名，或千名或至少五百名亦可。並令吴熊光飭令孫全謀同賽沖阿指派各將領管帶前往。現在賽沖阿自己帶兵渡臺，即著前赴鳳山一路上緊勦捕，設法將該逆誘令上岸，俾官兵四面圍捕，一鼓擒殲巨憝，自無所漏網，再將其餘勾結之匪次第肅清辦理，庶爲扼要。至愛新泰現因南路賊匪衆多，親自帶兵前往，但郡城係根本重地，尤爲緊要，此時武員内祇留吉淩阿在彼，聲勢尚單。既據探明李應貴兵船業已進口抵岸，著即留該鎮在于郡城會同慶保及吉淩阿協力防

守，愛新泰一俟賽沖阿到後，仍即回駐郡城與慶保及吉凌阿彈壓鎮守。其東路、北路之賊，現有許文謨在彼剿辦，著飭令該提督上緊肅清，俟愛新泰回至郡城，酌量令李應貴再往協辦可也。所有李長庚摺内前往洲仔尾隨同官兵打仗之候補郎中吴春貴等，著賽沖阿查明分别保奏，其傷斃兵丁十六名，著加恩咨部賜恤等因。欽此。又奉上諭：此次許文謨在鹽水港一帶連次痛剿賊匪，殲戮無數，衹剩五百餘人分投（頭）逃竄，自郡城至嘉義一帶道路業已疏通，可見陸路之賊本無能爲，一經官兵痛剿，所存無幾，不難即日搜捕净盡，惟此時蔡牽匪船三十餘隻，復敢竄至王耶莊海邊停泊，總須將該逆擒獲方可杜絶根株。據許文謨摺内稱現在飛飭鹿港、淡水管口文武員弁，加緊防堵，毋使蔡牽乘間入口滋擾等語。所辦尚未盡協機宜，蔡逆一犯原係海洋劇盜，一經登岸之後，失所憑依，即不難設法掩捕。前經屢降諭旨，令伊等設法誘令上岸，此時如果天奪其魄，該逆竟公然舍舟登岸，則是自投絶地轉不必過于堵遏，俾得由海道遠颺。賽沖阿業于上月二十四日放洋，諒已早抵臺郡，著即帶兵改向北路進發，直趨鹽水港一帶，將陸路餘匪速行全數廓清，如能設法將蔡逆誘致岸上擒獲，其功不小。至許文謨即當在嘉義一帶駐紮，以防賊匪竄逸。再朕聞淡水、滬尾以北山内有膏腴之地一處，爲該逆素所窺伺，年來屢次在彼游奕，希圖搶占。此時自鹿耳門潰竄之後，或因鹽水港一帶不能登岸肆掠，又復竄往該處亦未可定。倘該逆向北奔竄，竟有在彼登岸之意，亦正可趁勢擒殲，豈不甚善。賽沖阿可詢明此處係何地名，派令官兵前往籌備，相機辦理。此次總以蔡牽擒戮爲正辦，即如林爽文一獲，立時平定。若蔡逆稽誅遠颺，即將陸路賊匪剿净，終非了局。至愛新泰現已將鳳山城收復，南路賊匪俱經解散，辦理甚好。郡城尤關係緊要，想愛新泰已回郡駐紮，仍當與慶保留心防範，勿少疎懈。再，現在陸路賊匪所餘無幾，臺灣節次調到之兵已足敷用，其東三省官兵並四川屯練，本于海洋追捕非其所長，已降旨停止調遣。其所調廣東、廣西官兵，除廣東官兵已有旨令吴熊光挑備水師迅速協剿外，其廣西陸路兵二千名，著賽沖阿酌量情形，如現在已可不需，當隨時行文停止。至許文謨摺内稱游擊黎炳奮勇殺賊，被賊槍傷左腋等語，該游擊殺賊受傷，深爲奮勇，著查明現在槍傷曾否痊愈，如果再有出力之處，著賽沖阿即行據實保奏。其陣亡兵丁孫朝陞、馬大玉著加恩咨部賜恤等因。欽此。又奉上諭：愛新泰馳奏親帶官兵進剿南路賊匪克復鳳山縣城情形一摺，覽奏欣慰。鳳山縣城自蔡逆勾結匪徒攻擾以來，被賊屯踞八十餘日，此次經愛新泰督同將弁，分路進剿，叠次遇賊接仗，餘匪驚惶逃竄，官兵追至縣城，復經臺防同知錢澍、守備周兆吉、藍玉芳等會兵截擊，先後殲擒賊匪二千五六百名，當將縣城克復，所辦實屬可嘉，自應渥沛恩施，用示獎勵。愛新泰固守郡城本屬有功，今復能督兵剿賊，肅清南路，克復鳳山，勞績尤著，愛新泰著加恩賞給雲騎尉世職。同知錢澍前經打仗受傷，兹于攻克那皮賊巢後，添募義民、屯番，並能撫馭生番不致從賊而能爲我用，轉戰有功，實爲出力。錢澍著加恩賞給道銜，賞戴花翎，仍即以知府補用。署守備周兆吉親冒矢石，奮勇殺賊，著以都司陞用。守備藍玉芳在城固守火藥局八十餘日之久，防護無虞，尤爲出力，著加恩以游擊陞用。額外外委張應瑞設法接濟守局官兵口糧，亦屬認真，著以把總陞用。義首賴熊飛、鍾麟江前已降旨加恩，均以守備用，並賞戴花翎，此時有缺即補，以示鼓勵。其縣丞銜生員宋炳，著以知縣用。以上各員均著先换頂戴，其隨同愛新泰一路打仗兵丁，著賞給一月錢糧，所有屯番、生番等均應優加賞賚。但臺灣别無銀款動支，著玉德即于該省閑款項下撥銀五萬兩，解交賽沖阿查明該番等此次出力等差，分别酌量賞給，其用剩銀兩即交賽沖阿收貯，俟此後再有應需賞賚之處，陸續動支，此係專交備賞之項，另行作正開銷，毋庸列入該省軍需項下報銷，不得牽混。再，番衆性嗜漳絨、小呢、羽毛、紗緞等件，並著玉德酌量各備辦若干件解交賽沖阿收存，以備專賞番兵之用。俟德楞泰到後，賽沖阿再將用剩銀兩物件，一併移交備用可也。至此時鳳山一路業已廓清，可令錢澍駐彼彈壓，愛新泰即當回至北路幫同搜捕餘匪，至賽沖阿渡臺後，現在自已前赴嘉義一帶搜剿，仍當遵照前旨，飭知將弁等。倘蔡逆復思竄入乘間登陸，轉無庸堵截過嚴，俾令遠颺，正當誘令上岸以便一鼓圍擒爲要。又據慶保奏蔡逆南竄岐後東港一帶，經李長庚向南追剿，該匪船復于十六日竄回鹿耳門，並在大港口聯幫堵截，搶奪艕船五號、商船三號，經千總王贇協同義首陳啓良飛赴圍拏，該匪拋擲火罐焚燒，王贇等撲救擊賊，將商艕船隻救回等語。蔡逆往來奔竄，搶奪船隻，實屬可恨，王贇等二人如再有出力之處，著即查明保奏，候朕施恩。又據稱嘉義陸路之鐵綫橋、茅港尾等處賊匪仍復屯聚，延及鹽水港一帶等語。此等陸路匪徒，必應剿除净盡，鹽水港等處現在實有賊衆若干，或幾千或幾百，著賽沖阿即行據實具奏，毋稍諱飾。前據許文謨奏于前月十八日聞賊匪屯集鹽水港附近，隨帶兵進剿，殺賊甚多，將竹圍尾、太史宫莊二處賊巢四百餘間盡行焚燬等語。計慶保此次發摺時自尚未知許文謨打仗得勝信息，固有此奏亦未可知，並著查明具奏。再，蔡逆前次竄出鹿耳門時，李長庚既帶領師船在彼圍剿，不能攔禦匪船直前擒捕，已屬疎縱，迨該逆南竄以後，李長庚躡踪追剿又不能嚴密布置，即日殲擒，復任該逆回竄鹿耳門，來去自如，毫無顧忌，李長庚所司何事？此時若能奮力擒渠，不特可贖前愆，仍當錫之懋賞。倘在不上緊圍捕，設復縱令遠颺，必將李長庚嚴行懲治，仍當責成戴罪督剿。總之，擒捕蔡逆一事，該提督無可旁貸，著賽沖阿嚴飭知悉，惟當奮勉圖功，切勿存畏難卸責之見，稍涉觀望也。所有此次愛新泰奏到南路營傷亡把總吴高及陣亡把總朱元英、沈枝桂，鎮標中營外委沈友諒、汀州中營外委賴名標，均著咨部加一等賜恤。此外傷亡弁兵均著查明咨部賜恤等因。欽此。伏查奴才未經到臺之先，陸路匪犯業經剿散，南北兩路均無成股屯聚之賊，是以奴才查看情形，請將原調兩粤陸路官兵同福州滿營兵一併停止歸伍。兹奉聖諭以首逆未擒，應調廣東水師以資剿捕，睿慮周詳，奴才實深欽佩。前接督臣玉德知會蔡逆竄回湄洲竿塘洋面，經官兵堵剿北竄，提臣李長庚統領大幫舟師已抵金門，此時自已趕赴北洋合力圍捕。奴才現又遵旨嚴飭令其奮勉擒渠立功贖罪，至蔡逆本藉海面汪洋，稽誅延喘，誠如聖諭，一經誘令登岸不難設法掩捕，奴才惟有與提臣許文謨及總兵愛新泰、李應貴、張見陞等凛遵訓誨，倘蔡逆因内地剿捕緊急竄臺，即當相機辦理。又奴才奉到上諭飭查淡水、滬尾以北山内有膏腴之地一處，爲蔡逆素所窺伺，如有在彼登岸之意，諭令奴才派令官兵籌辦等因。奴才當即詳查，據臺灣道慶保禀稱：淡水極北民番分界之處名爲三貂，由三貂進山地名蛤仔爛，本係奇武雷等三十六社生番地方。該處山深溪險，中有膏腴之地一片，節經漳泉民人呈請開墾，因番性難訓，易肇釁端，歷年禁止墾種等因。奴才查界外番地既有膏腴可墾之處，蔡逆屢次在彼窺伺，其爲希圖搶占已屬顯然。惟是該處地方形勢是否可以誘令登岸圍捕，抑或應設法堵禦以絶其窺伺之處，奴才不日親赴淡水一帶巡查，容俟確查情形，詳慎辦理。又臺灣鎮總兵愛新泰統領官兵、番勇收復鳳山奉到恩旨，同膺懋賞，除愛新泰蒙賞雲騎尉世職，現在自行奏謝。同知錢澍擢陞知府加賞花翎道銜，奴才另行據情代謝外，並即宣示諭旨，令現在蒙恩陞用之都司周兆吉、游擊藍玉芳、知縣宋炳、把總張應瑞先换頂戴，守備賴熊飛、鍾麟江遴缺請補。兵丁番勇遵旨分别賞賚，一時員弁兵勇目擊恩榮，無不同深感奮。又蒙諭旨令玉德撥銀五萬兩，並備呢羽、紗緞等件，解交奴才爲賞犒番衆之用。除俟前項銀物解到即委員專管，毋庸列入軍需項下，致滋牽混外。奴才仍飭該道慶保督同同知錢澍將此次出力屯番、生番趕緊查明等第，聽候給賞，俟前項銀兩解到，再行扣回歸款。以上應辦各事宜，奴才均已遵旨辦理，伏思奴才自抵臺灣府城，因搜挐餘匪，撫輯難民，辦理均須慎重，商令提臣許文謨駐紮鹿港，總兵愛新泰駐紮鳳山，嗣又令總兵李應貴分駐嘉義，先後搜拏餘匪二百四十七名審明辦理具奏。其無依難民，又經奴才及提臣許文謨督飭道府廳縣妥爲撫恤，一月以來，民情漸臻寧謐。現在總兵李應貴自嘉義赴北路巡緝，許文謨同該道慶保由彰化、嘉義一帶南巡到郡，告知北路地方情形尚屬寧貼，惟間有藉搜拏餘匪散布謠言恐嚇莊民乘機焚搶者，現亦拏獲數人訊明，均係從賊匪犯等情。奴才查餘匪潛匿敢于恐嚇莊民乘機焚搶，若非按名嚴拏究辦，必致良莠莫辨，另兹事端。奴才應即親赴北路巡查，就近懲辦。兹與提臣許文謨會商，總兵愛新泰久任臺灣地方形勢較爲熟練，應即調回郡城防守，其南路鳳山地方即令許文謨前往彈壓。新任臺灣府知府高叔祥已經到任，奴才令其隨同愛新泰辦理地方事宜，奴才仍帶同臺灣道慶保及委辦糧務之汀漳龍道清華前往北路，遇有緊要事宜得以就近委辦。又前任臺灣府知府馬夔陛已經卸事，該府前隨提臣許文謨辦理北路軍務，于地方情形尚爲熟悉，奴才一併帶同前往，以便差遣委用。奴才拜摺後即由府起程赴嘉義、彰化、淡水一帶巡查撫綏，務期匪犯盡絶根株，良民各安生業，以仰副皇上綏靖海疆之至意。再，查現奉上諭飭查打仗受傷游擊黎炳曾否痊愈等因。查黎炳隨同許文謨節次打仗殺賊，尚屬奮勉，所受槍傷現已痊愈。又防守鹿耳門口救回賊匪搶奪商漁船隻之千總王贊，業于堵禦蔡逆跳船殺賊案内，奉旨以守備陞用，嗣在五條港拏獲匪船三隻及股頭匪夥吴尾等十五名，又經奴才奏請獎賞藍翎在案。其隨同王贊出力義首陳啓良並李長庚奏保義首吴春貴等，現已彙于攻破洲仔尾賊巢出力官弁義勇案内，遵旨保奏。至該道慶保于二月十九日奏報：收復鳳山縣時緣未接提臣許文謨在北路打仗得勝信息，是以摺内聲明北路茅港尾一帶尚有賊匪屯聚，其實許文謨于二月十八日在茅港尾一帶剿辦後，北路一律廓清，並無屯聚賊匪。除應賞給收復鳳山兵丁一月錢糧轉飭造册給賞，陣亡弁兵彙册詳咨請恤外，奴才謹恭摺由驛覆奏，伏祈皇上睿鑒。謹奏。

[硃批]：另有旨。

一八、福州將軍賽沖阿等奏摺：保奏臺灣府勦股禦城出力員弁義民

[嘉慶十一年四月二十五日]，奴才賽沖阿跪奏：爲遵旨保奏守城禦賊實在出力之文武各員並義民等，恭摺具奏，仰祈聖鑒事。

竊奴才欽奉諭旨：此次臺郡鎮道等守城禦賊，宣力數月，實應嘉獎，前已將愛新泰加恩賞給世職外，其自慶保以下文武各員内，實在出力著有勞績者，著賽沖阿詳悉查明，秉公保奏，候朕施恩等因。欽此。伏查蔡逆于上年十一月内竄臺勾結陸路匪徒，窺伺郡城，下擾鳳山，上延嘉義兩月有餘，所有守城禦賊，在事出力之同知錢澍、游擊吉凌阿、守備藍玉芳、千總周兆吉等，或超擢官職，或賞戴花翎，知縣薛志亮亦蒙恩賞給知州職銜，鴻慈優渥，海外官民無不同深感奮。兹復蒙恩旨除愛新泰賞給雲騎尉世職外，其自慶保以下文武各員内，有實在出力者諭令奴才秉公保奏等因。仰見聖主獎勵微勞，有加無已，曷勝欽感。奴才查該道慶保固守郡城，激勵義勇、商民親自出城殺賊，又能籌備糧餉無誤，並預辦火攻船筏，俾水師官兵得以焚燬賊船多隻，宣力兩月有餘。誠如聖諭，實應嘉獎。經蒙恩旨賞給玉牌荷包，交部議叙。所有該道勞績已早在聖明洞鑒之中，今奉諭旨保奏，可否賞戴花翎，俾益頂戴恩榮之處，出自聖主恩慈，至出力文武員弁及義勇人等，除攻勦洲仔尾等處賊巢著有勞績者，業經奴才遵旨分别保奏外，其守城禦賊勞績尤著者，自應一併秉公保奏，俾得同沐恩施。奴才與提臣許文謨督同總兵愛新泰、該道慶保等就出力員弁内，公同酌定，除尋常出力者，毋庸濫邀异數外，查有現署鳳山縣事嘉義縣知縣陳起鯤一員，固守嘉義縣城又在鹽水港等處攻勦賊匪，屢獲勝仗，該員素著循聲，民情愛戴，實屬廉能並著之員，應請賞戴藍翎，以應陞之缺先盡陞用。又臺灣縣學教諭鄭兼才、訓導黄對揚二員，經慶保派防郡城各門，並曉諭生監同申大義，亦

屬奮勉出力，應請以應陞之缺量加陞用，以示鼓勵。又南路下淡水營都司許律斌，經愛新泰派防海口，擊沉賊船，屢獲勝仗，應請賞戴花翎。又北路協左營守備陳拜本隨同提臣許文謨在鹽水港、竹圍尾等處，殺賊奪械，勇往向前，該員陞補守備，尚未引見，應請賞戴藍翎。以上請賞花翎、藍翎各員，如蒙恩允奬賞，應請即于前奉頒發翎枝内分别賞給戴用。又鎮標中營千總林青、高延平，左營千總楊彪，漳州城守營把總陳士培等，經愛新泰派防郡城各門，盡夜巡防，奮勇殺賊。又南路營把總沈建勛隨同守備藍玉芳在鳳山縣防守火藥庫，屢次奮勇打仗，又臺協水師把總陳山、莊貴寶防守海口，奮勇殺賊，又勒休千總江正魁告病，把總戴鳳羣自備資斧守城打仗。以上千總林青高、楊彪二員應請以守備陞用。把總陳士培、沈建勛、陳山、莊貴寶四員應請以千總陞用。至江正魁、戴鳳羣以勒休告病微弁，當地方有事不敢置身事外，勤奮出力，亦屬可嘉。千總江正魁應請賞給守備頂戴，把總戴鳳羣應請以原官補用。又賊匪攻擾郡城，當内地官兵未到時藉資義民之力爲多，兹查有隨官守城勞績最著之舉人潘振甲，貢生韓必昌、黄汝濟、陳廷璧，監生石時榮、郭邦杰，生員盧必揚、黄化治、紀邦杰等九名，應請賞給六品頂戴。民人陳尚義應請賞給七品頂戴。又把總蔡奪前于剿辦林逆案内賞有六品頂戴，經欽差福康安奏請以把總補用，未據到營請補應請以千總補用。其餘南北兩路尚有出力義民，奴才現在悉心確查，如有實在出力者，另行具奏。再，奴才前在江西德安縣途次聞有諭旨交辦軍務，差委需員，隨即面商撫臣温承惠，查有候補布政司經歷温邦達、理問范玉琳，年壯才明，堪以隨同奴才辦事，業經附片具奏。及抵閩省查有以布政司經歷借補建陽縣縣丞鄒貽詩，前于剿辦林爽文、陳周全各案均在軍營辦事，熟悉情形，經奴才告知玉德，一併帶同渡臺。該員等自到臺後，經奴才委辦搜拏逸匪，撫恤難民各事宜，均能勤奮出力。奴才現奉諭旨留駐臺灣數月，整飭彈壓，委辦事件尚多，如果該員等始終出力，另容奏請恩獎。所有遵旨保奏員弁緣由，奴才謹會同水師提督奴才許文謨恭摺具奏，伏祈皇上睿鑒。謹奏。

嘉慶十一年六月初一日奉硃批：即有恩旨。欽此。

一九、福州將軍賽沖阿奏片：臺灣鎮總兵愛新泰守郡有功可否賞還原職請旨

[嘉慶十一年四月二十五日]，再，查臺灣鎮總兵愛新泰于嘉慶五年辦理匪犯陳錫宗結會戕官一案，撲滅迅速，欽奉恩旨，賞戴花翎，加賞提督銜，嗣于嘉慶九年因蔡逆匪船竄入鹿耳門戕害官兵，不能預爲防範，革去提督職銜並拔花翎，實屬咎所應得。今奉恩旨以愛新泰，固守郡城本屬有功，復能督兵剿賊，克復鳳山，勞績尤著，加恩賞給雲騎尉世職，仰見聖主弃瑕錄功至優極渥，所有愛新泰前蒙賞翎加銜可否給還，應出聖明恩鑒。然奴才所敢吁請緣現奉諭旨保奏出力人員，理合聲明原案，附片具奏，恭候欽定，伏祈皇上睿鑒。謹奏。

嘉慶十一年六月初一日奉硃批：已有旨矣。欽此。

二〇、福州將軍賽沖阿奏摺：蔡朱竄至臺灣滬尾一帶洋面現駐嘉義居中調度

[嘉慶十一年四月二十五日]，奴才賽沖阿跪奏：爲據稟蔡逆、朱濆匪船合幫竄至臺灣滬尾一帶洋面游奕，旋即竄逃，奴才暫駐嘉義縣居中調度，並欽奉諭旨訓示，分別查辦，恭摺覆奏事。

竊奴才因臺灣府北路民情初安，逸匪尚未盡獲，亟應親赴嘉、彰、淡水一帶巡查撫綏，當將欽奉諭旨應辦事宜，分別趕辦，于四月十六日繕摺具奏並聲明拜摺後即行起程在案。嗣于十九日行抵嘉義縣城接據駐紮淡水總兵李應貴稟據新莊縣丞程文炘報稱，四月初十日了見滬尾外洋有紅篷尾船四十餘隻，時上時下，並未進口，恐係蔡逆匪船等情。奴才

查蔡逆詭譎異常，節次滋擾郡城，均先赴北洋游奕，迨官兵北上，匪船又乘虛南下，其鬼蜮伎倆業經屢試，今既據李應貴禀稱，蔡逆匪船在滬尾外洋游奕並不進口，奴才若徑赴淡水，恐該匪南下難以兼顧。奴才現在暫駐嘉義縣調度，一面飛札愛新泰將郡城各口岸嚴密布置，並知會提臣許文謨督飭候補知府同知錢澍在于鳳山東港、打鼓港一帶相機剿捕，一面差委幹弁在南北兩路確探賊踪去後。旋又接據李應貴禀稱，十七日滬尾口外又有賊船三十餘號在彼窺伺，查係朱濆賊船。其蔡逆匪船在外洋游奕數日，已于二十日駛至呑宵洋面向西而去，惟有賊夥二人駕坐杉板一隻上岸打水，經篷山汛把總熊振揚巡哨拏獲，訊係蔡牽夥匪尾口粉船上賊夥黄言、董錫穀，並據供稱四月初三日蔡牽在三沙洋面與李提督打仗敗退，初十日駛至滬尾，原圖在臺灣南北洋面伺劫米船，因南風頂阻不能南下，現欲收回三沙。至朱濆幫船是否蔡牽約至實不知情等語。並據北路協金殿安禀稱，朱濆賊船在滬尾外窺伺，二十日駕駛杉板八隻在番仔溝意圖登岸打水，望見官兵旋即駛退，該副將點放大砲打沉杉板四隻，賊匪落水淹斃，斬獲首級六顆，割取髮辮九條，餘賊逃上大船一併駕逃等情。奴才查蔡逆竄至臺洋如果僅圖伺劫，何至與朱濆合夥且均在外洋游奕數日，旋即駛去情形亦屬可疑。雖現獲之夥匪黄言、董錫穀供有蔡逆意圖收回三沙之語，殊難憑信。查總兵李應貴現在駐紮淡水，總兵張見陞統帶舟師在鹿港一帶巡防，足資彈壓。惟淡水極北有蛤仔爛番地爲蔡逆素所窺伺，亦應嚴防。李應貴到臺未久，究恐地方情形未能熟悉。奴才隨又派委臺灣道慶保帶同前任臺灣府知府馬夔陛前赴淡水幫辦，俾李應貴得以熟商妥籌，將黄言、董錫穀二犯取具確供解究。奴才仍俟探明賊踪，何處緊要再赴何處督辦。兹于二十二、二十三日又奉到上諭二道，奴才敬謹跪讀欽奉諭旨：股頭洪四老等七犯必須偵訪嚴拏，昨已降旨諭令懸立賞格，如能捡獲蔡牽者賞銀二千兩，捡獲朱濆者賞銀一千兩，捡獲賊目洪四老、陳棒、吴三池者，每獲一名賞銀五百兩，軍民人等仍奏明分别賞給官職，如本係職官加等超擢。其周添秀、葉豹、陳齊、邱恩等犯亦著酌量懸賞，每獲一名或賞銀二三百兩，俾衆心共知激勸，庶期速拴首惡等因。欽此。奴才隨即遵旨懸立賞格，通行曉諭。此時首逆未獲，陸路黨羽尤應按名嚴辦，以懲奸匿，誠如聖諭，必須偵訪嚴拏，務在必獲。且現在蔡逆匪船又竄臺洋，洪四老等本係臺灣陸路匪犯，即使已上蔡逆匪船，難保其不乘機上岸。兹蒙諭旨懸賞，該官兵、義勇等自必益加激勵，有犯必獲。

又奉上諭：賽沖阿現派王得禄將所帶梭船十六隻配駕水兵帶領回臺，以備調用。著飭知該協留心偵察，如遇有蔡逆夥匪船隻即行拴捕，務任漏網等因。欽此。查王得禄管帶梭船十號回臺，因在洋遭風王得禄坐船收回銅山，奴才當將先到九船同臺營及内地差船一共四十九隻酌量修葺配兵，交總兵張見陞管帶，在鹿港駐紮並經具奏在案，内有哨船十二隻甫經修竣，尚未駛赴鹿港。今蔡逆與朱濆匪船忽來忽去，情形閃爍，南路口岸實應嚴防。查王得禄坐船搭配侍衛武隆阿一員，已于四月二十二日駛抵鹿港，除侍衛武隆阿現飭隨營當差外。奴才即飭令王得禄將所坐船隻帶赴鹿耳門，同修竣哨船十二隻先在鹿耳門巡防。如南路緊要，並令張見陞全幫舟師駛赴南洋，以便相機迎剿。奴才並諄諭王得禄留心偵察，遇有蔡逆及夥匪船隻，務必設法拴捕，倘兵力尚單亦即就近稟商愛新泰，再備膨漁船隻以供調撥，總期速拴首逆以續前愆，以邀恩賞。

又奉上諭：臺地搜捕肅清後，賽沖阿當體察情形或可將所調官兵酌量撤遣歸伍。該將軍現以調任閩省，本年伊即輪駐臺灣，在彼多留數月，彈壓巡哨，並可將營汛操防事宜隨時整飭，候旨諭令内渡時，再行回省等因。欽此。查臺灣甫經被賊滋擾，彈壓巡哨最關緊要。奴才受恩深重且現又蒙恩調任閩省，惟有在臺灣多留數月，于一切整飭操防事宜詳慎辦理。至内地調來官兵現有五千餘名，以現在洋面情形而論，陸路防範亦不可稍疎，但徵兵久駐臺灣不惟糜餉，亦覺勞師，應否俟各口岸布置周妥，酌量裁撤，抑或臺灣戍兵有缺先將此項徵兵補額之處，容奴才悉心查明辦理具奏。

又奉上諭：所有各股頭均係黨惡，首犯必須悉數殲獲。著賽沖阿詳細訪查蔡逆股頭共有若干犯，開繕名單具奏。其就獲者陸續奏報開除，庶便稽覈。嗣後如搜獲股頭賊目等仍用五百里馳奏，其尋常搜捕情形祇須四百里奏報等因。欽此。查奴才到臺灣時陸路匪犯業經官兵剿捕散匿，當即查詢未獲股頭，據慶保稟稱，除臨陣殲戮外尚有股頭洪四老、陳棒、吴三池、邱恩、周添秀、葉豹、陳齊等七犯未獲，奴才當即聲明具奏。嗣又拏獲吴尾一名，訊係蔡逆僞封中路大元帥，亦經訊明辦理。此等股頭皆受蔡逆僞封，首先在陸路糾人謀逆之犯，其餘貪圖蔡逆資財代爲糾人者尚多。兹奉諭旨飭查，容俟奴才吊齊各路已獲匪犯原供，查明實在股頭，分别已獲未獲，開單具奏。仍欽遵諭旨于拏獲股頭時分别由驛奏報。

又奉上諭：此次賊匪蹂躪如有民間廬舍致被焚燬者，著賽沖阿查明照例分别給予修費，以示撫綏等因。欽此。查臺灣被賊蹂躪各莊，前經奴才查明田園荒廢，房屋焚燬，且有無依難民聚集市鎮，情殊可憫，當經奏吁聖恩煮粥賑濟，並請酌予修費，借給籽種，以資口食栖止在案。兹蒙恩旨垂廑，奴才惟有督飭地方官于撫恤事宜一切詳慎妥辦，務期窮黎均沾實惠，毋致失所。至臺灣早稻向來四月中旬即可登場，今奴才由郡抵嘉，沿途查看禾苗甫經出土且有尚未栽插之處，實緣三月以後難民始得歸莊，是以翻犁較遲。現在晴雨合宜，被難貧民又以量加撫恤，尚屬得所。至市糧價值每中米一石合銀二兩三錢，民情亦尚寧貼，其各莊鄉耆、義勇聞奴才經過，有出莊迎迓並縛獻逸匪者，奴才逐一撫慰，宣示皇恩，有能縛獻逸匪者，雖係尋常匪夥，奴才一併給予銀牌，以示獎勵。雖蔡逆匪船現復竄至臺洋游奕數日，奴才體察民情，具屬鎮静，毋廑聖懷。除奉旨保奏出力人員，現在另摺具奏，並在洋追賊被傷落海身死之把總饒成基及傷斃外委兵丁等，咨明督臣一體查明，遵旨分别請恤外，所有欽遵諭旨應辦事宜，及匪船在臺洋游奕情形，謹恭摺由驛馳奏，伏祈皇上睿鑒。謹奏。

[硃批]：另有旨。

二一、福州將軍賽沖阿奏摺：審明陳恩等犯攻城殺害官兵義勇一案按律分别定擬

[嘉慶十一年四月二十五日]，奴才賽沖阿跪奏：爲續獲賊目夥匪分别辦理，恭摺具奏，仰祈聖鑒事。

竊照臺灣陸路逸匪節經奴才督飭鎮道嚴密飭拏，首夥各犯許和尚、吴尾等二百四十七名分别辦理先後具奏在案。未獲匪犯復經奴才嚴督文武員弁，認真踴緝去後。兹奴才行抵嘉義途次，復據各員弁兵勇續獲賊目匪夥陳恩等五十七名，先後押解到縣，隨經行據委辦糧務之汀漳龍道清華審擬解勘前來。奴才親提各犯督同覆訊，據陳恩一犯供認，聽從未獲股頭吴三池糾邀入夥，領旗督陣，屢次攻打府城及鹽水港、笨港土庫各營盤，殺死官兵一人。又黄布一犯供認聽從已正法股頭林秋賓糾邀入夥，得受番銀二十四圓，領旗招夥攻打府城及笨港、鹽水港營盤。又林照一犯供認聽從未獲股頭洪四老派領賊夥攻打府城及笨港、鹽水港營盤，殺害義勇二人。又邱沙攬一犯供認聽從未獲股頭吴三池派領賊夥攻打府城，殺死官兵義勇民五人。又黄生一犯供認聽從未獲股頭洪四老糾邀入夥得受番銀賊旗轉輾糾夥多人帶往洲仔尾，節次拒敵官兵。又梁霸一犯供認聽從已正法之股頭陳番糾邀入夥，攻打府城殺死義民二人。又廖切一犯供認向未獲股頭邱恩領過旗械攻打鹽水港營盤，殺死官兵二人。又黎滄冷、曾班、王惠、李宗、高沖、吴令、王干、曾進、賴瑞、楊涂、莊輦、許慶、藍纂、李奇、梁鏡、高堵、黄居、廖飭、洪發、蘇

琳、陳興、吴致、郭寧、李所、陳鳌、郭慶、李機、鄭喜、潘振興、陳瑶、曾對、曾惠、蔡郊、沈貴、陳元、陳力、蔡火、徐顛、楊藝、何松、傅阿治、廖養成、姚得茂、林海、鄭鯨、阮送、蘇太、吕番婆、陳吻、謝建成等五十名，訊係聽糾從逆隨賊攻城打仗拒敵官兵。以上各情節均據供認不諱，查陳恩、黄布、林照、邱沙攬、黄生、梁霸、廖切七犯領受賊旗充當賊目，糾夥攻城，殺害官兵義勇，實屬罪大惡極，合依反逆凌遲律應凌遲處死。黎滄冷等五十犯均屬同惡相濟，合依謀反律擬斬立決。該犯等情罪重大，未便稽誅，奴才于審明後即飭委汀漳龍道清華、延平城守副將張良槐將陳恩等五十七犯綁赴市曹分别凌遲處斬梟示，除犯屬財産飭查另辦，未獲逸犯督飭文武嚴密踩緝務獲，並録各犯供單送部外，所有審明辦理緣由，謹恭摺具奏，伏乞皇上睿鑒。謹奏。

[硃批]：知道了。

二二、福州將軍賽沖阿奏摺：朱濆股船經舟師追捕向西北竄逃臺灣洋面現寧静

[嘉慶十一年五月初七日]，奴才賽沖阿跪奏：爲巡洋舟師追捕朱濆匪船向西北竄逃，現在臺灣南北洋面查無賊船踪迹，恭摺具奏，仰祈聖鑒事。

竊照蔡逆匪船于四月初十日竄至滬尾外洋游奕，旋于二十日駛至吞霄洋面西竄，朱濆匪船亦于四月十七日駛至滬尾招外，二十日經官兵擊沉打水杉板四隻，將淹斃賊匪割取首級髮辮，匪船旋即駕逃各緣由，經奴才于四月二十五日恭摺奏聞在案。查賊情詭譎，往來無定，復經奴才分飭沿海各口岸文武員弁確探賊踪，並令總兵張見陞統帶巡洋舟師向北哨探，遇有賊船立即迎剿捡捕去後。兹據防守滬尾口岸之副將金殿安、游擊明全禀稱，四月二十八日有賊船杉板數隻駕進滬尾口，翼圖打水，望見官兵旋即駛逃等情。並據總兵張見陞禀稱由鹿港、大安港一帶洋面

遍查並無匪船，至四月二十九日巡至淡水外洋，了見匪船三十餘隻，篷尾俱裝三色，查係朱濆幫匪，當即督同護安平協副將游擊邱良功諭令各兵船一併駕櫓趕追至大鷄籠洋面，賊匪放砲拒敵，邱良功坐船被砲擊損，兵丁亦有傷斃，該總兵點放大砲擊沉賊船一隻，各賊船登時向西北竄逃，兵船正在追捕，適值颶風驟起，收回滬尾港内，尚有兵船六隻遭風未經收幫，現在飄收何處查明另報等情。奴才查蔡逆匪船于四月二十日在吞霄洋面向西駛竄，後經奴才分飭幹練員弁在于臺洋南北各港口確探，並無逆船踪迹，今總兵張見陞統帶舟師哨巡北洋，又將朱濆幫匪追捕逃竄。是臺地現在洋面尚無賊船停留。提臣李長庚統帶大幫舟師于五月初五日駛抵鹿港即于初六日開赴北洋，自必哨探賊踪，緊躡追捕。惟查蔡逆此次與朱濆匪船先後駛至臺洋，誠恐另有奸謀，乃游奕外洋數日旋即逃竄，訊據現獲之蔡逆幫船匪夥黄言、董錫穀供稱，蔡逆實因缺乏食米，欲在臺洋伺劫米船，恐有官兵圍剿，不敢進口，至賊船游奕外洋數日並未劫得米船，南風甚大又不便駛赴南洋，是以仍欲收回三沙，並無别項奸謀等語。奴才查匪船缺乏食米，賊情自必涣散，且取水小船節經官兵拴捕，賊船淡水亦必漸少，乘此跟踪追躡辦理，自更易得手。奴才現在咨明提臣李長庚上緊跟踪剿辦，一面飛移提臣徐文謨並飭總兵愛新泰、李應貴一體督飭防守口岸各員弁，嗣後遇有匪船游奕，如能誘令上岸拴捕即當相機辦理，否則嚴密巡防，毋使水米透漏（[硃批]：此爲最要。），亦足以涣賊情而拴巨惡，除傷斃兵丁查明請恤，損壞兵船修葺備用，遭風兵船通飭沿海一帶確查具報外，所有臺灣洋面現無賊船情形，謹恭摺由驛馳奏，伏祈皇上睿鑒。謹奏。

[硃批]：另有旨。

二三、福州將軍賽沖阿奏摺：審明林旺等犯攻城殺害官兵義勇一案按律分别定擬

[嘉慶十一年五月初七日]，奴才賽沖阿跪奏：爲南路續獲賊目匪夥經水師提督許文謨審明就地辦理，恭摺具奏事。竊照臺灣鎮總兵愛新泰在鳳山一帶續獲賊匪林旺等二十二名，因奴才北巡愛新泰回郡駐紮未及審辦。奴才面囑提督許文謨于到鳳山後審明就地辦理，以免疎虞，兹准許文謨移開。現又續獲賊目匪夥王紅等十四名督同候補知府同知錢澍、署鳳山縣知縣陳起鯤監提前後獲到匪犯林旺、王紅等三十六名，逐一研訊。内林旺、王錫、林寢、王紅、蔡志、盧士蒂、曹恭、蔣中舉八犯，均係領旗糾夥拒殺兵勇賊目，律應凌遲處死。董萊等二十八犯均係匪夥，律應斬决，現在審明就地辦理，錄供移送覈奏前來。奴才復加查覈，内林旺一犯供認聽從已正法賊目蔡右糾約入夥，領受賊旗番銀，轉糾匪夥攻擾府城鳳山，殺死兵丁二人。又王錫一犯供認聽從未獲股頭葉豹糾邀入夥，領受賊旗、番銀，轉糾匪夥攻擾府城，拒敵官兵，殺死兵勇二人。又林寢一犯係蔡牽幫匪尾口連船上賊夥，隨同蔡牽來臺攻擾府城，殺死義民二人。又王紅一犯係未獲股頭陳棒女婿，領受賊旗、番銀招夥攻擾府城鳳山，殺死兵丁三人。又蔡志、盧士蒂二犯供認自赴蔡逆船上領受賊旗、番銀，招夥攻擾府城，各殺兵勇二人。又曹恭一犯供認聽從未獲股頭陳棒糾約入夥，領受賊旗、番銀招夥攻擾府城三次。又蔣中舉一犯供認聽從已正法賊目吴豹糾約入夥，領受賊旗、番銀招夥攻擾火藥局，又在溪墘與粤莊義民打仗，殺死義民一人。又李雲、陳在、陳紅、戴三貴、陳爐、黄崑、李東、王坎、潘顔生、董來、林團、黄養、楊鐸、張位、林仲、吴番、蔡林、蘇紹、吕子旺、林焦、林直、林明、張脱、陳省、張澤、王行，餘得、陳阿班等二十八犯，或係聽從糾從逆，或經攻城打仗，拒敵官兵。以上各情節均各供認不諱，查林旺、王錫、林寢、王紅、蔡志、盧士蒂、曹恭、蔣中舉等八犯均係分領賊旗，糾夥攻城，殺害兵丁義勇，罪大惡極，合依反逆凌遲律凌遲處死。李雲等二十八犯均屬同惡相濟，合依謀反律擬斬立决。除提督許文謨于審明

後即督同候補知府同知錢澍、署鳳山縣知縣陳起鯤將該犯林旺等三十六犯，分别凌遲斬决梟示外。所有犯屬財産飭查另辦，未獲逸犯仍飭嚴緝務獲，並録各犯供單送部外，奴才謹會同水師提督奴才許文謨恭摺具奏，伏乞皇上睿鑒。謹奏。

[硃批]：刑部知道。

二四、福州將軍賽沖阿奏片：賞番銀兩漳絨等物均已收到

[嘉慶十一年五月十六日]，再，前奉諭旨令玉德撥銀五萬兩並備漳絨、小呢、羽毛、紗緞等件，解交奴才爲賞番之用等因。兹據鹿港同知黄嘉訓禀稱，解銀委員丁模已隨同提臣李長庚兵船于五月初五日到鹿港進口，除飭令將解到銀五萬兩及漳絨、小呢、紗緞、衣料等件解至奴才行營交收，並飭糧員汀漳龍道清華另款存貯開支賞項外，謹附片具奏，伏祈皇上睿鑒。謹奏。

[硃批]：覽。

二五、福州將軍賽沖阿奏片：嘉獎在臺勦捕蔡牽有功員弁愛新泰等人

[嘉慶十一年五月十六日]，奴才賽沖阿跪奏：爲欽奉諭旨，恭摺覆奏，仰祈聖鑒事。

竊奴才于五月十四、十五等日在嘉義縣欽奉上諭：賊目許和尚、陳番皆係蔡逆股頭要犯，今經義民首等踊緝弋獲殊堪嘉奬，廩生黄化鯉著加恩以教職選用，武生林玉和著賞給千總頂戴，義民黄志、蕭步雲、陳秉忠著賞給把總頂戴，以示鼓勵。至應賞銀兩賽沖阿以該義首等跟踪踊緝與臨陣擒獲有間，酌請減半給賞，並將聚集鹿港之萬餘難民煮粥安頓，俾無失所，所辦俱是。此時臺灣陸路餘匪漸就肅清，蔡逆匪船業已北竄，賽沖阿仍當督同鎮將等嚴密搜查，務期净盡爲要。本日據許文謨

馳奏，追剿陸路餘匪及擊退匪船情形一摺，所有出力備弁、義民已用硃筆圈出，著將原摺發交賽沖阿閲看，查明據實保奏，候朕施恩。其許文謨、李應貴二員及臺灣守城自慶保以下文武各員均著查覈勞績，分别保奏。此外如尚有在事出力者，亦著查明奏請施恩。此次蔡逆勾結臺匪起事之處，竟有二三萬衆，頗形猖獗。愛新泰、慶保督率兵勇、屯番節次剿捕，解散黨羽，保護郡城，其功甚偉，必應優奬，據實查明具奏候旨。至玉德奏武隆阿現到厦門，即日配船渡臺等語。武隆阿係獲咎之員，經朕特恩發往臺灣差委，自當渡臺效力。賽沖阿俟其到後即可派令搜捕餘匪，並留心察看，如伊于營伍事宜尚能曉習，即留閩以游擊補用，如于營員不甚相宜，賽沖阿于事竣内渡時即將武隆阿帶回，再行送部引見，另候簡用可也。等因。欽此。

又奉上諭：臺灣陸匪業經殲剿殆盡，地方漸就寧帖，賽沖阿現駐紮臺灣，仍當督飭該鎮道等將竄匿零匪搜除净盡，俾全臺悉臻安堵。至賽沖阿前此渡臺時原係帶兵，自可用欽差關防，此時臺郡既平，不必調兵，亦無需用之處。賽沖阿現已調福州將軍，著于接奉此旨後即將欽差大臣關防移送玉德處，並知照該督令其專委妥幹大員將關防一顆賫領送京交部收貯。其現在臺灣辦理一切事件需用印信，應即知會紮拉芬令伊將將軍印信即速委員賫送渡臺交賽沖阿收領應用。至賽沖阿未經到任以前，福州將軍衙門事務即可令紮拉芬代拆代行也。再，此次臺郡陸路匪徒滋事迅就殄滅，不致蔓延，許文謨、慶保等皆最爲出力，著賽沖阿即行據實保奏，候朕渥沛恩施，其生番頭目諦窩蘭著即遵照前旨賞賚，以示鼓勵。所有節次諭旨應行查明之打仗出力員弁及咨部賜恤之傷亡兵勇，著賽沖阿即遵前旨速行查明具奏。又摺内稱副將金殿安在斗六門打仗獲勝之處，是否屬實，有無捏飾，該將軍現移知許文謨就近確查，應一併查明據實具奏。又據稱代辦副將陳景星呈報國字二號哨船駛至清水洋面，遇賊船三隻圍劫，因衆寡不敵被賊殺傷舵水兵丁十餘人，餘皆落海，水兵林果遇救得生，船隻馬匹均無下落等語。此項哨船在清水洋面猝遇賊船，因衆寡不敵致兵丁被賊殺傷，餘俱落海。著賽沖阿即查明實在傷亡名數，咨部賜恤。至蔡逆現雖内竄，離臺灣已遠，然賊情狡猾叵測，海潮風信亦屬靡常，若該匪幫船竄近内洋被官兵圍剿緊急，又或竄赴臺灣勾結匪徒再行滋擾，尚復成何事體？賽沖阿不可以蔡逆現已内竄稍存大意，應督飭許文謨及鎮道官弁等于各口岸實力嚴防，不可令其再有勾結滋擾之事，方爲妥善。該將軍務當認真籌辦，毋負委任也。等因。欽此。伏查臺灣鎮道愛新泰、慶保等督同文武員弁及義勇人等守城殺賊，先奉諭旨保奏，業經奴才于攻剿洲仔尾賊巢及守城宣力各案内將實在出力員弁義勇分别奏請恩獎，其提臣許文謨于二月十七、十八等日，將鹽水港竹圍尾各處屯聚賊匪痛加剿洗，總兵李應貴于二月二十二日趕赴笨港會同許文謨將餘匪剿散，亦經許文謨先後具奏在案，今奉旨令奴才查覈勞績具奏等因。覆查保守郡城攻破洲仔尾、通盤棧等處賊巢及克復鳳山縣，愛新泰、慶保勞績最著，其剿洗北路賊匪，疏通道路，則係許文謨、李應貴之功，奴才謹據實聲明，恭候恩旨。至許文謨具奏剿捕餘匪摺内奉硃筆圈出守備陳拜本、蒲長青二員，義民首馬振清、劉陞、黄志三名，諭令奴才查明保奏等因。查守備陳拜本一員，業經奴才彙入保奏守城禦賊員弁内請旨獎賞藍翎，義民黄志亦于拏獲股頭許和尚案内奏蒙恩旨賞給把總頂戴在案。其守備蒲長青一員隨同許文謨打仗亦屬出力，緣此時搜拏股頭餘匪正當用人之際，其從前守城禦賊出力最著者，業經奏明請旨獎賞，其出力稍次者經奴才一併諭令奮勉緝匪，視其勤惰再行分别覈辦，所有蒲長青一員應請俟奴才覈其始終勞績另行具奏。至臺灣出力義民，除經奴才先後奏請獎賞之吴春貴、潘振甲等二十七員名，併拏獲股頭獎給官職頂戴之黄化鯉、黄志等五名外，尚有南北各路出力義民，業經奴才保奏出力守城禦賊員弁、義勇案内聲明確查另辦在案。所有馬振清、劉陞二名應請一併彙案奏獎。至載送馬匹之國字二號哨船行至青水洋面遇賊伺劫，該處洋面距内洋較近，所有兵丁被害名數先經奴才移咨玉德轉飭查報在案。此外尚有節次打仗受傷陣亡官弁兵勇，現在催取册結彙咨督臣玉德，照例題咨辦理。至此時臺郡既平，軍務告竣，所有前奉頒發欽差大臣關防，應即遵旨送京（[硃批]：是。）。奴才現在飭委帶兵渡臺之烽火營參將長春賫捧關防内渡，仍派水師兵八十名及奴才從前隨帶之廣州滿營官兵内，派防禦一員，兵十名隨同護送，以昭慎重。一面知會玉德，俟關防賫回内地另派幹練大員送京，其現在護送之滿漢官兵即令各回本營歸伍，仍飛咨副都統紥拉芬將福州將軍印信即速委員賫送到臺應用。其紥拉芬代行代拆事件暫用左司關防，至將軍印信未到之先，遇有公事奴才暫用臺灣鎮總兵印信，仍令臺灣鎮借用中營游擊關防，以昭信守。奴才仰蒙恩慈委任，暫駐臺郡，除摻防整飭事宜，現在次第查辦外，惟首逆現在稽誅，沿海仍須防範，即如四月内蔡逆與朱濆匪幫又復先後竄至臺洋，此時雖已内竄，查節年五月内臺灣糖船出口時，該匪船每竄至澎湖及鹿耳門一帶伺劫，更難保其不萌故智，誠如聖諭：賊情狡猾叵測，海潮風信靡常，不可令其再有勾結滋擾之事，方爲妥善。奴才本擬即赴北路巡查，亦因匪船踪迹靡定不敢遠離郡城，恐致鞭長莫及。提臣李長庚于五月初五日統帶舟師駛抵鹿港後，即于初七日駛至滬尾，查無賊踪，擬即統師内渡。奴才仍當會同許文謨督飭愛新泰、李應貴、張見陞等于各口岸分兵駐守，踊緝餘匪，一面確探賊踪，嚴密防守，斷不敢因匪船遠竄，稍存大意，以仰副皇上綏靖海疆之至意。再，二等侍衛武隆阿于四月二十五日趕至嘉義縣，奴才行營謁見，並稱前在總兵任内于總督那彦成諭給李崇玉委札一案，不能稟阻，負咎實重。仰蒙皇上逾格恩施僅革去總兵，仍留巴圖魯名號，作爲二等侍衛發往臺灣軍營當差，感激圖報，情願派當苦差，以冀稍贖前愆等情。奴才當即諭令隨營，遇有緝拏匪犯以便隨時差遣，茲蒙諭旨令奴才留心查看，如武隆阿于營伍事宜尚能曉習，即留閩以游擊補用等因。奴才宣示恩旨，武隆阿感激涕零，碰頭叩謝。奴才查武隆阿向在川楚軍營帶兵打仗，素稱勇往，今隨同奴才當差半月以來，詢以營伍事宜亦屬曉習，奴才應即遵旨移知玉德，遇有閩省游擊缺出，酌量補用，仍令該員隨同奴才查緝餘匪，俟事竣再行赴任。又奴才現准玉德咨開欽奉上諭：備賞銀兩應查明，從前守城擊賊時有實在出力之屯番、生番等，酌量賞給，不必盡數動用，致滋糜費。仍將賞剩之件于內渡時帶回留充公用等因。查屯番、生番隨同官兵攻克洲仔尾賊巢，並收復鳳山，打仗出力，欽奉諭旨給賞。先經奴才飭令該道慶保及同知錢澍查明等第給賞去後。嗣據慶保、錢澍等禀稱：隨攻洲仔尾屯番共享三百餘名，其收復鳳山隨同打仗之生番、屯番實有一千七百餘名，緣該番等現在內山搜緝餘匪，一時難以傳齊，請俟齊集後再行給賞等情。奴才查出力番衆二千餘名內，或應獎給花紅、烟酒或應給賞銀兩，傳齊後尚應分別賞賚，統俟奴才親赴南路確查給賞後，再行覈實具奏。又拏獲股頭許和尚、陳番之義民首黃花鯉、黃志等，現奉諭旨共應賞銀五百兩，奴才業于前項備賞銀兩動支給賞，此後如有拏獲著名股頭者，惟當欽遵前奉諭旨賞格，酌量給賞，俟事竣將餘剩銀兩一併帶回內地留充公用。奴才斷不敢稍任冒濫，致滋糜費（[硃批]：是。），除生番謕窩蘭翎頂業經給賞具奏，並副將金殿安在斗六門打仗尚無捏飾之處，先經查明覆奏外，所有現在欽奉諭旨緣由，奴才謹由驛恭摺覆奏，伏祈皇上睿鑒。再，奴才于拜摺後即將關防封固，交委員長春領賚起程，合併陳明。謹奏。

[硃批]：所辦俱屬允協詳備，覽奏俱悉。

二六、福州將軍賽沖阿奏摺：遵旨查明蔡牽黨頭名數呈覽

[嘉慶十一年五月十六日]，奴才賽沖阿跪奏：爲遵旨查明蔡逆黨惡股頭名數開繕名單，恭摺具奏事。

竊奴才欽奉上諭：各股頭均係黨惡首犯，必須悉數殲獲，著賽沖阿詳細訪查蔡逆股頭共有若干犯，開繕名單具奏。其就獲者陸續奏報開除，庶便稽覈等因。欽此。經奴才于四月二十五日覆奏摺内聲明俟吊齊已獲匪犯原供，查明另奏在案。隨經行據臺灣鎮總兵愛新泰、臺灣道慶保將已獲匪犯供出股頭開單稟送前來。奴才覆查大股頭十三名，内李添賜、邱紅、馬美三犯先經臨陣擒獲正法外，奴才到臺後又拏獲許和尚、陳番、吴尾、陳齊四犯審明辦理具奏，尚有未獲大股頭洪四老、陳棒、吴三池、邱恩、周添秀、葉豹六犯，均係首先助逆竪旗糾人受封僞職之犯。又小股頭九十一名，内先經該鎮道等督飭員弁義勇拏獲丁要等三十犯辦理。奴才到臺後又獲到洪建等三十四犯，均經審明分别辦理具奏在案。尚有未獲小股頭二十七犯，均係得受蔡逆番銀，輾轉糾人，攻城抗官之犯。以上未獲大小股頭共三十三犯，奴才現在督飭文武員弁嚴密搜查，務在必獲。至洪四老、陳棒、吴三池、周添秀等犯，訊據已獲犯供有逃上蔡牽盜船之語，但無確據。奴才一併分飭嚴拏，務期有犯必獲，以盡根株。除俟獲犯後隨時奏報開除外，謹恭摺具奏，並繕清單恭呈御覽，伏祈皇上睿鑒。謹奏。

[硃批]：另有旨。

二七、福州將軍賽沖阿奏摺：審明翁天送等犯攻城殺害官兵義勇一案按照律例分别定擬

[嘉慶十一年五月十六日]，奴才賽沖阿跪奏：爲拏獲著名股頭並賊目匪夥分别辦理，恭摺具奏，仰祈聖鑒事。

竊照臺灣陸路逸匪節經奴才督飭文武緝獲首夥各犯先後分别辦理，尚有著名股頭洪四老、陳棒、吴三池、邱恩、周天秀、葉豹、陳齊等未獲，欽奉諭旨懸賞嚴拏。又經奴才分飭購綫踹緝去後。兹據二等侍衛武隆阿、邵武營參將慶熙稟稱：據網民陳拂查有著名股頭陳齊一犯，現在

地頭港藏匿，經該侍衛等派委把總陳安帶同網民陳拂將陳齊拏獲解究等情。并據員弁義勇拏獲賊目翁天送、王成、林撻、簡求四犯，匪夥吳哮等十名同前獲賊船内上岸取水之匪夥黄言、董錫穀一併解營審究，奴才行據委辦糧務之汀漳龍道清華審擬解勘前來。奴才提犯督同研訊，據陳齊一犯供稱，該犯醫卜度日，嘉慶九年五月内曾上蔡牽盜船卜課熟識，上年十一月内蔡牽匪船竄至臺洋，該犯上船入夥，蔡牽當給番銀五百圓、元帥印一顆、令旗一支，令其招夥攻城。該犯招夥二百人在洲仔尾搭寮居住，屢攻府城，殺死兵勇無數等情。又翁天送一犯供認上年十二月投上蔡牽盜船入夥，蔡牽給與帥旗一枝、僞印一顆，並得受番銀，招夥攻城，殺死義民二人。又王成一犯供認，上年十二月内投上蔡牽盜船入夥，蔡牽給予令旗一枝，並給番銀令其招夥攻城，許俟有功後封爲元帥。該犯糾夥多人攻打店仔口鹽水港營盤二次，殺死官兵義民多人。又林撻一犯供認係蔡牽表兄，向在臺灣燒炭度日，上年十二月投上蔡牽盜船入夥，蔡牽給與散糧僞印一顆，專管各賊口糧。又隨攻笨港、大排竹等處營盤各二次。又簡求一犯供認聽從蔡牽夥盜鄭昌糾邀入夥，管帶賊衆十七人，拒敵官兵，殺死一人。又吳哮、黄幅、徐子游、楊祖、王成、廖令、鄭思、吳和、曾憲、張石成等十犯，訊係聽糾從逆，拒敵官兵。又黄言、董錫穀二犯供認被蔡牽夥盜尾口粉擄上盜船，逼令服役。黄言一犯在船接贜二次，並未從逆上岸打仗。董錫穀一犯在船煮飯，並未上盜，亦無從逆，經尾口粉派令上岸打水同時被獲。以上各情節均據供認不諱，查陳齊、翁天送、王成、林撻、簡求等五犯受封僞職，疊次攻城殺害官兵義勇，罪大惡極，合依反逆凌遲律凌遲處死。吳哮等十犯均屬同惡相濟，合依謀叛律擬斬立決。黄言一犯在船接贜二次，應照洋盜接贜二次以上例斬決梟示。該犯等情罪重大未便稽誅，奴才于審明後飭委汀漳龍道清華、延平城守副將張良槐將陳齊等十六犯綁赴市曹，分別凌遲處斬梟示。又董錫穀一犯訊係逼令服役，並無上盜從逆，質之同獲夥犯黄言供亦相符，但既上賊船即難輕宥，未便照洋盜服役本例問逆杖徙，應請照洋盜接贓一次例，發往黑龍江給打牲索倫達呼爾爲奴，仍照例刺字。以上逆犯家屬財産飭查另辦，黄言有兄黄脱並失察爲盜牌保飭拘照例發落。再，奴才欽奉上諭：捦獲周添秀、葉豹、邱恩、陳齊等犯每獲一名，賞銀二三百兩等因。今網民陳拂經武隆阿等派令踊緝逸匪，拏獲陳齊一名，尚屬勤奮，應請酌賞銀二百兩。又臺灣未獲賊目除股頭洪四老等六名外，尚有林和德等二十七犯，現經奴才查明另奏，此等賊目均應按名弋獲，以盡根株。嗣後義勇人等如果出力踊緝，每獲前項賊目一名，奴才擬酌賞銀五十兩，以示鼓勵，如蒙恩允，此案拏獲賊目翁天送等四名之義勇人等，即請照此給賞。除各犯供單送部外，所有搜獲著名股頭緣由，奴才謹遵旨由五百里馳奏，伏祈皇上睿鑒。謹奏。

[硃批]：另有旨。

二八、福州將軍賽沖阿奏摺：蔡牽幫船竄至臺灣鹿耳門即自嘉義縣返回督剿

[嘉慶十一年五月二十一日]，奴才賽沖阿跪奏：爲蔡逆匪船復竄至臺灣鹿耳門招外游奕，奴才接據禀報即自嘉義縣回郡，相機督剿，恭摺具奏事。

竊照蔡逆匪船于四月二十日自臺灣呑霄洋面西竄，奴才以時届五月正值臺灣糖船出口，恐該逆復竄至澎湖鹿耳門一帶伺劫，當將分兵防守海口並奴才暫駐嘉義縣查探緣由，恭摺具奏在案。兹于五月十八日申刻接據總兵愛新泰禀稱，接據口員禀報十七日未刻了見鹿耳門招外洋面有紅蓬尾船四十餘隻在彼游奕，顯係蔡逆匪船等情。奴才查嘉義迤南各海口村莊甫經被賊滋擾，逸匪尚未盡獲，不惟水陸勾結當絶其萌，且恐逸匪因陸路查拏嚴禁，有乘機偷上匪船之事。奴才聞信後酌留官兵駐防嘉義，即于十八日自嘉義起程親赴沿海一帶挨口巡查。于二十一日回郡，

所有沿途素通船筏之鹽水港、含西港、洲仔尾及府城西南之草寮後等處，現已分派參將英林、唐拔高、游擊曾振等帶領官兵駐守，並酌帶鄉勇作爲眼目，如有逸匪冀圖出口即可立時擒拏，仍知會提臣許文謨在于南路東港、打鼓港一帶一體實力巡防。奴才查郡城民情鎮静，街市貿易如常，隨督同愛新泰至海口查看形勢。口内現有商船五十餘號，奴才已飭副將王得禄加意防護，至蔡逆匪船查有八隻駛近招口，其餘仍在外洋游奕，匪情詭譎，先以數船駛近口門，顯係試探官兵虚實，若非大幫舟師堵住匪船去路，一經官兵攻剿勢必遠竄，于事殊屬無益。此時鹿耳門口僅有副將王得禄管帶哨船十二號，不敷圍捕。查總兵張見陞前帶兵船三十餘隻赴滬尾攻剿朱濆匪船，因桅柁微有損壞，在彼修理。奴才現已飛檄催令南下，一面飛咨提臣李長庚即日統領大幫舟師直抵鹿耳門，以便内外夾攻，殲此巨憝。奴才仍督同總兵愛新泰等多備澎漁船隻裝載火具，以便協剿。除俟舟師齊集再將剿捕情形飛馳奏報外，所有蔡逆現竄鹿耳門情形，奴才謹會同提臣許文謨恭摺由驛馳奏，伏祈皇上睿鑒。謹奏。

[硃批]：覽。

二九、福州將軍賽沖阿奏摺：臺灣舟師在鹿耳門洋面攻剿蔡牽股船大獲勝仗

[嘉慶十一年六月初三日]，奴才賽沖阿跪奏：爲臺灣舟師在鹿耳門洋面攻剿蔡逆匪船，大獲勝仗，奪獲並擊沉匪船二十一隻，生擒黨惡賊目二名，匪犯二百餘名，擊斃、淹斃股頭賊目匪犯一千六七百名，恭摺馳奏，仰祈聖鑒事。

竊奴才于五月十八日在嘉義縣接據總兵愛新泰禀稱，蔡逆匪船于五月十七日竄至鹿耳門洋面游奕等情。奴才隨于五月二十一日趕回府城，當將嚴防口岸及飛調總兵張見陞統帶臺灣舟師赴鹿耳門會剿緣由，恭摺奏聞在案。奴才因舟師未到，先赴海口查看賊情地勢。賊匪以大船八

隻駛近海口，其餘仍在口外游奕，是剿捕賊匪雖在舟師，而陸路亦應嚴防，以杜其勾結陸匪並敗後竄逃之路。奴才隨飭總兵愛新泰、二等侍衛武隆阿、副將張良槐等帶領兵勇赴四草南汕一帶紮營，又飭署參將唐拔高、署守備陳安會同署嘉義縣胡應魁帶領兵勇在含西港紮營，署游擊官贊朝、守備曹武帶兵四百名在洲仔尾紮營。時臺灣道慶保在北路未回，奴才並飭汀漳龍道清華督同臺灣縣知縣薛志亮在于城箱内外巡防稽察，又派游擊黎炳臺、明阿會同臺灣府知府高叔祥帶領兵勇防守安平。奴才仍帶參將慶熙、英林在于海口扼要之草寮後紮營，就近調度。一面諭令副將王得禄、守備王贊將所帶舟師配足砲械藥鉛，一俟總兵張見陞舟師到後，立即會合夾攻進剿，並有三郊義民洪秀文、陳本全、王青雲等自願捐資，雇募膨船義勇隨同官兵剿賊，奴才一併諭令隨軍調遣。適總兵張見陞、護副將邱良功因攻剿朱濆賊船後，在滬尾港口修船，接奉奴才札調，當將應修船隻留彼修葺，即帶現船二十九隻于二十五、二十六等日趕至。因風大浪涌，暫在鹿耳門左首寄椗。賊匪見舟師齊集，即將口門八船移首向内，其餘賊船三十三隻在口外一字排列，船頭向外，以爲内外抗禦官兵之計。二十九日早，奴才查看風浪稍平，飛飭副將王得禄、游擊盧慶長、守備王贊等帶領兵船十三隻自口内攻出，總兵張見陞、護副將邱良功、游擊廖國、署都司吴安邦帶領兵船二十九隻在外洋圍攏，南汕有總兵愛新泰、侍衛吴隆阿等在彼紮營，足資截剿。仍令義民首洪秀文等將所捐膨船四十五隻配載熟悉水性義勇，由北汕抄截，四面合圍，剿捕口門。賊船八隻見王得禄等率領兵船向前轟擊，當時起篷退出與口外賊船合幫。邱良功乘機首先沖入賊陣，奮力攻擊。張見陞、王得禄等亦隨帶兵船合剿。該匪見官兵圍剿甚緊，賊船已亂，外委鄭嘉惠乘勢奪獲賊船一隻，生擒匪犯陳五等二十餘名，餘皆投海淹斃。賊匪見官兵圍捕愈緊，各船均有穿紅馬褂賊目一名，持旗指揮，混放槍砲與官兵抗拒，並放火船二隻，冀圖焚燒官船。官兵槍砲如雨。愛新泰、武隆阿等在南汕亦施放槍砲圍擊。義民洪秀文等又帶艕船從北汕合圍進勦。賊匪無隙可乘，自將船隻收泊一處抵死抗拒。時天黑風雨兼作，涌浪大漲，恐兵船有失，暫行寄椗。初一日黎明，匪船起椗欲逃。張見陞、王得禄、邱良功、王贊等親督弁兵奮不顧身撲過賊船捦殺無數，奪獲賊船六隻。賊匪情急，自將槍砲火藥抛擲海内，紛紛投海身死。亦有經官兵撈獲捦縛者。賊匪駛船向南，愛新泰、武隆阿等復用砲轟擊，打沉匪船三隻，賊匪窮蹙。維時潮水正漲，賊匪拼命向鐵板沙上涌浪中沖出，官兵奮力追趕，用砲轟擊，有賊船八隻在涌浪中掀翻，登時飄没。内有一船，船身高大，咸稱係蔡逆坐船。蔡逆有無鳧水逃過别船，風浪之中無從確查，其餘賊船四散奔逃。奴才親至鹿耳門督飭追勦。復有三船被兵船追急折回。奴才即揮令官兵四面圍捦，賊匪自揣萬無生路，有用火藥自焚者，有投海淹斃者，仍生擒匪犯陳養等二十餘名。奴才當即通行點查實在奪獲賊船十隻，擊沉賊船十一隻，奪獲大小砲位三十九門，生擒賊目林略、傅琛二名，匪夥二百餘名，割取首級一百餘顆，其餘擊斃淹斃賊匪約計一千六七百名，搜獲僞印一顆，上刻“王印正大光明”六字，旗幟、鳥槍、藤牌等械不計其數。各哨船杠椇亦多損壞，惟澄字三號哨船被賊擊沉，淹斃兵丁同陣亡受傷各兵另容查明請恤。奴才此次鹿耳門口外洋面攻勦賊匪，風大浪涌，仰賴聖主洪福，各官兵鼓勇争先，將賊船、賊匪殲戮捦獲過半，並擊沉首逆船隻（[硃批]：最可惜李長庚未至，另有嚴旨諭彼。）。蔡逆曾否淹斃在汪洋風浪之中，雖無確據，即使逃出，僅有賊船二十隻，四散奔逃，並不能聯䑸合駛，且桅柁均有損傷，賊勢窮蹙已極，斷難支久。提臣李長庚未經跟踪來臺，自必在厦門蚶江一帶迎勦。奴才現已咨會督撫臣並提臣李長庚務乘此賊船散竄之際，緊躡賊踪，毋令修理船隻在洋伺劫，又致猖獗難制，並飭沿海地方確切查探，遇有紅篷尾船，無論蔡牽是否在船，立即捦拏，務使首逆夥匪盡數殲捦，以快人心，以靖海洋。除損壞哨船咨商督撫臣趕緊籌款修理，實在出力官弁兵勇查明另請奬賞外，所有奴才督飭臺灣舟師勦賊得勝緣由，謹由驛五百里馳奏，伏祈皇上睿鑒。謹奏。

[硃批]：即有恩旨。

三〇、福州將軍賽沖阿奏摺：請許律斌調補北路協中營都司所遺都司以周兆吉陞署

[嘉慶十一年六月十三日]，奴才賽沖阿跪奏：爲臺灣水陸各營現出都守員缺分别遴員請補，以重營伍事。

竊照臺灣北路協中營都司盧植傷亡遺缺，左營守備餘鐘璽陣亡遺缺，係陸路題補要缺。又臺協中營守備陳階陞陞任遺缺，左營守備陳廷梅陣亡遺缺，係水師題補要缺。先因該員弁等陣傷亡故並陞任出缺後，正值軍務緊要，遞委署理懸缺未補。奴才到臺後當即督同總兵愛新泰于奉旨應陞及軍營出力各員弁内，擇其人地相宜者札商督臣玉德分别陞補去後。兹准督臣玉德札復，囑令奴才就近遴員會銜請補等因。奴才查臺灣正當整頓營伍之際，必須幹練員弁方資整理，查有奉旨以都司用之現任鎮標左營千總周兆吉一員，由武舉拔補千總調任今職，該弁年壯技優，熟諳營務，現于收復鳳山奮勇殺賊案内奉旨以都司陞用，以之請補北路協中營都司銜缺相當，惟是周兆吉署理南路營水底寮守備一載有餘，熟悉該處民番風土情形，在南路尤爲人地相宜，應請以下淡水營都司許律斌調補北路營都司，所遺下淡水營都司員缺即以周兆吉陞補，一轉移間于地方營伍實有裨益。又北路左營守備一缺，查有城守營左軍千總陳名聲由行伍歷拔千總調補今職，于嘉慶九年八月内授札，該弁年力强壯，弓馬可觀，前經會同臺防同知錢澍勦捕南路賊匪奮勉出力，以之陞補北路協左營守備可期勝任。又水師臺協中營守備一缺查有奉旨以守備用之現任臺協右營千總王贊一員，由行伍歷拔千總調任今職，該弁年壯技優，熟悉水師，現于堵禦蔡逆跳船殺賊案内奉旨以守備陞用，以

之陞補臺協中營守備實屬相宜。又臺協左營守備一缺查有臺協右營千總蕭得華由行伍歷拔千總調任今職，嘉慶十六年六月内授札，該弁年壯技嫺，操防勤練，前在鹽水港一帶勦捕賊匪，奮勇殺賊，著有勞績，以之陞補臺協左營守備亦屬相宜。以上陞補各員奴才與玉德往返札商意見相同，惟查周兆吉、王贊二弁在臺聞訃丁憂，尚未服闋，例應停其陞轉，陳名聲于九年八月授札任事歷俸未滿三年，今請陞補都司守備于例均有未符，但周兆吉、王贊係奉旨以都司守備補用之員，陳名聲、蕭得華亦係軍營出力之弁，現值要缺需員，合無仰懇皇上逾格恩慈俯准，以許律斌調補北路協中營都司，所遺下淡水營都司員缺即以周兆吉陞署，王贊陞署臺協中營守備，仍俟該員等服闋後另請實授。陳名聲陞署北路協左營守備亦俟扣滿年限照例辦理。蕭得華陞補臺協水師左營守備，該弁係水師人員歷俸已滿一年，與陞轉之例相符。以上陞署、陞補各弁查無違礙處分，如蒙俞允准，其陞署、陞補除周兆吉、王贊係奉旨陞用人員外，其陳名聲、蕭得華二員仍俟事竣照例送部引見，恭候欽定。除飭取各弁履歷送部外，奴才謹會同閩浙總督臣玉德、陸路提督臣王柄、水師提督臣許文謨恭摺具奏，伏祈皇上睿鑒。再，查臺灣各營千把缺出例應由内地調補，兹查營弁内現有奉旨應陞及軍營出力之人應請就臺拔補以收駕輕就熟之益，除另行咨部辦理外，合併陳明。謹奏。

[硃批]：另有旨。

三一、福州將軍賽沖阿奏摺：查明臺灣早稻收成分數並米價

[嘉慶十一年六月十三日]，奴才賽沖阿跪奏：爲查明臺灣早稻收成分數，循例具奏，仰祈聖鑒事。

竊照早稻收成分數例應奏報，奴才于四月内由郡城前赴嘉義，沿途查看禾苗甫經出土且有並未栽插之處，詢係三月内農民始經歸莊是以翻犁較遲，當經奏蒙聖鑒並飭該道府通行查報去後。兹據臺灣道慶保轉

據臺灣府知府高叔祥查明臺灣一廳四縣早稻收成情形匯報前來，奴才逐一覆查，除臺灣縣土性鬆浮向不栽插早稻外，其鳳山、嘉義兩縣農民于三四月內陸續歸莊翻犁播種已失早稻耕獲之期，應歸于晚稻收成案內，查明匯報無庸覈計早稻分數。至彰化、淡水一帶沿山地方早稻收成頗屬豐稔，惟沿海被賊滋擾之區仍多栽插失時之處，合計收成均屬歉薄，覈計彰化縣早稻收成實在四分有餘，淡水廳早稻收成實在三分有餘，現在雨澤時行，田水霑足，惟有分飭該廳縣等勸諭莊民趕栽晚禾以期秋成豐稔。至糧米價值，四月內每中米一石價銀二兩三錢，五月以後青黄不接微有加增。奴才仍督飭該道府隨時留心查看，如有應行調劑賑恤之處，咨商督撫臣妥辦外，所有臺灣早稻收成分數情形，理合附驛具奏，伏祈皇上睿鑒。謹奏。

[硃批]：另有旨。

三二、福州將軍賽沖阿奏摺：總兵張見陞等拏獲蔡牽夥犯林略等審明分別辦理

[嘉慶十一年六月十三日]，奴才賽沖阿跪奏：爲審明從逆賊目匪夥並逼脅服役各犯分別辦理，恭摺具奏事。

竊照蔡逆匪船竄至鹿耳門洋面伺劫，當經奴才督飭總兵張見陞、副將王得禄、護副將邱良功等于五月二十九、六月初一等日大加攻剿，水陸官弁兵勇先後拏獲賊目林略、傅琛二犯並夥匪二百餘名恭摺馳奏在案。此案人犯衆多必須分委幹員趕緊研訊方期辦理迅速，時臺灣道慶保亦自北路回郡，經奴才飭委該道慶保會同汀漳龍道清華督飭臺灣府知府高叔祥，隨營委員福州府平潭同知汪楠等分别提犯訊鞫。兹據該道府等訊明賊目除林略、傅琛外尚有高兩一犯亦係管船頭目。又訊明從逆匪犯陳養等一百六十八名被賊逼脅服役，楊代等十三名犯屬，林陳氏一名同被擄難民郭思兼等四十一名一併開具供摺解勘前來。奴才隨親提各犯督

同覆訊，内林略即阿班略一犯于嘉慶三年投上蔡牽盜船入夥，經蔡牽派管賊船一隻，帶領匪夥八十餘人在洋行劫不記次數，並隨同蔡牽屢次拒敵官兵，又傅琛即大猫一犯于嘉慶九年正月内投上蔡牽盜船入夥，十年四月派管賊船一隻，帶領匪夥四十九人行劫不記次數，並隨同蔡牽拒敵官兵。又高兩一犯于嘉慶八年二月内投上蔡牽匪船入夥，九年三月派管賊船一隻，帶領匪夥五十餘人行劫不記次數，並隨同蔡牽拒敵官兵。又鄭胡、郭哈、温郎、侯看、李九、楊漁六犯係現獲賊目林略船上隨同拒敵官兵匪夥。内鄭胡一犯殺害官兵二人，又陳基、王必、曾好、陳五、謝典、莊允、蔡杰、歐九、楊添、李成、高超、李輝、陳及、劉標、沈越、李勤、曾通、蔡凑、郭端、林青和、林正、鄭潭、穀茵茂、林雄等二十四犯係現獲賊目傅琛船上隨同拒敵官兵匪夥，内陳基一犯殺死官兵一人。又劉英、李良、王邁、陳桂開、周青、黄芳、詹服、劉國寶、陳星等十犯係現獲賊目高兩船上隨同拒敵官兵匪夥。又郭鸞、蔡滚、陳貴、陳厚、鄭允、傅月、李數、黄水、邱疼、李香、林照、郭勇、吴通、黄海、許世、陳益舵、陳笨、王來、馮振芳、鄭明受、林學、林臻亮、謝連、洪榜、方文、周位、張阿明、林文撰、蔡智、周義宗、李五、謝近、黄石、蔡欲、吴連、葉降、張水、鄭京、吴路、柯測、陳後等四十一犯係現在擊斃之賊目昌治船上隨同拒敵官兵匪夥，内郭鸞一犯戳死兵勇二人，蔡滚一犯殺死官兵一人。又吴免、姚投、陳務、李旺、王魁、李吉、盧江順、洪穩、林約、王生、黄舅、王育、徐奉、李山、曾喜、林恭、柳順、黄光、陳滯、陳赤、陳唱、莊定、陳終、陳月、蔡小求、羅生、高竈、許順、曾□、楊作、梁保、柯青等三十二犯係現在擊斃之賊目阿班堅船上隨同拒敵官兵匪夥。又邱棟、林振、洪知、熊阿文、蔡附、吴捷、李紅、朱瑶、伍妙、林青、吴潭、邱仲、林述、鄭青、林扶、姚泉、邱委、曾乞、王藍、李七等二十犯係現在投海身死之賊目阿提船上隨同拒敵官兵匪夥，内邱棟一犯殺死官兵二人。又陳養、王得、林旦、王振、葉整、陳束、金圭、陳送、張農、黄明、游番、鄭串、陳淵、陳順烟、鐘育、林好、陳領、林尊、林甯、蔡願、林通愛、宋雲、楊元、吴通、陳喜、黄莅、林六、周五、莊來、周初、陳羅、邱添成、莊阻、邱笑、邱投等三十五犯係陸路股頭陳棒、吴三池等匪夥，節次攻擾鳳山府城各處，經官兵剿敗後逃上阿班堅等船上，復隨來鹿耳門伺劫。内陳養一犯殺死官兵一人，王得一犯殺死兵勇七人。又楊代、陳磔、劉安、施言、沈順、王道則、莊廷基、陳宋、謝莊、裴濱、林霞、李京、王黎等十三犯係被擄上船迫令煮飯洗衣□篷起椗，訊無上盗亦無拒敵官兵情事。以上各情節反覆究詰，均據供認不諱。查賊目林略即阿班略、傅琛即大猫、高兩等三犯黨惡助逆拒敵官兵，陳養一犯攻城殺人復上盗船拒敵官兵，鄭胡、陳基、郭鸞、蔡滚、邱棟、王得六犯從逆攻城殺害兵勇復上盗船行劫拒捕。以上十犯罪大惡極，合依謀反凌遲律凌遲處死。又郭哈等一百六十一犯或係盗船匪夥拒敵官兵；或係陸路逆匪逃上盗船復行拒捕，合依謀叛律斬决梟示。該犯等情罪重大未便稽誅，奴才于審明後即飭委臺灣道慶保、署城守營參將英林恭請王命，將賊目匪夥林略即阿班略等一百七十一犯綁赴市曹分别凌遲處斬，仍傳首梟示，以昭炯戒。又楊代等十三犯訊係被擄服役並未從逆亦無上盗，但既在逆犯船内服役未便仍照盗案服役本例問擬杖徒仍發本省，限滿又得釋回原籍，應請發黑龍江打牲索倫達呼爾爲奴，照例刺字，盗船砲械分别銷變配緝，逆犯親屬財産飭查另辦，林旦之妻林陳氏應飭縣監禁，歸于叛屬案内辦理。被擄難民郭思兼等四十一名省釋遞籍安插，除錄各犯供單送部外，所有拏獲賊目匪犯分别辦理緣由，謹恭摺具奏，伏乞皇上睿鑒。再，陸路逸犯現在又據報獲林起等五十餘名，奴才現在飭提審辦，俟辦竣後奴才即赴南路查閲營伍獎賞番衆，合併陳明。謹奏。

[硃批]：另有旨。

三三、福州將軍賽沖阿奏片：獲犯林略等供出蔡牽幫股情形

[嘉慶十一年六月二十四日]，再，查現獲之林略即阿班略、傅琛即大猫二犯均係蔡牽分管船隻黨惡助逆要犯，陳養一犯在阿班堅船上幫同管事亦係蔡逆信用之人，其于蔡牽謀逆情形及賊船虛實必知其詳。奴才當即督飭道員清華提犯研訊，據供：蔡逆在洋行劫年久，積有資財，初擬奪取蛤仔爛地方安身，因恐臺灣陸路官兵擒捕中，後與臺地奸民洪四老、陳棒等勾結，復有謀取臺灣之意，本年二月内經官兵打敗竄回内地，賊勢漸蹙。向來蔡牽劫得財物每年與賊夥俵分二次，上年冬間蔡牽因在臺灣勾結陸路股頭謀逆花費過多未經分贓，所以賊夥多有涣散。此次來臺伺劫共船四十一隻，賊夥三千餘人，内蔡牽姪兒蔡添來、蔡二來、蔡三來、昌治、阿班堅、五堡水六人最爲兇很（狠），每人各管一船，爲蔡牽素所信任。其餘均擇在船年久幫同行劫出力者方令管船，又陸路股頭洪四老、陳棒、周添秀、吴三池、葉豹、邱恩等逃上賊船後，周添秀分管賊船一隻，洪四老同尾口痣合管一船，吴三池派在蔡牽船上，陳棒派在阿班堅船上，葉豹、邱恩不知派在何船。蔡牽此次來臺經官兵剿捕嚴緊，管船賊目阿班堅被砲打死，昌治被火藥燒死，阿提、肥准、高讓三人船隻被砲擊破淹斃，股頭陳棒亦中砲身死，蔡牽自坐船隻被官兵追急在涌浪中掀翻，蔡牽素悉水性，有無淹斃，小的不敢混供。至蔡牽的火藥都放在自己船内，砲械銀米也是蔡牽船内最多，于今蔡牽船隻擊翻，就是蔡牽得生亦難久存等情。除將該犯發交臺灣府收禁，彙同現獲各犯再行研訊辦理外，所有訊明蔡逆匪船情形，奴才謹附片奏聞，伏乞皇上睿鑒。謹奏。

[硃批]：汝等此次立功甚偉，即有恩旨。

三四、福州將軍賽沖阿奏摺：在鹿耳門火燒蔡牽船隻大獲勝仗獎賞愛新泰等人情形

[嘉慶十一年六月二十四日]，奴才賽沖阿跪奏：爲欽奉諭旨，恭摺具奏，仰祈聖鑒事。

竊奴才于六月十七、二十二等日在臺灣府城奉到上諭：蔡逆自上年冬間竄至臺灣地方勾結陸路匪徒肆行滋擾，彼時内地大兵未及配渡，臺郡兵力較單，愛新泰、慶保二人率同地方兵勇隨宜援應，悉力拒守得以無虞，其功甚偉，前命賽沖阿查明據實保奏。兹復據賽沖阿奏稱：當蔡逆匪船進口之時原有一百餘隻，維時李長庚在鹿耳門招外寄椗，愛新泰、慶保復與該提督約信會合用計火攻，前後焚燒大小賊船計七十餘隻，匪船駛近招口，經李長庚督兵攻剿不能出口，適風順潮漲賊始乘機竄逃等語。是蔡逆之不能久于窺伺臺灣，實係伊二人同李長庚夾攻之力，李長庚亦無玩縱情事，惟伊究係專管水師之員，疏防之咎實無可辭，是以將伊革去頂戴責令自效。至愛新泰、慶保原在陸路防守，今餘匪搜捕將盡，全郡敉寧，允宜褒奬勤勞以昭懋賞，愛新泰前因收復鳳山肅清南路已賞給雲騎尉世職，著再施恩加賞爲騎都尉世職；慶保著加恩賞給雲騎尉世職並賞戴花翎，副將金殿安什格、參將英林、同知胡應魁前此進兵斗六門與賊匪打仗得勝，殲獲多名，兹既據賽沖阿查明尚無捏飾情事，著施恩均交部議叙。其餘員弁兵勇屯番内有實在出力應行保奏者，著賽沖阿確切查明再遵前旨保奏，至守備王贊前此堵禦蔡逆本屬出力，是以加之恩擢，此次復能實力巡緝拏獲賊目賊夥多名，殊屬奮勉，著加恩照賽沖阿所請再行賞戴藍翎。其前此幫同官兵剿賊出力之義民首張田玉本係五品頂戴，著加賞爲四品頂戴。張心仁本係六品頂戴著加賞爲五品頂戴。民人廖子石著賞給七品頂戴，番目諦窩蘭同生番淡嗎黨等六十八名前俱隨同官兵剿賊，現復願赴内山搜拏逸匪，深識大義，甚爲

可嘉，諦窩蘭已施恩賞給六品頂戴藍翎，其餘生番六十八名並著賽沖阿酌量分別頒賞漳絨、羽緞、銀兩以示鼓勵。蔡逆前在臺灣被勦窮蹙，此時未必再敢窺伺臺郡，賽沖阿惟當督飭臺灣水陸官兵分投布置加倍嚴密，設遇該逆竄至之時，上緊勦捕。賽沖阿摺内有奉命渡臺寸功未效等語，賽沖阿到臺之日蔡逆業已竄逃，伊未諳水師自不必出洋追勦，本無可效之績。若該逆愍不畏死仍然竄近臺灣，賽沖阿此時能督率文武弁兵設法辦理就地殲除，則功績甚偉，朕必立施懋賞並將在事出力各員一併沛以厚恩，不可不勉之又勉也等因。欽此。

又奉上諭：賽沖阿奏奉到節次諭旨欽遵辦理並赴嘉義、彰化、淡水一帶巡查撫綏一摺，覽奏俱悉。摺内所稱淡水極北蛤仔爛地方有膏腴之地爲蔡逆素所窺伺，此次該逆復又竄至淡水各港，未始非圖占此地而來，與其在洋勦捕總未得手，不若將計就計誘令登岸以便生擒，此所謂兵不厭詐或即于此次勦賊出力得有頂戴之義勇内擇其勇往精細者，派令前往藏過頂戴貌爲本地居民，俟蔡逆到時或應其招募或自投入夥，使之毫無疑貳，一俟機會可圖即奮勉縛獻，爲功不小，必當優加恩賞。賽沖阿如能設計擒此渠魁則較之李長庚等帶兵追捕豈不事半功倍，朕必立沛重恩。賽沖阿惟當酌量機宜妥爲籌辦。設賽沖阿察看情形，該逆登岸之後未必能應手就獲則仍當盡力防堵，與李長庚會合夾攻，務期擒獲亦屬正辦，總在賽沖阿相機辦理也。又據奏籌辦臺灣水師兵船巡防事宜一摺，其應配官兵即將内地出差來臺及班滿水師暫留應用，所辦亦是。現在賽沖阿飭令張見陞全數管帶在于府城淡水適中之鹿港地方隨宜策應，務當嚴飭該鎮查探逆匪踪迹認真緝捕，無得疎懈。其摺内請修築淡水、滬尾等處砲臺兵房以備防守之處，現在蔡逆竄至淡水勦捕方亟，俟事定後再行趕緊修理等因。欽此。伏查臺灣鎮道愛新泰、慶保等于蔡逆勾結陸匪滋擾時督飭員弁義勇守城殺賊宣力，數月勞績最著，節奉諭旨保奏。經奴才于四月二十五、五月十六等日聲明具奏未邀聖鑒即蒙恩旨賞給慶保雲騎尉世職，並賞戴花翎。愛新泰復蒙加賞騎都尉世職。仰見聖主奬勵勤勞賞不逾時之至意，除愛新泰、慶保感激微忱，現在自行奏謝外，其守備王贊蒙恩賞戴藍翎，義民首張田玉、張心仁、廖子石等蒙恩加等賞給頂戴並副將金殿安什格、參將英林、同知胡應魁等著有微勞，均蒙交部議叙，鴻施稠疊，奴才宣示恩旨，文武各員及義勇人等無不同深感奮，至前奉上諭應行保奏之員弁、義勇、屯番等業經奴才遵旨保奏，其餘著有微勞者並經聲明，俟查拏逸匪竣事，覈其始終勞績另奏在案。又番目諦窩蘭前帶出力生番淡嗎黨等六十八名赴奴才行營謁見，除諦窩蘭一名遵旨賞給翎頂外，其淡嗎黨等六十八名復經奴才賞給烟酒紅布等項。兹蒙諭旨以該生番請赴内山緝匪深識大義令奴才酌量頒賞漳絨、羽緞、銀兩等因。奴才查生番屯番等隨同官兵攻克洲仔尾賊巢及收復鳳山縣，先奉上諭奬賞，因該番等正在内山緝匪一時未能傳齊，經奴才奏明俟親赴南路時再行賞賚在案。所有現奉諭旨應賞之淡嗎黨等應請俟奴才赴南路時一併酌量頒賞。至蔡逆匪船于四月内竄至滬尾洋面，奴才恐其有圖占蛤仔爛番地之意，當飭臺灣道慶保帶同前任臺灣府知府馬夔陛馳赴淡水與總兵李應貴妥籌辦理。奴才暫駐嘉義爲郡城聲援，維時蔡牽游奕外洋數日輒即颺去，竟于五月十七日復竄至鹿耳門伺劫，奴才聞信後趕回郡城督飭文武官兵相機剿辦，仰賴聖主洪福，殲戮逆匪過半，蔡逆自坐船隻亦經擊沉，剩船零匪踉蹌分竄，提臣李長庚統帶大幫舟師自必在洋迎剿，似無難殲除净盡。至上年臺地奸民烏合滋擾原係蔡逆勾結，今蔡逆匪船剿除殆盡，沿海游民無不震懾革心。其未獲陸路大股頭洪四老等七名，除陳齊一犯業經拏獲辦理，陳棒一犯在賊船被砲擊斃外，尚有洪四老、吴三池、邱恩、周添秀、葉豹五名逃上賊船，當兹洋匪首夥陸續殲擒洪四老等非臨陣殲戮即溺斃海洋，斷難延喘。又小股頭九十一名内，先經獲六十四犯辦理具奏，現又弋獲林起等七犯彙同現獲匪夥審明辦理另摺具奏。此時餘匪搜捕將盡，全郡敉寧，實堪上慰聖廑，除撥補戍兵撤兵歸伍各事宜現在另摺具奏，滬尾砲臺兵房趕緊飭修外，所有奉到諭旨遵辦緣由，理合由驛恭摺覆奏，伏祈皇上睿鑒。謹奏。

[硃批]：另有旨。

三五、福州將軍賽沖阿奏摺：撥補缺額戍兵並陸續撤兵内渡歸伍

[嘉慶十一年六月二十四日]，奴才賽沖阿跪奏：爲撥補缺額戍兵並陸續撤遣徵兵内渡歸伍，恭摺具奏，仰祈聖鑒事。

竊奴才于四月内欽奉諭旨：臺地搜捕肅清後賽沖阿當體察情形或可將所調官兵酌量撤遣歸伍等因。欽此。緣彼時蔡逆匪船復竄臺洋，所有陸路防範必須嚴密，經奴才將防守口岸並查辦徵兵補戍各緣由恭摺覆奏在案。今蔡逆匪船竄臺業經官兵殲戮過半，海洋即日肅清，陸路搜捕亦將竣事，所有前調徵兵及班滿留臺戍兵，自應遵旨撤遣歸伍。惟查臺灣各標營戍兵自上年剿辦賊匪以來，陣傷亡故缺額未補並有事故開革者，若照例均在内營撥補，不惟有需時日亦且徒糜盤費，自應即于現在臺灣徵兵内擇其年力强壯技藝精熟者，照數補額更爲省便。經奴才札飭總兵愛新泰將通臺缺額兵數趕緊查報去後。兹據愛新泰將臺鎮三營並城守營缺額兵五百二十餘名，南路營缺額兵二百七十餘名，北路三營並淡水營陸路缺額兵四百六十名，臺協三營並北路淡水營水師缺額兵四百五十餘名，通共水陸缺額兵一千七百餘名，逐一查明呈報前來。除轉飭愛新泰會同帶兵各將官按營挑補，其有與現在徵兵營分水陸不符者，酌量于班滿兵丁内留戍以符定制外。其餘南北各路防守徵兵一俟戍兵挑補足額應即撤遣内渡，惟時臺洋六七月間風涌不時，商船往來稀少，現在撤遣徵兵除挑戍外，尚有凱旋兵三十餘名並班滿换回兵二千餘名同時配渡，實覺船少兵多，而臺營哨船此次剿捕蔡逆多有損壞，實在完好者不過十餘船，應留臺洋巡緝又未便渡載徵兵回内。奴才再四籌劃惟有將凱旋徵兵陸續裁撤分起内渡，其各兵應領鹽菜口糧仍截至七月二十九日止，自八

月初一日以後有陸續裁撤守風待渡者，均按照戍兵分例給與月餉眷米，以省縻費。其徵兵内有派防嘉義以南者應由鹿耳門配渡，派防嘉義以北者應由鹿仔港配渡。奴才並飭各將官帶兵就近登舟以省夫價，至徵兵既撤帶兵提鎮大員在臺並無應辦之事，奴才一併札商許文謨、李應貴俟徵兵撤遣過半亦即内渡回任，以重職守。再總兵張見陞前帶海壇等營戰船五號來臺巡防，嗣因臺洋巡緝緊要，又經奴才籌辦戰船四十九號統交該鎮管帶緝捕在案。今海洋漸次肅清，其臺洋舟師奴才現飭澎湖協副將王得禄、護安平協副將邱良功管帶巡防所有張見陞前帶兵船五隻，除先有一船因風飄回内地外，現在兵船四隻，水師弁兵一百九十餘名，應即一併管帶内渡各歸訊守。除臺營操防事宜奴才即日按營查閱外，所有撤兵撥戍緣由，謹會同水師提督臣許文謨恭摺具奏，伏乞皇上睿鑒。再，查臺灣添造善字號梭船案内尚有應募水兵九百餘名，未經募補。現在王得禄等管帶内地出差水兵二百餘名應暫留臺洋巡緝，所有口糧應在生息項下支給，毋庸開銷經費，合併陳明。謹奏。

[硃批]：另有旨。

三六、福州將軍賽沖阿奏片：剿辦蔡牽奉旨暫緩内渡並移交欽差大臣關防

[嘉慶十一年六月二十四日]，再，奴才先委參將長春酌帶官兵賫捧欽差大臣關防内渡，移交督臣玉德派員送京，適因剿辦蔡逆諭令暫緩内渡。兹逆匪雖已剿敗逃散，但海洋六月内臺颶無時，風大浪涌，最爲難行，關防攸關重大，未便涉險。奴才現已敬謹封固，應俟立秋後風浪稍平再行内渡，以昭慎重。除知會玉德外，奴才謹附片奏聞，伏祈皇上睿鑒。謹奏。

[硃批]：覽。

三七、福州將軍賽沖阿奏摺：審明林起等攻城戕害兵勇一案按律分別定擬

[嘉慶十一年六月二十四日]，奴才賽沖阿跪奏：爲拏獲陸路賊目匪夥審明分別辦理，恭摺具奏事。

竊照臺灣陸路逸匪節次查拏審辦，漸次肅清，嗣因蔡逆復竄臺洋，誠恐内山逸匪有潛赴沿海村莊偷上賊船之事。奴才于剿辦蔡逆後，當即分飭南北各路守口文武，嚴密偵緝，並委總兵愛新泰、臺灣府知府高叔祥酌帶兵役前赴沿海之蔴荳、蕭壠各莊，嚴密查拏去後。旋據報獲逸匪吴武畧等四十名，並據員弁兵勇先後拏獲股頭林起、陳爲本、陳光在、林講和、林静、陳百、蘇起七犯，匪夥陳嗣等八十二名，均經奴才一併飭提解府，行據臺灣道慶保、汀漳龍道清華督同臺灣府知府高叔祥、福州府平潭同知汪楠審擬解勘前來。奴才親提各犯督同覆訊，據林起一犯供認自投蔡牽入夥，受封僞軍師，領過旗銀招夥千人攻擾府城三次，並攻鹽水港營盤、鳳山火藥庫各一次。又陳爲本一犯供認投上蔡牽盜船，受封僞先鋒，領受旗銀招夥十人攻鳳山火藥庫三次，攻府城二次，殺死義民二人。又陳光在一犯供認聽從股頭陳棒糾邀入夥，領旗一桿，率領匪夥二十餘人與粤莊義民打仗一次，殺死二人。又林講和一犯供認聽從股頭陳棒糾邀入夥，領受旗印率領匪夥二百餘人與粤莊義民打仗一次。又林静一犯供認聽從盜船賊目鄭海糾邀入夥，領受旗銀招夥五十人迭次攻城打仗，拒敵官兵義民，殺死屯番一人。又陳百一犯供認聽從賊目周添秀糾邀入夥，領受旗銀招夥三十人攻府城二次。又蘇起一犯供認聽從賊目陳番糾邀入夥，領受旗銀招夥二十五人攻府城三次。又陳嗣、黄水、王前三犯訊係股頭周添秀等匪夥，叠次攻城擾莊，殺害官兵義民多人。又陳四代、吴武略、楊成、陳明、蔡朝、吴還、吴拔、蔡全、楊桓、杜效順、張獅、張團、黄茶、陳覺、陳和英、楊萊、林滔、林、玉

吴隆、陳眼、林宗、楊岸、黄成、許培、鄭番、陳亮、邱登科、林富、吴妹、方猛、簡番等三十一犯係股頭周添秀、吴三池等匪夥，在府城一帶攻城滋擾之犯。又吴天送、薛蚊、謝排、吴佳、黄文成、吴功□、白意、蔡三榮、王章、李甫、陳立、黄容、陳喜、陳朱弁、陳藍、陳河、黄居、張笑、陳裁、洪户、陳秋賓、林紅、莊啉、莊喜、黄添來、蔡然、林吟、黄京、鄭記、曾盛、許喬、黄羽等三十二犯係股頭陳棒、陳番等夥匪，在鳳山一帶攻火藥庫及滋擾粤莊之犯。又楊都、陳川、吴姜、吴雁、吴統、吴與、李四美、宋協、蘇枷、吴正、顏豹、歐營、吴賢、吴紆、黄得、洪來、鐘來、吕幅、許恩、曾葵、洪塔、吴珍、吴曙、葉細、楊正、胡出、張浩、許立等二十八犯係股頭葉豹、吴三池等夥匪，在北路笨港、斗六門一帶攻擾抗拒官兵之犯，又陳瓶、金里、蘇淵、郭臨、王滿、郭番江、黄掌、吴中、吴江、吴詔、葉信、吴愛、施世、吴趆、吴養、吴助、林秋、賴達、邱羅、林義、辜明、潘賀、王顏、林番、張虎二十五犯係股頭洪四老、林秋賓等夥匪，在嘉義縣、鹽水港一帶滋擾拒敵官兵之犯。又郭自來、何侯、李進奠三犯本係蔡逆盜船匪夥，隨同上岸攻城滋擾，内郭自來一犯又殺兵勇多人。以上各情節均據供認不諱。查股頭林起、陳爲本、陳光在、林講和、林静、陳百、蘇起七犯領旗糾衆，叠次攻城拒敵官兵。又匪犯陳嗣、黄水、王前、郭自來四犯戕害兵勇多人，均屬罪大惡極，應照反逆凌遲律凌遲處死。陳四代等一百一十八犯均屬同惡相濟，應照謀叛律擬斬立决，該犯等情罪重大，未便稽誅，奴才于審明後即恭請臺灣鎮衙門王命飭委臺灣道慶保兼署臺灣城守營參將英林將林起等一百二十九犯，綁赴市曹，分别凌遲斬决梟示。除犯屬財産分别飭查另辦，拏獲股頭兵勇酌量獎賞，未獲逸犯仍飭嚴密踩緝務獲，並録各犯供單送部外，所有拏獲陸路匪犯審明辦理緣由，謹恭摺具奏，伏乞皇上睿鑒。再，查未獲小股頭林和德等七犯開除外，尚有未獲小股頭二十名，合併陳明。謹奏。

[硃批]：刑部知道。

三八、福州將軍賽沖阿奏片：千總陳必陞遇救得生愛新泰未經證實具奏自請察義

[嘉慶十一年七月初五日]，再，查臺灣剿賊案内陣亡傷故弁兵均經總兵愛新泰等奏報在案。兹據愛新泰稟稱：上年十一月内據都司陳得寬稟稱，千總陳必陞與都司陳廷梅等同日禦賊陣亡，當經據稟具奏。迨本年二月辦理請恤各案，復飭確查。又據陳得寬稟稱上年十一月内稟報陳必陞陣亡係憑跟丁王尚彪面稟轉報。本年正月初三日，又有淡水義民林大有赴職營稟稱，上年十一月十六日賊匪在滬尾地方戕害官兵義勇，旋即屯踞桃仔園，十七日該義民林大有隨同陣亡義勇家屬赴彼收殮尸骸，見有千總陳必陞被砲擊傷右腿倒地昏迷，尚未身死，因賊匪正在桃仔園不能救回原營，遂抬至崁頂山寮，用藥灌救甦醒，並延醫陳成取出砲子調治。現在瘡口雖潰，人事清醒，已有生機，囑令赴營稟明轉報，因道路阻隔稟報稍遲等情。查千總陳必陞既于受傷後遇救得生，因何跟丁王尚彪率以陣亡具報，恐有臨陣潛逃及陳得寬等扶同捏報情事。當即查提同時禦賊兵丁及義民人等訊辦去後，適值該義民兵丁等均在滬尾一帶堵禦蔡、朱二逆匪船，今事竣到郡。隨即督同臺灣府知府高叔祥提訊，據兵丁林長輝、義民林大有、醫生陳成等供與陳得寬原稟情節均屬相符，並據王尚彪供稱：當日目擊陳必陞被賊砲轟擊倒地，隨即回營稟報，維時賊匪屯踞桃仔園，未及前往收殮，實不知十七日有義民林大有救治陳必陞得生之事。反覆究詰，衆口如一，並驗明千總陳必陞傷口尚未全愈，其爲遇救得生毫無疑義等情。除稟報不實之都司陳得寬業經病故外，現據該鎮愛新泰據實檢舉，並懇代奏請旨交部察議等情前來。奴才查千總陳必陞傷口未痊，據供遇救得生已屬確實，應飭調治痊愈後照舊供職，義民林大有救治營弁得生，尚知大體，現已酌加獎賞。至該鎮

愛新泰未經確查，率行據稟具奏，既據自行檢舉，懇請奏明請旨交部察議，理合據情附片奏聞，伏祈皇上睿鑒。謹奏。

[硃批]：另有旨。

三九、福州將軍賽沖阿奏摺：審明首夥王果等散布謡言乘機焚搶一案照例定擬

[嘉慶十一年七月初五日]，奴才賽沖阿跪奏：爲拏獲散布謡言乘機焚搶之首夥各犯，審明分别辦理，恭摺具奏事。

竊照臺灣彰化、淡水一帶地方于本年三月間有逸匪王果、陳懷等乘漳、泉義民口角微嫌潛赴各莊，散布分類糾鬬謡言，恐嚇莊民，乘機焚搶，奴才接據該廳縣稟報，于四月十六日奏明親赴北路巡查究辦，嗣因蔡逆復竄臺洋，奴才暫駐嘉義調度，又經飭委臺灣道慶保帶同前任臺灣府知府馬夔陞于赴北路堵緝之便就近查拏究辦。一面分飭該廳縣將焚搶村莊被害民人確查驗報去後。嗣據彰化縣知縣翟傳稟報，縣屬大肚、東螺、葫蘆墩、牛罵頭等莊共焚毁房屋七十餘間，傷斃莊民姚玉、詹元良、顔麟、葉湛、林晚、許博英、許吉英等七人，又據淡水同知茅琳稟報，廳屬大甲、南三保、猫盂等莊共焚毁房屋三十餘間，傷斃莊民劉江、陳去、鄭馬、郭李氏、郭吴氏等五人，並據該道府慶保、馬夔陞等飭屬會營將首夥各犯王果、郭三貴、陳懷等五十七名，先後獲解到案。經奴才行據臺灣道慶保、汀漳龍道清華督同臺灣府知府高叔祥、前任臺灣府知府馬夔陞審擬解勘前來。奴才隨督同提犯研鞫，緣王果、郭三貴俱籍隸泉州，陳懷原籍漳州，素相交好，郭三貴先于嘉義十年間與周我思等一同投上蔡牽盗船入夥，是年十一月間蔡牽匪船復竄滬尾登岸戕官，郭三貴等隨同上岸拒敵官兵，旋因匪船南竄，郭三貴等不及登舟，俱各逃散。嗣蔡逆匪船竄赴鹿耳門勾結陸路匪徒滋事，王果、陳懷等俱聽從股頭吴三池、邱恩等糾邀入夥，往攻斗六門、東螺等處，被官兵擊

敗，旋即逃逸。迨二月二十五日，蔡牽匪船竄至鹿港，經彰化縣屬之漳籍義首林邦基帶領義民簡路等一百名出港堵禦，將近鹿港土城，適遇鹿港泉籍義首施烜德分下義民許安等一百名亦往海口防禦，彼此争路口角互毆，旋經義首林邦基、施烜德先後踵至喝阻賠禮息事，逸匪王果因彼時漳、泉義民協力查拏匪犯，該犯無處安身，聞知漳、泉義民口角不睦，起意與陳懷、郭三貴商謀布散漳、泉分類之謡，冀圖恐嚇莊民，乘機焚搶，得以稍延殘喘。王果隨糾邀已獲逸匪施轉、張滔、郭錢、蘇滿、高助、周添友並冀圖焚搶得財之地棍周雲、陳媽愛、楊澤即施澤、陳洪、蔡陞、莊敬、施助、黄滚、施現即施受、鄭生並在逃之施祖、施檜共十九人，各執刀械于三月二十五、六等日，潛往漳籍大肚、東螺等處，放火焚莊，當有莊民姚玉、詹元良二人出阻，被楊澤、陳洪用刀殺斃，莊民顔麟、葉湛二人喊救，顔麟被周雲用刀戳傷心坎，葉湛被陳媽愛刀傷偏右額顱，均各斃命。並延燒莊屋二三十間不等，各犯搶得衣物銀錢而逸。陳懷糾邀已獲逸匪吴雨綢、林由並冀圖焚搶得財之地棍林勇、林春、李三、吴雷、林山即林江、鄭宇、李球、陳泰、陳紹、周英，並在逃之張練、陳明共十五人，各帶刀械，亦于三月二十五、六等日潛赴泉籍葫蘆墩、牛罵頭等處，放火焚莊，時有莊民林晚出阻，被林勇用刀殺死。又有莊民許博英、許吉英喊救，許博英被林春用刀戳傷左肋倒地，許吉英被李三刀傷左乳心坎，均各斃命。陳懷並將許博英、許吉英尸身推入火中焚化，延燒莊屋二十餘間，各犯搶得衣服、農椇等物分贜而散。二十七日有在逃之施净、施礒糾約現獲之陳錢、陳財、謝貴、李大獲、羅阿標共七人前往漳籍滳堵莊焚搶，又有現獲之盧載糾邀李海、楊成並在逃之黄暹共四人往泉籍北投莊焚搶，均因莊民搬徙，無可搶奪，各將民房焚燒十餘間而回。其郭三貴一犯又潛赴淡屬布散分類謡言，一面糾邀已獲逸匪周我思、蔡聰、張純、許趁、朱窕、洪粿、郭坑、洪廣、林敢、林蘇、林尾，地棍黄有成、黄似山、張岳、陳潭、王吉、郭昌盛、林阿滿，並在逃之張媽求、陳文馨共二十一人，各帶刀械，于二十八、九等日前赴淡屬大甲南、三保猫、盂莊等處放火焚莊，時有莊民劉江、陳去、鄭馬三人出而攔阻，劉江被黄有成用刀砍傷右肋、右脅倒地，陳去被黄似山刀傷右乳、右脅，鄭馬被張岳刀傷肚腹，均各身死。又有郭朝馨之母郭李氏、妻郭吴氏出喊，被陳潭、王吉亂砍斃命。並延燒莊屋三十餘間，各犯搶得銀錢貨物而逸。以上各情節均經訊認不諱，詰無另有聚衆謀逆情事，再三究詰，矢口不移，案無遁飾。查律載謀叛但共謀者不分首從皆斬，又例載兇惡棍徒糾衆商謀，冀圖得財放火故燒民房並人居稠密之地，已經延燒搶奪財物者，均照强盜律不分首從擬斬立决，殺傷人者梟示，其惡徒謀財放火有已經延燒尚未搶掠財物，又未傷人者，爲首擬斬監候，爲從商謀下手燃火者枷號兩個月，發近邊充軍等語。此案王果、施轉、張滔、郭錢、蘇滿、高助、周添友、陳懷、吴雨綢、林由、楊挑、洪粿、郭坑、洪廣、林敢、林蘇、林尾等先則附逆爲匪，拒敵官兵，復起意造謡糾夥焚搶，實屬罪大惡極。王果等二十二犯除糾夥焚搶輕罪不議外，應請照謀叛律俱擬斬立决梟示。周雲、陳媽愛、楊澤、陳洪、蔡陞、莊敬、施助、黄滚、施現即施受、鄭生、林勇、林春、李三、吴雷、林山即林江、鄭宇、李球、陳泰、陳紹、周英、黄有成、黄似山、張岳、陳潭、王吉、郭昌盛、林阿滿等聽從糾約，互相焚莊，均各搶得財物，厥罪維均。周雲等二十七犯應請照兇惡棍徒糾衆商謀計圖得財放火故燒民房，並人居稠密之地，已經延燒搶奪財物者，均照强盜律不分首從擬斬立决例，俱擬斬立决。以上王果等四十九犯均屬情罪重大，未便稽誅，奴才于審明後即恭請王命，飭委臺灣道慶保、署臺灣城守營參將英林將王果等四十九犯綁赴市曹分别斬决梟示。又盧載一犯起意糾夥焚莊訊無搶掠財物，又未傷人，應照爲首例擬斬監候，但現值逆匪初平，該犯膽敢糾夥焚莊希圖搶劫，不法已極，應請旨即行正法，以昭炯戒，其隨同焚莊並未搶物傷人之陳錢、陳財、謝貴、李海、楊成、李大貨、羅阿標等亦未便照爲從本例擬軍，應請比照强盗免死减等發遣例，俱發黑龍江、吉林等處，給披甲人爲奴。仍照本例先于犯事地方枷號兩個月，並刺字。義民簡路、許安因争路互毆，該犯等傷已平復，分別枷責示儆，逸犯施祖、張練等嚴緝務獲另結。仍飭查王果等叛犯家屬財産照例辦理，焚燒房屋，搶奪贓物查追。周雲等犯家財償賠給主，各尸棺飭屬領埋，各犯兇刀據供丢弃無從起驗，除備錄全案供招咨部外，所有獲犯辦理緣由，謹恭摺具奏，伏乞皇上睿鑒飭部覈覆施行。再，奴才于拜摺後即起程赴南路查閱營伍，獎賞番衆，合併陳明。謹奏。

[硃批]：行在刑部速議具奏。

四〇、福州將軍賽沖阿奏摺：審明李光等攻營殺害兵勇一案按律分別定擬

[嘉慶十一年七月初五日]，奴才賽沖阿跪奏：爲北路拏獲賊目匪夥審明就地辦理，恭摺具奏，仰祈聖鑒事。

竊照臺灣南路逸匪節經督飭文武查拏辦理，惟淡水、滬尾地居極北，逸匪尚未盡獲，經奴才札飭嚴密偵緝去後。嗣據臺灣道慶保、前任臺灣府知府馬夔陛會同汀州鎮總兵李應貴、漳州中營游擊如柏先後稟報拏獲股頭李光、高貂二名，匪夥何奇等三十九名。嗣因蔡逆匪船竄至鹿耳門伺劫，該道慶保等回郡堵緝，所有北路報獲匪犯又經奴才札飭該鎮李應貴督同署淡水同知茅琳審明就地辦理去後。兹據李應貴將股頭李光、高貂二犯，匪夥何奇等三十九名審明辦理，錄供呈請覈奏前來。奴才逐一覆覈，内李光一犯于上年十二月内聽從股頭洪四老糾上蔡牽盗船入夥，分給帥旗僞印，並給番銀四百圓招夥攻擾笨港等處營盤，殺死兵勇三人。又高貂一犯于上年十一月内自投蔡牽盗船入夥，分給令旗一枝並番銀三百圓招夥攻擾艋舺營盤，殺死兵丁二人。又王池、吕溜、李

旺、周多、林第、吴炮、朱阿羅、吴護、郭康、張璉、蘇瓜、蘇潘美、張彪、洪忠、吴九、賴明、柯西、謝蟲、劉冉、何奇、陳大爲、柯順情、林信、廖表、方樹、潘載、蘇化、盛阿興、鄭八、邱載生、張求、許噠、陳正芳、蔡托、路開、尤見、洪聳、歐本、黄阿應等三十九犯，或係聽糾從逆，或經攻城打仗拒敵官兵，均據供認不諱。查李光、高貂二犯分領賊旗，糾夥攻營，殺害兵勇，罪大惡極，合依反逆凌遲律凌遲處死。王池等三十九犯俱屬同惡相濟，合依謀叛律擬斬立決。除經該鎮李應貴于審明後即督同署淡水同知茅琳將李光等四十一犯分别凌遲斬決梟示外，犯屬財産現在飭查另辦，拏獲股頭兵勇酌量獎賞，未獲逸犯仍飭文武嚴密踹緝，務期全獲，並錄供單送部外，所有據報獲犯辦理緣由，謹恭摺具奏，伏祈皇上睿鑒。再，查未獲小股頭林和德等二十七名，除已獲林起等七名開除外，現又拏獲李光、高貂二犯辦理，尚有未獲小股頭十八名，合併聲明。謹奏。

[硃批]：刑部知道。

四一、福州將軍賽沖阿奏摺：遵旨獎賞攻破洲仔尾等處出力番勇

[嘉慶十一年七月十五日]，奴才賽沖阿跪奏：爲遵旨獎賞生番、屯番、義勇，恭摺具奏，仰祈聖鑒事。

竊照臺灣隨同官兵出力之番勇等先于攻破洲仔尾、桶盤棧等處賊巢案内，欽奉上諭：義勇、屯番等著賽沖阿等酌量獎賞。以示鼓勵等因。欽此。又于克復鳳山縣案内欽奉上諭：所有屯番、生番等均應優加賞賚，著玉德撥銀五萬兩解交賽沖阿查明該番等此次出力等差，分别酌量賞給。再，番衆性嗜漳絨、小呢、羽毛、紗緞等件，並著玉德酌量各備辦若干件解交賽沖阿收存，以備專賞番兵之用等因。欽此。又奉上諭：番目諦窩蘭同生番淡嗎黨等六十八名前俱隨同官兵勦賊，現復願赴内山搜拏逸匪，深識大義，甚爲可嘉。諦窩蘭已施恩賞給六品頂戴藍

翎，其餘生番六十八名並著賽沖阿酌量分别頒賞漳絨、羽緞、銀兩以示鼓勵等因。欽此欽遵在案。奴才先經行據臺灣道慶保督同南路理番同知錢澍查明，隨同攻剿洲仔尾等處賊巢屯番共有三百七十二名，收復鳳山縣隨同打仗之生番、屯番共有一千七百七十六名，當經奏明。俟奴才親赴南路確查給賞在案。嗣又據該道等查明，隨同守城屯番共有五百四十三名，一併造册請賞前來。經奴才轉飭彙案辦理去後。兹奴才前抵鳳山縣城，據該同知錢澍帶領生番、屯番等二千六百九十一名赴行營謁見。奴才傳同番社通事逐一查詢，均係隨同官兵出力番衆，尚無冒濫情事。其諦窩蘭及淡嗎黨等六十八名即在收復鳳山縣出力番衆一千七百餘名之内，該番衆深明大義，志切同仇，自應欽遵諭旨分别賞賚。查生番、屯番内有屯外委潘天賜一名，于賊匪攻擾南路之處，首先曉諭全屯番丁在内埔莊隨營打仗，實屬奮勉，應請賞給六品頂戴，以示鼓勵。又頭目諦窩蘭、賓仔來、加四禄等七十三名均係倡義出力之人，又番丁内有淡嗎黨等六十八名，既經隨官剿賊又赴内山緝匪，勞績亦著。以上一百四十一名，除諦窩蘭一名業奉恩旨賞給翎頂外，其頭目賓仔來一名，向義緝賊，覈其勞績與諦窩蘭相等，應否賞給七品頂戴以示優獎之處，出自聖恩。至頭目加四禄等七十一名與番丁淡嗎黨等六十八名，奴才每名賞銀四兩，並將内地解到漳絨、羽衣料一百件匀分給賞，其餘番丁二千五百四十九名，每名賞銀二兩，並購買紅布、烟茶、糖觔等物按名分賞，俾得共沐鴻施。至義勇人等，其倡義爲首之義民與受資雇募者情形迥别，若一律邀恩，不惟糜費，亦且無所區别。先經奴才轉飭該道慶保將攻剿洲仔尾賊巢義民首二百五十五名、攻剿大穆降賊巢義民首一百四十六名、攻剿桶盤棧賊巢義民首一百三十七名、幫同守城義民首一百三十五名，逐一確查，每名賞銀二兩外，其餘受雇義勇毋庸給賞，以杜冒濫。奴才仍傳齊番勇等宣示恩旨，該番勇等無不感戴天恩，歡聲動地。以上奬賞生番、屯番、義勇共賞銀七千兩，又購買賞番布疋等物用銀二千九百六十六兩四錢，均于前奉諭旨解到銀五萬兩内動支，共動支銀九千九百六十六兩四錢。又五月内蔡逆匪船竄至鹿耳門伺劫，奴才督飭官兵奮力攻剿，其水師兵丁二千餘名内有六百五十一名冒犯槍砲跳過賊船拏賊。又陸路官兵一千八百餘名内有三百一十五名生擒匪犯多名。奴才在海口督陣目擊該兵丁等認真出力，當即各賞銀一兩，俾資激勵，共賞銀九百六十六兩，亦于前項備賞銀内動支。以上通共支用備賞銀一萬九百三十二兩四錢。又除拏獲股頭許和尚、陳番二名奏奉諭旨共賞銀五百兩。又拏獲股頭陳齊賞銀二百兩。並拏獲小股頭一名奏請賞銀五十兩。現在拏獲小股頭十三名，恭候諭旨另給外，實應存備賞銀三萬七千餘兩。奴才欽遵前奉諭旨，于内渡時帶回留充公用，所有遵旨辦理緣由，謹恭摺具奏伏祈皇上睿鑒。謹奏。

[硃批]：另有旨。

四二、福州將軍賽沖阿奏摺：蔡牽股船在嵛山洋面李長庚應迅速辦剿

[嘉慶十一年七月十五日]，奴才賽沖阿跪奏：爲欽奉上諭，恭摺覆奏，仰祈聖鑒事。

竊奴才于七月初五日在臺灣府城拜摺後即起程赴鳳山操兵賞番，隨于鳳山行營奉到上諭：匪船在洋駛竄，如果無岸匪接濟水、米、火藥等項，則官兵跟踪追捕，即不能立時殲獲净盡，而該逆等無所資藉，日久窮蹙，自必束手就斃。賽沖阿務當嚴飭弁員，加意巡緝，設有地棍匪徒勾通接濟，以及兵役人等有縱容透漏者，均即嚴辦示懲，不可姑息，庶足以清盜源而靖洋面。其另摺保奏守城出力人員，除愛新泰、慶保先已節次加恩外，其餘現亦均照所請降旨施恩矣。等因。欽此。又奉上諭：李長庚督領舟師剿辦蔡逆是其專責，自應窮賊所向，不予以暇，毋任曠延時日，肆意奔竄。即云海洋風訊靡常，豈有匪船可以竄往之處，官兵大幫轉不能乘風緊追之理？該逆于十七日竄入鹿耳門而李長庚發摺

之時相距已閱旬日，總以阻風爲詞，實屬遲緩。據稱該匪船在鹿耳門内及招外游奕者約有四十餘號，李長庚現在所帶閩浙兵船共五十二隻，已較匪船爲多，足敷勦捕。若能駛抵臺郡會兵夾擊，該處尚有總兵張見陞管帶舟師四十餘隻，軍威更覺壯盛，無難併力攻圍，速擒首惡。乃該提督並未即日放洋，尚以守候風色爲詞，其摺尾所云必期殲擒首逆以清洋面等語，祇係紙上虚言，又蹈從前軍營陋習，李長庚著傳旨申飭。該提督惟當鼓勵舟師，倍加奮勉，迅速前抵鹿耳門會同賽沖阿設法擒拏蔡逆，勿令再行他竄自蹈咨戾。倘將蔡逆殲斃勿當驗明尸身現在下落方可憑信，若係生擒則將該逆交與賽沖阿等嚴行審訊明確，即于該處正法示衆，仍一面由六百里先行馳奏，將此由四百里傳諭李長庚並諭賽沖阿知之，仍著賽沖阿將近日勦捕蔡逆情形速行具奏等因。欽此。奴才伏查奸民接濟洋匪全在守口文武員弁實力偵緝，庶期知所儆懼，臺灣當搜拏逸匪之際，口岸防守尚屬嚴密，查無陸匪接濟盜船之事。即四月間蔡牽、朱濆幫船先後竄至滬尾、呑霄一帶，所有取水賊船亦經官兵節次擊沉，並擒黄言、董錫穀等辦理，業經奏蒙聖鑒。奴才惟有再飭該員弁等加意巡緝，務期有犯必獲，毋致日久疎懈，以清盜源而靖洋面。至蔡逆匪船四十一隻于五月十七日竄至鹿耳門，奴才由嘉義趕回郡城查看形勢，必須大幫舟師堵截匪船去路方可一舉擒渠，經奴才節次移催李長庚統帶舟師迅速來臺合勦去後，李長庚未能趕到，維時飭調總兵張見陞管帶哨船二十九號由滬尾來郡，奴才隨飭張見陞等將所帶兵船由外洋圍攏，並飭副將王得禄等帶領安平哨船十三隻從口内攻出。五月二十九、六月初一等日，該鎮將等齊力攻勦，共奪獲賊船十隻，擊沉賊船十一隻，殲斃賊匪不計其數，並生擒百餘名分别辦理，由驛馳奏在案。嗣接李長庚函稱該提督在海壇竿塘一帶等候匪船堵捕等語，查勦剩殘破賊船僅有二十隻，且據澎湖營廳禀報該匪船竄至澎湖八罩將軍澳，遇風又沉溺三隻，是竄回内地者實不過十六七隻，李長庚統帶大幫舟師五十餘號既在竿塘、海壇一帶迎剿，一遇賊船自可殲除净盡，及續接李長庚來信，該提督在張坑返埕洋面僅擊沉盜船一隻，拏獲盜船三隻，雖未掃盡餘孽而匪船無多，從此跟踪追剿亦可克日蕆事。乃兹接督臣阿林保咨稱：蔡逆匪船又有三十餘隻，並有土盜鳳尾幫十餘隻由崙山洋面向北逃竄等因。奴才實不勝焦灼，此等匪船當剿敗竄散之後，全在舟師緊追，庶不致牽劫商船嘯聚土匪又與官兵抗拒，誠如聖諭，豈有匪船可以竄往之處，官兵大幫轉不能乘風緊追之理？今崙山洋面又有匪船三十餘隻，辦理更應迅速，想李長庚接奉論旨申飭自必鼓勵舟師，倍加奮勉，以期肅靖海洋，上慰聖廑。奴才現督同總兵愛新泰在鳳山操練營伍，提臣許文謨已由鳳山回至府城彈壓凱旋徵兵，其北路凱旋兵現在鹿港配渡，奴才並飭總兵李應貴赴鹿港彈壓。奴才仍俟南路閱兵後即將鎮標及北路協各營次第操練，再行分别等第具奏，俾海外戎行知所懲勸，一律均歸整肅，以仰副皇上整飭營伍之至意。除現在奉旨加恩各員弁義勇，奴才已宣示恩旨欽遵。並應賞番衆另摺具奏外，所有奉到諭旨各緣由，奴才謹由驛恭摺覆奏，伏乞皇上睿鑒。謹奏。

[硃批]：另有旨。

四三、福州將軍賽沖阿奏摺：委令錢澍署理臺灣府知府篆務

[嘉慶十一年七月二十八日]，奴才賽沖阿跪奏：爲委署知府員缺恭摺具奏仰祈聖鑒事。

竊照臺灣府高叔祥于四月十三日到任後，辦理一切地方事件均能奮勉詳慎。奴才查看該守精力尚屬强健，兹據臺灣道清華禀稱：該守染患時疫病勢頗重等情，正在批飭加意調攝間，隨據該道以該府高叔祥已于七月二十七日病故據禀前來。查臺灣府正當用兵之後一切清算軍需、審辦積案，公務冗繁，員缺最關緊要。兹高叔祥既經病故，亟應遴員委署以專責成，適臬司慶保交卸道篆後因有經辦事件前來鳳邑，奴才隨督同

該司在于臺灣各同知内逐一遴選，查有候補知府臺灣府海防同知錢澍，才長識練，前于收復鳳山縣出力案内欽奉諭旨以知府補用，堪以署理臺灣府篆，其所遺臺防同知員缺即委臺灣縣知縣薛志亮就近兼護，亦堪勝任。除移咨督撫臣查照並分檄飭遵外，所有臺灣府員缺係海疆請旨要缺，仰懇聖恩即賜簡放，以重地方。奴才謹附驛恭摺具奏，伏乞皇上睿鑒。謹奏。

嘉慶十一年七月二十日奉硃批：已有旨補放。欽此。

四四、福州將軍賽沖阿奏摺：拏獲逸犯林悶等審明分别辦理

[嘉慶十一年七月二十八日]，奴才賽沖阿跪奏：爲拏獲從賊逸犯，審明分别辦理，恭摺具奏，仰祈聖鑒事。

竊照臺灣南北各路賊目匪夥節經奴才督飭文武搜捕緝獲多犯辦理具奏在案。玆奴才行抵鳳山縣又據員弁兵勇拏獲從賊逸犯林悶等二十三名解案，時新授臬司慶保交卸道篆來縣，經奴才轉飭審辦去後。玆據該司督飭委員汪楠等審擬解勘前來，奴才隨親提各犯督同覆訊，據林悶一犯供認，聽從黄進糾邀入夥隨同在笨港、鹽水港、店仔口等處與官兵打仗多次，殺害兵丁義民十二人。又柯愛、黄丙、黄問、王審、張響、張异成、李聽、黄扳貴、王番、黄盒、吴亨、黄新才、莊侯、蔡新義、餘章、黄雍、許理、郭趙、陳連、蔡鵜、蔡三捷、黄士周等二十二犯聽糾從逆攻城打仗，訊無殺害兵勇，以上各情節均據供認不諱。查林悶一犯迭次攻城打仗，殺害兵勇多人，實屬罪大惡極，合依反逆淩遲律淩遲處死，柯愛等二十二犯同惡相濟，合依謀叛律擬斬立决，該犯等情罪重大，未便稽誅。奴才于審明後即委按察司慶保、護南路營參將藍玉芳將林悶等二十三犯綁赴市曹分别淩遲處斬梟示。除犯屬財産飭查另辦，未獲逸犯仍飭文武嚴密踹緝，務期全獲，並録各犯供單送部外，所有獲犯辦理緣由，謹恭摺具奏，伏祈皇上睿鑒。再，奴才于拜摺後即赴鳳山縣

舊城並各海口村莊查看，順道回郡操練鎮標官兵，合併陳明。謹奏。

[硃批]：刑部知道。

四五、福州將軍賽沖阿奏片：臺灣巡洋哨船遭風情形

[嘉慶十一年八月初八日]，再，查臺灣巡洋哨船先因蔡逆匪船在鹿耳門擊敗竄逃後，恐有零星匪船潛匿島澳，經奴才檄令副將王得禄管帶哨船十五號在于南北洋面梭巡在案。兹據王得禄稟稱：巡至淡水北洋並無匪船潛匿，正在迴哨間，七月二十八日陡起臺風，趕緊收泊鹿仔港，一時風大浪涌，有南字五號、善字六、善字十九號三船在風浪中衝撞，船身桅椇均有損壞。又國字三號、萬字五號内，船被風飄至外洋擊碎，沉失砲械、藥銀，查點兵丁等淹斃謝光壽、阮扼春、王口、楊扼陞四名，尚有漂失無著兵丁黄賜等九名未知生死等情（[硃批]：俱照例賜恤。）。除將淹斃兵丁就地掩埋，損壞船隻修補配緝並行沿海營縣確查漂失兵丁善辦外，所有巡洋哨船遭風緣由，奴才謹附片具奏，伏祈皇上睿鑒。謹奏。

嘉慶十一年九月二十七日奉硃批：覽。欽此。

四六、福州將軍賽沖阿奏摺：交部從優議叙並恩賞白玉喜字翎管等物謝恩

[嘉慶十一年八月十八日]，奴才賽沖阿跪奏：爲恭謝天恩，仰祈聖鑒事。

竊奴才欽奉上諭交部從優議叙仍蒙恩賞白玉喜字翎管一個、四喜玉搬指一個、黄辮大荷包一對、小荷包四個。奴才隨即恭設香案，望闕叩頭謝恩祇領。伏念奴才仰蒙鴻慈逾格任以海外剿捕事宜，半載以來涓埃未效。前此蔡逆東竄，雖經督飭舟師殲戮過半而首逆未除，餘孽猶在，望洋思奮，悚與愧俱，乃蒙恩諭特頒殊錫駢至荷囊增鞢鞈之輝，决拾勵櫜鞬之勇，既賁簪纓之喜，敢叨甄叙之榮，聞命自天感悚無地。奴才惟

有益竭駑駘，勉思報稱于陸路之操練，水師之巡防，逐一講求，悉心辦理，務期海外要地有備無患，以仰副高厚隆恩于萬一。所有奴才感激微忱，謹隨報便恭摺具奏，叩謝天恩，伏祈皇上睿鑒。謹奏。

[硃批]：勉益加勉，永承恩澤。

四七、福州將軍賽沖阿奏摺：代奏澎湖協副將王得禄等具賞銜翎等謝恩

[嘉慶十一年八月十八日]，奴才賽沖阿跪奏：爲據情代奏，叩謝天恩事。

竊照奴才欽奉諭旨：王得禄賞加總兵銜並賞四喜玉搬指一個、大荷包一對、小荷包二個，邱良功賞加副將銜，均賞戴花翎，仍俱交部議叙等因。欽此。經奴才轉飭欽遵去後。兹據澎湖協副將王得禄、護安平協副將游擊邱良功禀稱：竊王得禄、邱良功等于上年十二月内隨同提督李長庚在鹿耳門勦捕蔡逆，王得禄派防洲仔尾，邱良功派防大港口，未能先事預防，致蔡逆由北汕竄出口外負咎，實深仰蒙皇上恩慈逾格不加罷斥，僅予革去頂戴，悚惶彌切，報稱莫由。兹于五月二十九、六月初一等日奉將軍賽沖阿軍令在鹿耳門夾攻蔡逆，幸賴皇上天威將賊船、賊目殲除過半，在王得禄、邱良功等實無微勞可録，乃蒙殊錫特頒崇銜並晋翠羽煥簪纓之色，温綸邀甄叙之榮，凡兹异數隆恩，實非夢想所及，所有感激微忱禀懇據情代奏，叩謝天恩等情。奴才察其情詞實出至誠，謹據情代奏，伏祈皇上睿鑒。謹奏。

[硃批]：覽。

四八、福州將軍賽沖阿奏片：蔡牽是否斃命令總兵張見陞等查訪設法殲擒

[嘉慶十一年八月十八日]，再，奴才現准督臣阿林保咨開欽奉上

諭：據温承惠奏稱：訊取獲犯供詞蔡逆坐船在鹿耳門確未打壞等語。前據賽沖阿奏稱：官兵開砲轟擊賊船八隻，登時飄没。内有一隻船身高大，咸稱係蔡逆坐船等語。朕以蔡逆坐船既已擊沉，該逆失所憑依，即與破其巢穴無异，是以降旨將賽沖阿等交部分别議叙。今既稱該逆坐船並未打壞自應暫緩議叙，著阿林保等移咨賽沖阿詳細查詢所奏蔡逆坐船飄没之語究係訊據何犯供詞？飄没時係屬何人目擊？該逆落水務須查詢明確，據實覆奏。或蔡逆狡猾先行乘坐别船，其向來所坐大船被風飄没亦未可定。若賽沖阿原奏蔡逆坐船確有指證，則是温承惠所訊供詞未確，應俟查奏到日再將賽沖阿等議叙之處另行覈辦等因。欽此。移咨確查覆奏前來。奴才伏查五月二十九、六月初一等日在鹿耳門外剿捕蔡逆，除奪獲大船三隻，梭船七隻，又擊沉梭船三隻，訊係賊目阿班堅、昌治、阿班罯、傅琛、高兩、阿提肥、准高讓等所坐船隻外，其因官兵追擊在涌浪中掀翻賊船八隻究係何賊駛船原無從確查，惟因有大船三隻同時掀翻，其一船篷桅更加高峻，掀翻時有呢羽、紬布等物飄浮海面。惟時商漁舵水人等在南汕北汕了望者不啻數千人，一時鼓掌稱快，以爲確係蔡逆坐船，是以船户黄義和等赴厦門營廳具禀，亦有賊船擊破，蔡牽是否在内，或被風浪淹死之語，經撫臣温承惠奏蒙聖鑒，是彼時逆船沉覆，原係衆口一詞，且當官兵追賊時曾就獲犯陳養等根究蔡逆踪迹，亦稱逆船即在掀翻八隻之内，是以奴才報捷，將逆船掀翻之處一併覈叙具奏。仍聲明風浪之中無可確查在案。兹蒙諭旨飭查，因思總兵張見陞、副將王得禄、游擊邱良功等均係彼時親臨行陣之人，較之他人耳目更爲親切，復飭查覆去後。兹據該鎮將等禀稱：此次蔡逆竄臺除梭船外實有大船十六隻，船式一律，蔡逆確在何船無憑查悉，惟掀翻逆船後即有呢羽、嗶嘰、紬布等項飄浮滿海，並有蟒袍一件被浪涌上沙岸，若非蔡逆坐船似不應有此等物件等情。復飭署臺灣府錢澍將臨陣獲犯原供送覈内有陳養一犯供稱該逆坐船實在掀翻八隻之内，惟二十九日打仗蔡牽坐船已有傷損，是夜曾否換船不知詳細等語。覈與奴才前在鹿耳門聞見相符，總之蔡逆未獲其掀翻船隻寸板無存，又無可查驗，揣度之詞究難作爲確據。兹准督臣阿林保咨稱：蔡逆現竄古鎮洋面，誠恐該逆復由東涌外洋徑竄淡水，咨會一體防範等因。奴才惟有分飭水陸官兵確探賊踪，如果蔡逆東竄立即督飭舟師迎頭截剿，至臺灣徵兵除挑戍外尚有凱旋兵三千餘名，因等候商船尚未配渡，奴才並飭暫時留防，仍令班滿兵二千餘名先行内渡，以免擁擠（[硃批]：甚是。）。其水師帶兵將官除副將王得禄經督臣調回内地差遣外，奴才現令總兵張見陞暫留臺灣與邱良功巡防南北洋面，以便彼此策應，總期水陸有備，設法殲擒首逆，以慰聖廑。除將現查情形及獲犯陳養等原供咨會督撫臣查照外，奴才謹附片具奏，伏祈皇上睿鑒。謹奏。

[硃批]：另有旨。

四九、福州將軍賽沖阿奏摺：剿捕蔡牽掀翻幫船砲械等大獲勝仗獎賞舟師官兵

[嘉慶十一年八月十八日]，奴才賽沖阿跪奏：爲欽奉諭旨，恭摺覆奏，仰祈聖鑒事。

竊奴才于八月十四日在臺灣府城承准廷寄内開嘉慶十一年七月初九日奉上諭：賽沖阿奏臺灣舟師在鹿耳門洋面攻剿蔡逆大獲勝仗，殲擒賊目匪犯多名一摺。海盜蔡牽稔惡有年，膽敢滋擾臺灣，前經官兵痛加擊剿，該逆兔脱在洋肆竄。此次猶敢率其殘敗夥黨竄入鹿耳門洋面游奕，經賽沖阿分飭鎮將布置堵剿，並經義民等捐雇艕船，義勇隨同官兵四面合圍攻擊，奪獲賊船十隻，擊沉十一隻，生擒賊目林孯、傅琛二名，匪夥二百餘名，割取首級一百餘顆，其餘擊斃、淹斃賊目共有一千六七百名，搜獲旗幟、鳥槍、器物不計其數。並將蔡逆幫船轟擊，該逆坐船因潮涌風激致被掀翻，砲械悉數漂没，雖蔡逆曾否淹斃尚未查

有確實下落，而其坐船覆溺失所憑依即與搗其巢穴無异，厥功甚偉，賽沖阿雖未出洋督勦，而一切調度得宜，運籌制勝，實堪嘉獎。如查明蔡逆此次實已淹斃，尚應將賽沖阿加賞世職，在事各員悉加懋賞。兹先將賽沖阿交部從優議叙，仍著賞給白玉喜字翎管一個、四喜玉搬指一個、黄辮大荷包一對、小荷包四個。張見陞、王得禄、邱良功、王贇等或沖入賊陣或合力圍勦，當匪船起椗欲逃時，該鎮將等親督弁兵奮不顧身撲過賊船，擒殺無算，均屬奮勉可嘉。外委鄭嘉惠乘勢奪獲賊船一隻，生擒匪犯二十餘名，亦屬出力。張見陞著賞加提督銜，王得禄著賞加總兵銜，邱良功著賞加副將銜，王贇著以都司即用。以上各員如未經賞戴翎枝，均著賞戴花翎，仍俱交部議叙。鄭嘉惠著超陞千總即用，並賞戴藍翎，均著先換頂戴。並賞給張見陞、王得禄四喜玉搬指各一個、大荷包各一對、小荷包各二個，外發去磁搬指五個、磁牙簽筒五個、磁鼻烟壺十個、火鐮十把，交賽沖阿分賞。此次出力官員其出洋打仗兵丁著查明賞給一月錢糧。口岸防堵兵丁著查明賞給半月錢糧。義民洪秀文、陳本全、王清雲等捐資雇船隨同官兵勦捕，甚屬可嘉，著將前次存貯備賞之呢羽等件酌量分别頒賞。其有分外出力之義勇等，並著查明奏請施恩。至摺内未經列名之弁兵内，如有實在出力者，均著查明保奏，候朕加恩，以示鼓勵。所有淹斃及傷亡兵丁，均著查明咨部賜恤。此次該逆被淹後縱或幸逃而賊船所剩無幾，半已毁壞，窮蹙已極。且該逆罪惡貫盈，膽敢制造僞印，刻有“王印正大光明”字樣，孽由自作，自當不日就擒。其另片所奏訊明蔡逆匪船著名各賊目如蔡添來等，務當飭知臺灣文武及水師帶兵將弁等，留心訪緝，按名務獲。即經官兵殲斃亦必須查有實在下落，勿令一名漏網。至所奏審明從逆賊目匪夥分别辦理一摺，除業經正法一百七十一犯外，其楊代等十三犯即著發黑龍江給打牲索倫達呼爾爲奴。其續據報獲之林起等五十餘名即著審明辦理。又據奏臺灣早稻收成分數一摺，彰化、淡水沿海一帶被賊滋擾之處，栽插失時，早稻收成較歉，民力未免拮據。著賽沖阿督飭該道府隨時體察，如有應須賑恤蠲緩之處，即據實奏請加恩，毋使稍有失所爲要。將此由五百里諭令知之。欽此。遵旨寄信前來。奴才跪誦之下悚感難名，除奴才感激微忱現在專摺奏謝天恩，並據總兵張見陞面稟自行奏謝，副將王得禄、護副將游擊邱良功等懇請據情代奏謝恩外，其現蒙恩擢之守備王贇、外委鄭嘉惠及應賞兵丁等，奴才一併傳至行營，宣示恩旨，該備弁兵丁等均望闕叩頭，同深感奮。至奉旨查明該鎮將等如未經賞戴翎枝，均著賞戴花翎之處，查該鎮將等惟王得禄一員先于剿捕林逆案内賞戴花翎，因本年二月内蔡逆竄出鹿耳門案内，與邱良功一同革去頂戴，該副將並摘花翎。又王贇一員經于本年四月拏獲盜船案内，賞戴藍翎，其餘鎮將並未戴用翎枝。奴才隨即宣旨令加提督銜總兵張見陞、加總兵銜副將王得禄、加副將銜游擊邱良功、以都司即用守備王贇、以千總即用外委鄭嘉惠分别戴用花翎、藍翎，仍于從前頒發翎枝内分别給賞。其奉到恩賞除張見陞、王得禄業奉特旨給賞外，其餘奉頒搬指、牙簽、筩、鼻烟壺、火鐮各項，奴才一併查明出力將備，分别賞給，俾得共沐鴻施。至摺内未經列名弁兵奉旨查明保奏等因。奴才先經行令張見陞、王得禄等確查去後。兹據該鎮將稟稱：此次剿捕蔡逆各弁兵均屬奮勇，其隨同衝入賊陣最爲出力者，查有臺協右營游擊盧慶長、臺協中營千總胡滿榮、澎湖左營把總吴得勛、革職效力參將黄國哲、革職效力把總周連春、吴國祥等六員，其吴得勛、吴國祥二員並經受傷等情。奴才覆查無异，所有出力之游擊盧慶長可否賞戴花翎？千總胡滿榮可否以守備陞用？把總吴得勛可否以千總陞用？均准其先换頂戴之處出自聖恩。至革弁周連春、吴國祥均係因公斥退效力以來，屢著勞績，今在事奮勉出力應請以把總原官補用，其革職廣東大鵬營參將黄國哲，先于嘉慶十年隨同總兵許松年在臺灣東港洋面剿捕蔡逆，因所帶兵船二隻擱淺後，任聽兵丁登岸，致潮漲船漂被賊牽劫。該員規避處分不行據實具報，經前督臣玉德參奏革職，著賠船隻後留于水師效力。查該員失落船隻業經賠補，今又在事出力可否賞給守備頂戴，俟有守備缺出酌量補用之處，出自皇上逾格恩慈。又義民洪秀文等捐雇艕船四十五隻隨官剿賊，所有帶領艕船之義首四十五人，奴才已各賞給五錢重銀牌一面，其分外出力者容俟督飭帶兵將備覈其勞績另行辦理。至前貯備賞呢羽衣料一百件，業于賞番案内均分給賞具奏在案。又臺灣被賊滋擾之後，窮黎失業，先經奴才奏明分廠煮粥撫恤兩月，難民陸續歸莊並經咨明督撫臣查照在案。嗣因早稻歉收，糧價驟長，窮民未免拮据。奴才一面于早稻收成案内聲明具奏；一面督飭地方官妥爲調劑撫恤，適值番薯成熟，窮民借以糊口，是以糧價雖昂而窮民尚不致失所。今秋禾轉瞬登場，且本年錢糧業蒙恩旨蠲免，所有賑恤之處似可毋庸辦理。奴才仍當隨時體察民情，倘秋收後糧價仍未平減，有須通融糶濟之處，仍即妥籌辦理，務期海外窮黎口食有資，以仰副皇上軫念民依之至意。除匪犯林起等業已審辦具奏，楊代等十三犯現飭起解，應賞水陸兵丁錢糧，飭取兵册分别給賞，仍督飭水陸官兵查拏著名洋匪務獲外，所有奉到上諭，奴才謹由驛恭摺覆奏，伏祈皇上睿鑒。謹奏。

[硃批]：另有旨。

五〇、福州將軍賽沖阿奏摺：覈實臺灣軍需費用

[嘉慶十一年八月二十八日]，奴才賽沖阿跪奏：爲欽奉上諭，恭摺覆奏事。

竊照撫臣温承惠、委員候補知府諶昌緒、游擊陳萬山等敬賫廷寄上諭一道，于八月二十一日前抵臺郡，奴才欽奉之餘，敬謹跪讀。内開嘉慶十一年七月初三日奉上諭：據温承惠奏臺灣需用軍餉請交賽沖阿覈實具奏再行給發一摺。臺郡自蔡逆竄擾後，旋即擊退，所調渡臺官兵皆係閩省營汛，衹有五千餘名供億無多，並不得有軍需名目，何以節次撥

運軍餉至四十萬兩之多尚不敷支應？此外復動借例餉銀四萬五千兩並府庫另款銀六萬五千餘兩，現在又請撥餉銀二十五萬兩，恐不免有牽混冒濫情弊。温承惠現已移咨該將軍，囑令就近查明。著賽沖阿即詳細稽覈，是否應需接濟，如實在需用餉銀，即一面奏明，一面知會温承惠，令其酌量給撥，務令各歸各款，勿任浮冒牽混爲要。再前月初十日據賽沖阿奏報拏獲著名賊夥分别辦理各緣由，迄今已閲。二十三日並未續有奏報，殊深懸盼。查蔡逆自五月十七日竄入鹿耳門，五月二十八日經副將王得禄等配船攻擊，復竄出鹿耳門，該將軍自必有奏報之摺。或因洋面阻隔未能如期遞送亦未可定。現已另降旨令温承惠查明係由何船遞送遲誤，並令遴派文武大員一二人渡臺向該將軍面詢。如從前本有奏報之摺，實因中途沉擱，即將原奏之摺補行抄錄交該員等賫回，令温承惠由五百里馳遞。該將軍嗣後務須將籌防臺地情形隨時奏報，以慰廑注。又前次撥交賽沖阿之吉祥右旋白螺，令其携帶渡臺，俾資利涉。今賽沖阿早抵臺郡已授爲福州將軍，所有吉祥右旋白螺，本係大内供奉，自應由驛恭繳。著于接奉此旨後即敬謹裝匣封固，交該委員賫回，令温承惠由驛繳進。並已另降諭旨飭令温承惠遵照辦理矣。將此由五百里諭令知之。欽此。遵旨寄信前來。伏查奴才于三月初一日抵臺灣郡城，已在軍營蕆事之後，所有内地調臺徵兵五千餘名分駐搜捕，需費無多，誠如聖諭，並不得有軍需名目。至該道府等從前守城禦賊兩月有餘，彼時内地軍餉未到，如何借動例餉庫款及事後如何撥補不敷之處，奴才無從悉其詳細。今撫臣温承惠奏委督糧道趙三元渡臺確覈支用各款，並守催款册送司，該道現已到臺，奴才接見數次，查其辦事結實。奴才惟有督飭該道趙三元會同臺灣道清華、署臺灣府知府錢澍等，按款確覈，務令各歸各款，不使稍有浮冒牽混，仍俟該道等查明後再與督撫臣會覈具奏。至奴才于五月十六日在嘉義縣拜摺後，隨于十八日接據總兵愛新泰報知蔡逆復竄鹿耳門伺劫。奴才于二十一日趕回郡城，當將防範調度情形繕摺馳奏，由北路鹿仔港配渡。嗣于五月二十九、六月初一等日剿捕蔡逆大獲勝仗。又于初三日由五百里奏報，即在鹿耳門撥船配渡，緣臺洋情形夏至以後每遇陰雨即有涌浪陡高數丈擁入口門，名曰："海涌"，商哨船隻非遇天霽涌平難以出口，此次奴才拜摺後陰雨連旬，節次飭催至十九日天霽始經出口放洋，渡海遲延上煩睿廑，奴才不勝惶悚。令奴才五月二十一、六月初三日拜摺兩件，同六月十三日拜摺三件，均于八月十四日奉到硃批：嗣後仍當欽遵諭旨將臺地情形隨時奏報，以慰聖明廑注。至奴才于六月十三日拜摺後，又于六月二十四、七月初五、十五、二十八及八月初八等日拜摺五次，現亦抄錄摺彙並將配船出口日期移咨撫臣温承惠，俾得隨時有所稽覈。至委員候補知府諶昌緒、游擊陳萬山係撫臣温承惠專委來臺稽查奏報之員。今事竣内渡，奴才謹遵旨將奉頒吉祥右旋白螺恭設香案敬謹跪封，面交該委員諶昌緒、陳萬山領賫回省交撫臣温承惠由驛恭繳。奴才仍飭現在班滿回内官兵隨船護送，以昭慎重。除移撫臣温承惠查照欽遵辦理外，所有奉到諭旨，奴才謹由驛恭摺覆奏，伏祈皇上睿鑒。謹奏。

[硃批]：據實查覈，勿令冒濫虚銷。

五一、福州將軍賽沖阿奏清單：臺灣各屬晚稻收成分數

[嘉慶十一年九月初八日]，謹將臺灣府一廳四縣晚稻收成分數敬繕清單恭呈御覽：臺灣縣晚稻收成六分有餘；鳳山縣晚稻收成七分有餘；嘉義縣晚稻收成七分；彰化縣晚稻收成七分有餘；淡水廳晚稻收成七分有餘。以上一廳四縣合計收成實有七分。

五二、福州將軍賽沖阿奏片：飭令前任臺灣府知府馬夔陛内渡請咨赴部引見

[嘉慶十一年九月初八日]，再，奴才于四月内前赴北路巡查，因差

遣需員適有前任臺灣府知府馬夔陛交卸府篆，當經奏明帶同前往，一面飭令該府將經手倉庫銀穀趕緊交代，請咨内渡在案。兹據臺灣道清華禀稱：該府馬夔陛于上年十月内到臺灣府任，隨值洋匪勾結滋事，前赴嘉義督同營縣防守城池，並在鹽水港、笨港堵禦賊匪，經獲股頭馬美及匪夥多名辦理。本年正、二月間又隨同提督許文謨在竹圍尾一帶廓清道路，均經臺灣鎮道及提督許文謨具奏在案。該府在任五月有餘，均在軍營辦事，所有地方倉庫收支銀穀款目尚屬無多，現已按款交清。至四月後該府奉委在北路查拏搶奪案犯王果等，並股頭高貂亦經獲犯審辦竣事，並無經手未清事件等情。奴才查該府馬夔陛係奉旨送部引見之員，現在交代既清，並無經手未完事件，自應令其内渡請咨赴部，聽候吏部帶領引見，未便再留臺地差遣。除飭該府馬夔陛即行内渡外，奴才謹附片具奏，伏祈皇上睿鑒。謹奏。

[硃批]：覽。

五三、福州將軍賽沖阿奏片：革職禾坪縣丞蘇瀚緝盜勤奮請旨恩准捐復原官

[嘉慶十一年九月初八日]，再，查緝匪委員内有革職邵武縣、禾坪縣丞蘇瀚一員，先經臬司慶保委令偵緝逸匪，該員帶同義勇先後拏獲匪犯魏鳥、王粒、葉頂、李圭、林登科等多名辦理在案。兹據臬司慶保禀稱，該員于嘉慶七年在禾坪縣丞任内因縣民涂志瓏被熊昌柏毆傷喊驗一案，差傳熊昌柏訊供解縣失于看管致熊昌柏畏罪自戕，咨參革職情節尚輕。今緝拏逸匪著有微勞，應請令其捐復原官俾得自效等情。奴才查因公被議人員有呈請捐復原官者，例應奏請諭旨定奪。今革職禾坪縣丞蘇瀚緝匪勤奮，既據臬司慶保禀稱令該員捐復原官自效，相應據情具奏，恭候諭旨定奪。如蒙恩允准其捐復原官，所有捐項即令就近交繳閩省藩庫，仍俟交清捐項咨准部覆後，留于閩省補用。奴才謹附片具奏，伏祈

皇上睿鑒。謹奏。

[硃批]：另有旨。

五四、福州將軍賽沖阿奏摺：查明臺灣晚稻收成分數

[嘉慶十一年九月初八日]，奴才賽沖阿跪奏：爲查明臺灣晚稻收成分數，恭摺具奏，仰祈聖鑒事。

竊照臺灣一歲三熟而民食所資尤在秋成，先經奴才分飭臺屬各廳縣曉諭歸莊農民趕種晚稻，並酌借牛力籽種以裕農力去後。茲據臺灣道清華轉據署臺灣府知府錢澍查明各廳縣晚稻收成分數匯報前來，奴才逐一覆覈，除澎湖廳土性鬆浮向不栽插禾稻外，其臺灣一廳四縣內，臺灣、鳳山兩縣晚稻收成實在六分有餘；嘉義縣收成七分；彰化縣、淡水廳均係七分有餘。以上一廳四縣通計匀算，收成實有七分。此時通臺糧價較之八月中旬以前漸次平減，番薯雜糧亦屬充裕，民食有資，地方益覺寧謐，實堪仰慰聖懷。除將收成分數敬繕清單恭呈御覽外，奴才謹恭摺具奏，伏祈皇上睿鑒。謹奏。

[硃批]：覽。

五五、福州將軍賽沖阿奏摺：查閱臺灣南路營伍情形

[嘉慶十一年九月初八日]，奴才賽沖阿跪奏：爲查閱臺灣南路營伍情形，恭摺具奏，仰祈聖鑒事。

竊奴才欽奉上諭：將營汛操防事宜隨時整飭等因。欽此。奴才隨于七月內前赴鳳山縣就便查閱營伍，至八月初六日回郡操練鎮標各營官兵，先後奏蒙聖鑒在案。奴才自鳳山閱兵回郡，時提臣許文謨尚未配渡，奴才隨偕同許文謨將鎮標中、左、右三營，城守左、右軍並臺協中、左、右三營官兵次第操閱竣事。茲奴才悉心校覈，各該營官兵排

槍、步箭尚皆可觀。每兵十名照例打靶三十槍，准頭均在十五槍以上；步箭每兵十名中靶二枝，合式者亦在五六名以上，亦間有中靶三四枝者。箭靶、弓力均皆如式，馬箭較之步箭稍次，惟連環陣式籐牌技藝未能整齊熟練。緣該官兵等自上年十一月後防守城池，堵禦海口，久未操練，各兵中間有生疎者，即未能齊截合式。奴才已諭令該營將官認真演習，以期漸臻諳熟。其有步箭合式而馬箭生疎者，奴才一併勒限演習，再行考驗，並就中擇其弓馬技藝稍覺精練者，酌加獎賞，以示鼓勵。該官兵等尚知奮勉，惟臺灣鎮標中營外委陳韓奇、臺灣城守營外委何連陞、臺灣鎮標中營額外外委蔡灼步射馬箭均屬生疎，應行斥革示警。又臺協中營游擊廖國年老技生，難資操防訓練，先據該鎮愛新泰據實揭報，奴才考驗無异，未便稍事姑容，致滋曠誤，應請旨將廖國革職以重營務。所有臺協中營游擊員缺另行咨商督臣遴員請補，除北路各營官兵現因朱濆等匪船在崇武一帶游奕，撥赴各海口防守，另容操閱具奏外，謹將南路查閱情形會同奴才許文謨恭摺具奏，伏祈皇上睿鑒。謹奏。

[硃批]：另有旨。

五六、福州將軍賽沖阿奏片：查辦臺灣陣亡義勇摺先于洋面被朱濆幫船行劫查明補繕

[嘉慶十一年九月十一日]，再，奴才于九月十八日具奏陞補武職人員及查辦臺灣節次陣亡義勇二摺，並附片三件，先據護臺防同知薛志亮禀報，選撥船户洪添成澎船配渡，業于九月二十六日放洋去後。茲于十一月初二日據臺灣鎮總兵愛新泰、臺灣道清華禀稱：據厦門提塘林志通禀報洪添成船隻于十月初四日行至厦門附近料羅洋面，被朱濆匪船牽劫，前項奏摺並未到厦，發遞在船，賫摺差役亦無下落等情。除飛移督撫臣轉飭巡洋舟師緝捕匪船辦理外，奴才謹將前項摺片逐一查明補繕，仍填原發月日具奏，理合隨摺陳明，伏祈皇上睿鑒。謹奏。

[硃批]：覽。

五七、福州將軍賽沖阿奏摺：請以蘇榮煥等陞署臺灣城守營參將各員缺

[嘉慶十一年九月十八日]，奴才賽沖阿跪奏：爲陞補武職人員恭摺具奏仰祈聖鑒事。

竊照臺灣城守營參將吉淩阿病故遺缺，臺灣城守營右軍守備熊瓊陞補都司遺缺，臺灣鎮標左營守備包士任病故遺缺，南路營守備陳得寬病故遺缺均係陸路題補要缺，未便懸曠，應即于現在奉旨應陞人員内擇其人地相宜者分別請補，如不敷揀補再于軍營出力各員弁内遴員請旨補用，以資整飭，經奴才札商督臣阿林保分別遴員陞補去後。兹准督臣阿林保札覆，以臺灣現有應陞守備之千總林青高、楊彪二員堪以陞用。又内地出有撫標右營游擊一缺，應將奉旨以游擊補用之二等侍衛武隆阿請補，武隆阿現在臺灣，屬令奴才查明出考一併會銜請補等因。奴才隨查臺灣鎮標中營俸滿千總林青高由行伍歷拔千總調任今職，該員年壯技嫻，操防勤慎，現于守城出力案内奉旨以守備陞用，堪以陞補臺灣城守營右軍守備。又延平城守左營千總楊彪由行伍歷拔千總，上年管帶班兵來臺留臺緝捕，該員年力强壯，弓馬可觀，現于守城出力案内奉旨以守備陞用堪以陞補臺灣鎮標左營守備。又二等侍衛武隆阿由前鋒出師川楚洊陞總兵，因在潮州鎮總兵任内于總督那彥成諭給李崇玉委札不能稟阻，奉旨革去總兵賞給二等侍衛發往臺灣軍營當差，續奉上諭留閩以游擊補用，該員曾任總兵曉暢營務堪以請補撫標右營游擊。以上三員均係奉旨應陞應補人員，銜缺相當，人地亦屬相宜。惟林青高丁憂尚未服闋，應請先行陞署，俟服闋後照例辦理。尚有臺灣城守營參將及南路營守備二缺，臺灣現無應陞應補人員，奴才隨與提鎮許文謨、愛新泰等公同遴選。查有建寧鎮標左營游擊蘇榮煥由行伍出師金川，歷拔千把，嗣

在廓爾喀及黔楚苗疆川楚軍營屢次打仗出力，身受槍矛石傷九處，經蒙賞戴花翎洊陞今職，嘉慶十年四月内授札。該員久歷行陣熟諳營務，自二月内管帶徵兵來臺堵緝搜捕亦屬奮勉出力，以之陞任臺灣城守營參將于海外要地實有裨益。又南路營千總林名顯由行伍歷拔千總調補今職，九年正月内授札。該員年力强壯，技藝優嫻，前在鳳山打仗出力，于南路情形亦俱熟悉，以之陞任南路營守備亦堪勝任。惟蘇榮焕、林名顯歷俸俱未滿三年，今請陞參將守備于例稍有未符，現因海疆要缺需員，合無仰懇皇上逾格恩慈俯准，以蘇榮焕陞署臺灣城守營參將，林名顯陞署南路營守備，仍俟扣滿年限另請實授，實于海疆要缺有裨。以上陞補各員查無違礙處分，如蒙俞允准其陞補，除武隆阿係遵旨降補人員，林青高、楊彪係奉旨應陞人員外，其蘇榮焕、林名顯二員仍俟事峻照例送部引見，恭候欽定，除飭取各員履歷送部外，奴才謹會同閩浙總督臣阿林保、福建巡撫臣温承惠、陸路提督臣王柄、水師提督臣許文謨恭摺具奏，伏祈皇上睿鑒。謹奏。

[硃批]：另有旨。

五八、福州將軍賽沖阿奏摺：查明臺灣節次陣亡義勇、鳳山武舉張元英等咨部賜恤

[嘉慶十一年九月十八日]，奴才賽沖阿跪奏：爲查明臺灣節次陣亡義勇恭摺具奏仰祈聖鑒事。

竊照臺灣上年冬間堵禦蔡逆及本年正二月間攻剿賊巢收復鳳山陣亡義勇人等，節奉諭旨令奴才查明咨部賜恤等因。經奴才轉飭該鎮道等督率文武員弁分别確查去後。兹據臺灣鎮愛新泰、臬司慶保、臺灣道清華等詳稱：上年十一月間蔡逆勾結臺匪竊伺郡城，先至淡水繼擾鳳山，蔓延嘉義、彰化等處兩月有餘，始經剿捕竣事。所有義勇人等隨官勦賊守城臨陣捐軀，並不甘從逆倡率鄉民保固村莊致被戕害者，死事情節雖不一律而奮身敵愾實無二致，通計節次陣亡義勇實共有一千五百七十八名。現在覈實造册請咨，内有鳳山縣武舉張元英，先經臬司慶保諭令招集義勇幫守縣城，追張元英招齊義勇二百餘名，時縣城已爲賊目陳棒、吴淮泗等占據。張元英一面密禀同知錢澍一面將所招義民雜入賊夥中，冀圖外攻内應擒拏賊目，因機事不密轉爲賊匪誘擒，張元英駡賊不屈。賊目吴淮泗先用刀砍傷張元英唇齒腮脥，張元英駡不絶口被賊亂刀斃命，房屋家貲均被劫掠，家屬張芳、親戚陳潘同時遇害。又革職福寧鎮標右營千總陳藝緣事咨革後探親來臺，適值臺匪滋事，該弁曾任臺灣千總熟悉地方，隨招募義勇人等于上年十二月二十六日隨同署都司陳拜本在鹽水港勦賊，身先士卒，殺賊匪十餘人身受重傷，後復向前追賊不知賊匪埋伏中途，致被賊攔截，陳藝身受二十餘傷爲賊所害。又監生周蓮係鳳山縣知縣吴兆麟幕友，上年十一月二十九日吴兆麟在溪墘勦賊被賊圍困，周蓮聞信，實時單身騎馬沖入賊陣，奮勇直前，欲救吴兆麟回縣，寡不敵衆與吴兆麟同時被害。以上三名死事尤爲義烈，一併聲請覈奏等情。

奴才查該義勇等知方向義效命疆埸情殊可憫，既經該鎮道等逐一查明，自應遵旨造册咨部，聽候部臣照例議恤。至張元英、陳藝、周蓮等三名或駡賊不屈或裹瘡力戰或奮不顧身直衝賊陣，均被慘害，尤爲義烈可風，應否量加優恤之處，出自聖主鴻慈。又陣亡官兵除該鎮愛新泰節次奏報外，尚有千總林士輝、署把總張朝龍、署外委王大中、外委巫鉍、兵丁林有良、林瑞枝、陳加駒、林榮光等于上年十二月内在水堀頭、鹽水港等處打仗陣亡，因彼時道路未通，禀報遺漏，今據愛新泰查明詳請補奏前來，除飭彙入陣亡官兵各册照例通詳題咨辦理外，所有查明義勇陣亡緣由，奴才謹會同水師提督許文謨恭摺具奏，伏祈皇上睿鑒。謹奏。

[硃批]：另有旨。

五九、福州將軍賽沖阿奏摺：遵旨留許文謨在臺籌備船隻並調派兵力緝股

[嘉慶十一年九月二十八日]，奴才賽沖阿跪奏：爲欽奉諭旨，恭摺覆奏事。

竊奴才于九月二十七日據臺灣鎮總兵愛新泰呈報，奉總督行知承准廷寄内開七月二十八日奉上諭：阿林保以此時緝捕緊要先行雇募商船五十隻配兵出洋，以便及時分路兜剿，可期迅速集事，所辦俱好。惟所稱兵船配足之後統帶乏員，訪聞粵東候補都司孫全謀熟悉閩浙洋面，善能掩捕賊船，懇請調撥來閩令其管帶一節。孫全謀于水師事宜固爲熟悉，但現在粵省洋面亦正在緝捕緊要之際，豈能調派赴閩。此時閩省鎮將内除李應貴一員已經賽沖阿奏明令其内渡，著即遵照前旨在三沙駐守外。又總兵張見陞一員在水師將領中亦甚出色，此時帶兵需員，著即將該鎮調令内渡以資剿捕。水師帶兵各員能否得力，惟存乎其人，即如此次蔡逆復竄到臺，李長庚追兵未到而該鎮等即能在鹿耳門内帶兵衝出，奮力圍攻，賊勢遂形潰散，是即水師得力之員又何必舍近求遠乎。所有閩省新雇商船五十隻著即專交張見陞管帶，飭令與李長庚合力追捕，加倍奮勉，如果擒獲蔡逆定膺世職懋賞等因。欽此。又同日奉上諭：前因臺灣搜捕肅清，諭令賽沖阿體察情形將所調官兵酌量撤遣歸伍。玆據奏稱：查明挑補水陸缺額兵共有一千七百餘名，而凱旋兵三千餘名，班滿換回兵二千餘名，俱應陸續分起内渡等語。現在臺地雖已肅清，蔡逆匪船自鹿耳門經舟師痛剿，踉蹌分竄。但賊情詭譎，轉盼西北風當令，仍恐其復竄臺郡，若將凱旋兵三千餘名陸續俱行裁撤，恐賊黨聞知復生窺伺，即該處居民見大兵俱已撤回亦難保無脅從助惡情事，並恐陸路尚有餘匪潛匿。著賽沖阿將凱旋兵三千餘名内酌留一半暫停内渡，並留許文謨在

彼以資彈壓，而壯聲勢。其張見陞、李應貴等自應飭回内地緝捕。至内渡各兵應領鹽菜口糧即照所奏截止七月二十九日止，自八月初一日以後有陸續裁撤守風待渡者，均按照戍兵分例給與月餉舂米以省糜費。又另摺稱未獲陸路大股頭尚有洪四老、吴三池、邱恩、周添秀、葉豹五名逃上賊船，當兹洋匪首夥陸續殲擒。該犯等非臨陣殲戮即溺斃海洋，斷難延喘等語。此等黨惡匪徒必須按名正法，即實係溺斃亦必須確有證據方可憑信，豈可爲此等懸揣之詞。賽沖阿身係大員尤不可輕出此言，總當以各賊首尚現存活，仍前懸立賞格，嚴飭文武員弁實力緝捕，無得稍涉懈弛致有疎縱等因。欽此。查以上諭旨二道奴才尚未奉到，自係海洋風訊不齊以致遞送遲速不能一律，今既據總兵愛新泰奉到行知呈報前來，所有欽奉諭旨事，理應即欽遵趕辦。奴才伏查汀州鎮總兵李應貴前奉上諭應赴三沙地方駐紮，奴才當即催令配船内渡並經具奏在案。兹據鹿仔港口員稟報該鎮配船後已于九月十七日出口，又澎湖協副將王得禄經督臣阿林保調赴内洋差遣亦于九月十五日在鹿耳門配船内渡。惟福寧鎮總兵張見陞經奴才奏明飭令内渡之後，嗣因蔡逆匪船游奕古鎮洋面准督臣阿林保知會臺洋一體嚴防，經奴才令該鎮張見陞暫留臺灣與邱良功分帶哨船，彼此策應，以期防範嚴密。兹奉諭旨：閩省新雇商船五十隻專交張見陞管帶追捕等因。該鎮自應迅速内渡未便稽延，奴才現已飭令該鎮查看風色放洋，仍將原帶内地哨船四隻一併帶同回内，至臺地巡洋舟師除飭邱良功管帶巡防外，查有候補都司王贊節次在洋出力，現經奴才委令暫護臺協水師中營游擊員缺，堪以幫同邱良功巡防緝捕，可期得力。又凱旋徵兵共三千餘名，先經奴才酌令在于鹿耳門、鹿仔港分起配渡，惟因八月以後内地到臺商船甚少，該弁兵等均在海口候船，追接督臣知會蔡逆游奕古鎮有復行東竄之信。奴才即令該弁兵等暫在海口防堵，仍令班滿各兵遇有便船先行回内，以免擁擠，並經奏蒙聖鑒在案。兹奉諭旨：賊情詭譎轉盼西北風當令恐其復竄臺郡，著將凱旋兵酌留一半等因。仰見聖慮精詳周密，奴才實不勝欽佩，除飭帶兵將備在于凱旋各兵内擇其年力精壯者酌留一半防守口岸外，其餘俟班滿各兵配渡完竣後，查看情形再令接續内渡，並遵旨留許文謨在臺以資彈壓，而壯聲勢。至臺灣陸路逸匪除節次拏獲小股頭吴利萬等七十六名辦理外，尚有小股頭林和德等十五名，現在偵緝務獲。又未獲大股頭洪四老等七名内，除陳齊一犯續獲辦理，陳棒一犯在賊船被砲擊斃外，其洪四老等五名屢據獲犯供稱，均已逃上匪船。奴才先因蔡逆在鹿耳門敗竄後僅存破損賊船二十隻竄回内洋，追至澎湖洋面遭風又有覆溺，奴才竊冀内地大幫舟師一遇敗剩匪船合力圍捕，此等餘匪自可按名殲戮，不知先事冀望究屬懸揣，仰蒙聖主訓誨周詳，奴才不勝感悚。奴才查蔡逆敗回内洋後，現在又有匪船多隻，所有逃上賊船之洪四老等均係臺灣陸路匪徒，難保其不乘機逃回臺地，奴才惟有欽遵諭旨，懸立賞格並飭文武員弁嚴密跴緝，以期有犯必獲，務盡根誅，以仰副皇上綏靖海疆，除惡務盡之至意。所有欽奉諭旨緣由，奴才謹由驛恭摺覆奏，伏祈皇上睿鑒。謹奏。

[硃批]：嚴密查拏務獲，不可推諉。

六〇、福州將軍賽沖阿奏摺：赴臺防禦倭陞額等差委均能不辭勞瘁請分别奬賞

［嘉慶十一年九月二十八日］，再，奴才自西安起程時隨帶軍標外委方永吉、馬兵張天福、劉萬年、袁琚四員名，又行至廣東南雄府地方，有廣州滿營防禦倭陞額、海明二員，馬甲王祥兆等十三名前來迎見，經奴才一併帶同渡臺，均經奏蒙聖鑒在案。除到臺後派令防禦海明一員管帶馬甲十名護送欽差關防内渡，即飭回原營外。實在留臺差遣防禦倭陞額一員，馬甲王祥兆、董明文，耿正三名，該員弁兵丁等到臺半載有餘，一切差委均能不辭勞瘁，勤奮出力。差倭陞額一員由廣州滿營筆帖式洊陞防禦，該員年壯才明，今在臺灣軍營又能勤奮出力，若回原營，比較

才具勞績，例得以佐領陞用，應請先賞給佐領頂戴，仍俟回營後遇有佐領缺出，再行酌量陞補。又陝西軍標外委方永吉前隨奴才在川陝軍營奮勇打仗，身受重傷，曾經奏賞藍翎，其軍標兵丁張天福、劉萬年、袁琚等亦在川陝軍營屢經打仗奮勉，今又同廣州馬甲王祥兆、董明文、耿正等在臺灣軍營差委出力。查該弁兵等年壯技嫻，著有勞績，惟因離原營日久，不得與原營各弁兵一例考拔陞轉，殊屬向隅，可否將外委方永吉先賞給把總職銜，俟回原營再以千總撥補，馬兵張天福、劉萬年、袁琚三名，先賞給外委頂戴，俟回原營再以把總撥補。廣州滿營馬甲、王祥兆、董明文、耿正三名先賞給驍騎校頂戴，俟回原營再以實缺撥補之處，出自聖主逾格恩施。奴才謹一併附片具奏，伏祈皇上睿鑒。謹奏。

[硃批]：即有旨。

六一、福州將軍賽沖阿奏摺：遵查江西試用布政司理問范玉琳等緝股出力請獎

[嘉慶十一年九月二十八日]，奴才賽沖阿跪奏：爲遵旨保奏，仰祈聖鑒事。

竊照奴才前帶江西試用布政司理問范玉琳及福建以布政司經歷借補建陽縣、麻沙縣丞鄒貽詩等二員到臺委辦緝匪撫恤各事宜，業經奏蒙聖鑒在案。嗣奉上諭：如果該員等始終出力再行奏請加恩獎勵等因。欽此。奴才查范玉琳、鄒貽詩二員除委辦撫恤事宜早經竣事，勤慎無誤外，又節次督率差役、義勇偵緝逸匪，並于五月内蔡逆東竄時派令帶同役勇防守口岸，先後報獲匪犯多名，並自行捐資購綫拏獲著名股頭陳助、黄響、王紅、王錫等四名，先經奴才彙案辦理具奏在案。奴才留心查看該員等差委勤奮，實屬始終出力之員，查范玉琳一員係江西試用布政司理問由江西隨同奴才來閩，今在臺緝匪多名，殊屬能事，可否俟事竣後送部引見以示鼓勵之處，出自皇上天恩。至以布政司經歷借補建陽縣、麻沙縣丞鄒貽詩一員，在閩年久，前于嘉慶八年查辦會匪李淩魁案內，該員獲犯朱高得等多名辦理業經前撫臣李殿圖于該員俸滿案内保薦准到部覆，係應歸卓异班内即陞之員，今又在軍營緝匪出力，合無請旨飭部遇有該員應陞知州員缺先盡選用之處，奴才謹一併聲明恭候恩旨獎勵，所有奴才遵旨查明緣由，謹恭摺具奏，伏祈皇上睿鑒。謹奏。

[硃批]：即有旨。

六二、福州將軍賽沖阿奏摺：審明續獲周都等犯攻營戕害兵勇一案按律分別定擬

[嘉慶十一年九月二十八日]，奴才賽沖阿跪奏：爲續獲賊目匪夥審明分別辦理，恭摺具奏，仰祈聖鑒事。

竊照臺灣陸路逸匪節經奴才督飭文武員弁查拏審辦，尚有多名股頭未獲，欽遵恩旨懸賞跴緝去後。兹據文武員弁、義勇報獲股頭周都、林遞二名，匪夥高義等三十二名。又據臬司慶保會同臺灣道清華禀稱：有股頭方育章一名自行赴郡投首並據該犯將逸匪郭蒲、陳義、吴窕、吴蔭、吴策等五名藏匿處所赴官禀報，隨即飭差將郭蒲等五名拏獲到案等情，經奴才批飭一併確審彙案辦理去後。兹據該司道督同署臺灣府知府錢澍等審擬解勘前來，奴才隨親提各犯督同覆訊，據周都一犯供認上年十一月蔡牽匪船竄至滬尾，該犯投上盜船入夥，蔡牽給與帥旗一枝，番銀五十圓，該犯招夥多人隨同攻打艋舺營盤殺死義民一人。又林遞一犯供認聽從洋匪鄭昌邀上蔡牽盜船，蔡牽給與令旗、番銀，令其招夥隨同攻打艋舺營盤，殺死兵勇二人、又高義、王勇、蔣滿、蔡江水、葉添受、揚却即楊張、蔡遇、周雨、許言、王扶、林竟、洪七、蘇端、劉笑、王媽、陳柳、林荖、郭金、張波、陳立、謝願、吴諒、蘇猪、柯補、王弗、劉株、林然、莊觀中、陳儀、陳元、黄廕、施幅、郭蒲、陳義、吴窕、吴蔭、吴策等三十七名訊係聽糾從逆攻城打仗，拒敵官兵。

内高義一名殺死兵勇四人，又方育章一犯據供上年十二月内被股頭葉豹虜禁賊寮逼令入夥，給與令旗一枝並派匪夥五十人令其管隊同行，並將該犯妻子擄禁作質，嗣因葉豹疑其心懷兩端不肯令其向前打仗，衹在賊營守寮，葉豹敗後，該犯亦即逃逸等情。質之葉豹夥匪施幅供認亦相符，以上各情節反復究詰，該犯等矢口不移，案無遁飾。查股頭周都、林遞二犯領旗糾夥拒敵官兵，又匪夥高義一犯戕害兵勇多人，均屬罪大惡極，應照反逆凌遲律凌遲處死。又王勇等三十六犯同惡相濟，應照謀反律斬决梟示，該犯等情罪重大，未便稽誅。奴才于審明後即恭請王命，飭委臺灣道清華、署臺灣城守營參將英林將周都等三十九犯，綁赴市曹分别凌遲斬决梟示。至方玉章一犯領旗管隊即係賊目，律應凌遲處死。今訊係被虜逼脅入夥並未打仗傷人，既據自行投首指告獲犯多名，相應隨案聲明，恭候諭旨辦理。除各犯家屬財産飭查另辦，拏獲股頭之義勇分别獎賞，未獲逸犯仍飭嚴密踩緝務獲，並録各犯供單送部外，所有獲犯辦理緣由，謹恭摺具奏，伏祈皇上睿鑒。再，未獲小股頭林和德等十八名，除方育章一名現在投首，現又拏獲周都、林遞二犯開除外，尚有未獲小股頭十五名，合併陳明。謹奏。

[硃批]：刑部覈查議奏。

六三、福州將軍賽沖阿奏摺：黄應等悔罪投首並盗船各犯一案按例分别定擬

[嘉慶十一年十月十一日]，奴才賽沖阿跪奏：爲逸匪悔罪投首並拏獲盗船服役人犯，審明分别辦理，恭摺具奏，仰祈聖鑒事。

竊照臺灣從逆逸匪節經奴才督飭文武員弁查拏辦理，並有投首股頭方育章一名，查係例不准首之犯，亦經按律定擬奏請諭旨辦理在案。嗣據署臺灣府知府錢澍禀稱有逸匪黄應、陳□、林大山、陳厚等四名自行到官投首，並據緝匪兵役拏獲逃匿内山之盗船服役人犯陳菁、楊才二名等情。經奴才批飭臺灣道府分别研訊詳辦去後，兹據該道清華督同署臺灣府知府錢澍委員同知汪楠等審擬解勘前來，奴才隨提犯督同覆訊，據黄應一犯供稱上年十二月内被股頭陳棒逼勒入夥，在賊寮内幫同搭寮守夜，旋即乘間逃走並無隨同拒敵官兵情事。又陳□一犯供稱上年十二月内被股頭周添秀逼勒入夥在賊寮内僅止兩日旋即逃走。又林大山一犯供稱上年十二月内被匪夥林玉擄入股頭陳棒賊寮内，派令煮飯旋即乘間逃出，並無抗拒官兵情事。又陳厚一犯供稱本年正月内被賊夥林足擄入賊寮逼令入夥，在賊寮内僅住五日旋即逃出。又陳菁、楊才二犯供稱該犯等于嘉慶九年十月、十一月内先後被洋匪張元、昌治等擄上盜船，逼令在船煎茶煮飯，並未隨同拒敵官兵亦無行劫及接贜情事。至上年十一月間蔡逆幫船竄至滬尾，該犯等乘間上岸逃匿内山各等情。經奴才再三究詰，該犯等矢口不移，案無遁飾。查例載謀叛案内被脅入夥並無隨同焚汛戕官抗拒官兵情事，一聞查拏悔罪自行投出者，發黑龍江給披甲人爲奴等語。又蔡逆匪船服役人犯訊無同逆上盜者，節經奏明發往黑龍江給打牲索倫達呼爾爲奴在案。此案黄應、陳□、林大山、陳厚四犯被脅入夥旋即逃出，其陳□、陳厚二犯在賊寮僅止數日，據供並未抗拒官兵尚屬可信，既經悔罪投首合依謀叛案内投首人犯發遣例，均發黑龍江給披甲人爲奴。陳菁、楊才二犯在蔡逆匪船服役訊無同逆上盜，應照節次辦理服役人犯董錫穀、楊代之例一併發往黑龍江打牲索倫達呼爾爲奴，仍照例刺字。除各犯供單送部，未獲各犯仍飭嚴密查拏外，所有投首拏獲各犯分别辦理緣由，奴才謹恭摺具奏，伏祈皇上睿鑒飭部覈覆實行。謹奏。

[硃批]：刑部議奏。

六四、福州將軍賽沖阿等奏摺：遵旨保舉澎湖協副將王得禄等請簡放福寧鎮總兵

[嘉慶十一年十月二十四日]，福州將軍奴才賽沖阿、閩浙總督奴才阿林保跪奏：爲遵旨保奏出力副將，恭摺具奏，仰祈聖鑒事。

竊奴才阿林保于九月十七日在福寧府途次欽奉上諭：阿林保奏提督王柄患病，現在步履維艱，精神委頓，難以供職，懇請解任等語。王柄著准其解任回旗調理，福建陸路提督員缺著許文謨調補，張見陞著補授福建水師提督，所遺福寧鎮總兵員缺著賽沖阿會同阿林保于帶兵出力副將内揀選三員據實保奏，候朕簡用。欽此。奴才阿林保隨將奉到諭旨移知奴才賽沖阿會同揀員保奏，奴才等伏查福寧鎮總兵員缺兼轄水陸，現當水師緝捕吃緊之際，且該鎮所轄三沙烽火各洋面尤關緊要，自應于水師副將内遵旨揀選三員，據實保奏，恭候簡用。查閩省水師副將僅止三缺，現任澎湖協副將加總兵銜王得禄，閩安協副將徐涌均係在洋帶兵出力之員。又臺灣協副將員缺先因閩浙兩省一時無合例陞調之員，經前督臣玉德以游擊邱良功緝捕奮勇，奏請署理臺灣協副將，欽奉上諭：邱良功准其署理臺協副將篆務，如果始終奮勉，俟一二年後再行奏明請旨等因。欽此。該員署篆一年尚未請旨實授，業于剿捕蔡逆出力案内蒙恩賞加副將銜。以上三員熟悉水務，在洋帶兵日久，緝捕均屬奮勉，而王得禄一員尤爲幹練出色，奴才等謹遵旨據實保奏，除將該副將等履歷開繕清單，敬呈御覽，恭候簡用外，奴才等謹合詞恭摺具奏，伏祈皇上睿鑒。謹奏。

[硃批]：另有旨。

六五、福州將軍賽沖阿奏片：審明王溜等犯攻城一案按律定擬

[嘉慶十一年十一月初六日]，奴才賽沖阿跪奏：爲續獲從逆逸匪審明辦理，恭摺具奏，仰祈聖鑒事。

竊照臺灣陸路匪犯節經奴才督飭文武搜捕，先後緝獲多犯辦理具奏在案。未獲逸犯復經奴才勒飭嚴密踹緝去後。兹據文武員弁先後拏獲

從賊匪犯王溜等十二名解郡，隨經飭據臺灣道清華督同署臺灣府知府錢澍審擬解勘前來，奴才親提各犯督同覆訊。據王溜、戴足、林願三犯供認，聽從股頭周添秀糾邀入夥攻擾府城，又王從、蔡紅二犯供認聽從股頭陳棒糾邀入夥攻擾府城，又林才、陳拱二犯係股頭林秋賓糾邀入夥攻擾鹽水港營盤，又林顯一犯係股頭林講和糾邀入夥在崗山拒敵官兵義民，又鄭沙、李亮二犯聽從股頭邱恩糾邀入夥在笨港、斗六門等處拒敵官兵，又張請一犯聽從匪夥陳長糾邀投上蔡逆盜船入夥隨攻安平府城等處，又在洋拒敵官兵一次，又陳奇一犯被蔡逆在洋擄上盜船入夥隨攻府城及艋舺新莊各處。以上各情節據該犯等供認不諱，反覆究詰矢口不移。查王溜等十二犯聽糾從逆攻擾城池，拒敵兵勇，均屬同惡相濟，合依謀叛斬決律擬斬立決，該犯等情罪重大，未便稽誅，奴才于審明後即飭委臺灣道清華、署臺灣城守營參將英林恭請王命，將王溜等十二犯綁赴市曹斬決梟示，除犯屬財産飭查另辦，未獲逸犯仍飭文武嚴密踩緝務期全獲，並錄各犯供單送部外，所有獲犯辦理緣由，謹恭摺具奏，伏祈皇上睿鑒。謹奏。

[硃批]：刑部知道。

六六、福州將軍賽沖阿奏摺：覆奏臺灣現在各情形

[嘉慶十一年十一月十四日]，奴才賽沖阿跪奏：爲欽奉諭旨，恭摺覆奏，仰祈聖鑒事。

奴才于十一月初七日承准廷寄欽奉上諭二道内開嘉慶十一年九月二十日奉上諭：賽沖阿奏委署知府等摺。覽奏俱悉等因。欽此。又嘉慶十一年十月初七日奉上諭：阿林保等奏接准賽沖阿來信，臺灣乏食貧民查明無庸賑濟，並停止解臺銀兩等因。欽此。奴才跪讀之下，仰見皇上廑念海疆，軫恤民隱，無微不至，奴才實不勝欽感。伏查臬司慶保于七月二十日交卸臺灣道篆後，因該道清華甫經任事，地方應辦事件尚未得

有頭緒，必須該司一手經理方臻妥協。奴才前赴南路獎賞番衆，查看城池時，經帶同該司前往查辦及回郡城後又督同該司將地方緊要事宜清理兩月有餘，嗣因地方寧敉，尚無應辦要件，該司慶保以業經奏請陛見，應赴前途恭迎硃批，即于十月十九日由鹿港放洋内渡，經奴才附片奏聞在案。兹奉諭旨：慶保不必亟于進京陛見，且幫同清華料理地方事務等因。查前據口員稟報該司慶保于十月二十一日已抵蚶江進口，奴才現在飛行該司遵照並移咨督撫臣查明，如新任臺灣府知府楊廷理已抵閩境亦即催令渡臺任事，以專責成。至蔡逆匪船于五月内在鹿耳門剿捕内竄後，數月以來臺灣南北各洋查無賊踪，惟内洋正當圍捕緊要之際，此時蔡逆曾否殲除尚未得有確信，臺灣口岸仍應妥爲布置，不容稍懈，除班滿戍兵現飭遇有便船陸續配渡外，其前留徵兵同凱旋各官兵仍暫緩撤遣以備迎剿，而昭嚴密。又臺灣被賊滋擾之後，窮黎失業，二、三月間老幼男婦聚集市鎮謀食，流離可憐，當經奴才奏奉恩旨撫恤，分廠煮粥，俾資口食。四月以後難民陸續歸莊，粥廠撫恤亦即停止，並咨明督撫臣查照在案。嗣因早稻歉收，糧價驟長，歸莊農民不能自謀生計，又復紛紛吁請賑濟。經該道府稟明督撫及奴才查辦臺灣遠隔重洋，若令該道府等候督撫批示辦理，未免緩不濟急。奴才查春間分廠煮粥，窮黎均沾實惠，收成偶欠原可無庸普賑，是以于奏報早稻收成案内將應需調劑之處聲明具奏，一面督飭地方官妥爲撫恤，適值番薯成熟，價值甚賤，在食力農民既可毋庸仰給于官，即老幼無依經官糴買薯乾配米煮賑辦理節省，而窮黎亦可一律裹腹。經奴才節次委員分頭查勘，地方實屬安静，迨八月十四日奉到諭旨，令奴才體察，如有應須賑恤之處，據實奏請加恩等因。維時秋禾已届登場，老幼男婦歸莊刈禾，生理有資，又經奴才將撫恤後毋庸再加賑濟之處奏蒙聖鑒在案。至督撫臣據該道府稟請收養難民之處係夏間情形，是以與奴才八月内奏報不符。奴才受恩深重，于海疆要地民疾攸關，不敢稍存諱飾，至目擊情形可以設法調劑亦不敢冒昧吁恩上廑聖懷。現在淡水、彰化、嘉義三廳縣糧價每石賣錢一千八九百文及二千文不等，民情極屬安貼。惟臺灣、鳳山兩縣糧價稍昂，奴才現亦諭令該道府等查明，如有應需開倉出糶以平價之處，亦即分別妥辦，務期民食充裕，一夫不致失所，以仰副皇上軫念民依之至意。所有奉到上諭，奴才謹由驛恭摺覆奏，伏祈皇上睿鑒。謹奏。

嘉慶十二年正月初二日奉硃批：覽。欽此。

六七、福州將軍賽沖阿奏片：賑濟臺灣難民等情形

[嘉慶十一年十一月十四日]，奴才賽沖阿跪奏：爲欽奉諭旨，恭摺覆奏，仰祈聖鑒事。

奴才于十一月初七日承准廷寄欽奉上諭二道内開嘉慶十一年九月二十日奉上諭：賽沖阿奏委署知府等摺。覽奏俱悉。臺灣府一缺已另降諭旨將從前在臺年久之楊廷理補授，並令其馳驛前往矣。此時蔡逆雖由浙洋面南竄，勢甚窮蹙，但賊踪飄忽靡常，近年來每逢冬令即竄向臺灣，將來北風司令難保其不復來滋擾，賽沖阿當留心防範布置妥協爲要。本日據慶保具摺謝恩並奏請陛見，慶保陞任本省臬司非如遷擢他省，即應速赴新任者可比，新任臺灣道清華甫經到臺，于該處地方情形未能熟悉，新放臺灣府知府楊廷理雖係熟手，一時亦未能即到。著賽沖阿傳諭慶保此時不必亟于進京陛見，且在彼幫同清華料理地方事務，俟清華經事數月較爲熟諳，楊廷理亦已到任，賽沖阿察看情形，彼時或將蔡逆殲除，或全臺敉寧，賽沖阿可以放心撤兵内渡時，慶保再一同渡臺進京陛見亦不爲遲，將此諭令知之。欽此。又嘉慶十一年十月初七日奉上諭：阿林保等奏接准賽沖阿來信，臺灣乏食貧民查明無庸賑濟，並停止解臺銀兩一摺，前據阿林保等奏臺灣收養難民摺給口糧米石並請賑濟一月，已委道員趙三元前往查辦等語。朕因摺内所叙各處大小難民至五十一萬一千七百餘名口，較之從前林爽文滋事案内收養難民爲數尚多，

恐不免有捏報浮用之弊，曾經諭令交賽沖阿就近督同該道覈明確數，據實具奏。今阿林保奏稱：接准賽沖阿函致臺灣番薯收成甚好，民食有資，無庸賑濟。阿林保等已飭知糧道趙三元並將配渡賑濟銀兩截留，無庸解臺等語。何以前後奏報情節迥不相同，此時阿林保尚未接據臺灣道府禀報，而賽沖阿函致伊等之信自係目擊情形，但事關民瘼不厭精詳，仍著賽沖阿確實查勘，如有應需賑恤之處，即當奏請加恩，固不可任聽地方官捏開浮冒，更不可稍有諱飾，以副朕軫念窮黎無使一夫失所至意。將此傳諭賽沖阿並諭阿林保、温承惠知之。欽此。奴才跪讀之下仰見皇上廑念海疆，軫恤民隱，無微不至，奴才實不勝欽感。伏查臬司慶保于七月二十日交卸臺灣道篆後，因該道清華甫經任事，地方應辦事件尚未得有頭緒，必須該司一手經理方臻妥協。奴才前赴南路奬賞番衆，查看城池時，經帶同該司前往查辦，及回郡城後，又督同該司將地方緊要事宜清理兩月有餘。嗣因地方寧敉，尚無應辦要件，該司慶保以業經奏請陛見，應赴前途恭迎硃批，即于十月十九日由鹿港放洋内渡，經奴才附片奏聞在案。玆奉諭旨：慶保不必亟于進京陛見，且幫同清華料理地方事務等因。查前據口員禀報該司慶保于十月二十一日已抵蚶江進口，奴才現在飛行該司遵照並移咨督撫臣查明如新任臺灣府知府楊廷理已抵閩境亦即催令渡臺任事以專責成。至蔡逆匪船于五月内在鹿耳門剿捕内竄後，數月以來臺灣南北各洋查無賊踪，惟内洋正當圍捕緊要之際，此時蔡逆曾否殲除尚未得有確信，臺灣口岸仍應妥爲布置，不容稍懈。除班滿戍兵現飭遇有便船陸續配渡外，其前留徵兵同凱旋各官兵仍暫緩撤遣以備迎剿，而昭嚴密。又臺灣被賊滋擾之後，窮黎失業，二、三月間老幼男婦聚集市鎮謀食，流離可憐，當經奴才奏奉恩旨撫恤，分廠煮粥，俾資口食。四月以後難民陸續歸莊，粥廠撫恤亦即停止，並咨明督撫臣查照在案。嗣因早稻歉收，糧價驟長，歸莊農民不能自謀生計，又復紛紛吁請賑濟，經該道府禀明督撫及奴才查辦。臺灣遠隔重洋，若令該道府等候督撫批示辦理，未免緩不濟急，奴才查春間分廠煮粥，窮黎均沾實惠，收成偶欠原可無庸普賑，是以于奏報早稻收成案内將應需調劑之處聲明具奏，一面督飭地方官妥爲撫恤，適值番薯成熟，價值甚賤，在食力農民既可毋庸仰給于官，即老幼無依經官糴買薯干配米煮賑辦理節省，而窮黎亦可一律裹腹。經奴才節次委員分頭查勘，地方實屬安静，迨八月十四日奉到諭旨，令奴才體察，如有應須賑恤之處，據實奏請加恩等因。維時秋禾已届登場，老幼男婦歸莊刈禾，生理有資，又經奴才將撫恤後毋庸再加賑濟之處奏蒙聖鑒在案。至督撫臣據該道府稟請收養難民之處係夏間情形，是以與奴才八月内奏報不符。奴才受恩深重，于海疆要地民疾攸關，不敢稍存諱飾，至目擊情形可以設法調劑亦不敢冒昧吁恩上廑聖懷。現在淡水、彰化、嘉義三廳縣糧價每石賣錢一千八九百文及二千文不等，民情極屬安貼，惟臺灣、鳳山兩縣糧價稍昂。奴才現亦諭令該道府等查明，如有應需開倉出糶以平價之處，亦即分别妥辦，務期民食充裕，一夫不致失所，以仰副皇上軫念民依之至意。所有奉到上諭，奴才謹由驛恭摺覆奏，伏祈皇上睿鑒。謹奏。

[硃批]：覽。

六八、福州將軍賽沖阿奏摺：接受將軍印信日期謝恩

[嘉慶十一年十一月十四日]，奴才賽沖阿跪奏：爲恭報奴才接印日期，叩謝天恩，仰祈聖鑒事。

竊奴才于四月内在臺灣行營欽奉恩旨調補福州將軍，當即繕摺叩謝天恩在案。嗣奉上諭以奴才現在臺灣需用印信，應知會綦拉芬將將軍印信委員賫送渡臺交奴才應用等因。當經奴才移知綦拉芬委員協領烏爾滾帶同驍騎校、筆帖式、前鋒等二十四員名領賫福州將軍印信在厦門配渡，因該處文武正在堵防朱濆匪船之際，囑令該協領暫緩放洋。兹于十一月初十日始據該協領賫送印信到臺，奴才當即恭設香案，望闕叩頭

謝恩，祗領任事。伏念奴才滿洲世僕，渥荷鴻慈，上年冬間由西安將軍調任廣州，適值洋匪蔡逆滋擾臺灣，即蒙逾格隆施任以海外剿捕事宜，旋蒙調任福州，數月之間迭邀寵任，復奉諭旨統轄閩省陸路鎮協營務，受恩逾重圖報彌難，揣分循涯，難名感悚。奴才現駐臺灣整飭彈壓，除福州將軍衙門應辦公事仍移副都統㩦拉芬代辦外，其各鎮協營操防訓練事宜，仍俟奴才内渡後再行按營較閲，實力整頓，以期稍酬高厚隆恩于萬一。所有奴才接印日期及感激微忱謹隨報便具奏，叩謝天恩，伏祈皇上睿鑒。再，奴才于印信未到時奏明借用臺灣鎮印信，兹接受將軍印信後，隨將臺灣鎮印信送還該鎮愛新泰接收，合併陳明。謹奏。

[硃批]：覽。

六九、福州將軍賽沖阿奏片：琉球進貢船隻飄至澎湖洋面難夷遇救分别撫恤護送

[嘉慶十一年十一月二十五日]，奴才賽沖阿跪奏：爲琉球國進貢船隻遭風飄至臺灣澎湖洋面，其二號船在澎湖沖礁擊碎，難夷遇救得生，分别撫恤獲送内渡，仰祈聖鑒事。

竊奴才前據署鳳山縣陳起鯤禀稱十月十三日有夷船一隻飄至縣屬枋寮洋面，查係琉球國正貢頭號船隻，其二號船據該船舵水口稱不知飄收何處等情。經奴才轉飭將遭風正貢夷船護送來郡，一面通飭沿海口岸確查二號船下落去後。隨據護理澎湖通判周元梓禀稱：十月十四日琉球國二號貢船遭風飄至澎湖吉貝沖礁擊碎，官伴水梢等八十二員名盡皆落水，經撥漁船救濟得生。其失水貢物並銀貨行李等項，因在深水洋面無從打撈，將失水官伴人等護送到郡辦理等情。復經奴才轉飭臺灣道清華將送到失水官伴人等安頓驛館，並查明正貢船隻有無損壞，一體優加撫恤在案。兹據該道清華詳稱：詢據在船通事金思明等報稱該國耳目官楊克敦、正議大夫梁邦弼、都通事蔡肇業等在本國領賫嘉慶十一年貢物表

文，率領官伴水梢一百九十八員名，分坐海船二隻于本年十月初九日在該國姑米山開船，初十日在洋遇風，十三日正貢船隨風飄收鳳山枋寮洋面，其二號貢船桅舵損壞，于十四日飄至澎湖吉貝沖礁擊碎，所有該船配載貢物硫磺、紅銅、白剛、錫及行李銀貨等項均失水無存，惟官伴水梢人等扳扶板片遇救得生等情。經該道清華督飭府縣將失水難夷安頓驛館，制給衣履，並查明正貢船隻風篷損壞撥匠代爲更换修理，一體給予口糧、薪水、食物，俾無缺乏，詳請照例派撥員弁兵役護送内渡前來。奴才查該國夷使官伴人等在洋遭風漂流多日，其二號船復沖礁擊碎，夷使等落水遇救得生，情殊可憐，自應優加撫恤，以仰副皇上加惠遠人之至意。除該道清華照例分别賞恤並將失水難夷搭配商船以便隨同正貢夷船内渡外，該夷使楊克敦、梁邦弼等復率同通事官伴人等赴奴才行營謁見。奴才隨宣示皇上天恩，加賞猪、羊、鹽、酒等項，夷使二員仍另給綢二疋、綾四端以示優异，其通事以下及官伴人等分别給與綢、綾、花布，該夷使等無不感戴歡忭。至該國貢船例應由五虎門進口赴省，今北風司令難以戧駛，自應即由鹿耳門放洋就近對渡厦門更爲妥便，奴才並飭總兵愛新泰會同該道派委文武員弁帶領兵船六隻隨同護送，仍雇熟悉海道舵工二名，令其在正貢船内幫同駕駛，以期穩渡，以免疎虞。除飭令查看風色放洋，一面移咨督撫臣查照派船迎護並飭澎湖通判將沉失銅錫等項設法打撈，有無撈獲另辦外，所有琉球國貢船遭風撫恤緣由，奴才謹會同陸路提督奴才許文謨恭摺具奏，伏祈皇上睿鑒。謹奏。

[硃批]：另有旨。

七〇、福州將軍賽沖阿奏摺：嚴密防範蔡牽情形

[嘉慶十一年十一月二十五日]，奴才賽沖阿跪奏：爲欽奉上諭，恭摺覆奏，仰祈聖鑒事。

竊奴才于十一月十九日在臺灣府城承准廷寄嘉慶十一年九月二十七

日奉上諭：賽沖阿本日奏到保奏前次勦辦蔡逆出力各弁兵，並查明粵莊及漳、泉各義民請分别施恩各摺，已明降諭旨，均照所請行矣。又據另片奏稱：查得蔡逆在鹿耳門被官兵攻勦時所有掀翻大船因篷桅高峻又有蟒袍、呢羽等物飄浮海面，一時商漁舵水人等皆以爲蔡逆坐船，並據獲犯陳養供稱蔡逆坐船實在掀翻八隻之内，是以彼時一併具奏，此時究難作爲確據等語。蔡逆前在鹿耳門經風濤掀翻高大船隻，曾據賽沖阿奏係該逆坐船，今據查明係一時揣度之詞，兼據獲犯陳養所供尚未確實，海洋浩渺一時了望未周亦可不必深究。且此船既非蔡牽所坐而船隻分外高大又漂流物件甚多，自係該逆輜重。昨李長庚于八月十六日在長塗洋面痛勦該逆，據稱李長庚坐船曾經親自駛攏與該逆坐船相並，大加勦殺，其爲蔡逆尚在毫無疑義。該逆此次經李長庚痛勦之後，勢益潰敗亡命奔逃，諒不難克日擒獲。惟現在北風司令，該逆被追緊急仍竄臺洋亦未可定，必須預爲防備。賽沖阿摺内稱現有凱旋兵三千餘名尚未配渡，飭令暫時留防，所辦甚是。此時張見陞業已陞任提督，應即内渡。王得禄亦以經阿林保檄令回至閩洋幫同堵勦，臺灣水師將領衹有邱良功一員在彼，是否足資統領？如目下水師帶兵人少，即酌量咨調亦可。賽沖阿務當督飭臺郡水陸官兵一律巡防，妥爲布置，或李長庚等追賊到彼正可收夾擊之效。將此由四百里諭令知之。欽此。遵旨寄信前來。伏查陞任福寧鎮總兵張見陞經奴才奏令暫緩内渡後，嗣奉諭旨閩省新雇商船五十隻專交張見陞管帶追捕等因。惟時張見陞正在鹿耳門哨巡，奴才當即催令張見陞將原帶哨船四隻帶同内渡，張見陞隨于十月十六日放洋，業經奴才奏蒙聖鑒，並聲明臺洋帶兵將領有候補都司王贊現護臺協游擊，堪以幫同邱良功巡防緝捕在案。兹據代辦澎湖協副將陳景星禀稱張見陞船隻在洋遭風于十月二十八日帶同隨行哨船二隻收泊澎湖，尚有哨船二隻飄散無著，除無著哨船現在飭查外，張見陞已于十一月初五日查看風色平穩自澎湖内渡等情。查澎湖距厦較近，張見陞此時自必早抵厦門。至蔡逆匪船向來秋冬之間屢竄臺洋淡北一帶伺劫米船，兹届冬底據臺灣南北各路口員禀報並無賊踪，是否内洋辦理得手，業經殲除首逆，臺灣尚未得有確信。所有水陸巡防仍應妥爲布置不容稍懈，奴才已諭令邱良功、王贊等將臺灣現有哨船配足軍火砲械，與游擊盧慶長等分别管帶以專責成，以資策應。該將等均係邀蒙恩獎之員，尚知感奮，似可毋庸另行咨調，且現在内洋緝捕船多力厚，即使匪船東竄亦必跟踪緊躡，臺灣水師將領自可無虞不敷。至淡水北滬尾一帶係匪船常到之處，現在搜捕將盡，全郡枚寧，斷不致受其勾結，而賊勢窮蹙水米透漏尤應嚴防，此時滬尾砲臺及應建兵房、火藥局一律修建完竣。奴才並派參將常陞保、游擊蘇榮焕督同汛守備弁分兵防守，其鹿仔港一帶緊要口岸亦派有參將什格等在彼常川稽查。奴才留心查看該將備等巡防尚屬周密，兹奉訓示周詳，奴才惟有與提督許文謨、總兵愛新泰督飭水陸官兵一律嚴密防範，斷不敢因臺洋現無賊踪，稍存懈弛。所有欽奉諭旨緣由，奴才謹由驛恭摺覆奏，伏祈皇上睿鑒。謹奏。

[硃批]：覽。

七一、福州將軍賽沖阿奏片：臬司慶保交卸臺灣道篆日期擇日放洋

[嘉慶十一年十二月初四日]，再，臬司慶保于七月二十二日交卸臺灣道篆後，因有經辦事件尚須該司一手經理暫留兩月有餘，現在各要案均已辦理清楚，該司業已前赴鹿港配渡，一俟有順風即可放洋，奴才謹附片奏聞，伏祈皇上睿鑒。謹奏。

嘉慶十一年十二月初四日奉硃批：覽。欽此。

七二、福州將軍賽沖阿奏摺：酌議鳳山縣城移回興隆里地方

[嘉慶十一年十二月初七日]，奴才賽沖阿跪奏：爲酌議鳳山縣城移

回舊縣興隆里地方，恭摺具奏，仰祈聖鑒事。

竊照鳳山縣舊城從前建設興隆里地方，負山濱海，實係臺灣南路形勝所在，因乾隆五十一年林逆滋事，舊城兵火之後居民甚少。經欽差福康安查明該處地勢較低，奏請將縣治移駐埤頭高阜地方並聲明舊城地處海濱亦關緊要，另建龜山石卡分派弁兵駐守，以資控制在案。上年十一月内賊匪起自洋面，該縣文武各官因海口兵單，帶領兵役馳赴海口堵禦，致奸民乘虚入城，官署、民房、城池、壇廟均被賊毁。現在全郡籽甯，亟應趕緊修復，以壯觀瞻而肅體制。奴才于七日内前赴南路看兵，經赴新舊縣治及海口一帶逐一查勘，時總兵愛新泰、臬司慶保皆隨同前往，均稱埤頭縣城距海口較遠，一遇海口緊要之時兼顧爲難，與其修復新城不如移回舊城更得形勢。隨經奴才于查看鳳山地方情形摺内奏蒙聖鑒，一面轉飭該鎮道會同臬司慶保確勘妥議去後。兹據該鎮道愛新泰、清華等詳稱鳳山縣舊城有龜蛇二山左右夾輔，迤南即打鼓港海口控制水陸，實係自然險要，緣在兩山之間似覺地勢較低，而依山爲城轉覺捍衛得力。現在街巷齊整爲縣治，至埤頭地方本係民莊，雖移建縣城户口無多，自嘉慶八年埤頭水岸沖坍溝渠散溢，民鮮蓋藏。採訪興論亦稱縣治應移回舊城爲善等情，並與臬司慶保商酌意見相同，詳請具奏前來。奴才查鳳山縣舊城自入版圖以來已逾百載，前因地方偶然有事移駐埤頭，今既查明埤頭形勢不如舊城，自應移回興隆里控制海口以爲鞏固久安之計。且係因舊修復亦與更張舊制不同，如蒙俞允，除知縣典史應即移回舊城辦公外，所有駐城參將一員、千總一員、把總一員、外委三員、額外外委三員、兵丁五百名均應移回舊城以資防守。其埤頭地方即以興隆里巡檢及舊城把總一員、兵丁一百十六名移駐，足資稽察彈壓，其餘均毋庸移動。至城池衙署等項無論縣治應移與否均應修復，奴才查鳳山縣本係栽竹爲城，今若移回舊治自應仍照舊式，惟應另建城門四座以肅啓閉。又學宫衙署本在舊城，毋庸建蓋，其一切壇廟亦有舊址，地方官酌加修葺即可肅將祀事，亦可毋庸議修以省糜費，惟營縣衙署及倉庫、監獄應聽撫臣委員勘估照例辦理。除移督撫臣查照外，奴才爲縣城形勝起見，謹會同陸路提督奴才許文謨恭摺具奏，並繪輿圖説恭呈御覽，伏祈皇上睿鑒訓示。謹奏。

嘉慶十二年二月初二日奉硃批：另有旨。欽此。

七三、福州將軍賽沖阿奏摺：蔡牽幫船動向及臺灣設防情形

[嘉慶十一年十二月十九日]，奴才賽沖阿跪奏：爲欽奉諭旨恭摺覆奏仰祈聖鑒事。

竊奴才于十二月十三日在臺灣府城奉到廷寄内開嘉慶十一年九月初七日奉上諭：據賽沖阿覆奏嚴拏奸民接濟盜匪，並查明李長庚前在張坑剿賊情形一摺，覽奏俱悉。此皆前此飭查之事。臺灣各口岸經賽沖阿等查辦嚴密，自未必有接濟奸徒。至現在蔡牽盜船竄往浙洋，李長庚于八月十六日追至長塗洋面痛加剿殺，擊沉盜船二隻，殲斃賊匪多名。李長庚亦身受多傷，兵船被損，刻下將兵船整理復往追剿，看此情形，賊匪狼狽奔逃，兵船乘勝追捕，李長庚或早晚將蔡逆殲獲亦未可知。設或一時未能就擒，此時北風司令又有李長庚在後緊剿，料該逆未必敢逗留北洋，勢將南竄，而閩省現在三沙一帶又有兵船扼要駐守，該逆亦斷不敢泊船。或探聞臺灣徵兵均已凱撤，因欲乘虚竄往事未可定。看此機會或竟在賽沖阿一路剿辦成功，此時臺灣徵兵業經配渡凱旋，賽沖阿尚當在臺駐紮，不必汲汲内渡，惟當嚴飭各文武員弁等留心防備，一遇該逆竄至即行設法殲擒。如果將該逆擒獲，不論大小文武員弁及義民生番人等皆屬首功，朕必渥加懋賞，不可不勉之又勉。至該逆在鹿耳門遭風之後，聞現在高大船隻不過剩十餘隻，爲數有限，其在浙省洋面有土盜鳳尾幫十餘隻一同奔竄。此項賊船從不聞其竄往閩省，不過蔡逆竄至北洋暫時附合，若該逆南竄又少此項盜船，其勢更孤，不難一鼓辦净也。勉

之。至出力之義勇、屯番、生番等除均經遵旨賞給銀兩物件外，其備賞銀兩尚存三萬七千餘兩，著仍留于臺郡交賽沖阿暫行存貯，以備賞須。將此由四百里諭令知之。欽此。遵旨寄信前來。伏查奴才前于八、九月間接准督臣阿林保咨會蔡逆匪船在古鎮一帶游奕，所有臺灣沿海口岸咨令嚴防等因。當經奴才派撥將弁分口防守，並將凱旋徵兵暫時留防緣由，節次奏蒙聖鑒在案。嗣因該弁兵等駐守海岸日久，感受風潮，多有患病，又經奴才轉飭在于汛守弁兵内隨時更換，以均勞逸，並與許文謨、愛新泰不時委弁稽查。現在各口岸防守均屬嚴密，因思臺地陸路逸匪搜捕將盡，全郡早已謐寧，惟因蔡逆稽誅，口岸不容疏懈，是以酌留徵兵防護。該逆自五月内在鹿耳門敗竄後，迄今半載未涉臺洋，自係賊勢窮蹙，大船較少，不敢輕歷重洋，復行東竄。兹據新任臺灣府知府楊廷理面禀，該守前在蚶江配渡時聞有賊匪潰散，業已自行分幫等語。如果屬實，此時内地船多兵厚，辦理自更易得手。奴才現在移咨督臣阿林保將内地勦捕情形隨時知會臺地，以便酌量情形，將凱旋徵兵分别留防撤遣，以惜兵力而重經費。奴才仍飭水師將備邱良功、王贊等刻刻操練水師，留心防備。此時内地大幫舟師跟踪捕賊，倘該逆情急竄至，立即迎頭截勦，與内地舟師内外夾擊，以期殲擒首逆，並將現奉諭旨敬謹宣示，俾臺地大小文武員弁及義民生番人等一體欽遵，奮勉立功，仰邀懋賞。至臺灣入冬以來，雨水調匀，現據各廳縣禀報，南路莊農業已翻犁播種早禾，北路一帶二麥亦極芃茂。嘉義以上每中米一石賣價銀二兩一二錢不等，臺灣以南糧價微增，民情恬熙，地方寧謐，實勘仰慰聖懷，除賞番存剩銀兩現在遵旨暫行存貯外，所有欽奉諭旨，理合恭摺由驛覆奏，伏祈皇上睿鑒。謹奏。

[硃批]：若賊至臺郡，協力擒捕，佇膺厚賞，勉之。

七四、福州將軍賽沖阿奏片：同赴臺灣之員温邦達病故已飭地方照

例送柩回籍

[嘉慶十二年正月初五日]，再，奴才前在江西奏帶委員内有陞補布政司經歷温邦達一員，經奴才帶同渡臺委辦撫恤、緝匪各事宜均能不辭勞瘁，且經捐資拏獲股頭洪建、林江二名辦理在案。該員積勞之後沾染時疫，于八月二十九日在臺病故，除飭地方官照例送柩回籍，並咨部及江西撫臣查照外，奴才謹附片具奏，伏乞皇上睿鑒。謹奏。

嘉慶十二年正月初五日奉硃批：

七五、福州將軍賽沖阿奏片：前任臺灣知府馬夔陞未完事件請准其内渡赴部引見

[嘉慶十二年正月初五日]，再，奴才于四月内前赴北路巡查，因差遣需員，適有前任臺灣知府馬夔陞交卸府篆當經奏明帶同前往，一面飭令該府將經手倉庫銀穀趕緊交待，請咨内渡在案。玆據臺灣道清華禀稱，該府馬夔陞于上年十月内到臺灣府任，隨值洋匪勾結滋事前赴嘉義督同營縣防守城池，並在鹽水港、笨港堵禦賊匪，經獲股頭馬美及匪夥多名辦理。本年正、二月間又隨同提督許文謨在竹圍尾一帶廓清道路，均經臺灣鎮道及提督許文謨具奏在案。該府在任五月有餘，均在軍營辦事，所有地方倉庫收支，銀穀款目尚屬無多，現已按款交清。至四月後該府奉委在北路查拏搶奪案犯王果等，並股頭高貂亦經獲犯審辦竣事，並無經手未清事件等情。奴才查該府馬夔陞係奉旨送部引見之員，現在交代既清，並無經手未完事件，自應令其内渡請咨赴部聽候吏部帶領引見，未便再留臺地差遣。除飭該府馬夔陞即行内渡外，奴才謹附片具奏，伏祈皇上睿鑒。謹奏。

嘉慶十二年正月初五日奉硃批：覽。欽此。

七六、福州將軍賽沖阿奏片：臺灣府知府楊廷理赴任日期

［嘉慶十二年二月初二日］，再，查前任臺灣道捐復知府楊廷理奉旨補授臺灣府知府馳驛赴閩。兹據鹿仔港同知□嘉訓奏報，該府楊廷理已于十二月初一日行抵鹿仔港進口等情，除飭該府即赴郡接印任事外，奴才謹附片奏聞，伏乞皇上睿鑒。謹奏。

嘉慶十二年二月初二日奉硃批：覽。欽此。

七七、福州將軍賽沖阿奏片：臺灣前報夏間收養難民秋後毋庸普賑情形業已復奏

［嘉慶十二年二月初二日］，再，奴才于十二月十八日奉到九月十八日上諭一道：内開阿林保奏臺灣收養難民摺給口糧米石並請賑濟一月等語，閱摺内所叙各處收養大小難民至五十一萬一千七百餘名口，較之從前林爽文滋事案内收養難民爲數較多，恐不免有捏報浮開之弊。該督已委道員趙三元前往查辦，著交賽沖阿就近督同該道覈明確數據實具奏等因。欽此。伏查奴才先于十一月初七日奉到上諭：據阿林保等奏臺灣收養難民恐不免有捏報浮開之弊，雖經諭令交賽沖阿覈明確數據實具奏。今阿林保奏稱接准賽沖阿函致臺灣番薯收成甚好，民食有資，毋庸賑濟。何以前後奏報情節迥不相同？仍著賽沖阿確實查勘，如有應需賑濟之處，既當奏請加恩等因。欽此。當經奴才將臺灣夏間早稻歉收，農民嚙請賑濟，適值番薯成熟配米煮粥，妥爲撫恤，老幼無依已沾實惠。嗣因秋禾登場，毋庸再行普賑並奏明督撫臣，據該道府奏請收養難民之處尚係夏間情形，是以與奴才奏報不符等情，于十一月十四日恭摺覆奏在案。現在奉到諭旨係前屆降旨之先，飭查之係因海洋風訊不齊，奉到較遲，合將業經覆奏緣由，附片陳明，伏祈皇上睿鑒。謹奏。

嘉慶十二年二月初二日奉硃批：覽。欽此。

七八、福州將軍賽沖阿奏摺：拏獲臺灣逸犯及盗船服役各犯等審明

分別辦理

[嘉慶十二年二月初十日]，奴才賽沖阿跪奏：爲拏獲從逆逸匪暨盜船服役各犯並有悔罪投首逸匪審明分別辦理，恭摺具奏，仰祈聖鑒事。

竊照臺灣從逆匪犯，節經奴才督飭文武員弁查拏辦理，並有悔罪投首匪犯黄應等均經先後審辦具奏在案。玆又據員弁兵勇奏報拏獲從逆匪犯吴漲等四名，盜船服役匪犯柯貴等三名，經奴才督飭解郡審辦並據嘉義縣奏報有匪犯翁貢元等五名聞拏到官投首等情。復經奴才督飭一併詳解訊辦去後，玆據臺灣道清華督同臺灣府知府楊廷理、臺防同知候補知府錢澍審擬解勘前來，奴才隨親提各犯，督同覆訊。據吴漲一犯供認聽從已正法股頭洪建糾邀入夥，隨同攻擾府城三次；又戴番婆一犯供認係股頭洪建匪夥，隨同攻擾府城三次；又蔡榮一犯供認係未獲股頭黄竈匪夥，隨同攻擾府城二次；又林正一犯，供認被已正法匪夥阿班畧擄上盜船，隨同來臺，攻擾東港埤頭二次；又柯貴一犯供認被賊夥林祝擄上盜船服役，曾昆、温大分二犯供認，被蔡牽幫匪擄帶來臺，在船服役，均無隨同上岸拒敵官兵暨上盜接贓情事，又翁貢元、王文貴、鄭啓、曾抬、李添來等五犯，訊係股頭邱恩等逼脅入夥，旋即畏罪逃出，今聞拏到官投首，並無焚汛戕官，抗拒官兵情事，以上各情節反復究詰，該犯等矢口不移，案無遁飾，查律載謀叛者不分首從皆斬，又例載謀叛者案内，逼脅入夥，並無隨同焚汛戕官，抗拒官兵情事，一聞查拏悔罪自行投出者，發黑龍江給披甲人爲奴等語。又蔡逆匪船服役人犯，訊無同逆上盜者，節經奏明發往黑龍江給索倫達呼爾爲奴在案。此案吴漲、戴番婆、蔡榮、林正四犯，聽糾從逆攻擾府城等處，拒敵官兵，實屬同惡相濟，合依謀叛律，擬斬立决，該犯等情罪重大，未便稽誅，奴才于審明後即恭請王命，飭委臺彎道清華、署臺灣城守營參將英林將吴漲等四犯綁赴市曹處斬，以昭炯戒。柯貴、曾昆、温大分三犯，被擄服役，訊無上盜，應請照歷辦服役人犯董賜穀、楊代之例發黑龍江給打牲索倫達呼爾爲奴。翁貢元、王文貴、鄭啓、擇曾招、李添來五犯被脅入夥，旋即逃回，並未隨同打仗，抗拒官兵，既經悔罪投首，合依謀叛案内投首人犯發遣例發黑龍江給披甲人爲奴，均照例刺字，除吴漲等犯屬財産，飭查另辦，未獲逸犯仍飭地方文武嚴密踾緝務獲辦理，並錄各犯供單送部外，所有審明辦理緣由，謹恭摺具奏，伏祈皇上睿鑒，飭部覈覆施行。謹奏。

嘉慶十二年四月初四日奉硃批：刑部議奏。欽此。

七九、福州將軍賽沖阿奏摺：查明臺灣二麥收成分數

[嘉慶十二年三月初二日]，奴才賽沖阿跪奏：爲查明臺灣二麥收成分數恭摺具奏，仰祈聖鑒事。

竊照臺灣田土膏腴，氣候較早，農民于冬間翻犁之後即趕種早稻，其播種二麥者較少，現届收麥之期，經奴才分飭查報去後。兹據臺灣道清華轉據署臺灣府知府楊廷理將臺屬各廳縣二麥收成分數查明匯報前來，奴才逐一覆覈，除澎湖一廳，臺灣、鳳山二縣向不栽插二麥外，其餘各廳縣内，淡水廳及嘉義縣二麥收成均有八分，彰化收成八分有餘。以上一聽二縣通計均算實在八分有餘。奴才復查臺地糧價自入春以來，雖當青黄不接，覈與上冬糧價亦約畧相同，淡水、彰化、嘉義三廳縣每米一石市價二兩至二兩三四錢不等，惟臺、鳳二縣糧價較昂，現在春雨應時，早稻滋長繁茂，地方寧謐，民情恬熙，實堪仰慰聖懷，除將麥收分數敬繕清單，恭呈御覽外，奴才謹恭摺具奏，伏祈皇上睿鑒。謹奏。

嘉慶十二年四月二十日奉硃批：欣慰覽之。欽此。

八〇、福州將軍賽沖阿清單：臺灣府各屬二麥收成分數

[嘉慶十二年三月初二日]，謹將臺灣府淡水一廳嘉義、彰化二縣二麥收成分數敬繕清單恭呈御覽：淡水廳二麥收成八分；嘉義縣二麥

收成八分；彰化縣二麥收成八分有餘；以上一廳二縣合計收成實在八分有餘。

八一、福州將軍賽沖阿奏摺：臺灣道拏獲劫殺事主夥盜王羅等審辦

[嘉慶十二年四月初四日]，奴才賽沖阿跪奏：爲拏獲劫殺事主夥盜，審明辦理，恭摺具奏事。

竊照淡水廳民吴泳南等呈報吴鳳柏、吴麟二等于嘉慶十一年九月初五日在員仔湯嶺被盜劫殺斃命一案。先據前同知程文炘驗明通報。經奴才批飭會營勒緝兇盜務獲辦理去後。兹據臺灣道清華詳稱督飭同知胡應魁會營拏獲兇盜王羅、郭良、陳傳祖三名解郡。現據臺灣府知府楊廷理審詳，由道會同臺灣鎮總兵愛新泰審擬解勘前來。奴才隨提犯督同覆訊，緣王羅、郭良、陳傳祖均籍隸泉州寄居淡水傭工，與在逃盜首吴佑熟識。嘉慶十一年九月初四夜，王羅、郭良、陳傳祖至吴佑家談及貧苦，吴佑起意行劫得贜分用，王羅允從，吴佑又糾在逃之陳俊、陳士、周當、郭方等一共八人。初五日早，郭良、陳傳祖、陳俊、陳士各帶半斬刀一把，餘皆徒手，同至員仔湯嶺下三斷坎荒埔，吴佑令周當、郭方把風，吴佑等在坎下伺劫。適廳民吴鳳柏、吴麟二從彰邑員寶莊回歸，路經該處，吴佑劫取吴鳳柏包里，吴鳳柏拉奪不放，王羅用石塊打傷吴鳳柏偏右連右太陽，郭良從後用刀砍傷吴鳳柏左腿肚，陳俊復用刀砍傷吴鳳柏頂心倒地。陳士劫取吴麟二包里，吴麟二用右手推攔，被陳士刀傷右手腕，吴麟二舉脚回踢，陳傳祖用刀砍傷吴麟二右脚腕倒地，適吴鳳柏堂弟吴泳南、吴泳北等亦自彰邑回歸踵至喊拏，王羅等各携贜而逸。吴鳳柏、吴麟二旋各因傷强命王羅等至吴佑家中查點贜物，共劫得番銀八十三圓，布匹衣物共十一件。吴佑等八人各分番銀五圓，餘銀均候衣物變賣均分。經吴泳南等報官勘驗通詳飭緝，吴佑等畏罪逃逸，先後拏獲王羅、郭良、陳傳祖三犯，究出該犯等聽從吴佑劫傷事主各情，

此外並無窩夥亦無另犯竊劫別案，隔别研訊衆供如一。贜雖未起，據供犯事地方月日及行劫贜數覈與報案相符，正盗無疑。特查律載，强盗已行，但得財者不分首從皆斬，又例載强盗殺人審决梟示，又臺灣盗劫之案罪應斬决者照江洋大盗例斬决梟示各等語。此案王羅、郭良、陳傳祖聽糾夥劫殺死事主，均合依强盗殺人斬梟例，俱擬斬立决梟示。該犯等情罪重大，未便稽誅。奴才于審明後即恭請王命，飭委臺灣道清華、署臺灣城守營參將英林將該犯王羅等三名綁赴市曹處斬梟示。逸盗吴佑等嚴緝務獲，另□各犯分得贜銀訊已花用，應同吴佑等名下未起各贜，查明有無盗産照估追賠。兇刀、石塊據供抛弃，無從查繳。郭良有父郭陞應與失察牌保飭拘，照例發落。吴鳳柏等尸撥給屬領埋。再，此案盗犯同夥八人獲犯未半且未獲首盗，文武疎防職名飭取另參，除全案供招送部外，所□獲犯審明辦理緣由，謹恭摺具奏，伏乞皇上睿鑒。再，奴才于審辦盗案抄摺後即前赴北路閲兵，合併陳明。謹奏。

嘉慶十二年五月初十日奉硃批：刑部知道。欽此。

八二、福州將軍賽沖阿奏摺：臺灣道拏獲圖財害命兇犯陳碧等審辦

[嘉慶十二年四月初四日]，奴才賽沖阿跪奏：爲拏獲圖財害命兇犯，審明辦理，恭摺具奏事。

竊據淡水廳同知胡應魁詳稱廳民李恐呈報，伊侄李阿言年十三歲于嘉慶十一年十一月二十四日在廳轄阿南坑牧牛不回，尋獲尸身項有勒繩，顯係被人竊牛謀命等情，當經批飭勒緝兇犯務獲辦理去後。兹據臺灣府知府楊廷理奏報：該廳會營拏獲兇盗陳碧一名，起獲贜牛三隻，提犯訊明抬解，並據臺灣道清華會同臺灣鎮總兵愛新泰審擬解勘前來，隨提犯督同覆訊，緣陳碧籍隸廣東饒平縣，寄居淡水傭工。嘉慶十一年十一月二十四日陳碧路過阿南坑荒埔撞遇在逃之劉奇、劉歸坐地閑談各道貧苦，適幼孩李阿言趕牛三隻赴彼牧草，陳碧起意將李阿言致死牽牛

賣銀分用，與劉奇、劉歸商允。陳碧隨剥取番芭蕉皮搓繩，與劉奇、劉歸一齊上前將李阿言合面揿倒，劉歸揪住髮辮，劉奇揧住兩手，陳碧用繩套入項頸，李阿言卧地掙紮喊救磕傷額顱，陳碧將繩緊收，李阿言立時殞命。陳碧等弃尸僻處，牽牛藏匿山窩，因聞事主查詢，牛隻尚未變賣分贜，旋經李恐尋獲尸身報經前護廳程文炘勘驗，旋即□事同知胡應魁回任通詳飭緝拏獲陳碧一名，起獲贜牛三隻，提犯研訊，據供起意謀財害命不諱，此外並無另犯竊劫别案，贜經主認正盗無疑。查例載：圖財害命得財而殺死人命者，首犯與從而加功者俱擬斬立决；又臺灣盗劫之案罪應斬决者照江洋大盗例斬决梟示各等語。此案陳碧圖牽牛隻商同劉奇、劉歸將十三歲幼孩謀勒致斃，兇殘已極。陳碧除弃尸不失輕罪不議外，合依圖財害命得財而殺死人命斬决例擬斬立决。臺灣民情兇悍，謀斃幼孩之案節經前鎮道嚴辦示儆，尚未悛改，自應嚴加懲辦以昭炯戒。奴才于審明後即恭請王命，飭委臺灣道清華、署臺灣城守營參將英林將該犯陳碧綁赴市曹處斬梟示，逸犯劉奇、劉歸飭緝務獲。另結贜牛給主收領，尸棺給屬領埋，失察牌保飭拘照例發落。再，此案盗犯同夥三人雖于限内拏獲盗首一名，尚未及半，文武疎防職名查取另參，除全案供招送部外，奴才謹恭摺具奏，伏祈皇上睿鑒。謹奏。

嘉慶十二年五月初十日奉硃批：刑部知道。欽此。

八三、福州將軍賽沖阿奏摺：拏獲偷賣鳥鎗之臺灣兵丁擬按情重人犯從嚴審辦

[嘉慶十二年四月十六日]，奴才賽沖阿跪奏：爲水師兵丁偷帶鳥鎗上岸，當時拏獲，究出商賣軍器情節，從嚴辦理，恭摺具奏事。

竊奴才審辦王羅等盗案于四月初四日繕摺具奏並聲明拜摺後即赴北路看兵在案。正在啓程間，接據臺灣鎮總兵愛新泰報據署臺協副將邱良功稟稱：三月二十日早有綏字三號船上水兵林選、連得、鄭大勇等三名，並未告知隊目私行上岸，經該管千總莊貴寶等查明，船內失去打仗時搶獲鳥鎗三桿，曬晾未收火藥一小包。當即差兵將水兵林選等同鳥鎗火藥一併拏獲，並獲同行民人劉托一名解郡究辦等情。奴才查水兵私帶鳥鎗上岸且偷出火藥一小包，恐有透漏重情，自應暫駐郡城督同該鎮道審明嚴辦後再赴北路較（校）閱，隨將解到水兵林選等及民人劉托一併發交該鎮愛新泰、清華等督同臺灣府知府楊廷理嚴訊究辦去後。兹據該鎮道詳稱：水兵林選、連得、鄭大勇等配坐綏字三號哨船在鹿耳門口停泊，三月十九日林選、連得、鄭大勇同時上岸買菜，遇見素識民人劉托坐地閑談，言及臺地鐵禁甚嚴，內山僅用鐵鏢打鹿並無鳥鎗等語。林選憶及船內存有打仗時奪獲賊鎗數桿尚非閱給軍器，欲央劉托引賣得錢使用當與連得、鄭大勇商允，隨向劉托許謝錢文，約定次早在岸等候，劉托貪謝允從。二十日黎明林選與連得、鄭大勇各竊鳥鎗一桿正欲上岸，林選查看鎗口銹壞恐難賣錢，復與連得、鄭大勇商議將船內曬晾未收火藥順拏一小包欲至岸上僻處試放。該兵丁等趁早上岸，遇見劉托同至曾文溪地方，隨經差兵趕到將林選、連得、鄭大勇、劉托等同鳥鎗一併拏獲，並搜出偷帶火藥一小包計重三觔有零，反覆究詰各供前情不諱，訊無偷過别項軍器及另犯不法情事，將水兵林選等及民人劉托一併按擬解勘前來，奴才覈供不勝駭异，隨提犯督同覆訊與該鎮道等所訊供情無异。奴才查各哨船奪獲賊械除記用外，其驗有損壞者業已記檔交收即與閱給軍器無异，該兵丁等膽敢商同偷賣實屬目無法紀且並偷火藥二觔有零，雖據供稱係爲演試廢鎗偷帶，但林選等既敢竊賣鳥鎗尚復何所顧忌，未便因其謀賣未成稍事輕縱，查律載軍人將閱給一應軍器私下貨賣罪止杖一百發邊遠充軍，現當整頓營務之際，自應從嚴究辦，俾各兵知此懲儆。林選起意謀賣鳥鎗與連得、鄭大勇各盗鳥鎗一桿，又同偷火藥一小包，□罪惟均，林選、連得、鄭大勇均請照臺灣情重軍犯發遣例，改發黑龍江給批甲人爲奴，仍先于海口枷號三個月示衆，滿日再行起解，照例刺字。劉托貪圖謝錢許爲覓主貨賣，應于林選等軍罪上減一等杖一百徒三年，到配摺責安置。鳥鎗驗已銹壞，飭營銷毀，火藥交營收領。奴才仍將懲辦緣由曉諭水陸各營，以昭炯戒，並飭將前獲賊械一體留心查點，如有廢壞不堪配兵者亦即報明銷毀，毋致存留偷漏。至林選等偷帶鳥鎗火藥上岸，該管營官立時查明拏獲據實禀報究辦，不敢回護，辦理尚屬認真，失察處分應否免參出自皇上天恩，除犯供送部外，奴才謹將審明辦理緣由會同陸路提督奴才許文謨恭摺具奏，伏祈皇上鑒。謹奏。

嘉慶十二年六月初三日奉硃批：另有旨。欽此。

八四、福州將軍賽沖阿奏摺：請令鄒貽詩留臺灣差遣暫緩赴部

[嘉慶十二年五月初一日]，賽沖阿跪奏：奴才于上年二月内渡臺時經將布政司經歷借補建陽縣丞鄒貽詩一員，隨帶來臺差委並經奏蒙聖鑒，嗣因龍溪縣出缺又經督臣何林保、前撫臣温承惠會奏，將該員鄒貽詩陞補龍溪縣知縣，經部覆准在案。茲准撫臣□□誠咨鄒貽詩准外，龍溪縣知縣例應勒限赴部引見，如有承辦要件，半年以内咨部，展限半年以上應將緣由奏明加展咨會奴才查明辦理等因。查該員鄒貽詩自隨奴才到臺後一切差委極屬得力，業經奴才于該員捐資拏獲股頭王紅等並獲匪犯多名案内遵旨保奏。欽奉諭旨：鄒貽詩著加恩以知州陞用等因。欽此欽遵在案。是該員應遵續奉恩旨以知州陞用，尚未銓選得缺，奴才現赴臺灣北路校閲營伍稽查地方海口，差委需人，應請將該員暫留臺灣差遣，俾奴才得一熟手辦事，于公事較有裨益，仍俟奴才内渡時再行給咨該員赴部選用，至龍溪縣員缺緊要，除咨明督撫臣另行揀員題補以專責成外，奴才謹附片具奏，伏祈皇上睿鑒。謹奏。

嘉慶十二年五月初一日奉硃批：覽。欽此。

八五、福州將軍賽沖阿清單：臺灣地方早稻收成分數

[嘉慶十二年五月初二日]，謹將臺灣府淡水一廳鳳山、嘉義、彰化三縣早稻收成分數敬繕清單恭呈御覽：淡水廳早稻收成七分有餘；鳳山縣早稻收成七分有餘；嘉義縣早稻收成八分有餘；彰化縣早稻收成八分有餘；以上一廳三縣合計收成實有八分。

八六、福州將軍賽沖阿奏摺：查明臺灣早稻收成分數及糧價

[嘉慶十二年五月初二日]，奴才賽沖阿跪奏：爲查明臺灣早稻收成分數，恭摺具奏，仰祈聖鑒事。

竊照臺灣田土膏腴，氣候較早，奴才自郡城赴北路看兵，行抵嘉義縣境内，查看農民趕收早稻均已刈獲登場，當經通飭查報去後。茲據臺灣道清華轉據臺灣府知府楊廷理將臺屬各廳縣早稻收成分數查明匯報前來，奴才逐一覆覈。除澎湖廳、臺灣縣向不栽種早稻外，現查淡水廳早稻收成七分有餘，鳳山縣收成七分有餘，嘉義縣收成八分有餘，彰化縣收成八分有餘，以上一廳三縣通計匀算實有八分。奴才復查詢嘉義縣糧價每米一石值市價錢二錢有零，其餘各屬大略相等，現在早稻收成，市糧充裕，自必益臻平減，地方寧謐，民情恬熙，實堪仰慰聖懷，除將早稻收成分數敬繕清單恭呈御覽外，奴才謹恭摺具奏，伏祈皇上睿鑒。謹奏。

[硃批]：欣慰覽之。

八七、福州將軍賽沖阿奏摺：審明宋同等聽糾從逆一案按律定擬

[嘉慶十二年五月初二日]，奴才賽阿沖跪奏：爲拏獲從賊逸匪，審明辦理，恭摺具奏，仰祈聖鑒事。

竊照奴才于四月十六日在臺灣府城奏辦各要案後隨率同臺灣鎮總

兵愛新泰赴北路閱兵，行抵嘉義縣城，據該縣陳起鯤禀稱現據員弁兵勇拏獲從賊逸犯宋同等三名等情，奴才當飭隨營差委之候補知府臺防同知錢澍督同該縣陳起鯤審辦去後。兹據該廳縣審擬解勘前來，奴才隨率同總兵愛新泰親提各犯，逐一研訊，據宋同一犯供認聽從股頭陳光在糾邀入夥，跟同攻打鹽水港營盤一次。又伍九一犯供認聽從股頭邱恩糾邀入夥，隨同攻打笨港、鹽水港營盤各一次，又楊管一犯供認聽從股頭吴三池糾邀入夥，隨同圍攻府城一次，又在鹽水港與官兵、義民打仗二次，均無殺人。以上各情節，反復糾詰，據供不諱。查宋同、伍九、楊管三犯聽糾從逆攻打城府營盤等處，拒敵官兵，實屬同惡相濟，合依謀反律擬斬立决，該犯等情罪重大，未便稽誅，奴才于審明後即飭委臺防知錢澍、署臺灣北路左營都司陳拜本將該犯宋同等三犯綁赴市曹斬决梟示，各犯家屬飭查另辦，未獲逸犯仍飭文武各員嚴密踩緝，務期全獲，並錄各犯供單送部外，所有獲犯辦理緣由，恭摺具奏，伏祈皇上睿鑒。謹奏。

[硃批]：刑部知道。

八八、福州將軍賽沖阿奏摺：查閱臺灣北路營伍並沿途海口各情形

[嘉慶十二年五月十五日]，奴才賽沖阿跪奏：爲查閱臺灣北路營伍並沿途海口各情形，恭摺具奏，仰祈聖鑒事。

竊照奴才前奉上諭：將營汛操防事宜隨時整飭等因。欽此。當于上年七月内將南路各營官兵次第操閱奏蒙聖鑒，並聲明北路官兵現防海口另容較閱在案。兹奴才于四月十六日在府城將應辦要件趕辦具奏，隨即率同臺灣鎮總兵愛新泰自郡起程查閱北路協三營並淡水營官兵。查北路協中營駐防彰化，其左右二營分駐嘉義、竹塹一帶，淡水一營遠駐臺北艋舺地方。奴才沿途操閱逐一比較，内北路中營每鎗兵十名打靶准頭均在二十鎗以上，箭兵中靶二枝者較多，亦有中靶三四枝者，連環鎗砲

尚屬聯絡，合摻演陣亦屬整齊可觀。北路右營及淡水營鎗箭准頭稍次，餘皆大略相同，其左營官兵鎗箭陣式又次之，所有閱過官兵技藝嫻者，奴才俱當場獎賞以示鼓勵，其有弓馬生疎者，或係新募兵丁，或從前緝匪曾著勞績，奴才均當場責懲，仍勒限一月學習，如無長進再行斥革。惟北路左營千總蕭元候、把總周安邦弓馬技藝均屬生疎，應行斥革以示懲敬。點驗軍裝器械多有剿匪時遣失者，現在飭查另辦。沿途塘房有被賊焚毁未經修復者一併催令趕緊修建，額設馬匹除事故倒斃外，按册點驗，尚無短少。至奴才經過沿海地方，查閲海口鹿仔港地方爲北路通商總口，往來船隻最多，現設游擊一員管帶弁兵三百餘名駐港巡防，又北路協近在彰化足資控制。其餘笨港、新店、三林、中港、後壟等海口均係沿海小港，現設防守弁兵亦俱周密，惟滬尾海口在臺灣極北，港道闊深，匪船易于竄泊，現設弁兵分駐防守尚屬不敷，除先經派委參將一員帶領徵兵五百名協防外，所有該處營制尚需酌量調劑，奴才現在咨商督臣另行辦理具奏。至沿途早稻登場，市糧充裕，民情極爲恬熙，臺灣南北洋面現亦甯謐。所有奴才查閲情形，謹會同福建陸路提督奴才許文謨恭摺具奏，伏祈皇上睿鑒。謹奏。

[硃批]：覽奏據悉。

八九、福州將軍賽沖阿奏摺：遵旨暫留臺灣辦理徵兵

[嘉慶十二年五月二十五日]，奴才賽沖阿跪奏：爲欽奉諭旨，恭摺覆奏，仰祈聖鑒事。

竊奴才于五月二十一日在彰化縣行營奉到廷寄内開嘉慶十二年四月二十日奉上諭：近來蔡逆由閩竄入粤洋經李長庚跟踪追剿屢有斬獲，現據阿林保等奏探知蔡逆僅剩船五隻竄匿高州、雷州交界之硇州營東洋面，該處暗沙暗礁甚多，竟係自投絶地，現經李長庚前往圍捕等語。是蔡逆已十分窮蹙，不日即可翦除，惟阿林保等摺内稱據署南澳左營游擊

蘇明登稟報探得朱濆匪船四十三隻，又各幫艇匪船六十三隻，現竄到粵屬廣澳洋面游奕，該處係潮州府澄海縣所轄，距閩、粵交界之南澳不遠，刻下南風司令該匪船乘風竄閩瞬息可至，現飭張見陞在南銅洋面堵截等語。朱濆匪船官兵與艇匪聯絡共有船一百餘隻，該匪聞知李長庚現追剿蔡逆入粵，恐其乘機竄閩，復蹈蔡牽故轍，或思窺伺臺灣亦未可定，賽沖阿當爲先事豫（預）防之計，飭令臺灣海口各將弁隨時偵探，實力嚴防，如探聞朱濆竄近臺洋，務即竭力攻剿，若能將朱濆殲擒即屬賽沖阿等之大功，朕必加之獎賞。勉之。將此由四百里論令知之。欽此。又同日奉到廷寄内開嘉慶十二年五月初一日奉上諭：賽沖阿奏臺灣水陸寧謐，留防兵丁擬分起撤回一摺，據稱臺郡早已敉寧，戍兵現亦足額，因與許文謨相商將徵兵三千餘名分作三起内渡，頭起兵一千餘名，即選派將弁配船内渡，其二起兵一千名仍俟四五月間查明洋面實在寧謐，賽沖阿再統帶内渡等語。臺郡地方雖已寧貼，但蔡逆竄入粵洋，前次僅剩船數隻，自入粵以後欲與烏石二等匪合夥，近來船隻稍添，李長庚等跟踪剿捕尚未就擒，而朱濆一犯本有匪船四十餘隻，合之艇匪六十餘隻，共有船一百餘隻，勢頗鴟張。前據阿林保奏稱朱濆竄到粵屬廣澳洋面游奕，去閩粵交界之南澳不遠，恐其乘機竄閩窺伺臺灣，已有旨令賽沖阿爲先事預防之計，並續有旨令阿林保再飛咨該將軍分飭臺地文武一體嚴防，並將徵兵暫留幫同防守，賽沖阿發摺時尚未接奉前旨，頭起徵兵已經内渡，據稱俟四五月賽沖阿即帶領二起徵兵内渡，恐該逆聞知臺郡徵兵已撤又乘間竄赴臺灣不可不預爲准備。著賽沖阿酌量情形，如頭起徵兵實已配船内渡，自不必復行截回，其二、三起徵兵應即留于臺郡分布防守，該將軍尤不可遽行内渡，需探明可以放心，于秋冬間再行酌量内渡，該將軍務宜妥協經理，毋負委任。將此由四百里諭令知之。欽此。奴才賽沖阿跪讀之下仰見皇上綏靖海疆，除惡務盡之至意。伏查本年春間蔡逆遠竄粵洋，朱濆屢次敗逃，奴才接准督臣阿林保知會，復探知賊勢十分窮蹙，是以請旨撤兵歸伍，分起内渡，以惜兵力而重餉項。但蔡逆究未成擒，朱濆亦尚稽誅，臺灣分布防守仍須嚴密。兹奉諭旨自應將徵兵暫留，俟洋面實在寧謐再行酌量凱撤，除游擊明全等管帶頭起凱撤兵九百餘名于未奉諭旨之前已經放洋内渡外，現在尚有徵兵一千九百餘名。奴才查明各海口戍兵較少之處酌量添拔足資防守，惟該徵兵等自上年八月以後經奴才奏請停止鹽糧給與戍餉以節糜費，查戍兵每名每月例有加餉銀四錢，因臺灣府庫無款墊發，尚未給領，奴才現亦移知督撫臣酌籌辦理，以期畫一，奴才仍飭水師將備邱良功、盧慶長、王贊等分帶哨船梭巡南北洋面。現據護臺協中營游擊王贊禀稱，五月二十四日在鹿港外洋瞭見白底船二隻，形迹可疑，當即駛船追捕至條港洋面，賊船沖礁擊碎，拏獲匪犯洪圍等訊係同安縣土匪並非蔡、朱二逆匪幫，奴才現在提訊辦理。其餘洋面均查無賊踪，並准督臣阿林保知會蔡逆匪船竄往浙洋，朱濆幫匪在銅山一帶游奕，現催兵船追圍等因。除分飭臺灣水陸官兵毋因匪船遠竄，稍有懈弛外，所有奴才奉到諭旨，欽遵緣由，謹由驛恭摺覆奏，伏祈皇上睿鑒。謹奏。

[硃批]：另有旨。

九〇、福州將軍賽沖阿奏摺：審明蔡牽案内逸犯林鳳等犯按律定擬

[嘉慶十二年七月初二日]，奴才賽沖阿跪奏：爲續獲從逆逸匪，審明辦理，恭摺具奏事。

竊照臺灣從逆匪夥節經奴才督飭文武嚴密搜拏分别辦理具奏在案，未獲逸犯仍飭嚴密訪緝去後。兹奴才由北路巡查海口回郡，據臺灣縣知縣薛志亮、南路淡水營都司周兆吉等禀報，拏獲匪犯林鳳等五名，當經奴才行據該鎮道愛新泰、清華督同臺灣府知府楊廷理審擬解勘前來。奴才隨親提各犯督同覆訊，據林鳳一犯供認投入蔡添來船上入夥，隨同蔡逆竄臺滋擾，攻過府城二次；淩安一犯供認係股頭陳光在匪夥，隨攻

鳳山縣火藥局三次；王來一犯供認係股頭鄭英匪夥，隨攻火藥局二次，又攻府城三次；蔡澤一犯供認係股頭吴豹匪夥，隨攻府城五次，魏橄一犯供認係股頭林寢匪夥，隨攻府城一次，均未傷人。以上各情節均據供認不諱，反覆究詰矢口不移。查林鳳、凌安、王來、蔡澤、魏橄五犯從逆攻城，拒敵官兵，實屬同惡相濟，合依謀叛律擬斬立决，該犯等情罪重大未便稽誅，奴才于審明後即恭請王命，飭委臺灣道清華、署臺灣城守營參將英林將林鳳等五犯綁赴市曹，斬決梟示，各犯家屬財産飭查另辦，未獲逸犯仍飭文武嚴密跴緝，務期全獲，以净根株。除各犯供單送部外，所有獲犯辦理緣由，謹恭摺具奏，伏祈皇上睿鑒。謹奏。

[硃批]：刑部知道。

九一、福州將軍賽沖阿奏摺：拏獲商賣軍火兵丁林選等按律辦理

[嘉慶十二年七月十二日]，奴才賽沖阿跪奏：爲欽奉諭旨，恭摺覆奏，仰祈聖鑒事。

竊奴才于七月十一日在臺灣府城准廷寄嘉慶十二年六月初三日奉上諭：賽沖阿奏拏獲商賣軍火兵丁，請從嚴辦理一摺，水兵林選等商同偷賣鳥鎗火藥，賽沖阿請改發黑龍江給披甲人爲奴，並先于海口枷號三個月，係屬從重辦理。但覈其情節，林選、連得、鄭大勇與民人劉托商賣鳥鎗火藥，現在尚未出售，與贓私入己者有間，即按本律將林選等照軍人私賣軍器罪止杖一百，發邊遠充軍例，再枷號三個月已足蔽辜，若再改發黑龍江未免過重，設林選等竟將軍器火藥賣去，贓已入己又將何以復加乎？林選、連得、鄭大勇均著杖一百，發邊遠充軍。先于海口枷號三個月，俱著照所議行。將此諭令知之。欽此欽遵。寄信前來。奴才跪讀之下仰見皇上明罰勅法平允執中之至意，不勝欽佩。伏查軍人貨賣關給軍器，按律定罪原止邊遠充軍，奴才先因水兵林選等以行伍軍人不守法紀，適值嚴禁偷漏之時，是以請旨嚴辦，以示懲儆，不知林選等商

賣軍火旋即拏獲，誠如聖諭，與贓私入己者有間，即按本律再加枷三個月已足蔽辜，若再改發黑龍江未免過重，奴才遵即督飭該道府等監提林選、連得、鄭大勇三名枷示海口，其民人劉托應得徒罪即飭解司定地發配，除俟林選等枷號滿日，照律遣戍外，所有奴才欽奉諭旨辦理緣由，謹恭摺具，奏伏祈皇上睿鑒。謹奏。

[硃批]：覽。

九二、福州將軍賽沖阿奏摺：審明林喜等及盜船服役各犯一案按照律例分別定擬

[嘉慶十二年七月十二日]，奴才賽沖阿跪奏：爲續獲從逆逸匪暨盜船服役各犯，審明分別辦理，恭摺具奏事。

竊照臺灣從逆匪夥節經奴才督飭文武嚴密搜拏分別辦理具奏在案，未獲逸犯仍飭嚴密訪緝去後。兹據文武員弁稟報續獲匪犯林喜等四名，當經奴才行據臺灣道清華督同臺灣府知府楊廷理審擬解勘前來，奴才親提各犯，逐一覆訊，據林喜一犯供認，聽從股頭盧士蒂糾邀入夥，隨攻府城二次，鳳山火藥局一次；又李機一犯認，聽從股頭曹恭糾邀入夥隨攻府城二次；又阮□一犯供認聽從股頭鄭鳥番糾邀入夥，隨攻府城一次，均未傷人；又陳守一犯供認，被蔡逆匪夥擄上盜船服役，並無隨同上岸拒敌官兵暨上盗接贓情事，嘉慶十年冬底隨蔡牽來臺，乘間上岸逃匿内山被獲。以上各情節均據供認不諱，反覆究詰矢口不移，案無遁飾。查律載謀叛者不分首從皆斬，又蔡逆匪船服役人犯訊無同逆上盜者，節經奏明發往黑龍江給打牲索倫達呼爾爲奴在案。此案林喜、李機、阮□三犯從逆攻城拒敵官兵，均屬同惡相濟，合依謀叛律擬斬立决，該犯等情罪重大，未便稽誅奴，才于審明後，恭請王命，飭委臺灣道清華、署臺灣城守營參將英林將林喜等三犯綁赴市曹處斬梟示，以昭炯戒。陳守一犯被擄在船服役，訊無同逆上盗，應請照歷辦服役人犯之例發黑龍江給打牲索倫達呼爾爲奴，照例刺字。林喜等犯屬財産，飭查另辦，未獲逸犯仍飭地方文武嚴密踹緝務獲，以净根株。除犯供送部外，所有審明辦理緣由，謹恭摺具奏，伏祈皇上睿鑒，敕部覈覆施行。謹奏。

[硃批]：行在刑部議奏。

九三、福州將軍賽沖阿奏片：奏爲朱濆股船竄至鹿港洋面及步兵勦捕

[嘉慶十二年七月十二日]，再，奴才于七月初十日接據署鹿港同知汪楠、彰化縣知縣陳國麟禀報，初七日午刻有匪船十八隻竄至鹿港洋面，牽劫商船二隻旋即北竄，查係朱濆匪船等情，奴才隨飭署臺協水師副將邱良功酌留兵船防守鹿耳門口，一面督同護游擊王贊等管帶哨船二十隻飛赴北洋擒捕，仍飭總兵愛新泰帶同游擊如柏馳赴彰化、淡水一帶，督飭北路協副將金殿安等防守口岸，並移催專辦朱濆匪船之提督張見陞、總兵王得禄等管帶内洋舟師渡臺協勦，除俟該將等報有勦賊情形再行馳奏外，所有朱濆匪船現竄臺洋緣由，謹附片具奏，伏祈皇上睿鑒。謹奏。

[硃批]：覽。

九四、福州將軍賽沖阿奏摺：朱濆幫船竄至臺灣鷄籠洋面官兵勦捕大獲勝仗

[嘉慶十二年七月二十五日]，奴才賽沖阿跪奏：爲朱濆幫匪船竄至臺灣鷄籠洋面，經官兵跟踪勦捕，大獲勝仗，恭摺具奏，仰祈聖鑒事。

竊奴才前接署鹿港同知汪楠等禀報朱濆匪船于七月初七日竄至鹿港洋面牽劫商船旋即北竄等情。當將派撥署副將邱良功等管帶哨船二十隻前往擒捕，並令總兵愛新泰帶同游擊如柏馳赴北路督飭陸路官兵防守口

岸，一面移催專辦朱濆匪船之提督張見陞、總兵王得禄等管帶内洋舟師渡臺協剿各緣由，于十二日附片具奏在案。嗣據防守滬尾砲臺之參將蘇榮焕禀稱：七月初九、十三等日有朱濆幫匪船二十餘隻與朱濆自坐大船先後竄至滬尾洋面游奕。十四、五日匪船各放杉板冀圖進口牽劫商船，經官兵施放大砲，轟沉杉板四隻，賊匪盡皆落海，正在防堵間，十五日辰刻署副將邱良功管帶哨船趕至，開砲攻擊，匪船敗逃東竄，奪獲被劫空船一隻，時因風大浪涌，有定字一號哨船沖礁擊碎，官兵落水，哨船分頭救護，追賊不及等情。又經奴才飛飭該副將探踪追剿，毋得予賊以暇，並内洋舟師有無渡臺協捕查明具報去後。兹據總兵愛新泰禀稱該鎮馳抵鷄籠查明此次朱濆匪幫船係分幫東竄，追至鷄籠洋面合幫，實有大小匪船三十餘隻，署副將邱良功兵船于十九日追至鷄籠洋面，遇見賊船直前攻剿，賊船抵死抗拒，自申至亥官兵大砲連環斃賊甚多，因潮退礁險將兵船暫收港口。二十日南澳鎮總兵王得禄兵船十八隻由内洋聞信趕至，兵威益壯，當日兩幫兵船會合夾攻，傷斃賊匪及落海者不計其數，賊匪拼命竄逃，奪獲賊船、賊械現由王鎮查明具禀等情。又據總兵王得禄禀稱，該鎮于十九日抵滬尾探知邱良功兵船已赴鷄籠追捕，該鎮隨領兵船于二十日午刻駛抵鷄籠會晤邱良功，商議剿捕事宜。時匪船見官兵益衆，聲言投誠，冀圖暫緩攻擊，該鎮查知其詐，隨告知邱良功並密諭兵船各將備聯絡船隻以備截剿。二更後匪船起篷欲逃，該鎮立即督率兵船齊擊，邱良功亦率師協攻，該匪有大船一隻載匪二百餘人，膽敢沖陣，該鎮將坐船駛攏抛擲火斗火礶，賊船立時火起，有把總吴國祥、署把總陳有光、外委吴朝祥等帶同水兵跳過賊船殺賊無數。餘賊紛紛跳海，該弁水兵等跳回本船，匪船立刻燒沉，餘匪畏懼，拼命向東北深洋逃竄。該鎮督率各兵船乘勝追捕，護副將黄耀武、署參將林承昌、署游擊許晃、都司謝恩詔、守備黄國哲等拏獲賊船三隻，擊沉賊船二隻，又救出商船一隻。千總黄志輝、把總吴興邦、外委許甯安等燒沉賊匪大船一隻。把總楊康寧、吴得勛、林廷福、外委沈佛桃、陳朝良等共拏獲賊船五隻。署副將邱良功、護游擊王贊等拏獲賊船一隻，擊沉賊船一隻，賊匪燒斃落海者約有六七百人，因係黑夜攻捕無從撈擒，實在生擒匪犯林紅等十五名，奪獲礮械一百二十三件，火藥四百餘觔，追至四更後已入番界，該處潮流迴别，恐有疎失，當將兵船收回鷄籠，查點各兵船惟千總鄭嘉惠駕坐海字四號哨船被砲打穿船底，千總鄭嘉惠陣亡（[硃批]：咨部賜恤。），其餘傷斃官兵查明另報等情。奴才查朱濆匪船于上年四月内竄至滬尾洋面伺劫，經官兵痛勦内竄後，該匪因不諳臺洋沙汕，一年有餘不敢東竄。今因督撫臣嚴禁内洋接濟，賊勢漸形窮蹙，又復冒死渡臺，冀圖延喘。玆總兵王得禄一聞該匪渡臺之信，即探踪跟追，與署臺協副將邱良功會合攻擊，惟時匪船雖有三十餘隻，經官兵痛勦奪獲及燒沉者，現有十四隻，賊匪剩船無多。嗣後辦理自更易得手，據該鎮王得禄禀報，匪船現竄鷄籠東北，查鷄籠山係臺灣極北洋面迤東即係番地，商民船隻自非遭風不入此界。奴才現飭該鎮王得禄確探賊踪是否游奕番界，抑或繞回内洋之處，務必查明跟踪追捕制其死命，一面委員賫帶銀牌賞號交該鎮犒賞出力員弁，俾令益加踴躍，以示鼓勵。除奪獲賊械、賊船分别配緝，生擒匪犯飭提訊辦，傷損兵船籌款修理，實在出力員弁查明再行奏獎，陣亡受傷官兵照例册報請恤，其鹿港牽劫商船二隻，仍查明疎防之員，另行嚴參外，所有官兵勦匪得勝緣由，奴才謹會同陸路提督奴才許文謨由驛恭摺馳奏，伏祈皇上睿鑒。再，水師提督張見陞係專辦朱濆匪船大員，此次並未跟踪來臺，是否另有勦辦賊匪，奴才現亦咨明督臣阿林保查照，合併陳明。謹奏。

[硃批]：另有旨。

九五、福州將軍賽沖阿奏摺：特參臺協左營游擊許元勛疎防口岸策應遲延請旨革職

[嘉慶十二年八月初七日]，奴才賽沖阿跪奏：爲查明疎防口岸之游擊及策應遲延之副將恭摺分别參奏，請旨革職，以肅軍紀事。

竊照鹿仔港地方爲臺灣北路通商總口，往來船隻最多。五月内奴才赴北路看兵經率同留臺帶兵之署汀州鎮總兵武隆阿、游擊如柏等親赴海口查看。該處營盤距海口窵遠，不得形勢，當諭專防鹿港之臺協左營游擊許元勛移營王功前地方濱海安營，以便查探堵緝。仍諭北路協副將金殿安預挑健壯兵三百名，遇何處口岸緊要即帶兵赴何處協防在案。嗣據彰化縣知縣陳國麟、署鹿港同知汪楠等禀報，七月初七日有朱濆幫匪船十八隻竄至鹿港牽劫招口候風商船二隻等情，奴才查商船在招口候風尚未放洋，距海口必不甚遠，該處有游擊許元勛帶兵三百紮營。海口又有北路協副將金殿安就近策應，因何尚有商船被劫之事，當將應參疎防緣由于奏報打仗得勝情形摺内聲明，一面分飭許元勛、金殿安等明白禀覆，並行令總兵愛新泰查明揭報去後。兹據許元勛禀稱王功地方因連日風雨未經安營，初七日匪船猝至，牽劫金萬益、金豐裕二船逃竄，咎無可辭等情。又據副將金殿安禀稱朱濆匪船于初七日未刻竄抵鹿港，該副將于初八日到港，初九日馳至王功防堵，賊船即于初九、初十日開竄。該副將隨將弁兵撤回彰化，至十三日接到愛鎮札飭又帶兵前往滬尾協捕等情，並據總兵愛新泰將該將等遲悮緣由查明禀揭前來，奴才覈與該將等所禀無异。查游擊許元勛係專防鹿港要口之員，經奴才查明地方形勢，諭令移營海口，自應趕緊移駐以期防範嚴密，乃安坐内港，籍稱連日風雨未能移營，以致招口商船被劫，實非尋常疎防可比。現在海防緊要，似此怠惰偷安之員，斷難姑容，應請旨將臺協左營游擊許元勛革職，以爲玩視汛防者戒，仍請賞給名糧作爲水師兵丁以觀後效。至副將金殿安爲臺灣北路專閫大員，經奴才諭令挑備兵丁以備策應，初七日既有匪船竄至鹿港該副將駐紮彰化相距不過二十里，何以初八日始行到港？于初九日始赴王功會防？且匪船北竄之後又不即赴北路防堵，仍回彰化安坐三日，經總兵愛新泰檄催始行帶兵前往，怠玩已極，查北路協統轄三營地方遼闊，水陸營務殷繁，似此緩急失宜之員，斷難勝任，未便因其陸路尚無失事稍事姑容，致滋貽誤，應請旨將副將金殿安一併革職，以重營務。該副將年力尚壯，可否賞給都司職銜留臺差委，以觀後效之處出自聖慈。至北路協副將臺協左營游擊員缺，均關緊要，奴才查有帶兵到臺之撫標中軍參將常陞保，熟悉營務，堪以署理北路協副將員缺。又北路協中營都司許律斌雖係陸路，該員近在鹿港熟悉地方情形，堪以暫署臺協左營游擊員缺。其許律斌所遺都司員缺行令總兵愛新泰另行選員委署，除檄飭遵照仍查明該將等經手兵馬錢糧有無未清另辦，並移督臣阿林保、撫臣張師誠查照外，奴才謹會同陸路提督奴才許文謨恭摺具奏，伏祈皇上睿鑒。謹奏。

[硃批]：另有旨。

九六、福州將軍賽沖阿奏摺：審明朱濆幫夥林斌等各犯一案按照律例分別定擬

[嘉慶十二年八月初七日]，奴才賽沖阿跪奏：爲拏獲朱濆幫匪船盜夥並被擄鷄奸各犯，審明分別辦理，恭摺具奏，仰祈聖鑒事。

竊照南澳鎮總兵王得禄追捕朱濆盜船于七月二十日在臺灣鷄籠洋面會合，署臺協副將邱良功攻剿得勝，奪獲盜船九隻，燒沉擊破盜船五隻，斃賊無數，並生擒匪犯林紅等十五名，經奴才恭摺馳奏在案，嗣據淡水同知胡應魁將匪犯林紅等十五名解郡審辦，並據臺灣府知府楊廷理報獲匪犯林斌一名，經奴才一併行提解郡歸案辦理去後。兹據臺灣道清華督同臺灣府知府楊廷理審擬解勘前來，奴才隨親提各犯督同覆訊，據林斌一犯供認，係蔡牽匪夥，隨同蔡逆攻過臺灣府城三次，並未傷人，嗣因蔡逆窮蹙，逃過朱濆船上入夥，此次同來鹿港上岸取水被獲。又林紅、施禄、許哮、歐俊、盧苟、吴得、劉淋、楊斌、謝源、吴路、吴亞澤、許哖、馮亞登、沈顯等十四犯供認先後投上朱濆盜船入夥，撥在盜首盧苗船上隨同行劫，不記次數，並無拘捕傷人。又李藏一犯供認被盜夥沈姜擄禁在船，逼協鷄奸，並無幫同行劫接贓等情。奴才查盧苗一犯係朱濆匪幫著名賊目，該犯林紅等既在盧苗船上同夥行劫，必知朱濆匪船情實，再四究詰，據供朱濆匪幫因近日缺少食米，匪夥多有逃散。七月初朱濆想到臺灣北洋牽劫米船，因洋面不熟不敢大幫行駛，朱濆兄弟朱猛、朱惡等先帶盜船十八隻竄至臺洋，朱濆隨又帶船十九隻踵至，因官兵追捕緊急，逃至鷄籠山潛匿。二十日夜兵船圍攏攻擊，是盧苗一船首先沖陣，盧苗被大砲擊斃，官兵又拋上火斗火礶，船艙著火，該犯林紅等跳上杉板，冀圖逃走，當被官兵擒獲。至朱濆信用匪夥，除朱猛、朱惡、盧苗外，尚有朱周、朱盤、林傳朱、金虎獅、盧參舵、盧莫肇、均旺、劉香、阿誼哥、雲老板。阿冬等均係管船頭目，現在有無傷斃，該犯等先已被獲不能查知。至盧苗船上有大砲二門，係在廣東洋面行劫外夷返棹商船所得，火藥係隨時赴朱濆船上請領，該犯等不知來歷各等供。隔别研訊，衆供如一，案無遁飾，查律載謀叛者不分首從皆斬，又例載江洋行劫大盜立斬梟示，被協服役鷄奸杖一百徒三年各等語，此案林斌一犯係盜船匪夥，先經從逆攻城，合依謀叛律擬斬立決，林紅、施禄、許哮、歐郡、盧苟、吴得、劉淋、楊斌、謝源、吴路、吴亞澤、許哖、馮亞登、沈顯等十四犯隨同肆劫，均合依江洋行劫大盜例，斬决梟示，該犯等情罪重大，未便稽誅。奴才審明後，恭請王命，飭委臺灣道清華、署臺灣城守營參將英林將林斌等十五犯，綁赴市曹處斬梟示。李藏一犯訊止被脅鷄奸，應請照例杖一百，徒三年到配摺責安置。林斌犯屬財産飭查另辦，失察林紅等爲盜牌保，飭拘照例發落。未獲匪首朱濆等，嚴飭舟師跟踪緝捕，務獲究辦。除犯供送部外，所有審明辦理緣由，謹恭摺具奏，伏祈皇上睿鑒。謹奏。

[硃批]：刑部知道。

九七、福州將軍賽沖阿清單：臺灣府各屬晚稻收成分數

[嘉慶十二年九月初四日]，謹將臺灣府淡水一廳，臺灣、鳳山、嘉義、彰化四縣晚稻收成分數敬繕清單恭呈御覽：淡水廳晚稻收成八分有餘；臺灣縣晚稻收成八分；鳳山縣晚稻收成八分；嘉義縣晚稻收成七分有餘；彰化縣晚稻收成八分有餘。以上一廳四縣合計收成八分有餘。

九八、福州將軍賽沖阿奏摺：查明臺灣晚稻收成分數

[嘉慶十二年九月初四日]，奴才賽沖阿跪奏：爲查明臺灣晚稻收成分數，恭摺具奏，仰祈聖鑒事。

竊照臺灣本年早稻收成八分，經奴才恭摺奏報在案。五月以後雨水調勻，據各屬稟報晚稻情形，較之早稻更爲繁茂，現屆登場之期，經奴才通飭查報去後。茲據臺灣道清華轉據臺灣府知府楊廷理，將臺屬各廳縣晚稻收成分數查明匯報前來。奴才逐一覆覈，除澎湖廳土性鬆浮向不栽播禾稻外，查淡水廳及彰化縣晚稻收成八分有餘，臺灣、鳳山二縣收成均有八分，嘉義縣收成七分有餘，以上一廳四縣通計勻算，實在八分有餘。奴才復查通臺糧價現在每米一石價錢一千八九百文及二千有零不等，今晚稻豐收，番薯雜糧亦屬充裕，此後糧價自必益臻平減，地方寧謐，民情恬熙，實堪仰慰聖懷。除將晚稻收成分數敬繕清單恭呈御覽外，奴才謹恭摺具奏，伏祈皇上睿鑒。謹奏。

[硃批]：欣慰覽之。

九九、福州將軍賽沖阿奏片：據稟蘇澳地方有船停泊似係朱濆股船

[嘉慶十二年九月初四日]，再，南澳鎮總兵王得禄會同署臺灣協副

將邱良功于七月二十日在鷄籠洋面攻捕朱濆匪船，大獲勝仗，匪船旋即東竄，經奴才恭摺馳奏在案。嗣據臺灣南北各口岸禀報，均無匪船踪迹，誠恐藏匿山後番地，復飭確查去後。兹據淡水同知胡應魁禀據番社通事潘賢文禀報，現在猴猴社生番界内蘇澳地方有船二十餘隻停泊，查該處從無商民船隻往來，似係朱濆匪船等情，除飭總兵王得禄確探潮流地勢，雇覓熟諳舵工相機追捕；一面札飭臺灣府知府楊廷理馳赴三貂番界，傳齊番社通事，撫慰番衆，務使安静，並賫帶賞號前往鼓勵番勇，俾令一體出力堵緝外。奴才謹附片具奏，伏祈皇上睿鑒。謹奏。

[硃批]：覽。

一〇〇、福州將軍賽沖阿奏摺：朱濆竄至臺灣後山番界舟師追捕情形

[嘉慶十二年九月十六日]，奴才賽沖阿跪奏：爲朱濆匪船竄泊臺灣後山番界，舟師跟踪追捕，並鼓勵番勇堵防陸路各情形，恭摺馳奏，仰祈聖鑒事。

竊照朱濆匪船在鷄籠洋面經官兵剿敗東竄後即逃入後山番界蘇澳地方，奴才先接淡水同知胡應魁禀報，當即轉飭總兵王得禄務須確探潮流地勢，顧覓熟諳舵工再行相機進剿。並查番性多疑，若遽派陸路官兵前往堵捕，不惟山路未諳，且恐生番驚擾，所關匪細。隨飭臺灣府知府楊廷理賫帶花紅賞號馳赴三貂番界，傳集番社通事，撫慰番勇，籍資其力一體堵禦，並經附片具奏在案。嗣經該鎮王得禄派委守備黄國哲帶同各船舵工駕坐快船三隻，賫帶定南針水陶，先往該處查明礁汕海道堪以進兵，又經奴才轉飭加募熟諳舵工十名，再行相度風色進剿，庶期舟師益臻穩順。並據該府楊廷理禀稱，行抵三貂地方有蘇澳蛤仔爛民番出山迎迓等情。又經奴才飛飭該府乘民番向義情殷，即赴内山獎賞鼓勵，嚴防口岸，仍查明蛤仔爛一帶實在情形及陸路是否堪以進兵之處具禀覈辦；一面確探王鎮進兵捷音飛報去後。兹據該鎮王得禄禀稱，該鎮同臺協副

將邱良功帶領兩幫兵船三十號九月初七日，自鷄籠澳開行，初八日未刻抵蘇澳，望見澳口窄狹，兼有險礁，匪船抛泊澳内不動，恐有詭計，當駛火船先進。甫至港口船舵頂起不前，查驗水底藏有木栓橈椗難以沖進，當將兵船排列澳口，用砲轟擊，斃賊亦多。因水底礁石錯雜，椗繩時被磨斷，有固字五號一船，斷椗沖礁，官兵溺水，趕緊撈救已有淹溺無著者。隨將各船收泊澳外北勢洋面，一面放下杉板，由淺水處駛進攻擊匪船距賊，匪開放大砲抗拒，小船不能駛攏，現在船泊澳外風汛靡常，惟有趕緊籌辦竹筏茅草以備火攻，庶進港不致擱淺等情。又據該府楊廷理禀稱，由三貂進山經由蛤仔爛地方至五圍暫駐，查看該處民番樹栅禦賊均屬嚴密，至五圍雖路通蘇澳，但須穿越番社且山險穀深樹木叢雜，若陸路進兵攀援行走，殊多未便。查朱濆初抵蘇澳時，曾將紅布分送生番，即經通事潘賢文曉諭拒絶。今該府進抵五圍，又有羅東、茅格、大禹、大烏等社通事頭目前來謁見，據稱情願隨官禦賊，斷賊樵汲之路，並願挑選精壯番丁隨同舟師出力等語。經該府奬給花紅銀牌布疋，該頭目等無不踴躍歡忭，現已選派幹練義首通事帶同番勇前往堵禦，可期得力等情。奴才查該處番社通事頭目人等，已經奴才諭令該府楊廷理賫帶花紅賞號，分别奬賞，令其禦賊立功，該處通事人等無不踴躍。是陸路防堵已屬嚴密，令該鎮王得禄、副將邱良功等所帶兵船又齊抵澳口，賊匪自必益加窮蹙，無難相機攻剿，惟澳口礁石縱横，兵船難以停泊。現在寄椗澳外，似難久持，且兵船距賊船較遠，亦恐其乘機竄逃。奴才現已飛飭該鎮王得禄趕緊設法進攻，一面札致總兵愛新泰督飭淡水同知胡應魁並知會該府楊廷理，將火攻需用茅竹等項就近購備運往，仍飭將兵船所需口糧源源接濟，毋致缺乏以期擒渠蕆事。奴才因鹿耳門哨船均赴北路堵剿，鹿耳門殊覺兵單，一俟口岸籌辦嚴密亦即馳赴淡水一帶督辦。除俟該鎮等剿賊獲有勝仗再行馳奏外，所有現在水陸籌辦情形，奴才謹會同陸路提督奴才許文謨恭摺具奏，伏祈皇上睿鑒。謹奏。

[硃批]：知道了。

一〇一、福州將軍賽沖阿奏摺：官兵迎頭截剿朱濆幫夥殺賊無數並奪獲船砲火藥多件等

[嘉慶十二年九月二十八日]，奴才賽沖阿跪奏：爲朱濆幫匪船在蘇澳竄出，經官兵迎頭截剿，殺賊無數，並奪獲賊船及砲械火藥多件，恭摺馳奏，仰祈聖鑒事。

竊照朱濆匪船竄匿蘇澳地方，經官兵探踪跟追，因賊匪阻截，澳口未能痛剿，當經奴才將轉飭設法攻捕並鼓勵番勇嚴防陸路，仍擬親往督辦各緣由恭摺馳奏在案。奴才正在籌雇商船配兵添防南路，即日起程間，玆接該鎮王得禄禀稱該鎮與知府楊廷理商辦火攻器具，因山澳連日陰雨，茅草青葱，一時難以應用；十九日該府楊廷理派撥義首林永福、蔡燕、翁清和等同番社通事潘賢文帶領番丁及蛤仔爛義民一千餘人到澳，經該鎮諭令俟打仗時繞至匪船後，以便内外夾擊。二十日午刻，該鎮同署臺灣協副將邱良功督令兩幫兵船乘潮駛近澳口開砲轟擊，楊廷理所撥番勇亦自後山盤至，在澳後放槍自午至申，内外夾擊，斃賊甚多，因潮退風色不順，恐舟師拖溜沖礁，暫收北勢寄椗，俟潮長溜順再行進攻。詎匪船因兩面受敵，難以抗拒，即將澳口木栓橈椗砍拔同時起篷，冀圖黑夜乘潮駛竄，該鎮先已籌及，亦令各船迅起蓬椗，以便迎頭截剿。戌刻匪船拼命沖出，該鎮與署副將邱良功督令各兵船截其去路，有大賊船一隻駛近該鎮坐船，該鎮乘風壓下；又有署參將林承昌一船亦從上風駛至，將匪船迫沖險礁，登時沉没。維時舟師賊船攙攏攻打，署副將邱良功抛擲火斗燒毁賊船一隻，都司謝恩詔、守備黄國哲砲擊賊船火藥艙火發燒沉賊船一隻，護副將黄耀武、護游擊王贊共燒賊船一隻。賊匪拼命從險礁内四出逃竄，有匪船二隻被官兵截住，該鎮將坐船駛攏，督令把總兵吴國祥、外委吴朝祥、劉成功等跳過賊船力殺多賊，奪獲賊

船一隻，又把總兵吴得勛、吴與邦、黄招等奪獲賊船一隻，一時賊匪跳海溺斃及被官兵砍殺焚燒者不計其數。因黑夜礁險兵船賊船擠在一處，不及放杉板撈擒，尚有匪船十五隻乘風東竄。兵船尾追至三更後，因洋面未諳且兵船亦多傷損，收回蘇澳暫泊。查點共擊沉焚毁賊船四隻，奪獲賊船二隻，奪獲大小鐵砲及刀械等七十八件，火藥二百餘觔，食米一百四十餘包。當將食米分賞兵丁及商船舵水，砲位、器械、火藥匀配兵船緝捕，其傷斃兵丁查明再行册報，並將沿島賊寮一併燒毁等情。隨據總兵愛新泰禀報匪船于二十二、三等日陸續竄回鷄籠滬尾外洋游奕，二十四日兵船跟踪追至，匪船即向西南外洋竄逃等情。奴才查朱濆匪船深入番界，必謂海道險遠，官兵斷不能至，冀圖在彼誆誘生番，營謀狡窟，不料該鎮王得禄管帶兩幫兵船直抵蘇澳，已褫其魄。又經奴才諭令該府楊廷理踰險進山，該府熟悉番情，親往鼓勵，無不踴躍出力，賊匪無從負隅始圖潛遁。又經官兵迎頭截剿，再獲勝仗。查朱濆竄臺本有匪船三十七八隻，經兩次殲剿焚燬，現在僅存殘破匪船十五隻，拼命駛逃。雖首惡尚延殘喘而賊勢可期日促，即如蔡逆上年五月内竄至鹿耳門，經官兵焚奪匪船二十餘隻，蔡逆從此窮蹙不敢再肆猖獗，即其明驗。朱濆現向西南外洋逃竄。自必仍折回銅山一帶。奴才已飭該鎮王得禄探踪追捕，毋予以暇，並飛移督臣阿林保、水師提督張見陞迅督舟師圍捕截剿，毋任其與艇匪蔡逆合幫，以期迅速擒渠蒧事。除傷亡官兵查明照例請恤，出力官弁番勇彙案另行奏奬，破損兵船分别修造配緝，其邱良功所帶兵船仍飭帶回鹿耳門巡緝口岸外，奴才謹會同陸路提督奴才許文謨恭摺馳奏，伏祈皇上睿鑒。謹奏。

[硃批]：知道了。

一〇二、福州將軍賽沖阿奏摺：審明搶犯朱春等殺死網民一案按照律例分別定擬

[嘉慶十二年九月二十八日]，奴才賽沖阿跪奏：爲拏獲搶犯殺死緝民之首夥各犯，審明辦理，恭摺具奏事。

竊據臺灣縣知縣薛志亮禀報，嘉慶十二年五月二十三日夜，有緝匪綫目吴廷儀因拏獲蔡逆叛案内夥犯朱貞家屬朱葉氏、曾絨娘等究問朱貞下落。據朱葉氏等供出朱春曾在内山見過朱貞等情，經吴廷儀往查，詎朱春畏罪即糾衆搶奪犯屬殺死綫目吴廷儀，並聲明朱葉氏、曾絨娘先已解縣未經被搶等情。經奴才嚴飭勒緝兇犯務獲辦理在案，嗣據該營縣等先後拏獲兇犯蔡瑞、朱春、林連招、陳賢、劉淑夜、蘇元有、李贊、吕胡、朱立、林權、曹啓、劉埒、林忠、許達、李貢等十五名，當飭臺灣府知府楊廷理、署鹿港同知汪楠訊明由道詳辦去後。兹據臺灣道清華訊擬解勘前來，奴才隨提犯督同覆訊，緣朱春與在逃匪犯朱貞同姓不宗，素相熟識。朱貞逃匿内山後，朱春進山砍柴曾經見面，向其家屬告知。嘉慶十二年五月内臺灣縣知縣薛志亮因朱貞在逃日久未獲，飭差帶同綫目義首吴廷儀勒限偵緝。五月二十二日該義首吴廷儀訪獲朱貞之母朱葉氏及伊妻曾絨娘查問朱貞下落，該氏等以朱春曾經見面應就朱春跟究回答。吴廷儀隨即尋見朱春查問，朱春不肯吐實。吴廷儀當欲帶同朱春與朱葉氏面質，朱春懇求寬限三日查實回報而散。詎朱春心恨吴廷儀用言挾制，起意糾衆將朱葉氏、曾絨娘搶回，以免敗露，隨與素識之林連招、陳賢、劉淑夜等商議，林連招等允爲糾人，當即分糾現獲之蘇元有、李贊、吕胡、朱立、林權、曹啓、劉埒、林忠、徐達、李貢及在逃之蕭添以、卓健、蕭超、許柏等，蕭添以等又轉糾在逃之蘇瘦代、陳佐、魏輝並不識姓名五人，一共二十五人。朱春復至内山尋見朱貞，告知前情，朱貞恐人識破，不敢出山，復囑令同逃内山之叛犯蔡瑞隨同出山探信。二十三日夜同至朱春家，會齊朱春、蔡瑞等各帶半斬刀、鑲鐵光挑等械。二更後行抵吴廷儀門首，惟劉埒、林忠、許達、李貢、蘇瘦代、陳佐、魏輝等七人徒手落後，畏懼未至。朱春先令蔡瑞叫門，吴廷儀携燈出看，蔡瑞即將吴廷儀揪住，朱春、林連招、陳賢、劉淑夜等擁入内室搜尋不見朱葉氏等，復將吴廷儀拉至僻地盤問，吴廷儀喝駡，蔡瑞先用刀砍傷吴廷儀額門。吴廷儀聲喊鄰佑捉拏，蔡瑞、朱春、林連招、陳賢、劉淑夜等一時氣忿，用刀向砍。朱春砍傷吴廷儀左額角連坐太陽，林連招、陳賢、劉淑夜又砍傷吴廷儀左耳左胳膊並右手小指，吴廷儀側身跌倒，蔡瑞又用刀砍傷吴廷儀臍肚。其在逃之蕭添以等致傷處所，因下手人多，該犯等不能實指；至蘇元有、李贊、吕胡、朱立、林權、曹啓六犯，惟持械在旁助勢並未動手，吴廷儀旋即殞命。維時鄰佑人等聞聲趕救，該犯等當即逃散，其朱葉氏、曾絨娘因先交差保管押解縣，未經被搶，報經該縣勘驗具詳，緝獲朱春等到案，究出前情。並據蔡瑞供認，曾充已正法股頭邱紅旗脚隨攻府城二次，並未傷人，此外均無另犯搶劫别案，亦無另有隨行幫助之人，隔别研訊，衆供如一，案無遁飾。查律載謀叛者不分首從皆斬，知情故縱隱藏者絞，又例載官司差人捕獲罪人，有聚衆中途打奪毆差致死爲首者不論曾否下手擬斬立决，爲從下手致命傷重致死者絞决，幫毆有傷者不論他物金刃擬絞監候，隨同拒捕未經毆人成傷之犯俱改發伊犁給兵丁爲奴各等語。此案蔡瑞一犯曾充邱紅旗匪夥隨同攻城，實屬同惡相濟，除聽從朱春奪犯殺死緝匪綫目例應絞决不議外，合依謀叛本律擬斬立决。朱春起意糾夥奪犯，殺死官司差遣緝匪綫目犯雖未搶業已傷差致死，朱春除故縱匪犯朱貞罪應絞候不議外，合依聚衆中途打奪毆差致死爲首例擬斬立决，該犯等情罪重大未便稽誅，奴才于審明後即恭請王命。飭委臺灣道清華、署臺灣城守營參將如柏將蔡瑞、朱春二犯綁赴市曹分别斬决梟示。林連招、陳賢、劉淑夜刀砍吴廷儀左耳、胳膊、右手指均非致命重傷，應照幫毆有傷者不論他物金刃擬絞監候例，均應擬絞監候。惟臺灣民情輕悍，現當緝拏逸匪之時，該犯等隨同打奪，膽敢持械傷人，實屬目無法紀，應請旨即行正法，以昭炯戒。蘇元有、李贊、吕胡、朱立、林權、曹啓執械助勢應請照隨同拒捕未經毆人成傷例，俱改發伊犁給兵丁爲奴，照例刺字。劉埒、林忠、許達、李貢徒手隨行，畏懼落後，當朱春等殺死網民吴廷儀時，該犯等並不在場，尚知畏法，應請于蘇元有等遣罪上量減一等，各杖一百徒三年，到配摺責安置。在逃匪夥朱貞及本案未獲之蕭添以等，嚴緝獲日另結。犯屬朱葉氏、曾絨娘歸于各犯屬案内，照例辦理，各犯兇刀、尖挑俱供撩弃無存，無從起繳，尸棺經縣給屬埋葬，蔡瑞家屬財産查明另辦。除全案供招送部外，所有獲犯審明辦理緣由，謹恭摺具奏，伏祈皇上睿鑒，飭部覈覆施行。謹奏。

[硃批]：刑部速議具奏。

一〇三、福州將軍賽沖阿奏片：署理北路協副將常陞保身故飭委慶熙接署

[嘉慶十二年十月二十日]，再，北路協副將金殿安參革遺缺，先經奴才奏明飭委管帶徵兵來臺之撫標中軍參將常陞保署理在案。嗣據署北路中營都司官贊朝稟報該署協常陞保感患傷寒病症于十月初二日身故等情。除飭委遣同奴才來臺之邵武營參將慶熙接署外，奴才謹附片具奏，伏祈皇上睿鑒。謹奏。

[硃批]：覽。

一〇四、福州將軍賽沖阿奏摺：臺灣鎮總兵愛新泰病故員缺請旨簡放

[嘉慶十二年十月二十日]，奴才賽沖阿跪奏：爲奏聞請旨事。

竊照臺灣鎮總兵愛新泰先因朱濆匪船于七月内竄至臺灣北洋伺劫，北路海口攸關緊要，經奴才檄委該鎮馳赴北路督飭陸路官兵嚴密防堵並經奏蒙聖鑒在案。兹據淡水同知胡應魁稟報該鎮自抵淡水後，往來滬尾、鷄籠一代，晝夜巡防，不辭勞瘁，現在洋面静謐，正擬旋郡，因住

宿海口兩月有餘，感受寒濕忽患泄瀉病症。玆于十月十二日回至艋舺地方醫治不痊，于十六日未刻在艋舺行營病故等情。除飭淡水同知胡應魁、淡水營都司陳階陞就近妥爲照料殯殮，一面將該鎮印信封固賫交北路協副將委員送郡外。伏查臺灣鎮兼轄水陸員缺最關緊要不可一日懸曠，奴才與陸路提督許文謨會商，查有署汀州鎮總兵頭等侍衛武隆阿現在臺灣管帶徵兵尚未内渡，該署鎮歷任總兵，練達營務，堪以暫時署理所有臺灣鎮總兵員缺，仰懇聖恩即賜簡放，以重海疆，除照會署鎮武隆阿遵照並移咨督臣外，奴才謹會同陸路提督奴才許文謨恭摺具奏，伏祈聖上睿鑒。謹奏。

[硃批]：即有旨。

一〇五、福州將軍賽沖阿奏片：朱濆在大鷄籠洋面被圍剿並未受傷各情形

[嘉慶十二年十一月初九日]，再，奴才現准督臣阿林保咨開欽奉上諭：此次朱濆在大鷄籠洋面游奕，王得禄等乘夜追剿，大挫兇鋒，但係黑暗中打仗，恐所報賊數或未能確實，此時獲犯林紅等已解赴臺灣，即著賽沖阿詳加審訊，此次擊斃及淹斃賊匪約有若干，是否朱濆亦在其内，審明後咨會阿林保。再將在事出力各員據實保奏，候朕施恩等因。欽此。奴才查南澳鎮總兵王得禄等在鷄籠洋面剿辦朱濆匪船，先據該鎮禀報賊匪燒斃落海者約有六七百人，經奴才據禀具奏在案。嗣經提到獲犯林紅等究訊，據供該犯等就獲在先，未能查知。今訊據邱恩供稱朱濆匪船在鷄籠洋面被官兵圍剿，共焚毁損失大小賊船十四隻，鎗砲殲斃賊目盧苗、許備二名，又殲斃匪夥二百餘名，又落海無着賊匪五百餘名，朱濆並未受傷等情。查邱恩係在鷄籠敗竄後，由蘇澳登岸被獲之犯，所供自屬確實，除咨覆督臣外，奴才謹附片具奏，伏祈皇上睿鑒。謹奏。

[硃批]：覽。

一〇六、福州將軍賽沖阿奏片：水師哨船剿捕朱濆遭風損壞請酌留澎湖差船協捕

[嘉慶十二年十一月初九日]，再，查署臺協副將邱良功帶赴北洋捕賊兵船朱濆敗竄後應仍調回鹿耳門巡緝，經奴才奏蒙聖鑒在案。嗣據邱良功禀稱該署協駕坐善字二十七號哨船自蘇澳折回跟追朱濆匪幫，九月二十四日在滬尾外洋遭風，因篷索損壞戧駛不前，漂至二十九日夜，風勢愈猛，桅柁並裂，人力難施，該船沖礁擊碎，通船官兵落海，南澳鎮王得禄派撥兵船救護，該署協邱良功遇救得生，查明淹斃額外外委徐廷爵一員，淹斃兵丁吴廷恩等十一名（[硃批]：俱照例賜恤。），遺失副將關防一顆，軍火砲械盡皆沉失，其救護船隻亦因風勢猛烈有善字二十九號、海字七號、綏字九號哨船三隻均沖礁擊碎，並淹斃千總莊貴賓一員，淹斃兵丁許清風等十九名（[硃批]：俱照例賜恤。），遺失軍械查明另報，其餘所帶兵船亦均有傷損等情。除遺失副將關防飭令通詳題請鑄給外，奴才查臺洋水師哨船先經奴才于上年四月内，因緝捕關要奏請酌留内地澎湖差船同臺營額設及新造善字各號兵船五十隻，以備巡防捕賊之用。一年以來，内地差船先後回汛，其澎湖臺洋各船亦多遭風未經造補者，此次該署協邱良功帶赴北洋各船，除在鷄籠、蘇澳打仗時損壞哨船三隻業經具奏外。兹又據報損壞善字、海子各號船四隻，並稱其餘各船亦多傷損，且查明有另案護餉緝賊及駕廠修造在洋遭風擊碎之澄字四號、定字九號、綏字十號三船，共溺水無著弁兵柯燦等二十七名。現在巡防鹿耳門及滬尾各處哨船通計完好者不過十餘隻，于巡防口岸實屬不敷，自應趕緊修造，以期有備無患。除現在督同署臺灣鎮武隆阿、臺灣道清華通查臺洋各船，分别應造應修另案具奏外。至船隻修造需時倘遇緝捕緊要，或暫雇商船應用並應否酌留澎湖差船以資協捕之

處，奴才惟有與該鎮道等隨時妥酌辦理，斷不敢稍存懈忽，致滋貽誤。奴才謹附片具奏，伏祈皇上睿鑒。謹奏。

[硃批]：覽。

一〇七、福州將軍賽沖阿奏摺：審辦邱恩等股夥及朱濆股船被擄服役各犯

[嘉慶十二年十一月初九日]，奴才賽沖阿跪奏：爲續獲賊目匪夥及朱濆匪船被擄服役各犯，審明分别辦理，恭摺具奏事。

竊照朱濆匪船竄入蘇澳番界經奴才札飭臺灣府知府楊廷理前赴内山鼓勵番勇在岸堵捕，據報拏獲潛逃上岸之蔡逆案内小股頭黄竈一名，並先後拏獲朱濆船上脅服役之黄萬喜、林英、周冬、邱相、林黄、吴穀、寥亦、魏陞、李新等九名；隨又據嘉義縣知縣陳起鯤、署北路左營都司陳拜本等報獲蔡逆案内大股頭邱恩一名並邱恩夥匪葉送、龔恭、林志、候機、吴獅、林九等六名，經奴才一併行提解郡歸案審辦去後。嗣據臺灣府知府楊廷理禀報黄竈一名，該府于獲到時業經訊據供認糾衆攻城不諱，現在解郡患病沉重等情。奴才查黄竈一名係從逆著名股頭，既據禀稱患病沉重，未便任其幸逃顯戮，隨委臺灣道清華會同署臺灣城守營參將如柏將該犯先行照律凌遲處死，仍傳首梟示外。兹據該道清華會同署臺灣鎮總兵武隆阿督同臺灣府知府楊廷理將解到賊目邱恩及匪夥葉送等一併審擬解勘前來，奴才隨親提各犯督同覆訊，據邱恩供認，嘉慶十年十二月内領過蔡逆賊旗、木印，充爲股頭，受封僞職，糾集匪夥六百餘人先後攻打鹽水港、斗六門、土庫等處，殺害官兵多人。嗣經官兵剿敗，逃上蔡牽盜船幫同行劫，不記次數，因蔡逆窮蹙，本年六月又投入朱濆船上同來蘇澳，潛回原籍被獲；又葉送、龔恭、林志、候機、吴獅、林九等六犯供認係邱恩分下旗脚，隨同攻擾鹽水港、笨港、斗六門等處均未傷人；又黄萬喜、林英、周冬、邱相、林黄、吴穀、寥亦、

魏陞、李新等九犯供認，先後被朱濆擄上盜船派在賊目紅面臉船上勒令服役，並無隨同行劫及接贓拒捕傷人等情。以上各情節再四究詰，據各犯供認不諱。查律載謀反大逆者皆淩遲處死，又謀叛者不分首從皆斬；又例載洋盜案内被脅服役者杖一百徒三年各等語。此案邱恩一犯受封僞職領旗招人，罪大惡極，應照謀反大逆律淩遲處死；葉送、龔恭、林志、候機、吴獅、林九六犯聽糾從逆，拒敵官兵，均屬同惡共濟，合依謀叛律擬斬立決，該犯等情罪重大，未便稽誅，奴才于審明後即恭請王命，飭委臺灣道清華、署臺灣城守營參將如柏將邱恩等七犯綁赴市曹，分別淩遲斬决梟示；黄萬喜、林英、周冬、邱相、林黄、吴穀、寥亦、魏陞、李新九犯被脅服役，並無行劫接贓，應請照洋盜服役本例，杖一百徒三年，到配摺責安置。邱恩等犯屬財産飭查另辦，未獲匪犯嚴緝務獲辦理。又，奴才前奉諭旨，邱恩等犯亦著酌量懸賞，每獲一名或賞銀二三百兩等因。欽此。又拏獲小股頭者每名酌量賞銀五十兩，經奴才奏奉諭旨遵行在案。現在拏獲大股頭邱恩一名，小股頭黄竈一名，自應遵旨分别奬賞，惟大股頭邱恩一犯係營、縣帶同綫目葉捷等拏獲，較之義勇等自行拏解者有間，賞項亦應量减，應請酌賞銀一百兩以示鼓勵，其拏獲黄竈之義勇即照數給賞，至署都司守備陳拜本知縣，現陞澎湖通判。陳起鯤拏獲大股頭邱恩，雖有微勞，究係地方官應辦之事，未便遽請邀恩，如果該營縣奮勉不懈，續有報獲要犯，再行奏請恩奬，除犯供送部外，所有審明辦理緣由，謹恭摺具奏，伏祈皇上睿鑒，勅部覈覆施行。再，蔡逆案内大股頭十三名，除已獲並擊斃邱紅等九名，現又拏獲邱恩一名開除外，尚有未獲大股頭三名，又小股頭九十一名，除已獲吴利萬等七十六名，現又拏獲黄竈一名開除外，尚有未獲小股頭十四名，合併陳明。謹奏。

[硃批]：刑部議奏。

一〇八、福州將軍賽沖阿奏片：臺灣協署副將邱良功攻剿蔡朱出力請實授協副將

[嘉慶十二年十二月初五日]，再，查臺灣協署副將邱良功前在水師提標前營游擊任内，因臺協副將缺出，一時無合例陞調之員，經前督臣玉德將該員奏明署理，欽奉上諭：邱良功准其署理，臺灣水師副將員缺仍著該督等留心察看，如果始終奮勉，俟一二年後，再行奏明請旨等因。欽此欽遵在案。兹准督臣阿林保咨稱：該副將于嘉慶十年十二月二十八日署事迄今已届兩載，是否堪以奏補臺協副將之處咨會奴才就近查明請旨等因。奴才查邱良功自署理臺協副將以來，先于鹿耳門攻擊蔡逆出力案内，欽奉恩旨賞加副將銜，並賞戴花翎，今又會同總兵王得禄在鷄籠蘇澳洋面攻剿朱濆匪船兩次，大獲勝仗，實屬始終奮勉，可否准其實授臺灣協副將之處，奴才謹遵原奉諭旨查明附片具奏，恭候欽定，伏祈皇上睿鑒。謹奏。

嘉慶十三年正月十六日奉硃批：另有旨。

一〇九、福州將軍賽沖阿奏摺：遵旨查明鷄籠洋面剿捕朱濆出力員弁請奬

[嘉慶十二年十二月初五日]，奴才賽沖阿跪奏：爲欽奉諭旨，恭摺覆奏，並查明出力員弁，遵旨保奏，仰祈聖鑒事。

竊奴才于十二月初四日在臺灣府城承准廷寄嘉慶十二年九月初六日奉上諭：賽沖阿奏官兵剿捕朱濆大獲勝仗一摺，與阿林保等前次所奏情形大畧相同。朱濆幫船三十餘隻先後竄至鷄籠洋面，經署副將邱良功會合總兵王得禄督率舟師攻擊，拋擲火斗火礶，賊船立時火起。把總吴國祥、署把總陳有光、外委吴朝祥帶同水兵跳過賊船，殺賊無數，生擒

匪犯林紅等十五名，燒斃落海者約有六七百名，奪獲燒沉盜船十四隻，起獲砲械一百餘件，火藥四百餘觔，餘匪敗竄奔逃，窮蹙已極，實屬奮勇可嘉，總兵王得禄、署副將邱良功著加恩交部議叙，把總吴國祥著加恩以把總陞用，均著遇缺即補，以示奬勵。此外如尚有出力員弁，著賽沖阿查明保奏，候朕施恩，朱濆爲海洋巨盗日久稽誅，經此次痛加攻剿之後，自己喪膽潛逃，無難尅日殄滅，著即責成王得禄、邱良功二人專司剿辦，伊二人此次攻剿該逆幫船大獲勝仗，已蒙施恩甄叙，若能擒渠奏捷，爲海隅除一稔惡，俾洋面漸就肅清，必當特沛殊施優加懋賞，但該逆或係就擒或係殲斃，必須確有證據方可蒙恩，若冀圖冒功邀賞或有捏飾情事即應從嚴治罪。其蔡逆一股賊匪僅剩大小船數隻，現有李長庚、許松年、周國泰、孫大剛等在彼併力合剿，自可迅速擒獲，該二逆次第剿除，海疆庶臻寧謐。所有獲犯林紅等十五名，業經解赴臺灣，著賽沖阿遵照前旨詳加審訊，此次擊斃及淹斃賊匪多名是否有朱濆在内？現在該逆情形如何？據實覆奏。其受傷陣亡之千總鄭嘉惠著加恩咨部賜恤，將此由四百里諭令知之。欽此欽遵。寄信前來。奴才伏查朱濆匪船于七月内竄至臺灣，經總兵王得禄、署副將邱良功等督飭兩幫舟師在于鷄籠、蘇澳兩處洋面痛加攻剿，大獲勝仗，朱濆僅剩匪船十五隻竄回内洋。並訊據獲犯邱恩等供稱，朱濆匪船賊夥經官兵在鷄籠洋面擊斃、淹斃者實有六七百名，均經奴才恭摺具奏，並將總兵王得禄跟踪内渡及署副將邱良功仍調回鹿耳門巡防各緣由奏蒙聖鑒在案。兹蒙恩旨，王得禄、邱良功均邀甄叙，把總吴國祥等亦荷陞用，並諭奴才查明此處出力員弁保奏等因，仰見皇上策勵戎行，微勞必録之至意。查該官兵等由鷄籠洋面得勝後復緊跟賊踪，深入番界，再戰再捷，自應彙同前後勞績，查明保奏。奴才現就總兵王得禄前開超等出力官弁册内逐一較覈，内有署銅山營參將南澳游擊林承昌、浙江都司謝恩詔、候補守備黄國哲、烽火營千總黄志輝等四員，均係兩處打仗，勞績尤著之員。查游擊林承昌現在署理參將可否以參將陞用，都司謝恩詔、千總黃志輝二員可否分别以應陞之游擊、守備等官陞用之處，出自皇上天恩。至候補守備黃國哲應請俟補缺後再以都司陞用，其餘末弁兵丁等，該鎮王得禄例得隨時獎拔一併照會該鎮，查明辦理，以示鼓勵。又匪船竄至滬尾，當兵船未到之先經原任總兵愛新泰等督飭官兵、鄉勇在海口實力防守。查有千總袁恩、義民首監生黃振坤、民人胡辰煒最爲出力，可否將千總袁恩一員賞給守備頂戴量加陞用，義首監生黃振坤賞給軍功六品頂戴，民人胡辰煒賞給軍功七品頂戴之處，均出自高厚恩慈。奴才仍恭錄諭旨照會該鎮王得禄，囑令益加奮勉，務乘朱逆窮蹙，黨羽殲殘之際，擒捕首惡，仰邀懋賞，並飭署副將邱良功在臺洋巡防偵探，遇有賊踪，立即掩捕兜擒，以期擒渠蕆事。該鎮將等均係受恩深重之人，今又蒙諭旨責成自必感奮出力，不敢懈弛，除飭將陣亡弁兵鄭嘉惠等造册咨部外，所有欽奉諭旨緣由，奴才謹恭摺覆奏，伏祈皇上睿鑒。謹奏。

[硃批]：即有旨。

一一〇、福州將軍賽沖阿奏摺：臺灣現無應辦要件自當遵旨内渡

[嘉慶十三年二月二十七日]，奴才賽沖阿跪奏：爲欽奉諭旨，恭摺覆奏，仰祈聖鑒事。

竊奴才于二月廿四日在臺灣府城承准逐案。嘉慶十三年正月廿一日奉上諭：現撥阿林保等因。欽此欽遵。寄信前來。奴才查臺灣自嘉慶十一年，其間剿匪蕆功之後，仰蒙聖主洪福節年收成豐稔，民情實爲寧謐。現在蔡朱二逆形蹙遠竄海洋，即日肅清，臺灣商賈流通，更可日臻殷寧阜，一切巡防章程，除滬尾口岸添設專管水師哨船分别修造，業經奴才先後繕摺具奏，其蛤仔爛番埔開墾情形亦經督飭該鎮道等查有端緒另容具奏外，其餘現無應辦要件。伏查福州滿營上年届當軍政之期，因奴才駐防臺灣奉旨展限，俟回任後再行辦理。臺灣現無應辦要件，奴才

自當遵旨内渡，趕辦軍政大典（[硃批]：是。），其臺灣留防徵兵除陸續凱撤回營並事□外，現在尚有一千八百餘名，奴才悉心酌覈。惟滬尾一帶口岸當須重兵防守，已于調劑營制案内議請添兵，應即于現在徵兵内酌留五百名以資分防，俟議添戍兵到齊再行撤遣，其餘水陸汛地均有戍兵防守，奴才于上年校閲時逐一查覆，均屬嚴密，尚有徵兵一千三百餘名，自應一併撤遣回營，以省糜費。奴才現飭帶兵各員就近撤赴海口分起由鹿耳門、麻仔港配船回内。至提督許文謨仍在臺灣恭□諭旨，再行内渡。除零星逸匪責成地方文武留心踋緝，巡防事宜即交該鎮將等查照辦定章程妥辦，奴才一俟經手尋常案件逐一清理，即由鹿耳門登舟外，所有奴才奉到諭旨，欽遵内渡緣由，謹恭摺覆奏，伏祈皇上睿鑒。謹奏。

嘉慶十三年三月二十八日奉硃批：另有旨。欽此。

一一一、福州將軍賽沖阿奏摺：臺灣二麥收成分數並入春以來糧價

[嘉慶十三年二月二十七日]，奴才賽沖阿跪奏：爲查明臺灣二麥收成分數，恭摺具奏，仰祈聖鑒事。

竊照臺灣田土膏腴，氣候較早，農民于冬間翻犁之後即趕種早稻，其播種二麥比較早，現届收麥之□□，奴才分飭查報去後。兹據臺灣道清華特據署臺灣府知府鄒翰將臺屬各廳縣二麥收成分數查明匯報前來，奴才逐一覆覈，除澎湖一廳，臺灣、鳳山二縣向不栽種二麥外，其餘各廳縣内，淡水廳及嘉義縣收成均有八分，彰化收成八分有餘。上年秋成豐稔，本年入春以來，各廳縣糧價每石一兩九錢至二兩四錢不等。今麥收既豐，早稻又滋長繁茂，糧價自必日益平減，地方寧謐，民情恬熙，實堪仰慰聖懷，除將麥收分數敬繕清單，恭呈御覽外，奴才謹恭摺具奏，伏祈皇上睿鑒。謹奏。

嘉慶十三年三月二十八日奉硃批：欣慰覽之。欽此。

一一二、福州將軍賽沖阿清單：臺灣地方二麥收成分數

[嘉慶十三年二月二十七日]，謹將臺灣府淡水一廳，嘉義、彰化二縣二麥收成分數敬繕清單恭呈御覽：淡水廳二麥收成八分；嘉義縣二麥收成八分；彰化縣二麥收成八分有餘；以上一廳二縣合計收成實在八分有餘。

[硃批]：覽。

一一三、福州將軍賽沖阿奏片：臺灣班滿換回之弁兵在洋遭風淹斃漂没情形

[嘉慶十三年三月十三日]，再，查臺灣班滿換回興、泉、汀州等營官兵，先于上年九十月間在鹿耳門先後配坐商船内渡。兹據護理澎湖通判周元梓詳稱，張林興一船配載興化、雲霄、桐山、泉州城守等營弁兵一百四十二員名于上年十月十二日夜在洋遭風，漂至澎湖外塹西北勢洋面沖礁擊碎，淹斃漂没把總顧得龍、外委甯國寶、兵丁林江等九十一員名，並奏明外委陳青山、兵丁陳必捷等五員名。先在鹿耳門失□淹斃等情。又據詳戴義□一船配載烽火、羅源、龍岩等營弁兵九十六員名于十月十二日夜在洋遭風，漂至澎湖内塹鼻尾西勢外洋沖礁擊碎，淹斃漂没外委郭挺揚、兵丁鄭起義等五十六員名，又□新發一船配載汀州營並臺灣城守□領硝磺弁兵共一百三十八員名；于十月十七日在洋遭風，漂至澎湖桶盤巔西坪外塭沖礁擊碎，淹斃漂没把總易龍、外委羅洪基、兵丁林餘陽等一百一十八員名各等情。奴才查該弁兵等在洋遭風淹斃漂没至二百六十餘員名之多，殊屬可憫，傳飭將打撈尸體就地殮埋並移督撫臣行知各原營知照外，謹附片具奏，伏祈皇上睿鑒。謹奏。

嘉慶十三年三月十三日奉硃批：另有旨。欽此。

一一四、福州將軍賽沖阿片：總兵王得禄會署副將邱良功在鷄籠洋面攻捕朱濆獲勝

[嘉慶十三年三月二十八日]，再，查南澳鎮總兵王得禄會署臺灣協副將邱良功于七月二十日在鷄籠洋面攻捕朱濆匪船，大獲勝仗，匪船旋即東竄，經奴才恭摺馳奏在案。嗣據臺灣南北各口岸奏報，均無匪船踪迹，誠恐藏匿山後番地，復飭確查去後。兹據淡水同知胡應魁奏據番社通事潘賢文奏報，現在猴猴社生番界内蘇澳地方有船二十餘隻停泊。查該處從無商民船隻往來，自係朱濆匪船等情。傳飭總兵王得禄確探□□地勢，雇覓熟諳船工相機追捕，一面札飭臺灣府知府楊廷理馳赴三□番界，傳齊番社通事，撫慰番衆務使安静，並賚帶賞號前往鼓勵番界，俾令一體出力堵□外，奴才謹附片具奏，伏祈皇上睿鑒。謹奏。

嘉慶十三年三月二十八日奉硃批：覽。欽此。

一一五、福州將軍賽沖阿片：將臺灣晚稻收成分數摺及朱濆敗竄片照案繕寫補奏

[嘉慶十三年三月二十八日]，再，奴才于上年九月初四日在臺灣府城抄發晚稻收成分數奏摺一件，又奏朱濆敗竄蘇澳奏片一件。據鹿耳門口員處報配載金合青商船于九月十一日出口放洋在案。兹據厦門同知房永清奏稱，金合青商船並未到厦亦未接到前項摺件發□等情，奴才查前項摺件于上年九月初四日抄發放洋之後，迄今五月有餘，尚未至厦，自係遭風失所。除飭沿海地方通查具報外，奴才謹將原摺及夾片照舊繕寫仍填原發月日，附驛補奏，謹附片奏聞，伏祈皇上睿鑒。謹奏。

嘉慶十三年二月二十八日奉硃批：覽。欽此。

一一六、福州將軍賽沖阿等奏摺：臺灣北路海口緊要酌籌移駐營員以重防守

[嘉慶十三年四月十三日]，閩浙總督奴才阿林保、福州將軍奴才賽沖阿、福建巡撫張師誠跪奏：爲查明臺灣北路海口緊要，酌籌移駐營員以重防守，恭摺具奏，仰祈聖訓事。

竊照臺灣沿海口岸可通大船出入者惟有鹿耳門、鹿仔港、滬尾、鷄籠四處。鹿耳門、鹿仔港均設有重兵防守，惟滬尾及鷄籠澳道在臺北僅責成艋舺都司分防，每遇海口有事，不惟臺灣鎮道駐郡城鞭長莫及，即北路協駐紮彰化聞信前往策應，往返數日亦屬緩不濟急。奴才賽沖阿于嘉慶十一年三月抵臺後查明洋匪節次窺伺滬尾口岸防守單弱，當經奏請修理砲臺兵房並派參游大員管帶徵兵駐守防範，既覺嚴密。奴才賽沖阿于上年夏間查閱北路營伍親至該處查看，當將調劑營制緣由于閱兵摺内聲明具奏，一面咨商奴才阿林保、張師誠酌籌辦理並行臺灣鎮道覈議在案。嗣據前任臺灣鎮總兵愛新泰會同臺灣道清華議請以臺協右營游參移駐艋舺，並請于内營守備内改移二員駐紮滬尾等處分防等情。又經奴才阿林保、張師誠行司移營妥議去後，兹據藩司景敏、臬司慶保會議呈詳前來，奴才等公同查覈。臺灣孤懸海外口岸防範最關緊要，即日海洋寧謐徵兵凱撤自當確查地方形勢，妥立章程以垂永久。查滬尾、鷄籠各汛原屬淡水營轄，淡水營額設都司一員，千把、外委、額外共十員，水陸汛兵七百八十餘名，道路遼闊分撥巡守。其滬尾、鷄籠各濱海要地每汛官兵多者五、七十名，少者僅二十名，實不足以資捍衛。今因地制宜應請將臺協右營游擊移駐艋舺地方改爲艋舺營游擊管理淡北水陸營務，其臺協右營事務即以淡水都司移駐安平管理，于營制亦無妨礙，其艋舺營仍添設守備二員。查有延平協標左營守備、興化協標左營守備二缺公

事較簡，堪以裁改，應請將興化營守備移駐滬尾砲臺改爲水師員缺，即將淡水都司原轄千把、外委等十員統歸該守備管轄，除原有哨船二隻，水兵五百零二名外，添撥哨船四隻並撥隨船水兵一百九十八名以足七百名之數以資巡防洋面。其延平協守備即移駐艋舺作爲該游擊中軍管轄陸路弁兵，除原有陸兵二百八十一名外，再于内地各營添撥陸路戍兵五百一十九名共足八百名，庶要口僻汛均資防守，其應添千把、外委等官即于臺灣各營通融調撥毋庸另議更張。至滬尾海口已有水師守備駐守，其鷄籠海口即責成該游擊督飭中軍守備不時前往查察以杜偷漏。以上共改設游擊一員守備二員，均應定爲在外題補要缺，一切軍政仍由臺灣鎮衙門考覈，如此一轉移間該營共有水陸官兵一千五百餘名，無事則操防巡查，有事則分撥調集，實足以壯聲威而重汛守，至艋舺既設重營兵民交涉事件勢不能免，新莊縣丞衙門距艋舺十里，應請一併移駐艋舺，俾得協同營員稽查地方海口且于淡水廳倉支放兵糧事宜，亦得就近照料，實于地方有裨，如蒙俞允除裁改延平、興化守備二員經管兵馬錢糧事務統歸該管都司經理外，其艋舺添設官兵應建衙署兵房换班往來盤費，及戍兵眷口月米加餉，併改頒關防鈐記各未奏事宜，另寄分别題咨辦理。奴才等爲慎重海防起見，謹會同陸路提督許文謨、水師提督張見陞、署陸路提督英海恭摺具奏，伏祈皇上睿鑒訓示。謹奏。

嘉慶十三年五月初二日奉硃批：兵部議奏。欽此。

一一七、福州將軍賽沖阿奏摺：臺灣蛤仔爛地方開墾地畝情形

[嘉慶十三年四月十三日]，奴才賽沖阿跪奏：爲查明臺灣内山蛤仔爛番埔開墾情形酌籌辦理，恭摺具奏，仰祈聖鑒事。

竊照朱濆匪船于上年八月内在鷄籠澳經官兵剿敗竄匿蘇澳番界，當經奴才札飭前任臺灣府知府楊廷理馳赴内山蛤仔爛番地，鼓勵番勇協力堵剿，經奴才附片具奏並聲明。蛤仔爛居民開墾若干，請俟辦賊

事竣再行奏請聖訓辦理在案。嗣據該府楊廷理奏稱：該處南北狹長約一百五六十里，東西寬一二十里至二三十里不等，中有馮水溪一道，溪北爲西勢有土圍五所及零星民莊共二十三處與番社錯處，男女丁口約有二萬餘人，開墾田畝八百餘甲。溪南爲東勢近溪間有民居，其餘均係生番，僅墾田二百餘甲並無民莊，惟岸里社熟番在羅東地方開墾，其蘇澳又在羅東之南中隔番社等情。奴才查蛤仔爛本係界外番地，今民人、熟番越界私墾本應驅逐治罪，惟是開墾年久已成永業，一强驅逐不惟沃土拋荒而無業游民盈千纍萬，實亦礙難辦理，因思該處民番久已相安，且□爲官出力自應歸入版圖，以廣□□，惟番地初闢設官安兵均多窒礙而爲之有漸可期獉狉日開，經奴才行據臺灣鎮總兵武隆阿、臺灣道清華妥議章程詳覆前來。奴才衷心詳覈謹就管見所及逐一臚陳恭請聖訓：一、蛤仔爛與民人錯處生番應倣照熟番之例酌設屯弁以資約束也。查生番向置化外，原可順其不識不知之性毋庸官爲經理。今蛤仔爛生番三十六社係打馬烟等十社依水傍山與居民隔絶毋庸議外，其餘奇蘭、武蘭等二十六社或民屯錯處或貿易相同，當洋匪竄泊之時能知大義爲官出力已與熟番無异，自應照熟番之例酌設屯弁以資約束。查東勢生番三十社番丁約三千餘名應請設立屯把總一員，屯外委一員。西勢生番十三社番丁約一千餘名應請設立屯外委一員，俾令鈐束番衆。其各社原有頭目仍循共舊，惟熟番設屯另簽屯丁爲巡防差遣之用。今奇蘭、武蘭等社向在化外究與熟番有間，所設屯弁祇令約束番衆毋庸另簽屯丁以歸簡易。將來該生番等情願薙發歸化再令造送名册與熟番一例設屯辦理。至該生番等各有墾地足資養贍，議設屯弁毋庸另給月餉。一、蛤仔爛流寓民人應設立總甲、董事以便稽查也。查蛤仔爛距淡水同知衙門三百餘里，其地山深溪險流寓民人丁口至二萬餘人之多，此時既不便加以驅逐即應照臺灣廳縣設立總甲、董事之例，俾令在地稽察以免藏匿匪類滋生事端，惟廳縣設立總董係由廳縣官點充，今番地初開未便草率，應令該鎮道選充以昭慎重。查該處居民漳人最多，泉人次之，粤省人較少，應即于該處漳、泉、粤籍民人内擇其誠實可靠爲衆信服者，于漳州莊内選充八人，泉州莊内選充六人，粤莊内選充二人，其一切地方命盗案件均令總董呈報淡水同知衙門查辦，遇有匪類藏匿即協同莊民查拏送官仍將總董姓名造册送部。如一年之後辦理安静應請酌給頂戴以示獎勵，倘不勝任立即撤回另行點充並飭淡水同知就近留心察查以示嚴肅。一、番民開墾田園應請一律免其報陞以示優恤也。查臺灣番社田畝例不陞科，惟民買番地□徵租賦，今蛤仔爛現開田畝除在勢開墾二百餘甲，查係番業番耕例不報陞外其西勢開田八百餘甲有番業番耕者，有民人租贌番地開墾抽納番租者，並無番地賣斷與民人管業之事，惟民人爲番傭耕間有山頭地角自出工本開墾之處，然畝數零星不成片段，又與番業相錯，今番地初開若遽履勘報陞殊覺擾纍，查乾隆五十五年查辦私墾埔地三貂一處地畝不成片段經部覈議免其報陞有案。今蛤仔爛民墾零星番地事同一例，應請暫緩報陞。俟田畝日闢查實民管番業之後再行照例報陞以歸覈實。一、岸里社熟番流寓羅東地方應另設屯弁以資約束也。查岸里社本係彰化縣轄熟番，因生齒日繁原有埔地不敷糊口陸續移居羅東地方，現在已有二千餘丁，若驅令回岸里本社殊覺窮乏可憫，應請即在羅東地方墾地，俾令墾耕自贍仍毋許多作荒埔致啓争端。至原設屯弁相距寫遠難資管轄，應即于現在隨官出力各頭目内擇其爲衆信服者另設屯外委一員以資約束。一、蛤仔爛海口應責成現設屯弁總董隨時巡查以資防範也。查蛤仔爛北有烏石港南有蘇澳爲海口門户，近年時有洋匪窺伺該處，既未安設官兵自應酌籌防範以免疎虞。查該處民番從前捐給租稻團練鄉勇防守已屬嚴密，今又設立屯弁總董官人聲勢更壯，且開墾田畝邀恩免于陞科又無别項差徭，該番民等力有餘暇更當感激自效。除原有鄉勇應循其舊外，嗣後倘有匪船竄泊應即責成該屯弁總董等一面報官一面率同番勇協力防守以昭嚴密。一、三貂一帶應添設隘丁以資稽察也。查淡水地方通蛤仔爛道路除三貂外尚有小路二處均應一體設立隘丁嚴密稽察，毋許該處民番將鐵觔軍器私行帶入，至番衆打鹿防獸標鎗器械勢不可少，即民人墾田犁鋤及尋常刀械亦未便禁絶。允有出赴城廠市鎮買制者，應令編號報官，以示防微杜漸之道。其無業游民及行迹可疑者亦准該隘丁盤詰毋許潛入番界，仍令淡水營廳隨時嚴查以靖地方。民人熟番私入禁埔開墾，歷年久遠失察職名無從返溯應邀恩免予查辦也。查越界私墾地方官原有失察之咎，惟此項民人熟番或因節次臺匪滋事潛入□□，或因船隻遭風擊碎隨地流寓歷年久遠漸聚漸多，究係何員先察實亦無從返溯，查從前剿辦林逆事竣清查私墾埔地所有失察文武職名均邀恩免其查議在案。現在蛤仔爛地方既請歸入版圖，所有失察私墾職名可否免其查議之處出自皇上天恩。嗣後該處地方文職歸淡水廳管轄，武職即歸新設艋舺營游擊管理，每年該游擊同知親往巡查一次以專責成。以上各條奴才督同該鎮道等逐一覈議係屬因地制宜爲目前應辦要務。該生番等從此涵濡聖化不逾數年之後生番自必盡爲熟番，彼時田土日闢，民番情洽，應如何履畝勘丈，設官安兵之處再行查覆情形辦理。除應設屯弁總董姓名及分管地段俟奉有諭旨再由鎮道造册詳咨外，所有奴才籌辦緣由謹會同陸路提督奴才許文謨恭摺具奏，並繪圖貼説恭呈御覽，伏祈皇上睿鑒訓示。再，奴才拜摺後即由鹿耳門登舟遵旨内渡回任合併陳明。謹奏。

嘉慶十三年四月十三日奉硃批：該部議奏。欽此。

署理福州將軍瑚松額奏摺

一、署理福州將軍瑚松額奏片：渡臺需員酌帶臺灣府遺缺知府周彥等員差委

[道光十三年正月十三日]，再，奴才渡臺後尚有查辦事件需員差委，所有奉旨馳驛來閩之臺灣府遺缺知府周彥、松溪縣知縣張錫純，該員等初經到閩無所用具，其徇蔽仍請帶赴臺灣以資差遣。至侍衛、章京等先經陸續回京，無可酌帶。兹仍隨帶依順管帶旗營軍標各營兵二十六員名，一併赴臺，以備差遣委用。再，閩海關税務向係福州將軍兼管。今奴才遵旨渡臺，其海關監督關防應照向例交撫臣魏元烺接管，合併陳明，伏乞聖鑒。謹奏。

[硃批]：另有旨。

二、署福州將軍瑚松額等奏摺：查明嘉義縣斗六門縣丞方振聲等員殉難最烈請從優獎恤

[道光十三年二月十九日]，臣瑚松額、臣程祖洛跪奏：爲查明殉難最烈之縣丞備弁並克全大義之家屬幕友請旨，從優獎恤，以昭激勸，恭摺奏祈聖鑒事。

竊臣等欽奉諭旨：斗六門打仗陣亡官弁署縣丞方振聲等及兵丁若干名，俱著查明，賜卹等因。欽此。臣等于行抵臺灣後，即聞此次被害各員，惟嘉義縣斗六門縣丞方振聲、守備馬步衢、千總陳玉威之死事最得其正，亦最爲慘烈，且有家屬幕友同時遇難，而該故員之所以被害，則由護嘉義都司事。千總許荆山砍破營盤，帶兵脱逃，又有斗六街富户

監生張紅頭，即張彩五，勾賊攻圍所致，正在訪查拏辦。間據各故員家屬先後赴臣等寓所呈訴，聲明該故員等有竹紙草書稟帖蓋用鈐記交給陳玉威之子陳繼昌帶出潛逃，于上年十一月二十日投交陞任鎮臣劉廷斌，求爲伸冤等情。臣等當即飛吊原稟，一面確查去後，旋獲黄城之僞軍師僧允報到案，訊據供指方振聲等被害情形甚爲明晰，並據劉廷斌送到原稟，又據署臺灣府知府托渾布等查明詳情，具奏前來。臣等覆加採訪，緣斗六門汛介于嘉義、彰化之間額設縣丞守備千總各一員，帶兵防守，與嘉彰兩縣有輔車相依之勢，逆匪黄城本係積賊，屢經馬步衢等嚴拏未獲，將其房屋拆毁。上年十月初間，逆匪張丙等戕官圍城，馬步衢等恐被擾及當于汛地，築土爲圍，插竹成栅，開挖壕溝，以備不虞。先是護嘉義都司事千總許荆山于陳辦初起事時，同知縣邵用之在嘉義廸北彈壓查拏，迨張丙等在嘉義廸南聚衆伺刦邵用之先行馳往，劉廷斌令許荆山速回嘉義城防守。十月初一日早，許荆山行至土庫莊外溪底地方，被賊搶去坐馬、砲械，殺傷兵丁，退回土庫莊内不敢回縣。至初四日管領原帶兵九十餘名，潛赴斗六門汛經馬步衢留汛協防。迨後馬步衢見賊衆屢窺斗六門，諭令張紅頭雇募鄉勇二百名備用，張紅頭不允，馬步衢斥其坐觀成敗，並稱平賊之後，定當究問。張紅頭心懷怨懼，適黄城在林圯埔一帶竪旗滋事，既恨馬步衢等之拆屋搜拏，又慮斗六門不破，南北不能肆擾，因于十月二十七日與梁辦合夥共攻斗六門營盤。馬步衢等竭力守禦至十一月初一日，先後鎗砲轟斃賊匪約有二百餘名，黄城等已欲解散，張紅頭主令其族人張成糾集無賴幫同圍攻，賊勢復熾。初三日夜張紅頭與黄城之僞軍師僧允報朋謀設計，用牛車裝載稻草欲圖填壕，陳玉威等乘其尚未卸車，抛擲火罐，火發牛奔，計不能行。是夜僧允報等復令黄城用車裝載青草覆以淤泥，填塞壕溝。許荆山見事危急，黿夜率領兵丁砍開營後土圍竹栅，首先逃走，人心惶惑。該逆匪得以乘間縱火破栅而入。時網民陳馬等亦勸馬步衢逃逸，馬步衢不允，力矢死守，旋與方振聲等知難抵敵，囑令家屬逃生。維時馬步衢並無家屬在汛，方振聲將五歲幼子方維善同其生母梁氏托交雇婦蕭李氏帶出逃匿甘蔗林内。方振聲之繼妻張氏、陳玉威之妻唐氏均願以身殉。更有方振聲之幕友沈志勇因賓主情深，不忍舍去，沈志勇之次子沈聯輝願與父同生死。又有方振聲之跟丁雇工江承惠、曾大祥、邱新、許厨子，亦願同死。馬步衢等遂急作草禀，並于禀内開列殉難人姓名蓋用鈐記，逼令陳繼昌改裝易服，赴劉廷斌處投遞，料理甫畢，逆匪擁至。馬步衢等恐火藥爲賊所有，焚燒自戕，均因藥少未死，持刀走出，遇賊巷戰，各刃數人，力竭均被執遇害。方振聲之繼妻張氏並一幼女與陳玉威之妻唐氏、幕友沈志勇父子、跟丁江承惠等四名，亦同時遇難（[硃批]：墮泪覽之，可親可憫之至。）。其最慘烈者，馬步衢、方振聲、張氏、唐氏四人，均因忿激罵賊致被割鼻剜舌，備受荼毒。陳繼昌于逃出投禀後因仇不戴天，自團義勇緝獲黄城股夥江濱、賴來二名，送官審辦。臣等飭提僧允報研訊供情相符，是該故員等之守禦有方，忠烈堪嘉；其家屬幕友人等，孝節義烈，從容殉難，已屬確鑿。可據相應先行請旨，將嘉義縣斗六門縣丞方振聲及其繼妻張氏，署斗六門守備事臺灣鎮標左營千總馬步衢，署斗六門守備事臺灣北路協標左營右哨二司把總陳玉威及其妻唐氏，從優賜卹；幕友沈志勇舍生取義，其子沈聯輝爲父死難，均堪嘉尚，合無仰懇天恩一體予卹，以昭激勸，此外，尚有同時陣亡弁兵，因北路協副將造送清册與陳繼昌等所指互有參差，容臣等覆查確實，與其餘陣亡弁兵匯案辦理。至護都司事千總許荆山，先于土庫地方遇賊，不知督兵擒拏，竟至馬械被搶，兵丁被戕，竄逃斗六門汛，已屬畏葸損威；又于斗六門被攻危急時，首先率領兵丁砍破營後竹圍逃走，致被逆匪乘間攻破，慘害多人，實屬罪無可逭。查劉廷斌原禀有許荆山退出土圍被逆犯梁辦追趕不知下落之語。臣等傳到當日守汛受傷兵丁陳名奎、張朝龍二名簽供許荆山實係挖開竹圍，帶兵逃走，並無被賊匪追趕之事，與馬步衢等遺稟相符，是劉廷斌原稟尚係道路未通以前傳聞之詞。惟當陳繼昌投遞遺稟後，已知許荆山帶兵逃逸，並不嚴行跟查，又無隻字稟報。至本年正月十二日奏補遺缺摺内，仍不據實糸究。但以無著二字，含混聲叙，實屬有心朦庇，應請旨將陞任廣東提督臺灣鎮總兵劉廷斌交部議處。臣等現已通飭臺灣内地各口岸文武各官及許荆山原籍晋江縣，一體實力搜拏逃弁，許荆山務獲，死則坐死示衆，生即明正典刑，以彰國法。仍跟查斗六門隨同潰逃兵丁如止係許荆山原帶之兵，則兵隨將行，情可尚原，即由臣等酌量懲辦；若有本汛兵丁聽從脱逃，另行照律辦理。張紅頭即張彩五隱身從逆設謀破汛，實屬罪不容誅，容俟拏獲究辦。臣等謹會同恭摺具奏，伏乞皇上聖鑒訓示。再馬步衢有子三人，是否親生之子，另容查明，咨部辦理，合併聲明。謹奏。

[硃批]：另有旨。

三、署福州將軍瑚松額等奏片：遵旨確查臺灣天地會張丙等犯起釁根由

[道光十三年二月十九日]，再，臣等欽奉諭旨確查此案起釁根由。臣等先後行入閩境沿途探詢傳聞异詞，迨抵臺灣互相訪察有内地所聞絶無影響者，亦有傳言有因而確按無據者，並有間内地所聞者事皆飄忽，不敢遽行摭拾入告，自應糸以犯供方昭覈實。連日監提張丙等隔别研鞫，訊得上年五月間，詹通及已正法之吴房等探知生員吴贊代人包送米石出境，聚衆攔搶。吴贊控縣牽及張丙，該縣邵用之將吴房拏獲轉解臺灣鎮道會勘正法，張丙因邵用之不辦吴贊之包米出境轉辦吴房之搶奪，又欲拏伊並未搶米之人。並風聞吴贊曾饋送邵用之洋錢三千圓，心懷不服。陳辦本係叠劫未獲盗犯，與雙溪口粤莊人張阿凛挾嫌搶奪，張阿凛報經該縣，于閏九月間會營往拏張阿凛，即藉端焚燒陳辦房屋，牽回牛隻；陳辦亦糾邀張丙等報復攻莊，經劉廷斌帶兵趕散，中途拏獲五人，當時

正法二人，其三人解縣究辦，旋因反獄案内，亦被格殺。張丙等人又以邵用之不拏首先焚搶之粵人，專拏報復之閩人。並聞劉廷斌所殺二人均係閩莊良民，更懷不平。迨張丙等在店仔口一帶窺伺搶劫，邵用之親往查拏，張丙等自知被獲必問重罪，又觸及節次，忿恨起意，戕官謀反，並以貪官污吏妄殺無辜起事除害爲詞，四處煽惑不逞之徒，因而蠭起響應，裹脅良民，嘯聚日多等情。臣等以所供情節最關緊要，當將吴贊、張阿凛密提到案，當堂質對。據吴贊供稱：詹通、吴房等均係積年逸盜，與張丙往來交好，藉端勒索客商，中途搶奪，伊係事主何肯行賄，亦不必行賄等語。詰訊張丙，據稱邵用之得賄一節，係詹通向告，質之詹通則稱吴贊親向説知，不知何人過付。又據詹通供出吴贊因伊等起事，曾送給番銀六千圓係吴贊親交伊收，亦無過付。吴贊則極口呼冤，並稱伊于控縣差拏後，因被張丙等屢次尋殺即已遷避縣城，當詹通等起事時，伊在城内居住，城已閉守，何能出城向賊送銀，提訊張丙始則諉爲不知，旋又改供詹通曾向説過伊並未分得番銀。供詞俱多閃爍，仍應補傳人證再行研究。至劉廷斌殺死二人一節查該陞鎮原禀，但稱擇其兇惡二人正法，並無姓名。惟該道平慶原奏則稱，當時正法者係矮仔豹、麻高二人，又屬有名無姓，其如何兇惡，因何正法，原奏亦未聲叙明晰。訊據張阿凛供稱，矮仔豹姓林，麻子高姓何，均係何援舍家雇割田禾之人。臣等當即密飭委員改裝前往察訪，查至該縣舊社溝莊確有何援舍家田畝，查係許坡承佃雇種。復訪詢許坡則稱當日有伊雇工李井、洪霧二人在田割禾，不知因何被殺；詢以林矮仔豹、何麻子高姓名，該民人又茫然不知。是此一事，劉廷斌之禀、平慶之奏、張阿凛之供，與委員之所訪查不惟情節未明，即姓名亦全無一對應，俟吊齊各原卷提到許坡等再行質訊。臣等復思邵用之之有無得贜，劉廷斌之是否枉殺，雖尚未定而該匪犯等所借以起事之端，則因官司辦事未遂所欲，一人不服群疑即因之以生。是此案起釁之由，似已露有端倪，從此根究確據，冀可得其實情。除俟查訊明確即將張丙等四犯迅速起解外，理合先行附片陳明，伏乞聖鑒。謹奏。

[硃批]：另有旨。

四、署福州將軍瑚松額等奏摺：拏獲臺灣股首從逆各犯王奉等會審分別定擬

[道光十三年二月十九日]，臣瑚松額、臣程祖洛跪奏：爲拏獲股首從逆各犯會同審明分別定擬，恭摺具奏，仰祈聖鑒事。

竊臣等遵旨渡臺，搜捕餘匪，籌辦善後事宜，當將先後到臺日期及大畧情形于正月二十七、二月初十等日恭摺奏報在案。臣等于拜摺後細查此案逆犯，雖經提臣馬濟勝會督鎮道將官陸續擒獲兇惡最著，現在監禁之股首張丙、陳辦、詹通、陳連等四名又就地正法。大股逆首黄番婆、劉仲、劉港、蔡恭、江七、侯虎、黄城、許成並梁辦、莊文一、吴扁、歐宗、蔡臨、曾吉、劉邦頂、賴牛、廖花、杜烏番、張廖果、郭桃、吴貂、柯和尚等二十二名；其從逆餘犯，經馬濟勝臨陣殲斃二千數百名，又馬濟勝、劉廷斌二處生擒續獲分别辦結者六百餘名。而當該逆等初起之時，每有同日同時四處拒敵官兵搶奪汛防村莊者，且劉廷斌于上年十月初四日，馳赴嘉義，先在八獎溪遇賊打仗，又在水掘頭被匪圍住，竭力衝出，該逆等猶敢兩旁尾追。迨至近城，又有圍城，逆匪擁至攔截，總計其數不下萬餘。即馬濟勝于十一月二十一日在茅港尾第六次勦捕之時，該逆匪各路併集，悉力抗拒，其衆亦有萬餘。雖其間脅從附和者多，而餘孽伏莽更復不少，且恐尚有著名惡逆未經究出之人，不可不細加搜剔悉數擒捕以絶根株。臣等遵旨監提張丙等研鞫起釁根由即就便跟追餘黨，一面督飭委員將前獲未辦之十八犯晝夜分别澈訊，究出原稟有名之股首黄鳳實名王奉，係從前傳寫舛錯，並原案無名之各逸犯姓名開單飭拏。一面分委員弁督飭總董義首于查辦撫卹之便，按户按名，

實力稽查，協同訪緝。旋據各員弁陸續擒解股首王奉、僞軍師僧允報、旗首吴陞等八十名。又前任水師提督王得禄拏獲僞先鋒劉英等十四名，提同前獲未辦各犯連日熬審。兹據委員等先將審明之王奉等五十九犯開具供摺稟解前來。臣等會同提鞫，内王奉一犯始從陳辦焚攻粤莊，旋與陳委即陳北路洪番仔均作張丙旗首聽從搶刦佳里興巡檢衙署，王奉又刀砍邵用之一下，陳委下手幫戕吕志恒，又拒殺差役一人，該三犯又歷次攻城拒敵，旋各自爲股首竪旗刻印派飯封穀。又劉英一犯係張丙僞先鋒派飯封穀，照料飯食。又吴助一犯係吴扁旗首，殺死兵勇各一人。又陳淮一犯係陳委旗脚，殺死兵丁一人。又僧允報即陳興一犯係黄城僞軍師，設計攻破斗六門營汛，戕害官兵。以上七犯，或各爲股首共謀大逆，或拒敵圍城戕害官兵，或派飯封穀照料飯食，均屬罪大惡極，應請照謀反大逆律，凌遲處死，查明家屬財産，另行辦理。又吴陞一犯係梁辦旗首，派飯封穀，保守逆莊，旋自投回協獲股首莊文一等四名，惟曾充縣役潛逃從逆未便因其投回獲犯，貸其一死，應請比照謀叛不分首從律，擬斬立决。又賴諒一犯係張丙旗脚，于攻城時，助勢一次。又蘇南即蘇廣南一犯，係蔡恭旗脚，隨同搶掠一次。又吴墩一犯，係蔡恭旗脚，隨同搶得大砲一位。又李文充即李文淙一犯，代黄番婆鑄造僞銀印一顆。又蔡爲一犯，係黄番婆旗脚，于圍城時，助勢一次。又張山、江濱二犯均係黄城旗脚，攻汛時，各助勢一次。又陳彦一犯，係逸犯張成旗脚，附和攻汛拒敵各一次。又王網即歹鐵仔網一犯，係梁辦旗脚，隨同拒敵一次。又劉文良、林逢隴即林串、林文淵、林烏、郭意即郭遂意、陳深即陳海明、郭育七犯，俱係許成旗脚，或曾拒敵一次，或爲掌管錢文；以上十八犯，于各股逆首起事後，陸續聽糾入夥，並未殺傷官兵，較之王奉等情節稍輕，應亦比照謀叛不分首從律，擬斬立决。該犯等情罪重大，未便稽誅。臣等于審明後恭請王命，飭委署臺灣府知府托渾布，布署臺灣鎮標中軍游擊托克托布，將王奉等七犯、吴陞等十八犯，一併押赴市曹，分別凌遲斬決，仍各傳首梟示，以彰國憲而快人心。又方愚、黄老全、林班銅、許章、陳鹽、陳錬、林庭訓、蘇晚、陳結即黄結、吴人扶即林人扶、柯黑、徐本益、吴胡連、徐看、柯蒲、許栖、王驕、蔡洸才、楊石能、吴石、蔡憨、林讓、林沛即蔡栽、莊燦、許祈、林智、陳坪、黄貂、孫文章、黄聯登、陳求、郭超、陳郡、孫能即姚建能等，共三十四犯，本係被迫入夥，並未抗官焚汛，旋即乘間逃散，或事後自行投首，應請將聞拏投首之陳結等二十六名，俱比照謀叛被脅入夥，並未隨同焚汛抗官，聞拏投首例，改發極邊足四千里充軍。其拏獲之方愚、黄老全、林班銅、許章、陳鹽、陳錬、林庭訓、蘇晚等八名，應于陳結等軍罪上，酌加一等，實發雲貴、兩廣極邊烟瘴充軍，先行發回内地，分禁各縣監聽，候部覆再行起解。其訊明悮拏，或被匪誣扳，實係無辜者，隨時省釋。尚有已獲，未經定供各犯，容臣等督飭委員于訊明後，陸續具奏。至在逃餘匪前經緝拏未獲者，尚有三十餘人，續經臣等究出飭緝者，又已有八十餘人，内如吴歐先、張紅頭、柯神庇、賴九、吴允等數名，均係著名極惡之犯，必應早正刑誅。臣等督飭馬濟勝等，並分派勤幹員弁，星羅棊布，四處搜拏；仍飭南北兩路營縣在于各要隘多帶兵役義勇，分頭兜捕，務期擒誅净盡，斷不使稍有漏網，以仰副我皇上綏靖海疆之至意。再南路鳳山北路淡水，分類械鬬，業經止息。並據提臣馬濟勝等陸續報，獲查南路距郡尚近，飭將各犯解郡審辦，北路距郡較遠，既恐中途疎虞，且臺灣郡縣監獄亦防擁擠。臣等公同商酌即飭分起監禁淡水、彰化二處，委令前臺防同知王衍慶督率廳縣研審，一俟得有確供，臣程祖洛即馳往覆訊，就地辦理。臣瑚松額亦俟搜捕事宜將次完竣，擬赴嘉義鹿港一帶逆匪出没之所，親自巡查統容另摺奏報。現在各處難民悉已陸續歸莊，輿情率皆安謐，藉可仰慰慈懷。除供招咨部外，臣等謹先將獲犯審擬緣由，會同恭摺具奏，並繕錄各犯姓名，摘叙事由，開單敬呈御覽，伏乞皇上聖鑒，敕部覈覆施行。

謹奏。

[硃批]：刑部議奏。單併發。

五、署福州將軍瑚松額等奏摺：臺灣第三次搜獲逆案僞職亂民會同審擬

[道光十三年四月初三日]，臣瑚松額、臣程祖洛跪奏：爲第三次搜獲逆案僞職餘匪會同審擬，恭摺奏祈聖鑒事。

竊臣等渡臺後督飭文武官紳搜獲餘匪一百八十四名，當將審定之王奉等五十九名，吴允等七十二名，並另案審辦及誣扳省釋者二十二名，分别辦結緣由兩次奏報在案。臣等伏查此案逆匪大小股首實有四十一名，仰蒙皇上指示周詳，將士用命，已將罪魁張丙、禍首陳辦併乘機響應之大股首詹通、陳連、黄番婆、劉仲、劉港、蔡恭、江七、侯虎、黄城、許成、梁辦、吴扁、歐宗、莊文一、曾吉、劉邦頂、賴牛、吴猫、柯和尚、吴允、王奉、陳委、洪番仔、吴鰍，小股首蔡臨、許六、李武松、廖花、杜烏番、張廖果、陳開、陶黄、元德、郭桃、吴貂、陳太山、劉眉滚、林海、葉斷共四十名先後拏獲，分别解京懲治及就地正法。連旬以來，復究得張丙之敢于謀爲不軌，劉仲、劉邦頂二犯之得以自立爲股首，全係僞軍師柯亭、徐曜、劉文祥爲之主謀畫策，代寫僞示，聲言祗圖殺官攻城，不擾閭閻。又出賞格明寫獲官賞銀字樣，並在各閩莊及素與閩莊和睦之各粤莊豎立僞旗一桿，名曰保莊旗，禁止匪夥入莊，以致愚民墮其術中，不爲設備。各股逆首即來閒攻莊搶銀，封穀派飯，或攆逐居民踞作賊巢，或焚毁村莊使窮民無所依歸，不得不隨同派飯苟延殘喘。此匪徒之所以愈聚愈多，而其奸計實肇自柯亭、徐曜、劉文祥三人。又有孫惡、黄七二犯係張丙僞先鋒，凡事當先，情節尤爲兇惡。至許成之獨立一股横行鳳山縣境，屢次攻打竹城拒敵官兵，並敢窺伺郡治，堵截米糧，赴郡則恃僞軍師吴歐先之奸謀，僞總先鋒柯神

庇，僞先鋒方旺，白文良、王就、張洸明等之膂力，此數犯惟王就、張洸明前已拏獲正法，其餘徐曜等均尚漏網。且查柯亭曾應童試，徐曜忽俗忽僧，行醫賣卜，浪蕩無定。劉文祥、吴歐先名姓屢易，均係形踪詭秘之人，若不妥爲搜剔，拔其根株，誠如聖諭，將來大兵歸伍，或尚有餘孽竊發成何事體。臣等嚴飭文武員弁不動聲色協同紳耆借名清莊，實力搜拏，復將徐曜、孫惡、吴歐先、柯神庇、方旺、白文良及餘犯鄭粤、洪成、蔡香等七十餘名陸續拏獲。又有吴腰、吴廣、黄科三名于上年冬間乘道路未通之時，充作難民潛由小口内渡，經晋江縣等訪獲，先後秉解到郡。臣等督飭委員隔别研訊，並據委員等于提審形迹可疑之楊陞一犯，究出係劉文祥冒名，同審明之徐曜等共七十五犯録供解勘前來。臣等會同提鞫内徐曜一犯，係劉仲僞軍師。劉文祥即楊陞一犯係劉邦頂僞軍師，均據自認與劉仲等商謀設計寫帖僞示，賞格並攻城拒敵搶銀封穀派飯不諱。又孫惡一犯，係張丙僞先鋒，幫同下手戕害知府知縣及縣丞朱懋，並殺死義首許亮邦，凡張丙攻城拒敵俱係該犯當先，殺死弁兵不能計數。又吴歐先一犯，係許成僞軍師。柯神庇一犯，係許成僞總先鋒。方旺、白文良二犯均係許成僞先鋒。該四犯于許成窺伺郡治，堵截糧運，圍攻鳳山竹城，拒敵官兵，封穀派飯等事無不預謀助力，吴歐先又代混寫僞示。又鄭粤一犯，先自竪旗謀反，旋爲洪番仔旗首，圍攻嘉義縣城，拒敵官兵各二次。又洪成、蔡香二犯，均係黄城旗首，攻破斗六門，殺斃兵丁，又拒敵官兵一次。以上十犯均屬罪大惡極，應請照謀反大逆律凌遲處死，查明家屬財産另行辦理。又顔宿、賴保、黄犬、吴溪和、顔滿、鐘周、胡四標、黄紅猫、林願、陳進、李義、曾拼、李著、黄阿炭、林淙保、林必仔十六犯均係各股逆首旗脚，隨同攻城拒敵，並未殺傷官兵。内林淙保、林必仔二犯尚有聽從行刦陳謝氏家一案罪止，擬遣應請一併比照謀叛律擬斬立决。又吴廣、吴腰二犯，竪旗攻搶粤莊，拒敵官兵，雖無謀爲不軌情事，實與謀叛無异，應請亦照謀叛律擬斬立決，該犯等情罪重大，未便稽誅，臣等于審明後恭請王命，將徐曜等十犯，顏宿等十八犯一併綁赴市曹，分別凌遲斬決，仍傳首梟示，以昭炯戒。又黄科、邱得勝、林泗水、林超、吴九、沈脾、張昆、侯叠、吴爲、黄挑、張江水、陳青、廖娘水、劉陽、江道狗、李九、蕭基、沈青峰、羅盤、廖受、謝三杯、吴斗、吕添、黄惡、林倣、張平、杜仲華、賴七、謝伍、黄蛟、廖險、陳港、陳用、周吉、蔡獅、曾彩、唐憨、王連、黄章、陳强、吴諒、盧禽獸、陳有才、陳添恩、王賽、范明、尤玉四十七犯均係被逼入夥，逃走被獲，並無戕官焚汛情事，應請比照謀叛被脅入夥，聞拏投首改發極邊足四千里充軍，例酌加一等，實發雲貴兩廣極邊烟瘴充軍。其訊未從逆而另犯另案及誣扳悞拏者共十六名分別省釋歸案另結。尚有供證未明與應留質認之犯十餘名，容俟臣等再行確訊，並嚴督在事文武將供出柯亭等各要犯按名指拏，仍不許擾及無辜，以仰副我皇上除莠安良之至意。至未獲股首僅止張成一犯，本係前此拏獲，後病斃戮尸之。張紅頭主使竪旗造反，暗與黄城等合謀攻破斗六門汛。嗣張紅頭以張彩五名字改充義民首，即先協獲莊文一、黄城解赴劉廷斌軍前正法，以掩其迹。兼爲張成庇獲；又向劉廷斌懇允捐修斗六門營汛，劉廷斌誤中其計，遂以義首張彩五協獲要犯具稟。經臣程祖洛查出，以一人而忽爲賊首，忽爲義首，前後稟詞矛盾，檄查未據稟覆，直至臣等渡臺後始行窮追得實。雖張紅頭業已就獲，而張成則被庇匿漏網。臣等現已責令劉廷斌親赴内山，督率兵弁實力搜拏，期在必獲，以絶根株。

再，臣程祖洛前經具奏，股首股夥僞軍師姓名係金門鎮總兵竇振彪，甫到鹿港時傳聞抄寄清單，其股首之大小與各犯姓名本未盡的實，今臣等查得單内所開小股首，續經訊係大股首者甚多，且有一人二名之犯，其單開未獲匪犯與劉廷斌原奏有名未獲各犯内尚有劉謀一名，即係已正法之劉邦頂乳名。又吴贅一名本名吴芮，即現獲吴腰之胞弟，係陳辦旗首，已被義民格傷身死。又，吴祀一名亦是陳辦旗首，據供已被剿殺。又，劉啓東一名，查明已被莊民格殺。又，吴有成一名，訊即現獲之吴歐先。吴棟一名，訊即現獲之吴廣，本名吴揀，訛寫棟字。又，吴菜一名，歷訊獲犯均不知其人，且恐係吴菜之訛，現仍于陳平、張佳，即張甲二犯一併飭緝。所有内地官兵擬即陸續撤回，以節靡費。除供招咨部外，臣等謹將第三次搜獲僞職餘匪審擬緣由會同恭摺具奏，並繕各犯姓名事由清單敬呈御覽，伏乞皇上聖鑒，敕部覈覆施行。謹奏。

[硃批]：刑部議奏。

六、署福州將軍瑚松額等奏摺：臺灣續獲南路焚搶亂民侯學生等犯審明擬辦

[道光十三年四月初三日]，臣瑚松額、臣程祖洛跪奏：爲續獲南路焚搶匪徒，審明擬辦，恭摺奏祈聖鑒事。

竊鳳山縣屬下淡水地方粤莊匪棍李受等，借端分類糾衆焚搶閩莊致斃多命。臣等抵臺後督飭提臣馬濟勝、臺灣道平慶，拏獲主謀首惡李受即李定觀，最要兇犯楊石老二等多名，解郡委員確審，根追夥黨，分飭嚴拏，並將李受等五十犯審明定擬，同查辦情形，恭摺奏報在案。嗣欽遵諭旨，飭令平慶回郡，復委查辦撫恤之興化府知府黄綬誥就近會辦。臣等伏查該處閩粤雜居，狃于分類之私，猝成焚殺之慘，自獲犯懲辦後各莊粤人頗知震懾，而數十里之中閩莊田地被粤人占種者不少，亦聞有閩人私種粤田。際兹早稻成熟，恐其索分强割，復起争端，當即出示諭令，各歸業户自行收租，一面委員會同地方官妥爲監護。臣等即以刈獲之有無争持，驗其仇怨之能否消釋；連日接據委員及該管知縣秉稱，各莊私種田禾遵示各歸本户，自收不敢侵奪，僅有熟番潘阿忙等數人因業户未歸私往收割，即經拏獲追還，兩籍民人咸知感服。所有歸莊難民搭寮蓋屋，多有向粤莊購買料物，並有粤人幫同工作，是現在情

形實已自知悔悟。惟臺地民情素好浮動，附和者類多，無知愚民未必盡由糾約，即平素安分及老弱無能者亦往往被脅隨行，事後即畏懼逃避，勢難悉數查拏，轉滋紛擾而助謀濟惡之棍徒。執械殺人之兇手必當專力嚴拏，按法懲治，庶可明彰國憲，力挽頽風。節經臣等札飭在事文武督率粵籍紳耆人等速拏正犯，勿事株連。兹據先後禀報，續獲要犯侯學生等五十五名，内有攻搶阿里港殺死一家三命之張阿二一犯，被獲時持刀拒捕，致斃屯丁一命，又另傷五人，該犯已被格傷，重訊認行兇未及解審，因傷身死。又内山番割劉番五一犯，係被已正法之楊石老二供指，曾帶生番攻搶阿里港，經提臣馬濟勝委弁訪知，該犯患病在家，馳往拏獲，業據該犯自認，帶番焚搶，解至鳳山縣城病故，分别飭驗。其侯學生等五十三名，據委員研審錄供，解勘前來。臣等會同親鞫，内侯學生即侯學仙，本係游棍，聽從已正法之李受商謀，糾衆攻搶閩莊，爲之卜課，定期作書邀人，又信知楊石老二等勾引生番肆行焚搶，慘殺多命，實屬同惡，相濟未便，因其未經同行，稍予寬貸。侯學生一犯，合依兇惡棍徒商謀，放火搶奪，照强盜律不分首從擬斬，仍照臺灣盜刦本例擬斬立決梟示。楊阿二即楊阿□二，攻搶阿里港，先後殺死閩人五命，並非一家，又擄奸洪姓婦人。塗壬伯先則聽糾攻搶阿里港，又與李受商謀糾衆攻搶嘉義縣屬嗗吧哰等莊，先後殺死閩人四命。邱瑞低、劉阿、彭四、古新春均攻搶阿猴等莊，各自殺死閩人三命，並非一家，邱瑞低又强奸婦女。楊㕦化頭、鄧蔡牽三、林阿胎、宋潑瀨、賴阿二均攻搶阿里港等莊，各自殺死閩人二命。陳阿正、吴□、吴于苓、高大憨、謝添來、陳新、桂三、吴阿三、潘阿忙、潘□、張湝低、邱泳成、徐巴四、邱阿九、陳斐延、吴召柏、鄧阿臺、蘇阿發各自攻搶，各斃一命，内吴□、吴于苓又輪姦婦女，高大憨又强擄鄭卓氏姦污。黄溜二攻搶阿里港，用箭射傷一人，不知生死，又擄王黄氏奸污。潘幅筭攻搶崁頂莊，用箭射傷二人，不知生死。謝繼淑、謝科生均攻搶萬丹莊，被獲時夥同拒捕致斃，總理一命，又另傷三人。以上三十一犯均屬兇惡不法，應依臺灣盜刦照洋盜例擬斬立决梟示。該犯等情罪重大，未便稽誅，臣等于審明後恭請王命，將侯學生等三十二名綁赴市曹處斬訖，並飭將罪應凌遲。已被格殺之張阿二，罪應斬決，因病身故之劉番五分別戮尸，併傳首懸竿示衆。又潘宗美、潘蔭生、李新通、胡洸義、葉假黎、郭阿晋、吴本汶、陳丙生、朱連二、羅阿狗、邱阿二、宋連低、廖阿□、黄新、沅三、李癸生、黄壠豐等十六犯，聽糾攻搶，止在莊外接贜一次，均合依强盜情有可原，免死發遣例擬發新疆給官兵爲奴；游阿二、黄阿三二犯，聽糾接贜一次，並未傷人，聞拏投首，例應减等擬徒。鄧庭雲、張阿狗二犯，聽糾攻搶犁頭鏢莊，因已搬空，並未得財，亦未傷人，例應照强盜未得財爲從擬流。惟該四犯均係焚搶殺人案内從犯，應仍依臺灣無籍游民獷悍不法，本例犯該徒流。以上者照棍徒生事擾害例，擬發極邊足四千里充軍。黎烏隴一犯，平日慣作詞狀，此次圖得李受雇資，代爲寫信，糾人攻搶，亦屬不法，惟究非同謀，又未同行，自應衡情定罪，應照臺灣無籍游民獷悍不法，情罪較重者改發雲貴兩廣極邊烟瘴充軍。例擬發雲貴兩廣極邊烟瘴地方充軍，分别刺字。所有未獲各犯現仍督飭上緊跟拏務獲，按律究辦。並飭地方官力行清莊之法，責令各莊總理、董事將實在焚搶匪棍自行綑送，以除强暴而安善良。其餘老弱無知脅從附和之徒妥爲安插，責成總董嚴行約束，以免滋事。至北路淡水、彰化兩廳縣已據報獲焚搶案犯一百餘名，容臣等督飭審明，分别擬辦，另行奏結。除供招咨部外，謹將續獲南路焚搶匪徒會同審辦緣由恭摺具奏，並繕録各犯姓名，摘叙事由，開單敬呈御覽，伏乞皇上聖鑒，敕部覈覆施行。謹奏。

[硃批]：刑部議奏。

七、署福州將軍瑚松額等奏摺：臺灣第四次搜獲逆案僞職亂民柯亭

等會同審擬

[道光十三年四月二十日]，臣瑚松額、臣程祖洛跪奏：爲第四次搜獲逆案僞職餘匪會同審擬，恭摺奏祈聖鑒事。

竊臺匪滋事案内，臣等渡臺後督飭文武官紳搜獲餘匪二百五十八名，當將審定之王奉等五十九名，吴允等七十二名，徐曜等七十五名，並歸另案審辦，及省釋者共三十八名，分别辦結緣由三次奏報，並聲明責令劉廷斌親赴内山搜拏逸犯張成等，務獲在案。臣等于拜摺後復思此次辦理清莊捕匪已及兩月，腹里地方均就肅清，應即併力專搜内山，俾無遁迹。隨密飭在事文武會督兵勇屯番，先將各處隘口嚴密把守，再行分投入山，在于民番交界向無人居之處自南至北分巡會哨，實力搜拏，借以懾服生番，使之不敢越界滋事。連日以來，據各該文武兵勇先後搜獲張丙之僞軍師柯亭，蔡恭之僞先鋒張闖，黄城之僞先鋒林和尚，僞斗六門縣丞黄雖菜逆信内有名之蔡靈，暨餘孽楊添等六十餘犯，並獲前失斗六門縣丞關防及在浮土内挖獲埋藏搶失槍炮器械，解送到郡，臣等督飭委員隔别研訊。兹據將審明之柯亭等四十九犯錄供解勘前來，臣等會同提鞫，内柯亭係張丙僞軍師，爲張丙所信任，同謀不軌皆其詭計。張闖係蔡恭僞先鋒，糾衆入夥，圖謀窺伺府城，截搶火藥，戕殺多兵。蔡靈爲蔡恭主持一切，專管賊糧，代寫逆信。黄雖菜隨同黄城攻破斗六門汛，下手戕害弁兵，搶獲縣丞關防，僞稱斗六門縣丞。林和尚係黄城僞先鋒，在斗六門殺兵五人，婦女一人。楊添、餘南、林月、沈雅、蕭厚、蕭添井均係黄城旗首，同破斗六門汛，各殺兵一二人，又或曾拒敵官兵。魏泰山係吴扁旗首，拒敵官兵，殺兵二人。吴水本係釋回盜犯，輒敢投充方旺旗脚，隨同攻打鳳山縣城，拒敵官兵。以上十三犯均屬罪大惡極，内沈雅、蕭厚、蕭添井三犯尚有夥刦盧秉忠家入室搜贓，拒傷事主一案罪止斬梟，應從重歸于此案，與柯亭等一併照謀反大逆律凌遲處死。又劉助、張池、蔡謀、王當束、劉長、林眉、謝旺、鄭和尚、吴山、詹壬甲、史茂陞、張番婆、林川、蔡喜、賴擺、齊林挺十六犯均係各股逆首旗脚，或代寫逆信，或攻城拒敵，並未傷人。内鄭和尚一犯亦係事主盧秉忠案内把風夥盜，罪止擬遣，應從重歸于此案，與劉助等一併比照謀叛律擬斬立决。該犯等情罪重大，未便稽誅，臣等于審明後即恭請王命，將柯亭等十三犯，劉助等十六犯一併綁赴市曹，分别淩遲斬决，梟首示衆。又吴番江、王幅、林吾、陳江、林有三、高山、張桃如、張潭、邱朱、林水源、蕭丙爐、劉時洸、林獅、張幗、張丙嵩、陳匏、陳保、王旺、蕭添符、王添體二十犯均係被脅入夥，逃走被獲，並無戕官焚汛攻城打仗情事，應請比照謀叛被脅入夥，聞拏投首，改發極邊足四千里充軍，例酌加一等，實發雲貴兩廣極邊烟瘴充軍。其訊未從逆而另犯别案及誣扳者共十三名，分别省釋歸案另結，尚有供證未明與應留質認之犯十餘名，臣等伏查此案餘匪未獲兇要各犯不過數名，仍應搜除淨盡，以絶根株。即逃弁許荆山雖非逆犯可比，亦應名正典刑，以昭懲創。現在全臺民情均極帖服，各莊總董人等經臣等屢次遵旨出示曉諭，咸深感戴，無不視惡如仇，遇有曾經助逆之犯潛入，其莊皆知自行綑送。臣等現仍檄飭文武各官，協同劉廷斌督率兵勇于山海各要隘分布眼綫，嚴密□緝，期在必獲，斷不敢稍爲鬆勁，以仰副聖主諄諄告誡之至意。除供招咨部外，謹將第四次搜獲逆匪會同審擬緣由恭摺具奏，並繕各犯姓名事由清單，敬呈御覽，伏乞皇上聖鑒，敕部覈覆施行。謹奏。

[硃批]：刑部議奏。

八、署福州將軍瑚松額等奏摺：臺灣拏獲南路勾番焚搶亂民並夥黨鍾阿妹等分别審擬

[道光十三年四月二十日]，臣瑚松額、臣程祖洛跪奏：爲拏獲南路勾番焚搶兇匪並夥黨多名，分别審明擬辦，恭摺奏祈聖鑒事。

竊鳳山縣下淡水地方粵莊匪棍焚搶閩莊一案，臣等先後督飭提臣馬濟勝，臺灣道平慶等拏獲主謀糾衆之李受勾番焚搶之楊石老二，及兇手夥黨一百餘名審明定擬，兩次恭摺奏報在案。臣等查該處粤人依山築室，在與生番地界毘連，熟番亦多錯處其間。南路生番素性柔弱，若無漢奸熟番爲之勾誘，原不敢出山滋擾。此次閩莊被害情形，以阿里港爲最。該處爲閩莊貿易輻輳之所，當分類之初，附近閩人遷移歸併，協力固守，李受探知其事，遂令熟悉内山，俗名番割之楊石老二等勾出生番幫同攻搶，番以弋獵爲生，披髪文身，長于槍箭。閩人見之紛紛潰逃，遂致焚搶一空，慘斃多命，自應乘此兵力將此等勾番兇匪嚴拏懲辦，以除地方之害。是以臣等督飭委員于審訊時先行究出番割鐘阿妹等姓名年貌，密飭拏辦，因各犯藉有生番窩庇逃入内山，路徑險仄，草深樹密，又不宜輕入搜拏，一則恐損兵威，一則恐啓番釁。復經派委妥員帶領屯弁通事土目人等，並募得略通番語之人作爲向導前往曉諭，給以賞賚，令其自行綑送。而番性蠢愚，又極恇怯，遷延多日觀望不交，若不設法搜捡，恐致兇徒漏網。又經嚴飭在事文武相機進捕，該委員興化府知府黄綬誥督飭惠安縣知縣婁雲，會同鳳山縣知縣徐必觀，興化營千總廖起榮探明路徑，酌帶兵勇駐紮山口彈壓，督令屯弁人等入山搜拏。詎兇番真滿賽等膽敢持槍出山拒敵，該員等隨令兵勇開放槍炮，殲斃生番十餘人。番頭目肉□等畏懼，趕至伏地哀求，隨同在藉主事黄驤雲等將鐘阿妹、江阿七、加禮水等先後綑獻，又將潘媽和、陳謀獅撵逐出山，經平海縣丞王崇儒督同屯外委潘仙英捡獲，又督飭通事潘明等在山邊拏獲潘磬源一名，該員等復向番頭目肉□等查訊逃犯下落。據通事譯供，該番等素懾天威，自來不敢滋事，此次真滿賽等係被番割勾引出山。復敢逞兇拒捕，死由自取，以後約束番衆斷不敢容匿漢奸出山滋擾，如有逃犯入山，即行綑送等語。隨賞以猪牛酒布等物，令其歸社約束衆番，該頭目帶領番衆北向叩頭，察看番情實已畏服。臣等接禀後即飭委員將解到之鐘阿妹等隔别研訊僉供，伊等所帶兇番已大半被官兵格殺，頭目肉□

等已將真滿賽等首級懸挂隘口示衆。旋據黄綬誥來郡面禀情形無异，又據先後報獲兇手夥犯謝假黎四十餘名，飭據委員將現已審明之鐘阿妹等四十五犯錄供解勘前來，臣等會同親鞫。内鐘阿妹一犯係内山著名番割娶生番女爲妻，夥同已獲正法之楊石老二勾帶生番攻搶阿里港。該犯先在莊外用箭射死閩人二命，入莊放火搜刦，喝令生番銀木黨殺死一家三命，自又用刀殺死一家二命。銀木黨亦被閩人銃傷扶回内山，次日殞命。潘媽和即連媽和一犯，本係熟番，亦爲内山番割，與現獲之陳謀獅另自勾帶生番四名往攻阿里港，該犯先在莊外用鏢戳死閩人三命，入莊放火搜刦，用刀殺死一家婦女幼孩三命，其所帶生番在莊内殺死男女幼孩七命，内生番阿哈哩没等三名因持槍拒捕已被官兵格殺，惟阿爾眼一名逃往山後未獲。潘磐源一犯係熟番，娶生番女爲妻，遂爲内山番割，獨自勾帶生番三名同搶阿里港。該犯先在莊口用鏢戳死閩人二命，又同生番麻立、焚穀殺死一家男婦四命，又另殺鄰家婦人一命，刦得衣錢等物，其所帶生番又在街殺死四五人。麻立、焚穀二名旋被閩人銃斃，該犯與人保逃入内山將該犯拏獲。以上三犯勾番焚搶，慘斃多命，實屬行同叛亂，罪不容誅，均各依殺一家三人者凌遲處死律凌遲處死。陳謀獅一犯本係生番女所生，熟悉内山，聽從潘媽和勾番攻搶阿里港，該犯在莊外街内先後殺死男婦四命，並非一家。江阿七一犯隨同楊石老二等攻搶阿里港，殺死閩人二命，逃入内山被獲。加禮水一犯係生番女所生，自帶生番四名往攻阿里港，該犯用鏢戳死閩人二命，放火搶刦，所帶生番内零留一名，已因拒捕被官兵格殺。阿勞木一名病故，尚有二名逃往山後未獲。以上三犯或殺四命，而非一家。或止殺二命，均屬兇惡不法，其聽從攻搶之謝假黎、尤阿扶各據供認，致死閩人二命，放火刦物。林連三、徐春、魁二、劉阿瀊、謝旺生、鐘假、黎潘生、朱阿泉、許九仔、陳阿武各認致死閩人一命，均刦得衣物。廖阿五開放竹銃，不知有無傷人，又放火搶刦。黄添賜、潘爲均弓箭傷人，不知生死。熊阿六用鏢戳傷一人，不知生死，各自搶得畜物。以上十五犯與陳謀獅、江阿七、加禮水三犯均合依臺灣盜刦本例，擬斬立决梟示。該犯等情罪重大，未便稽誅，臣等于審明後恭請王命，將鐘阿妹等二十一名綁赴市曹，分别凌遲處斬，仍傳首犯事地方，懸竿示衆，以昭炯戒。飭查鐘阿妹、潘媽和、潘磐源三犯妻子財産，照例辦理。又吴連生、劉起籠、鐘得春、張磐華、謝和尚、李恩德、陳阿富、鐘番婆、陳得意、陳盛沅、潘老、潘籠術、黄妹哥、黄崇、陳大頭、羅阿昭、曹阿良等十七犯聽究攻搶，止在莊外接贓一次，均合依强盜情有可原，免死發遣例擬發新疆給官兵爲奴。楊汶華、謝潑三聽究接贓一次，並未傷人，聞拏投首，例應减等擬徒。吴天觀、謝阿狗、潘□腰、陳阿成、陳烏厄聽究攻搶，未得財亦未傷人，例應照强盜未得財爲從例擬流。惟該七犯均係焚搶殺人案内從犯，應仍依臺灣無籍游民獷悍不法本例犯該徒流。以上者照棍徒生事擾害例擬發極邊足四千里充軍，照例分别刺字。此案滋事兇番業經格斃多名，又將著名番割弋獲懲辦。該處民番固已咸知震慴，惟山徑叢雜，可以通番出入不止大路關至山猪門一路，現經檄飭該管營縣確勘情形在于要隘處所設屯巡防，以資稽察。又傍山一帶居民往往謀娶番婦，借以往來内山勾番漁利，致滋事端定例民番結親，罪止杖一百未免法輕易犯，統容臣程祖洛歸于善後事宜案内分别妥議具奏。至焚搶匪徒已先後弋獲一百六十餘名，日來又有續據報獲之犯，另容審明奏結。現在逸犯已屬無多，該處情形亦無須多用兵勇，業經陸續酌撤，並將未獲逸犯責成地方文武確探踪迹勒拏，務獲究辦，以淨根株，不得徒事海捕，擾及無辜。除供招咨部外，謹將拏獲著名番割及焚搶夥犯會同審辦緣由，恭摺具奏，並繕録各犯姓名，摘叙事由，開單敬呈御覽，伏乞皇上聖鑒，敕部覈覆施行。謹奏。

[硃批]：刑部議奏。

九、署福州將軍瑚松額等奏片：臺灣亂民已就肅清嚴緝歹首張成

[道光十三年四月二十日]，再，新任臺灣鎮總兵張琴渡臺後正當搜捕餘孽，拏辦粵匪吃緊之際，大兵未撤，劉廷斌未便交卸起程，當經臣等委令張琴充當翼長綜覈一切事務，附片奏明在案。

玆查餘孽已就肅清，未獲者僅止張成等數名。南北兩路粵匪亦皆辦有頭緒，大兵陸續凱撤，自應飭令張琴接印任事，乘臣等尚未内渡，將臺灣營務積弊逐一剔釐，酌定章程，由臣等就近覈明熟商飭辦，俾臻妥洽。至劉廷斌卸事後，臣等仍責令緝拿股首張成，逃弁許荆山務期必獲，並飭恭候諭旨遵行，除分别檄飭外，理合附片陳明，伏乞聖鑒。謹奏。

[硃批]：另有旨。

一〇、署福州將軍瑚松額等奏摺：臺灣第五次搜獲戕官從逆各犯張甲等會審分別定擬

[道光十三年五月初八日]，臣瑚松額、臣程祖洛跪奏：爲第五次搜獲戕官從逆各犯會同審明，分别定擬，恭摺奏祈聖鑒事。

竊臺匪滋事案内，臣等于渡臺後督飭文武官紳搜獲股首餘匪三百十九名，當將審定之王奉等二百五十五名，並另案審辦及省釋者五十一名分别辦結緣由四次奏報在案。臣等伏查臺灣地廣山深，藏奸最易，現在腹里雖已肅清，内山亦經嚴行搜捕，而原查有名之張佳等既未就捡，續經究出之張成等亦無踪迹，必有深林密箐爲官兵所搜尋不到之處潛藏偷息，且恐尚有兇要各犯無從究得姓名者，若不芟除盡淨，何以仰副高深。溯查從前朱一貴、林爽文等案内餘匪無不窮搜冥索，此拏彼竄者。此案臣等初到之時，詢之文武，鞫以犯供，僅知餘匪不過百餘名，自無難于弋獲。乃三月以來，根追澈究，雖經懲辦二百餘犯，而遺孽猶有未淨，因嚴督在事文武各官，帶同熟識内山之屯番弁丁通事傳諭

生番，賞以花紅羊酒，令其協力搜捡。去後各該員弁兵勇均能不避險阻，不顧瘴厲，深入窮谷，陸續搜獲下手戕害縣丞方振聲之張甲，即張佳及僞先鋒陳幗泰等二十餘名，並據陣亡護副將周承恩之子、臺灣水師協鏢中營額外周向辰，搜獲幫同戕害周承恩之李英一名，解送到郡，隨督飭委員隔别研訊，據將審明之張甲等三十三犯供錄解勘前來，臣等會同提鞫。内張甲爲張紅頭主持賊營事務商令，張成出名勾結黄城攻破斗六門汛，下手戕害縣丞方振聲，並殺兵一人。陳幗泰係黄城僞先鋒，攻破斗六門汛，殺兵二人，又曾與粤莊互鬭。李英係業斬旗首，幫同劉仲等戕害護副將周承恩，又先後圍攻嘉義縣城三次；吴典係張丙旗首，圍攻嘉義縣城二次，在茅港尾拒敵官兵一次；趙養係許成僞先鋒，攻打鳳山縣竹圍一次，在阿公店拒敵官兵一次，殺死義民一人。以上五犯均屬罪大惡極；内吴典一犯，尚有夥刦嘉義縣事主王忠家入室搜贜，拒傷事主一案，又夥刦嘉義縣事主鄭泮水家把風一案，罪止斬梟。趙養一犯，尚有夥刦臺灣縣事主洪坤家在外把風一案，罪止擬遣，均應從重歸于此案，與張甲等一併照謀反大逆律凌遲處死，查明家屬財産另行辦理；又鄭老、蘇牛、張鰍、陳水定、王香、陳無牙泉、洪敲七犯，均係各股逆首旗脚，隨同攻城拒敵，並未傷人，應請比照謀叛律擬斬立决。各該犯情罪重大，未便稽誅，臣等于審明後即恭請王命，將張甲等五犯、鄭老等七犯一併綁赴市曹，分别凌遲斬决，梟首示衆。又蘇江、黄溪、陳發、餘牛、吴求、魏乙、趙啓泰、石讃寺、林明番、張番鴨、王番、陳焰、游生、陳經、湯例、林傳、蔡凛、陳海能、陳添寅、陳狗、黄通二十一犯均係被脅入夥，逃走被獲，並無戕官焚汛攻城打仗情事，應請比照謀叛被脅入夥，聞拏投首，改發極邊足四千里充軍，例酌加一等，實發雲貴兩廣極邊烟瘴充軍，其被誣悮拏者二犯訊明省釋，現在供證未明之犯僅止四名，尚須覆鞫另結。再日來緝匪之各員弁等報獲較稀，自係伏莽無多，尅日可期完竣，惟張成、黄七一二要犯及逃弁許荆山現仍跟□□□□□，期于必獲。此外，如尚有究出兇要之犯，亦即隨時勒緝，以絶根株，統容臣等另摺奏報。除供招咨部外，謹將第五次搜獲戕官從逆各犯，會同審明定擬緣由恭摺具奏，並繕各犯姓名事由清單，敬呈御覽，伏乞皇上聖鑒，敕部覈覆施行。謹奏。

[硃批]：刑部議奏，單併發。

一一、署福州將軍瑚松額等奏摺：臺灣南路粵亂民查辦完竣續獲番割兇犯邱番三

[道光十三年五月初八日]，臣瑚松額、臣程祖洛跪奏：爲南路粵匪查辦完竣審將續獲番割兇犯，並縱容滋事之各粵莊總理分別定擬，恭摺奏祈聖鑒事。

竊鳳山縣粵莊匪棍焚搶閩莊殘殺多命，節經臣等督飭提臣馬濟勝及在事文武帶同粵籍紳士屯弁人等先後拏獲首夥各犯，並弋獲内山番割多名，分別審辦三次奏報在案。臣等查焚殺之慘莫甚于生番此案，帶番殺人之楊石老二、劉番五、鐘阿妹、潘媽和、潘磬源、陳謀獅、加禮水等雖已悉數捕誅，尚有李受供出勾謀之番割邱番三，即邱焕三一名實爲最要兇犯，節經嚴飭購綫搜拏。兹據委員興化府知府黄綏詰派令惠安縣知縣婁雲候補布政司，經歷俞益帶同在籍主事黄驤雲，並粵莊生監郭清等探明踪迹，酌帶屯丁役勇直抵番社，諭令番頭目自行綑獻。該頭目囉目頗知畏懼，即將邱番三生捡綑送出山，並有與邱番三同逃内山之塗假黎亦係焚搶兇犯，被生番截拏格傷斃命，將尸擡驗。又陸續報獲兇手夥犯多名，一併押解來郡。兹據委員將邱番三等四十七犯同前獲被控主謀之已革舉人曾偉中一名盤獲被控，欲訴未及遞禀之已革外委賴連淑一名，並查傳不能約束莊衆之總理貢生林綸輝等四名，審明錄供，解勘前來。臣等會同親鞫，據邱番三即邱焕三供認，先于嘉慶十五年間，聽從已正法之黄萬幅等焚搶四十份莊逃入内山，蓄髮爲番，充作番割。此次聽從李受勾帶生番攻搶阿里港，該犯唱同生番浮嘮□□□殺死閩人一家四命，又自殺一命，放火刦物逃回内山被獲，並據供明現在南路内山已無番割，其聽糾焚搶下手殺人之趙添喜等，弓箭傷人之楊阿旺、潘麥籠，叠次放火搶刦之紀阿虎及餘犯李成等，均各供認不諱。提訊已革舉人曾偉中供認，聽從李受糾衆守莊，從中取利，後李受起意攻打閩莊，該犯亦先允從，因見匪徒焚搶畏懼退避。已革外委賴連淑供認，請領府諭雇募粵莊義勇，騙用盤費番銀，並未親往粵莊，實無在場同謀焚搶情事。已革貢生林綸輝，生員李壇、林謙受、黎應揚係各莊總理，均據供認聽從李受糾人派穀，其餘匪徒焚搶實未同謀分贓，均覈與前訊李受供詞相符。臣等以此案粵莊糾集多人，閩莊慘殺多命，案情重大，主謀恐不止一人。曾偉中既先與李受同謀，據供因見焚搶即行辭退，顯係有心避就。至賴連淑一犯，前領府諭並不親往，供情已屬可疑，且查該犯于本年正月遞府禀詞，借以條陳爲由，陰爲粵人飾訴，其繕就欲遞。臣程祖洛行署一禀，自言同李受等防護賊匪，並有率各莊義勇往港拏賊之語。詳查上年逆賊許成等並未滋擾阿里港，是其指閩爲賊，親往粵莊與李受同謀，已有禀據，復向各犯逐層究詰。據曾偉中堅供，伊先與李受同謀守莊，曾制一木戳，上刊李曾兩姓，以爲傳人之據，嗣見所糾之人乘機焚搶，不能禁阻，即自將曾字鎸去，畏避回家不與其事，是以李首糾搶時所寄各莊書信印戳内已無曾字，確有可憑質之。先後獲犯僉稱，木戳内先係李曾並列，後則但有李字而無曾字，亦未見曾偉中出頭邀衆，指使焚搶屬實。又據賴連淑供稱，伊往家郡城實未前往粵莊，因從前蔡牽案内曾獲賊立功，此次復思僥幸。本年正月間因見首犯李受尚在，奉官交人，諒可無罪，伊即自具禀詞剖訴被控情節，詭言曾與李受糾衆前往阿里港拏賊，希圖討好見功，並可爲粵人脱罪，實係一時糊塗所致，此禀未及投遞，即被盤獲。如果曾與李受同謀攻搶焉，肯自行寫禀致取敗露。質訊歷獲各犯，均未見賴連淑到過粵莊，即各莊總理林綸輝等亦代爲剖辯甚力。復查從前審訊李受時曾據供稱，賴連淑向來言語不實，伊故不與之商謀等語，是曾偉中雖經同謀于前，旋即畏避于後。賴連淑之飾稟妄訴，止圖見功邀賞，兼脱粤人重罪，均尚可信，嚴詰再三，似無遁飾。此案邱番三即邱煥三，本係積年逸盜，復敢勾番焚搶，慘斃一家四命，又自殺一命，兇殘已極。合依殺一家三人者凌遲處死律凌遲處死。聽從攻搶之趙添喜先後殺斃閩人四命，謝庭虎先後殺斃閩人三命，均非一家。塗阿長、林阿韋各斃二命。戴阿五、黄春五、黄春七、尤阿現、陳阿□、陳阿冽、李賜登、鐘學生、尤阿英各斃一命，各自焚搶得財。楊阿旺用箭射傷一人，放火搶物。潘麥籠箭傷二人，搶得穀物。紀阿虎叠次放火攻刦。以上十六犯均合依臺灣盜刦例擬斬立决梟示。該犯等情罪重大，未便稽誅，臣等于審明後恭請王命，將邱番三等十七名綁赴市曹，分别凌遲處斬，仍將已被格殺之兇犯塗假黎戮尸，一併傳首示衆。飭查邱番三有無財産，照例辦理。又李成、曾才三、紀阿氐、沈阿漳、陳狗生、潘□蘭、江阿二、潘歪、歐有義、潘大、烏番、潘勇、潘五菘、紀金生、紀波、紀阿致、紀章傳、王阿振等十七犯聽糾攻莊，止在莊外接贜一次，均合依强盜情有可原例免死，發遣新疆給官兵爲奴。陳厚鎮一犯聽糾攻莊，在莊外接贜一次，聞拏投首，例應减等，擬徒陳阿皆、徐文英、吴後、潘小、烏番、陳碌、紀阿水、曾諒、蔡戴、張章、黄阿烏、邱矮二、紀牛等十二犯夥搶未得財，亦未傷人，例應照强盜未得財爲從擬流，惟係焚搶案内從犯，應與陳厚鎮均仍依臺灣無籍游民，獷悍不法本例犯該徒流，以上者照棍徒生事擾害例擬發極邊足四千里充軍，照例分别刺字。已革舉人曾偉中聽從李受糾衆守莊，歛派銀錢米穀，從中取利，已屬不知自愛。迨李受起意攻莊，該犯先已允從，即屬有心濟惡，嗣因莊衆焚搶不能禁阻，自行鎸去木戳曾字，辭避不管，尚知畏法。已革外委賴連淑請領府諭招募義勇，並不親身前往，騙用盤費番銀；迨李受滋事後轉爲兇徒，辯訴朦脱多人重罪，又自繕稟詞詭言赴莊殺賊，冀欲張揚閩人賊勢，掩飾粤莊兇情，兼圖討好見功，尤爲險毒狡詐，未便以其訊，未同謀焚搶，稍從寬貸。已革貢生林綸輝，已革生員李壇、林謙受、黎應揚均係粤莊總理，訊未同謀攻莊，事後又幫同綑送兇匪，惟于李受糾人派穀守莊，不知慮禍阻止，轉聽從各出莊衆穀石，迨至焚搶事發既不能以力約束，又不自行首告，若不嚴懲總理之罪，實無以過分類之端。以上六犯均應于李受本犯斬罪上減一等，仍請比照臺灣無籍游民犯該徒流。以上情罪較重者改發雲貴兩廣極邊烟瘴充軍例擬發雲貴兩廣極邊烟瘴充軍，照例分别刺字。至在籍丁憂主事黄驤雲，當上年十月粤莊滋事之時，正在郡城主講書院，並未回鄉。經臺灣道平慶札諭，粤莊頭人即令該員加信傳諭約束子弟，不許出莊滋事。前據委員追出原信，並揭到粤莊傳鈔之信，皆係力勸粤人不可焚害閩莊語句。乃閩籍被害難民聞其寄信回鄉，即疑有串謀情事，紛紛指控，並將其癱廢多年之胞叔監生黄四即黄英泰，讀書安分之胞姪黄德榮一併牽告，現經該員黄驤雲于臣等到臺時急欲自明心迹，願以妻子爲質，隨同文武帶領伊姪黄德榮親赴各莊訪緝兇棍，獲交要犯多名，洵屬急公出力，亦足以釋疑弭謗。臣等復提驗黄四兩足實係癱廢，又先後向拏獲各犯逐一究問，僉供黄驤雲一家叔姪閉門安業，從不干預外事，應即一併省釋，所有控詞失實之難民概免提究，以省紛擾。此案拏獲並格殺計民番各犯共二百十餘名，均經審辦完結；未獲餘犯已屬無多，仍飭該管營縣加意偵緝，如臣等起程之後，續有報獲，照例由臺灣道審明辦理。現在粤莊民情咸知震懾，閩人亦俱平憤息争。據兩籍紳耆各具約束子弟，不致再啓釁端，切結禀經委員呈送，覈其情詞甚爲懇切，似出自悔心之萌。臣等仍遵諭旨，剴切出示，反覆開導，曉以利害，勵其廉耻，勉以敦睦，泯其嫌疑。一面檄飭地方官力行清莊之法，務使匪徒無從托足，良善得以自全，並責成各莊總董，嗣後如有匪徒滋事，即將該總董一併治罪，以期仰副聖主丕冒海隅，久安長治之至意。起獲槍械兇器四百餘件，分别貯庫銷毁。除供招咨部外，合將南路焚搶查辦完竣緣由，謹合詞恭摺具奏，並繕録各犯事由清單，恭呈御覽，伏乞皇上聖鑒訓示，敕部覈覆施行。謹奏。

[硃批]：刑部議奏。單併發。

一二、署福州將軍瑚松額等奏片：臺灣亂民肅清謹即進京復命

[道光十三年五月二十一日]，再，奴才瑚松額抵臺後恪遵皇上指授機宜，勉策駑駘，詳慎查辦。當與督臣程祖洛提逆首張丙等悉心研訊，究出同惡相濟之賊目甚多。及查淡水、鳳山、彰化等廳縣焚搶械鬬兇犯尚未獲案，難民亦未歸莊，復經示以賞罰，兼施勸懲並用之法，督飭催辦，俾使善有所勸，惡有所儆，以冀長治久安之策。現已仰賴皇上鴻福，文武奮興，紳耆義勇等亦各向義，急公擒渠翦黨，拏獲三百餘犯，盡數懲辦，除被脅歸莊之人遵旨不得妄拏以免擾纍外，僅有未獲股首張成、黄七及零星匪徒亦不過數名。現有督臣程祖洛在臺籌辦善後事宜，可以隨時飭捕辦理。奴才一面查取各廳縣轉飭總董出具並無容匪切結，不使再萌滋孽，貽患將來。至淡水等各廳縣焚搶械鬬之犯，亦經飭獲首從三百餘名，均各分别盡法懲治。此時全臺居民各歸各莊，安堵如常。地方一律肅清，大兵亦陸續配渡回撤歸營，以節糜費，足以仰紓聖廑，所有節次欽奉上諭飭查事件，並叠經拏獲股首餘匪等犯，業與督臣程祖洛逐一奏報在案。奴才差使完竣，不敢濡滯，現擬拜摺後即往嘉彰一帶巡查，察看並取道鹿仔港内渡，馳抵省城，約計福州將軍到任尚需時日，新任副都統自可到任，其閩海關税務現既經撫臣魏元烺兼管將軍印信，盡可照例即交副都統張仙保暫署。奴才謹即進京復命，恭繳欽差關防，並抒犬馬依戀之忱，敬附片謹奏，伏乞皇上聖鑒。謹奏。

[硃批]：另有旨。

一三、署福州將軍瑚松額等奏摺：臺灣第六次續獲天地會審辦完結將應行緣坐人等擬結

[道光十三年五月二十一日]，臣瑚松額、臣程祖洛跪奏：爲第六次續獲餘匪審辦完竣，並將應行緣坐人等一併掃數擬結，恭摺奏祈聖鑒事。

竊臣等督緝逆案股首餘匪，業將審定之王奉等二百八十八名，並另案審辦及省釋者五十三名，分別辦結緣由五次奏報在案。臣等仍督飭文武員弁再行竭力搜捕，不敢以近日獲犯寥寥稍涉大意。隨據各該員弁督率兵勇先後報獲餘匪蘇定等二十五名，並據審案委員先于鞫訊，犯供内究出張丙尚有子張鬰，暨分居胞弟張狗，稟經臣等飭緝，張狗聞拏情急帶同張鬰，即張垂及孫惡之兄孫晏先後投首到案。兹據委員將蘇定等同前獲應行緣坐之詹經、蔡汪、林吉、許本四犯，並起釁案内牽涉之張阿凛、吴贊等一併訊明録供，解勘前來。臣等提訊無异。查蘇定係張丙旗首，在大排竹追拒官兵，戕害武弁兵丁各一人，屢次攻城拒敵。邱奇係劉邦頂旗首，在嘉義城外拒敵官兵，戕害武弁一人。俞武係洪番仔僞軍師，同謀反逆。柯潭係許成僞副先鋒，屢次攻打鳳山竹圍，拒敵官兵。以上四犯均請照謀反律凌遲處死。葉海、何泉、洪山、陳軍、陳振均係各股首旗脚，隨同攻城拒敵，應請比照謀叛律擬斬立决。該犯等情罪重大，未便稽誅，臣等于審明後即恭請王命，將蘇定等四犯，何泉等五犯綁赴市曹分别凌遲斬决，傳首梟示。黄固、陳什、楊連、吴紅、簡保、黄進旺、陳富、陳朱、蘇章、賴雨水、林佳成、蘇貴、吴壯夫均係被脅入夥，旋即逃走，並無戕官焚汛攻城打仗情事。吴壯夫聞拏投首，應請比照叛案逼脅投首擬軍例改發極邊足四千里充軍。黄固等十二犯係屬拏獲，應酌加一等，均實發雲貴兩廣極邊烟瘴充軍。張垂係逆首張丙之子，張狗係張丙之胞弟，詹經係詹通之父，蔡汪係蔡恭之父，許本係許六之子，孫晏係僞先鋒孫惡之胞兄，均應照反逆緣坐，男犯年十六歲以上例發極邊足四千里充軍。張垂、張狗、孫晏均聞拏投首，但係首逆

與戕官兇犯之家屬，應不准其減等。詹經、蔡汪業已病故，應毋庸議。張垂年止十一歲，解交省城照例牢固監禁，俟成丁時再行改發。又，林吉一犯係照謀叛律斬梟之。林必仔、林淙保胞弟合依叛案緣坐例改發極邊足四千里充軍。吴菜雖經訊明，實未從逆，惟隨同陳辦攻雙溪口粵莊未破，復幫攻埔姜崙莊，聞拏先逃，未經得財，按强盜已行未得財爲從例罪應滿流。張阿凛本係被搶事主，既經控縣，復因陳辦聞拏逃逸，焚其房屋，並誤牽陳實牛隻作抵；迨陳文和等説贖不允，以致陳辦借口攻莊；張阿凛復糾衆回攻，即使張丙等並不乘機作亂，已成分類之勢，未便因其被賊滋擾稍從未減，應與吴菜均請照臺灣無籍游民獷悍不法犯該徒罪。以上者照棍徒生事擾害例發極邊足四千里充軍，與黄固等分別定地發配，照例刺字，其餘隨同牽牛攻莊之人被賊戕害者業已不少。現在人心甫定，復業未幾，應請一概免其深求，責成總董嚴加約束，如再滋事惟總董是問。陳故誤檢張阿凛芋葉，並非竊取。陳實被牽牛隻托陳文和向張阿凛説贖未允，並無不合。陳故、陳實、陳文和與陳辦僅止同族，並無服制，均應免議。生員吴贊即吴化育于張丙等滋事後曾雇募義勇協守嘉義，並捐助賞需番銀二千圓，本可錄叙微勞，惟以生員代人包送米石被搶並不確切，查明搶犯輒將張丙一併牽控激成事端，實爲此案肇釁之人，應即革去生員，從寬免再置議。訊明誤拏者六名即行省釋，再奏案内有名匪犯尚有陳平一名未獲，兹查陳平即陳得平，先曾隨同黄城攻打斗六門汛，嗣經彰化縣李廷壁于逆匪猖獗之時，設法解散賊夥，招徠投誠。該犯與曾經投充黄城旗首之簡象先後投明鄉耆，稟充義勇，隨官防緝。陳平獲犯陳連等八名，簡象獲犯蕭添井等六名，均甚出力。該二犯並無戕官焚汛重情，應請與提臣馬濟勝奏明。投誠省釋之蘇港均請免其治罪，予以自新，仍交地方官，責令總董具結保領，嚴加約束，如再有犯罪，應杖者即照臺灣游民例擬以充軍，犯至徒罪以上即行正法，結保之總董徇庇不首，與犯人同罪。現在漏網要犯僅止張成、黄七二名，仍飭所屬文武嚴密躧捕，隨獲隨辦，並飭取各莊總董，不敢藏匿要逆甘結，如有逆匪入莊即行綑送。業據陸續取到民氣綏謐，全臺肅清，除供招咨部外，臣等謹將第六次獲犯掃數辦結緣由，會同恭摺具奏，並繕錄犯名事由清單，敬呈御覽，伏乞皇上聖鑒訓示，敕部覈覆施行。謹奏。

[硃批]：另有旨。

一四、署福州將軍瑚松額等奏摺：拏獲臺灣北路焚搶亂民詹番婆等會審定擬

[道光十三年五月二十一日]，臣瑚松額、臣程祖洛跪奏：爲查拏北路淡水、彰化焚搶匪徒提犯會同審擬，恭摺具奏，仰祈聖鑒事。

竊臺灣府屬淡水廳地處極北，其南界與彰化縣之北境毗連，該處粤閩各莊素分氣類。淡南銅鑼灣等處粤莊逼近内山，尤多匪類。此次粤匪焚搶，因道光十二年十月間嘉義縣逆匪陳辦等起事之初，先搶粤莊。彰化縣迤南與嘉義接壤之深坑仔粤民搬歸大莊，路經北斗莊與閩人互鬬傷命，致附近各莊紛紛遷徙，所遺空屋被兩籍匪徒乘間互相焚毁，其時淡南閩粤各莊傳謡分類，各懷疑懼，雇人守莊。淡北桃仔園一帶，閩人亦各聞風搬動，適有彰化縣北罩蘭莊粤匪詹番婆乘機圖利，先于十一月初二等日夥衆焚搶彰屬葫蘆墩一帶及淡屬舊社等處。閩莊旋有淡南銅鑼灣等處粤匪吴阿賢、謝穆堂、李阿椿，淡北粤匪李四進、謝阿法、蕭水生等各自爲首，以分類爲名商謀糾衆攻莊，致守莊之人群相附和。吴阿賢等于十一月二十五、六、七等日及十二月初二、三、四、五等日迭攻淡南、後壠、中港等閩莊，李四進等于十二月十五、六、七等日攻破淡北二埤、草漯等閩莊，均各焚搶致斃人命。攻莊匪徒亦間被閩人格殺。其間莊中安分者協力保其村社，不法者藉圖報復，亦有赴粤莊尋鬬致死粤人之事。該廳文武分頭彈壓，旋起旋息。經陞任臺灣鎮劉廷斌帶兵馳往，並經臺灣道平慶，札委前任臺防同知王衍慶協同拏辦，臣程祖洛抵臺時先接禀報，僅獲吴阿長等九名，當即飭提解郡，以便追求夥黨，按名指拏。旋據劉廷斌寄送正月二十五摺稿，知吴阿長與續獲之蕭水生等十二犯業已就地正法。臣等隨即會商遴委妥員密查該二處焚搶情形，淡水爲重，彰化次之，淡南後壠中港等處爲泉人生聚最繁之地。附近小莊先期搬附，協力堅守，未被攻破，故被焚多半空房，惟守莊人出與格鬬間被殺害；淡北閩莊被焚雖少，而二埤、草漯兩處漳人猝遭焚掠，未及遷移，牛畜財物搶失不少，丁男抵禦而傷亡，婦女奔逃而被殺，其殘害情形較淡南爲尤慘。訪求其故，則兩藉莊民狃于分類積習，平時不知敦睦，有事輒相猜疑，糾衆守莊最易生釁，不法匪徒即乘機圖利，遂各肆其兇焰殘殺相尋，别無起釁情節。又内山生番往往爲漢奸勾引出山滋事。自劉廷斌拏獲加物有八二番就地斬决之後，各隘口防堵嚴密，頗爲安静。臣等欽遵諭旨，剴切曉諭，示以禍福，懾以兵威，責成各莊總董指交兇犯，並檄飭委員會同廳營，將奉旨飭拏之粤匪吴阿賢、李四進及焚搶兇匪實力偵拏，以免漏網，並飭將械鬬殺人之閩莊兇犯一併拏辦，以昭平兇而杜釁端。一面委員安撫難民歸莊，來時耕作，並即查明户口，給予撫恤。旋據委員會同廳縣營弁陸續報獲首夥各犯詹番婆、李四進等一百餘名。其吴阿賢一犯逃至彰化縣東勢角莊，經總理貢生劉章職查拏甚急，吴阿賢知無可逭，潛令胞弟吴阿俊購毒給服，當經拏獲，解縣中途毒發斃命，報縣驗詳。臣等以北路離郡較遠，長途解審恐有踈虞，批飭委員王衍慶會督該廳縣，將已獲各犯就近錄供，俟臣程祖洛親往勘辦，亦經隨摺奏明在案。嗣因該處監獄窄小，人犯衆多，入夏以來，疫疾流行，屢報犯病，臣等公同商酌，先將訊忍焚搶情節較重之犯行提至郡，飭發委員確審。兹據將解到之詹番婆等八十六犯審明錄供，解勘前來，臣等會同親鞫。據詹番婆、李四進，謝穆堂、謝阿法供認，與已獲自盡之吴阿賢取供後病故之，李阿椿已獲正法之，蕭水生等各自起意商謀糾衆焚搶閩莊，得贜分用。内詹番婆在淡南舊社後壠北莊等處先後用槍戳斃閩人五命，並非一家。李四進在淡北王公廟莊銃斃閩人二命，又在五座厝莊用鎗戳斃一命。謝阿發又在草漯莊内放火刦物，其聽從詹番婆糾邀焚搶之李旗、鐘阿五各自殺斃閩人二命，黄阿五、詹阿山、賴四老、連阿滿、劉得□、張交、餘點、林輝各斃閩人一命。詹阿拳、黄瀶柏、吴蚗均叠次放火搶刦，吴蚗又夥搶牛隻，拒傷事主。又吕子旺與已獲病故之李阿海等均聽從李四進叠次焚搶，在崁仔脚莊殺斃閩人一命，又聽從謝穆堂與吴阿賢糾邀焚搶之。邱一目三、邱水火、邱土猴並已獲病故之徐庚奉四各斃閩人二命。李芋頭二、郭得蘊、徐阿三、賴泮、賴阿滿、王阿得、葉阿秀、江記生、葉毛蟹各斃閩人一命。吴阿俊叠次放火搶刦。又黄新客聽從已獲病故之塗幅叠幫同李阿椿糾邀焚搶，先後殺斃閩人三命，並非一家。鐘士勝、徐阿二、林添得三、羅□幅、李奀二、吴新客與已獲病故之邱壬、孫三、邱阿二各斃閩人一命。羅陳秀、傅阿三、吴得隴與已獲病故之陳重、陽三均叠次焚搶，又聽從在逃之陳桂受抗拒官兵，並未傷人。又謝阿法糾邀焚搶之。邱阿五先後殺斃閩人四命，並非一家。姜懷玉殺斃閩人二命。黄阿番殺斃婦女二命。古流民四、胡阿幅、黄阿海、湯阿狗與已獲病故之杜阿觔各斃閩人一命。古阿三、温阿九各斃婦女一命。以上五十犯或起意糾衆，或焚搶殺人，均屬不法。内吴阿俊一犯聽從伊兄吴阿賢購毒自殺，所殺係未招服罪之犯，按律以鬬殺胞兄論罪止斬决，應與詹番婆等均合依兇惡棍徒商謀放火搶奪，照强盜不分首從律仍依臺灣盜刦本例擬斬立决梟示。又閩籍匪徒藉圖報復，攻打粤莊之，王彩雲、吕番姜、徐大紅、張拂桊、簡咸三各鬬殺粤人一命。楊九鬬殺粤人二命，應與爲首糾鬬已獲病故之徐聰明均合依臺灣械鬬殺人，照光棍例擬斬立决。該犯等情罪重大，未便稽誅，臣等于審明後恭請王命，將詹番婆等五十六名綁赴市曹處斬訖，並飭將罪應斬决，解審在途病故之李阿椿、邱壬、孫三及已故之吴阿賢、塗幅叠、邱阿二、陳重、陽三、徐庚奉四、杜阿觔、李阿海、徐聰明照例戮尸，一併傳首懸竿示衆。又曾阿五、劉銓淑、劉閏三、徐儔桊、徐瑞沅、傅阿二、池合順、張淋旺、徐阿尾、徐逢春、邱進觀、邱傳淑、黎進來、饒紅目、江秀山、鐘阿三、吴巧二、鐘阿丁、劉阿耀、曾阿來、徐順德、童牛、魏保二等二十三犯聽糾攻搶，止在莊外接贜一次，均合依强盜情有可原，免死發遣例擬發新疆給官兵爲奴。又温教化、羅阿江、賴沅英、黄月輝、黄壬妹等五犯聽從李阿椿等糾衆守莊，歛派銀米，從中取利，又不能約束，致所糾之人出莊焚搶殺人，釀成巨案，未便僅照爲從律减等擬流，致滋輕縱，均請比照臺灣無籍游民犯該徒流。以上情罪較重者改發雲貴兩廣極邊烟瘴充軍。又徐超奉二一犯夥搶未得財，亦未傷人，例應照强盜未得財爲從擬流，係焚搶案内從犯仍應依臺灣無籍游民犯該徒流。以上照棍徒生事擾害例擬發極邊足四千里充軍，分别刺字。所有報故各犯及罪應擬遣在途病故之張廣禄等飭訊刑禁解役人等，有無淩虐情弊，照例辦理，其供證未明之邱阿才一犯發回。該廳集證確訊同情罪較輕，及續獲未定供各犯統俟臣程祖洛親往覆訊辦結，並查明供出逸犯中實係焚搶兇匪，責成地方文武督率各莊總董確探踪迹，悉數嚴拏，務獲究辦，以除强暴而安善良。其老弱無知脅從附和之徒早已歸莊安業，諭令總董嚴行約束，以免滋事。現查淡彰一帶閩粤各莊咸知悔懼，（硃批：果如是，甚善，朕□可慰矣）。民氣極爲静謐，不致復起釁端，堪以仰紓聖廑。除供招咨部外，謹將會同審擬緣由恭摺具奏，並繕錄各犯姓名事由清單，敬呈御覽，伏乞皇上聖鑒，敕部覈覆施行。謹奏。

[硃批]：刑部議奏。

一五、署福州將軍瑚松額等奏片：查明臺灣道平慶、臺灣鎮總兵張琴捕亂民出力請奬

[道光十三年五月二十一日]，再，臺灣道平慶，前經臣等遵旨查明調度守城抵禦賊勢情形覆奏，並聲明俟餘匪蕩平後再行仰沐恩施等因在案。該道先于正月間馳抵鳳山曉諭紳耆，跟交匪黨，業已陸續報獲兇要

各犯多名，旋因奉旨飭回郡城，未及蕆事，今大功告竣，應否量予恩施之處，恭候聖裁。又臺灣鎮總兵張琴先經臣等委充翼長，經理一切，悉合機宜。迨經接任鎮篆首飭各營將弁，訓練兵丁，申明紀律，行清莊之法，嚴巡海之禁，果能似此整頓營務，冀可改觀。又督率弁兵義勇搜獲餘匪甚多，實屬認真出力。惟係總兵大員，不敢仰邀甄叙，謹併據實附片奏聞，伏乞聖鑒。謹奏。

[硃批]：平慶已有旨了。仍有諭張琴之旨。

一六、署福州將軍瑚松額等奏片：臺灣鳳山縣粵莊黃驤雲鎮壓亂民李受出力交部存記

[道光十三年五月二十一日]，再，鳳山縣粵莊在籍主事黃驤雲係己丑科進士，簽分工部學習告假回籍，旋因母病在籍侍養。上年十月，臺灣道平慶因伊係粵莊紳士，素爲莊民推重，諭令寫信曉諭莊民不可生事，適粵人李受糾衆攻打閩莊，肆行搶殺，致釀巨案。閩莊難民聞該員有寄信回莊之事，疑其串謀攻搶。始則一二訛傳，遂致互相播告，計呈詞數百餘紙，大半首控黃驤雲主謀。該員因心迹不明，稟請將妻子送郡監禁，自隨官兵赴莊拏犯。惟時閩人所控匪犯真僞參半，而正兇姓名轉多隱匿，該員親赴各莊躧訪搜捕，實已不遺餘力，不顧嫌怨，並自出己資購綫給賞。又因粵人占種閩莊田禾，應歸閩人收獲，該員即捐買穀石散放粵莊失業貧民，以故三月之間正兇悉就捕治，不致擾纍無辜。閩粵二莊均皆安貼，實惟該員之力居多。現在全案完竣，閩人之疑冀可漸釋，即粵莊中曉事者亦咸諒其無他。惟無知愚民素狃門户之見，並各兇犯家屬則尚不無怨恨，轉致該員不能安處鄉閭，情尤可憫，臣等既不敢没其微勞，又不便遽行保奏。該員現丁母憂，可否請旨交部存記，俟該員服闋進京，准其由部帶領引見，恭候欽定之處，出自皇上格外天恩，謹合詞附片密存，伏乞聖鑒。謹奏。

[硃批]：另有旨。

一七、署福州將軍瑚松額等奏摺：蕩平臺灣逆股臚叙全案情形

[道光十三年五月二十五日]，臣瑚松額、程祖洛臣跪奏：爲臺灣逆匪蕩平臚叙全案情形，恭摺奏祈聖鑒事。

竊臺匪謀逆滋事一案，自上年十月起至十二月止，撫臣魏元烺與提鎮臺灣道奏報各摺均係一時情形，難免參差錯漏，且道路未通以前，間有傳聞之詞，彼此前後均不無矛盾。臣程祖洛未渡臺時，謹據各處咨禀轉報，無暇察其虛實，亦無由證其虛實。即臣等渡臺以後，節次獲犯定讞，亦衹能據供入奏，未能實串全案。玆臣等查辦已竣，謹將前後奏牘並所屬禀報參之犯供證以輿論糾其歧誤，補其闕遺，彙叙全案情形，敬爲我皇上陳之。

伏查臺灣一府四廳四縣，孤懸海嶼，本係番夷之地，不通文教，其水則波濤汹涌，潮汐沸騰，其山則幽崖深邃，怪石蹲踞，是以民生其間，類多浮動。自康熙二十二年入版圖以來，閱歲百有五十，奸民已十二起，大者如朱一貴、林爽文、蔡牽三案；小者如吴球、劉却、吴福生、黄教、陳周全、汪降、陳錫宗、許百、楊良斌九案。或數年一見，或十數年數十年一見。若閩粤之械鬬，與匪徒拘捕戕害官兵，則往往間歲有之；此固地氣使然，亦由有司治化之未善。自楊良斌平甫八年而張丙之亂作。張丙原籍福建南靖縣，寄居嘉義已及三代，在縣城迤南之店仔口賣魚爲業，素行無賴，好結匪類，與大股首陳辦、詹通、陳連、黄城、許成、黄番婆、劉仲、劉港、蔡恭、江七、侯虎、梁辦、吴扁、歐淙、莊文一、曾吉、劉邦頂、賴牛、吴猫、柯和尚、王奉、陳委、洪番仔、吴鰍、吴允、張成，小股首蔡臨、許六、李武松、廖花、杜烏番、張廖果、陳開、陶黄、元德、郭桃、吴貂、陳太山、劉眉滚、林海、葉斷共四十一人，彼此交結，各相往來。

道光十二年夏，内地米貴，汛舟于臺，臺米亦貴。先是彰化游民欲乘機搶奪，猫霧捒巡檢易金杓乘其衆尚未集亟，捦陳穿等二人治之。知縣李廷璧亦親馳掩捕，獲廖應等，示平米價，彰化以靖，而嘉義搶米事起。五月有陳壬癸在店仔口買米出莊售賣，慮衆阻撓，浼生員吴贊護送土盜吴房糾同詹通等攔搶吴贊。以張丙本係匪棍，疑其同謀，一併控拒，因被詹通尋殺，携眷入城，又爲詹通截住。適嘉義縣知縣邵用之在外捕匪，聞信往拏，始各逃散，旋將吴房獲解審明正法。張丙以邵用之不應左袒吴贊，懸賞指拏，心懷忿恨，已有戕官之心，尚未顯露其事。有嘉義縣侖仔莊人陳辦，本係逋逃巨盜，其族人陳故誤檢粤人張阿凛芋葉，被張阿凛責逐，陳辦借口報復，于閏九月初十日糾搶張阿凛芋頭，控拒未獲，張阿凛即將陳辦住房燒毁，並誤牽其族人陳實牛隻，償贓經陳文和説合贖牛未允，陳辦即于二十日糾約張丙、詹通、陳連、劉仲、劉港、賴牛、劉邦頂、王奉、陳委、洪番仔、吴允、許六、吴猫、李武松聚匪三百餘人，往攻張阿凛所住之雙溪口莊，未破。張丙聞陞任臺灣鎮總兵劉廷斌等各帶兵勇出捕，即同詹通、劉仲、劉港、賴牛、劉邦頂、吴允、許六、吴猫、李武松潛回店仔口，陳辦、陳連、王奉、陳委、洪番仔焚搶交平等粤莊，張阿凛亦糾人回攻陳連住莊。二十五日，陳辦等搶奪大埔林汛防器械。二十六日，劉廷斌追至東勢湖莊，捦斬乘機檢搶猪隻之李井、洪霧二人。北路協副將葉長春及邵用之追至新莊，又殺其黨數人。是日，王奉攻大墩等粤莊。二十七日，陳辦竄往紅山仔，爲官兵所敗，與王奉合。二十八日，復攻埔姜侖莊，官兵猝至未成列，陳辦等開鎗拒敵，劉廷斌率護副將事游擊周承恩揮兵擊之，斬王興、王泉二人，遂添兵勦捕。王奉、陳委、洪番仔竄回店仔口，告知張丙，張丙頓觸前恨，遂起意與詹通等謀反。初陳辦之約張丙攻莊也無反意，故始終未與戕官事，然亦因之以爲利。詹通之父詹經恨子爲逆，率同長子詹日新往殺，刃其額不死，有在旁賊擊，詹日新殺之，陳辦之妻亦恨夫爲亂，自經死。先是城守營右軍外委伍應龍，有屬下兵李連輝偵知劉仲等踪迹詭秘，料其欲反，密告伍應龍，將捕之不及而賊果反。

十月初一日，賊先搶鹽水港民店，港有佳里興巡檢，賊並搶其署，殺教讀古嘉會及汛兵三人，時署巡檢施模，外委蘇連發先期出未及，難賊既退，劉廷斌遣守備張榮森等以兵百人協守之。是日，賊又搶下加冬，並所屬北勢坡八獎溪等處營汛，共殺兵十人。下加冬守備陳福龍在郡聞變，帶兵往捕不及而返。守汛官把總陳國勇受傷回郡，旋死。曾文溪之難，嘉義縣知縣邵用之追賊至店仔口，張丙率衆迎拒，兵勇與戰不利傷且散，邵用之走匿布店樓上，張丙索得之，執而梏于村廟，數加撻辱，乃付詹通、劉港、王奉、孫惡臠割懸其首，並殺兵八人，有護嘉義都司事千總許荆山同邵用之帶兵出城，分路捕賊。是日，奉劉廷斌檄將回嘉義，在土庫莊外被陳辧等搶去坐馬軍械，殺兵一人，許荆山遂不敢回縣，逃赴斗六門爲避賊計。初二日，臺灣府知府吕志恒聞邵用之被困危急，會同護游擊事都司周進龍隨帶南投縣丞朱懋及外委等弁，領兵二百人前往解圍，將至大排竹汛。大排竹即在賊巢店仔口莊外，周進龍遷延不進，朱懋以言激之，强而後行至大排竹，張丙率群賊至，吕志恒促周進龍開炮，不如法，爲賊所乘。義首許亮邦以所乘馬授吕志恒，自徒步戰陷于陣，吕志恒、朱懋及外委曾聚寶等三弁同時遇害。下手戕官者乃劉港、劉邦頂、陳委、孫惡，又殺兵六十人。朱懋舊尹，嘉義有循聲賊目後至者聞其死惜之。周進龍與額外黄廷鳳聞道逃回嘉義。張丙既戕府縣，遂僞稱開國大元帥，混造天運年號，寫貼僞示，賞格以殺官攻城，不擾民間與獲官賞銀之語，煽誘愚民冀爲己助。又斬賊之淫掠者一二人，示民無恐，封詹通、黄番婆、陳連、陳辧、吴扁爲僞元帥，劉仲、劉港、劉邦頂、王奉、陳委、洪番仔、吴猫、李武松、許六、孫惡爲僞先鋒，柯亭爲僞軍師，代賊畫謀，吴允不受其封，自僞稱開國功臣，賴牛亦僞稱元帥。諸賊首各就所居莊，分爲南北二路，以縣南之店仔口鹽水港一帶爲南路，張丙與詹通等屯之。縣北之侖仔莊、土庫一帶爲北路，陳辦與陳連等屯之。推張丙爲總大哥，諸股首僞帥皆爲大哥，股首之下爲旗首，旗首之下爲旗脚。起事之初，每股百餘人，多亦止三百人，以派飯封穀爲賊糧，以勒民出銀，買旗保莊爲賊餉，以攻汛戕官時所搶軍器爲賊械。初三日，諸賊併力圍攻嘉義縣城，惟時事起倉卒，城中無備，典史張繼昌等激勸兵民竭力設守，由是民有固心。是日群賊響應，幫同攻城者有蔡恭、梁辦、莊文一、吴鰍、陳開陶、黄元德、陳太山、劉眉滚，在莊監旗派飯者有杜烏番、張廖果，皆爲股首，每股亦一二三百人不等，各有先鋒旗首旗脚名目。初四日，張丙先搶大武壠汛。適把總辜國輝前期一日解犯至郡署，巡檢秦師韓受傷爲鄉民救走，又搶加溜灣汛，傷亡把總朱國珍一弁。旋聞劉廷斌赴援嘉義，即同詹通、陳委、王奉、洪番仔至八槳溪，又令黄番婆等至水堀頭分路迎敵。劉廷斌揮兵沖殺，且戰且進，復被尾追至嘉義城外，劉仲等又迎面攔截，劉廷斌腹背受敵。有武生王得蟠糾合義勇救援入城，周承恩殿後，不知劉廷斌已入城，猶持刀反馬入賊陣中數匝，被賊夥葉斷刺于馬下，群賊争割其首。同時陣亡者護副將游擊周承恩等九員弁，兵丁八十七人，傷亡兵五人，軍裝遺失。署守備事千總陳榮標被創重，養傷民家三日，至城下縋而入。當劉廷斌帶領剩將餘兵奔至城下之時，城上人因先期有賊匪坐轎張傘，假兵號衣先導賺城之事，時當昏暮，望見賊擁在後，不知是劉廷斌，疑又是賊計賺城，擊之以砲；砲越過劉廷斌，擊後所追賊，賊退走；始聞劉廷斌呼門聲，乃開城延入劉廷斌帶同護副將温兆鳳等入城。後突聞監犯放火反獄，下令搜捕，捡斬八十八人。劉廷斌隨以典史張繼昌權理縣事，督率員弁補修戰具，鼓勵紳勇，撫循士卒，晝夜登城爲困守計以待外援。即婦女幼孩亦咸知擲石殺賊，于斯時也又有江七、曾吉、侯虎、歐淙、柯和尚、蔡臨、廖花、吴貂蜂起肆擾，忽分忽合，圍城焚莊，道路梗阻，郡城戒嚴。

初五、六、七等日，張丙用皮檔竹梯圍攻縣城，劉廷斌親督弁兵民勇擊以鎗砲，並獲扒城放火二賊，又縋下兵勇夤夜沖擊，屢有斬獲，賊勢稍却。初八日，解圍去，官兵即乘間在城外加築土圍，守禦始固。黄番婆于初七日攻城未退之時，自率其衆往攻鹽水港破之，守備張榮森力戰，傷而僕忽躍起，手刃數賊死，賊怒殘其尸。同時陣亡者守備張榮森等三員弁，兵五十四人。署巡檢施模是早出莊遇賊，與外委蘇連發先後受傷遁。鹽水港者嘉義之咽喉，而郡北之屏障也。既破，賊益無忌，分南北二路四出騷擾，逼脅附和，勢更鴟張。迤南之賊漸逼郡城，郡中官吏初不知戕官之事，有吕志恒家丁周琳自大排竹逃歸，備言其狀。臺灣道平慶即以改簡同知王衍慶代理府事，又以施模代理嘉義縣，旋聞訛傳施模被戕，止其檄未下，平慶乃督率王衍慶等環城樹栅，開濠備戰，守具郡中紳户向多好義，或襄助畚築，或募勇巡防。貢生陳以寬獨涉險内渡，請餉發兵。時省餉未至，借貲紳户以應諸備，既具訛言亦起，臺鎮中營游擊武忠泰倉皇夜出落井死，有署中幕友欲相率挈眷逃。王衍慶懼其惑亂民心，持刃令城中有言逃者斬，自此人心大定。先是大武壠把總辜國輝盤獲奸細尤墻、吴凛解郡，至是王衍慶又獲劉仲等所遣奸細吴連，始知逆賊中有劉仲、劉港、劉邦頂，而劉仲等乃行刦林翔雲家正盗，先經獲盗張膽等九人監禁，平慶懼其内應爲變，即提張膽等並斬奸細三人以徇。劉仲、劉港、劉邦頂本與蔡恭同攻嘉義縣，復潛至大穆降窺伺郡城，因見郡城守固，所遣奸細又俱被拴斬，遂不敢復窺伺，皆北去。蔡恭仍回所屯麻豆莊，與張丙爲犄角勢。張丙又與十一日遣賊復搶鹽水港，令黄番婆將汛貯缺嘴大砲運去。陳辦亦先于初三日群賊攻城之時，潛率其衆往搶笨港縣丞署，十二日又往攻笨港北街縣丞。文烜千總蔡淩標皆擊却之，其時嘉義圍解。五日，土圍亦成。十四日，賊復大至，運所搶砲于城下，官民見之股栗。張丙欲以砲攻城，不知其法，脅所掠官兵督之使放，兵既被脅故將砲身墊高，並揚手挽袖作約會城上狀，使無驚恐，連日放十餘砲。鉛火上飛不及城垣，或旁擊土地祠碎爲平地，旋因砲架頓摺弃不復用，城中人知有神助，張丙亦疑其故縛兵置營中未及殺。又用牛皮門扇並以草包硝磺四面圍攻，劉廷斌督兵擊之，凡三日，賊又解圍去，放砲之兵遂無下落。張丙既諱其事，城中人亦無有言之者。嗣得之賊目柯亭口中又不詳，以其辭訪之民間。據各述所聞見其事得實，而兵之姓名生死則已湮没無傳。

蔡恭既回麻豆莊，十八日偵知署都司事守備蔡長青等領兵九百餘人押解軍火，渡曾文溪將至茅港尾，復約劉仲、劉港、劉邦頂，勾結江七、曾吉、蔡臨、杜烏番、陳太山、劉眉滚分股襲刦，官兵擊散賊匪，即屯兵溪北爲背水營。十九日，賊衆大至，官兵猝不及戰，皆回走至溪不得渡，爲賊所擊，同時陣亡者蔡長青等十八員弁，兵二百七人傷亡，軍火盡失。守備陳雲蛟、外委陳高陞鳧水逃回郡城。是日，嘉義縣天後宫前掘起砲六尊。二十日，西門堆地下又浮起大砲一尊，俱運回縣城。二十二日，嘉義地震，不爲灾。二十三日，張丙等焚搶嘉義，北門外民莊官兵出擊，互有殺傷。賊脅角仔寮等莊民搭寮屯聚，分遣其衆勒索民間。二十八日，劉廷斌聞王得蟠圍詹通于灣内莊，出兵協剿，捡斬百餘人，盡焚其所搭賊寮，並毁賊制一軌三輪車八輛。二十九日，賊復來角仔寮等莊游奕。三十日，張丙等又分股攻城外土圍，官兵出戰生捡股首陳太山，劉眉滚磔之，賊遂退。陳辦、陳連又連日攻大埤頭、雙溪口等粤莊。從此，僞先鋒劉仲等各自爲股，分踞各莊，有鎮南鎮北中路南路北路元帥名目，其僞造年號。詹通與張丙同稱天運，梁辦先稱天運，復與吴扁、陳委皆稱順天，劉仲、蔡恭皆稱奉天，其他股首皆無僞號，而尾大不掉。賊夥郭桃、葉斷亦即各自爲股，吴允又陰伺張丙之後，欲思兼併，衆賊首亦遂歸心于吴允，惟孫惡、柯亭尚仍先鋒軍師僞封。十一月，張丙以諸賊首既有各相雄長心，嘉義縣城又圍攻一月不下，遂舍之去，與諸賊分掠民莊。莊民初見賊僞示不知其紿己也，凡賊所派飯封穀索銀猶强應之，至是賊衆大掠，民無所應則傾其家，焚其居，裹脅以去，莊民始有集衆拒賊者，所焚之莊至是始多。而汛防則匝月以來焚搶殆遍，惟笨港一汛縣丞文烜、千總蔡凌標能得民心，故亦能得民力。自十月擊退陳辦之後，又有賊衆來攻南街，並所屬草湖莊，縣丞千總分兵馳救，擊殺三人，賊各潰散，獨此一汛獲保安全。賊既專心肆擾民莊，莊民亦各併力拒賊。股首葉斷遂爲莊衆所殺，杜烏番、張廖果、吴貂、柯和尚、郭桃爲紳民所捡，代理嘉義縣張繼昌亦獲賴牛，皆分解郡城，與劉廷斌軍前磔于市，自此各莊殷實良民咸知殺賊，而窮民無所歸，與難民之被脅者無奈附賊，爲力役之任，以故賊之被殺者日益多，民之附和者日仍衆，此張丙等三十七股在嘉義縣境滋擾情形也。

又，有北路賊彰化縣人黄城于十月十二日在嘉彰交界林圯埔一帶豎旗起事，僞稱“興漢大元帥”，以僧允報爲軍師，用大明主年號，遍貼僞示。先在彰化縣境派飯，即欲率衆南擾，因嘉義縣斗六門汛與二縣有輔車之勢，汛官縣丞方振聲署守備事，千總馬步衢署千總事，把總陳玉威設守甚堅，巡防亦力。黄城不能肆逞，因與梁辦、莊文一、吴貂合謀同攻斗六門竹圍。自二十七日至十一月初一日，先後被官兵擊斃多人，正欲退走，監生張清紅混名張紅頭因與馬步衢有隙，主令族人張成出名僞稱大元帥集衆來助，賊勢復熾。初三日，黄城用張紅頭計駕車載草圖填濠溝，陳玉威拋以火罐破其計。是夜，張紅頭助之車輛裝載青草，覆泥其上，驅往濠邊，許荆山見勢危急，潛率所領兵丁奪圍先遁，圍中夜驚，斗六門陷。或勸馬步衢逃不從，方振聲先遣其幼子與妾出走，陳玉威亦遣其子陳繼昌持禀潛赴劉廷斌處告變，皆歛所存火藥自焚，不死。賊入皆巷戰被執，陳玉威死之。方振聲、馬步衢與方振聲之繼妻張氏，陳玉威之妻唐氏皆駡賊，賊怒，皆割其舌，抉其鼻，備諸毒辱，乃皆醢之。方振聲之友沈志勇，僕江承惠等四人皆以死。沈志勇之子沈聯輝以孝死。同時死難者縣丞方振聲，署守備事千總馬步衢，署千總事把總陳玉威等九員弁，兵二百二十二人，官屬幕丁九人。外委鄭起龍、劉逢榮、陳大魁受傷遁，黄城遂以黄雖萊爲僞縣丞，令守斗六，而自與張丙等勾結。其時彰化縣知縣李廷璧先聞嘉義有賊，與鹿港同知王蘭佩各自聯莊，保其疆宇，以故賊雖入境，不爲大害。又聞黄城等亦從賊，李廷璧與副將葉長春思爲解散計招徠賊民來歸，許以免死，由是預攻斗六之陳平首先歸附。有簡象者形兇而性惡，其妻勸勿附賊不從，欲殺其子以自縊，簡象乃赴縣自首。又有未及從賊之土棍悔而歸者八人。李廷璧等之守土獲丑甚得賊民之力。此黄城、張成二股與梁辦等在嘉彰交界滋擾情形也。

又有南路賊鳳山縣人許成，于十月初十日在鳳山縣境觀音山一帶豎旗起事，亦僞號天運，封吴歐先爲軍師，柯神庇爲總先鋒，以減粤莊爲辭，遍貼僞示，阻截運郡糧米，因以窺伺郡城。張丙在嘉義聞許成起事，自以兵精食足誘令來附，即肩所搶吕志恒之轎舁而至，派莊民飯。飯其衆不飽。許成見張丙營中亦以刦索爲兵食，舍之去。時有臺灣縣小股首林海在縣屬舊社莊豎旗起事，被代理臺灣府王衍慶等擊敗，竄往許成賊中。十四日，許成、林海又在阿公店被千總許日高擊敗陣亡，兵亦四人，許成等遂不敢窺伺郡城，而南擾鳳山縣埤頭竹圍。二十三日，遇南路營巡哨兵于東港戕殺二十七人。三十日夜，許成等勾通竹圍内奸民内外放火直逼縣署，署參將事游擊翁朝龍退守火藥庫，署知縣托克通阿千總岑廷高擊賊于縣署前，生捡股首林海磔之，賊敗走。十一月初八日，賊復來攻，又擊退之，先後斬獲甚衆。十二月初二日，許成又搶臺灣縣屬羅漢門，殺汛兵二人，又先後道殺送公文兵二人，此許成、林海二股在臺鳳二縣境内滋擾情形也。

陸路提督馬濟勝出師厦門，將二千兵分十三舟。七日，而全師渡臺先屯兵府城北門外，傳令稽守海隘，諭散脅從，探賊踪迹，相地行師，並密約劉廷斌爲合勦備爰，乃誓師整旅，以嘉義增生陳廷禄爲向導。十一月初五日，進兵西港仔，盤獲奸細郭添幅，訊得賊中虚實。張丙聞大軍至，信約各股首集衆至嘉義縣迤南，預備拆橋决水，徧布蒺藜，據險設伏，併力抗拒。初七日，官軍進至茅港尾，遇賊二千餘人，勝之。初八日，賊率五六千人至，馬濟勝戒官兵勿動，待其鼓譟力乏乃分兵四路擊之，殲其衆三百餘。初十日，諜報賊來益衆，分伏竹圍中，馬濟勝選精兵往捕，賊突出以砲拒敵，官兵力戰又殲其衆百餘，賊仍退走竹圍中，官兵乘勝追北，又殲捡數十人，獲賊所往來書信，並蔡恭僞印斧碎之。十二日，馬濟勝又進兵擊賊多斬獲，追至鐵綫橋，橋長且狹，溪深流急，有賊衆伏橋北不可進，其地阻隘難屯營，亦不可守，仍回兵茅港尾，旋聞賊欲抄小路襲官兵，後兼斷郡城之援。賊又欲以牛車燧尾來沖吾軍，馬濟勝遂思爲誘賊計，于營前濬濠築堵，以待設守。五日，港南無一賊，而港北之賊既屢敗，張丙乃大集諸股首，悉衆南下。十八日，張丙親率賊萬餘人三面來攻，馬濟勝亦分兵三面擊之，大獲。又有一股賊從街頭突出，馬濟勝復分兵迎擊，又大獲。賊被追逼走灣里溪多溺死。惟時賊營中訛傳馬濟勝載銀二十萬，無賴之徒聞風猬集，躡賊後爲利圖，賊亦藉之，以張其勢。二十一日，賊擁衆幾二萬，氣甚鋭，鎗砲喊吶之聲震山谷，馬濟勝仍用以逸待勞之計堅壁不動，自巳至酉知賊力將竭，令旗一揮，官軍分四路出，跳墻超溝，勇氣百倍，火器齊發，賊大披靡，逐北十餘里。兩戰皆大捷，生捡五十餘人，追殺七百餘人，鎗砲轟擊水溺者難以數計，自相踐踏死者亦甚。衆賊膽既喪，賊衆尚萬餘，是夜分屯鐵綫橋等處，冀少息。二十二日昧爽，馬濟勝親統大兵，銜枚疾馳，分搗賊巢，賊出不意望風走，官軍轟擊剿殺無筭，生捡李武松，追過鐵綫橋捡詹通，盡焚其巢，賊始大潰，道路以通。馬濟勝復示諭其衆，解散數千人，賊益窘，率其黨竄伏近山蔴林。二十六日，官軍次鹽水港，適金門鎮總兵竇振彪渡自鹿港，疏通北路，引兵來會。二十八日，馬濟勝振旅入嘉義城，與劉廷斌、竇振彪分兵搜捕，捡黄番婆、劉港、劉仲、廖花。十二月初二日，捡黄城、張丙。初五六等日，捡蔡恭、江七、莊文一。初八日，捡陳辦。彰化縣又先于十一月二十四日，捡陳連。並據臺灣府鹿港同知，臺灣、嘉義二縣先後生捡陳開陶、黄元德、許六、吴猫、梁辦、曹吉、歐淙、劉邦頂、吴扁、侯虎等，北路肅清。馬濟勝又先期遣副將謝朝恩往剿鳳山賊，再戰再勝，捡磔其僞先鋒王就。初七日，又自回兵鳳山，殺賊于二喃溝。初八日，謝朝恩捡許成，殲蔡臨，剉其尸，南路亦平。賊張丙、陳辦、詹通、陳連于獄磔。李武松等二十人至十二月二十九日又磔。所獲賊目高六、石媽在、蘇番江三人，而剿匪之大局始定。

十三年正二月間，臣等先後奉命渡臺搜捕餘匪，遵旨先行，出示諭民禍福，令莊耆自行綑送本莊賊徒脅從之人，歸莊安業者概予勿治，復捡獲大股首王奉、陳委、洪番仔、吴鰍、吴允五人，賊目孫惡、柯亭、僧允報、張紅頭、黄雖萊、吴歐先、柯神庇等四十四人，賊夥賊屬二百六十九人分别凌遲斬決軍戍，並遵旨將張丙等四犯解京，先後六次奏報，統計此案大小股首四十一人，惟張成現尚稽誅。殲殺賊約數三千餘人，捡殺六百四十二人，軍戍二百零四人，轟溺死者不能悉數，奪回鈐印九顆，大小砲三十二尊，搜獲僞印十一顆，鎗械無筭。是役也，倡亂于十二年閏九月，捡渠于十二月，全功告竣于十三年五月。當嚴冬戒寒，風烈潮猛之時，海上文報諸多遲滯，所調各路官兵或候風久泊，或遭風飄散，不能及時登岸者三千餘人，而戕官之報獨未及十日過省，馬濟勝、竇振彪兩路之兵皆未及十日而全渡。賊以大砲攻危城，而城無一損；馬濟勝以二千之衆當二萬之賊，而賊則望風潰，此皆仰賴我皇上景福厖洪，天威震赫，以故神人助，順速□厥功。臣等襄事之餘，不勝慶幸之至，謹將臚叙全案情形緣由合詞會同，恭摺具奏，伏乞皇上聖鑒訓示。謹奏。

[硃批]：覽奏欣慰之至，另有旨。

第 二 卷

福建督撫巡臺奏摺

清代總督爲各直省之最高長官，從一品，專主軍制文武，察舉百官，修飭封疆。因總督節制兵權，監察地方，故例有兼銜。凡總督加授尚書銜者，例兼都察院右都御史；無尚書銜者，加兵部右侍郎銜，例兼都察院右副都御使。此外，不設巡撫之各直省，由總督兼管巡撫事；總督還可兼理諸如河道、鹽政等。清季以降，直隸總督兼“北洋大臣”，兩江總督兼“南洋大臣”。

清代共設八總督。閩浙總督，即總督閩浙等地地方提督軍務、糧餉兼巡撫事之簡稱。順治二年（1645 年）初置，爲福建總督，駐福州，兼轄浙江。五年更名爲閩浙總督，駐衢州，兼轄福建。十五年，閩、浙兩省均設總督，福建總督駐漳州，浙江總督駐温州。十多年的分併裁設，基本上反映了清初督撫制度的特徵和趨勢。康熙八年（1669 年）裁浙江總督，十一年移福建總督駐福州。二十六年，改福建總督爲福建浙江總督。雍正五年（1727 年）閩、浙總督分設，特授李衛總督浙江，兼巡撫事；十二年，閩、浙總督復合爲一。乾隆元年（1736 年），依李衛總督浙江例，特授稽曾筠總督浙江，郝玉麟專轄福建。三年，稽曾筠入閣，郝玉麟總督閩浙，閩浙總督幾經分合，是爲永制。

清代巡撫爲各直省最高行政長官，從二品，經理吏治，轄一省，督撫同城者，受總督節制。清代共設十六巡撫，福建巡撫設于順治元年（1644 年），駐福州。光緒元年（1875

年），半年駐臺。

本卷共收錄閩浙總督伍拉納于乾隆六十年（1795年）赴臺查辦陳周全事件、方維甸于嘉慶十五年（1810年）赴臺處理漳泉械鬥、孫爾準于道光六年（1826）赴臺處理彰化械鬥、程祖洛于道光十三年至十六年（1833—1836年）赴臺處理張丙事件、怡良于道光二十三年（1843年）赴臺查辦姚瑩案、劉韵珂于道光二十六至二十八年（1848—1850年）循例赴臺、福建巡撫徐嗣曾于乾隆五十三年（1788年）赴臺處理林爽文事件善後、王紹蘭于嘉慶二十一年（1816年）循例巡臺、孫爾準于道光四年（1824年）循例赴臺，以及光緒元年至十年（1875—1885年）間福建巡撫王凱泰、丁日昌、吴贊誠、勒方錡、岑毓英、張兆棟、劉銘傳爲臺灣防務而駐臺期間的奏摺，共二百五十份。

閩浙總督伍拉納奏摺

一、閩浙總督伍拉納奏片：帶印前往臺灣由浦霖代辦兼管各案

[乾隆六十年四月二十八日]，再，奴才現在帶印前往臺灣，所有總督及兼管鹽政衙門朋馬鹽課奏銷應題應咨各案，若由臺灣辦理，重洋遠隔，恐致稽誤。奴才現已咨明撫臣浦霖代爲覈辦，即蓋用巡撫關防，理合附片奏聞。謹奏。

二、閩浙總督伍拉納奏摺：到臺灣日期並獎賞義民

[乾隆六十年五月初九日]，閩浙總督臣覺羅伍拉納跪奏：爲恭報到臺灣日期並遵旨獎賞義民，恭摺具奏，仰祈聖鑒事。

竊臣親赴臺灣查辦善後事宜，于四月二十八日在泉州起程登舟業經恭摺具奏在案。嗣于五月初四日行抵鹿仔港登岸，當有該地鄉民耆老在途迎謁，臣徧加撫慰示以皇恩國憲，無不歡欣鼓舞。查看海口商船雲集，市糧充裕，民情極爲甯謐，隨于初六日前至彰化縣城，周閱街市居民亦極安堵。哈當阿、烏蘭保俱札營城外，其署臬司劉大懿先于四月三十日到縣，臺灣道楊廷理亦自府城前來。臣接見該鎮道面詢地方情形，據稱：臺灣南北各路均極安静，未獲餘匪，現在分頭搜捕不難净盡，其出力義民亦經詳查明確等情。伏思臺灣勦捕賊匪大局現已竣事，所有義民人等應即遵旨獎賞以示鼓勵。查同知沈颺先在彰化率領義民，兹已蒙恩賞戴花翎補授臺灣府知府，臣即檄行該守接印任事。一面飭令傳齊義民賫帶功册前來，臣與哈當阿暨司道等公同查覈比較勞績，緣臺灣紳士、商民見從前出力義勇荷蒙賞聖恩優渥，超擢官職，獎給翎頂，

無不欣羨，是以此次賊首陳周全等甫經糾衆滋事，即有武生林國泰、鄉民陳光宗、林清標並從前曾充義首賞過翎頂職銜之魏廷文、王松五人，首先在于田中央各莊招集義勇，廩生楊應選即前經奏明之楊仲舍亦在鹿仔港地方招集義勇共圖殺賊立功。陳周全于三月十四日攻陷彰化後分遣賊夥往攻鬬六門，陳周全復自同賊衆于十七日攻擾田中央，維時林國泰等已招集義民二千餘人，聞賊匪將至，率衆迎頭勦捕，殺死匪夥多人，賊衆大敗。該義民等乘勝于十八日進抵縣城鹿仔港，義民楊應選等亦同日至縣，共將存城賊夥殺散收復縣城。陳周全等在田中央殺敗欲逃回賊巢湖仔莊，旋聞賊夥往攻鬬六門亦被官兵義民殺敗，並知官兵將至，義民四起，賊衆驚惶無措登時潰散，陳周全隻身脱逃。十九日行至埔心莊，有監生莊南光見其情形慌張，疑非善類，即誑入莊内喊同守莊義民陳祈即陳祈老將該犯拏獲，共加盤詰，確係賊首陳周全。莊南光、陳祈即率領莊民將陳周全解至彰化，續有在籍中書曾大源寄信偵捕而賊首先以就獲，此該義民收復縣城拏獲賊首之實在情形也。至從前船户所供之許暢舍、施邁舍、金鋪觀等即係楊應選名下義民，所云與賊飲酒出其不意將賊首拏獲自係得之傳説，不無互异，兹已確切查明。臣隨恭宣諭旨將拏獲賊首之監生莊南光奬給五品頂帶，民人陳祈奬給六品頂帶。該義民等生擒渠魁，功績尤爲顯著，並遵旨各賞銀二百兩以示優异。其收復縣城各義首，覈其勞績亦屬急公可嘉，請將打仗最爲出力之武生林國泰奬給五品頂帶，廩生楊應選、民人林清標、陳光宗一併奬給六品頂帶。又魏廷文一名前于五十二年充當義首已賞六品頂帶，王松一名先經將軍福康安奏賞藍翎以千總補用，均請加賞五品頂帶。以上義民八人，臣詢以願就文職武職？該義民等無不碰地叩頭，僉稱天恩高厚實非義民等所敢自主，但既荷傳旨詢問，莊南光、陳祈、林國泰、魏廷文、林清標、楊應選俱願就文職，陳光宗、王松願就武職等情。其應以何項官職補用之處，統俟事竣後分別給咨送部引見，恭候欽定。至該義首等名下俱有義民二三百人或百餘人不等，並有奮勇打仗及擒獲賊目者，似亦應酌加獎賞，臣謹擇其功績確有實據者林雄等四十九人分别酌給頂帶榮身，另開清單恭呈御覽，其餘均賞給花紅銀牌。惟各義首名下義民大半多係鄉農，現在搜捕餘匪均責成文武員弁不動聲色，慎密查拏，並無藉資義民之處，自應即令歸務農業，除有熟悉地方路徑情願爲官兵眼目者酌留數人外，其餘一概散遣歸莊。仍詳查各義民村莊住址，寬免本年應納錢糧，一面謄黄曉示以仰副皇上褒嘉義勇有加無已之至意。至漳泉民人前聞有各分氣類之事，業經出示剴切曉諭，兹臣親抵臺灣查看情形，尚俱安静。今奬賞義民之際，復諭以大義俾知盡除舊習，共樂升平。其從前船户口稱有施、黄、許三姓阻遏米石出口，臣現亦密行體訪，緣閏二月間鹿仔港米價漸昂，經同知朱慧昌示諭行户遇有内渡米船每船限裝六百石，原爲本地民食起見並無施、黄、許三姓阻遏米船出口之事。刻下臺灣早稻收獲商販流通，不惟臺地糧價日平，即内地米糧亦可期日益充裕，均堪仰慰聖懷。臣現住彰化督辦搜捕事宜，其前派帶兵到臺之署提臣烏蘭保應即内渡供職。泉州地方緊要，臣自泉州起程雖已檄調建甯鎮總兵劉景昌赴彼彈壓，但究非統屬不足以專責成，現已咨令烏蘭保即于原帶兵丁内先帶兵一千名即日配船内渡。再，查賊首陳周全等，該道楊廷理于前奉諭旨後業將該犯在臺灣府城凌遲處死，並經楊廷理專摺具奏在案，合併陳明。除將臺灣應辦事宜會同提臣哈當阿督率署臬司劉大懿、臺灣道楊廷理等次第趕辦並取現在奬賞義民籍貫履歷册結另行咨部外，所有臣抵臺灣後遵旨奬賞義民緣由暨臺灣大概情形，謹恭摺由驛具奏，伏祈皇上睿鑒。謹奏。

[硃批]：軍機大臣會該部議奏。

三、閩浙總督伍拉納奏摺：查明鹿仔港彰化縣被害各官實在情形

[乾隆六十年五月十五日]，閩浙總督臣覺羅伍拉納跪奏：爲鹿仔

港、彰化縣被賊戕害各官，遵旨確查，據實覆奏事。

竊臣欽奉諭旨：彰化縣知縣朱瀾等均被戕害固屬可憫，但伊等身任地方，遇有賊匪竊發自應悉力固守，城存與存城亡與亡方爲正理，若果率領兵民出城禦賊致被戕害自當給予卹典；倘畏避賊鋒即往八卦山躲避，是先去以爲民望，即被戕害亦無足惜，並著伍拉納查明據實具奏再行覈辦等因。欽此。伏思署北路協副將張無咎、彰化縣知縣朱瀾等或職膺專閫或身任民社，均有城池地方之責，遇有賊匪竊發，誠如聖諭自應悉力固守，城亡與亡，方爲正理。臣于抵彰化後當即悉心體訪並向曾隨打仗各兵確加詢問，其各員被害情形實有未便同邀恩卹者。查同知朱慧昌、游擊曾紹龍均駐紮鹿仔港，該處係屬海口並無城池，陳周全因該同知朱慧昌拏獲鳳山縣賊首陳光愛正法，該犯本係前案逸匪，遂挾恨糾衆首攻同知衙署將朱慧昌殺害，游擊曾紹龍倉促領兵出禦臨陣被戕，該員等雖均以身殉，但朱慧昌前辦陳光愛匪案本有疎漏，于查拏逸匪又不能慎密妥辦，曾紹龍以游擊大員不能預爲防範，賊至毫無抵禦，均未便仰邀卹典。至彰化縣本駐有副將大員，存城戍兵共有六百餘名，署副將張無咎因聞鹿港有事囑令因公在縣之游擊陳大恩帶兵二百名前赴救援。陳大恩行至中途鹿港業已失陷，即帶兵駐紮距城三里之八卦山。維時署副將張無咎以縣城插竹爲墻無險可據，今兵力又分撥兩處不敷防守，遣人往邀陳大恩帶兵回縣。陳大恩以紮營山上，正爲縣城聲援，不肯即回縣城，副將張無咎、知縣朱瀾復親往八卦山勸説，迨賊匪涌至攻破營盤，文武各員均各自戕，彰化縣城隨亦失陷。查八卦山距縣城三里，臣抵彰化後即親赴該處查勘，此地在縣城東北隅，彼時賊匪由鹿仔港來攻彰化並不經過山下，是八卦山本非扼要之地，陳大恩何得藉辭分撥兵力。署副將張無咎、知縣朱瀾既知陳大恩紮營山上不協機宜，即應督率現兵固守城池，又復親往勸説以致虛懸城守，是縣城之失該三員實難辭咎，如其身尚存自當治以應得之罪，應請毋庸議卹。其典史費曾運、千總吴見龍查係城陷被擒駡賊遇害，千總郭雲秀在彰化東門禦賊被戕，外委任尚標在鹿仔港禦賊被戕，微弁臨陣捐軀尚屬奮勇，以上四員應否議卹以示獎勵之處出自天恩。又都司焦光宗先在縣城西門防守，聞賊圍八卦山情形危急，馳往救援，甫至山脚而山上營盤已失，歸路又被賊人阻截，情急自刎滚入山坎，越日經民人邱創抬至武生林國泰家。時林國泰正在招募義民欲藉官弁聲勢即爲加緊醫治，該員隨帶傷同義民林國泰等克復城池收回潰兵，即在城駐守。臣驗明傷痕並傳詢該義民林國泰等，所供情節相符。是焦光宗尚無畏葸偷生情事，但以都司大員不能奮勇勦賊防護無虞，未便因其自刎有傷後又同義民收復縣城稍事姑容，應請旨革職以肅戎行。再查賊匪陷城有知縣朱瀾之子媳魯氏，又十三歲幼女群姑恐被賊污奔投水池，水淺不能即死，隨各投繯殞命。朱瀾失守城池雖未便濫邀卹典，其弱媳幼女從容就義尚屬可嘉，應否照從前劉亨基幼女蒲姑之例邀恩旌表之處，理合一併奏聞，恭候欽定。除陣亡受傷兵丁義民，現在確查彙同潰散各兵分别辦理另容具奏外，所有查明死事各員實在情形，謹遵旨據實覆奏，伏祈皇上睿鑒。謹奏。

乾隆六十年六月十六日奉硃批：軍機大臣詳查議奏。欽此。

四、閩浙總督伍拉納奏摺：拏獲臺灣亂民陳周全案内洪色等

[乾隆六十年五月十五日]，閩浙總督臣覺羅伍拉納跪奏：爲拏獲賊目賊夥各犯審明分别辦理，恭摺具奏事。

竊照臺灣匪徒陳周全等案内餘黨業經該鎮道哈當阿等拏獲三百餘名審明正法，先後奏蒙聖鑒在案，尚有在逃逸犯必須搜拏净盡以絶根株。臣抵臺灣後，隨即嚴飭文武各員並專派備弁不動聲色分頭慎密查拏，據各文武員弁先後拏獲賊目洪色、黄寧二名，匪夥蔡胡等五十二名並于拏獲賊目洪色等犯搜出賊旗一桿、竹鎗、半斬刀二十一把一併解送前來，臣隨會同提臣哈當阿率同署福建按察司劉大懿、臺灣道楊廷理並隨帶來

臺之候補知府徐夢麟等提犯逐一研鞫。緣洪色一犯于本年三月内聽從陳周全糾邀入夥僞封將軍名號，隨同攻擾鹿仔港殺死官兵一人，又攻八卦山殺死官兵一人，復于十七日在田中央打仗敗後隨各逃散。又黄寧一犯係聽從在逃之黄阿國糾邀，隨同陳周全攻擾鹿仔港、彰化，受過僞封將軍並殺死官兵二人。又蔡胡、江竹、林蔭、陳璧、吴得、陳法、潘壘、蔡崇生、林漢、徐珠、陳泰、廖牌、陳鐵、鄭蘭、吴菊、吴喜、楊躭、吴捉、謝趑、吴添監、高煖、李媽超、石常、郭賢文、陳海、蕭旺、林朝、劉澤、楊大用、林大江、蔣饔、葉禄、江楫、陳吻三十四犯均係聽從陳周全糾邀入夥，隨同攻擾鹿仔港、彰化兩處。又楊添慶一犯係聽從在逃之廖光明轉邀入夥，跟同攻擾鹿仔港。又李送、陳朝、蘇朝、陳望、林情、林猴山、鄭惠、詹月、蘇宋、葉岱、陳西、翁蓮、蔡容、陳彬、洪忠、鄭挺、周保十七犯均係隨從已獲正法之王快攻擾斗六門汛。以上各情節經臣逐一究訊，據各供認不諱。查洪色、黄寧均受過僞封又殺害官兵，實屬罪大惡極，合依反逆凌遲律應凌遲處死；蔡胡等五十二犯均屬同惡相濟，合依謀叛律擬斬立決。臣于審明後即恭請王命，飭委臺灣道楊廷理、署北路協副將李紹曾將洪色等五十四犯綁赴市曹分别凌遲處斬梟示。家屬財産飭查另辦，賊旗、賊械銷毁，未獲逸犯仍嚴飭文武設法慎密踹緝，務期全獲。除備録供單送部外，所有獲犯審明辦理緣由，謹會同福建水師提督兼管臺灣鎮臣哈當阿恭摺具奏，伏祈皇上睿鑒。謹奏。

[硃批]：該部知道。

五、閩浙總督伍拉納奏摺：查明彰化縣鹿仔港兩處潰散官兵分别嚴辦

[乾隆六十年五月二十五日]，閩浙總督臣覺羅伍拉納跪奏：爲查明彰化縣、鹿仔港兩處潰散官兵，分别嚴辦，恭摺具奏事。

竊照彰化縣、鹿仔港兩處戍防官兵當地方賊匪竊發，不能奮勇抵

禦以致汛防城池先後失守，雖彼時領兵將官調度失宜，而各兵丁之恇怯無能亦殊出情理之外。臣先經檄飭臺灣鎮道確切查辦。去後嗣據哈當阿查明打仗陣亡官兵七十九名，傷亡兵二名，受傷兵五十八名，又無着潰兵八十一名，其餘各弁兵均已陸續投回，造具名册移送前來。臣于抵臺灣後隨會同提臣哈當阿督同署臬司劉大懿、臺灣道楊廷理將投回各兵丁逐一研訊，内有鹿仔港額外何孟元、兵丁施萬寶、王朝興、許朝四名，又八卦山汛守額外陳金定、兵丁卓騰幅、施大勇、江沛霖、吴飛隴、林幅、陳光揮等七名，訊據供稱：當賊匪滋擾時，因見官兵打仗傷亡甚多，一時心生畏懼，先行逃避，嗣聞官兵收復縣城均赴軍前投首。又訊據鹿仔港潰兵雷允科等三十三名、彰化縣潰兵楊國標等八十二名供稱：實在隨同將官極力抵禦，惟因將官陣亡被賊沖散，在于附近村莊藏匿，一聞大兵收復城池即出投首。又據彰化縣外委李朝輝、額外鄭高龍、鹿仔港額外張玉桂同兩處潰兵薛春等六百三十一名供稱：隨同將官抵禦實因將官陣亡被賊沖散，嗣聞義民首林國泰等招集鄉勇，隨即幫同義民打仗收復縣城，鹿仔港現有義民首可證各等情。臣反復究訊並令潰散各兵自相質證，又訊之義民人等，各供均屬確實。伏查臺灣戍兵于應得錢糧之外復有加給餉項，而在籍家口又有眷糧養贍，荷蒙皇上豢養隆恩至優極渥，遇有賊匪竊發自應激發天良奮力堵禦。乃何孟元等十一名竟敢臨陣先逃，實屬目無軍紀，未便因其業經投首稍予輕貸，應請將額外何孟元、陳金定，兵丁施萬寶、王朝興、許卓、騰幅、施大勇、江沛霖、吴飛隴、林幅、陳光揮等十一名均照臨陣先退律擬斬監候，仍請旨即行正法，以昭炯戒。又潰兵雷允科等一百一十五名因將官陣亡被賊沖散，較之何孟元等臨陣先逃情雖有間，但彼時聞知義民等打仗殺賊並不隨同出力，迨大兵到縣始赴軍前投首亦難輕縱，應即照軍營脱逃兵丁投回發遣例，將該兵丁雷允科等一百一十五名發往新疆，給種地兵丁爲奴。又外委李朝輝、額外鄭高龍、張玉桂及兵丁薛春等六百三十一名被賊沖散後，隨即跟同義民打仗收復縣城、鹿仔港把守地方情尚可原，但李朝輝身係外委，本有帶隊之責，不能督率隊伍奮勇殺賊，後隨同義民收復縣城殊未便與兵丁等一律末減，應請斥革仍發往新疆效力贖罪。其餘額外鄭高龍、張玉桂、兵丁薛春等六百三十一名一併遣回原籍革伍安插以肅軍紀。查本年已屆換防之期，臣已將到臺頭起班兵分撥彰化縣、鹿仔港兩處戍守，並飭內地各原營照數募補以足兵額。其臨陣遺失鳥鎗器械除拏獲賊匪，陸續起出鳥鎗二百十三桿、腰刀一百五十二把、籐牌十六面、牌刀三十七把外，未經起獲之數尚多。軍械利器未便散失民間，臣現在嚴飭文武員弁于拏獲賊匪時嚴加查繳，並示諭各義民人等，如有查獲軍器即赴官投繳毋許藏匿。其已經毀壞不敷配用者即于失察此案之鎮將各員名下照數賠修，另册咨部。至無著兵丁並無陣亡實據，難保無畏罪潛匿情事，應即通行查緝，臣已分飭各營縣一體嚴密查拏務獲究辦。除全案供單送部並將陣亡、傷亡、受傷各弁兵分別造册咨部照例覈辦外，所有潰散官兵分別辦理緣由，理合會同水師提督兼管臺灣鎮臣哈當阿恭摺具奏，並繕清單恭呈御覽。再查義民打仗，有陣亡義民林淡宗、吴均、蔡燦、林穩、陳良五名，受傷義民吴四一名，該義民等奮勇急公致被傷害情殊可憫，臣當將陣亡義民各賞銀五十兩，受傷義民賞銀二十五兩，即傳該義民等家屬親身領給，合併陳明，伏祈皇上睿鑒。謹奏。

乾隆六十年六月二十七日奉硃批：軍機大臣會行在該部議奏。欽此。

六、閩浙總督伍拉納奏摺：臺灣糧價雨水情形

[乾隆六十年五月二十五日]，閩浙總督覺羅伍拉納跪奏：爲恭報臺灣糧價雨水情形仰祈聖鑒事。

竊臣于抵彰化後查悉早稻收獲糧價日平，當經聲明具奏在案。嗣據臺灣、鳳山、嘉義等縣，淡水一廳將糧價雨水情形按旬禀報前來，臣

詳加查覈各廳縣早收分數有九分上下不等，而鳳山以南尤爲豐稔，各處市糧價值逐日平減，即如臺灣郡城户口殷繁，臣初抵彰化時郡城糧價尚在三兩以外，今兩旬之間又已大減僅值二兩二錢零，從此農户趕碾新穀販運流通民食可期日裕。至五月以來于十一、十四、二十二等日連得澍雨，村農早收之後播種秋禾得此暄潤相資，農田更有裨益。現在委員分赴各屬查丈叛産，緝拏緣坐犯屬，臣並飭該委員等會同地方官妥速辦理，不得稍致兵役滋擾，民情安帖，地方極爲寧謐。至此時已届五月下旬，内地早收已可登場，臣復于鹿仔港、淡水各口岸隨時留心飭查，據口員禀報臺灣販回内地米船現仍源源不絶，每船均裝載一千餘石及二千石不等，沿海地方得此接濟糧價自可一律平減。臣現駐彰化督緝逸匪，惟有將賊目匪夥不動聲色按名查拏，務期根誅净盡毋致稍留餘孽，並將應辦事件次第認真查辦外，所有地方糧價雨水情形謹恭摺具奏，仰慰聖懷，伏祈皇上睿鑒。謹奏。

七、閩浙總督伍拉納奏摺：親赴臺灣查辦善後

[乾隆六十年五月]，閩浙總督臣覺羅伍跪奏：爲欽奉諭旨明白回奏並奴才親赴臺灣查辦善後事宜緣由，仰祈聖鑒事。

竊奴才承准大學士公阿、大學士伯和字寄内開乾隆六十年四月十五日奉上諭：哈當阿奏行抵灣里溪因雨暫在溪南札營一摺，已于摺内批示。此事昨據伍拉納等先經奏稱，詢之内渡商民林文濬等，據稱賊首陳周全已被義民首楊仲舍等拏獲裝入木籠解送縣城等語。今又據伍拉納奏稱，接據楊廷理禀報彰化縣鹿仔港地方經同知沈颺招募義民收復，與前詢船户所供情形相同，惟禀内祇稱擒獲賊夥殷丑、莊平而賊首陳周全曾否拏獲並未提及等語。陳周全滋擾彰化被義民首楊仲舍等設法生擒，前據船户供詞鑿鑿，並據黄奠邦禀報詢據該船户係于三月二十三日在鹿仔港開船，義民四人姓名確有指實，不似捏飾自非無據，而此次伍拉納所

奏及楊廷理所禀情形又復互異，或係賊首未獲以前之事，而陳周全于沈颺具禀之後續經拏獲裝入木籠亦未可定。至伍拉納既聞哈當阿在灣里溪因雨遷延，于勦捕事宜並無把握而賊首就擒之信前後不符，伊身爲總督自應即日渡臺前赴鹿仔港一帶督率辦理，據實詳查，乃僅派令烏蘭保帶兵前往，伍拉納在内地株守並厦門亦不到是何意見，亦令明白回奏。試思烏蘭保祗係總兵即渡臺後辦理軍務亦不過與哈當阿相等，更何足恃，而伍拉納派伊前往即爲完事，況鹿耳門洋面據稱現有形迹可疑船隻，伍拉納即不敢渡臺亦應駐紮厦門及沿海一帶相機調遣，乃總見不及此尤屬非是，亦著傳旨嚴行申飭。至楊廷理所奏同知沈颺甫到臺灣即能招集義民收復城池，所有鹿港同知既令該員署理等語。此次臺灣奸民滋事，沈颺以内地同知解餉到彼即能招集義民攻復城池，以視楊廷理等所辦轉爲得要，前已降旨令于事竣後送部引見，即著署理鹿港同知並賞戴花翎，仍著伍拉納等察看。如該員始終奮勉，將來遇有該省知府缺出即行補用以示獎勵。計此時哈當阿自己早抵彰化，將該處賊匪黨羽全行撲滅，其賊首陳周全究竟曾否拏獲，及黄奠邦、沈颺所禀何以前後互异之處著伍拉納等速行查明具奏。毋得再有含混致獲咎戾，將此由六百里加緊各傳諭知之，仍即迅速覆奏，以慰廑注等因。欽此。奴才跪讀之下不勝惶悚，伏查臺灣賊首陳周全一犯業經拏獲，當時裝入木籠解赴彰化，續經解往府城監禁，已據哈當阿、楊廷理等節次奏報在案。此厦門同知黄奠邦訊問船户王允升所供拏獲陳周全之處本屬確實，惟查船户王允升係三月二十三日自鹿仔港開船内渡，其沈颺之禀楊廷理係于二十日接到，計彰化離府城相距四百餘里，沈颺自彰化發禀之時誠如聖諭在未經獲住陳周全之前，以致互異。至奴才身爲總督既聞哈當阿在灣里溪因雨遷延，自應即日渡臺前赴鹿仔港一帶督率辦理，乃竟見不及此，僅派令烏蘭保帶兵前往，玆蒙諭旨訓飭實爲慚悚之至。現在漳、泉地方糶賑兼施之後又值早稻、地瓜將次登場，臺灣新穀亦陸續販運内渡，民食有資而海洋盜匪及内地搶奪等犯節次拏獲多名。前委金門鎮總兵李芳園等仍令在洋緝拏可期斂迹，此外别無緊要事件，所有臺灣一切善後事宜雖已委令署臬司劉大懿前往會同鎮道辦理，究恐未得要領。且現據臺灣道楊廷理稟因漳、泉民人不睦，恐致構釁。請將烏蘭保所帶兵丁内于搜捕事竣，暫留一千名駐紥彰化縣城以資彈壓等語。是臺灣民情尚須妥爲撫馭，奴才即于二十八日登舟前赴鹿仔港一帶督同哈當阿等察看情形，將一切善後事宜次第妥辦。並將漳、泉民人剴切曉諭，示以恩威，以期畏服安静，所有奴才遵旨明白回奏並親赴臺灣緣由，理合恭摺具奏，伏祈皇上睿鑒。謹奏。

夾片再，奴才現在帶印前往臺灣，所有總督及監管鹽政衙門朋馬鹽課奏銷應題應咨各案，若由臺灣辦理重洋遠隔恐致稽誤，奴才現已咨明撫臣浦代爲覈辦，即蓋用巡撫關防，理合附片奏聞。謹奏。

八、閩浙總督伍拉納奏摺：臺灣鎮道稟報並派官兵迅速配渡

[乾隆六十年]，閩浙總督臣覺羅伍跪奏：爲接據臺灣鎮道稟報並飛催前派官兵迅速配渡，恭摺具奏事。

竊臣前據泉州府廳稟報陳光愛案内逸犯陳周在鹿仔港、彰化縣戕官滋事，已將派撥官兵前往勦捕緣由，恭摺具奏在案。二十四日申刻接到臺灣鎮道報稱：三月十二日夜間有紅頭賊船進港，與本地匪徒附合攻打鹿港，賊匪約有萬餘，兵民殺傷甚多，鹿港廳署已被賊燬，同知朱慧昌查無下落等語。查前據鹿仔港内渡民人林文濬等供稱：彰化縣城于十四日失守，彰化距府寫遠，該鎮道于十五日拜摺時自尚未得確信，即所稟賊匪情形亦與林文濬等所供互異。此時無論是海洋盜船，抑係臺灣賊匪均須迅速撲滅。臣前派官兵現已大集，雖該鎮道等並未請兵接濟，但既稱賊匪萬餘，本地又有附合之人，其勢甚熾，若俟須兵策應再行派往，必致緩不濟急，與其臨時掣肘不若有備無患。臣已飭現調官兵刻期配渡，分道進發。除俟探有臺灣撲滅賊匪情形，即行馳奏外，理合由驛恭

摺具奏。再，臣途次與撫臣浦會晤，業將應辦兵船糧餉事宜會商妥辦，撫臣現已兼程回省，合併陳明，伏祈皇上睿鑒。謹奏。

夾片再，臣接據厦門同知黄奠邦禀稱：渡海夫鄭豪遞到臺灣鎮道奏摺，即傳鄭豪面詢。據稱：賊匪陳周等于十五日攻打斗六門營盤，賊匪敗走，哈提督已經統兵前往嘉義縣攻勦等語。臣查斗六門爲内山隘口，賊匪攻奪不過欲爲逃竄内山地步，今被官兵殺敗，可免勾結番民之患。提臣哈當阿于十六、七日即可到彼，自必易于撲滅，合併附片奏聞。謹奏。

閩浙總督方維甸奏摺

一、閩浙總督方維甸奏摺：查閱澎湖協水師官兵

[嘉慶十五年二月二十日]，閩浙總督臣方維甸跪奏：爲查閱澎湖協官兵恭摺糸奏事。

竊臣于二月十二日查閱澎湖協水師官兵，緣該二營額設戰船三十三隻，節次沖碎損壞未經修造船二十四隻、現留臺灣緝捕船八隻外，現在兩營僅存戰船一隻，難以會和水操，即在教場配隊演陣，尚屬整齊，而進步連環聲勢不甚聯絡，藤牌跳舞亦不甚便捷。左營步箭合式衹能及半，一等者僅有一名，鳥鎗中靶三分餘，按例不及三等。右營步箭合式衹能及半，一等者僅有三名，鳥鎗中靶三分餘，亦按例不及三等。臣將中箭四枝三枝及中靶三鎗者，立予奬賞。放鎗過遲及不過火者，當場重責斥革，其餘勒令演習。此皆由班兵藉換防出洋爲辭，不能時常操演，以致如此生踈。海外營武廢弛，已非一日，偶遇地方有事，全不得力。現當整飭之時，所有該營將領，未便仍照兵丁中靶不及分數之例，僅予降留處分，相應據實嚴參。請旨將澎湖協副將蔡安國降補游擊，右營游擊陳景星降補都司，左營游擊聶士俊亦請降爲都司，該員年逾六旬，精力漸衰，即照所降之級勒令休致。署右營守備、臺灣協右營千總陳山並未中箭，應請以經制外委降用；把總施魁麟、外委朱揚光、劉廷高弓馬生踈，俱即咨部斥革。爲此恭摺糸奏，伏乞皇上睿鑒。謹奏。

[硃批]：所參甚是，照所請行兵部知道。

二、閩浙總督方維甸奏摺：請將地丁税課所收番銀定價摺銀解赴臺灣撫卹

[嘉慶十五年二月二十日]，再，閩省民間以番銀準作紋銀行使下游各屬，賦税皆納番銀，傾銷交庫亦成紋色。每届傾銷易换之時，市上番銀較少，其價轉昂于紋銀，與他處情形迥异。臺灣全用番銀，尤比内地價貴。嘉慶十一年勦辦蔡逆時，易换番銀解臺，每庫紋一百兩僅换番銀一百三十五六圓，輕重相權，尚少二兩七八錢。此次臺灣撫卹前，據知府徐汝瀾稟請照向例易换番銀解往。臣即札商將軍慶成、輔臣張師誠，將閩海關税課並福州下游各屬地丁所收番銀毋庸傾銷，以一百四十圓作銀一百兩解臺，其交省城厦門等處地方官易换者，不得仍照時價，亦以庫銀百兩易换一百四十圓準之庫平，並較前换數目均屬有盈無絀。報銷時仍照例以銀數報銷，俟查明户口，即先將需銀實數奏聞。合併陳明。謹奏。

[硃批]：覽。

三、閩浙總督方維甸奏摺：校閲臺灣鎮標及臺灣水師協各營官兵情形

[嘉慶十五年三月初一日]，閩浙總督臣方維甸跪奏：爲閲過臺灣鎮標及臺灣水師協各營官兵分别等第恭摺具奏事。

竊臣前將查閲澎湖協左右兩營官兵陸操情形恭摺參奏在案。兹于二月二十三四等日，閲看臺灣鎮中左右城守四營暨臺灣水師協中右二營各官兵水陸合操。臣細加較（校）閲，鎮標四營陣式連環尚俱整齊，馬步騎射合式過半，而弓力不能甚勁，鳥鎗中靶亦及分數，而放鎗未能捷速，應列爲二等。又臺灣協水師兩營，水操陣式及鳧水爬桅等技均屬靈便，步箭雖及分數而不甚嫻熟，覈其技藝勝于澎湖，尚不及鎮標等營，應列爲三等。各營兵丁内間有中箭五枝、三四枝，中靶三鎗者，照例奬

賞。至各將領備弁騎射俱屬合式，亦有中三四箭者。外委陳奪魁，馬步六箭全中，即加獎拔；惟臺灣協水師右營千總陳元祐年力就衰，臺灣協水師中營把總周連春弓馬生踈，均即咨部斥革。除將班兵情形另摺具奏外，所有查閱臺灣鎮協營伍緣由理合恭摺具奏，伏乞皇上睿鑒。謹奏。

[硃批]：兵部知道。

四、閩浙總督方維甸奏摺：遵旨察看臺灣鎮總兵武隆阿等辦理械鬬案遲延情形

[嘉慶十五年三月初一日]，閩浙總督臣方維甸跪奏：爲遵旨查奏事。

竊臣前將臺灣鎮總兵武隆阿、臺灣道張志緒辦理械鬬遲延未奏緣由查叅具奏，欽奉諭旨：方維甸到臺後再詳查武隆阿、張志緒二人有無諱飾及辦理不善之處，並伊二人平日官聲如何，據實具奏。現在該二員經部臣議以革職，尚未降旨，俟該督奏到後再行覈辦，不可稍有瞻狥等因，欽此。臣在厦門起身時，接准提督許文謨咨覆，與前查情形相同，並稱委無諱飾情弊。臣復向該鎮道詢問此次不即具奏究係何人主見，伊二人内曾有何人欲奏，何人勸阻中止。據稱：中港初次械鬬于四月二十三日止息，武隆阿因聞蔡牽匪船竄至鹿耳門，不及獲犯，趕回至府城與張志緒會商，因尚未獲犯，拘泥向來辦法先稟内地獲犯審辦後再行具摺，彼此意見相同，並無一人欲奏一人阻止之事。遲延之咎，均無可辭等語。臣查該鎮道于械鬬一案，覈查節次摺稟尚與實情相符，委無激變他故，亦未諱飾，惟是械鬬初起之際，遲延不奏，復鬬之時，往來奔馳彈壓，未能即獲匪犯，直至八月初三日以後，調集兵勇屯番，始能漸次獲犯，九月内地兵到，該鎮道分地查拏獲犯始多，其辦理未能妥速之處，咎無可辭。至該鎮道平日居官辦事，臣到臺後詳加體訪，武隆阿平日于營伍積習未能整飭，尚無別項劣迹，此次在北路查辦亦公，輿情允服；張志緒外任未久，辦事未能果斷，而平日官聲頗爲謹慎。緣奉垂詢，就察看情形據實奏請聖裁，爲此繕摺具奏，伏乞皇上睿鑒。謹奏。

[硃批]：另有旨。

五、閩浙總督方維甸奏摺：遵旨察看渡臺班兵情形

[嘉慶十五年三月初一日]，閩浙總督臣方維甸跪奏：爲察看班兵情形遵旨具奏事。

竊臣前奉諭旨：渡臺班兵原爲防禦而設，若稍有不靖即須調内地兵丁，豈班兵竟屬無用？且班兵内未必盡係漳泉之人，其因何不能得力，必須調派内地別府兵丁過臺之處，著方維甸酌看情形，妥爲辦理等因。又奉諭旨：臺灣換班兵丁，原令彈壓地方，稽查奸宄，以備緩急之用，乃近來偶有釁端動輒向内地請兵，似此遠隔重洋，勞師動衆，則該處班兵豈不竟成虚設？方維甸亦應妥定章程，務俾經久無弊等因。欽此。臣查臺灣營伍廢弛積習相沿由來已久。乾隆五十三年勦平林爽文、莊大田後，經福康安等奏定班兵章程，嚴密周詳，今臣重至臺灣，已逾二十餘年，連日查詢情形，惟奎林在總兵任内廉介嚴萬，將弁尚能遵守，嗣後則日漸因循，雖不至如從前之甚，而不肖弁兵不免復萌故習，原定章程大半廢擱，近年以來又因蔡牽、朱濆、張送等匪徒叠次滋擾，械鬬之案接踵而起，鎮將在營日少，亦未能力加整飭。玆蒙垂詢渡臺班兵因何不能得力動輒向内地請兵，臣遵旨悉心訪查其故，實有數端。查班兵例由内地派發，内地營伍已不能一律精練，而換防兵丁又不認真揀選，且有隻身無依之兵代人應役，告請换防，甫經回營，旋復派出，在臺日久，往往偷惰游蕩，甚或生事擾民，即安分之人亦因兵房坍塌，在外營生，違例婚娶，班滿之後，仍復逗留，此原派不慎不能得力之實情也。又班兵三年期滿，即應停餉候代，而内地班兵並不按照定期派出，舊班早滿，新班未來，曠悮差操，勢所必至，即如十二年分金門鎮第三起班兵例應于十三年正月初一日出營，四月初一日到臺，乃藉稱水師出洋未

即派出，經臣嚴切檄催，始行到厦，督押來臺已逾限一年十一個月之久，餘營大概如斯，總未能按限更换，其班期未滿開革事故兵丁，除本處應募水師外，其餘例由内地撥補者，更不能隨時派到，兵額不足實由于此。臣督同該鎮查明，現在班滿候代、尚未撥來者一千六十五名，事故未補具報有案者二千三十九名，兼之添防山境海口汛地，分兵甚多，存營兵數益少，猝有徵調，難成大隊，此兵額不充不能得力之實情也。又臺灣各營内漳泉班兵稍有膽氣，而彰兵鎗箭又優于泉州，遇事調用漳泉之兵較勝他處，從前在臺滋擾各逆匪如林爽文、陳周全、蔡牽、張送等，非漳即泉，彼時派令漳泉班兵禦賊，尚無觀望之意，惟遇分籍械鬬之案即不免各護同鄉，心存膽顧，若派往异籍村鎮更恐激成事端，此平時得力兵丁因有分類積習亦難得力之實情也。上年械鬬數月，延及一廳兩縣，地方寬廣，在在需兵，臺灣鳳山雖未争鬬，然府城爲全臺根本；南路民情最悍，不便空營調出，且四五月間蔡牽竄至鹿耳門，七月以後朱渥總在北路游奕，海口要港均須留兵防範，班兵既不得力，派撥又屬不敷，是以請調内地兵丁過臺，藉資彈壓，今欲整飭班兵以備緩急之用，應令内地各營挑選精壯兵丁如期更换，到臺之後尤須齊集在營，嚴禁游惰，實力搀防，若能恪遵定例，實力遵行，自可悉成勁旅，亦不在多設科條全更舊制。其有今昔情形不同，各處汛地宜裁宜並及如何稽查弊竇之處，容臣親至南北路查飭後，再行酌擬具奏。所有察看班兵情形，理合先行覆奏，伏乞皇上睿鑒。謹奏。

[硃批]：另有旨。

六、閩浙總督方維甸奏摺：遵旨查明被蝗災之臺灣各屬毋需接濟

[嘉慶十五年三月初八日]，閩浙總督臣方維甸跪奏：爲遵旨查明被蝗之臺灣各屬毋需接濟恭摺覆奏事。

竊臣前奉諭旨：本年閩縣、侯官二縣所屬低窪田地被水，又長樂猝

被颶風，早稻收成歉薄，又臺灣府城及鳳山、嘉義、彰化一帶被蝗，節經隨時加恩分别賑卹，第念來春青黄不接之時，民力不無拮據，傳諭該督撫等體察情形，如有應行接濟之處，迅即詳查，據實覆奏，候朕于新正降旨加恩等因。欽此。當經臣會同撫臣張師誠查明，閩縣等縣毋需接濟，並飛催臺灣詳查，請俟覆到據實奏聞緣由先行具奏在案。兹據臺灣道張志緒等詳稱，欽奏恩旨，將被蝗損傷田禾地方撫卹一月口糧，業經覈實散給，各貧民生計有資，無不感頌皇仁，歡呼載道，現在民情十分寧謐，糧價亦俱平减，毋需接濟等情。臣覆加查覈，現在雨暘應候，春收可期豐稔，民力不致拮據，應如該道等所詳，毋庸再行接濟。理合恭摺覆奏，伏乞皇上睿鑒。謹奏。

[硃批]：知道了。欽此。

七、閩浙總督方維甸奏片：密陳漳泉粤三籍民人械鬬似于地方有益

[嘉慶十五年三月初八日]，再，漳、泉、粤三籍民人，各分籍貫不能和睦，相沿惡習固應化□。然臺灣民情浮動，不僅械鬬即豎旗聚衆亦皆視爲尋常。設使三籍聯爲一氣，于海外要地轉非所宜。猶幸黨類區分，各不相下，遇有莠民滋事，其异籍之人必爲義民與之樹敵。自康熙年間至今，悉皆如此。今藉此互相鈐制，仍禁其仇殺相攻，兼用經權，似于地方有益。此臣愚昧之見，不敢稍有宣露，謹一併附片密陳。謹奏。

[硃批]：覽。

八、閩浙總督方維甸奏摺：查明覆陳臺灣漳泉粤民人械鬬實情並遵旨籌議章程

[嘉慶十五年三月初八日]，閩浙總督臣方維甸跪奏：爲查明械鬬起釁根由遵旨籌議章程據實覆奏事。

竊臣前奉諭旨：方維甸到彼後，當秉公查訊，將械鬬之案因何而起，該三處民人何人爲首，分别懲創再加安撫，人心輸服，自必漸就寧戢等因。欽此。又奉諭旨：所有臺灣善後事宜，著方維甸體察情形，嗣後遇有漳泉粤莊等處民人因事争競，如何妥立章程即爲伸理曲直，不致釀成重案之處，悉心籌議具奏等因。欽此。又奉諭旨：臺灣地方本少土著，係漳泉粤三處民人在彼錯處，該民人等各分氣類，動輒滋事，應如何妥爲約束，各就寧居，必當明立章程，俾地方永臻寧謐等因。欽此。

臣查節次拏獲首從各犯，俱經提督許文謨審明辦理，嗣因奉旨令臣訊究起釁根由，將續獲起釁之蔡成及糾鬬通番之翁聰明、賴捷元、梁鴻舉等犯解送前來。臣隨親提審訊，此案起于淡水地方，該廳所屬後厝莊近臨海濱，係漳泉民人雜居之處，距中港漳莊三里，距後壟泉莊亦祇二十里。蔡成係後厝泉人，與同莊泉人黄紅之妻晚娘有奸，上年二月晚娘又與泉人王榜奸好，本夫均屬知情。四月蔡成因晚娘將伊竊案説出，前往吵鬧。黄紅與蔡成鬬毆，幫毆者祇有數人。初八日，黄紅自燒住房，誣賴並燒漳人房屋，同莊漳人驚惶遷徙。初十日，有竹塹泉人周取、林光成前來中港調處，尚未議定。是日，適有匪船駛近海邊，後厝莊泉人各携砲械出禦，中港漳人心疑泉人攻打中港，糾聚預備，並將周取殺死。次日，黄紅遂糾泉人攻燒三塊厝漳莊，後壟泉人杜明珠聞知，遂傳知各泉莊出鬬，兩籍民人從此争鬬。南至彰界，北至艋舺，羣起附和。

臣思臺灣民情浮動，每因細事械鬬，然亦不過附近數十莊互鬬，一兩旬而止，何以此次蔓延至一廳兩縣地方，屢息屢起，幾及半年之久。上年曾奉諭旨，以漳泉民人既無深仇積怨，何以僅因細故仇殺，恐情節不止于此。仰見皇上燭照萬里，至聖至明。臣到臺後體訪情形，並向各犯詳訊此案。雖釁起蔡成，而推求大鬬之由實因别有夙怨。緣嘉慶十一年二月，漳籍義民自二詈寮堵禦蔡逆後，回至中途，獲解泉人魏猛衹係竊賊，妄稱爲蔡牽夥黨，而泉人出保，且辯其並非竊犯，彼此正在争論，該義民等復揚旗擊鼓，經過龍山寺前泉人遂以送殯打鼓之言譏駡，互相口角。漳人先殺泉人數命，泉人糾衆與鬭，漳人敗逃。兼有逸匪泉人王果、漳人陳懷等各糾夥黨焚搶。嗣經漳人吴顧設計僞和，騙出後壟泉人，殺斃多命，隨拏獲王果、陳懷五十七名分别嚴辦。是年七月，曾經賽沖阿具奏在案。其時泉人尚欲復鬭，因文武各員彈壓查禁，隱忍而止，後壟一莊尤抱不平，飲恨數載未得釁端。兹因蔡成、黄紅鬭毆之事，可以借端報復。故後壟泉人杜明珠首先傳信各泉莊，于四月十一日共攻中港，械鬭從此而起。經總兵武隆阿、知府徐汝瀾分路彈壓，二十三日鬭稍止息，民人漸次歸莊，猶相猜懼，時值早稻成熟，不敢遠出收獲，遂有無賴匪徒包攬割稻。泉人戴奉羣爲大甲泉莊割稻，因將漳莊稻穀搶割，重起争端。五月二十一日，他莊附和復鬭，各僱匪徒守莊，地方文武趕到即行解散。六月初三日，兩籍董事義首出而勸和處息。兩月以來，械鬭地方皆在淡水、彰化，並未延及嘉義，雖有匪徒因守莊而攻莊，因割稻而搶稻，尚未肆行焚掠。迨是月二十一日，嘉義匪犯張紅忽糾集山内漳人四出焚掠，而泉人之爲匪者亦復效尤，並有兩籍匪徒散布假名字貼，捏稱某莊于某日來攻，又遣數人奔馳而過，喊稱某處已被某莊攻破，追殺將至，因此互相恐動。强者誤信謡言，相率出鬭；弱者人人危懼，遷徙流離。兩籍匪徒遂各乘機搶掠，且有趁擾攘之時，本籍之人亦即搶本籍村莊者，到處横行，殆無寧宇。嘉義既動，彰化復起。自六月下旬直至八月，焚搶情形更甚于前。府城鳳山一帶皆有謡言，人心惶懼。鎮道等一面彈壓，一面查拏各犯，該二縣始漸安静，惟揀東各漳莊與沙轆牛罵等泉莊尚在相持。此漳泉械鬭于兩次止息又復大鬭之實情也。至于粤民，素甚强悍，頗有心計，本與漳泉無仇，向與泉人交好，每至漳泉互鬭之時，負販不通，惟粤人貿易通行，得以居奇獲利。故粤人利于械鬭，或不免暗中唆撥。四月中泉人往攻大墻圍，而粤莊買路放過，漳人因與結怨，但無確據尚未相攻。八月内各處械鬬稍止，泉人多逃避粤莊。九月初五日，粤人梁鴻舉、蔡發生、鐘阿生商量寫書一封，聲言生番出山，幫助泉人潛擲漳莊，借以挑釁。初八日，翁仔社粤人挑米赴沙轆出賣，爲漳人吴志等殺死二名。漳人遂謂粤莊不應收留泉人，今又賣米接濟，孽由自作。粤民聞之不忿，徐阿沐、吴文斐、黄老、鄭祥麟、何幅觀傳信粤莊糾聚。初九日，鄭祥麟往攻大湳漳莊。十一、十二等日漳人連次攻破粤莊多處，被害較多，鄭祥麟與梁鴻舉等商議，往約粤籍社丁張壽生、吴阿戎，勾出沙里興社生番幫助，許給猪酒銀圓，遂邀生番四十名至石岡仔守禦。十三日漳人來攻，被生番打敗，乘勢往攻漳莊，生番岱穆攸敏一名亦被殺死，旋即回巢。粤民復奔至後壠之猫裏粤莊求救。二十四五等日，往南港滋擾。候補知府楊廷理至猫裏、田寮莊等處曉諭，均即解散；武隆阿亦趕抵中港，會同該府傳到三籍之人，嚴諭出結，拏解匪犯，械鬬從此止息。此漳粤搆釁兩旬始定之實情也。

伏查臺灣民俗，囂凌争勝好利錮習牢不可破，而糾衆之頭人，煽惑之匪棍，分類尚係托名，大抵借此搶奪，其居心狡險，尤爲可恨可惡。臣到臺後，雖已出示剴切曉諭，但頑梗之徒亦非口舌所能化誨。且此次粤莊多被攻破，旋經彈壓止息，若不拏究攻擾要犯，恐其心亦不能平，又致如後壠泉莊蓄謀報復之事。臣已嚴飭地方文武，除已獲之三百六十餘名外，仍將各籍糾鬬要犯、焚搶匪徒實力查拏，（[硃批]：是）秉公嚴辦，以懲兇頑而杜後患。至于平時約束章程，總在嚴拏搶奪匪徒，究辦包庇兵役，以清械鬬之源；精練班兵技藝，清釐各屯番丁，以備緩急之用。遇有分類争鬬，地方文武立往查拏，剖斷須極公平，懲辦則宜嚴速。果能隨時留意，諸事認真，縱或小小争鬬不能一時盡絶，總不至各處蔓延釀成大案。再，將備廳縣等官，尤須處處得人，方可力加整飭，容臣周歷巡查，接見各員，察其才具官聲，應參者即行奏參，應撤者即行奏撤，斷不敢稍事姑容，上負委任。除蔡成等犯現在暫留跟訊逸犯另行定擬奏辦外，所有查明械鬬起釁實情及籌辦緣由理合恭摺具奏，伏乞皇上睿鑒訓示。謹奏。

[硃批]：有案必須速辦，總以公正爲本，平時操防勿懈，嚴查兵役滋擾，舍此别無良策。朕思及班兵停餉及换班不用漳泉二處兵丁二節，另有旨諭。

九、閩浙總督方維甸奏摺：臺灣鳳山縣知縣周元梓才不勝任請旨勒休

[嘉慶十五年三月十五日]，閩浙總督臣方維甸跪奏：爲知縣不勝要缺恭摺糸奏請旨勒休事。

竊照臺灣鳳山縣地方，西臨大海，東接内山，閩粤民人雜處其間。習俗最爲刁悍，撫綏駕馭治理甚難，並有防堵洋匪、安輯番民之責，員缺緊要，必須幹才。現任知縣周元梓由斗六門縣丞陞補，該員久任臺灣佐雜，曾署澎湖通判，詢以地方情形，應對茫然，才識既不開展，現年已届六十，精力亦頗衰頹，不特于海外要缺不宜，即内地簡缺亦難勝任。應請旨將鳳山縣知縣周元梓勒令休致，所遺鳳山縣缺，容臣咨商撫臣張師誠揀選廉幹人員另行會摺奏補。除先行撤回札委在臺灣差遣之候補知縣顧朝棟前往署理外，所有撤回知縣勒令休致緣由理合恭摺糸奏，伏乞皇上睿鑒。謹奏。

[硃批]：照所請行吏部知道。欽此。

一〇、閩浙總督方維甸奏片：臺灣鎮總兵武隆阿等拏獲海盜李佑一名

[嘉慶十五年三月十五日]，再，查臺灣鎮武隆阿、候補府楊廷理報獲李佑一名，係朱濆幫内盜夥，並非械鬬案内之犯。臣親加提訊，據該犯供認，嘉慶十二年八月，投上朱濆盜船入夥。朱濆撥給小船一隻令其管駕，該犯隨同朱濆、朱渥在粤閩各洋面行刦過商船貨物，不記次數。

十四年八月，隨朱濆盜船在鷄籠停泊，該犯因家居淡水所屬之擺接莊，欲往祭掃，途中染病□□。朱濆盜船開行，該犯不及上船，旋被獲。察上上年北路械鬭，該犯並無幫鬭情事，究詰不移。查李佑在洋行刦多次，又未隨同朱渥投首，應照江洋大盜斬梟例擬斬立决。臣于審明後即恭請王命，將該犯綁赴市曹處梟首傳示。謹奏。

嘉慶十五年四月二十四日奉硃批：刑部知道。欽此。

一一、閩浙總督方維甸奏摺：審明臺灣民人械鬭案内蔡成等首從各犯分別定擬

[嘉慶十五年三月十五日]，閩浙總督臣方維甸跪奏：爲審明械鬭案犯定擬具奏事。

竊械鬭案内首從各犯業經提督許文謨節次審明奏辦，兹將續獲之初次起釁及糾鬭通番之犯解送前來。臣親提詳訊，業將各供内訊出械鬭起釁根由據實覆奏在案。

兹臣督同臺灣鎮武隆阿、臺灣道張志緒提犯覆加訊問。蔡成一犯，係與已獲正法黄紅之妻晚娘有姦，因晚娘將伊竊案説出，往鬧互鬭，因此起釁，該犯糾邀已獲正法之楊好、劉九、林信即蔡信等，寫信邀現獲之吴願糾人報復，攻打後厝莊，該犯殺死奸婦晚娘，又殺死泉人一命；吴願一犯，係轉糾未獲之戴淺，糾人攻打後厝莊一次，又十一年二月，漳泉人械鬭，即係該犯設計僞和，騙出泉人，殺死多命；翁聰明一犯，係遣令現獲之林裕送信，糾人攻打中港一次，又糾已獲正法之林駭等，攻打大墻圍漳莊一次；吴小二即吴志一犯，係隨同未獲之楊泰往攻泉莊，見有粤人挑米經過，該犯殺死一人，又被衆人殺死一人；林裕一犯，係聽從翁聰明送信，糾已獲正法之棠溪、未獲之杜元等攻打中港，焚燒房屋一次；梁鴻舉一犯，係與未獲之蔡發生等，寫信聲言生番出山，幫助泉人潛擲漳莊挑釁，又約現獲之吴阿戎、未獲之張壽生，勾出

生番械鬬一次；徐阿沐、何幅觀二犯，係各傳信粵莊糾鬬，連攻漳莊一次，徐阿沐焚燒房屋，何幅觀又同生番攻打漳莊一次；賴捷元一犯，係與已獲正法之林魁，買布做旗，分交未獲之林生等，連攻粵人多莊，封賣粵莊穀石得銀分用；吴阿戎一犯，係聽從梁鴻舉等，與未獲之張壽生勾出生番，攻打漳莊一次。究詰各犯，俱各供認不諱。查蔡成、吴願、翁聰明、吴小二即吴志、梁鴻舉、徐阿沐、何幅觀、賴捷元八犯，或肇釁糾鬬，或下手殺人，均屬罪魁禍首，應請照臺灣械鬬爲首均照光棍例擬斬立决；林裕聽從送信，糾人助鬬，並焚燒房屋；吴阿戎聽從勾出生番助鬬，以致殺害多命，均屬同惡相濟，亦請照光棍例擬斬立决。該犯等情罪重大，未便稽誅，臣于審明後即恭請王命，飭委臺灣道張志緒、護臺協副將吴安邦將蔡成等十犯綁赴市曹處斬，仍梟首傳示，以昭炯戒。其杜巖一名，訊係杜明珠、翁聰明寫信令其糾人，並未聽糾，又被杜元逼勒不從，旋逃往淡水，被案犯誣扳到案，訊明實屬無辜，應予省釋。除將各逸犯勒拏務獲究辦外，合將審擬辦理緣由恭摺具奏，並繕供單恭呈御覽，伏乞皇上睿鑒。謹奏。

[硃批]：刑部知道。

一二、閩浙總督方維甸奏片：嘉義彰化等地貧民被搶查覈撫䘏

[嘉慶十五年三月二十二日]，再，嘉義、彰化一帶被搶貧民欽奉恩旨撫䘏三月口糧，臣遵即飭行該地方官確查，與被蝗撫䘏之處分别查辦。兹據道府面禀，上年九月鬬息之後，逐加安撫，陸續歸莊，其無屋栖止之人，今春始行復業，應將嘉義、彰化及淡水境内並未被蝗，祇係被搶之處一體挨查，覈實散給等語。臣現赴南北兩路巡查，順道稽覈統計實用若干，專摺具奏，斷不容冒濫滋弊。謹奏。

[硃批]：覽。

一三、閩浙總督方維甸奏摺：臺灣屯務廢弛請通行查勘體卹番丁以資調遣

[嘉慶十五年三月二十三日]，閩浙總督臣方維甸跪奏：爲臺灣屯務廢弛、應請通行查勘體卹番丁以資調遣事。

竊照臺灣熟番九十三社，于林爽文滋事時，隨同官兵打仗出力，經福安康會同前撫臣徐嗣曾奏請，仿照四川屯練之利，挑募番丁四千名，于南北兩路，分設大小十二屯。大屯四處，每屯四百人，小屯八處，每屯三百人，共設屯千總二員、屯把總四員、屯外委十二員，撥給近山未墾番地，其已墾番地賣斷于民者另行勘丈陞科。嗣經徐嗣曾飭委知府楊廷理、徐夢麟等，丈出未墾番界荒埔地五千六百九十一甲零，每甲合内地民田一十一畝三分一釐，奏准分撥屯番、屯千總各給地十甲，屯把總各給地五甲，屯外委各給地三甲，屯丁每名分別距屯遠近，各給地一甲至一甲六分不等，共給荒埔地五千六十九甲零。令各番自行開墾，免其納賦，禁止民人典買，尚剩六百二十一甲零，召墾成熟，按則科租，以充屯務公用。其民人已經墾熟番地，查照乾隆四十九年勘丈之案，覈實覆丈，分别陞科。此外，復另行丈出民人侵耕番地三千七百三十五甲零，按則陞租。每年徵收番銀四萬一千三百四十一圓，名爲屯租，官爲徵收，内除應撥給近山隘丁口糧、佃首辛勞番銀二千一百三十圓外，每年尚存番銀三萬九千二百一十一圓，奏准勻給屯弁、屯丁，名爲屯餉，每年例給之數：屯千總每員各給番銀一百圓，屯把總每員各給番銀八十圓，屯外委每員各給番銀六十圓，屯丁每名各給番銀八圓，于二月、八月由地方官支撥，每年共支三萬三千二百四十圓，尚存五千九百七十一圓，令各廳收儲，以備興修水利、紅白賞卹、一切屯務之用。原定章程俱經部議覆准，至爲詳備。

兹臣周歷臺灣南北兩路，經過各屯、番社，體訪番情，甚爲艱苦。屯丁亦不足數，推求其故，總由番性愚直，民俗刁頑，官給各屯未墾之

地，多被奸民社丁等串通欺詐，誘令典賣、越界霸占，剩有磽確荒埔，番丁亦無力耕種。屯務廢弛，地方官並未清理，至應徵屯租原例應廳縣收發，嗣因間被水沖沙壓，徵收不齊，前署臺灣府楊紹裘等議令屯弁自向民户徵收，散給屯丁，不復官爲經理，以致刁民抗欠積纍甚多，即有交納，亦每爲屯弁通事侵蝕，屯丁所得無幾，日形苦纍，地方廳縣竟不過問，亦不按年報銷，所有屯弁自收屯租之議，祇係楊紹裘等自定章程，並未奏咨有案。現在各屯除臺灣一縣于嘉慶二年仍歸該縣徵收，其餘一廳三縣因循至今，並未改歸舊制。臣查熟番自歸化以來，極爲恭順，嫻習鎗箭，奔走趫捷，如岸里等處社番，打仗尤爲勇往，節年勦辦林爽文、蔡牽等逆匪，均經出力，該番等素性淳質，勝于臺灣民俗與漳泉民人，又無嫌怨，遇有分類械鬬之案，較之漳泉兵丁尚爲得力。如果屯務修舉，即有四千名番丁可供調遣，用以協助班兵，實爲捍衛地方之至計，且民人侵貪無厭，剥削番社，生計日就困乏，若不亟爲查辦，番黎無以資生，于事尤有關係。臣現在飭委鹿港同知薛志亮查勘北路各屯，署鳳山縣知縣顧朝棟查勘南路各屯，先將原給屯番埔地逐處履勘，凡有民人誘令典賣者，悉令自首歸番管業，再將徵收屯租之熟地三千七百三十五甲逐一清查，何處水沖若干，墾復若干，現應徵租若干，仍歸地方官徵收支發，並查明積年民欠，分別辦理。俟查明具報後，再會同撫臣張師誠查照舊定章程悉心會議，奏請訓示。所有委查屯地屯租緣由理合先行恭摺具奏，伏乞皇上睿鑒。謹奏。

[硃批]：另有旨。

一四、閩浙總督方維甸奏摺：查詢臺灣知府徐汝瀾並無專寫漳股字樣亦無受饋等情形

[嘉慶十五年三月二十日]，閩浙總督臣方維甸跪奏：爲遵旨查詢具奏事。

竊臣前奉上諭：方維甸叅奏署臺灣府知府徐汝瀾請旨解任一摺，徐汝瀾曾任泉州府屬知縣，于臺灣府任内，出示率寫漳匪字樣，以致漳州民人不服，即不免有偏袒之見，又于生日避居泉民莊内，更難保無聽囑受饋等情，徐汝瀾著先行解任，交方維甸于渡臺後秉公查訊，據實具奏。欽此。

臣到臺後即飭調府卷内示稿查閲，有沿山漳匪出旗攻燬泉莊，濱海泉匪亦即出旗攻燬漳莊之語，係並指漳泉匪徒，尚非專寫漳匪。臣恐有事後改卷情弊，仍應查起原示覈對，嗣據總兵武隆阿呈送原存大肚下街印示一張，又提督許文謨查送枋橋頭印示一張，俱覈于府卷相同，惟知府楊廷理呈送梨頭店印示一張，示内删去泉匪二字，並將亦即出旗四字顛倒書寫，改爲濱海出旗亦即攻燬漳莊，臣細閲各示，印文標判俱非假捏，何以緊要字句互异，復向徐汝瀾面訊所發告示究係何人所寫。據稱：上年四五月，在彰化查辦械鬬，隨帶府署書吏曾義等三名，因事務繁多，又令彰化縣書吏幫同繕寫，不能記憶姓名等語。隨令府書默寫，筆迹不符，兹至彰化傳提該縣書吏，各寫字樣，惟王文恭筆迹相似，即提該犯切實根訊，據供：我是泉州府同安縣人，充當彰化縣書辦，上年五月，徐本府叫我謄寫告示，小的是泉州人，見示上寫有泉匪字樣，就把這兩字落去未寫，又把出旗兩字寫在亦即兩字之前，連屬上句，這是小的護著同鄉，有心錯悮顛倒，並無别故，今蒙查出，不敢抵賴等供。詰以漳泉各分氣類，爾既私自换减字句，必係聽受囑托，令其據實供出。據供：我寫這張告示，是發往犁頭店漳莊上貼的，因示内指言泉匪，一時糊塗，起意删改，並非聽人囑托，若果有人指使，便可輕减小的罪名，豈肯代人隱瞞呢？復據犁頭店民人供稱，此示發來莊上懸挂，漳人看見有漳匪字樣，並不指出泉匪，都説徐知府不公道，即欲扯毁，經廣東人勸阻等語。臣詳覈各供，悉心體訪，徐汝瀾于安撫各莊回至彰化後陸續繕發各莊告示，犁頭店漳人一見告示，兢言徐汝瀾斥漳人爲匪徒，偏袒泉人，漳州各莊遂互相傳説，雖所發告示並提漳匪泉匪者，亦不肯粘貼。其時專指漳匪字樣告示衹此一張，現據王文恭供認，朦混删改，尚非徐汝瀾有心偏袒。至徐汝瀾于生日避至泉莊，恐有聽囑餽送情弊。臣傳訊徐汝瀾家人楊陞、差役游德，隔别研訊，均稱上年四月三十日，跟隨徐本官自彰化起身，在秀水埔、姜畣等泉莊安撫難民，就在惠來厝泉莊借林文睿空屋住宿，初一日清晨起程安撫中莊、臺灣、溝馬、芝遴等泉莊，到鹿港那日，是徐本官生日，到時天色已晚，莊内居民多已搬移，實没有人來餽送禮物，初二日又回至彰化，初三日又起身安撫各漳莊，即在大墩漳莊住宿，初五日安撫各漳莊，仍回彰化是實，加以刑嚇，矢供如前。復傳漳州義首董事王松、江文瀾等再四開導，據稱：漳人因徐知府告示有漳匪字樣，漳人原説徐知府做過晋江縣偏向泉人又于生日到泉莊的話，實未聞泉人餽送囑托的事，如果有此等情弊我們漳人豈肯不説求詳情等供。臣復接據提督許文謨及道員馮鑾、知府楊廷理查訪咨禀均稱實無餽送之事，與現訊情節相符，查律載詐傳四品衙門官言語者，杖一百；又例載吏書舞文滋弊加一等治罪，各等語。此案書吏王文恭庇護同鄉改竄告示字句雖係在械鬬月餘之後，並未因此起釁，但該犯以在官人役沾染分類惡習，情殊可惡，王文恭應比照詐傳四品官言語杖一百律，照例加一等應杖六十徒一年，加枷號兩個月，遞籍充徒。徐汝瀾雖訊無偏袒聽囑等弊，但于書吏改寫告示漫無覺察又于生日時不避嫌疑輒在泉莊住宿，實有應得之咎，徐汝瀾前已解任，仍請旨交部議處。所有查訊情形，理合恭摺具奏，並録示稿于王文恭私改字句粘貼黄簽恭呈御覽，伏乞皇上睿鑒。謹奏。

[硃批]：刑部議奏。

一五、閩浙總督方維甸奏摺：特參嘉義縣知縣楊發和驗訊命案不實請旨革審

[嘉慶十五年三月二十三日]，閩浙總督方維甸跪奏：爲特糸知縣驗訊命案不實罪關出入請旨革審事。

竊照嘉義縣民林寧被胡淑用棍毆傷後自縊身死一案，先據該縣楊發和詣驗，林寧顖門碗片劃傷一處，咽喉上繩痕一道八字交，係屬被勒身死。經該縣提同尸妻、幼子幼女及傭工胡輕審訊，係林寧新買地畝已給胡淑佃種，林王氏囑夫討回自種，胡淑不允較鬧，將林寧推跌，林寧氣忿，自用碗片劃傷，林王氏本與胡輕有奸，起意商同奸夫將本夫林寧勒死，誣賴胡淑毆斃。惟林王氏堅不供認，稱伊夫實被胡淑霸佃牽去耕牛毆傷，並無謀勒情事，尸弟林尾即照林王氏供情上控該縣，亦即具稟，當經前督臣阿林保、撫臣張師誠行司飭委臺防同知薛志亮、臺灣縣知縣程文炘啓棺檢驗，林寧尸骨右額角木器傷一處，嗓喉結骨及兩耳根骨俱有縊痕一處，十趾有紅色，項頸骨無故，委係受傷後自縊身死。隨行提人證會同審訊，緣林寧與胡好共買陳媽乙園地，各管一坵，林寧所分園地被原佃胡淑霸耕不退。嘉慶十三年十二月初八日，林寧前往翻犁，欲行自種，胡淑攔阻，用棍毆傷林寧右額角，經高百惟勸散，胡淑遂將林寧牛隻牽去變賣，林寧氣忿莫釋，是晚潛赴廳上自縊殞命，工人胡輕睡起，喊救無及，報經該縣楊發和驗係勒斃，向胡輕究訊，並欲刑夾，胡輕慮恐受刑，誣認與林王氏通奸，謀死圖賴胡淑，尸子尸女年幼畏懼，扶同混供各情填格録供。通詳該縣楊發和驗尸訊供均有不實，由該管道府揭報前來，臣查命案全憑相驗，縊死與勒死情形迴殊，尸身縱有發變，傷痕亦可辨别，乃該縣並不悉心查驗，輕聽仵作喝報，率以縊死填爲勒死，並將右額角木器傷混填顖門碗片劃傷，又不虚心研鞫，遽欲刑求以致胡輕誣認因奸謀命，重情其中難保無故勘情弊，雖續據該縣稟道委員會訊，但係在尸弟上控之後，又安知非事已告發始爲此掩飾之計，

必須徹底嚴究，方可水落石出，相應請旨將嘉義縣知縣楊發和革職，以便提同犯證嚴審定擬。再，臺灣遠隔重洋，若將尸親人等全行提省，未免拖纍，應請先交該道提訊，明確定擬罪名，將兇犯刑仵要證同該縣楊發和解省覆審，合併陳明，伏乞皇上睿鑒。謹奏。

[硃批]：另有旨。

一六、閩浙總督方維甸等奏摺：請裁臺灣額外新募水師

[嘉慶十五年三月二十八日]，閩浙總督臣方維甸、福建陸路提督臣許文謨跪奏：爲請裁臺灣額外添募水師仰祈聖鑒事。

竊照臺灣額設水師臺協三營、連炊糧在內，共兵二千二百七十名，艋舺一營，連炊糧在內，共兵三百四十八名；又另有在臺添募水兵一千一百四十四名，添設額外外委十員，係在舊額之外；此項添募兵丁，原因蔡牽竄擾，經玉德添造大□商式同安船三十隻，船多兵少，不敷予配，是以揔兵愛新泰于嘉慶十年奏准添募，每年應需正餉銀二萬七百七十二兩，本色米四千一百五十四石四斗；茲據揔兵武隆阿呈稱，臺灣熟諳水性健丁，捕魚駕船，不肯應募。前添水兵多係本地無業游民，不耐勤苦，緝捕殊不得力，留營實屬虛糜，可否酌量裁汰等語；查臺灣處處濱海，額設水師原不甚多，若果新募水兵實能得力，亦不敢靳惜經費，遽行請裁；茲臣等詳加體訪，此等新兵不但不能得力，且多賭蕩成性，欺凌小民；現在洋面畧比從前安静，臺灣水師又以巡哨守港爲要，並不遠涉大洋追勦；應請旨將募水兵一千一百四十四名，陸續裁汰，其撥給艋舺新營水兵一百九十八名，係屬新定兵額，仍于内地水師酌撥擼防；所有應裁之兵，除該鎮已報曠缺未補各兵外，其餘即行裁汰，按月具報，每年計可節省銀二萬七百餘兩，米四千一百餘石；水兵即裁，兵船亦可酌減；臣方維甸查玉德請添之三十船，除准銷例價之外，尚不敷銀二萬五千二百餘兩，經藩司景安覈實具詳，玉德未經具

奏，亦未茲部嗣令通省擬捐；臺灣文武約擬十分之四，内地文員約擬十分之六；並議定修造届限，令營員辦理；今查此項船隻，全行沉失損壞，惟各廠代造十隻内造竣九隻，其各營修造之二十隻；總因臺灣工料倍昂，營員無力賠墊，因循至今，較之賽沖阿奏改小修爲大修時益加朽蠹；賽沖阿請造之大横樣船八隻，亦未辦理；其臺灣舊額各船損壞未修者亦多，自應通行籌議；如奉諭旨准裁新募水師，臣方維甸再會同撫臣張師誠酌議，應裁應留另行奏辦。是否有當，伏乞皇上睿鑒訓示。謹奏。

嘉慶十五年四月二十六日奉硃批：另有旨。欽此。

一七、閩浙總督方維甸奏摺：查閱澎湖臺灣鎮各營汛官兵情形

[嘉慶十五年四月十三日]，閩浙總督臣方維甸跪奏：爲閱過南北各營汛官兵分别等第恭摺具奏事。

竊臣前將查閱澎湖協兩營、臺灣鎮標三營、城守營、臺灣協水師三營官兵情形，先後恭摺具奏在案。兹臣周歷南北兩路，閱看南路營下淡水營、北路協中左右三營、艋舺營及駐防鹿港海口之臺灣協水師左營各官兵將弁兵丁，並將鎮標分汛弁員校閱；查各營陣式連環尚俱整齊，雜技亦尚可觀；内北路中路營馬步騎射合式過半，鳥鎗中靶六分有餘；右營馬步騎射合式過半，鳥鎗中靶五分有餘，覈計鎗箭雖及分數而弓力不勁，架式平常，鳥鎗亦不甚捷速，仍應列爲二等；北路左營馬兵騎射合式不及一半，鳥鎗中靶四分餘；艋舺營馬步騎射未及合式，鳥鎗中靶四分有餘；南路營下淡水營馬步騎射合式過半，鳥鎗中靶二三分不等；臺灣水師協左營步箭不及合式，鳥鎗中靶二三分，均應列爲三等；各營兵丁内間有中箭三四五枝、中靶三鎗，均照例奬賞；至各將領備弁，騎射尚俱平妥，惟校閱守口分汛各弁，内臺灣鎮標中營外委鄒國泰、臺灣水師協右營外委彭得富，現俱年老，弓馬生疎；又該協右營外委劉誠實弓

馬尤劣；中營額外魏國才步射脱扣，馬射未能放箭，均即咨部斥革。謹將查閲南北兩路各營汛官兵恭摺具奏，伏乞皇上睿鑒。謹奏。

嘉慶十五年五月十九日奉硃批：兵部知道。欽此。

一八、閩浙總督方維甸等奏摺：移併臺灣營汛

[嘉慶十五年四月十三日]，閩浙總督臣方維甸、福建陸路提督臣許文謨跪奏：爲臺灣各營汛地酌議歸併以便操防事。

竊查臺灣南北水陸各路額設戍兵一萬二千三百八十九名，除存營存城外，各營分防外汛兵四千三百五十八名，爲數原已不少，特因地方遼遠，負山臨海，南北袤延七百四十餘里。臺灣道里倍長約及一千二百餘里，東西廣闊自十數里至三百餘里不等，開墾日多，村莊路徑皆有改易，匪徒出没地方亦有今昔异宜之處。從前分汛太多，每處不過數名，而緊要地方轉形單弱，且分汛兵丁零星安設，平時散處各方，難以調集操演，遇有緩急在汛，既不能守禦調遣，亦不能成隊。兵分見單，自應酌加移併。兹據總兵武隆阿酌量情形，議請裁併。前來臣等復加查覈，凡近山險要及數縣交界之處，路徑叢雜，奸宄易于潛藏；近海支港可通小船之處，多有奸民私渡販運禁物。其習俗獷悍，烟户繁盛，村莊民情尤多浮競，此等緊要地方，或本未設汛，或原設塘汛兵數太少，不足以資巡防應。請于偏僻零星各汛内裁減弁兵，增添移併，並將通往蛤仔蘭要路及查緝私磺要口裁撥增設，其昔僻今沖安塘不匀之處，亦應移改。又如鳳山縣既于嘉慶十二年賽沖阿奏請，自埤頭移回舊治，仍應將舊城分汛移回埤頭。共計城守營左軍移駐外委二員，裁移十汛兵丁並入三汛；移改一汛右軍，移駐外委二員；裁移十一汛兵丁併入五汛；南路營移駐千總一員，裁移三汛，並減三汛兵丁併入三汛。移改一汛下淡水營；移駐外委一員，裁移三汛兵丁，併入一汛；北路協中營共移把總一員，外委二員；裁移九汛兵丁，併入四汛。添設二汛二塘，左營移駐把

總一員、外委三員，裁移十八汛兵丁併入六汛；右營撤回額外外委一員，移駐把總一員、外委一員，裁移三汛並減二汛兵丁併入三汛，添設一汛，移改二汛。艋舺營酌撥外委二員，裁移二汛並撥本營兵丁併入一汛，添設二汛。滬尾水師營酌撥把總一員，並本營兵丁添防一汛。以上裁移歸並各汛巡防皆歸實用，並未于額外添兵。平時既可合操調遣，亦可成隊，于海疆營伍較有裨益。其餘各處塘汛俱照舊制安設；現在各汛兵房多半坍塌，裁移者即可毋庸修蓋，其餘應建兵房統歸修建營房案内辦理。所有移併各汛緣由謹繕摺具奏，並詳開移併各汛弁兵細數清單恭呈御覽，伏乞皇上睿鑒訓示。謹奏。

[硃批]：另有旨。

十九、閩浙總督方維甸奏摺：臺灣積年未運内地兵穀請照例分年帶運

[嘉慶十五年四月二十三日]，閩浙總督臣方維甸跪奏：爲臺灣積年未運内地兵穀擬照舊例分年帶運奏請聖訓事。

竊臺灣府屬臺灣、鳳山、嘉義、彰化四縣額徵供穀海運赴内地，以爲督撫提督各標、沿海各鎮協營兵糧及調臺班兵眷穀之需，向由臺防鹿港同知配運。凡厦門蚶江來臺商船，各按船身大小，每船運穀自三四十石至三百餘石不等，指定運往地方，由船户自向各該府廳縣倉内交收。每年估運穀石之數因查照兵額扣除小建，或增或減雖有不齊，而約計年額應運兵糧眷穀八萬五千餘石，閏年加運四千餘石。自海洋不靖以來，盜匪刦掠商船，運穀即不敷年額。迨蔡牽竄擾臺灣，經前撫臣李殿圖于嘉慶十一年奏請暫停運穀，前督臣阿林保于十二年奏請將被賊三縣十一十二兩年供穀緩徵一半，因此停運緩徵，未免遞年積壓，且因商船運穀多費，規避不前。臺灣倉貯穀石，歷任又多挪缺，節節阻滯，其故非僅一端。上年經撫臣張師誠嚴切示禁，設法催運，臣亦叠次嚴催，仍未能償復原限。近年各營兵米眷穀，每于内地倉内借放，竟有不能支應

之勢，亟應認真籌辦。臣到臺灣後，行據該府及臺灣鹿港兩廳呈報，自嘉慶十年至十四年止，共有未運穀一十六萬六千餘石，本年額穀配運亦屬無多。臣即于候運穀内先撥嘉慶十一年欠運穀八千七百九十三石零，本年應運穀二千二百六石零，共穀一萬一千石。不拘配運石數，並交僱來五船委員運回，以應急需。現在欠運各年穀石，除運過八千七百餘石外，尚有未運穀一十五萬七千餘石。臣現在飭查各倉挪缺，嚴禁商船捏報遭風及丁役需索諸弊，並另摺奏請内地貿易船隻通行臺灣三口，將八里坌商船一體配運，使之無可規免。如蒙俞允三口併運，有船即配，較前自可迅速。惟是節年未運之穀爲數甚多，一時難于全竣，經撫臣張師誠籌議札商，並查錄帶運例案寄來，自應按照舊章分年帶運。查乾隆六年前督臣德沛題准，將臺灣欠運穀二十萬五百餘石匀作三年運完。又乾隆十一年前，撫臣周學健奏准，將臺灣欠運穀三十四萬九千餘石，分作五年帶運在案。從前海洋寧謐，商船衆多，是以每年可帶運六萬餘石。此時商船較前減少過半，所有積壓未運穀一十五萬七千餘石，仍請分作五年帶運。恭候奉到諭旨後，自本年七月初一日爲始扣，限五年運完，每年帶運穀三萬一千餘石，加之每年額運穀八萬五千餘石，遇閏增運穀四千餘石，統計每年運穀約有十一二萬石。所有三處口岸，每年各帶運穀若干石。應與八里坌額運之數一併交藩司、臺灣道詳細議明定數，以免推諉。臣現在酌定册式，令臺灣各廳縣按月禀報，並福州厦門蚶江各丞倅，將進口臺穀細數船名，按旬禀報，以便互相稽考。惟船户領穀出口之後，往往遠赴他處貿易，耽延時日，捏報遭風失水，弊竇百出，是以臺灣所報欠運之數，與内地各廳縣所禀不符，亦應責成福州、厦門、蚶江三廳，清釐諸弊，不得稍有徇隱。嗣後臺穀運不足額，或係臺灣各廳配運稽延，或係各縣並未運存水次，或係船户領運後捏報稽延，内地管口各丞倅扶同捏飾，均即查明，分別參究。至内地府廳縣等兑收臺穀，亦恐有需索留難之弊，容臣與撫臣張師誠實力稽查，如再有苦□商船，浮收勒摺情弊，亦即參辦。所有欠運臺穀，酌議分年帶運緣由理合恭摺具奏，伏乞皇上睿鑒訓示。謹奏。

[硃批]：另有旨。

二十、閩浙總督方維甸奏摺：日本國船遭風難漂至臺灣循例撫卹

[嘉慶十五年四月二十三日]，閩浙總督臣方維甸跪奏：爲日本國遭風難番漂至臺灣循例撫卹恭摺具奏事。

據彰化縣知縣陳國麟稟報：本年三月十四日，有日本國船一隻，隨風漂至該縣所屬塩仔寮海邊鐵板沙汕上撞破，難番十四名鳧水登岸。該縣親往查驗，夷船桅摺柁失，船身破壞，並無執照貨物，亦無器械及違禁之物。將該難番等帶送前來，照例給與口糧鹽菜，妥爲撫卹。臣傳該番等詢問，言語不通，又無通事。惟内有水手善藏、新助二名，粗識漢字，當令自書各名，並寫出漂到臺灣原委。文義不甚明晰，且多别字，約畧大意，伊等係日本國椅津人，在大坂鄉西横堀居住，不知該國長名字，衹知管事偁大將軍，名喚與覺，船主名吉左衛門，未經出洋，現是管船商人三次良一名，水手善藏等十三名，共十四名，于上年十月十六日，駕船往該國武藏江户地方置貨貿易。置得苧蔴、藥材、烟葉烟桿、咸魚紙張、蒸籠圈等物，于今年二月二十一日開船駛回，至志州大王崎洋面，距椅津尚遠，陡遇暴風，飄到不知洋面。大桅折壞，柁又損失，隨風漂流，貨物抛去大半，于三月十四日撞擱海邊沙上，船身破壞伊等登岸得生等情。臣隨諭以大皇帝撫馭萬國，恩德如天，凡有外國民人漂至天朝，地方無不優加撫卹。今爾等遭風漂流，船隻損壞，極爲可憫。仰體大皇帝懷柔遠人之意，從優賞卹。即奏明令爾等附便船回國，令委員寫明給看。善藏等閱看後轉向衆番告知，衆番等伏地恭謹叩謝天恩，情形極爲欣感。臣查乾隆四十四年，日本國人漢昭禄遭風至閩；嘉慶十三年，日本國人源吾郎等漂至鳳山，均因閩省商船向不赴日本貿易，

咨送浙江乍浦，遇有往販東洋便船，遣令回國。今日本遭風，難番三次良等十四名，船已損壞，應委員護送内渡，仍由内地委員照例送至浙江乍浦，附搭便船回國。除移咨撫臣張師誠、蔣攸銛，並咨明户部禮部外，謹將撫卹難番照例辦理緣由恭摺具奏，並繕各番名單恭呈御覽，伏乞皇上睿鑒。謹奏。

[硃批]：知道了。

二一、閩浙總督方維甸奏摺：日本船隻在漳化縣擱沙陳鳳等搶掠貨物現拏獲懲辦

[嘉慶十五年四月二十三日]，閩浙總督臣方維甸跪奏：爲查出搶掠難番貨物匪徒嚴辦示懲恭摺奏聞事。

據署彰化縣知縣陳國麟禀報：日本國番民三次良等船隻，于三月十四日漂至彰化縣塭仔寮海邊擱沙撞破，查無貨物。臣思三次良等駕船貿易，洋面遇風難，據稱漂流多日，桅柁損壞貨物拋失大半，然船未沉溺，到此始行撞破，應有餘貨存留，何以竟無一物？當飭該縣訪查。旋據面禀，夷船尚有存剩貨物，被沿海匪徒搶掠等語。復委員向該番等詢問，據寫供詞稱，有海邊百姓駕小船趕到，伊等破船上岸，將存剩貨物全行搶去，其時伊等已鳧水上岸是實，並開出貨物單，係烟葉、苧蔴、烟桿、藥材、咸魚、紙張、蒸籠圈等物。臣查臺灣沿海匪徒凡遇商船遭風撞壞，即乘危急之時搶奪貨物，連船板亦悉拆去，並不救溺水之人，惡習最爲可恨。今外夷遭風船壞，膽敢搶掠一空，更非内地商船可比，應嚴拏究辦。隨飭該署縣陳國麟會營查拏，追起原贓。兹拏獲首犯陳鳳、從犯林章、蔡接、李帶、李拂。據臺灣知府汪楠勘擬，解審前來。臣親提詢問，緣陳鳳原籍同安縣，寄居彰化，捕魚爲生。嘉慶十五年三月十四日，日本國番民三次良等販貨船隻遭風，飄至該縣屬塭仔寮海邊擱沙撞破，三次良等鳧水登岸，陳鳳瞥見，起意搶奪，糾邀現獲之林

章、蔡接、李帶、李拂，在逃之陳雪、楊棟、蔡梅、蔡秦、蔡抗、王發、魏周、陳瀶、蔡交同夥十四人，陳鳳看管魚寮，並未同行。林章等十三人徒手分駕漁船兩隻，趕上三次良，破船搶得烟葉、苧麻、烟桿，並茯苓等藥味，以及船上各貨回至陳鳳寮内，先將烟葉六綑、茯苓二簍變賣，得價銀一十兩，同其餘贓物，陳鳳分得三股，林章等十三人分得七股而散。各犯供認前情不諱，詰無另有搶刼别案。據估原贓值銀二百六十一兩零。查乾隆五十三年奏准定例：臺灣搶案最多，不可不嚴加懲儆。嗣後聚至十人以上及雖不滿十人但經執持器械肆掠者，爲首之犯照糧船水手搶奪，以强盗例治罪；爲從各犯發往新疆給種地兵丁爲奴。又律載强盗已行，但得財者斬；又例載，臺灣盗刦之案罪應斬决者，照江洋大盗例斬决梟示各等語。此案陳鳳聚衆十四人搶奪遭風夷船貨物，贓逾滿貫，實屬强横，該犯雖未同行，而起意爲首，分得多贓，仍應照爲首科斷陳鳳一犯。應請照臺灣搶奪聚至十人以上肆掠者，爲首之犯照糧船水手搶奪以强盗例治罪。强盗已行，但得財者斬律，應擬斬立决。該犯明知夷船遭風，糾約多人肆掠，情罪較重，未便稽誅。臣于審明後即恭請王命，飭委寧福道馮鑿、署北路協副將英林，將該犯陳鳳綁赴市曹處斬，仍傳首犯事地方示衆，以昭炯戒；林章、蔡接、李帶、李拂四犯，均請照臺灣搶奪聚至十人以上爲從例，發往新疆給種地兵丁爲奴，照例刺字。失察之保甲飭縣查拘，照例發落；買贓之不識姓名人免其查究。已起原贓並衡破夷船，估變價銀一百七十二兩零，同賊犯已經變賣及未起原贓，共估值銀一百二十五兩零，著落地方官先行照數賠出，一併交還三次良等俱領；賊船變價充公。嚴拏逸犯陳雪等，獲日另結，並將拏獲各犯正法等緣由諭令該番民等知悉，該番民等咸以天朝法度森嚴，極爲感激畏服。除録供單贓册咨部外，所有查出搶掠難番貨物拏獲懲辦緣由，謹恭摺奏聞，伏乞皇上睿鑒。謹奏。

硃批：所辦甚是，依議。刑部知道。

二二、閩浙總督臣方維甸奏摺：查明撫恤臺灣蝗災實用銀數及存項節餘番銀數目

[嘉慶十五年四月二十五日]，閩浙總督臣方維甸跪奏：爲查明撫恤實用銀數並將存項及節餘番銀恭摺奏聞事。

據臺灣道府禀稱，臺灣鳳山、嘉義、漳化、淡水縣一廳地方，上年仰蒙恩旨：被蝗地方撫恤一個月口糧，被搶貧民撫恤三個月口糧。該道府督率委員等各處勘查，九上年鬮息歸莊及本年春間陸續復業者，通行查明，除曾經附和争鬭及本有田業生計各户外，將實在平民分别撫恤，計被蝗應給一個月口糧者共三千四百八十六户，大口九千二十三口，小口六千二十五口；被搶應給三個月口糧者，共一萬三千一百七十六户，大口二萬九千四百四十五口，小口一萬八千一百三十三口，共照例發給折色銀三萬七千八百八十五兩錢零，因撫恤之項解到已遲，不及等候，先借庫項，照臺灣市價折給番銀，每百兩折合番銀一百二十六圓，計合番銀四萬七千七百三十六圓等情；兹臣周歷南北兩路，順道稽查，均係按户實給，查出番仔埔莊鄉保張和代領時，得□制錢一千四百四十文，從重枷責；其各處傳詢貧民，皆稱吏胥並未經手，毫無尅扣，無不歡欣鼓舞，咸頌皇仁；臣查此項撫恤，前據該道府等會禀，奏請撥銀十萬兩，今既查明曾經附和争鬭及實有田産者，概不散給，實用撫恤銀三萬七千八百八十五兩錢零，尚存銀六萬二千一百一十四兩一錢零；請即抵解十五年例給臺灣兵餉，以省司庫解送之煩；至于折合番銀之數，原係照每百兩合一百四十圓之數，奏明由内地折解，因解到已遲，該地方官先照上冬今春時價，將庫銀折合番銀給發，仍應照例以銀數報銷；但内地折解番銀較臺灣時價爲多，每百兩多出番銀十四圓，覈計已發撫恤銀數，應節存番銀五千三百四圓零，現在時價稍賤，每百兩易换

一百三十圓；所有抵解兵餉之項，本係番銀，請即照此數支給，使民等均沾恩澤，不至短少；而計算原解每百兩折合一百四十圓之數，尚可結存番銀六千二百一十一圓零兩，兩項結存共有番銀一萬一千五百一十五圓零，此係額外餘出之項，自應另欵存貯，或留爲臺灣船隻工程之用，或作爲班兵借支專款，容臣與撫臣張師誠酌商辦理；爲此恭摺具奏，伏乞皇上睿鑒訓示。謹奏。

嘉慶十五年五月二十七日奉硃批：知道了。欽此。

二三、閩浙總督方維甸奏摺：議定約束臺灣漳、泉、粵等處民人械鬭章程

[嘉慶十五年四月二十五日]，閩浙總督臣方維甸跪奏：爲遵旨酌議約束械鬭章程仰祈聖訓事。

竊臣前奉諭旨：漳泉民人彼此護局，在官隸役，積習亦牢不可破，此事關係非關，方維甸應當在彼酌看情形，熟籌久遠之計等因。欽此。又奉諭旨：臺灣善後事宜，著方維甸體察情形，嗣後遇有漳泉粵莊等處民人因事爭競，如何安立章程，即爲伸理曲直，不致釀成重案；即或有須兵力，不煩内地調遣之處，悉心籌議具奏等因。欽此。又奉諭旨：臺灣地方，係漳泉粵三處民人在彼錯處，各分氣類，動輒滋事，應如何安爲約束，各就寧居，必當明立章程，俾地方永臻寧謐等因。欽此。仰見睿謨深遠，訓示周詳，特爲海外巖疆經籌久遠之計，跪誦聖諭，欽服難名。

臣到臺灣後，查明上年械鬬根由，並整飭戍兵事宜，先後恭摺具奏。兹臣周歷南北兩路，體察情形，各處民俗大抵好争，不但漳泉粵三籍互相仇怨，即同籍之人亦以各縣自分畛域，習染錮弊，竟視爲義所當然，猝難化導，惟臣酌定章程，申明約束，遇事嚴懲于初起，平時防範于未然，法在必行，或可漸移惡習。臣查臺灣匪徒，最多如賭匪、會匪等，

素以搶竊爲事，聞有械鬬，不約自來，到處攻莊肆掠，鬬案之所以蔓延者，皆由于此，即林爽文、陳周全、蔡牽等滋事，亦皆勾結此等匪徒爲之羽翼，頓求地方寧謐，必先嚴緝匪徒，臣請責成臺灣文武，隨地隨時嚴切查拏，解送鎮道訊辦，即應問流遣之犯，亦由該鎮道定擬匯案具奏，庶辦理迅速，人知警畏。而該鎮道之緝匪是否認真，亦可仰邀鑒察，其獲犯員弁，令該鎮道指名禀報，怠玩者亦即揭參，明示懲勸。惟是鎮市村莊各有總董義首，各有本保隸役，嘉義一縣，隸役又全係漳人，緝捕人犯多由伊等操縱，互相黨護，竟不解拘，地方官呼應不靈，轉爲總董隸役掣肘，應飭行各廳縣隸役廳官、僉差，不許擅自分保，並派三籍及他府之人、閑雜充役，不許同籍盤踞。總董等毋論職員、生監，悉聽廳縣調遣，倘有迨玩，禀請革究，如敢包庇抗違，即照故縱罪人例一體治罪，並令每莊各僉約長、大姓，並設族長，官給戳記，管束本莊本族；如有私弊，照總董例一體懲治；各莊之事仍不許盡由總董指使，以杜把持。至各籍民人，同莊雜居，每多猜忌，同籍各莊之中，偶聞一異籍村莊衆寡不敵，易致欺淩，應令地方官查明此等村莊，責成總董、約長、族長等約束莊民，毋許滋事，並出保護甘結，一有釁端，將總董等一併懲治。遇有争論難平之事，禀知地方官秉公伸理曲直，以平其心，倘敢籍端糾鬬，即使糾衆人少，旋即解散，尚未殺傷，亦將爲首之人立拏究辦。如此預爲禁約，偶犯必懲，自可感知忌憚；設或宄狡之徒愍不畏法，仍敢恃衆械鬬，臣請于初起之時速令該鎮整兵前往，不聽曉諭，即係亂民，竟當相機勦捕，大加懲勦一處，震懼他處，皆可息争，較之彈壓往來，旋止旋鬬，似更易于懾服。恭查上年十月二十三日諭旨，即令臣飛咨許文謨，倘必應懾以軍威，即應帶兵勦捕，不可稍有姑息，聖明指授機宜，洞中窺要，實爲辦理械鬬上策。臣查向來臺灣積習，小鬬則諱飾不報，大鬬則姑息養奸，然僅回護處分，實恐激成他變；兹臣發繹訓諭，熟計深思，臺灣民情雖屬浮囂易動，然皆趨利避害，欺弱畏强，烏合一時，不能固結，且械鬬之時彼此正相持不下，兇徒即現抗拒，豈不慮异籍之人幫助，官兵與之爲敵？就此而論，自不至别滋事端。至訐告械鬬，大抵指控异籍之富户大姓及素有嫌怨之人，若無確證，臣閱此等呈詞，當面詰問駁發，以杜株連，仍記所控姓名，交地方官詢訪，實係鬬案，匪類仍以飭拏，如樣榔保之六加店等漳莊、揀東保之内新等粵莊，被害較多，訪有糾衆攻莊之人，委派總兵武隆阿、知府汪楠等分投督拏，陸續獲犯辦理，其餘未獲逸匪，仍飭嚴緝，使各莊冤憤全平，不至蓄心報復，是以預弭械鬬之一法，不得因案已辦完，稍有踈懈。

再，查地方官失察會匪，例應降調；失察械鬬，若非全獲，亦應降調；失察搶奪例系踈防，但臺灣此等惡習已經數十載，會名約有四五種，搶奪匪夥每案不下數十名，械鬬之案黨羽更不可以數計，實非他省地方偶有一案人犯無多者可比。現在府縣多已更易，新任蒞事未久，勢不解驟挽澆風；有犯必拏，亦恐難立時全獲，若據實報出，盡力查拏，尚不免于吏議，似不足杜因循之弊，適以啓諱飾之端，臣請嗣後臺灣械鬬、會匪搶奪等案，如解查出稟報，嚴切查拏，即案犯未解全獲，仰懇聖恩，免其失察處分；倘敢不稟不辦，即照諱飾例革職；或獲犯後開脱輕減，即照故出入罪治罪，庶使地方官感知欺飾罪重，失察過輕，竭力認真，無所瞻顧，于整飭地方實有裨益；所有酌議緣由是否得當，伏乞皇上睿鑒訓示。謹奏。

嘉慶十五年五月二十五日奉硃批：另有旨。欽此。

二四、閩浙總督方維甸等奏摺：審明續獲林面等械鬬案犯定擬

[嘉慶十五年四月二十五日]，閩浙總督臣方維甸、福建陸路提督臣許文謨跪奏：爲審明續獲械鬬案犯定擬具奏事。

竊照械鬬案内首從各犯，業經臣等先後審明奏辦，並飭查拏逸犯，務獲解辦在案。兹據署臺灣府知府汪楠等稟報，拏獲案犯林面等十一

名，解審前來。臣等督同該府汪楠提犯研訊，林面一犯，係聽糾在逃之何利，械鬬四次，曾經焚搶並殺三人；林國政一犯係起意斂錢制旌，鳴鑼糾鬬兩次；林泥一犯，係聽從林國政領旌，帶衆並聽糾何利械鬬四次，曾經焚搶並殺一人；曾成一犯，係聽糾在逃之廖番械鬬兩次，曾經搶奪並殺一人；柯坑一犯，械鬬四次，曾經焚搶並殺二人；陳陽一犯，執旌爲首械鬬三次，燒過房屋；羅義械鬬一次並殺一人；王三貴械鬬兩次，曾經搶奪並殺二人；張盾一犯，聽從在逃之何异械鬬三次，曾經焚搶並殺一人；朱關保一犯，係聽從在逃之黃正械鬬三次，並未傷人；姚輒一犯，係糾人守莊派米，供給飯食，以致守莊之人出鬬，不能約束阻止，該犯並未糾鬬，反復究詰，矢口不移。臣等復飭知府汪楠等詳加訪查，與該犯所供相符，案無异議。查林面、林國政、林泥、曾成、柯坑、陳陽、羅義、王三貴、張盾等九犯，或聽糾械鬬焚搶殺人，或爲首鳴鑼糾鬬，均應請照臺灣械鬬殺人，照光棍例擬斬立决，該犯等情罪重大，未便稽誅，臣等于審明後即恭請王命，飭委寧福道馮鏧、署北路協副將英林，將林面等九犯綁赴市曹處斬，仍梟首傳示以昭炯戒。朱關保一犯，聽糾械鬬三次，並未傷人；姚輒一犯，糾人守莊派米供給飯食，本已多事，又不能約束，以致守莊之人出鬬焚殺，實由該犯釀成，未便輕縱。朱關保、姚輒均應請照械鬬爲從傷人發遣例，發黑龍江給披甲人爲奴，照例刺字。除將各逸犯飭挐務獲究辦外，合將審擬辦理緣由臣等謹合詞恭摺具奏，並繕供單恭呈御覽，伏乞皇上睿鑒。謹奏。

嘉慶十五年五月二十七日奉硃批：刑部議奏。欽此。

二五、閩浙總督方維甸奏摺：查明臺灣挪墊倉庫錢糧甚多現造册覈對情形

[嘉慶十五年四月二十五日]，閩浙總督臣方維甸跪奏：爲查明臺灣倉庫挪墊甚多、飭造細册與司庫覈對，先將大概情形恭摺奏聞事。

竊臺灣倉庫欵目最繁，向來遇有急用，不分欵目，輒行挪墊。自乾隆五十七年以來，遞年挪借，今已將及二十年，雖經乾隆六十年通查虧缺及嘉慶八年十一月、十一年十月派員盤查，俱未窮流溯源縷晰查辦。前欠未歸，旋又挪發。如勦捕蔡牽案内，有奏明墊用未補銀二十三萬四千九百三十餘兩應行發給歸款，上年四月發給一成銀七萬八千三百餘兩，八月内因調兵彈壓械鬭，又發一成銀七萬八千三百餘兩，復因械鬭案内應給口糧柴薪，不敷食用，夫價又貴，以及屯番口糧，並例外支給文武員弁之項，墊用甚多，仍未歸款，且每年額解兵餉隔越重洋，不能依期解到，又或撥扣他項，不能如數全解。輾轉抵墊，年復一年，幾不知所墊者本係何款。其徵兵班兵及舟師借支之項，新舊積壓，難以一時扣還，而已扣之項轉有重扣多扣者。臣到臺灣後查覈該府及各廳縣倉庫，實貯無多，正署叠更宕懸日久，彰化鳳山等處，因被賊匪焚掠，案卷多不齊全。各廳縣又有借欠府庫及互相借欠之款轇轕不清，頭緒尤爲煩冗。此等借墊若實係因公挪墊，無著者尚應著賠，倘因挪墊而遂有侵虧，尤應嚴行查究。兹據署臺灣府知府汪楠先將大數開送，據報府庫自乾隆五十七年以後，挪缺未歸銀兩内除有款可扣銀三十三萬八千七百餘兩外，尚有議請攤還追繳銀五萬九千四百餘兩。水沖官租、賊搶、叛産、佃租等款，是否無著應免應行查覈銀三萬二百餘兩，其借給班兵無著及上年械鬭案内例外支發共銀一十一萬五千三百餘兩，應行分别追賠。又府倉挪缺穀七萬七千三百餘石，祇存穀價至廳庫縣庫，挪缺未歸款銀兩内除有款可扣銀一十七萬五百餘兩外，尚有乾隆六十年糸革通判王慶奎虧缺庫項，業已咨追銀一千四十餘兩，民欠役欠應行查覈銀三萬九千二百餘兩，其借支兵餉無著及流抵無著，並上年械鬭案内例外支發共銀八萬七千九百餘兩，應行追賠。又廳倉縣倉挪缺穀石内，除有款可補穀二十萬八千二百餘石外，尚有民欠採買等項，應行查覈穀五萬二千四百餘石，其已參之李鍔虧缺無著穀一千五百餘石，應行追賠。但此係約查大數，未甚確切，即有款可扣銀穀數目難保無率混之處，且所開多是支借挪墊，亦恐有侵虧混入挪墊者，總須開造款目細册與藩庫各款案卷實據、及各營已扣未扣借款逐一覈對，始可得其底裏。伏思倉庫款目徵收捐解，原有定額，支墊細數有領借各衙門簿籍，可以參考。今擬以正款、雜款、捐款、額外閑款爲大綱，每款内區分各項細目，每項内再各開管收，除在四柱細數業已酌定條款，並發册式飭查。眉目既清，自不能絲毫隱飾。現在府縣多已更换，無可回護。飭令該署府汪楠勒限督催，將年款細數及何員任内原缺之處造具細册，由臺灣道覆覈申送。臣再與撫臣張師誠督同藩司景敏，詳細勾稽，分别覈辦具奏。所有查覈臺灣倉庫大概情形理合先行奏聞，伏乞皇上睿鑒。謹奏。

[硃批]：知道了。

二六、閩浙總督方維甸等奏摺：特參護理福建金門鎮總兵陳琴玩視捕務請旨革職

[嘉慶十五年四月二十七日]，閩浙總督臣方維甸、福建巡撫臣張師誠跪奏：爲特參玩視捕務之署總兵請旨革職以肅功令事。

竊照蔡牽殲滅，朱渥投誠，閩洋雖無大幫匪船，但蔡逆餘夥小仁等尚未剪除，且有土盜出没伺刦，亟應上緊勦捕，以期洋面早清，免致日久滋蔓。臣方維甸前因小仁等匪船在洋奔竄，當經奏明，責成護金門鎮總兵陳琴與海壇鎮總兵孫大剛等勦捕。兹據提督臣王得禄咨稱，孫大剛兵船于正月二十七日自料羅開行，是晚駛至祥芝洋面，船隻遭風損壞，陳琴之船並未與之連幫開駕。維時小仁等匪船竄至崇武、獺窟、大墜一帶，往來游奕。而護鎮兵船，據報于二月初一日駛抵圍頭，至十三日開往東北外洋圍頭與大墜獺窟等洋，相距甚近，節次嚴催追勦，該護鎮在圍頭停泊十餘日之久，並不趕往攻捕。並據惠安營縣禀報，小仁等匪船于十四日辰刻由獺窟大墜開往東北，午刻有兵船挈帶商船五六十號

從南洋由崇武外洋隨潮北上。查匪船甫于十四日辰刻由獺窟大墜開行，該護鎮即于午刻駛抵該處，與賊船相離不遠，乃不跟踪追勦，輒帶商船北上。隨又密委訪查，情節與營縣所稟相同；且兵船商船于二月二十日行抵松下灣，至二十七日尚在該處同泊，殊屬玩視捕務，相應咨叅等情前來。臣等查兵船在洋遇有商船，順便附帶以免盜刦，于商旅未嘗無益，但賊船相距不遠，即當趕緊追勦，乃竟專護商船，近賊不勦，到處停泊，實屬玩悞，且恐有商船請囑，當此捕務喫緊之際若不嚴叅，無以儆衆，不敢因曾經保奏稍有廻護，相應請旨將護福建金門鎮新陞浙江黄崖鎮署總兵陳琴革職，嚴訊有無營私情弊，如祇係怠玩偷安，再行降爲千把，隨同舟師出洋立功自贖。現在陳琴所帶兵船即飭海壇鎮孫大剛暫行兼管，孫大剛船隻雖少，原令其並力跟勦，俟查明有無玩悞之處，另行叅處。一面飛催現署浙江定海鎮之新任金門鎮朱天奇迅速赴閩巡緝，朱天奇未到以前，查有銅山營叅將陳夢熊堪以暫署金門鎮印篆；其浙江定海鎮事務亦關緊要，查浙江水師副將項統現護福寧鎮印務；水師叅將三員内陳登捷現護黄巖鎮，謝恩詔現在臺灣，其一即係陳琴，原缺尚未補人，已令定海中營游擊金得標代理；其陳琴所出之浙江黄巖鎮水師總兵缺，應請旨迅賜簡放，以專責成。所有劾叅緣由，臣等謹會同水師提督臣王得禄合詞恭摺具奏。再，此件因係叅奏總兵大員，且有委署浙省之缺，臣張師誠未敢擅專，是以寄至臺灣與臣方維甸商定會奏，合併陳明，伏乞皇上睿鑒訓示。謹奏。

[硃批]：另有旨。

二七、閩浙總督方維甸奏摺：臺灣縣屬羅漢門巡檢移駐番薯寮

[嘉慶十五年五月初一日]，閩浙總督臣方維甸跪奏：爲移駐巡檢恭摺奏聞事。

查臺灣縣屬羅漢門巡檢，原設在灣崎地方，嘉慶十年冬間蔡逆滋事，

衙署被焚，村莊亦被蹂躪，居民無多。據臺灣道張志緒、知府汪楠詳請，將該巡檢移駐番薯藔等語。查番薯藔地方人烟稠密，係在羅漢外門，僅距灣崎八里路；通崗山素爲匪徒出没之地，應請將該巡檢移駐番薯藔較爲扼要。巡檢衙署焚燬後，業經勘估，報司尚未建蓋。應即照原估咨部覈明，修建羅漢門，本係總名，番薯藔、灣崎皆在所轄地方，毋庸更换印信。所有移駐巡檢緣由理合恭摺具奏，伏乞皇上睿鑒訓示。謹奏。

[硃批]：照所請行，該部知道。

二八、閩浙總督方維甸奏摺：臺灣縣知縣程文炘懲治不力請旨撤回內地補簡

[嘉慶十五年五月初一日]，閩浙總督臣方維甸跪奏：爲撤回要缺知縣奏請調簡事。

竊臺灣縣爲附郭首邑，民情刁悍，匪徒最多。現任知縣程文炘由新莊縣丞陞補，令職尚未引見。該員人本謹慎，陞任以來，亦能黽勉辦事。惟上年械鬭事起，府城一帶時有謡傳，人心恐懼，道府等更番在府城彈壓稽查，其時該員隨同經理未能裕如。兹臣留心察看，程文炘祇係循分供職之員，于懲治刁民、嚴拏匪類等事尚恐不能得力。海疆至要之缺，自應另選幹員，以資整飭。相應請旨，將程文炘撤回，遇有內地簡缺，酌量補用，尚堪勝任。除委候補知縣黎溶暫署，查明經手錢糧有無未清另行具報外，所遺臺灣縣員缺容臣與撫臣張師誠公同遴選，奏請調補。爲此恭摺具奏，伏乞皇上睿鑒訓示。謹奏。

[硃批]：另有旨。

二九、閩浙總督方維甸奏片：察訪彰化巡檢劉廷杰等緝捕懈馳請斥革勒休另補

[嘉慶十五年五月初一日]，再，查臺灣佐雜亦多要缺。臣隨處接

見，留心察訪，並令臺灣道張志緒據實查稟彰化縣猫霧捒巡檢劉廷杰緝捕懈馳，且有民人謝讓等控告該員家人差役需索之事，應請斥革；提審臺灣縣羅漢門巡檢廖開泰，才具甚庸，難望振作，應請斥革；鳳山縣典史武士煜、嘉義縣典史任元璺實年俱已六旬，武士煜素有足疾，任元璺近亦多病，均請勒休。鳳山縣興隆司巡檢戴廷綍才具中平，淡水廳艋舺縣丞顧晋、彰化縣鹿仔港巡檢陳孝懿，均欠歷練，于海疆不甚相宜，該三員年力尚强，應請調回内地另補。理合附片奏聞伏候訓示。謹奏。

[硃批]：另有旨。

三〇、閩浙總督方維甸奏片：彰化縣義首陳大用嘉義蔡邦光約束地方有方請獎

[嘉慶十五年五月初一日]，再，據署臺灣府知府汪楠等稟稱：彰化縣義首陳大用、嘉義蔡邦光著有勞績。上年械鬭時約束該保同籍村莊，並未出鬭，事後又能緝捕匪犯，懇請獎勵等情。臣查陳大用、蔡邦光向稱公正服人，前于勦捕林爽文蔡牽各案内，捐資集勇甚爲出力。上年彰化一帶械鬭數月，遠近蔓延，沿海泉莊、近山漳莊多不安分，幾無不鬭之處。陳大用係屬泉人，二林大□二保各泉莊；蔡邦光係屬彰人，約束赤山保各莊，均未附和出鬭，沾染惡習，實爲僅見。查陳大用係文生員，五品頂戴，蔡邦光係歲貢生候選訓導，六品頂戴。可否酌加頂戴，以示鼓勵之處出自聖恩。謹奏。

[硃批]：另有旨。

三一、閩浙總督方維甸奏摺：赴臺灣查辦事件並校閲營伍查看地方及内渡日期

[嘉慶十五年五月初一日]，閩浙總督臣方維甸跪奏：爲起程内渡日期，恭摺奏聞事。

竊臣到臺灣後，將奉旨查辦事件及應行籌議事宜次第具奏在案。臣周歷府城以北，較（校）閱營伍，查看地方。本年春間雨水稍缺，近山之處田水尚屬充盈，平原近海地方頗形望澤。兹于四月初八日起兩旬以來，屢得大雨，達旦連宵，南北兩路均已十分深透。早稻漸次登場，晚稻禾苗長發甚茂，收成可期豐稔，農民忭慶，地方現甚寧謐。所有械鬪案犯陸續獲解辦理，共有三百九十四名，其餘逸犯及無籍匪徒，仍飭鎮道督率地方官嚴密查拏，隨時奏辦。臣現于五月初一日由鹿仔港登舟内渡，至前調之省標等營兵二千名，先經提督許文謨奏撤一千名，其暫留彈壓兵一千名内，除就近换防省標兵一百七十三名外，臣現帶省標兵三百二十七名回省歸伍。其餘五百名臣與提督許文謨商酌，畧爲留駐，隨許文謨續行内渡。所有地方寧謐並臣内渡日期理合恭摺奏聞，伏乞皇上睿鑒。謹奏。

[硃批]：知道了。

三二、閩浙總督方維甸奏摺：查明臺灣蛤仔欄即噶瑪蘭地方番民情形

[嘉慶十五年五月初一日]，閩浙總督臣方維甸跪奏：爲查明蛤仔欄即噶瑪蘭地方情形先行覆奏仰祈聖鑒事。

竊上年欽奉上諭：阿林保等奏查勘蛤仔欄地勢番情另行酌辦一節，蛤仔欄北境居民現已聚至六萬餘人，且于盜匪窺伺之時能知協力備禦，幫同殺賊，實爲深明大義，自應收入版圖，豈可置之化外，況其地又膏腴，素爲賊匪覬覦，若不官爲經理防守，設竟爲賊匪占踞，豈不成其巢穴，更爲臺灣添肘腋之患乎？著該督撫等熟籌定議，應如何設官經理，安立廳縣，或用文職或駐武營，隨宜斟酌，期于經久盡善爲要。欽此。當經前督臣阿林保、撫臣張師誠檄行臺灣道府籌議具詳，旋因漳泉民人械鬪，地方官分路彈壓，尚未禀辦。臣至艋舺，即有蛤仔欄生番頭目包阿里等，帶領噶里阿完等社生番前來叩見，呈送户口清册，業已遵制

薙髮呈請收入版圖，並以熟番潘賢文等侵占伊地，請照熟番之例設立通事，得免欺凌。又據該處民户頭人何繪等懇請，將已墾田地照則陞科設官彈壓，分定地界各等情。臣即將該生番等獎賞，並傳該民番等詳加詢問，淡水玉山之後地名噶瑪蘭，係屬番語，因閩音不正，訛爲蛤仔欄。其地三面距山，東臨大海，平原寬廣，形若半規；北有蘓澳可進大船，南有烏石港僅容小艇，中有濁水大溪出山東，注原在噶里阿完番社旁入海，近年故道淤淺，正溜北徙繞，過員山逕五圍之東，由烏石港入海。民人所居除五圍之外，尚有員山仔、溪洲、羅東、湯圍、柴圍、大湖圍、三十九結圍、都美鶴圍、勞勞圍、下溪洲、幾穆巒辛那罕等處及圍外零户。濁水溪故道之南，盡爲漳人開墾十有七八；故道之北，係泉人、粤人開墾，並岸里社、阿里史社、阿束社、東螺社、牛罵頭社，熟番遷居其中，荒埔尚未全墾，此噶瑪蘭地勢情形也。當令總兵武隆阿、知府楊廷理逐加勘查，據稱噶瑪蘭南北約長六七十里，東西約寬二三十里不等。漳人四萬二千五百餘丁，泉人二百五十餘丁，粤人一百四十餘丁，熟番五社九百九十餘丁，歸化生番三十三社，四千五百五十餘丁。現應將未墾荒埔分出地界，某處令某籍民人開墾，某處令社番開墾，分劃公平，以杜争執。再將已墾田地丈量陞科，其員山東北地處適中，可以設官安營；頭圍爲水陸扼要之處，應設分汛等語。伏查噶瑪蘭田土膏腴，米價較賤，流寓日多，又有朱濆幫内散去夥匪及逃兇逸犯潛匿其中，上年漳人亦曾與泉人械鬬，熟番互相黨護，泉人爲漳人所困，大半避出。以强凌弱，相習成風，凡係良善民番皆欲設官納賦，若竟置之化外，恐臺灣日後或添肘腋之患。現經鎮道等稟議僉同，俱以設官經理爲宜。然該處數十年來爲王法所不及，一旦繩以法度，亦不能立時安帖。知府楊廷理丁憂，巡檢胡桂于該處情形最爲熟悉。臣已委令楊廷理等清查田甲，分劃地界。俟楊廷理查明稟臣，再與撫臣會同妥議，詳悉具奏。所有查明噶瑪蘭情形先行恭摺奏聞，伏乞皇上睿鑒訓示。謹奏。

[硃批]：另有旨。

三三、閩浙總督方維甸奏摺：臺灣彰化縣義首士民呈請捐築城垣量加鼓勵

[嘉慶十五年五月初一日]，閩浙總督臣方維甸跪奏：爲據彰化縣義首士民呈請捐築城垣恭摺奏聞仰祈聖訓事。

據彰化縣漳籍職員王松等、泉籍職員林文濬等、粵籍士民詹捷能等三十六名聯名呈稱，彰化縣圍插莿竹，向無城垣，逼近八卦山，難資捍禦，擬請自竹城舊基連至八卦山建築土城，統計一千二十八丈，城高一丈四尺，連雉堞共高一丈八尺；基厚一丈五尺，頂厚一丈，並于土城四面八卦山頂添設砲臺五座；職員等仰沐聖恩，末由圖報，情願捐輸建城，不敢請動帑項，約略估計共須番銀十四萬圓，已據呈内有名之賴應光等十六人，先捐出二萬五千圓以爲首倡，其餘殷户、業户、郊商踴躍捐輸，可期足數，即或不敷，情願籌足等語。臣查臺灣府廳縣從前均栽莿竹爲城。乾隆五十三年，經福康安等遵旨籌議，奏請將臺灣府、嘉義縣均改築土城；其鳳山、彰化、淡水等處仍用莿竹栽插。伏思臺灣爲海外嚴疆，民情浮動，内守外禦，防備宜嚴。蔡牽滋擾時，府城嘉義均無重兵，賴有土城始能固守；其鳳山、彰化、淡水等處因無城垣，屢次失事，是土城之足資捍禦，勝于莿竹已可概見。且如嘉慶十年鳳山縣失守，火藥局即在城内，因有土圍數尺，經游擊藍玉芳固守數旬，賊匪屢攻不入。土圍尚可得力，則築城之足資鞏固，益屬可信。今既據彰化縣義首士民呈請捐築縣城，保衛鄉里，尚屬急公。該縣逼近八卦山，從前議建石卡，設有防兵，今石卡久已無存。據請于東面展闊舊基，圍築八卦山于城内；山上及城之四面俱築砲臺。臣曾率同總兵武隆阿等登山親勘，尚屬扼據形勢。相應據情轉奏，如蒙俞允，准令捐建，一切捐輸出入、給發工價俱由該士民公舉董事自行經理，祇派廉幹之員指示做法，

稽查工段，不得令吏胥催查擾管，致有需索。俟工竣時，覈其捐輸之多寡，另行據實開單具奏，仰懇聖恩，量加鼓勵。再，彰化縣倉向在城外，今既築城，自應移入城内。移建工費亦據該士民等一併捐辦，合併陳明。所有彰化捐築城垣緣由謹恭摺奏聞，伏乞皇上睿鑒訓示。謹奏。

[硃批]：另有旨。

閩浙總督孫爾準奏摺

一、閩浙總督孫爾準奏摺：審辦臺灣彰嘉一帶焚搶股徒陳進等情形

[道光六年七月初三日]，閩浙總督臣孫爾準跪奏：爲審辦焚搶匪徒究追首夥姓名分飭嚴拏懲辦恭摺具奏，仰祈聖鑒事。

竊照臺灣北路彰化、嘉義一帶匪徒分類焚搶，臣得信後即檄調鎮將帶兵圍捕，奏奉諭旨：務即檄飭在事各員一面迅速勦捕，一面訪察爲首匪徒，嚴拏究辦，勿得稍凿遺孽等因。欽此。隨即分別移行一體，欽遵辦理。

臣前駐厦門，因查臺地鬬搶尚未止息，久未究明首惡何人，當即奏明渡臺督辦。兹臣行抵彰化，查得各路匪徒四散竄匿，必須確按踪迹嚴拏懲辦，以絶根株。當查彰化獄中尚有未經審定匪犯，日來又據各路弁兵義民陸續獲犯解送，亟應向該犯等追究首夥姓名指拏，以免海捕。隨經飭委汀漳龍道方傳穟、臺灣府知府陳俊千、泉州府蚶江通判許原清提訊，究出夥黨多名，兹據將審定之陳進等十六犯先行錄供解勘前來。臣親提嚴審，據陳進即唐山進供認起意糾夥，屢次焚搶粵莊，殺斃人命，輪姦處女沈杏娘，致令羞忿自盡。洪泉供認在洋叠刦，又聽從洪贊等攻搶粵莊，輪姦婦女。廖春起意糾夥林和尚聽從陳順、陳標等，施佇即施讬、施葛聽從許遠等，均叠次放火焚刦粵莊。其劉錐、鄭常、陳樹、陳金水、楊山、洪水、洪青泉、陳狗、鄭知、郭臨等十犯均係聽從搶刦在外接賍一次。内劉錐又夥搶婦女勒贖得賍一次。臣維此事因粵匪李通挾嫌糾鬬致被事主黄文潤格殺閩籍賊夥二命，閩籍一二匪徒造謡焚搶，何以各路賊匪同聲附和，恐有預先勾結謀爲不軌情事，後向該犯等反覆嚴

詰，僉稱寔因粤人聞謡疑懼，紛紛遷避，匪徒利其所有糾夥焚搶，事起倉猝，並非預謀糾約，各服錐者爲首。糾衆之人並無總頭目名色及另有不法重情，刑鞫不移，案無遁飾。

查各犯肆行焚搶種種不法，應照强盗律治罪。陳進即唐山進，合依强盗放火殺人例，斬决梟示。洪泉，合依江洋大盗例，斬决梟示。廖春、林和尚、施佇即施讬、施葛，均合依强盗放火例，斬决梟示。該犯等情罪重大，未便稽誅，臣于審明後恭請王命，將陳進即唐山進等六犯綁赴市曹，處斬訖，仍即傳首梟示以昭炯戒。劉錐除聽從攻搶罪，止擬遣不議外，合依聚衆夥搶婦女爲從絞監候例，擬絞監候，秋後處决。鄭常、陳樹、陳金水、楊山、洪水、洪青泉、陳狗、鄭知、郭臨等九犯夥刦接贓一次，均合依强盗情有可原例，發遣新疆，給官兵爲奴，均照例刺字。沈杏娘羞忿自盡，飭縣查明取結，照例詳請旌表以慰幽魂。各犯供出服首夥黨姓名逐一存記，分飭文武員弁分投搜捕，並密訪李通、黄文潤下落，務使悉數就擒，嚴行究辦，勿使稍留遺孽，仰副我皇上除暴安良至意。所有未經審定及以後續獲各犯，容臣陸續審明奏報。除供招咨部外，合將審辦緣由恭摺具奏，並繕各犯供單敬呈御覽，伏乞皇上聖鑒，勅部議覆施行。謹奏。

道光六年八月初一日奉硃批：刑部議奏。欽此。

二、閩浙總督孫爾準奏片：籌款解赴臺灣撫卹灾民供支軍需

[道光六年七月初三日]，再，據臺灣府知府陳俊千禀稱各廳縣防堵緝捕、僱募義勇、調撥屯番及兵丁口糧等項費用甚巨，指日内地調兵東渡需用尤繁，請司庫發銀交統兵官順帶來臺以供支應，事竣覈實報銷。並准撫臣韓克均函稱，據禀業飭藩司惠顯籌款撥銀五萬兩，委員解厦，俟其到時，臣即携帶過臺，以省另撥兵船護送。臣又查節次禀報彰化、嘉義兩縣被焚粤莊不少，而淡屬之竹塹、後壠、中港一帶，粤民較多，

閩莊亦被焚搶。其良民之蕩析離居者急需撫卹，俾無失所，爲數難以預計，自宜寬爲儲備。現在臣又移咨撫臣，飭商藩司再籌銀五萬兩續解過臺應用。事竣之後，如有贏餘，即畄臺灣府庫，于明年應解兵餉内扣除，理合附片具奏，伏乞聖鑒。謹奏。

道光六年七月初三日奉硃批：知道了。欽此。

三、閩浙總督孫爾準奏片：署彰化縣知縣周璽于地方械鬬命案查拏不力應行撤參

[道光六年八月初一日]，再，查此案事主黄文潤格殺賊夥許神助等二命係四月初十日之事，至十四日尸親許王氏赴縣呈報。該署令周璽于地方械鬬命案既不能立時捕辦，迨至風謡四起，又不能查拏禁止，以致釀成巨案，自應即行撤參。但臺地各員現皆分防彈壓，乏員可委，唯查有頭圍縣丞丁嘉植，人尚明晰，現在彰化，堪以暫委代理，仍令周璽赴所耕保監護粵民歸莊耕作。玆當用人之際，仍俟事竣之後，容臣詳晰查明在事各員功過，另行具奏，伏乞聖鑒。謹奏。

道光六年八月初一日奉硃批：知道了。欽此。

四、閩浙總督孫爾準奏片：彰化縣典史王壽蘐等拏獲欲行脱逃監犯陳臏等審明正法

[道光六年八月初一日]，再，據臺灣府陳俊千稟稱六月十八日酉刻，彰化縣監犯陳臏、謝妙、江文曲、蔡紅四名扭斷鐐銬，欲行脱逃，尚未出監即經典史王壽蘐督同弁兵刑禁人等登時拏獲。該署令周璽方在葫蘆墩拏犯，聞報趕回，經該府督同審明陳臏係行刦鄭焜案内入室搜贓盜犯；謝妙、江文曲係焚搶案内訊認抗拒官兵焚莊殺人；蔡紅係林魁命案内奪犯殺差正兇，均係决不待時之犯，業經該府等于臣未到之先就近解交提臣審明處决。所有該縣刑禁人等已據訊明，並無賄縱情獘。犯

係當時拏獲並未出監，該管獄在獄各官例得邀免議處，惟現當查辦匪徒之際，該縣監禁人犯較多，必須加意防範，臣已嚴飭多派兵役日夜防守，並令該典史等認真稽察以免疎虞。相應附片奏明，伏乞皇上聖鑒。謹奏。

道光六年八月初一日奉硃批：覽。欽此。

五、閩浙總督孫爾準奏摺：行抵淡水大甲查辦銅鑼灣滋事情形

[道光六年八月初一日]，閩浙總督臣孫爾準跪奏：爲臣行抵大甲查辦銅鑼灣情形並接奉諭旨恭摺覆奏事。

竊臣抵臺後業將辦理彰化匪徒情形兩次恭摺具奏在案。臣隨于七月二十一日行抵淡水廳屬之大甲駐紮，二十五日接奉七月初三日上諭：孫爾準奏馳抵厦門探查臺灣北路械鬬尚未止息，現擬酌帶官兵渡臺督辦一摺，前因臺灣匪徒不靖，已有許松年在彼督同鎮將帶兵堵緝，當經降旨令孫爾準駐紮厦門調度策應，不必親往臺灣。玆該督以厦門與臺灣重洋阻隔文報往復需時，請即日渡臺相機督辦，固屬甚善，但內地不可無大員彈壓接濟，馬濟勝由泉州移駐厦門雖便，究不若該督在彼駐紮調度更爲妥善。現據奏于拜摺後候風色登舟，如前旨遞到時該督已經渡臺則已，倘尚未開帆渡鹿仔港，著仍暫駐厦門，先將一切應辦機宜移知許松年督同該鎮將等妥爲辦理；倘有必須該督親往之勢，即行據實由驛速奏，候旨遵行。至此次匪徒滋事已蔓延一廳兩縣地方，必有造謀爲首之人，斷非尋常分類械鬬可比。前此拏獲之烏面章雖據稱係首倡謡言勾結主謀要犯，亦未可憑信。此時若不究明首惡，專力勦擒其脅從附和之衆，焉能實時解散？現在賊衆共有若干，究以何人爲首，務飭在事各員即速查報。該提督許松年在彼能否調遣得宜迅速蕆事，抑竟毫無把握，著即據實奏聞，勿致徒延時日也，將此由五百里諭令知之。欽此。

伏查厦門爲控制臺灣要地，理應有大員駐紮，臣前因訪聞臺地械

鬬日久未息文報不通，急于東渡，商囑陸路提督馬濟勝就近移駐。提督專轄營員，一切調度自不如臣呼應尤靈，臣思慮未及周到，兹蒙聖訓明晰指示，昭若發蒙，不勝惶悚。竊臣帶兵抵臺後，各路焚搶械鬬旋即止息，起事首犯李通亦已獲案審明懲辦，脅從附和之衆悉皆解散。此時惟搜捕餘匪嚴防竄逸最爲要務，臣已分飭臺灣守口員弁在于沿海一帶嚴密堵緝，並移咨提臣馬濟勝督同厦門道廳將備各員加意巡防稽查口岸，以免匪徒偷渡。所有先後奏調官兵撥解餉銀均已到臺無誤，臣惟有督飭文武上緊緝拏匪犯撫綏善良迅速蕆事，以冀仰慰聖主宵旰勤求乂安海寓之至意。

臣查大甲東北約五十餘里，地名銅鑼灣，相距廳營較遠，素稱頑梗，此次械鬬焚殺該處之人居多，並先據該道府等禀報訪聞該處近有結拜兄弟會又名同年會，率皆游手無賴好勇鬬狠之徒，請往捕辦等情。臣查銅鑼灣在深山之中，居民數百家。灣後小鷄籠、菅榛林、樟樹林等處逼近内山，路逕甚雜，皆巉巖仄徑，險不容步，兼以林箐蒙密，實爲奸宄逋逃之藪。兵丁不識路逕，搜捕爲難。募有義勇能熟諳其中路逕者作爲向導，與水師提臣許松年、金門鎮臣陳化成面商，該提鎮率兵分路入山，連日拏獲匪犯邱元生、鐘潑賴等七十餘名，並搜獲鳥鎗刀械陸續押解前來。臣督同蚶江通判許原清隨到隨審，據供認械鬬焚殺及拜會屬實，詰以因何結會，據供該灣素來强悍，遇有與人忿争之事，聯爲兄弟，冀可併力同心互相幫助，同會計有數十人，並無歃血焚表謀爲不軌情事。恐所供尚有不實不盡並有狡賴未肯吐實者，容俟詳細研審，務得確情另行奏明辦理。

至各莊焚燬廬舍，其難户已經歸莊者由地方官及委員查明造册，按照户口給銀撫卹。沿途察看街市，俱搭蓋草房，照常貿易，民情甚爲安堵，其有遷移遠處尚未歸莊者亦查明，行文各地方官諭令即日來歸，領銀搭寮勿俾失所。

日來又傳到猶里各莊董事，諭令將械鬭焚殺有名各兇犯按名縛送，間有一二處尚須用兵搜捕者，計所需兵力無多，内地調到各兵爲數不少，自可陸續撤回以省糜費。現擬先將提標水師兵一千名、長福連羅兵五百名、興化兵五百名，各令原帶將弁統領，分起配船内渡，各歸原營汛防守，其餘各兵俟此次配載兵船回臺，隨時察看再行撤配。臣部署事畢，即日前赴淡水，沿途查辦所有。臣行抵大甲後辦理情形及奉到諭旨，理合由驛覆奏，伏乞皇上聖鑒。謹奏。

[硃批]：所奏均悉，淡水一帶匪徒務要認真查辦，應誅應撫機不可失，總要善良得所、奸匪肅清，勿留後患方爲辦理得宜，斷不可徹兵，之後又有不靖私逞重費周章，是爲至要。勉之。

六、閩浙總督孫爾準奏片：委令李慎彝署理臺灣淡水同知印務、熊飛代理臺灣縣知縣

[道光六年八月初一日]，再，淡水械鬭雖經止息，所有緝拏匪犯、撫卹難民一切事宜籌辦正非易易，該處廳缺此時在全臺中最爲緊要，非熟悉情形之員不足以資治理。該署同知蘇鏊甫經到臺，于海外情形未能深悉，自應另行遴員接署，庶免貽誤。查臺灣縣知縣李慎彝循明幹練卓立有爲，在臺日久熟悉民情，堪以委令署理淡水同知印務。所遺臺灣縣員缺，查有在臺差遣之署臺灣府經歷事候補縣丞熊飛明白奮勉，堪以代理。除檄飭遵照外，臣謹附片具奏，伏乞聖鑒。謹奏。

[硃批]：知道了。

七、閩浙總督孫爾準奏片：臺灣彰化等處村莊械鬭被焚請給予貧民二月口糧

[道光六年八月十四日]，再，此次械鬭焚搶起于彰化縣，漸及嘉義縣淡水廳，蔓延較廣。當焚莊肆鬭之際正早稻成熟之時，匪徒倚衆搶割

踐踏損傷均所不免，且莊民紛紛遷避無人看守，附近宵小之徒亦有乘間竊割，迨鬬息歸莊，居室被燬，早稻失收，其同莊而未被焚搶者瑣尾流離，不能顧及收獲，亦覺餬口維艱。先經臣節次奏報聲明撥銀撫卹，仰蒙聖恩允准臣宣布皇仁，海外貧黎無不同聲感頌。惟給予口糧自須定以限制，俾無浮冒。查嘉慶十四年械鬬被搶貧民，前督臣方維甸奏蒙恩旨，賞給三個月口糧。此次被焚村莊雖大畧相同，而止鬬較速，現已趕種晚禾，秋收可望，臣體察情形，仰懇皇上天恩俯准將被焚各莊中實在無力貧民酌給兩個月口糧以資撫卹，其焚燬房屋仍行給予修費以仰副聖主軫念海疆，不使一夫失所至意。除飭委員會同地方官覈實查辦並俟事竣查明實用銀數另行具奏外，相應附片奏明，伏乞皇上聖鑒訓示。謹奏。

[硃批]：另有旨。

八、閩浙總督孫爾準奏摺：查辦臺灣北路械鬬將次完竣

[道光六年八月十四日]，閩浙總督臣孫爾準跪奏：爲查辦臺灣北路械鬬將次完竣遵旨恭摺覆奏事。

八月十二日，臣行抵竹塹，接奉七月十二日上諭：前據許松年、蔡萬齡等節次奏報臺灣府屬閩粵莊民分類械鬬乘機焚搶滋事，總未將實在起釁根由並蔓延滋擾村莊詳悉查明，聲叙未必能安速蕆事，因武隆阿熟悉臺灣情形，本日發給欽差大臣關防，令伊馳驛赴臺查辦矣。前經孫爾準奏請候風渡臺督辦，如業已渡臺，俟武隆阿到彼將一切應辦機宜當面詳悉熟籌，交武隆阿駐臺妥辦，孫爾準即行内渡仍駐紮厦門調度策應，所需軍火糧餉等項札知韓克均妥爲預備以資接濟，並著孫爾準將現在辦理情形隨時沿途知會武隆阿，俾令知悉。如武隆阿未到閩以前勦捕全竣，海疆地方安貼，孫爾準一面奏聞一面飛咨武隆阿停其前往。將此由四百里諭令知之。欽此。正在繕摺覆奏，間又接山東巡撫武隆阿咨稱現

奉諭旨：以此時回疆事機緊要，著武隆阿暫緩前往，仍將臺灣一切機宜詳細籌劃飛寄孫爾準照辦等因。欽此。除一切機宜容另飛寄外，恭錄咨會前來。臣抵臺後，歷將北路械鬬焚搶均已止息拏獲首夥各犯審明分別懲辦，彰化難户全數歸莊，晚禾一律種齊，並在大甲搜捕銅鑼灣擒獲械鬬會匪多名，民情安堵，此時搜捕餘匪無須多用兵力，前調内地兵丁分起陸續撤回各歸營汛等情，三次具奏在案。

臣由大甲前赴竹塹沿途查勘呑霄大小十三莊、中港大小五十三莊焚燬最甚，苑裡、白沙墩兩處次之。歸莊之民俱已搭寮栖止，有力者正在購料漸次起蓋，一路商旅通行貿易如舊，惟經過被焚各莊皆有男婦多人迎輿跪訴被難情形，見之不勝凄惻，臣先加撫慰，並爲開陳利害，責以身爲盛世之民應享太平之福。彰化匪徒滋事原與淡水民人無干，乃狃于分類之見，報復相尋致罹慘酷，實係自作之孽，凡與鬬者閩人粤人皆有應得之罪。該民人等頗知悔懼，泣涕懇求，僉稱自今痛改前非，臣察看該民人等創巨痛深，實已自知悔悟，間有未經歸莊之户，即飭總董頭人傳諭招徠趕緊歸莊安業。入秋以來，晴霽日久，田疇全賴山水灌漑，臣又紆道查勘近山一帶田水充足，秧苗甚爲芃茂，其距山較遠之處乏水翻犁，俟有雨澤尚可隨時栽種薯蕷以充糧食，不致荒廢。

至此次械鬬起釁根由，實因彰化匪徒李通商同陳進等造謡分類焚搶粤莊，其意止在圖財，無賴之徒從而附和，淡屬粤人較多，憤圖報復，即糾衆攻打閩莊，慘殺多命，此外别無起釁情節。因查嘉慶十四年漳泉械鬬，粤人從中播弄又勾出生番攻打漳莊，互擾至半年之久，殘殺尤多。故彼此積恨已深，遇事搆釁動輒忿争，但分氣類，不問怨仇，其實所殺者非即其所受侮之人也，此等惡習自應從嚴究懲。惟是械鬬之際，人數衆多，附和者類皆無知之愚民，即平素安分及老弱無能者亦往往被脅隨行，止鬬後即畏懼逃避，勢難悉數查拏，轉滋紛擾，自應將主謀糾鬬之首惡及執械殺人之兇手專力嚴拏，按律懲辦，庶幾明彰國憲力挽頽風。玆查各路員弁兵役拏獲各犯解歸淡彰兩處者已有三百餘名，臣督飭委員連日研審，究出要犯多名，供認糾鬬殺人不諱。尚有在逃要犯亦向現獲之犯跟追踪迹，隨時指拏，以冀不留餘孽。臺地民情自來健訟，粵籍刁告之風更甚于漳泉，指控兇手每多羅織無辜，不足憑信，現有粵籍生員劉獻廷、郭清、林茂堂素稱公正，據稟情願督率各莊總董將應拏匪犯自行縛送以免海捕，並請酌撥官兵駐紮莊外，藉壯聲威易于得犯等語。臣查臺人畛域之見既已牢不可破，每有事經安定因捕犯而又起争端者，惟用閩人捕閩、粵人捕粵，既可灼知其良莠，又可泯釋其嫌疑。該生等既知大義，自屬可用，當即給發告示，令其持赴各莊曉諭遵辦。連日解到匪犯不少，察看輿情皆已震懾，自可師旅不勞，犯無幸脱，雖道路歧長，往來跋涉，兼以獲犯既多，研訊定供尚需時日，而現已民心大定，井里晏然，可無他慮。

跽誦諭旨，仰見聖主丕冒海隅宵旰勤求之至意，臣惟有趕緊督拏餘犯詳慎定讞迅速蕆事，以副聖懷，合將海疆地方安貼辦理將次完竣緣由遵旨先行由驛具奏，伏祈皇上聖鑒。謹奏。

[硃批]：辦理甚屬鎮静，所奏知道了。

九、閩浙總督孫爾準等奏摺：覆奏召募臺灣義勇等情形

[道光六年八月二十五日]，閩浙總督臣孫爾準、福建水師提督臣許松年跪奏：爲遵旨覆奏事。

竊臣孫爾準于八月十八日在竹塹承准軍機大臣字寄道光六年七月十九日奉上諭本日有人奏稱此案云云等因。欽此。仰見我皇上遇言必察集思廣益至意，臣孫爾準抵臺後已將緝捕撫卹及難民歸莊、酌撤官兵内渡各事宜歷次陳奏在案。現在臣等分投督拏未獲匪犯，當即飛移商榷。

查此次械鬬初起，臣孫爾準在省接報後即給發告示，曉諭各莊各自約束子弟，毋許外出滋事，擇精壯者作爲義勇，由官給予腰牌防守本

莊，仍將義勇姓名開册送官存案，有能獲匪者立予重賞，並查明單身無依之人，報官配船内渡交保管束。又移行提鎮道府召募義勇，或本鄉自爲團結或從行用非軍鋒，多一義勇即少一械鬭之人，藉可散其黨羽等情奏復，並將酌用義勇緣由奏蒙聖鑒。

旋經嘉義、彰化、淡水各義首王雲鼎、何恭星、林祥瑞等各自收募或數十名及數百名不等，皆能拏獲要犯解送審辦。兹得欽奉諭旨並蒙頒示還臣奏摺，臣等詳細閲看，于臺地情形了如指掌，所陳利弊亦均中肯。臣等竊維義勇實有所長，而流弊亦所不免。服習水土，熟諳途徑，懸厓仄徑履險如平，要犯兇渠類多熟識，搜捕則勇于深入，踹探則能躡賊踪，此義勇之所長也。然而此輩類多生長海濱，性成獷悍，其管帶之義首又係平時習熟之人，分不足以相監，構不足以相制，素無紀律，鈐束爲難，恃衆則任意横行，見物則乘便掏摸，遇鄉閭之舊則故縱兇頑，挾平昔之嫌則誣拏孱懦，皆所不免，此又義勇之弊也。用之者，亦在審時度勢集其所長防其流弊而已，故用之于械鬭之時，殷實者賴其保護，游手者各有依歸，散黨則兇燄日消，逞鋒則軍威愈壯，誠屬因時制宜之良策。看以目前形勢而論，被難之流民俱已襁負歸莊，各安生理，滋事之匪犯總董俱限縛送各有責成，從前召募之衆，獲犯者業經隨時獎賞以償其勞，若聚而不散轉恐滋生事端，自應令其各返原莊，責成莊董妥爲管束，仍酌畄數十名爲指引道路搜捕餘匪之用。其義首之出力最多者，請俟事竣後奏明量予獎勵。臣等會商往復，意見相同，謹合詞恭摺由驛具奏，是否有當，伏乞皇上訓示遵行。謹奏。

道光六年九月二十七日奉硃批：欽此。

一〇、閩浙總督孫爾準奏片：委令鄧傳安署理臺灣府知府

[道光六年九月初二日]，再，臺灣府知府陳俊千現經臣奏請撤任，所遺之缺查有鹿港同知鄧傳安誠篤廉介辦事實心，前經署理斯缺堪以委

署，以資熟悉。除檄飭遵照外，所有臺灣府員缺緊要，仰懇天恩迅賜簡放以重職守，伏乞聖鑒訓示。謹奏。

道光六年九月二十九日奉硃批：欽此。

一一、閩浙總督孫爾準奏摺：拏獲臺灣内山黄鬭乃等並三灣械鬭股徒分别審辦

[道光六年九月二十九日]，閩浙總督臣孫爾準跪奏：爲拏獲内山著名番割並三灣械鬭匪徒分别審辦恭摺奏祈聖鑒事。

竊照臺灣東倚山而西控海，南路地面較寬，内山距海多至八九十里，自大甲以北地面漸狹，民人依山築室，多有與番地毘連者。番性嗜殺而又恇怯，若無漢奸教誘，原不敢出山滋擾。淡水廳屬離竹塹六十餘里地名三灣，本係土牛界外，悉係荒埔，人迹罕至。近年來間有民人前往搭寮開墾，其能曉番語者交通生番貿易漁利，並有入山娶番女爲妻，借以占耕其地巧取其財，俗名謂之番割。此等奸徒往往散發改裝，帶引生番潛出刦奪，被害者既畏生番兇悍，又慮番割報復，相率隱忍不敢告官。此次械鬭粤人中即有勾串番割率領生番出山助鬭，大爲地方之害，亟應乘此兵力嚴拏懲辦。

臣抵塹後即經派委將領分路入山拏獲逃犯陳觀隴等二十餘人，當將辦理情形附片具奏在案。嗣因募得能通番語之蔡小，給發賞格，使其傳諭番衆將山内匪徒縛獻。旋據委員閩縣知縣張騰禀報有番割林大鑾即張大鑾、張振發二名聞拏投首，究出黄斗乃、黄武二、鄒阿壬、徐阿來、温阿罄等，俱係内山著名番割。而黄斗乃黨羽數十人兇暴尤甚，當即添委汀漳龍道方傳穟會同署水師提督金門鎮陳化成督飭員弁相機進捕。緣内山路險溪多，草深林密，適值積雨連晨，谿水漲發，不能深入，至本月十五日有木鷄咒杜生番縛送番割温阿罄一名，並訪知該匪等俱匿都立口黄斗乃社中。署提督陳化成督率參將黄其漢，游擊謝得彰、謝朝恩，

知縣張騰帶領兵勇一同入山偵捕。該匪等聞風逃避，竄至後山，峭壁懸厓，路益險峻，黄其漢、謝得彰、謝朝恩率領兵勇攀藤附葛而上，詎該匪黄斗乃、黄武二、徐潑賴、鄒阿壬、林阿成、黄阿錢、傅阿相等帶同該社生番抗拒，致斃義勇粤人徐庚三、林鼎邦二名，又墜厓跌斃張阿戊一名，官兵開鎗格殺兇番七名，並將徐潑賴格傷落水淹斃，番衆閧然逃散，拏獲黄斗乃、鄒阿壬二名。並據謝得彰、張騰在山搜獲林阿成、黄阿錢、傅阿相等三名，奪獲番刀鏢鎗等件。臣接稟後，查該匪等勾結生番滋事，復敢負嵎抗拒，實屬愍不畏法，飛飭先將格斃兇番七名及徐潑賴一名就近戮尸梟示以昭炯戒，並將内山番割寮舍一併拆毁，一面將兵勇暫駐三灣確訪未獲之黄武二等下落，購綫密拏免使别社番衆致有驚擾。旋據委員蚶江通判許原清訊出黄武二逃回平潭後山，密派護金門右營游擊陳國樂外，委蔡熙帶同眼綫馳往該處，將黄武二擒獲，又據署淡水同知李慎彝會同游擊謝建雍稟獲徐阿來、朱阿幅二名，又據各員弁陸續拏獲逃犯徐振叠等二十餘名，計先後捕獲投首共五十四名，委員連日審訊録供解勘前來。

臣親提研鞫，據黄鬪乃供認邀同黄武二、鄒阿壬、黄阿錢、傅阿相、林阿成、徐潑賴私越界外開墾荒埔，潛入内山蓄發改裝，役使生番七十餘名，又占墾内山番地，窩留外來匪徒，屢次帶領生番出山搶牛。本年閩粤分類，該犯又糾約黄武二等各帶生番助鬪，叠攻蘆竹濫、中港、閩莊，該犯在中港街外用刀殺斃民婦鄧曾氏及幼子幼女一家三命，抛尸入海。迨兵勇入山搜捕，該犯又與黄武二、徐潑賴、鄒阿壬、林阿成、黄阿錢、傅阿相帶番抗拒，致斃義勇。提同各犯隔别研詰，僉供持械拒捕之徐潑賴及兇番七名俱被官兵當場格斃，又黄武二、鄒阿壬、温阿罄三犯供認入山蓄發帶番搶牛；又黄阿錢、林阿成、傅阿相供認與已死徐潑賴聽從黄斗乃入山墾地。此次械鬪，該犯黄武二、鄒阿壬、黄阿錢、林阿成、傅阿相各殺一命，又隨同黄斗乃帶番拒捕在場助勢；温阿罄帶番助鬭止搶牛隻衣物；又黃阿番、徐阿來、朱阿幅三犯俱入内山，尚未薙發，曾勾引生番越界搶牛，黃阿番又帶番攻打中港，搶牛五隻；徐阿來、朱阿幅均未出鬭；又林大鑾即張大鑾、張振發二犯供認偷越入山充當番割，各帶生番出山搶牛二次，並未殺人，俱聞拏悔懼，自行到官投首。其三灣械鬭匪犯徐振叠等四十二名亦經分别研訊，據各供認糾鬭殺人及聽糾助鬭各情不諱，其中徐振叠等十一犯俱逃入内山，先後被獲，均未幫同拒捕。臣復提黃斗乃等反覆推究，僉稱實因番性惷愚易于欺騙，該匪等通曉番語，入山爲番，借以販賣番貨、占耕荒地，又可乘間帶番搶刦，止圖漁利，委無謀爲不軌情事。此外各犯亦無另犯不法别案，並據僉供此時三灣一帶内山已無番割，加以刑詰，矢口不移。

查臺灣歷辦帶番搶刦之番割，均遵照乾隆五十六年奏辦彭貴生一犯，欽奉諭旨即行處斬。在案該犯黃斗乃等膽敢越入内山薙發改裝甘爲化外，復屢次帶領生番出山搶奪械鬭逞兇拒捕，實屬行同叛亂罪不容誅。該犯黃斗乃攻打閩莊，殺死鄧曾氏母子三命，自應從重科斷，黃斗乃一犯合依殺一家三人者凌遲處死律凌遲處死。黃武二、鄒阿壬、温阿罄、黃阿番、徐阿來、朱阿幅俱在内山勾誘生番滋事，或曾經械鬭殺人，或叠次帶番搶刦，内黃武二、鄒阿壬又聽從黃斗乃帶番拒捕，罪無可加，以上黃武二等六犯均應照乾隆五十六年彭貴生之例，即行斬決。黃阿錢、林阿成、傅阿相三犯聽從黃斗乃出山助鬭，各斃一命，其聽從拒捕罪無可加，均合依臺灣械鬭殺人例，斬立決。徐振叠一犯爲首糾鬭放火延燒，合依臺灣械鬭爲首例，斬立決。黃幅萬爲首糾鬭殺斃一人應與聽從械鬭各斃人命之宋新觀、黃幅興、黃金柏、黃材麟、鐘官柏、徐來生、陳喜禄、陳觀隴、謝庚受等十犯，均合依臺灣械鬭殺人例，斬立決。該犯等情罪重大，未便稽誅，臣于審明後恭請王命將該犯黃斗乃等二十一名綁赴市曹，分别凌遲處斬，仍傳首犯事地方，懸竿示衆，以彰國法而快人心。林大鑾即張大鑾、張振發二犯俱爲番割，私入内山，曾經帶番搶牛，行同强盗，惟一聞官兵搜捕，隨各到官投首，尚出自悔心之萌，訊明該二犯俱未殺人，應請比照未傷人之盗首聞拏投首例，均實發雲貴兩廣極邊烟瘴充軍，照例免刺。其聽糾械鬬傷人未死之謝觀叠、黄大戇、黄番伍、黄阿六、黄桂名、黄阿四、黄磬星、張陳凉、鐘阿二、李梅生、羅烏二、徐阿五、湯保受、林幅生、林鶴松、賴言幅、羅細滿、徐狐麟、二謝阿幅、羅添助、黄有華、徐細三、羅大妹、林紹磬、陳阿旺、張阿三等二十六犯，均合依臺灣械鬬爲從傷人例，發新疆給官兵爲奴，照例刺字。内羅烏二一犯已于取供後在監病故，刑禁人等訊無凌虐情弊，應毋庸議。張阿市、張英古、徐阿四、温番古、郭邵欣等五犯，訊止聽糾助鬬並未傷人，均應于械鬬傷人遣罪上減一等，各杖一百徒三年，照例刺字。黄斗乃等供出糾鬬之温杏柏、黄開二兩犯，俱經拏獲，歸于械鬬正案辦理。黄斗乃所娶番婦已身故，無子亦無財産，其私開荒埔係在界外，毋庸斷給死者之家。各犯所娶番女照例離异。被傷義勇徐庚三等三名業已從優賞卹。再，三灣地方雖在土牛界外，距内山隘口尚隔谿水一道地名頭道溪，近山居民生齒日繁，業經出資開墾成熟，勒令遷移轉恐失所，委據汀漳龍道方傳穟督同署淡水同知李慎彝禀稱勘明，頭道溪地方兩山夾峙，中隔溪水頗寬，爲生番出入總要路口，應即于該處築砌石墻爲界，設立屯弁屯丁防守等情。

臣查内山番割經此次嚴拏懲辦後，各莊番衆業已咸知震懾，第恐日久玩生復萌，故智亟應立定界址設屯巡防，毋相侵越。現經該道等督飭居民將應築石圍尅日砌成，一面檄行臺灣鎮道在于該處熟番中選撥徤丁六十名作爲屯丁，並派屯弁一名駐守附近頭道溪之大北埔地方以資防守。所有民墾荒埔飭令地方官勘丈明白，酌科租穀，撥充屯丁口糧藉資守衛，民情極爲踴躍。其黄斗乃所開埔地僅有五甲，即給屯弁耕種，毋庸另給餉銀，均請照例免其納賦。至各犯在内山開種番地爲數無多，應仍歸番管。業一面嚴飭該管文武將沿山一帶額設屯丁隨時稽察，責令認真防守。又查生番以內山鹿皮、風藤、木耳、通草等物貿易鹽、茶、烟、布，皆其日用所需，勢難一概禁止，自應仿照嘉義縣阿里社之例，遴舉誠實安分能通番語之人充當正副通事，並令番中稍能曉事者舉充正副土目，定期在隘口貿易，平時不許擅自交通，如再有奸民違禁入山勾番滋事，立即嚴拏從重治罪，勿稍寬縱。

所有此次在事各員深入內山拏獲要犯多名，尚爲奮勉，容臣擇其尤爲出力者另行彙摺具奏。除供招咨部外，合將拏獲著名番割及械鬬匪徒審辦緣由恭摺由驛具奏，並繕供單敬呈御覽，伏乞皇上聖鑒訓示勅部覈覆施行。

再，所有調來內地各營兵丁共五千三百名，先經臣奏請撤回水提標、興化、長福連羅等營兵二千名，嗣又將陸提標及閩安延平各營兵丁陸續撤回內渡。現在地方安靖，自應將前調各兵全數撤回，臣酌留省標兵三百名，俟事畢後隨臣內渡，署提督臣陳化成酌留本標兵二百名以備差遣，合併陳明。謹奏。

[硃批]：所辦甚屬可嘉。另有旨。

一二、閩浙總督孫爾準等奏摺：遵旨揀選浙省嘉興府知府徐鏞調補臺灣府知府

[道光六年十二月十五日]，閩浙總督臣孫爾準、福建巡撫臣韓克均跪奏：爲遵旨揀調臺灣府知府並將臺灣道員缺遴員奏請對調恭候欽定事。

竊臣孫爾準承准軍機大臣字寄欽奉上諭：臺灣府知府員缺緊要，現有經理善後事宜必須熟悉海疆、誠實幹練之員方足以資整飭，著該督體察情形，或于閩浙兩省知府內揀員調補或于同知直隸州各員內遴選陞補。其臺灣道孔昭虔人尚樸實，惟與臺灣道不甚相宜，著該督于所屬道

員内揀員奏請對調。欽此。仰見我皇上廑念海外巖疆治理務在得人之至意，臣等當即往返札商。臺郡現當匪徒焚搶滋事之際，除莠安良加意拊循較之平時更關緊要，知府有表率之責，誠如聖諭必須熟悉海疆、誠實幹練之員方足以資整飭，察看閩省現任内地知府俱與臺灣府一缺不甚相宜，即同知直隸州中一時亦無堪以勝任愉快之員，謹遵旨于浙省知府内逐加揀選。

查有嘉興府知府徐鏞，年四十八歲，安徽進士，由庶吉士散館改部考充軍機章京，洊陞工部郎中，俸滿保送繁缺知府。道光元年奉旨補授福建汀州府知府，歷任江蘇常州、浙江寧波等府知府，奏調今職。該員精明强幹、守潔才優，前任閩浙繁缺知府，官聲甚好，于海疆情形素所熟諳。臣孫爾準先經函詢浙江撫臣程含章，亦稱該員係浙省中最爲出色之員，可勝臺灣知府之任，理合奏聞請旨。以嘉興府知府徐鏞調補臺灣府知府，實于海外要缺有裨，該員係遵旨揀調，銜缺相當，毋庸送部引見，並免查叙參罰。

至臺灣道統轄全臺綏輯民番兼有奏事之責，尤非他處監司可比，必須品端守潔而又才猷幹練、通曉事體之員方能措施得當。臣等公同商酌閩省道員内既難得其人，並札商浙江撫臣，接准覆稱亦無堪以勝任之員，臣等以地方關重，不敢拘泥遷就，謹于近省中就平日所知者逐員商榷。查有江西督糧道劉重麟，年五十二歲，陝西廪貢生，曾任浙江寧波嚴州等府知府，歷署杭州、衢州、紹興府篆，蒙恩陞授廣西蒼梧道，歷湖北武漢黄德道，簡調江西督糧道。該員精明果敏、任事有爲。臣孫爾準前在福建臬司任内，因壤地相接，素悉循聲；臣韓克均曾官浙省，尤所深知，以之請調臺灣道員缺，洵堪勝任。臣等爲人地相需起見，不揣冒昧，奏懇皇上天恩，俯念臺灣道孤懸海外、任重事繁，與内地各缺迥不相同，可否以劉重麟與孔昭虔對調之處，恭候欽定。所有臣等揀員請調臺灣道府緣由，謹合詞恭摺具奏，伏乞皇上聖鑒訓示。謹奏。

[硃批]：另有旨。

一三、閩浙總督孫爾準奏片：嚴限各莊頭人協拏臺灣械鬬之徒

[道光六年]，再，臣孫爾準于八月二十二日接山東撫臣武隆阿來函，遵旨開寄嘉慶十四年辦理臺灣械鬬機宜。臣詳加紬繹其言，與此次淡水情形大都相似，而與彰化情形不同，以此次彰化係匪徒造謡焚搶，本非械鬬也。至謂未鬬之先竭力迅速撲滅，勢必逃散，即可勾作網民，一面嚴限各莊頭人協拏，即可不致生事。倘有抗拒官兵之事，必須嚴辦，不可聽文武諱飾稍事將就，亦與此次辦理情形相仿。惟謂鬬案務要速爲壓定，若遷延日久，本籍匪徒亦必蹧蹉頭人，頭人畏累移避内地，則好人少而匪類多矣，洵爲至言。臣所當取以爲法，其頭人良莠不齊，有起意糾鬬藉圖漁利者仍歸案嚴究，以示懲創。合併附片奏聞上慰聖廑。謹奏。

[硃批]：知道了。

閩浙總督程祖洛奏摺（上）

一、閩浙總督程祖洛等奏摺：籌撥臺灣欠運内地兵穀抵放兵糧及賑濟口糧

[道光十三年四月二十日]，閩浙總督臣程祖洛跪奏：爲籌撥臺灣欠運内地兵穀抵放徵兵及撫卹難民口糧，恭摺奏祈聖鑒事。

竊臣前因臺匪滋事，所調徵兵及撫卹難民口糧恐有不敷，並查明臺灣應運内地兵穀節年多有拖欠，福建省城與漳、泉二府民食兵糈均虞缺乏，奏奉上諭。現在省城及漳泉米價每石已賣至四千餘及五千餘文不等，臺灣大兵雲集，每日兵糧及難民口食皆須官爲支給，已另降旨諭知富呢揚阿在浙江省沿海各州縣徵收本年漕米，内截流十萬石。前據魏元烺請赴江浙等省採買米石，借碾倉穀各十萬石，降旨准行，仍著飛咨浙江、江西巡撫，查明採買碾撥可得若干石，竭力籌辦。其江蘇省漕米離臺灣較遠，恐有風濤之險，不准截流。所有截流漕米著照所請，將解給臺灣徵兵撫卹難民者、作正開銷支放内地兵米者，俟明年臺運穀石，到時解還補運糶濟民倉者，將糶下價值解交該省于下運買米交幫，其臺灣各官辦理配運兵米遲誤，著程祖洛查明實在弊端，分别条辦等因。欽此。

又，臺灣撫卹難民亦經臣查明情形，奏蒙恩准，賞給三個月口糧各在案。當即欽遵，分别咨行查辦去後。旋准撫臣魏元烺咨會，截漕米石業由浙江撫臣富呢揚阿奏明減半，截流五萬石。其採買之米浙省已得二萬石，江西籌撥之米覈計價值昂于閩省，亦已奏明停止等情。臣思内地之短缺兵糈由于臺灣之欠運，臺穀現在所運截漕採買二項共止米七萬

石，自應將内地之兵糈民食與臺灣之徵兵撫卹口糧通盤覈計，均勻抵放，期于兩處均有脾益。因查臺灣欠運内地兵穀計共十餘萬石，其中雖有民欠，而已徵未運積存之穀尚可動用，與其將截流漕米截運來臺，支給徵兵及撫卹口糧，再將臺灣積欠兵穀配船内渡，此往彼來多費運脚，苦纍商船，莫若碾動未運内地兵穀抵作徵兵及撫卹口糧，而將截流米石就近放給，内地兵米作正開銷，一轉移間多所節省，又免重洋挽運之煩。即經分飭省城，臺灣各總局司道府廳覈議，嗣據省城司道議禀，現在省城暨漳泉一帶米價未平，截漕採買二項米石已報到閩者尚少，民食兵糈均需接濟，不能兼顧臺地徵兵暨撫卹口糧之用。又據臺灣道府詳稱，查得臺地米價近亦漸昂，所有撫卹難民口糧若概放折色恐有不敷，買食之處又徵兵一項，自上年以來節徑地方官籌款墊放亦須撥補，議請將臺灣各縣存貯灣倉未運内地兵穀先行動撥六萬石，除撥還各廳縣墊放徵兵口糧外，餘穀盡數碾米抵放撫卹口糧各等情，臣覆覈無异，飭即先行，照數撥用。如撫卹米數尚有不敷，再行陸續動撥。倘有盈餘，仍行貯倉配運，其離倉寫遠，運米不便之地，或須酌量搭放折色，以及被焚各莊應給修房銀兩，另行察看情形妥爲辦理。臣惟有督飭承辦各員事事務歸覈實，力加撙節。其撫卹難民尤當欽遵諭旨，分别良莠，斷不敢任其稍有冒濫。一面將此次籌撥臺穀六萬石行知省城司道，即在截流漕米内撥米三萬石，就近支給各營兵米，仍飭臺灣道府將所撥穀數分年分欵，行知内地，畫一報銷。至臺灣各官辦理配運兵穀遲誤，一因近年海口商船較少，一因原派鹿耳門配運穀數獨多勢有偏重，遂多積壓。又各縣民欠供粟亦屬不少，其弊不獨在配運之不善，除嚴催各縣將新舊徵存未運兵穀悉數運灣按船撥配外，臣仍督率道府廳縣查明民欠實數，勒限徵補，並妥議配運章程，另摺具奏。如查有徵多報少及虧挪侵蝕情弊，即當嚴行參辦。謹將籌撥未運内地兵穀抵放兵糧撫卹緣由先行恭摺具奏，伏乞皇上聖鑒訓示。謹奏。

[硃批]：依議妥行。

二、閩浙總督程祖洛奏摺：現任臺灣道平慶人地未宜請旨撤回另迅賜簡放

[道光十三年五月初六日]，閩浙總督臣程祖洛跪奏：爲道員人地未宜，請旨撤回，並懇恩迅賜簡放，恭摺奏祈聖鑒事。

竊臺灣道一缺統轄臺澎，控制海洋，有整飭官常武備，撫輯民番兵役，審奏重案，綜覈倉庫之責職，雖監司任倖疆吏本非威嚴明斷之員，不克勝任。現當逆匪蕩平，粵棍懲創之後瘡痍未復，反側甫安，更宜經權並用，寬猛兼施，方足以資治理。現任臺灣道平慶操守清廉，官聲尚好。上年逆匪滋事，該道守禦郡城，擊散林海，籌撥軍火糧餉亦有微勞。惟臣連月以來，察其言論甚爲明晰，觀其行事微欠果決，德有餘而威不足，非震懾悍民兇盜、鈐束驕兵玩吏之員，若以之調補稍簡之缺，辦理可冀裕如與。現在臺灣道缺不甚相宜相應，請旨將臺灣道平慶撤回另候簡用，所遺之缺懇恩迅賜簡放，以重職守。現在整頓善後事務正當喫緊之時，雖一切章程由臣詳覈廣諮酌議具奏，請旨遵辦，而經理妥善，其責全在鎮道二人，計新任道員來臺尚需時日，臣不敢稍事拘泥，致或貽誤。查有興泉永道周凱，公正曉練。該員本駐厦門，渡臺亦甚易易，堪以暫行調署。臣現已飛咨撫臣札調，俟該員到臺接任後，仍飭平慶恭候諭旨遵行，臣謹恭摺具奏，伏乞皇上聖鑒訓示。謹奏。

[硃批]：另有旨。

三、閩浙總督程祖洛奏摺：遵旨查明臺灣民風盜源營務情形

[道光十三年五月初六日]，閩浙總督臣程祖洛跪奏：爲遵旨查明臺灣民風盜源營務情形，據實恭摺覆奏，仰祈聖鑒事。

竊臣承准軍機大臣字寄，道光十三年二月十二日奉上諭：姚元之奏，臺灣營務亟宜整頓一摺，臺灣合漳、泉、潮、粤之民而聚處尋釁逞忿，勢所不免其俗，剽悍浮動好事，當無事時有人立市一呼，今日搶某處某家，頃刻之間從者數百，絶不爲怪，此風斷不可長。南路有鹿耳門，北路有鹿港，有八里坌，無票之人概不准渡，弁兵不免賣放之弊，一船恒數百人，其沿海僻静處所，在在可以偷渡内地，游手無賴及重罪逋逃之犯溷迹其間，臺民利其傭不取值多樂容之，及不足相養乃群起而爲盜，是臺灣盜賊之多實由于此，地方大吏必須嚴密稽查，以杜其源。所奏臺灣一鎮設班兵一萬四千六百有竒[奇]，到臺即住宿娼家，日以聚賭爲事，攬載違禁貨物，欺虐平民，官若查拏輒鼓噪欲變，甚至械鬬殺人，不服地方官申理，不聽本管官鈐束，違禁犯法無所不爲，而水提、金門二標爲尤甚。又有身列行伍不事訓練，每操演時本地别有習武匪徒專爲受雇替代，設有奸宄滋事，即依附爲其兇黨，種種積弊尤爲可惡。國家費如許帑金養兵衛民，所以戢姦禁暴。如該侍郎所奏，窩娼聚賭械鬬殺人，不服管束尚復成何事體，甚至營中操演有受雇替代之弊，則是我兵竟作壁上觀，而此輩無籍游民性本獷悍，而又習之以戰鬬，假之以兇器豈不相率而爲盜耶？該鎮將等若竟昏庸毫無聞見，則爲形同木偶，或竟知而不辦，則是喪盡天良，釀成事端，罪無可逭。程祖洛甫經到任無所庸，其回護著將摺内所指各情節實力稽查，如有前項情弊即著嚴叅，從重究辦，毋稍姑息。此次辦理善後務須大加整頓，破除積習，妥立章程。俾海疆得以永靖，方爲不負委任。姚元之摺著鈔給閲看，將此由四百里諭令知之。欽此。

臣查臺灣民情浮動，營務廢弛，素所著名。臣自上年夏間陛辭南來，凡遇曾經服官閩省及閩人之出仕在外者，無不向其咨詢，而言人人殊。大概皆未親履其地，故弗能知其詳。迨得臺匪滋事之信警傳日至，訛言即隨之而來，所聞浮動，廢弛情形竟致令人眦裂。因于渡臺後細加察訪，証以文卷，所聞皆非無因，然尚不盡確實。今查該侍郎所奏，與臣前在内地所聞大畧相同，而其實在情形則有未盡，然者緣臺灣孤懸海外，其土沃饒，其俗奢淫，其人則閩之漳、泉居多，其性貪而戇，粤之惠、潮、嘉應次之，其性狡而險要，皆好勝而尚氣，喜鬬而輕生，每因睚眦微嫌，動輒糾衆械鬬，焚搶殺人，執而問之，自亦不解其故，是直一富而無教之區，遂致屢有分類之案。然地方文武帶兵趕至亦即解散，尚不敢公然抗拒，而紳士富户雖各護其鄉人，類多明習禮義不盡附和行兇，此臺灣之民情似不難設法以化導之也。凡内地安貧守分之人，皆不敢冒險遠涉，其由鹿耳門、五條港、鹿港、八里坌等處正口渡載而來者，率皆有親友可倚，力役可任，且有内外口岸，文武官弁驗給執照來，也有自止，也有因尚易稽察。惟臺灣四面皆海，東面與東南山後爲生番聚處，沿海雖有港汊，不能偷渡，其餘三面沿海處所亘長幾及二千里，港汊紛歧可以通小舟者，實不下百餘處。内地則北自烽火門，南至南澳海岸之長，港汊之多更甚于臺灣，雖重罪逋逃，現在尚無其人，而無籍游民，浪蕩子弟乘間偷渡，是處皆可登舟上岸。初不必向弁兵買放就令弁兵認真查察，其勢亦自難周，到臺之後或充扛擡人夫，或入山抽藤燒炭，間有搭寮栖止，代人傭作，臺民目之曰羅漢脚，言其居無定所也。年復一年，日聚日多，地力人工均不任受，遂流而爲匪。

又，水師營渡載班兵之哨船，所載糖米等貨，借以壓載，雖不敢公然攬載違禁貨物，而班兵親族亦間有附搭，哨船來往藉免雇船之費，請照之繁，此等無照客民即難保其不違禁私帶，此臺灣之盜源與奸民偷渡必當厲禁，以杜絶之也。至臺灣營務之大弊在于不勤訓練，不守汛地。即如上年十月初二日，知府吕志恒會同護游擊周進龍督帶員弁兵勇捡捕匪徒，中途遇賊，官兵開砲不能出聲，爲賊所乘。（[硃批]：可笑，可恨。）吕志恒等被害，周進龍策馬馳回，此有逆賊之供詞可據者。如果平時訓練精熟，何致臨陣不能開砲。又如，臺灣城守營右軍守備應駐嘉義縣之下加冬地方，上年十月初一日，下加冬汛防被搶，劉廷斌禀報，兼署督臣魏元烺文内並未提及該守備下落。臣渡臺後飭據劉廷斌覆稱，下加冬汛官係署千總事，把總陳國勇因衆寡不敵，被賊沖散，旋回郡城，陣亡兵丁八名。至守備陳福龍係屬兼轄，自行帶兵前往巡防等情，臣復飭新任臺灣鎮臣張琴，查明城守營右軍守備實應駐防下加冬，歷任守備均居郡城，是劉廷斌在任多年，尚未知城守營右軍守備之應駐下加冬也。因覆查其餘各營兵房半皆倒塌，兵丁賃居民房，安分者非手藝營生，即離汛貿易，遇有當差值宿之事情，托同伴代爲伺應，不肖之徒包娼庇賭，與人争毆皆所不免，此又水陸二營之通病，即臺灣營務廢弛之實在情形也。推原其故，則尚不在兵驕而在將惰。蓋閩省各營，惟漳泉兵最爲勇健，額數亦最多，故臺灣班兵漳、泉居其半，桀鶩不馴者亦惟漳、泉，而水師又甚于陸路。該侍郎所指水提、金門二標即泉州兵也。假令駕馭得宜，訓練有方，原可悉成勁旅。即如上年提臣馬濟勝所帶二千餘名之兵，悉是漳泉人。言者以爲不宜于剿匪，即臣亦曾寓書戒之，乃不惟十戰成功，且自去冬至今半年，未聞一卒滋事。（[硃批]：于此益見馬濟勝之忠勇嚴明可親之至。）是在將帥得人，不患兵不用命，若使之錯居民間，嬉游廛市，悍健之氣無所發泄，欲其無紛争囂叫本不可得，地方文吏遇有兵民交涉案件，先存兵丁必多滋事之心，營弁又有回護處分袒庇兵丁之私，見不待兵丁之不服申理，而文武各官已自嘵嘵不已，以致兵日驕而法日弛。若如該侍郎所云，魏博牙兵之事則未免言之過，甚至雇倩代操。（[硃批]：劉廷斌所司何事，豈非辜恩溺職耶！）從前或者有之，近年以來，既不操練何需雇替，其所以不操練者，始不無　財吝賞，終則成于畏難苟安。無操練自無賞罰，無賞罰則無紀律，無紀律則平日習于爲非，有事難期得辦，總兵泄視于上，將弁亦即效尤于下，此馴致自然之理。其弊已非一日，其咎不止一人。各鎮將習焉不察，竟若視爲當然，猶之城守營右軍守備應駐下加冬，劉廷斌尚未之知，若不急爲整頓，實屬不成事體。

查，劉廷斌雖緝捕尚能勇往，其操練懈弛，亦不自伊始，惟以專閫大員沿習因循，罔知振作，實屬辜職。臣不敢因其有守城之功，稍爲回護相應，請旨先將陞任廣東提督，臺灣鎮總兵劉廷斌交部嚴加議處。（[硃批]：公正之至。）其臨陣無勇之護游擊周進龍、不駐汛地之守備陳福龍與守禦疎懈各官，容臣與將軍臣瑚松額就案訊明，分别奏請革職治罪，以示懲創。（[硃批]：不可姑息。）仍責成張琴督飭各將領會同地方官和衷共濟，查明例案，先行修建兵房，勒令各弁分守汛地，按期操演，考其勤惰，以收放心，束其筋骸，使無作惡。再懾之以威嚴，結之以恩信，以冀漸有起色，仰副聖主委任至意。所有化導臺民，杜絶盜源，稽防私渡，操練兵丁各事宜及内地點驗班兵，嚴禁雇替，查懲搭載遴造軍械章程，容臣熟籌妥善，另摺奏報。謹將遵旨查明臺灣民風盜源營務情形，先行據實恭摺覆奏，伏乞皇上聖鑒訓示。謹奏。

[硃批]：所奏公正明晰之至。另有旨。

四、閩浙總督程祖洛奏摺：審明臺灣叠劫盜犯葉幅相等犯按律分别定擬

[道光十三年五月初六日]，閩浙總督臣程祖洛跪奏：爲審明叠刦盜犯分别定擬，恭摺奏祈聖鑒事。

竊查臺灣縣于道光九年十二月初七日夜，貢生洪坤布店被刦，拒傷店夥，業已獲犯張全等二十名，尚有逸犯葉幅相等四名未獲。又，鳳山縣于十年十二月初六夜，民人吴烏記布店被竊，臨時行强，拒傷事主，業已獲犯楊生等十五名，尚有逸犯葉幅相等三名未獲，均經陞任臺灣鎮總兵劉廷斌等將張全、楊生等審明，分别擬以斬梟，遣流徒罪，先後奏報聲明，葉幅相等緝獲，另結在案。

又，查鳳山縣于十二年五月初六夜，民人杜江河油店被竊，臨時

行强，綑毆店夥一案。又，是年八月初九夜，佾生葉顯華家被刦一案，均經該縣勘驗，通詳飭緝。嗣于十二年六月二十四至九月二十等日，先後據鳳山縣緝獲葉幅相、張珍、張添財、林保四犯。又據下淡水縣丞牛明注緝獲蘇鐘、陳立、王陸、王金世四犯，分案審詳。旋因嘉義逆匪滋事，未經勘辦。兹據臺灣道轉據府縣將葉幅相等六犯審擬解勘，並聲明王陸、林保于取供後在監病故。又據審辦逆案委員究出逆犯趙養，即係洪坤案内原奏聲明在外把風之不識姓名逸犯等情，請奏前來，臣親提研鞫，各供無異。查洪坤被刦一案，共夥二十四人，係前獲之張全起意，糾刦與現獲之葉幅相，前獲之王擔、王萬春、方勢、張玉、盧彩、黄獅、邱阿人，格殺之張愛，在逃之方頂，入室搜贜，拒傷店夥楊麗水等，現在逆案拏獲之趙養，前獲之李九使、王芳、陳霧、陳賜福、陳西、陳胡、黄番江、朱滄、鄭經、張魯，在逃之張蓋在外把風接贜，又前獲之陳弄畏懼走回，估值贜銀六百三兩零。又吴烏記被竊，臨時行强一案，共夥十八人，係前獲之楊生起意，糾竊與前獲之鄭烏番、張烏番、林錐、李日、胡添定、杜賞撬門進内，臨時行强，拒傷事主吴琛等。現獲之葉幅相，前獲之李拼、毛黄虎、葉王、黄輝、杜港、餘有明、沈春連、潘連花，在逃之高濃、許成在外接贜不知强情，估值贜銀三百七十四兩零。又杜江河被竊，臨時行强一案，共夥八人，係現獲之蘇鐘起意，糾竊與現獲之陳立，監斃之王陸，在逃之蔡烏羊，即林烏羊撬門進内，店夥鄭文舉起捕，蘇鐘起意行强，用鐵鑽拒傷鄭文舉頂心，又同王陸用繩將鄭文舉兩手綑縛，現獲之張珍、張添財、王金世，在逃之黄溪水在外接贜不知强情，估值贜銀一百九兩。又葉顯華被刦一案，共夥十一人，係現獲之蘇鐘起意，糾刦與現獲之葉幅相、陳立，監斃之林保，在逃之蕭志及不識姓名一人入室搜贜，蘇鐘用刀嚇禁事主，現獲之張珍、張添財、王金世，在逃之王葱、王岱在外把風接贜，估值贜銀三百九十六兩零。

以上四案，原贓雖無起獲，犯係先後到案，所供上盜年月情形，贓數悉與原案脗合，正盜無疑，應即匯案議結。查律載强盜已行而但得財者，不分首從皆斬。又例載盜刦之案，將法所難宥者正法，情有可原者發遣。又臺灣盜刦之案，罪應斬决者，照江洋大盜例斬决梟示。又律載竊盜贓一百兩，杖一百流二千里。一百二十兩以上絞監候。又共謀爲竊，臨時行强，以臨時主意及共爲强盜者，不分首從，論各等語。今葉幅相等各自夥刦，計共四案，除在外把風，罪應擬遣之趙養從重歸于逆案辦結外，葉幅相聽從行刦，入室搜贓二次，又聽從行竊在外接贓不知强情一次。蘇鐘爲首糾竊臨時起意行强，拒傷店夥一次，又爲首糾刦嚇禁事主一次。陳立聽從爲竊，隨同行强，搜贓一次，又聽糾行刦入室，搜贓一次。以上三犯均屬法所難宥，合依臺灣盜刦罪應斬决者，照江洋大盜例擬斬立决梟示。該犯等業因剿辦逆匪遲逾時日，未便再事稽誅，臣于審明後即恭請王命，飭委臺灣道平慶，臺灣城守營參將珠爾松阿將葉幅相等三犯綁赴市曹，即行處斬，仍與搜贓一次。監斃之王陸、林保二犯一併梟首示衆。張珍、張添財、王金世三犯，均聽從行竊，在外接贓不知强情一次，計贓罪止擬徒。又聽糾行刦，把風一次，尚屬情有可原。以上三犯均合依情有可原，發遣例免死，發遣新疆給官兵爲奴，照例刺字，聽候部覆再行起解。各職照估追賠，不能禁約子弟爲盜之父兄牌保，飭縣分别拘責發落事主，店夥楊麗水等傷俱平復。王陸、林保二犯在監病故刑禁人等，訊無凌虐情弊，應與例無處分之管獄官，均毋庸議，逸犯緝獲另結。

再，洪坤、吴烏記被刦二案，本已獲犯過半，例無應叅處分。其杜江河、葉顯華被刦二案，均已獲犯過半，兼獲盜首應叅職名，照例免開，所有首先拏獲隣境，罪應斬梟，盜犯三名擬遣，夥盜一名應叙職名，係鳳山縣下淡水縣丞牛明注除供招咨部外，謹將審擬緣由恭摺具奏，伏乞皇上聖鑒，勅部覈覆施行。謹奏。

[硃批]：刑部議奏。

五、閩浙總督程祖洛奏摺：仝卜年補授臺灣府海防同知

[道光十三年五月二十一日]，閩浙總督臣程祖洛跪奏：爲遵旨察看請陞同知，人地未宜，另行揀員請補，恭摺奏祈聖鑒事。

竊臣總督衙門于道光十二年七月二十五日接准部咨，道光十二年六月初一日奉上諭：魏元烺奏福建臺灣府海防同知員缺緊要，請以文燦補授。著程祖洛到福建後察看該員能否勝任，據實具奏，再降諭旨。欽此。

臣于上年十一月到省後，即遵旨察看該員文燦，應對頗爲明晰，才具亦甚開展，旋經藩司惠吉委令，赴閩浙交界地方照料接應兵差，臣亦即赴厦門，未能悉其底藴。嗣該員又經藩司委解餉銀來臺，臣即暫留差遣。該員于一切差委極欲向前巴結，而任事則認真詳細，不涉虛浮，委查事務，審理案件咸能勤求覈實，從兹歷練老成，可期造就。惟臺灣府海防同知一缺，有撫馭民番、稽察口岸之責。現在民番甫經復業，口岸正需整頓，撫馭稽察實倍難于往日，似與文燦不甚相宜，所有文燦一員應請俟内地應陞，缺出另行照例請陞。其臺灣府海防同知一缺，必得一結實可靠，素爲臺民悦服之員方堪勝任。

兹查有噶瑪蘭通判仝卜年，年五十一歲，由山西進士即用知縣，分發廣東補授長寧縣知縣，服闋揀發福建，題補寧化縣知縣，調補惠安縣知縣，大計薦舉于道光十年閏四月二十三日引見回省。十一年奏陞噶瑪蘭通判，因在惠安縣任内捐修城垣書院，奉旨以同知直隸州補用。該員樸實誠篤，潔己愛民，久任海疆，前在内地兩任俱著循聲，自到噶瑪蘭任亦已年餘，撫馭有方，稽查嚴密，民番愛戴，盜賊潛踪。上年臺匪滋事，粤棍焚搶延及一廳四縣，噶瑪蘭僻處山後，若措置稍或失宜，被其牽動，辦理更多掣肘。該員平日既能恩威並濟，臨事又處以鎮静，故得

相安無事，實爲臺灣廳縣中第一出色之員。于臺灣府海防同知一缺洵屬人地相宜，合無仰懇聖恩，俯准以仝卜年補授臺灣府海防同知，于地方實有裨益，如蒙俞允。該員係候補同知直隸州，請補同知銜缺相當，毋庸送部引見，亦毋庸查叙參罰，所遺噶瑪蘭通判亦係揀調要缺，容臣會同撫臣魏元烺另行揀員調補，臣謹遵旨據實察看，並將遴員另補要缺緣由恭摺具奏，伏乞皇上聖鑒訓示。謹奏。

[硃批]：另有旨。

六、閩浙總督程祖洛奏摺：周彥補授臺灣府知府

[道光十三年五月二十一日]，閩浙總督臣程祖洛跪奏：爲海疆要缺知府人地相宜，恭摺奏祈聖鑒事。

竊臣接准部咨，欽奉上諭：福建臺灣府知府員缺緊要，著該督撫于通省知府内揀員調補，所遺員缺著周彥補授。欽此。

臣查臺灣府孤懸海外，民情浮動，政務殷繁，治理本屬不易，現當逆匪甫平，瘡痍未復之際，更非廉明勤果安詳誠篤之員不克勝任，自應遵旨揀調。臣前在省時，曾與撫臣魏元烺面商，通省知府内實難其選。兹查現署臺灣府知府周彥隨同欽差大臣瑚松額渡臺，臣見其辦事精細，審案認真，嗣經奏明，委署府事。到任甫及兩月，而于一切公事勤勤懇懇，直如處理家務，又能訪求民隱，教養兼施，不辭勞瘁，不避嫌怨，平反重案，力行清莊，兼顧審案局事件，頭緒繁多處之裕如辦理，已有成效，以之請補臺灣府知府，人地甚爲相宜。臣與臣瑚松額面商，亦以爲可期勝任。查該員品醇守潔，任事實心。現年五十四歲，由江西進士投職兵部主事，洊陞郎中，本係奉旨交軍機處記名，以繁缺道府用之員，旋蒙簡放臺灣府遺缺知府，與其拘泥另調致或遷就，莫若即以之請補，俾收駕輕就熟之效，合無仰懇皇上天恩，俯念海疆要缺，人地相需，請旨即以周彥補授臺灣府知府，實于地方有裨。

再，臣前于該員將到省城時，曾函致撫臣魏元烺隨時察看，旋據覆稱，人甚明白安詳。現在臣尚駐臺灣，未及會銜。臣謹恭摺具奏，伏乞皇上聖鑒訓示。謹奏。

[硃批]：另有旨。

七、閩浙總督程祖洛奏片：舉薦劉鴻翶可堪臺灣道員之選

[道光十三年八月十五日]，再，臣欽奉上諭：臺灣道員缺，本日已明降諭旨，將劉鴻翶調補。該員在江蘇服官有年，該督前任江蘇巡撫時，其才具能否克勝此任，諒已稔知。此時臺灣逆匪蕩平，一切善後撫綏亟須得人經理，現已另降旨諭知盧坤等，飭令該員迅速赴臺任事。該員抵任後，著該督再行詳加察看，是否勝任，據實具奏，不可因特旨調補之員稍存遷就。欽此。仰見我皇上勤求治理，務在得人之至意。臣撫蘇一載、劉鴻翶時守徐州，雖距省尚遠，僅于卸事後接見二次，而察其聲名政事，在江蘇省中實爲不可多得之員。其人外似粗戇，而內實儒雅，大約“廉正實心”四字可以深信，論其在蘇服官情形，似尚可勝臺灣道之任。

查，臺灣歷任知府輿論，以改調建寧府鄧傳安爲最，至今士民于其生辰必在城隍廟唱戲祝壽。因上年逆匪滋事，該士民等思及前官，本年三月又加唱戲一日。在鄧傳安非有奇才异能，亦不過居以廉正，行以實心，而民已不能忘，是得人爲致治第一要務。現在仰荷聖恩，軫念海疆，于鄰省遴調道員。又蒙諭知盧坤等飭令劉鴻翶迅速赴臺任事，臣亦已飛咨兩廣督臣盧坤轉飭該員迅速來閩，先至省城，容臣將臺灣情形及急須興革事宜面爲告知，再飭赴任，仍當遵旨隨時察看，如果不克勝任，即行奏請撤回，斷不敢因係奉旨特調之員，稍有遷就，致或貽誤海疆，上負鴻慈，臣謹先行附片覆奏，伏乞聖鑒。謹奏。

[硃批]：知道了。

八、閩浙總督程祖洛等奏片：委任熊飛署理嘉義縣篆務

[道光十三年十一月初一日]，再，嘉義縣知縣胡之鋘因病出缺，所遺嘉義縣員缺，應即委員接署。查有前經臣程祖洛調臺差遣之，同安縣知縣熊飛年强才穩，辦事認真，任内並無承緝盜案，將屆四条，限滿處分。現經臺灣道飭委代理嘉義縣篆務，堪以委令署理。據藩、臬兩司會詳，請奏前來，除檄飭遵照外，臣等謹合詞附片具奏，伏乞聖鑒。謹奏。

[硃批]：覽。

九、閩浙總督程祖洛等奏摺：調補臺灣道劉鴻翶循例請旨加按察使銜

[道光十三年十一月初一日]，閩浙總督臣程祖洛、福建巡撫臣魏元烺跪奏：爲調任臺灣道業已到閩渡臺循例請旨加銜，恭摺奏祈聖鑒事。

竊照臺灣道員缺，奉旨著劉鴻翶調補。臣程祖洛又欽奉上諭：臺灣道員缺，已降旨將劉鴻翶調補，飭令迅速赴臺任事。該員抵任後，著該督再行詳加察看，是否勝任，據實具奏各等因。欽此。遵經臣程祖洛將劉鴻翶在江蘇服官大略並飛咨兩廣督臣，飭令該員迅速來閩，先至省城，再赴調任緣由附片奏明在案。兹劉鴻翶已由粵來閩，臣等當將臺灣情形及急須興革事宜逐一面爲告知。即飭該道趁此朔風未勁，涌浪尚軟之時，趕緊渡臺接印任事，已于十月初間由厦門放洋，尚未據報到臺。恭查乾隆五十三年六月，欽奉上諭：嗣後凡遇有補放臺灣道員者，俱著加按察使銜，俾得自行奏事等因。欽此。是以歷任臺灣道均蒙恩賞加銜。今該道劉鴻翶應否加按察司銜，俾得自行奏事之處。據藩、臬兩司具詳，請奏前來，相應循例，請旨恭候欽定，謹合詞恭摺具奏，伏乞皇上聖鑒訓示。謹奏。

[硃批]：另有旨。

一〇、閩浙總督程祖洛等奏摺：商運臺灣米石進閩海關口例不徵税

[道光十三年十一月初三日]，閩浙總督臣程祖洛、福建巡撫臣魏元烺跪奏：爲商運米石進口例不徵税，查無索詐諸獘，遵旨示諭招徠，以裕民食，恭摺覆奏，仰祈聖鑒事。

竊臣等承准軍機大臣字寄。奉上諭：有人陳奏，福建全賴臺灣米石，從前籌議兵米十餘萬石之外，聽商人運米進口内地，每米一石，制錢不過二千上下。近來兵米多改折價進口之米，已少商人運米到口。弁兵等以稽查私貨爲名，百般横索，其不遂意者，指爲挂欠船税登記薄内，下次進口按年苛算。歷年商人欠税者多視爲畏途，片帆不至，民間米價每石制錢六七千文不等。該撫不能查察海口，遇有歉收向浙江、江西等省採買，舟車運載費用浩繁，况江浙連年大水，米價昂貴，一經採買，其昂愈甚。又臺灣之商既困于閩中、海口，勢必遠載謀利，其運至浙江、乍浦、江蘇、上海者，尚可寬裕民食，或接濟重洋，勾通盜賊爲害，不可勝言等語。臺米爲福建民食所需，况荒歉之區，米船到關，例得免税，該地方官何得任聽胥吏横索，致令商販不前。近年兵米何以多改折價，以致進口米少。如果屬實，不可不嚴行飭禁。至江浙亦係連年荒歉，一經採買，其困更甚。自係實在情形，著程祖洛、魏元烺會同悉心妥議，出示曉諭，廣爲招徠臺商運米到口，可否免其船税，照驗放行，並嚴禁弁兵索詐諸獘。倘查有接濟海盜情事，即嚴行懲辦，毋稍寬縱，將此諭令知之。欽此。

伏查閩省臺灣一郡，向爲産米之區，沿海各府廳縣兵糈民食皆資接濟。從前，臺郡每年配運内地及澎湖各倉兵穀七萬餘石，眷穀二萬餘石。嗣因船隻漸少，欠運增多，兵眷不能隨時支領。經前督撫臣奏蒙諭旨，允准自道光八年起，將眷穀二萬餘石改解折色，少運兵糈，仍即留

充商販，絀于彼者贏于此。内地民食不致因之轉減，米船到口，定例不徵税銀，商販罔不周知，弁兵胥役無可藉端需索，即商販亦不肯任聽指作欠税，留爲下次苛算。

又，臺灣米石例禁越省販運，非遇奏馳海禁，給有印照，沿途不能放行，洋面舟師又復星羅棋布，梭織巡防出口進口俱有稟報，間或因風漂收他省口員，亦皆確查詳稟，隨時斟酌辦理。是商運米石並無畏纍不前，以及遠載謀利，接濟盗賊諸獘。

近年以來，實因臺灣生齒日繁，糧價較前增長，販米者未能獲利，轉虞虧本，兼之連歲風潮叠發，漂失頻聞，此所以赴臺之船較稀，而進口之米日少也。上年臺郡收成歉薄，又值匪徒滋事，商船受雇載兵載餉，米販益稀，不得已奏請援案，赴浙江、江西二省各採買米十萬石，以備協濟。迨後米船已有進口，隨經奏明，將江西之米停止撥運，浙江亦减爲買米二萬石。此因偶值臺陽不靖，事出權宜，其常時到口米船雖比昔年較稀，並非片帆不至。溯查閩省數十年以來，内地每米一石至賤賣錢二千餘文，至貴賣錢四千餘文。上年冬間，漳、泉二府間有賣至五千文者，僅止旬日，旋即平减，亦無賤至二千文以下，及貴至六七千文之事。臣等竊維食爲民天，必須未雨綢繆，多方籌劃省會，人烟稠密，食指浩繁，全賴臺灣及上游各府米販源源而來，以資接濟。即興化、漳州、泉州、福寧各府地皆濱海，田乏膏腴，得遇豐收，亦賴益之以客販。臣等惟有隨時體察臺灣内地兩處情形，遵旨出示曉諭，廣爲招徠，獎勉頻加，催趲往販，並嚴禁各口岸弁兵胥役，毋許稍有需索留難，仍時加訪查，倘敢陽奉陰違，嚴行拏辦，並將該管文武從重条處。一面分飭上游各府于藏穀之家勸諭運糶，務使民食充餘，商情踴躍，以期仰副聖主愛育黎元之至意。謹合詞恭摺覆奏，伏乞皇上聖鑒。謹奏。

[硃批]：知道了。

一一、閩浙總督程祖洛等奏摺：遵旨酌籌臺灣剿亂民善後事宜

[道光十三年十一月十四日]，閩浙總督臣程祖洛跪奏：爲遵旨酌籌臺灣善後事宜，臚列敷陳，恭摺奏請聖訓事。

竊臣奉命渡臺籌辦善後事宜，並另奉諭旨會同瑚松額將化導臺民，杜絶盗源，稽防私渡，操練兵丁各事宜，及内地點驗班兵，嚴禁雇替，查懲搭載遴造軍械章程詳細妥議具奏等因。欽此。

伏查臺灣善後事宜，臣前在臺灣與臣瑚松額督飭臺灣鎮道，採訪輿論，就現在情形證以往事。又周歷全臺往來洋面，親加審度，和衷商定。因有關涉内地事件，未敢遽信。内渡後，復會同撫臣魏元烺，督飭省城司道覆加確覈，衆謀僉同。謹將酌定應行興革事宜二十條敬爲我皇上陳之。

一禁偷渡，以杜盗源也。查渡臺民人例應由原籍地方官給照，從厦門、蚶江、五虎門三口廳員驗配商船，至鹿耳門、五條巷、鹿仔港、八里坌四口登岸，赴臺防、鹿港、淡水三廳投繳原照，如有客頭船户引誘偷渡，澳甲人等知而不舉，分别首從擬以軍徒，失察各官亦例有處分，立法不爲不嚴，稽查不爲不密，而偷渡之弊仍不能禁絶者，緣内地自福寧以訖，漳州私口如鱗，無處不可偷渡，而泉州府屬之崇武等處，漁船皆可渡臺，尤爲偷渡最易之地，亦有潛身海濱。俟正口商船，載兵哨船驗放出口，即用小船載登附搭，到臺後沿海之淺水浮埔無處不可登岸逃逸，宄盗違禁貨物莫不由此脱漏，臺灣遂成爲藏垢納污之所。查偷渡者無客頭船户爲之引領攬載，則重洋遠隔誰能飛越，而客頭船户若不勾通湾甲汛兵斷難作姦，並恐有口員徇情，私給照票之事，此偷渡未能禁絶之實在情形，應請嗣後渡臺民人照例由地方官給發照票，至正口驗放配渡，赴臺灣投繳原照，仍責成給照之州縣驗放驗收之。臺内管口廳員按

月造册通報，如查無照票，或人照不符及所執係口員私票，即將本人照例治罪，仍嚴究客頭船户澳甲汛兵姓名，指拏究辦。如不將客頭人等據實供指，即將本人坐以客頭等應得之罪。商船哨船夾帶坐船户及管駕弁目以客頭之罪。至各處偏僻港澳及泉州府屬之崇武等處，責令地方文武印官督率分汛官弁逐段清查，凡有漁船之可放大洋者一概押歸正口，以便稽查，不得停泊私澳。其梁頭短窄，不能遠涉者仍聽其便，並令臺灣水陸汛弁在于淺水浮埔，支河汊港互相稽查，見有船隻亦即押赴正口。如過涉水登岸之人，將人船一併拏交地方官訊辦。内地口員疎于防範，致有脱漏，照例衆處。私給照票者，照知情賣放例革職治罪。臺灣口員例無失察，内地民人偷渡到臺處分，是以漫不經心，從無拏獲偷渡之案，且既有偷渡到臺之人，即難保其無脱漏米糧情事，應請比照内地口員例一體衆處。如此嚴爲之防，偷渡之風或可杜絶矣。

一行清莊，以除盜藪也。臺灣向有清莊章程，與内地保甲大畧相同，而隱寓團練之意，誠善政也。無如山海交錯，形勢袤長，村居星散，言語啉□，地方官赴鄉查辦不能不藉書役爲引路通事，該書役等或憚于繁遠，或得規包庇，指東話西，挂一漏萬，遂成奉行故事。查臺灣各營千總以下等官之分防汛地者有一百五十員，較文職汛官多至十倍，且皆藉隸閩省，土音是操，所轄地面亦甚有限。臣在臺灣時已專委幹員四人分赴各廳縣協同汛弁，無論山陬海澨，皆須親歷清查，慎選總董，編聯保甲，不藉書吏，不限時日，總以查清爲度。應請嗣後每年秋收後，由臺灣鎮道遴委幹員仿照此次章程編查一次。如遇原册無名之人，或去來人數與所報不符者，即拏交地方官嚴訊究辦，委員汛弁編查不力，由臺灣鎮道查明詳衆，如果實心經理，著有成效，計功請奬。似此文武互相稽查，既免顧此失彼之虞，清莊良法亦不致有名無實矣。

一嚴連坐，以杜包庇也。清莊之法雖行，而總董莊耆牌頭甲長人等未必盡皆賢而有力。即如上年，逆匪粤棍俱係集各莊無賴而爲之，羽翼並非一鄉一里之人也。各莊總董人等果能知一家有犯，十家連坐之禁令，自必各顧身家，與匪爲仇，何致袖手旁觀，縱使滋蔓，應請申明禁令。自此次清莊之後，如有來歷不明，爲匪犯法之人，該總董莊耆保甲隣佑，並不隨時綑解，别經發覺到官者一體連坐，庶徇庇之弊除，而匪徒無從托足矣。

一禁搬徙，以免窺伺也。臺灣人情本極浮動，而又屢遭不靖，悉屬驚弓之鳥，奸徒即乘其怯而售其欺，憑空造作謡言，或稱閩粤分類，或稱匪徒豎旗，聞之者不問事之虚實，即紛紛遷避，惟恐或後。閩粤既各懷疑懼，棍徒遂乘機構煽妖由，人興每致激成事端，此實臺灣致亂之由，全賴總董彈壓禁止，則匪徒伎無所施。即如上年逆匪窺伺笨港鎮，該處總理林西泰等聯約各莊不准妄動，衆志成城，三戰三捷，嘉義縣境内惟該處得保完善，此其明證。應請嗣後如有聞謡遷徙之事，先將該總理枷號示衆，再行嚴拏造謡之人，照例治罪。務在以静鎮動，地方可漸次安謐矣。

一實力化導，以挽頹風也。臺灣開闢之初，非貿易力田者不至其地，故其俗嗜利尚氣而鮮仁讓之風。百數十年來，教養涵儒，讀書明理者頗不乏人，而鄉曲愚民但有向學不知擇師，是以訟師奸棍即藉訓蒙爲由，媒孽搆煽，因之圖利。即如此次逆案之内僞軍師與焚搶案内爲李受主謀之佚學生，大半曾爲鄉里蒙師。閩粤不和，匪徒肆逞悉爲此輩所簧惑，以致學術不正，不能變化氣質。迨至長大，尚無隙牖之明，先已各存門户之見，此乃臺灣之大病。現雖勸諭，設立義學，慎選名師，第積習已深，斷非二三學究所能化導，亦非一二歲月所能期效。臣已責令臺灣鎮道府廳縣及駐防鄉鎮之縣丞巡檢等官，每逢朔望傳集衿耆，敬謹宣講聖諭，並責成各學教官于農隙時周歷稽查訓蒙之人，是否皆堪爲後生矜式，明示獎罰，如有奸匪溷迹及荒謬怪僻之流，即送縣訊明。辦理道府廳縣教官，每遇聽訟課士，或因公下鄉，凡與士民接見，即隨時倡導訓誡，使之明禮義知法令。日新月异，以次漸摩，馴至正學，明人心正，煽亂之習除，而分類之禍亦可漸息矣。

一修建城墻竹圍砲臺，並增設月城兵房，以資捍衛也。府城爲全臺根本重地，西門外地方與鹿耳門、安平鎮互相犄角，實郡城之咽喉，亦米糧財貨積聚之所。從前因其瀕臨内海，有險可恃，故未包羅入城。道光三年以後，内海之濱沙日淤墊，北自嘉義之曾文，南至郡城小北門外四十餘里，東自洲仔尾海岸，西至鹿耳門内十五六里，俱已漲成陸埔。由北路長驅直至埔尾撩衣而涉，即屬西門外地無隘可守，無險可據。上年逆匪滋事，人心驚惶，遷移入城者有之，争舟欲渡者有之。苟非臺灣道府及城内紳士調度倡率，首因藩籬安定，人心鮮有不爲逆匪所掩襲，臣因督飭鎮道及地方紳士相度形勢。該城環繞東南北三面而弦，其西形如半月，擬于城之西北以訖，西南擴一外城，將西門外市集民居悉行圍繞在内，擇要建造砲臺，並于各城門添築月城，城上各垛增蓋兵房，惟需費約十餘萬，且恐沿海沙多土少，並有地勢低窪，潮汐可到之處，正在籌議試辦間。據舉人鄭朝蘭等呈請，民捐民辦先行，審定地勢開挖濠溝，並修濬舊有水關，取土以實低窪處所，濠溝以内栽種刺竹，爲城分段建造砲臺，仍酌留捐項發商生息，爲按年修理之需。如捐項充足，徐議添建月城兵房，並據紳士黄化鯉首先倡捐銀一萬兩，蘇建勛、吴國棟各倡捐銀二千兩。又，嘉義縣城屢被圍攻，復經地震淫雨致有坍塌四十餘處。據廩生王朝綸等亦請民捐民辦，先將坍塌處所修理完固，再于城之四維添建砲臺四座，各城門增築月城。王朝綸倡捐銀三千兩，王源惠倡捐銀一千五百兩，劉高山倡捐銀一千兩。臣查該紳士等聞風慕義，共效子來，殊堪嘉尚，應懇俯如所請，准其將必應興辦之臺灣府及嘉義縣城工民捐民修，以遂其急公報効之忱，仍俟事竣，查明捐銀數目出力等差，分别奏請恩施，以示獎勵。

一劃匀臺灣、嘉義二縣疆界，以資維制也。全臺形勢南北袤長，嘉義縣實居西面適中之地，其境轄南至臺灣縣交界之新港溪八十里，北至彰化縣交界之虎尾溪五十里。海外道里荒遠，里以倍計，實在南北袤長共有二百四五十里，加以港汊紛歧，風雨倏忽，橋梁所不能濟舟車，有時而窮行路之人往往斷絶，其東西名止五十一里，而自極西海埔至極東番界，非三日程不能到，約計亦有二百里，地廣人稠，風氣最悍，政務極繁，官斯土者每有鞭長不及之勢，即迤南邊界居民赴郡則可朝去暮回，赴縣必得兩日始到，常苦不便。又，臺灣縣境轄，南至鳳山交界之二贊行溪二十里，北至嘉義交界之新港溪二十里，亦以倍計，南北不過八十里，東西廣六十八里，計僅及嘉義三分之一，且有鎮道府縣札駐同城，民風亦稍馴良，其治理之易不啻數倍于嘉義。臣詢訪輿情，親加審度，應請將嘉義縣新港溪迤北至灣里溪止，計地二十餘里。西極海濱，東竟番界，劃歸臺灣縣管轄，庶疆界稍勻，官民交便。而綜計臺灣縣管轄地方仍止及嘉義之半，在臺灣縣無虞，照料難周，在嘉義縣少此二十餘里之地，治理較前稍易，如蒙俞允，所有户口錢糧、郵驛，一切應行改撥事宜，另容查議，分別題咨造册覈辦。

一酌議裁改汛防，以資巡查彈壓也。臺灣各營汛防自嘉慶十五年前督臣方維甸議定，裁移歸併，奏准遵辦，迄今又閱二十餘年，滄桑屢易，有必應酌量裁改之處。臣復督飭臺灣鎮總兵張琴周歷履勘，如鹿耳門内海漲出埔地應于老岸與新埔接壤之蕭壠地方扼要，添設汛防。查蕭壠本係城守營右軍管轄，應即在該軍所屬各汛内均勻抽撥。請于原防加溜灣汛把總一員，外委一員，兵四十一名内裁撥外委一員，兵六名，並于大武壠汛兵七十七名内裁撥十七名，舊社汛兵四十四名内裁撥四名，共兵二十七名，以二十名同外委一員駐紮蕭壠，爲蕭壠汛。以七名駐紮距蕭壠五里之西，港仔歸蕭壠汛外委管轄。又，茅港尾爲往來孔道，居民稠密，原設僅止塘兵五名，請于原防舊社汛外委一員，額外一員内裁撥外委一員，並在城守營右軍存城兵一百七十二名内裁撥兵二十名，連原設塘兵五名，共兵二十五名，外委一員，駐紮茅港尾，爲茅港尾汛。又，北路中營所屬之大墩地方，向爲閩粵雜處之所，有猫霧捒汛千總帶兵駐防，邇來粵籍居民俱已遷往他處，惟葫蘆墩汛轉成爲閩、粵交錯之區，原設弁兵不足以資彈壓，請將猫霧捒汛千總一員，兵八十五名移駐葫蘆墩，而將葫蘆墩汛外委一員，兵四十名移駐大墩，改爲大墩汛。又，北路右營所屬之大甲塘，原設塘兵三十名，嗣于離大甲塘二里之大甲汛，移駐守備及兵二百名，大甲塘兵尚仍其舊，而離大甲汛三十五里閩粵雜處之呑霄地方，僅止塘兵十名，形勢不甚匀稱，請在附近大甲汛之大安口汛原設把總一員，外委一員内裁撥外委一員，並裁撥大甲塘兵二十名，連原設呑霄塘兵十名，共兵三十名，外委一員，駐紮呑霄，爲呑霄汛。又，南路下淡水營所屬之阿緱地方，爲閩、粵交關之市，僅有下淡水縣丞一員，並無武弁。請將該營隨防把總一員，並于存營兵二百六十九名内裁撥兵六十九名移駐阿緱，爲阿緱汛。又，阿里港爲商賈雲集之所，原設外委一員，職分卑微，兵六十名亦尚單薄，請于南路營存城把總二員内裁撥一員，並于南路營石井汛原設兵一百六十名内裁撥二十名改歸下淡水營管轄，與原駐阿里港兵六十名，共兵八十名，把總一員，駐劄阿里港，其原設阿里港外委一員裁歸下淡水營隨防。又，離山猪毛及阿緱、阿里港各十里之九塊厝，爲閩、粵交界之處，向無汛塘，請于下淡水營隨防額外二員内裁撥一員，再于東港汛兵四十五名内裁撥裁撥十五名。又于新園汛兵一百十五名内裁撥五名，共兵二十名，額外一員，駐紮九塊厝，歸阿里港汛管轄。又，距山猪毛二十五里，新園汛十五里之潮州莊，生聚日繁，向無汛防。查下淡水營所轄有枋寮一汛，離南路營守備駐紮之水底寮僅止四里，應將枋寮汛改歸南路營守備管轄，即令該守備于隨防兵一百五十名内撥兵二十名駐防巡查，其下淡水營原設枋寮汛外委一員，兵三十名移駐潮州莊，該處本係新園汛所轄，應再在新園汛撥兵十名，共兵四十名，外委一員，爲潮州莊汛。如此酌量裁移與營制，並無關礙于各汛，相去道里適勻，聲勢聯絡，似于巡防彈壓不無裨益。

一修築土堡衙署兵房，以資戍守也。臺灣各營汛塘非錯居廛市，即孤懸曠野，現在坍爲平地者亦已大半，以致汛弁兵丁每因栖身乏地，隨便擇居，設遇盜賊竊發，又諉爲無險可恃，不肯固守。如守備陳福龍之安居郡城，外委蘇連發之退避民間，莫不借口于此。而逆匪滋事之初，先搶汛塘軍械，以資其用，亦未始不由于此。請將全臺汛署兵房通行查勘，分别修建，仍于扼要汛地添築土堡，將衙署兵房圍繞在内，庶栖息有所保障，有資兵丁，亦易管束矣。

一練習技藝，以臻熟諳，藉資收束也。營中操演日期法則雖有一定，而兵技之優劣不在操演之虚架成規，全在習練之勤惰與教督之得人。臺營廢弛已久，欲求其技藝精熟，當先求教督之人。應責成各營千總等弁各就所管兵丁，各按所習技藝如弓箭，則每日墩箭二十五枝，鳥鎗或連環或五子各空演五回，牌械長矛雜技一體演習，再行按期分日輪操，講解行軍紀律。其看守城垣倉庫等兵，按五日一班輪流换回演習，不准借口曠誤。如果功力勁而有准，放鎗捷而多中，雜技跳舞便捷者拔爲教習，每半月由專營將領親考一次，定其優劣，造册送臺灣鎮隨意抽調考驗，教習中能教十人以上者賞，能教百人以上者拔用，庸劣老弱者斥革遞藉。如此日省月試，信賞必罰，則人争以技藝見長，專心學習，勁旅可成矣。

一按期會哨，以資巡緝，藉習勞苦也。臺灣山深海闊，既易藏奸，道路又極崎嶇錯雜，緝捕誠非易事，各汛弁兵平時習爲安逸，非特不堪驅策。其餘各該汛地路徑之險易，民情之諄澆，全未究心，遇有緩急大不可恃。應責成各汛弁于雨汛交界處所，無分冰霜荆棘，風雨寒暑，按五日一期，二汛弁兵會哨一次，仍將由何處而去由何處回汛，按期摺報。臺灣鎮查考，不准占宿民房，騷擾民間一草一木，違者嚴行懲辦。

在該弁兵等既可熟悉路徑，又可練習奔走，則匪徒亦當聞風斂迹矣。

一駐防汛弁，不准任意更調，以專責成也。臺營千總以下各弁，皆由内地調往，與該管兵丁本能熟習。向因臺灣操演疎懈，兵丁既任意出營，汛弁非規避處分，則揣量肥脊，營求更調，故往往汛弁不識頭目，更無論兵卒，以致將不習弁，弁不習兵，又安望其能兵皆習械克敵致果。嗣後調臺汛弁，應照調定汛地駐防訓練，不得任意更换，如有實在人地未宜，必須互調之處，由臺灣鎮查明詳報總督，俟批准後方准調防，違者即照移駐規避例条處，庶責成專，而後勤惰功過有所歸矣。

一酌更營弁，調補内地章程，以收成效也。臺灣千總、把總、外委、額外外委四項，舊制三年期滿，千總則與内營千總互相對調，並無應陞一定缺次。把總于調回後，弓馬優嫻者准陞千總，弓馬稍欠者仍以把總候補。其班次皆以四缺爲一輪，必得第二輪第二缺方爲臺滿准陞，千總及候補把總應陞應補之班，外委、額外二項隨戍兵班次輪流調换。道光四年，前督臣趙慎畛奏請，照守備以上官例，久任臺灣毋庸改調。八年，又經前督臣孫爾準奏復舊章，其把總一項亦與内營把總互相對調，各在案。臣查臺營千總等弁三年更調，固屬不可易之良法，第更調太頻則官無久任，以責成之兵無常官以約束之，莫不苟且因循，視同傳舍。且臺營員弁，首貴熟悉風土，所調之弁即使從前曾經撥戍而閱時既久，今昔情形未必皆同。到臺後甫經熟悉又須調回，生手屢更殊非所宜，應請嗣後調臺各弁如果實在訓練有方，緝捕勤能者，于三年期滿時准臺灣鎮道查明事實，出具切實考語，禀請留臺。千總則先行咨部注册，遇有臺灣守備缺出，論俸請陞，于准陞後調赴省城，由總督考驗給咨送部，倘有材技疎庸者即行降革，並將濫保之鎮道奏明交部議處。把總以下各弁亦咨部注册，就臺灣分别拔擢。如臺灣守備缺出，並無俸滿留臺應陞之千總及千總以下缺出，無年滿留臺與操防勤慎之把總等弁，仍由内地調補。如留臺年滿把總，臺灣並無千總缺出，遇有内地輪值舊制應陞臺滿把總之缺，亦准陞補。如留臺千總歷俸已滿，臺灣並無守備缺出，而内地又無該陞應陞之班，未免向隅，應請歸于應陞班内。遇有内地輪用應陞守備缺出，俟用内地應陞三人後輪應。現任人員缺次，准將留臺俸滿千總插補一人，無論水師陸路一律辦理，其材藝並不出衆而尚能循分供職，各弁悉循舊制三年調回。千總把總由督臣考驗，外委、額外外委由該管鎮將考驗，擇其材技稍優，尚堪造就者，准補調臺遺缺，勒限練習，其次則降一等補用，再次即行斥革，其庸劣衰老之弁，責成臺灣鎮總兵隨時革汰，仍由臺灣鎮將留臺各員弁另列一册，于將軍督撫提督輪届巡臺時呈請覆加考校，以杜鑽營戀棧之弊，如此則調臺之弁自必共知奮勉，不致如從前之苟爲遷就，以待瓜期矣。

一酌減臺募兵數，以防微漸也。臺灣兵丁亦有召募土著入伍，藉資巡緝者。部議章程不得過十分之一，其緝捕得力，量予甄拔者亦不得過十分之一，歷經遵照在案。臣查臺募兵丁熟習路徑海道，緝捕最爲得力，固不可全行裁汰，而以浮動之人使之入伍習藝，多則難乎鈐制，原議十分之一似尚過多，應請嗣後臺募兵丁不得過二十分之一。其緝捕得力，量予甄拔者亦不得過二十分之一，庶不致拔補漸多以符定制。

一考校班兵，以杜頂冒也。查撥戍臺灣弁兵向例從厦門、蚶江配渡者，由水陸提督及興泉永道點驗。其從五虎門配渡者，由督撫或委副將點驗。惟從前但點其兵之是否足額，人之是否壯健，而不考其技藝之是否精熟，紀律之是否通曉。設有甫經入伍，或頂名冒替之人亦竟無從覺察。應請嗣後班兵到口，由督撫水陸提督按名親加閲看技藝，並令各兵講解行軍紀律，如有技藝生疎，紀律未明者即駁回另換，察出頂冒情弊，查係該營派撥者，將原派之員弁斥革，如係中途更换，將帶領之員弁究革，該營將領一併奏請議處，如此則由内地先治其本，再責臺灣各營實力訓練，庶可一兵收一兵之用矣。

一選制軍器，以收實用也。閩省各營軍械皆係各歸各營自行制造，惟臺澎各營購料維艱，由省城委理事同知制辦解往。祇以文員罕知用法，每爲工匠所欺，總不能如營造之堅利合用。應請嗣後臺灣軍械責成水師提督于將備中擇其熟諳可靠者委令監造，由該提督會同興泉永道親自揀選試驗，就近派員，附配渡載班兵哨船帶運渡臺，如有偷減工料，造不如法情弊，准臺灣鎮道一面駁换，一面稟報總督照例叅賠，庶偷減之弊除，而軍械可期堅利矣。

一清釐屯務，以示體恤而資調遣也。臺灣向化熟番，賦性馴謹，膂力矯健。自乾隆五十三年設立屯弁、屯兵以來，凡遇軍興，無不急公用命，且與閩、粵居民兩無好惡，最爲海邦之勁旅，堪補營伍之不及。其屯餉一項係將清出民占番地及番墾民耕，與充公田畝，官爲徵租，按春秋二季，由地方官親赴屯所按名散放。又將界外未墾荒地撥給耕種，以充糧米。無如番丁不善經理，地既被人侵占，或誘令典賣，餉亦爲屯弁胥吏所侵漁，雖于嘉慶十五年，道光三年經前督臣方維甸、趙慎畛兩次清釐，而弊竇多端，總未剔除盡淨。現在無著及欠繳歷年屯餉，共計十萬有奇，屯地亦半爲豪强所侵占，書役所隱朦以致番情困苦，屯丁亦不足額，若不亟爲查辦，于海外巖疆大有關係。臣已嚴飭臺灣府督飭印委各員，先行清出地畝，追起欠租，再責成南、北兩路理番同知，將屯丁逐加挑驗足額。嗣後春、秋二季由理番同知，會同地方官周歷各屯，按名散放屯餉，就便考校屯弁、屯丁技藝，仍將放過銀數造册詳報總督查考，以杜屯弁、胥吏勾通侵蝕之弊。如屯租已交在官，設有短缺散放不時究明官吏，以侵盜錢糧治罪。如此則番情更形歡悦，未始非震懾兇頑之一端也。

一整復隘口，以杜勾番滋事也。臺灣生番性雖嗜殺，而甚恇怯，若無勾引之人，原不敢出山滋事，向在交界處所擇要設立隘口，搭蓋隘寮，派撥屯丁防堵，所需屯丁口糧，各按地方情形，或指撥未墾荒地令其自耕自食，或由附近業户按田派給，不涉官吏之手。邇年以來，日漸廢弛。

遂有一種不法奸民，學習番語，偷越定界，散發改裝，謀娶番女，名爲番割。即如道光六年臺北械鬬案内則有番割黄斗乃等、上年鳳山粤匪焚搶案内則有番割楊石老二等，勾帶生番乘機搶殺，以致閩人慘遭荼毒，是欲治生番先治番割。除沿山隘口臣前已嚴飭地方文武督同紳耆按段履勘，照舊修復，並爲清出原撥地畝應給口糧，責令屯弁選撥壯丁住宿防守，並令汛弁于五日會哨之時按隘稽查，以杜曠誤偷越外，查民番結親本屬違制，偷越番界例應滿杖，乃該奸民等竟敢創立番割名目，散發改裝，擅娶番女，以圖漁利，實屬形同化外。應請嗣後拏獲番割，除實犯死罪外，但經訊有散發改裝，擅娶番女情事，即照臺灣無籍游民，獷悍不法犯該徒罪以上例酌量情節輕重，分别充軍。其僅止擅娶番女，並無散發改裝情事，比照偷越深山，抽籐釣鹿，伐木採棕例杖一百，徒三年。至熟番向化既久，一切均與漢人無异，現雖尚無番娶民婦者，而民娶番婦實已不少。居處毘連，勢難禁止，應請聽從民便，務使隘口無從偷越，番割亦自斂迹，而閩、粤居民即可免生番出山焚殺之慘矣。

一嚴申硝磺之禁，以杜私煎也。臺灣四面環海，地多斥鹵，民間房屋皆係築土爲墻，歷年既久，氣蒸日曬，藉陽氣變其鹵氣，取墻土煎之即可成硝。又，淡水廳屬之金包裏大磺山，東瓜湖山北投山爲産磺之區，而有磺窟、湯窟之分。滿地磺花結成磺土者爲磺窟，毒烟蒸騰，湯泉涌出者爲湯窟，湯窟烟消水固亦成磺窟，取磺窟之土及湯窟邊外之磺花煎之皆可成磺。從前雖有查禁章程，而臺民不知煎硝之法，赴山採磺亦非易事，故無大害。現聞臺民已知墻土可以成硝，且知提濾之法，若不嚴行查禁，所關實大。查磺窟原定章程，每年春、秋二季責成艋舺縣丞，會同艋舺營守備赴山砍伐柴薪，將磺窟焚燒一次，其湯窟則取土填實，亦用火煅，皆成黑土，堅硬如鐵，不能煎磺，仍于山下隘口設兵邏守，以防偷漏。但地氣所鍾，此燒彼發，生生不息。一年煅燒二次，殊不足以杜絶其源。應責成艋舺縣丞會同艋舺營叅將，于春、夏、秋、冬四仲月，每季赴山查燒一次，並令淡水廳同知于因公下鄉之便，隨時順道查勘，有窟即燒。仍令臺灣鎮于巡閱營伍之便，親詣查勘，稽察勤惰，分别獎罰，歸于年終匯咨案内，取結咨部備查。其山下隘口邏守官兵業已周密，惟有督之以勤慎，毋庸另議更張。至土墻家家有之，凡知煎硝之法者，人人可以私煎。禁之之法舍責成總董鄰佑而外，别無善策。且磺窟雖經隨時燒煅，而地大山，深恐有燒煅不盡之處，奸民潛行私煎，亦不可不防。應請嗣後如有臺灣奸民私煎硝磺者，無論已未興販，照附近苗疆五百里以内煎乞窩頓，興販硝磺例，數在十斤以下杖一百刺字；逐水十斤以上杖六十，徒一年，每十斤加一等，多至百斤以上，及合成火藥在十斤以下者，照合成火藥賣與鹽徒例，發近邊充軍，多至三百斤以上，及合成火藥至十斤以上者，照私鑄紅衣等大小礮位例處斬，妻子緣坐，財產入官。如將硝磺與生番交易貨物，及偷漏出海者，均以通賊論。總董、牌甲、鄰佑、挑夫、船户，知而不舉，一體連坐，失察各官亦各比照議處，自行拏獲者免議。如此厲其禁令以防之，勤于燒煅以絶之，私煎硝磺之弊或可盡淨矣。

一嚴申鐵禁，以防透漏而杜私造也。臺灣不產鐵斤，民間所需鐵鍋，每年由地方官給照赴漳州府採買二萬七千口運回分售，其鐵釘、菜刀、農具等項，全臺酌定鐵店二十七户，由地方官取結具詳，藩司給照，就臺收買廢鍋、舊鐵及臺灣道廠造船用剩餘鐵，在城市開張打造，便民立法，本極周密。乃近年以來，鐵鍋既不按年請買，道廠餘鐵亦多積存，顯有私鐵透漏情事。現在内地可放大洋漁船，既議押歸正口稽查，較易管口，員弁自亦無從借口。應即責令臺灣口員實力稽查，如獲有私販之人，究出偷運出口地，枷號兩個月，刺字逐水以上，有犯房屋、船隻、貨物、器具一概入官，如此嚴立科條，私鐵之禁既申，而軍器亦可杜私造矣。

以上二十條是否可採，伏候欽定。

此外，尚有應行申明舊章，如收繳軍械，約束小夫，查逐閑散幕丁，嚴禁役使兵丁攤扣糧餉等事，臣業已嚴飭臺灣鎮道督令地方文武實力查辦。惟臺灣孤懸海外，其大要尤在鎮、道之協力控制，守令、將備之和衷共濟，徒法不行，得人斯治。臣惟有隨時隨事嚴加督責，務期率土人之安，海疆永靖，以仰副聖主告誡諄諄之至意。臣謹恭摺具奏，伏乞皇上聖鑒訓示。謹奏。

[硃批]：軍機大臣會同該部議奏。

一二、閩浙總督程祖洛奏摺：遵查前任臺灣鎮總兵劉廷斌稟訐官吏一案實在情形

[道光十三年十一月二十四日]，閩浙總督臣程祖洛跪奏：爲遵旨確查前任臺灣鎮總兵稟訐官吏一案實在弊端，現已無可訊辦緣由，恭摺覆奏，仰祈聖鑒事。

竊臣前在臺灣承准軍機大臣字寄，道光十三年五月二十六日奉上諭：本日據魏元烺奏，陞任總兵稟訐官吏，請將該總兵留閩備質一摺，此案陞任臺灣鎮總兵劉廷斌以閩省營員不第，有買官買缺之風，且得項亦不照例，多所弊混，並指陞任守備陳景嵐在省支領游擊得項等情具稟，事關官吏執法營私，亟應澈底嚴究，著派瑚松額、程祖洛秉公查訊，劉廷斌既經具稟，自必確有其人，確知其事，著瑚松額等就近訊明，飭令將買官買缺者，究竟何官何缺，買者何人，有何贓證，朦混舞弊者係何衙門，幕友是何姓名，内地不按例拔擢者係何缺何員，營員得項對分抽四抽二者係指何衙門何人，其鄉官説情，鄉官何人，所説何事，並何事化大爲小，何事以小作大，何事何人信致京中散謡，逐一切實指出確據，嚴行懲辦，務令水落石出，毋許稍有含混等因。欽此。

當經臣將此案于未奉諭旨之先即已詰詢劉廷斌，不能指實及吊覈臺灣鎮衙門卷，據傳訊降補守備陳景嵐大畧情形，並臣瑚松額已遵另奉諭旨，馳赴成都將軍調任不及會辦緣由，先後奏蒙聖鑒在案。臣維事不清其源，則其弊不見此案。劉廷斌原禀重在營員得項，糾纏官吏，勾通舞弊。臺灣各營現有十萬餘兩攤捐之欵，自應就此根求，則其餘各弊無難得實。因于内渡後密飭藩司，將營員支領得項章程及臺營詳攤卷宗一概吊齊，以杜司書抽匿之弊。連月以來，臣明查暗訪，証諸案卷。劉廷斌所禀各情，委係當年之弊竇，而非現在之情形。緣營員應支得項例應隨同兵餉由營赴司領回，責令經管錢糧之都司守備自行支給，如有建曠，由營截扣解還司庫。惟署事之員應視本員之有缺無缺，本缺之有員無員分别領支，有應在本任全支者，有應在署任全支者，又有此項應在本任支食而彼項又應在署任支食者，營員不諳定例，每多應支不支，不應支而支，輾轉追扣致多糾纏。閩省向來章程將署員應支得項扣存藩司庫中，隨時詳給。其存庫未領應行補發者，謂之留給，如有在營墊發違例多支應行扣回者，謂之候扣，總列一册，名曰比照册，行之既久，遂成弊藪。候扣之欵，則營員勾通司書不注姓名，半歸無著，留給之欵，司書又刁難勒索，半飽其槖，此劉廷斌原禀所謂得項並不照例，有留給對分名目之實在情形也。

嘉慶十二年，前撫臣張師誠查悉其弊，會同前督臣阿林保督司清釐，將比照册及留給候扣等項名目盡行删除。營員應支得項，無分正署，照例由營支給，不准扣存司庫，並將户部則例内武職支食俸廉各條逐句銓釋，通行各營遵照。其弊雖除，而署事各官所支得項應在該營截扣建曠項下支銷，乃張師誠又誤將應扣小建銀兩預先扣存司庫，以致署員得項不能各就本欵支給，此絀彼盈，營中銷册仍與藩司照例覈銷之册未能符合，有營中少銷而司中覈應增給者，有營中多銷而司中覈應删減者，營員既多借口，弊即因之復生，此劉廷斌原禀所謂司銷營銷增銷之實在情形也。

嘉慶二十五年，前藩司明山頒發月銷季銷册式，飭令各營將上月上季領回銀兩于下月下季造册請銷，由司覈定詳送督撫覆准鈔册移營，如有多支，在于下次應發銀内隨時扣除。倘營中有自行失銷之欵，是其自誤司中不爲代銷，以杜重冒之漸，從此欵目井然，積弊肅清。十餘年來，行之勿替。此劉廷斌原禀所以有自誤名目，而所謂自誤者，實杜弊之良法也。

臺灣各營應照銷册因重洋遠隔，到司之期不能以月日計，設遇遭風沉失，查明補造，動逾經年。奏銷例有定限，未便因臺灣銷册未到，致稽通案不得不將内地各營應銷數目先行造報，迨臺灣各營銷册到司覈有違例多支之員，而本員業已因事開缺，無從扣回，惟有照例在于經手支放之員名下著賠歸欵，又有司中業已照例覈銷鈔册移營部，臣因其逾限奏銷駁飭不准者，所有著賠駁減，各欵均于每年撥解臺灣餉銀時，按數由司扣收，行知臺灣營府查明追補，而由營造册送司覈准，詳院覆查，達部爲日既久，迨至奉准部覆始行司按欵查明，分别扣收，移文臺灣往返更需時日，其間應賠應追之員，又不免有離任出缺，無可追賠者，年復一年，愈積逾多。

自乾隆五十五年起，至嘉慶二十五年止，臺灣各營共有追賠無著，及從前比照册内不注姓名，無可歸補各款計有十萬五千四百餘兩。適奉恩詔豁免官員賠項，當經造册請免，嗣又奉部議駁，因而各營交代挪東墊西，糾纏不清。至道光九年始據劉廷斌截清數目，除續已捐賠覈删外，尚有未補銀六萬八千六百餘兩，復經前任藩司程含章查明，由司追回，堪以撥補銀一萬八千二百餘兩，實在無著銀五萬四百餘兩。議照劉廷斌所請，歸于臺灣文武各官及内地提督以下，守備以上，攤捐歸欵。自此以後，臺灣各營欵項方無□□，此劉廷斌原禀所謂前銷後扣，李支張扣，交代不清，積至十萬有奇。臺灣奏銷未隨内地一疏之實在情形也。

閩省向有長班一項，本因各州縣距省窎遠，一切解審案犯，領解錢糧等事，誠恐丁役到省人地生疎，致有延誤。設立該役在省照料，每年給予工食，藉供驅策。詎該役等恃其土著，熟悉人情，結交丁胥，浮開火耗，夤緣撞騙，無所不至，不肖官員且藉之探聽，缺分美惡，以爲趨避密偵考校黜陟以通信息，而武弁赴司承領兵餉輒敢私自拆封抽銷，使費因而訛言四起，百弊叢生。

嘉慶五年，前督臣王德嚴行拏禁，其風始息。然道光八年，臺灣千總馬步衢由臺請咨赴部，尚有劉脩官向其撞騙未成，捏造稟函，致被舉發拏辦之事。現在又有海壇鎮標守備陳承恩容留逃犯陳維翰爲幕友之案，此劉廷斌所謂買官買缺，撥擢不照例載，抽四抽二，營員延幕友，朦混舞弊之實在情形也。上年臣到任時，訪有此弊，尚未能悉其詳，當于未往厦門之前，即將買官買缺一項首先嚴示通禁，以防其微。劉廷斌接臣此示，遂又將以上各積弊稟請查禁，而稟詞牽混，甚不明晰，致以辦結之舊案看似現在之情形。惟時臣初到臺灣，與瑚松額在府督緝餘匪，劉廷斌又在北路搜捕，無暇及此。臣即將劉廷斌所稟咨送撫臣魏元烺先行查辦，迨撫臣查覆並無其事，又未將從前實有此弊緣由一併聲叙，臣尚無由得知底細，是以一面檄行劉廷斌逐條指實稟覆，一面函致撫臣再行確查，以便奏辦。即經撫臣魏元烺奏請，將劉廷斌留質，欽奉諭旨交臣等查辦此。又劉廷斌稟訐之由，與臣先後咨檄查詢，並撫臣魏元烺接據臣函，即行具奏之原委也。兹臣吊卷查覈始悉前情，除陳承恩一條甫經發覺，現在提省查辦外，其餘各情大半確有其事，但均係内地遠年積弊，叠經前任督撫藩司查禁拏辦，皆有卷據可稽。因歷年既久，臺灣卷既不全，又已無人可証，故劉廷斌于具稟之後，一經臣叠札詰詢，即不能指實，内地現亦無人可訊，應請毋庸置議。至守備陳景嵐請陞游擊未經引見，先辦新任事件，按例應支舊任俸薪，新任心紅馬干即劉廷斌原稟所謂到任在先，陞補在後，也不能與陞補在先，到任在後之員一律辦理。藩司衙門係屬照例支扣，並無弊端。劉廷斌誤會例意，致有指摘。前已詢據，自認冒昧，亦請免議。

又，鄉官説情一節，查好事鄉官以及刁生劣監包攬公事，出入衙門，或因所求不遂，布散浮言，或假公論以泄私忿，此各省常有之事，並有紳衿把持干預，致犯衆怒，爲本地民人告發者，亦有安分紳衿不循浮議，轉爲莠民誣訐者。現在閩省即有詔安縣民沈彩盈、沈振曾在巡撫衙門控告在藉中書沈洲出入公門之案，批審未結，旋即京控，均經奉旨交臣審辦，容臣提齊人証，質審明確，再行另摺具奏。至民間毁譽往往視所好惡，鑠金之口，易致喧騰，雖非有意散謡，而道路傳訛捷于流水。即如撫臣魏元烺審辦施六害一案，尚無不實不盡，祇因事本罕見，遂致傳聞裝點流播京師，此其明証。是劉廷斌所禀，雖事無指實，而言出有因。伏查此案事關紳士官吏，執法營私。臣不敢因劉廷斌業已出缺，稍涉顢頇，第所訐多係遠年已結舊案，現在有卷無人，實屬無從追究。臣惟有申明舊禁，以杜復萌，並會同撫臣魏元烺嚴督所屬，實力稽查，見弊即除，遇案即辦，務期小廉大法，兵輯安民，以仰副聖主勤求治理之至意。所有遵旨查明實在情形及無可訊辦緣由，臣謹恭摺具奏，伏乞皇上聖鑒訓示。謹奏。

[硃批]：祇可如此，著無庸議，嗣後當如何督率嚴查，卿其盡力，勿復蹈故轍也，懔之。

一三、閩浙總督程祖洛等奏摺：請以李廷璧補授臺灣府鹿仔港理番同知

[道光十三年十一月二十四日]，閩浙總督臣程祖洛、福建巡撫臣魏元烺跪奏：爲揀補海外要缺同知循例，恭摺奏祈聖鑒事。

竊照福建臺灣府鹿仔港理番同知王蘭佩所出之缺，例應在外揀調，該同知分駐鹿仔港，撫馭民番，稽查海口，最關緊要，非精明幹練，熟悉海疆之員不足以資治理。

查定例應調缺出以對品現任人員調補，如無合例之員，以候補人員題補。又同知通判州縣奉旨命往及題明留于該省候補者，毋論應題應調應選之缺，悉准先盡酌量補用。臣等督同藩、臬兩司，在于内地現任同知内逐加遴選，非現居要缺，即人地未宜，一時實無合例，堪以調補之員。惟查有奉旨以同知直隸州盡先補用之彰化縣知縣李廷璧，年五十五歲，雲南晋寧州舉人，大挑一等奉旨以知縣用，簽掣四川辦理瞻莤軍務出力，蒙恩賞戴藍翎，補授江油縣知縣。嗣經離任揀發福建，題補沙縣知縣，調補彰化縣知縣，道光六年十二月到任。十二年張丙等滋事案内彈壓得宜，堵捕出力，奉旨賞换花翎，以同知直隸州盡先補用。該員年强才穩，勤于民事，久任海外要缺，于臺灣風土民情最爲熟悉。合無仰懇聖恩，俯念海外要缺需員，准以李廷璧補授臺灣府鹿仔港理番同知，洵屬人地相宜，實于海外地方有裨，如蒙俞允，該員係候補同知直隸州，請補同知銜缺相當，毋庸送部引見，並免查叙叅罰，所遺彰化縣知縣係調缺，容俟遴員另行調補。據藩臬兩司會詳，請奏前來，臣等謹合詞恭摺具奏，伏乞皇上聖鑒，勑部覈覆施行。謹奏。

[硃批]：另有旨。

一四、閩浙總督程祖洛等奏摺：請以陳盛韶陞補臺灣府噶瑪蘭通判

[道光十三年十一月二十四日]，閩浙總督臣程祖洛、福建巡撫臣魏元烺跪奏：爲海外要缺通判人地相需循例，恭摺奏請陞補，仰祈聖鑒事。

竊照福建臺灣府噶瑪蘭通判仝卜年欽奉諭旨：陞補臺灣府海防同知，所遺噶瑪蘭通判員缺係海外新闢要地，一切控制撫綏在在均關緊要，例應先盡臺地人員内揀選調補。又例載烟瘴地方，俱准陞調兼行不拘一格，聽該督撫酌量具題等語。臣等督同藩、臬兩司詳加遴選。

查臺灣府屬除噶瑪蘭通判之外，止有澎湖通判一缺，孤懸大海之中，爲臺郡門户。現任通判蔣鏞在任有年，經理妥協，未便更調，其臺屬額

設知縣四員内，嘉義縣知縣現尚懸缺，臺灣縣知縣陳炳極已奉部選同知，鳳山縣知縣徐必觀已奉旨以同知直隸州盡先補用，現在該縣善後事宜仍應責成該員一手經理，未便遽行更動。彰化縣知縣李廷璧現經臣等另摺奏請陞補鹿港同知。内地通判中亦無合例堪調之員，且人地俱不相宜。惟查有詔安縣知縣陳盛韶，年五十五歲，湖南進士，奉旨以知縣即用，簽掣福建，題補詔安縣知縣。道光八年四月到任，經臣程祖洛調赴臺灣差遣，就近委署鹿港同知，辦理裕如。該員才守兼優，悃愊無華，實心愛民，認真任事，到處輿情愛戴，且係久任海疆要缺之員，以之陞補臺灣府噶瑪蘭通判洵堪勝任，所有任内一切因公處分，應遵前奉諭旨，毋庸計筭。惟噶瑪蘭通判例應先盡臺地人員揀調，今以該員請陞，罰俸亦在五十案以外，與例稍有未符，但人地實在相需，合無仰懇聖恩，俯念海外要缺需員，准以詔安縣知縣陳盛韶陞補，于地方實有裨益，如蒙俞允，照例給咨送部引見。該員應完罰俸銀兩遵例造册送部，俟准陞後飭令按限完繳，所遺詔安縣知縣係在外題補之缺，另容揀員請補。據藩、臬兩司會詳，請奏前來。臣等謹合詞恭摺具奏，伏乞皇上聖鑒，勅部覈覆施行。謹奏。

[硃批]：吏部議奏。

一五、閩浙總督程祖洛奏摺：請以潘世標陞補臺灣澎湖水師副將

[道光十三年十一月二十四日]，閩浙總督臣程祖洛跪奏：爲海外水師副將要缺需員，請以籍隸本省之系將陞補，恭摺奏祈聖鑒事。

竊照福建臺灣澎湖協水師副將吴朝祥所出之缺，例應于臺灣人員内揀選題補，臣在臺灣時因無可陞人員，奏明俟内渡後再行遴選在案。

查，澎湖地方孤懸大海之中，内爲厦門屏障，外爲臺郡門户，巡緝撫綏均關緊要。副將有表率之責，非勤奮幹練，熟悉洋面之員難期勝任。查臺灣水師僅有艋舺營条將一缺，現署条將温兆鳳尚未實授，未便

遽請陞轉。閩省内地水師副將亦衹閩安協一缺，甫經臣以浙江鎮海營叅將邵永福題請陞補，未准部覆。又，浙江瑞安協水師副將尚未請補，有人亦屬無可揀調，其籍隸外省合例應陞之叅將，閩省惟督標水師營叅將王毅斌一員，察其言論行事均欠誠實，臣甫于臺灣接見一次。該員現未回省，尚須另行察看，不敢遷就請陞。浙省惟玉環營叅將胡紹錦一員，尚未實授。兹于籍隸本省之福建烽火門叅將潘世標，水師提標中軍叅將楊登俊二員中詳加遴選。

查，潘世標年四十五歲，福建同安縣人，由行伍洊陞今職。道光十二年三月二十八日引見受札，六月内到營任事，歷俸已滿一年。該員明白誠實，辦事認真，節經出洋緝捕屢次獲盜，于洋面沙水素稱熟悉。以之陞補臺灣澎湖協水師副將可資整飭，第該員籍隸本省，且係内地叅將請陞臺灣澎湖協副將，與例稍有未符。惟查從前臺灣澎湖各副將缺出，曾經前兼署督臣顏檢，前督臣趙慎畛、孫爾準，以藉隸本省之内地叅將楊繼勳、陳化成、孫得發、吴朝祥先後奏請陞補，均蒙允准有案。今臺灣澎湖協水師副將員缺一時揀補乏員，合無仰懇聖恩，俯准以烽火門叅將潘世標陞補，于海外水師副將要缺實有裨益，如蒙俞允，該員引見未滿三年，毋庸再行送部。臣謹會同福建水師提督臣陳化成恭摺具奏，伏乞皇上聖鑒，勅部覈覆施行。謹奏。

[硃批]：另有旨。

一六、閩浙總督程祖洛奏片：添設嘉義營叅將臺灣營員不敷陞用請揀調

[道光十三年十二月]，再，臣接准部咨，臺灣城守營叅將珠爾松阿奉旨補授廣東肇慶協副將，行令送部引見等因，自應先行委員接署，以便珠爾松阿交卸北上。

惟查臺灣城守營叅將專守全臺根本之地，現在臺灣應署之游擊都司各員僅有游擊保芝琳一員係屬實任，人亦勇往幹練，其餘俱係甫經奉旨准陞，尚未引見。現擬分班陸續送部，恭候欽定。而保芝琳本任北路右營游擊，駐劄淡水廳，逼近内山地方，遼闊一時，亦無可接署之員，其善後案内裁改汛防，整頓營制各事宜，尚須該游擊熟手料理，且添設嘉義營叅將、臺灣鎮標右營游擊二缺，臺灣營員不敷陞用，應在内地營員中揀選調補。臣就各營將領詳加遴擇，堪以驅策者雖不乏人，而内地各缺均關緊要，且亦多應行引見之員，必須先行分別給咨赴部，仍俟提臣馬濟勝陛見南回，再行會同妥商，通盤籌度，或照例題調，或酌量人地奏請陞補，以期妥善。所有珠爾松阿一員，合無仰懇皇上天恩，俯念海疆重地，一時實難揀委，暫留臺灣，俟提臣馬濟勝回閩後再行會商，一俟調委有人，即飭該員交卸内渡，給咨赴部引見。臣謹附片陳明，伏乞聖鑒訓示。謹奏。

[硃批]：依議。該部知道。

一七、閩浙總督程祖洛等奏片：查拏金門厦門沿海奸民私造多槳小船伺刦案犯

[道光十三年]，再，金門厦門一帶沿海奸民私造多槳小船，在洋伺刦一案，前經臣魏元烺會商水師提督臣陳化成，督飭鎮將設法搜拏，並經臣程祖洛先將辦理緣由附片具奏，欽奉諭旨，嚴飭搜捕，當即恭錄咨行欽遵去後，各該文武尚知愧奮。兹臣程祖洛回省後會覈檔案，自本年四月至現在止，除前奏聲明已獲船十七隻，犯人三名外，又陸續報獲匪船五十四隻，人犯一百餘名。臣等現已飭司行提來省，嚴行審究，從重懲辦。一面督飭水陸文武不遺餘力，務將賊巢搗毁，犯船悉獲，斷不敢稍有鬆勁，以期仰副聖主乂安海寓之至意。至此次前後所獲船犯皆係水師提臣陳化成親駕哨船，周歷督辦，其最爲出力者，惟金門鎮總兵竇振彪及其所屬將弁兵丁。臣程祖洛業已先行分别奬賞，謹先附片陳明，伏

乞皇上聖鑒。謹奏。

[硃批]：所辦認真，可嘉。

一八、閩浙總督程祖洛等奏摺：臺灣鎮道捕獲逆案餘匪蕭紅毛等分別正法

[道光十四年正月初五日]，閩浙總督臣陳祖洛、福建巡撫臣魏元烺跪奏：爲臺灣鎮道七次搜獲逆案餘匪分別正法擬軍，並内地盤獲逸犯，恭摺奏祈聖鑒事。

竊照臺灣逆案内零星餘匪前于臣程祖洛内渡時，據報續獲蕭紅毛、陳貴二犯，因輾轉飭提尚需時日，不及審辦，附片奏明，飭令臺灣鎮道審明正法，並責成該鎮道督飭嚴拏未獲各犯，隨時辦結稟由。臣程祖洛衙門遇有奏事之便，附摺彙奏，以免煩勞驛傳，欽奉硃批：依議行。欽此欽遵在案。

兹據臺灣鎮總兵張琴，署臺灣道周凱七次稟報，先後拏獲餘匪連蕭紅毛等，共計四十六名，業已分別正法擬軍錄供，請奏。

又，據晋江縣知縣盧鳳棽，署惠安縣知縣鄭紹昌盤獲形迹可疑之侯兩一名，訊曾從逆，畏罪潛回，行提至省，由臬司審明，擬議詳奏前來。臣等逐加覆覈，内蕭紅毛係黄七僞先鋒，聽從造反，圍攻嘉義縣城。陳貴係張丙旗首，圍城攻汛，拒敵二次，殺兵三人。許宜係張丙旗脚，隨同拒敵，殺死兵丁義民四人。吴桑係張丙姊夫，隨同造反，殺兵一人。藍來生係吴貂旗脚，隨同攻破斗六門汛，殺兵一人。張總、張塏俱係張成旗脚，隨同攻破斗六門汛，張總殺兵三人，張塏殺兵一人。楊斷、陳弄、曾興、董力、吴高山俱係蔡恭旗脚，隨同拒敵官兵。楊斷殺兵二人，陳弄殺兵一人，曾興殺兵二人，董力殺兵一人，吴高山殺兵二人。吴蓋、洪立俱係陳委旗脚，隨同戕官拒敵，圍城攻汛，吴蓋殺兵五人，洪立殺兵四人。黄杞與許成商謀造反，專管派銀封穀，又拒敵一

次。黃齊係許成旗脚，隨同攻莊派飯，封穀索銀，屢次攻城拒敵。賴學係黃城旗脚，隨同攻汛，殺兵一人。以上十七犯内，黃杞一犯尚有另犯夥刦鳳山縣事主杜春華家，入室搜贓一案。黃齊一犯尚有另犯夥刦鳳山縣事主葉顯華家，入室搜贓一案，均罪止斬梟，應從重歸于此案，與蕭紅毛等均照謀反律凌遲處死。

又，楊樹、陳賜、吴千、盧大潮、葉良、陳智、蘇成、胡圭、張長、吕旺、吴考、陳傳、劉圍、葉旺等十四犯，均係各股要逆旗脚，隨同攻城拒敵，應請比照謀叛律擬斬立决。業經臺灣鎮道于審明後先後恭請王命，將蕭紅毛等十七犯，楊樹等十四犯綁赴市曹，分别凌遲斬决，傳首梟示，仍飭查犯屬家産，照律辦理。

又，黃鶴、李川、何燦、陳清和、陳敬、陳贊、張章、張宗、游添、賴登科、林笋、林阻、林到、邱靖、陳振興等十五犯均係被脅入夥，旋即逃回，經該鎮道審訊明確。又，侯兩一犯，被南路逆匪張洸明逼令服役，乘間逃出，由海濱搭坐漁船内渡，經晋江縣等拏獲解省，均訊無戕官焚汛攻城打仗情事。以上十六犯，均請比照叛案被脅投首，改發極邊足四千里充軍，例上酌加一等，實發雲貴兩廣極邊烟瘴充軍，到配摺責安置。未獲各犯嚴飭勒拏，務獲究結，除供招仍按原辦次數繕錄咨部外，臣等謹合詞恭摺具奏，並彙繕犯名事由清單敬呈御覽，伏乞皇上聖鑒。勅部覈覆施行。再，清單内要逆黃七等二十一犯均已正法，蕭紅毛現已正法，合併聲明。謹奏。

[硃批]：刑部議奏。單併發。

一九、閩浙總督程祖洛奏片：臺灣省拏獲審辦亂民情形並數目

[道光十四年正月二十日]，再，前此興泉永道周凱交卸臺灣道篆内渡來省，臣等向其詢悉臺灣安堵情形，並臺灣鎮總兵張琴親帶兵勇馳赴嘉義，拏獲造謡匪犯陳振等緣由，附片奏明在案。

茲臣程祖洛于正月十三日連接張琴于上年十一月初三日至十二月初二日各稟函，内稱該鎮督飭千總伍應龍于十月二十一日拏獲造謡匪犯陳振，即周振榮，究出馬斗蘭地方有施磬窩匪造謡及所窩夥黨姓名，即由沿山傍海一帶順途搜緝，前赴北路巡閲營伍。二十三日馳抵馬斗蘭拆毁賊巢，會同候補知府王衍慶督率弁兵役勇搜獲匪犯七名。十一月初三日，行至麻豆莊將施磬拏獲，並訪知逆案餘匪陳九等亦欲糾夥與馬斗蘭山賊勾通，當即密會掩捕，又獲犯二十五名。十八日，至鹽水港獲犯十四名，共計陸續獲犯四十七名。内有劉添厚等十七名，經該鎮府督飭委員托克通阿等訊，係逆案餘匪，或曾攻城拒敵，或曾殺害兵勇，解由該鎮勘審明確，先後恭請王命，就地分别正法。其餘或係造謡匪徒，或係在逃逸盜，並尚有供詞未確者，連陳振、施磬、陳九等犯一併解郡，各歸各案，會同臺灣道劉鴻翺嚴究確情，從重辦理。察看民情俱甚安帖，匪徒亦知斂迹，現仍會督嚴拏等情。

臣等查臺灣浮動之區，非隨時隨地嚴行懲辦，不足以資震懾。從前劉廷斌賦性粗魯，勇而無謀，既不能得兵弁之心，又好與文員齟齬，以致釀成事端。今張琴，人甚精細，任事認真，又能文武，和衷妥爲商辦，洵足上慰宸廑計。現稟所獲各犯均不在前此，臣等匯奏七次，報獲餘匪四十六名，及該鎮道自行奏辦盜犯五十名之内，除飭將陳振等造謡一案嚴行審辦，其已正法之逆案餘匪俟録送供詞到日，另摺具奏外，謹先附片陳明，伏乞皇上聖鑒。謹奏。

[硃批]：該總兵果能如此勝任，朕心慰矣。然卿仍當隨時察訪，不可大意。

二〇、閩浙總督程祖洛等奏摺：預撥道光十四年臺灣官兵俸餉等銀分載兵船委員督解

[道光十四年正月二十日]，閩浙總督臣程祖洛、福建巡撫臣魏元烺

跪奏：爲預撥道光十四年臺灣官兵俸餉等銀分載兵船委員督解，恭摺奏祈聖鑒事。竊照臺灣澎湖各標營官兵俸餉等項，每年約需銀二十四萬餘兩，向由臺灣府廳營查明，臺澎各廳縣應行徵解銀兩就數劃抵造具實在應領銀數清册，由藩司覈明詳請奏撥，委員督解，東渡分貯臺灣府及澎湖廳庫，按月散放。惟重洋遠隔，文牘往返動逾經旬，往年必得春夏之間始能起解，到臺之期更難預計。其餉銀未到以前，春夏二季支發銀兩俱由臺灣府就各廳縣應行徵解銀内盡數支放，如有不敷，先由府庫籌墊，俟餉銀解到再行歸欵所有。道光十四年分應解臺餉，本應循照舊章辦理。兹據臺灣府知府周彦稟以臺灣府廳縣上年皆有墊辦軍需欵項，尚未扣收清欵。現在臺灣府庫僅止存銀十餘萬兩，誠恐不敷接濟，請將應解臺灣府庫餉銀預期籌撥。臣等查覈所稟自係實在情形，惟閩省道光甲午年年夏秋冬三季兵餉尚未准部，臣指撥飭。據署藩司鳳來議請在于司庫徵存備撥地丁銀内先行借撥銀十萬兩。又應發還臺灣府庫墊給雜欵銀三萬兩，委員解往。其餘尚應找發，及澎湖各營官兵俸餉仍俟造册到日覈扣清楚，另行撥解等情，請奏前來

臣等查臺灣庫貯必須充裕，自應預爲籌備，應如所請，在于司庫先行借撥銀十萬兩，及應發還府庫墊欵銀三萬兩一併解往，俾免短缺。除查照向定章程，移咨水師提督挑選堅固兵船四號，配足軍火砲械，齊集厦門，聽候裝載，並檄委押解逆犯進京南回。現應赴任之臺灣南路營叅將靈德，督同降補水師千總王剛乘、臺灣鎮標中營把總商榮標、署馬家港通判丁文燾、候補府經歷魏象、候補縣丞吴湛恩等各員弁小心管解，前赴臺灣府交收貯庫備用外，臣等謹恭摺具奏，伏乞皇上聖鑒。謹奏。

[硃批]：知道了。

二一、閩浙總督程祖洛奏片：飭令張琴等嚴行審究獲犯陳振

[道光十四年正月]，再，臺灣地方前聞復有匪徒造謡之事，因未知

詳細未敢冒昧具奏。茲興泉永道周凱交卸臺灣道篆内渡來省詢悉，自臣程祖洛内渡以後，颶風叠作，雨澤愆期，沿海傍山處所收成甚爲歉薄，通臺牽筭僅止六分有餘，糧價未能平减，貧民買食維艱，不法匪徒因之欲圖造謡勾結，借口搶刦。九、十月間，嘉義縣以南莊民聞謡畏懼，即欲紛紛搬移，當經該道飭委候補知府王衍慶隨同臺灣鎮總兵張琴不動聲色，密帶兵勇，星夜馳往。一面曉諭莊民毋動，一面設法查拏。即經千總伍應龍首先拏獲造謡匪犯陳振一名，究出夥黨姓名。又經該鎮等將夥匪陳九等登時拏獲，並將窩頓處所房屋拆毁，謡言始息，民情安堵。所獲各犯非逆案指拏有名，即係在逃逸犯。現經新任臺灣道劉鴻翱會同張琴審辦，該道于十一月二十三日由鹿港登舟内渡，據稱沿途察看居民安業，匪徒實已斂迹。張琴、劉鴻翱拏辦極爲認真，不致稍留萌孽等情。

臣等伏查臺灣地方自此次懲創之後，偶爾歉收，即復有造謡圖搶情事，實堪發指。惟該處民情浮動，謡言本所時有，初起之時原是風謡，並非實事，全在該鎮道立時前往查拏彈壓，即小懲一二犯亦可止息，若徒示以鎮静，遷延時日，轉恐弄假成真。現在張琴深悉地方情形，劉鴻翱到省時，臣等亦已詳晰告知，該員等必能料理妥協，可以上慰聖廑。（[硃批]：務要認真有效。）臣等惟有督飭該鎮道一洗從前諱飾積習，實力整頓，有犯必懲，以期仰副我皇上乂安海寓之至意，除飛飭該鎮道將陳振等各犯嚴行審究，據實奏辦外，臣等謹附片陳明，伏乞聖鑒。謹奏。

[硃批]：覽奏均悉。

二二、閩浙總督程祖洛等奏摺：臺灣道府送到琉球國遭風難夷知念等撫卹安頓

[道光十四年三月二十九日]，閩浙總督臣程祖洛、福建巡撫臣魏元烺跪奏：爲撫卹琉球國遭風難夷，恭摺具奏，仰祈聖鑒事。

竊據臺灣噶瑪蘭通判仝卜年詳報，道光十三年四月十八日，據差往内山採制船工木料之匠役王養報稱，在南風澳山南之觸奇犁地方，遇有琉球國難夷知念、嘉手川、陶源等三名。送廳譯訊通詳，當飭護送來省覆訊，辦理去後。兹據署藩司鳳來，兼署臬司王耀辰會詳，據署福防同知瑞光覆加譯訊。據該難夷知念供稱，同水手嘉手川、陶源二名均係琉球國渡名喜島人，坐駕小船一隻，原共十人，並無牌照軍器，因販猪隻往本國那霸府售賣，于道光十三年正月初五日駕船回籍，初九日遭風折斷桅蓬，二十三日漂至不識名之洋面，船隻沖礁擊碎，水手佑吉一名當時淹斃，餘俱鳧水上岸，猝遇赤身散發數十人，手執刀鏢，將水手嘉守傳、陶元、朱斂、陶原、仲春、大成六人殺死，該難夷知念等三人逃走。五日始見中國人救護，四月十八日送到噶瑪蘭廳，經該廳驗明安頓，賞給衣糧，譯訊通詳，配船護送内渡。十二月初十日到省，安插館驛等情具詳，請奏前來。

臣等查噶瑪蘭通判仝卜年，原報匠役遇見難夷在南風澳山南之觸奇犁地方，該處係蘭疆極南界外，爲生番出没之區。該難夷嘉守傳等六名被害處所果否番境，已飭臺灣道府確查詳辦，所有到省之難夷知念等三名，應請照例自道光十三年十二月初十安插之日起，每人日給米一升，鹽菜銀六釐，將來附便回國，另給行糧一個月，每名加賞布棉等物，折價給領，均于存公銀内動給，事竣造册報銷，以仰副聖主懷柔遠人至意，除册送部外，臣等謹恭摺具奏，伏乞皇上聖鑒。謹奏。

[硃批]：知道了。

二三、閩浙總督程祖洛等奏摺：請以熊飛調補嘉義縣知縣

[道光十四年三月三十日]，閩浙總督臣程祖洛、福建巡撫臣魏元烺跪奏：爲海外要缺知縣人地相需循例，恭摺奏請調補，仰祈聖鑒事。

竊照福建臺灣府嘉義縣知縣胡之鋘因病出缺，所遺嘉義縣知縣係海

外要缺，例應于内地人員内無論歷俸年限是否久任，及知縣本缺中簡繁要，但得人地相宜，悉准調補。

該縣所轄地方遼闊，民番雜處，政務殷繁，現在善後事宜章程初定，巡緝撫綏更關緊要，必須精明幹練，熟悉海疆之員方足以資治理，臣等督同藩、臬兩司于内地現任人員内逐加遴選。查有同安縣知縣熊飛，年五十四歲，江蘇江寧縣人，祖籍江西。由監生遵土方例捐納縣丞，分發簽掣福建，派赴臺灣委用，拏獲積盜林賞等三名，奉旨盡先補用，咨補浦城縣縣丞，委署嘉義縣笨港縣丞，臺灣府經歷代理臺灣縣知縣，查辦清莊，拏獲鄰境叠　殺人巨盜謝基一名，又緝獲匪犯江獅頭等五名。送部引見，奉旨著以知縣用。欽此。

委署南安縣知縣題補同安縣知縣，道光十二年十一月到任，經臣程祖洛調赴臺灣差遣，就近委署嘉義縣知縣，辦理裕如。該員年强才練，辦事勤能，在閩年久，歷任海疆要缺，緝捕認真，且曾任嘉義所屬縣丞，代理臺灣縣事，于臺灣風土民情更爲熟悉，以之調補嘉義縣知縣實屬人地相宜，所有任内一切因公處分，應遵前奉諭旨，毋庸計算。惟罰俸在五十案以外，與例稍有未符，但人地實在相需，合無仰懇聖恩，俯念海外要缺需員，准以同安縣知縣熊飛調補嘉義縣知縣，于海外要缺實在裨益。如蒙俞允，該員係現任知縣調補知縣，銜缺相當，毋庸送部引見，應完罰俸銀兩遵例造册，飭令按限完繳，專咨報部。所遺同安縣知縣係在外題補之缺，另容揀員請補。據藩、臬兩司會詳，請奏前來。臣等謹合詞恭摺具奏，伏乞皇上聖鑒，勅部覈覆施行。謹奏。

[硃批]：另有旨。

二四、閩浙總督程祖洛等奏片：臺灣千總伍應龍、縣丞陳文起緝捕亂民尤爲出力請陞補

[道光十四年四月二十五日]，再，許戆成等造謡一案，上年事未發

覺之先，人心驚惶，其情形與張丙起事之初相似，即經臺灣城守營千總伍應龍訪獲形迹可疑之陳振到案，經候補同知直隸州沈汝瀚究出造謡謀逆實情，暨同謀首犯夥黨得以及時查拏破案，全數弋獲，並無一名漏網。且自上年臣程祖洛内渡後，除强盗人命等案外，計已拏獲逆案餘匪一百二十五名，又造謡匪犯三十二名，内問擬凌遲斬梟者一百一名，問擬軍遣者五十七名，即出山殺人之生番向遇此等案件往往不能搜捕，僅以一報了事。今亦捕獲格殺共十五名，是該鎮道緝捕尚屬認真，辦理亦爲妥協。除拏獲兇番之員業經該鎮道自行具奏外，所有歷次拏獲逆案餘匪，暨造謡匪犯之在事出力文武員弁義首，自應錄其微勞，懇乞恩施。

惟查該鎮道開送名數太多，所請亦覺過優，臣等秉公覆覈，内首先獲犯發覺造謡案之千總伍應龍留心偵捕，消患未萌，且曾于張丙滋事案内亦先訪出逆謀，設法追捕，其于緝捕一事，實合機宜，獲犯亦屬不少。又，縣丞陳文起現署斗六門縣丞，彈壓得宜，故于造謡一案，所轄地方得不被其煽動。該員在任又先後拏獲逆案餘匪，及各案逃兇逸盗共計五十一名，内問擬凌遲者三名，斬梟者三十四名，遣軍者十四名。此二員弁覈之，該鎮道府營縣節次禀報卷，據悉屬相符，尚係實在勞績。

查，伍應龍前曾蒙恩賞戴藍翎，准補臺灣城守營千總，可否？請旨。遇有臺灣守備缺出，即行補用。陳文起前因守城出力，蒙恩盡先補用，業已咨補平和縣南勝縣丞，可否？請旨以知縣即行補用。此外，文武員弁雖各有獲犯微勞，但内多本係承緝之員，臣等不敢市惠濫保，致蹈積習。業已嚴飭臺灣鎮道覈實查明，所獲之犯如係本任承緝者，准其功過相抵。其有並非本任應行承緝之員，同獲犯出力之義首另行禀覆，到日由臣等再加覆覈，咨部請照拏獲鄰境盗犯及紳衿獲盗各例分别覈辦，以杜冒濫。臣等謹附片具奏，伏乞皇上聖鑒訓示。謹奏。

[硃批]：另有旨。

二五、閩浙總督程祖洛等奏摺：臺灣鎮道于查辦亂民造謡搜獲餘股等分别辦理

[道光十四年四月二十五日]，閩浙總督臣程祖洛、福建巡撫臣魏元烺跪奏：爲臺灣鎮道于查辦匪徒造謡案内搜獲逆案餘匪，並又先後三次稟報，續獲逸犯分别正法擬軍，恭摺奏祈聖鑒事。

竊照臺灣逆案未獲餘匪，經臣程祖洛于内渡時，將究出姓名列單行令。該鎮道督飭地方文武各官勒限搜拏，務絶根株。旋據該鎮道七次審辦餘匪蕭紅毛等四十六名，查照奏案稟由，臣等覆覈奏結。又據該鎮道先後稟報，復有匪徒造謡煽惑，該鎮馳往查辦獲犯情形，亦經臣等先後附片陳明在案。

兹據臺灣鎮總兵張琴，臺灣道劉鴻翺稟稱，此次查辦造謡匪徒親督文武員弁，獲犯八十一名，内除許戇成等三十三犯訊明實係造謡匪徒，與逆案無涉，業經該鎮道照例辦結，自行恭摺具奏外，尚有陳滿等六犯本係逆案。餘匪現又欲圖勾結許戇成造謡滋事，尚未入夥，仍應從重歸于逆案辦理。又許景、劉添厚等四十二犯俱係逆案餘匪，與造謡案無涉。又據地方文武各官先後續獲餘匪蔡烏羊等三十一名，經該鎮道等分作三次審辦。以上共續獲逆案餘匪七十九名，均已分别凌遲斬梟，擬軍録供，請奏前來，臣等逐加覆覈。内張和尚、吴開然、楊欵、方添鄰、陳謨、陳滿俱係張丙旗脚，隨同攻城拒敵。張和尚、吴開然、楊欵各殺兵勇二人。方添鄰、陳謨各殺兵一人，陳滿殺兵二人，後又勾結許戇成造謡未成。又林戇係陳辦旗脚，隨同圍城攻汛，殺兵一人。郭維朗係蔡恭旗脚，隨同在曾文溪截搶火藥，殺兵二人，後又勾結許戇成造謡未成。許景係劉港旗脚，隨同圍城攻汛，殺兵一人，又夥刦嘉義縣事主蔡振元，臺灣縣事主紀黑等家，把風接贜共二次。林樣係黄城旗脚，隨同攻破斗六門汛，殺兵二人，又夥刦臺灣縣事主林翔雲家，接贜一次。

劉妙、陳早俱係劉仲旗脚，隨同攻城拒敵，各殺兵二人。蔡烏羊與許成商謀造反，隨同攻城拒敵，殺兵二人，又夥竊鳳山縣事主杜江河家，臨時行强入室，搜贓一次。以上十三犯，除陳滿、郭維朗勾結造謡未成，許景、林樣、蔡烏羊各有行刦案件，罪止斬梟遣軍不議外，均應從重歸于此案，一併照謀反律凌遲處死。又方番旺、張英、林歐、餘幅、連麥綫、李養、黄高在、王汀、陳媽助、李張、黄傳、蕭番婆、邱慎、邱番婆、陳雨水、陳和尚、張紅目、猴方連、葉老現、張來、胡秋桂、黄五鷄、洪有、洪鼓凑、董沙、洪珯、洪來、劉添厚、侯存、陳雁、陳撤、吴注、陳起、張羅、李雁、王七、陳九、黄番江、吴開、張淡水、李略、賴寶、陳阿讓、駱英、李鎮、黄乳、陳副等四十七犯，均係已獲要逆旗脚，隨同攻城拒敵。内蕭番婆、方連、黄五鷄、陳九四犯尚有另犯欲圖勾結許戇成造謡未成，罪止擬軍。又黄傳一犯，另犯夥刦嘉義縣事主毛周布店，在外把風一案，罪止擬遣。又邱番婆一犯，另犯聽糾圖搶彰化縣幼孩陳寬等牛隻，刀砍陳寬身死一案，罪止斬决，均應從重歸于此案，與方番旺等一併比照謀叛律擬斬立决，業經臺灣鎮道于審明後先後恭請王命，將張和尚等十三犯，方番旺等四十七犯就地分别凌遲斬决，傳首梟示，仍飭查犯屬家産，照律辦理。又葉武養、饒團、林西在、黄宰、盧趙、鄭漏、賴才益、江紅龜、王對、林人助、王錐、王教、林轉、陳取、劉九（懊）、沈淺、林猛、江合、吴琴等十九犯，均係被脅入夥，旋即逃回，均請比照叛案被脅投首，改發極邊足四千里充軍例上酌加一等，實發雲貴兩廣極邊烟瘴充軍，到配摺責安置。未獲逸犯嚴飭勒拏，務獲究結。除供招仍按原辦次數繕録咨部外，臣等謹合詞恭摺具奏，並彙繕犯名事由清單，敬呈御覽，伏乞皇上聖鑒，勅部覈覆施行。

再，許戇成等造謡一案，前據臺灣鎮道具禀，先經訪獲陳振一名，究出造謡匪黨，現已陸續獲犯多名，請俟將來全案辦竣彙入餘匪案内稟，由臣等一併奏結等情。當經臣等以造謡一案與餘匪係屬兩事，應由該鎮道一面辦竣，一面自行具奏。此内如有實係餘匪與造謡案無涉者，方可歸于餘匪案内另辦，未便一概牽混，作爲餘匪致啓顢頇諱飾之弊，飛檄飭令各歸各案，以昭覈實。現在該鎮道已遵照臣等檄飭辦理，合併聲明。謹奏。

[硃批]：刑部議奏。單併發。

二六、閩浙總督程祖洛等奏片：請准知縣陳炳極暫緩交卸

[道光十四年四月二十五日]，再，臣等接准部咨，臺灣縣知縣陳炳極簽陞山東濟南府同知，行令交代清楚，給咨赴部引見等因，當即轉行遵照。去後旋據臺灣道府先後具禀，善後章程甫准部覆。正當辦理喫緊之際，其間臺灣、嘉義二縣劃匀地界一事尤爲緊要。陳炳極素得民心，請緩交卸，責令一手經理，以免轇轕等情。

臣等伏查臺灣、嘉義二縣劃匀地界一事，若非不假書吏之手，責令地方官會督紳耆妥爲查辦，必致脱漏户口，隱匿田糧，弊端百出，訟獄繁滋。此前人之所以明知該二縣繁簡回殊，雖屢有劃匀之議，而畏難苟安，終成築室道謀也。陳炳極在任多年，官民相安，一切利弊皆所素悉，自應責令一手經理，查定例推陞各官，如有遽難，更易生手之事，又必半年以上方可完竣者，例應據實聲明，奏請開缺，另行銓補。今陳炳極因守城出力，奉旨以同知直隸州盡先選用，簽陞濟南府同知。雖大功早經告竣，而善後章程甫准部覆，正在欽遵趕辦，以致不能依限交卸，並無規避托故情事。惟計其完竣之期，須在半年以上，若照尋常推陞官員辦理别項經手事件，不能遽易生手之例，奏請開缺，似非所以示激勸而責其實心治事。合無仰懇皇上天恩，俯念軍營出力人員留辦善後事宜，准將陳炳極暫緩交卸，責令將臺灣、嘉義二縣劃匀地界一事，一手經辦完結，再行給咨赴部引見，並免開缺另補。則該員感激鴻慈，自

當益加奮勉，以圖報稱，實于海疆善後不無裨益。

再，臺灣府周彦蒙恩簡放浙江寧紹臺道，所遺員缺應于通省知府内揀調。臣等詳查通省現任知府人地多不相宜，且有現缺本關緊要，一時實難揀調，隨公同商酌，現蒙簡放臺灣所遺知府熊一本，臣程祖洛前在刑部時，知其辦事結實，治理通達，擬俟該員到省後再行察看，分别擬補請旨。現在周彦亦有接辦軍需報銷事件，尚未完竣，應請俟該員查造報銷事竣，並接任有人，再飭交卸内渡，前赴新任，理合一併附片具奏，伏乞聖鑒訓示。謹奏。

[硃批]：另有旨。

二七、閩浙總督程祖洛奏片：洋面捕務喫緊請准金門鎮總兵竇振彪等員暫緩陛見

[道光十四年四月二十五日]，再，金門鎮總兵竇振彪、海壇鎮總兵程恩高均已到任三年期滿，又，水師提督陳化成亦于本年六月三年期滿，現在均先後奏請陛見。

臣查夏秋之交，正洋面捕務喫緊之時，並恐有夷船闌入内洋情事，處處均需大員彈壓，且新任浙江温州鎮總兵謝得彰，聞尚署理廣東碣石鎮篆，未能克期赴任，閩浙兩省水師副將叅將中現已乏員遞署，合無仰懇聖恩，俯准俟謝得彰到任，暨陞署福寧鎮總兵邵永福回閩後，計彼時已屆冬令，再令陳化成等依次進京叩覲之處恭候諭旨遵行，臣謹附片陳請，伏乞皇上聖鑒訓示。謹奏。

[硃批]：依議。

二八、閩浙總督程祖洛奏摺：閩省泉州、臺灣二廠造補戰船動用銀數

[道光十四年四月二十五日]，閩浙總督臣程祖洛跪奏：爲閩省泉州、臺灣二廠造補戰船動用銀數循例，恭摺奏祈聖鑒事。

竊照水師戰船爲緝捕要需，遇有遭風擊碎，自當隨時造補，以資巡緝，而需用銀數在五百兩以上，例應奏明辦理。兹據署福建藩司鳳來詳稱：泉州廠興泉永道承辦造補水師提標中營成字五號大橫洋同安梭船一隻，應需正加工料銀五千七十六兩九錢二分四釐，扣收平餘銀一百一兩五錢三分八釐，于道光十四年三月初三日興工。又造補水師提標右營萬字四號，係一號同安梭船一隻，應需正加工料銀一千零十五兩九錢五分，扣收平餘銀二十兩三錢一分九釐，于道光十四年三月十五日興工。又，臺灣廠臺灣道承辦造補澎湖水師協標左營綏字十五號，係三號同安梭船一隻，應需正加工料、運費銀八百十八兩六錢七分七釐，扣收平餘銀十六兩三錢七分四釐，興工日期應俟臺灣道購料運臺歸于報銷案内造報。該三船所需正加工料銀兩在于司庫，道光十三年税契存公及臺屬耗羡，並道光九年以後商捐巡洋生息等欵銀内動支，扣收平餘銀兩分别專欵存貯，仍俟奉准部覆，另行造册估銷等情詳請具奏前來，臣覆覈無异，謹將泉州、臺灣二廠造補戰船，動用銀數在五百兩以上緣由，會同福建巡撫臣魏元烺循例，恭摺具奏，並繕各船字號及在洋遭風擊碎月日，動用銀欵清單恭呈御覽，伏乞皇上聖鑒。謹奏。

[硃批]：工部議奏。

二九、閩浙總督程祖洛等奏摺：給發本年臺灣澎湖各營俸餉等項銀兩

[道光十四年四月二十七日]，閩浙總督臣程祖洛、福建巡撫臣魏元烺跪奏：爲給發本年臺灣、澎湖各營俸餉等項銀兩恭摺具奏，仰祈聖鑒事。

竊照臺灣各營官兵俸餉等項向由府廳營造册送司，分别扣抵支給。重洋遠隔，往年俱至春夏之間始能接到文册，覈明給發解往，其餉銀未到以前，由府籌墊。上年因有墊辦軍需款項，府庫尚未扣收所有，道光十四年分兵餉誠恐不敷接濟，當經臣等于正月間奏明，先行撥銀十萬

兩，並發還府庫墊給雜款銀三萬兩，委員解往，應找若干，仍俟册造到日覈明辦理，仰蒙聖鑒在案。

玆據署藩司鳳來詳稱，查覈送到文册臺灣各營應領俸餉馬乾養廉等銀二十一萬六千一十五兩零，内除朋扣小建並由司酌扣各款銀一十一萬八百七兩零。又先已解過銀一十萬兩外，實找給銀五千二百八兩零。又發還臺灣府墊給各款銀一千四百九十兩零，又澎湖二營應領俸餉等銀三萬二千九百九十七兩零，内除該營應造册請劃並由司覈扣各款共銀四千九百一十七兩零，實支銀二萬八千八十兩零。以上統計發銀三萬四千七百七十八兩零，應調撥兵船二號裝載運交，所需防船軍火及弁兵口糧，即于額派出洋緝匪弁兵數内挑帶支給，至臺灣府屬各縣共未完。嘉慶十年起至道光元年止，官莊銀五萬六千九百四十八兩零，業經完銀一千二百六十八兩零，另行造入，節年公費奏銷，册内造銀尚未完，各年官莊銀五萬五千六百八十兩零，未便盡數扣收，致海外兵餉短絀，應嚴催上緊徵解，于下年臺餉劃收造報等情，詳請具奏前來。臣查支給扣收數目俱各相符，除咨水師提督挑選堅固兵船二號配足軍火砲械，並委文武員弁解至厦門登舟，分赴臺灣澎湖交收外，臣等謹恭摺具奏，伏祈皇上聖鑒。謹奏。

[硃批]：知道了。

三〇、閩浙總督程祖洛等奏摺：臺灣府屬應徵抄叛各産租穀被賊搶失請豁免

[道光十四年五月三十日]，閩浙總督臣程祖洛、福建巡撫臣魏元烺跪奏：爲臺灣府屬應徵抄叛各産租穀被賊搶失援案，懇恩豁免，恭摺奏祈聖鑒事。

竊照臺灣府屬之淡水廳及臺灣、鳳山、嘉義、彰化四縣，抄没逆匪林爽文、陳周全及械鬬會匪翁雲寛、楊文麟、許國梁等各案入官田產，應徵租穀，奏定章程。除正賦仍徵本色外，其餘年額應徵租穀七萬六千二百八十三石七斗五升三合三勺，每穀一石折銀七錢，應徵銀五萬三千三百九十八兩六錢二分七釐三毫，由臺灣府徵收，撥充戍兵加餉。道光十二年冬間，嘉義逆匪張丙等糾衆滋事，臺灣、彰化二縣及鳳山縣迤東各鄉匪徒聞風響應，其未被逆匪滋擾之淡水廳與鳳山縣迤西各鄉，又有粵莊棍徒肆行焚搶，所有該廳縣承種抄叛各產佃户應繳道光十二年分折租銀兩。除種植早稻者業已收割完竣變價繳官外，其種植晚稻者正當收獲之時，或收貯在家，或運存租館，及在田未經收割者，悉被搶失踩躪，蕩然無存。臣程祖洛渡臺後，于撫卹難民之時，即據各佃首紛紛具呈，請豁當經批飭臺灣府，委員會同各廳縣確查勘驗，取結詳辦。去後茲據署福建藩司鳳來詳，據臺灣府周彦詳稱，移飭各廳縣帶同各佃首吊驗徵收租簿完單，逐處查勘。除未被搶失穀二萬四千一百五十八石八斗二升三合三勺，内已徵銀一萬四千三百九十兩二錢二分二釐五毫，尚有未完，有著銀二千五百二十兩九錢五分三釐八毫，仍催該佃首等完納外，統計淡水廳、臺灣、鳳山、嘉義、彰化四縣實在被搶，收存在家未運納穀一萬六千六十一石六斗五升三合，運貯租館未變價穀一萬五千一百五十四石二斗一升，踩躪在田未收割穀二萬九百九石六升七合，共被搶踩躪無著穀五萬二千一百二十四石九斗三升。查照章程，每石折徵銀七錢，合銀三萬六千四百八十七兩四錢五分一釐，取造册結，由司覆覈，詳請援照嘉慶十年蔡逆竄臺，滋擾搶失成案，奏請豁免前來。臣等伏查各該佃等猝遭擾害，家室全傾，瑣尾流離，情殊堪憫，雖已仰蒙聖恩，賞給三個月口糧，並給予修房之費，得以復業墾種，而元氣難以驟復，所報被賊搶失踩躪官租穀石確係實在情形，即使嚴拘比追，亦屬懸宕無著。所有道光十二年分應完租穀内被搶踩躪穀五萬二千一百二十四石九斗三升，合銀三萬六千四百八十七兩四錢五分一釐。合無仰懇皇上天恩，俯念窮黎，准予豁免，如蒙俞允，其應給戍兵加餉，容臣等另行籌款撥補，分別造册請銷。臣等謹合詞恭摺具奏，伏乞皇上聖鑒訓示。謹奏。

[硃批]：另有旨。

三一、閩浙總督程祖洛等奏片：前署臺灣府海防同知沈欽霖積勞病故請議卹

[道光十四年五月三十日]，再，署臺灣府海防同知事，福州府平潭同知沈欽霖前于臺匪張丙滋事案内，總理支應糧餉軍火，守護郡城，防堵口岸，叠獲要犯，奉旨賞戴花翎，以知府歸部盡先選用。迨軍務告竣後，臣程祖洛查悉，臺灣各廳縣于逆匪猖獗時，支應軍需銀兩，雖經該道府廳議有章程，通飭遵照，而道路梗塞，文報阻滯，且多遺失。各廳縣因事起倉猝，勢甚危急，又不能不從權先行挪墊支辦，以致事所必需例，所難銷之欵不一而足，且有同一應支之欵，而請銷數目長短不齊者，零星散亂，糾轕難明。臣因臺灣道府事務繁多，勢難親自勾稽。該同知明白精細，任事實心，飭令仍行署理臺灣府海防同知，就便專司其事，俟造報事竣，再行携册内渡，與省城總局會覈請銷。該同知不避嫌怨，不辭勞瘁，確覈例案，晝夜銷筭，多所駁正。詎年餘以來，積受寒暑濕熱，致成痰喘之症，仍復力疾從公，口不言勞，即同寅中亦鮮有知其病者，甫經釐有頭緒，正在趲造總册間，遽于上年十二月十九日因病出缺。該員實係臺匪滋事案内始終出力之員，今因報銷未竟，積勞成疾，不克生還，尚屬歿于王事，除由臣魏元烺照例恭疏題報外，合無仰懇皇上逾格鴻慈，交部議卹，以昭激勸。臣等謹附片具奏，伏乞聖鑒。再，臺灣軍需報銷事件，臣等已飭陞任臺灣府知府周彦會同現署臺灣府海防同知沈汝瀚接手查辦，合併聲明。謹奏。

[硃批]：另有旨。

三二、閩浙總督程祖洛等奏摺：請以熊一本補授臺灣府知府

[道光十四年六月二十六日]，閩浙總督臣程祖洛、福建巡撫臣魏元烺跪奏：爲遵旨遴補海外要缺知府，恭摺奏祈聖鑒事。

竊臣等接准部咨，欽奉上諭：福建臺灣府知府員缺緊要，著該督撫于通省知府内揀員調補，所遺員缺著熊一本補授。欽此。

臣等查臺灣府孤懸海外，管轄五廳四縣地方，千有餘里，民番雜處，閩粤錯居，人情剽悍，風氣浮動，政務殷繁，治理本屬不易。自張逆蕩平以後，適值連年收成不甚豐稔，米價昂貴，民間元氣未復，匪徒更易竊發，巡緝撫綏在在均關緊要，非精明勤幹，有守有爲，不事粉飾，不惜勞苦之員弗克勝任。臣等督同藩臬兩司于通省内地現任知府内逐加遴選，非現居要缺即人地未宜，一時實無堪調之員。前經附片奏明，俟熊一本到省後，再行察看，請旨在案。

兹查熊一本已于道光十四年五月初八日到省，臣等詳加察看。該員熊一本年五十二歲，安徽進士，由翰林院庶吉士散館以部屬用，歷陞刑部郎中，俸滿保送繁缺知府，奉旨補授臺灣府遺缺知府。該員心質才優，老成練達，詢以吏治，試以斷獄守經而不滯行權而得中，無外官顢頇習氣，洵屬可靠之員。與其拘泥另調，致或遷就，莫若即以該員請補，俾資治理，合無仰懇皇上天恩，俯念海疆要缺，人地相需，請旨即以熊一本補授臺灣府知府，實于地方大有裨益，如蒙俞允，該員係奉旨以知府補用之員，銜缺相當，毋庸送部引見，並免查叙糸罰。據藩、臬兩司會詳，請奏前來。臣等謹合詞恭摺具奏，伏乞皇上聖鑒訓示。

再，臺灣府周彦已蒙恩旨，陞授浙江寧紹臺道，該員經手軍需報銷，將次完竣，應行携册内渡覈算，臣等擬即飭令熊一本候風渡臺，先行接署，以便周彦卸事來省，合併聲明。謹奏。

[硃批]：另有旨。

三三、閩浙總督程祖洛奏摺：閩省福州、漳州、臺灣三廠造補戰船動用銀數

[道光十四年六月二十六日]，閩浙總督臣程祖洛跪奏：爲閩省福州、漳州、臺灣三廠造補戰船動用銀數，循例恭摺奏祈聖鑒事。

竊照水師戰艦爲緝捕要需，遇有遭風擊碎，自當隨時造補，以資巡緝，而需用銀數在五百兩以上，例應奏明辦理。玆據前署福建藩司鳳來，新任藩司鄭祖琛先後詳稱，福州廠監法道承辦造補福寧鎮標左營新字三號，係三號同安梭船一隻，應需正加工料銀七百四十四兩二錢五分二釐，扣收平餘銀一十四兩八錢八分五釐，于道光十四年五月初四日興工。又，漳州廠汀漳龍道承辦造補水師提標後營清字三號，係一號同安梭船一隻，應需正加工料銀一千十五兩九錢五分，扣收平餘銀二十兩三錢一分九釐，于道光十四年三月十八日興工。又，臺灣廠臺灣道承辦造補臺灣水師協標中營平字一號，臺灣水師協標右營澄字二號，澎湖水師協標左營綏字二號，澎湖水師協標右營鞏字四號，艋舺營波字三號，均係一號同安梭船五隻。又艋舺營波字一號，波字二號，均係三號同安梭船二隻。合計七船應需工料、運費銀七千二百二十五兩七分九釐，扣收平餘銀一百四十四兩五錢二釐，興工日期應俟臺灣道購料運臺，歸于報銷案内造報。以上造補船九隻所需正加工料銀兩在于司庫道光十三年稅契存公及臺屬耗羨等欵銀内動支，扣收平餘銀兩分別專欵存貯，仍俟奉准部覆，另行造册估銷等情，詳請具奏前來，臣覆覈無异。謹將福州、漳州、臺灣三廠造補戰船，動用銀數在五百兩以上緣由，會同福建巡撫臣魏元烺循例恭摺具奏，並繕各船字號及在洋遭風失事月日，動用銀欵清單恭呈御覽，伏乞皇上聖鑒。謹奏。

[硃批]：工部議奏，單併發。

三四、閩浙總督程祖洛等奏摺：特參臺灣鳳山縣知縣徐必觀等徵解內地兵穀惰誤

[道光十四年七月二十日]，閩浙總督臣程祖洛、福建巡撫臣魏元烺跪奏：爲臺灣各縣徵解內地兵穀惰誤，請旨摘去頂戴，勒限趕運，恭摺奏祈聖鑒事。

竊照臺灣府屬之臺灣、鳳山、嘉義、彰化四縣，每年額徵供粟除支放本地兵米外，其餘運赴鹿耳門、鹿仔港、八里坌、五條港四處海口存貯。澳倉由臺防、鹿港、淡水三廳及嘉義縣勻配，商船附帶內渡碾放內地福州福寧、興化、漳州、泉州等府兵米。前因遞年積欠甚多，經臣程祖洛奏明，從道光十三年爲始，年額應運穀石不計顆粒短欠，每年造册詳明。督撫于奏銷前專摺奏報一次，如有短少惰徵之咎，在縣短配之咎，在廳即將玩誤之員，隨摺嚴糸，勒令自行雇船補運。其舊欠穀石，除臣程祖洛在臺灣時奏蒙恩准，撥放撫卹穀六萬石，以截漕米石抵發內地兵糧外，覈計舊欠尚不下十萬石，責令查明是否實欠在民，分別詳辦。欽奉硃批：依議妥辦。欽此。轉行欽遵。並經臣等三令五申，屢次嚴催，趕運在案。乃令已七月中旬，奏銷期限久逾，未據造册詳報。而查閱各口員送到月報册籍，道光十三年分應運穀石，惟臺灣縣業已全數運存澳倉，陸續配載。其鳳山縣截至本年四月底止，尚有未運存澳倉穀四千一百餘石。嘉義縣截至本年四月底止，尚有未運存鹿耳門澳倉穀二千一百餘石。又截至二月底止，未運存鹿仔港澳倉穀六千石，米三千石。彰化縣截至本年四月底止，尚有未運存八里坌澳倉穀五千二百餘石。統計鳳山、嘉義、彰化三縣未報運存澳倉十三年分兵穀一萬七千四百餘石，米三千石。其歷年積欠究竟是否實欠在民，已未徵有成數，亦未查明具禀。十四年分應運新穀，據報配載者更屬寥寥，其咎實在各縣之惰徵，而不在各廳之短配，似此觀望，延挨勢必仍蹈故

轍，不能年清年款，陳陳相因，積欠日多，實屬不成事體，且內地連年米價昂貴，本年附省地方又值大水，各處倉穀皆請動撥碾糶，所有應發兵米籌墊實非易事，專待臺灣兵穀運回，分別歸補濟放。乃該縣等竟敢如此惰誤，若不嚴行查糸，無以示懲。相應請旨將鳳山縣知縣徐必觀、嘉義縣知縣熊飛、彰化縣知縣李廷璧一併先行摘去頂戴，責成臺灣道府勒令各該縣將未運存澳之道光十三年分兵穀兵米刻日全數運存澳倉，仍由該道府督飭各廳員酌量情形，如現在臺內往來船隻較多，除配運十四年分新穀之外，尚有餘船准其仍照舊章，按船勻配。如覈計往來之船僅敷配運十四年分新穀，即照臣程祖洛上年奏案，責令各該縣自行雇船補運，統限三個月內渡交倉，如能依限運竣，再行奏懇恩施。倘逾限尚有顆粒短少，或以民欠爲辭搪塞朦混者，亦即另摺奏請，將該縣等革職，仍留臺灣勒追，配運事竣再釋回籍，並將臺灣道府議處著賠，以儆惰誤。

再，李廷璧已奉旨准陞鹿仔港同知，尚未卸事。該員因知縣任內十年俸滿，奉部調取引見，應請暫緩交卸給咨，俟三個月限滿，視其十三年分兵穀能否依限運完，十四年分兵穀是否不至貽誤，歷年積欠能否清釐明白，再由臣等察看辦理，並請嗣後知縣不准以民欠爲飾詞，廳員不准以乏船爲借口，一有貽誤，即行分別指糸，以杜推諉之弊。除飛飭遵照，並嚴催清查積欠，趕運十四年分新穀，不准再有觀望外，臣等謹合詞恭摺具奏，伏乞皇上聖鑒訓示。謹奏。

[硃批]：另有旨。

三五、閩浙總督程祖洛等奏摺：請以托克通阿調補臺灣縣知縣等

[道光十四年七月二十日]，閩浙總督臣程祖洛、福建巡撫臣魏元烺跪奏：爲海外要缺知縣人地相需，循例恭摺奏請調補，仰祈聖鑒事。

竊照福建臺灣縣知縣陳炳極奉文簽陞山東濟南府同知，所遺臺灣

縣知縣係海外附郭，沖繁難兼三要缺，民俗獷悍，政務殷繁。現在甫與嘉義縣劃匀地界，撫馭綏緝，更關緊要。臣等督同藩臬兩司在于内地現任知縣内逐加遴選。查有南靖縣知縣，候補同知直隸州托克通阿，年四十一歲，正藍旗滿洲色和洪額佐領下人，由舉人揀選知縣，奉旨發往福建差遣委用。道光三年八月到閩，四年二月題署南靖縣知縣，于五年十月十一日到任，歷署閩清、海澄、連城，暨臺灣府屬之彰化、鳳山等縣印務。前在署理鳳山縣任内，因嘉義匪徒滋事，延及鳳山。該員守禦出力，打仗著績，欽奉諭旨賞戴藍翎，以同知直隸州盡先補用。該員年力富强，辦事勤干，熟悉海外風土民情，以之調補臺灣縣知縣洵堪勝任。該員任内雖有地丁錢糧鹽課未完，及承緝盜案，奉議降級降職，戴罪催追處分，罰俸在五十案以外，但係題調要缺，一切因公處分例免覈計，合無仰懇聖恩，俯准以南靖縣知縣托克通阿調補臺灣縣知縣，實于海外要缺有裨，如蒙俞允。該員係現任知縣請調知縣，銜缺相當，毋庸送部引見。惟于南靖縣任内十年俸滿，曾經奉部調取引見，因在臺灣經手軍需銀兩，造册報銷，併委辦南路清莊，密查海口各要務，以致尚未給咨。一俟經手事件次第告竣，先飭内渡領咨，赴部引見，所有罰俸銀兩飭令按限完繳，其奉旨以同知直隸州補用，照例帶于新任，所遺南靖縣知縣係選缺，閩省現有候補人員應請留閩序補。據藩、臬兩司會詳，請奏前來。臣等謹合詞恭摺具奏，伏乞皇上聖鑒，勑部覈覆施行。謹奏。

[硃批]：另有旨。

三六、閩浙總督程祖洛等奏摺：請以賈懋功調補彰化縣知縣

[道光十四年八月初四日]，閩浙總督臣程祖洛、福建巡撫臣魏元烺跪奏：爲海外要缺知縣人地相需，循例恭摺奏請調補，仰祈聖鑒事。

竊照福建臺灣府彰化縣知縣李廷璧，業經臣等奏准陞補臺灣府鹿仔

港理藩同知，所遺彰化縣知縣係海外要缺，例應于内地人員内無論歷俸年限是否久任，及知縣本缺中簡繁要，但得人地相宜，悉准調補。

該縣逼近内山，路逕紛歧，盜賊既易竊發，生番亦易出山，非明練勤幹之員，不足以資治理，非廉潔無纍之員，難期盡心民事。現當休養良民，痛懲頑梗之際，擇人更不可不慎。臣等督同藩、臬兩司，于内地現任人員内逐加遴選。查有順昌縣知縣賈懋功，年四十八歲，山西進士，即用知縣簽掣直隸，補授慶雲縣知縣，緣案降調，捐復原官，復補阜城縣知縣。丁憂服滿，選掣今職，于道光十一年十月十七日到任。該員歷練老成，辦事結實，以之調補彰化縣知縣，實屬人地相宜。所有任内一切因公處分，應遵前奉諭旨，毋庸計算。其罰俸亦在三十案以内，惟任内有疎脱接遞絞犯張貴俚中途逃脱一案，准到部議，降一級留任，限一年緝拏，已于一年限内經該縣關移犯籍江西東鄉縣拏獲，解閩審結。該員賈懋功例得減等議處，亦無降革處分。

查，臺灣係沿海邊疆，如果人地合宜，例准聲明調補，相應奏懇聖恩，俯念海外要缺，人地相需，准以順昌縣知縣賈懋功調補彰化縣知縣，于海外要缺實有裨益，如蒙俞允。該員係現任知縣調補知縣，銜缺相當，毋庸送部引見，所有条罰二十一案，遵例造册送部，應完罰俸銀兩飭令按限完繳，所遺順昌縣知縣係選缺。閩省現有應補人員，應請留閩另行選員請補。據藩、臬兩司會詳，請奏前來。臣等謹合詞恭摺具奏，伏乞皇上聖鑒，勅部覈覆施行。謹奏。

[硃批]：另有旨。

三七、閩浙總督程祖洛奏片：辦理彰化縣地方棍徒播謡欲圖滋搶案

[道光十四年八月初四日]，再，臣接據臺灣鎮道府禀報，本年四月初間，彰化縣地方米價昂貴，有貧民挖人地瓜，與業户争鬧，不法棍徒因而播謡勾結，欲圖搶掠滋事。該鎮道等于得信後公同商定，該鎮張

琴，該府周彥酌帶兵役，並帶番銀一萬圓，星夜兼程馳往，行至嘉義縣地方，即據彰化營縣禀報，有林崑等六名聞信投首。該鎮府于到彰後督飭地方文武陸續拏獲二十餘犯，分別就地正法，解郡審辦。該府周彥就便巡查所屬，並督辦清莊各事宜。該鎮張琴由沿山處所搜緝供出逸犯，暨未獲餘匪，再行回郡。俟全案辦竣自行據實具奏。臣又詢據來省送考之訓導盧化鯉禀稱，此案匪徒甫欲起事，而鎮府已帶兵即至，是以匪徒畏懼投首。現在地方極爲安靖，收成獲稔，米價漸平各等情。臣查臺灣匪徒動輒造謡，實屬可恨。該鎮道知府同心協力，不憚煩勞，不蹈陋習，有案即辦，辦必以實，並多帶銀兩示以庫貯充足，深得治臺之法，故能未至其地，即有聞風投首者。

惟查彰化縣爲北路協副將駐紮之區，設兵一千二百餘名，該副將葉長春探得此信，實時申報鎮道，尚非諱飾。惟未聞自發一兵，未能先獲一犯。且臣風聞，該營都司關桂已有招募鄉勇三百名之事，如此一二小丑，不知自用兵力，動以招募鄉勇爲名，則設兵何用？此猶不免向來因循粉飾，希圖冒銷惡習。（[硃批]：所見甚屬可嘉，必應滌除惡習，認真操兵，以期有用，其嚴飭行之。）臺灣營務之壞，半由于此。此習不除，則營伍仍不能整飭，即庫貯亦仍不能清釐。臣已嚴行檄飭鎮道，確切澈查，如所聞果實，即飭據實揭報，由臣条辦。所募鄉勇之費，著令該營員自行賠補，不准藉端開銷，爲此先行附片陳明，伏乞皇上聖鑒。謹奏。

[硃批]：知道了。

三八、閩浙總督程祖洛等奏摺：酌籌撥解臺灣道庫貯備銀兩

[道光十四年八月初四日]，閩浙總督臣程祖洛、福建巡撫臣魏元烺跪奏：爲酌籌撥解臺灣道庫貯備銀兩，恭摺奏請聖鑒事。

竊照臺灣一府孤懸海外，爲閩省藩籬重地，人情又極浮動尚利，非

庫貯充裕，營伍整飭，不足取信于民。前年張丙之亂，雖釀成于緝捕疎懈，營伍廢弛，而庫無積貯，臨事向殷户借銀，應用内地銀餉。又隔海不能剋期解到，官民亦因此互相疑懼。

臣等伏查，臺灣府庫本有額貯備公及緝匪生息盈餘等欵銀兩，自乾隆五十七年以後，修理營房，清釐臺餉，歷次械鬬等案，各有支銷及借墊未補之款。又因内地撥解臺灣官兵俸餉，向由藩司衙門將臺灣廳縣應追應徵之款，按數扣除，列册行知，就近撥抵。其追徵不足之數，即須由府籌墊。年復一年，盡成懸欵。内有已經報部者，亦有尚未造銷及由外墊給，應行陸續追補者。張逆軍需案内，又有挪墊之款，因之府庫現乏貯備，急應就此次覈報軍需與清查府廳縣交代二事，澈底清釐，庶免再事轇轕。嗣因專委覈辦軍需之前，署臺防同知沈欽霖因病出缺，隨委陞任臺灣府周彦接手造辦無异，另起爐竈。又，臺灣府廳縣歷任交代前，經臣程祖洛奏明，統限上年年底完結。現雖據報清完，而送到册籍又與藩司衙門檔案多有未符，業經藩司鄭祖琛查照司案，按欵簽明發交請補。臺灣府熊一本携帶渡臺，再行澈底清查，並飛調陞任臺灣府周彦，于軍需款項覈清後檢齊卷據，迅速來省，會同銷算。惟是海上往來難以預期，即軍需交代二案辦結之後，分别題銷攤捐著追，聽候部示，亦非朝夕所能蕆事，而臺灣府庫貯空虚，殊非所宜。每年届交冬令，巡防尤關緊要。兹據臺灣道府稟請，預籌貯備前來。臣等督同藩司通盤籌劃，不敢過事拘泥，致令緩急無資，遇事掣肘。第司庫現在無欵可籌，再四思維，惟有收捐監生銀兩歸補本省。封貯一欵本係閩省備貯銀兩，尚可動撥，且以存司之銀解存臺庫，同一本省備貯事，理亦無窒礙相應，奏懇皇上天恩，俯念海外要區，于福建省封貯項下酌撥銀十萬兩，發交臺灣道專款加謹封貯道庫，以爲備公要需，不得與府庫糾纏，致滋弊混。如遇重大緊要事件，方准由道一面酌撥，一面自行具奏，並報明督撫藩司存案，事竣分别歸補。此外尋常事件及墊放官兵俸餉等項，照舊由臺灣府自行籌撥，概不准擅動此項銀兩。遇有新舊交代，責令後任盤查，結報造册詳咨，倘有挪移短缺，據實糸追。如遇將軍督撫提督渡臺巡閲，照督撫年終盤查司道庫欵例覈實盤查，于奏報巡閲事竣摺内隨案聲明，有無虧短，分别究辦。

再，閩省司庫收捐監生銀數，除節次解部並動撥外，截至本年六月止，實存解部項下銀十萬兩，歸補封貯項下銀六萬餘兩，應請就于歸補封貯項下提出銀六萬兩，再請于解部項下暫行備撥銀四萬兩，共成十萬兩解往臺灣道庫存貯。所存解部銀六萬兩仍另欵收貯，一俟續收封貯銀四萬兩盡先撥補，湊足十萬兩即行起解赴部。在部欵不過遲解數月，而臺灣可早得有籌備。現有奏補臺灣府知府熊一本，與調署臺灣鎮標左營游擊德謙，應行渡臺。臣等已飭司先將請撥之封貯銀六萬兩，即委熊一本、德謙護解至厦門，由水師提臣陳化成調撥渡載。現届輪换班兵哨船，同幫順便護送東渡。所請借撥之應行解部銀四萬兩關係部款，臣等不敢擅專，謹俟奉到諭旨後，趁十月風和浪静之時，再行欽遵委員解往。臣等爲海疆貯備起見，不揣冒昧，謹合詞恭摺具奏，伏乞皇上聖鑒訓示。謹奏。

[硃批]：另有旨。

三九、閩浙總督程祖洛奏摺：金華協右營都司李煌與臺灣北路協中軍都司李元陞對調

[道光十四年十二月十一日]，閩浙總督臣程祖洛跪奏：爲臺灣營缺需員，請旨對調都司，恭摺奏祈聖鑒事。

竊臣前因臺灣營員頗少出色之材，附片奏明，將浙江金華協右營都司李煌留閩察看，以備調臺之選，仰蒙聖鑒在案。

兹臣詳加考察，該員李煌年四十三歲，四川人，由行伍屢次出師著績，蒙恩賞戴藍翎，洊陞浙江金華協右營都司。自本年二月調署臣標

都司以來，于營伍操防既能實力整頓，即地方利弊亦肯加意講求，試以差遣，妥速向前，驗其弓馬又極嫻熟。適有解赴臺灣兵餉，委令押解東渡，就便護理。臺灣鎮標中營游擊已五閱月，辦理裕如，洵屬才優出衆，無往不利之員。又，查有臺灣北路協中軍都司李元陞，年五十八歲，福建閩縣人，由行伍撥戍臺灣，剿捕著績，洊陞漳州城守營都司，于十二年調補今職。該員離臺已久，且到營數日即出差赴口買馬，能否勝任，初未之知，亦未經臣考驗。兹該員買馬南回，臣就近調考弓馬尚可，精力亦健。惟年將望六，察其材具衹係循分供職之員。臣查臺灣北路協中軍都司一缺，駐紮彰化縣，兵雜而驕，民悍而浮，且地方甫經平定，非勇敢明練，應變有才者難資駕馭。現當擇人而治之時，內地陸路各都司雖有一二出色之員，才干智謀均不如李煌，且俱現任要缺，其他則皆循分供職，與李元陞相等，一時難以揀調。相應請旨，即將奏准留閩調臺之浙江金華協右營都司李煌，調補臺灣北路協中軍都司。所遺浙江金華協右營都司員缺，事簡民淳，地方安静，即以現任臺灣北路協中軍都司李元陞調補，一轉移間人將各得其宜。該二員任内亦均無違礙事件，惟以浙江營員與臺灣營員互調，與例稍有未符。臣爲海疆得人起見，謹酌量人地據實具奏，如蒙俞允。該員等均係現任都司調補都司，銜缺相當，毋庸送部引見。除飭令李元陞迅速渡臺，將所買馬匹交代清楚，聽候諭旨遵行外，爲此會同福建水師提督臣陳化成，浙江提督臣戴雄合詞恭摺具奏，伏乞皇上聖鑒訓示。謹奏。

[硃批]：另有旨。

四〇、閩浙總督程祖洛等奏片：委任魏瀛署理噶瑪蘭通判

[道光十四年十二月二十七日]，再，現署臺灣府海防同知沈汝瀚經手軍需，現在陞任臺灣府周彦已携册内渡，仍應沈汝瀚來省會算，所遺海防同知一缺，委署乏員，應即飭准補此缺之仝卜年先行赴任，至仝

卜年本任噶瑪蘭通判一缺，查准補此缺之陳盛韶現在委署鹿港同知，而陞補鹿港同知之李廷璧前經臣等奏条摘去頂戴，勒限趕辦臺穀，將來事竣，仍需送部引見，未便即令任事。查有南安縣知縣魏瀛年富才明，辦事勤奮，堪以委署噶瑪蘭通判。

又，鳳山縣知縣徐必觀因病出缺，查有漳浦縣知縣李若琳守潔才優，盡心民事，堪以委署鳳山縣知縣。各該員缺任内均無承緝盜案，將届四条限滿處分。據藩、臬兩司會詳，請奏前來。除檄飭遵照外，臣等謹合詞附片具奏，伏乞聖鑒。謹奏。

[硃批]：覽。

四一、閩浙總督程祖洛奏摺：撥赴臺灣換防弁兵概用水師哨船渡載不准勒坐商船

[道光十五年正月二十八日]，閩浙總督臣程祖洛跪奏：爲撥赴臺灣換防弁兵申明定例，概用水師營哨船渡載，不准勒坐商船，以杜擾累而資練習，恭摺奏祈聖鑒事。

竊照閩省内地各營撥赴臺灣換防弁兵定例，三年更調，而三年之中又分四起，匀作二年春秋二仲調撥，水師營哨船赴厦門、蚶江、五虎門三口配載東渡，順載年滿舊兵歸營，此往彼來，既可聯絡聲勢，又可練習水務，法至善也。祇因乾隆五十二年届當换班之期，適值臺匪不靖，未經更换。至五十四年蕩平之後，同時互調，以致船少兵多，不敷配載，從權議令，附搭商船東渡後，即援以爲例。六十年間，各船户以受累不堪紛紛呈控，經前藩司田鳳儀等議請，復歸舊例，不得擅用商船，即出洋巡緝亦不得復雇商船。彼時水師營員謬執私見，以五十四年權宜之法爲必不可易，且有欲盡用商船不調哨船之論，公然形諸禀牘，聚訟紛紜。延至嘉慶二年，前藩司調停，其説始改，議先盡哨船配載，如實有不敷，再准商船附搭，欲以息水師之喙，仍大開纍商之門。以後年年禁用商船，

實無年不用商船，其弊遂不可勝言。蚶江、五虎門二口，每起配渡弁兵，少或數十名，至多不過八百餘名，需船甚少，弊竇尚輕。惟厦門一口，每起配渡弁兵總有三千名左右，其調撥哨船事宜，應歸水師提標中軍条將管理。輪值换班之年，該条將往往以哨船届當修造及已派巡洋，不敷配載爲辭，稟請飭令厦門同知預備商船，藉爲需索之計。迨所欲既遂，即不問哨船之大小堅脆，概行調集，强使東渡换防弁兵意存挾制，咸不遵配哨船，仍然勒坐商船，沿今三十餘年，幾若視爲定制。

該商船一經配載班兵，非特不能多裝貨物，即弁兵等之飲食用度，悉取資于船户。其所裝貨物亦必先與水師提標中軍条將及所載弁兵言明，厚加餽送，始准貨物上船。迨抵臺灣，即將該船扣留，順載年滿舊兵内渡，又不實時登舟，甚有守候三五月不得開行者。其勒索費用亦與在厦門時相等，故厦門商船每届三年必有二年受换防弁兵之大纍，惟一年可以經商營運。而臺灣營馬船料，兵穀犯人及往來官員差使，則歲歲有之，仍須配用商船。多配一官差，即少裝一民貨。官差雇值總不若民貨之寬裕，更兼近年以來，臺灣米糖等貨價值漸昂，利息漸微，而商行年額採辦之黑鉛，捐解之緝捕經費不能短缺。現在厦門商行日行凋敝，商船漸次歇業，止剩四十餘號，仍然有減無增。維欲驅之渡載班兵，亦將無以應差，此爲纍商之弊。

各營哨船既不渡載班兵巡洋，又屬虚名，水兵舵工安坐港汊，即在家逍遥，竟不知如何撡駕，偶爾巡洋出口，不識風沙水綫，惟有任船所之，動輒損壞船隻。設遇臣衙門指派哨船渡載兵餉軍械等物，必另行雇募舵工始敢放洋，安能望其練習水戰，捡賊立功。水務廢弛，口岸敗壞，海洋盗刦頻仍，獲犯十無一二，莫不由此。此爲水師營政之弊，换防弁兵習知其故，一則視爲畏途，既不遵限出營，沿途又任意逗留，其到口弁兵在船久候，往往上岸滋事。一則視爲利途，冀可多方訛索魚肉，商船因之驕者益驕，悍者益悍，此爲陸路營政之弊。一事廢而三弊輿。水師提臣陳化成目擊情形，屢經會同興泉永道周凱身先作則，挽回訓練，而事成積重，難以驟返。

臣于道光十二年冬間駐紮厦門，詢知詳細。當查厦門爲通臺通粤通浙正口，臺灣貨物米糧爲多，商船既少。臺米即不能内渡省城及漳泉一帶，米價踴貴，刻刻有滋事之虞。臺灣地處窪下，米糧不能久貯，勢必透越外省接濟，匪類又通。粤商船以及往來江浙、天津、關東船隻懼其到口拿差，即咸多方躲避，閩海關税半亦，因此缺乏，于國計民生均大有關係。至于哨船舵工既須臨時雇募，其兵丁之水性亦可想見，設有緩急，將何所恃。統籌大局，趁此海洋平靖，兵哨閑暇之時，必先復班兵配坐哨船舊章，概不准勒坐商船。則商困蘇而臺内貨物流通，兵識水而臺内聲勢聯絡。時值十三年分，並無應行换防兵丁，因先通飭嚴禁，並商同水師提臣陳化成，嚴督各鎮將先將水兵舵工勤加教練。十四年春秋二仲，頭二兩起撥赴臺灣换防兵丁，預期嚴飭水師各營挑選大號堅固哨船，分駕三口渡載班兵，不准一人一械附搭商船。又恐難與慮始，且訪悉换防弁兵，惟省標八營及陸路提標五營，恃係將軍督撫提督親標，最爲驕悍。法行自近，當即會同將軍。臣樂善撫臣魏元烺，陸路提督臣馬濟勝于班兵未出營以前，申明紀律。首先依限起程，專委大員彈壓赴口，並由臣飭發令箭，委員賫赴厦門，責成興泉永道稽查，如有不遵紀律，勒坐商船滋生事端者，不論是弁是兵，輕則責革枷號插箭游示，重即以軍法從事。哨船到臺後，責令臺灣鎮道嚴督各營將領，即日驗收新兵，换回舊兵，統于十日内配坐原船内渡。果能按限往來，勤謹操駕，並無滋事損失，由臣將營駕弁兵酌量記名獎拔。

一年以來，仰仗聖主天威，同寮協力，幸得弁兵安静，往來迅速。雖亦不免有遭風損船之事，較之從前之偶爾巡洋，動輒失事者已相去遠甚。臣衹聲明舊例，並非創立新法，然人情大都逐利，不顧大局。今一旦將數十年積弊革除，水師營既失其利，又須冒險遠涉，勞逸既殊，苦樂迥异。行之一載有竒[奇]，文武官員多有向臣言及不便于水師者，此又臣歛怨速謗之一端。臣惟有堅持定見，不避怨嫌，以仰副皇上委任海疆之至意。至需索商船規費，勒用商船渡載班兵，以致口岸敗壞，水務廢弛，其罪魁不在現任之員，而在始作俑者。歷年久遠，實已無從追溯，且事係由漸而成，自應寬其既往，儆以將來，嗣後如敢有不遵定例，圖復舊習，藉端勒索，敗壞船政者，無論提鎮將弁，臣即一併嚴叅，請旨治罪，不敢稍事姑容，並請咨部立案。臣謹恭摺具奏，伏乞皇上聖鑒訓示。謹奏。

[硃批]：另有旨。

四二、閩浙總督程祖洛等奏摺：續獲臺灣逆案亂民沈厚等分別正法

[道光十五年正月二十八日]，閩浙總督臣程祖洛、福建巡撫臣魏元烺跪奏：爲續據臺灣鎮道三次稟報，緝獲逆案餘匪分别正法擬軍，恭摺奏祈聖鑒事。

竊照臺灣逆案内零星餘匪，前經臣程祖洛于内渡時，將究出姓名列單行令，該鎮道督飭地方文武各官實力搜拏，就地隨時辦理，勿任一名漏網。旋據該鎮道陸續稟獲蕭紅毛等一百二十五名，稟由臣等先後覆覈，奏報在案。

嗣據臺灣鎮總兵張琴，臺灣道劉鴻翱另文呈送，自行奏辦。彰化縣匪徒陳長等欲圖滋事一案，摺稿内有拏獲逆案餘匪沈厚等二十二名，詳由臣等具奏之語。臣等因未接到此詳，當即飛檄飭查，去後兹據該鎮道先後稟獲餘匪陳屘等十五名，另詳報獲沈厚等二十二名，分别凌遲斬決擬軍，三次錄供，請奏前來。臣等逐加覆覈，内沈厚一犯，係已正法梁辦旗脚，隨同圍城攻汛四次，殺兵一人。林冬一犯，係已正法張丙旗脚，隨同攻城二次，拒敵二次，殺死挑夫一人。黄湖一犯，係已正法詹通旗脚，隨同攻城二次，拒敵一次，殺兵一人。以上三犯内沈厚一犯尚有另犯，挾嫌挖瞎網民兩眼一案，比照罪人毆所捕人至篤疾例，罪止絞候，應從重歸于此案，與林冬等均照謀反律凌遲處死。又，黃洸輝、吴寅、楊信（即陳信）、沈象、何抵桊（即何桊）、阮得耀、林斗、高紅狗、何隴，游存義、吴導、陳氒、林諒十三犯均係各股要逆旗脚，隨同圍城攻汛，拒敵官兵。内何抵桊即何桊一犯，尚有聽從放火行刦未成一案，罪止擬遣，應從重歸于此案，與黃洸輝等均照謀叛律擬斬立决。業經該鎮道于審明後先後恭請王命，就地凌遲斬决，梟首示衆，仍查明犯屬家産，照例辦理。又，羅匏、楊慤、楊遠（即肚鱉遠）、蘇茅、林舍、蔣旺、林羅歪、林從（即林歪）、張鳶、李洋（即李揚）、王知、許湖、陳傅、葉岱、劉烏毛、翁茂十六犯俱係逼脅入夥，並未抗官焚汛，攻城打仗，旋即逃走被獲，應請比照叛案被脅投首，改發極邊足四千里充軍例酌加一等，實發雲貴兩廣極邊烟瘴充軍，到配折責安置。未獲逸犯臣等仍嚴飭勒拏，務獲另結，以絶根株。除供招仍按原辦次數繕錄咨部外，臣等謹恭摺具奏，並繕犯名事由清單，敬呈御覽，伏乞皇上聖鑒，勅部覈覆施行。謹奏。

[硃批]：刑部議奏。單併發。

四三、閩浙總督程祖洛奏片：請准金門鎮總兵竇振彪暫緩陛見

[道光十五年正月二十八日]，再，臣接准部咨，欽奉上諭：達洪阿著調補福建漳州鎮總兵，松青著調補貴州威寧鎮總兵。欽此。當即轉行遵照。

查，達洪阿于上年十一月進京陛見，計日即可來閩，松青應暫緩卸事，俟達洪阿到任後再令起程北上，毋庸另行委署。又上年六月間，金門鎮總兵竇振彪奏蒙恩准陛見。臣因閩浙兩省乏員，遞署附片奏請，俟新任温洲鎮總兵謝得彰到任，暨陞署福建福寧鎮總兵邵永福回閩後再令進京等因，欽奉硃批：依議。欽此。謝得彰續經奉旨，與廣東瓊州鎮總

兵陳步雲對調，陳步雲籍隸温州，又經臣奏准與邵永福對調，各在案。

兹新調福寧鎮總兵陳步雲業已到閩，自應飭令竇振彪進京陛見。惟金門孤懸海島，内爲厦門之屏蔽，外足以控制臺澎，實爲閩省水師總兵中最要之缺。近年洋面雖稱安静，然總不免有土匪出没，伺刦之事年餘以來，閩浙兩省計已獲盜犯一千一百餘名，尚有著名積盜曾武未獲。又有外夷船隻忽隱忽現，游奕靡常，此等鬼域之徒，雖不過爲圖銷禁烟起見，斷不致别生事端第。土匪未盡捡誅，即屬藩籬未固，設被互相勾串，亦足未患。竇振彪巡防認真，緝捕奮勇，最爲可靠。瞋届東南風發，正是喫緊之時，竇振彪仍未便遽行卸事，且陳步雲業已具奏請覲，擬俟奉到俞旨，即令先行北上，仍俟察看洋面情形，再令竇振彪卸事進京，謹併附片陳奏，伏乞皇上聖鑒。謹奏。

[硃批]：如所請行。

四四、閩浙總督程祖洛奏摺：福建各營撥戍臺灣北路中營班兵議請酌改配渡口岸

[道光十五年二月十五日]，閩浙總督臣程祖洛跪奏：爲福建内地各營撥戍臺灣北路中營班兵，議請酌改配渡口岸，以歸便捷，恭摺奏祈聖鑒事。

竊照臺灣水陸各營兵丁，均由内地各營抽撥往戍，三年一次輪流换班，故曰班兵。向例皆調集厦門配船，至臺灣鹿耳門登岸，仍用原船載回舊兵。嗣于嘉慶十三年，前督臣阿林保始行咨部，將撥戍艋舺營陸兵八百名改由蚶江對渡鹿仔港。至嘉慶十五年，前督臣方維甸因臺灣北路各營兵丁離鹿耳門口程途較遠，復奏明將撥去新兵仍照舊章，其駐紮彰化、淡水二縣廳之北路協標中右二營艋舺營换回，舊兵就近至鹿仔港，另行配船對渡蚶江登岸回營。道光六年，前督臣孫爾準以淡水廳管轄之八里坌口遥對附近省城之五虎門口，水陸程途更近于蚶江，又經奏准，將駐紮淡水廳以北之北路右營，並艋舺、滬尾、噶瑪蘭各營戍兵中之籍隸省城以南者二千二百餘名，由五虎門出口逕渡八里坌登岸，順載班滿舊兵内渡。道光十一年，前任臺灣鎮總兵劉廷斌，以臺灣鎮標右營游擊改爲北路右營游擊，案内有由鎮標左右二營撥赴北路右營，添防兵三百名俱係泉州、興化兵丁，向由厦門往來配渡，行程紆遠，請改由蚶江就近渡載，亦經前督臣孫爾準咨部有案。此戍臺班兵先後酌改各就原籍所近分作三口往來之章程也。惟有北路中營兵一千二百三十八名仍循嘉慶十五年章程，新兵由厦門渡往鹿耳門，舊兵由鹿仔港另行配船内渡，未經更改。前據臺灣北路協副將葉長春議請，改由蚶江配渡，至鹿仔港登岸，順載换回舊兵内渡，以資便捷。臣當即咨商水師提督臣陳化成，陸路提督臣馬濟勝體察情形，並檄飭藩司鄭祖琛覆覈妥議，去後兹據先後覈覆前來。

臣查北路中營駐紮彰化縣城，該營兵丁悉由臣標及陸路提標，並福寧、建寧、汀州、福州、延平、長福、邵武各鎮營抽撥往戍，計從各原籍前赴厦門必由泉州經過。自泉州至蚶江陸路三十里，由蚶江登舟對渡鹿仔港，海程九更，約計五百餘里。由鹿仔港至彰化縣城陸路三十里，若令至厦門配渡，則自泉州至厦門尚有陸路兩站，由厦門登舟對渡鹿耳門，海程十二更，約計七百餘里。由鹿耳門至彰化縣城，又有陸路四站。海外道里荒遠，節節溪河間隔，該兵等徒步奔波，雖窮日之力，不能按站儹行。程途之遠近既殊，兵丁之勞逸迥异，自未便拘泥舊章，舍近圖遠。且查由蚶江配渡班兵，自歷次更改章程以後，現止五百六十名，厦門則有一萬一千八百餘名，更應挹彼注兹以免擁擠。應請嗣後北路中營换防兵丁一千二百三十八名，與現由蚶江配渡之北路右等營兵五百六十名一併由蚶江對渡鹿仔港登岸，原船將年滿舊兵載回，仍照舊例分作四起行走，責令水師提彪中軍条將預期調派堅大哨船駕赴蚶江，俟班兵到泉州時由陸路提督考驗，委員押赴蚶江，會同蚶江通判催令刻日登舟，候風開駕。如敢不遵約束，勒坐商船登岸滋事，即由該通判及委員就近禀報陸路提督嚴行懲治。到臺後，由北路協副將點驗收伍。設遇風汛不順，漂收鹿耳門、八里坌二口者，准其就彼登岸，赴所在鎮將衙門禀到，驗明押歸本伍。其换回舊兵或將原船押歸正口配載，或令兵丁由陸路赴泊船處候渡，責令臺灣守口文武各員相度天時風汛，隨時斟酌辦理，總不得附搭商船，仍以新兵到營後，限十日，舊兵出營爲斷。

再，閩省哨船大小不等，名目不一，若不酌定每船配兵數目，必致彼此争執。應請仿照現在配載數目，酌中定限。集字號大横洋船，每船載兵二百四十名。成字號大横洋船，每船載兵一百八十名。一號同安梭船，每船載兵一百二十名。二號同安梭船，每船載兵八十名。其三號同安梭船止堪在内洋巡緝，若令遠涉重洋，殊不放心，應不准調用。厦門、五虎門二口一體仿照辦理。如此一爲變通，哨船往來既可迅速，水陸程途復較近便，即兵丁里帶口糧亦不致有短絀之虞。臣爲體恤兵艱，疏通擁擠起見，謹會同水師提督臣陳化成，陸路提督臣馬濟勝，合詞恭摺具奏，伏乞皇上聖鑒訓示。謹奏。

[硃批]：兵部議奏。

四五、閩浙總督程祖洛等奏摺：水師提督陳化成循例赴臺灣考校營伍，稽查地方

[道光十五年二月十五日]，閩浙總督臣程祖洛、福建巡撫臣魏元烺跪奏：爲水師提督循例赴臺灣考校營伍，稽查地方，恭摺具奏，仰祈聖鑒事。

竊照臣等恭查嘉慶十一年三月内奉上諭：嗣後該省將軍總督巡撫及水陸兩提督均著自本年爲始，輪次親赴臺灣，將該處營汛操防等事逐一認真詳細察覈，事竣後專摺奏報。欽此。又，嘉慶十五年五月内奉上諭：嗣後每隔二年著輪赴臺灣巡查一次，用資彈壓等因。欽此欽遵各在案。查，上届道光十一年係陸路提督臣馬濟勝渡臺巡查，計至道光十四年又值輪閲之期，因臣程祖洛與馬濟勝甫于十三年秋間由臺内渡，是以十四年分未經舉行。兹准水師提督臣陳化成函商，以臺灣營伍係該提督統轄，該提督于道光六年署理臺灣鎮篆交卸内渡，旋蒙簡放提督，尚未赴臺巡查，擬乘巡洋之便，相度天時東渡臺灣，查閲營伍，彈壓地方，囑爲轉奏等情。臣等伏查，臺灣地方營伍廢弛，民情浮動。自臣程祖洛内渡以來，又閲年餘。雖臺灣鎮總兵張琴，臺灣道劉鴻翶同心協力，遇事整頓，而水陸營伍果否已有起色？善後案内應辦事宜，文武各官是否經理妥洽，尚有添復營員一事叠經嚴催，未據議詳結案，臣等正深盼慮。今水師提臣陳化成既請親往巡查，自應即令乘此南風司令揚帆東渡，將全臺營伍認真校閲，軍裝器械覈實查驗。其大小營員亦秉公甄别咨會。臣等分别去取並密查善後各事所辦究竟若何？能否不致有名無實。其餘應辦事件照例會同臺灣鎮道妥爲整頓，務使海外嚴疆民番樂業，營伍不致廢弛，以仰副我皇上乂安海寓之至意。除到臺後查閲情形，由該提督自行陳奏外，所有水師提督往臺巡查緣由，臣等謹恭摺具奏，伏乞皇上聖鑒。

再，臣程祖洛于拜摺後，即起程前赴南路查閲營伍，約計月底可抵厦門，維時派往臺灣换班兵丁未經全數配渡，陳化成須在厦點驗彈壓，尚可會晤，容將應查應催應辦各件再行逐一諄囑，期無遺漏，合併陳明。謹奏。

[硃批]：知道了。

四六、閩浙總督程祖洛等奏摺：遵旨核實查明保奏内地辦理臺灣軍需出力人員

[道光十五年四月初九日]，閩浙總督臣程祖洛、福建巡撫臣魏元烺跪奏：爲内地辦理臺灣軍需出力人員，遵旨覈實查明保奏，恭摺仰祈聖

鑒事。

竊照道光十二年冬間，剿辦臺灣嘉義縣匪徒張丙等一案，所有内地辦理軍需出力人員，前經臣程祖洛在臺灣時會同欽差大臣瑚松額奏明，俟内渡後覈實辦理。欽奉諭旨：内地沿途支應兵差，雇備兵船及省城總局經理銷筭各員，著該督查明實在出力之人，保奏不准冒濫不實等因。欽此。仰見我皇上鼓勵人材，微勞必錄之至意。

嗣臣程祖洛會同臣魏元烺督率司道，確加查察。當警報初至之時，調兵撥餉，倉猝派員，漏夜趕辦。各該員等，或彈壓支應催儹軍行，或遠涉海洋採買米石，或經理局務覈實筭銷，均各奮勇争先，不辭勞瘁，辦理一切，尚能迅速妥協，洵皆著有微勞。惟人數衆多，未便概列薦章。且内地報銷未竣，所有實在出力各員中，究係何人尤爲出力，難以遽定。

兹内地報銷事件，業經臣等覈明題奏。據省城總局司道查明，實在出力人員開單，請奏前來。臣等公同覆覈，查一切官兵軍火糧餉皆從閩縣之五虎門、晋江縣之蚶江、同安縣之厦門三口配渡，而由省城撥解軍火糧餉亦以閩縣爲首先發解之站，晋江、同安爲經收分配之站，防堵海口亦惟該三縣最爲喫緊。又浦城縣爲入境首站，水陸交衝，各路差使無不經由其地。該四縣知縣實爲支應兵差各員中之尤爲出力者，其雇備兵船，專司轉運並探報軍情惟厦門同知最爲繁難，亦惟該同知最爲妥速。至省城總局經理銷筭各員中，有總叅謀議動合機宜者，同知一員親自握筭勾稽者，佐雜二員均能晝夜辛勤，始終其事。又催儹各路軍火糧餉，並冒險涉海採運兵餉者，知府一員更爲勤奮，自應尊旨覈實保奏，以示鼓勵。臣等謹彙繕清單，恭呈御覽，伏候欽定。

再，承辦蚶江海口雇備兵船，轉運徵兵軍火軍裝之前蚶江通判吴秉綸。又承辦省城軍需局務，催運各路糧餉，軍火軍裝，並各路兵差之前署福糧通判，閩縣知縣袁曦業，前署侯官縣接署福防同知程績均因另案降調，臣等未敢保列，應與其次出力人員另行開單，咨部照例議叙，理合尊旨恭摺具奏，伏乞皇上聖鑒訓示。奏。

[硃批]：另有旨。

四七、閩浙總督程祖洛奏摺：請以潘世標調補閩安協副將，以温兆鳳陞署澎湖協副將

[道光十五年四月二十四日]，閩浙總督臣程祖洛跪奏：爲水師副將員缺緊要，現無合例應題之人揀員，請旨分别調補，恭摺奏祈聖鑒事。

竊照福建閩安協水師副將邵永福，經臣奏請陞署福寧鎮總兵，遺缺接准部咨，輪用應題人員。臣查閩安協副將駐紮福州府之閩安鎮地方，所管洋面遼闊，爲省會門户，非熟悉情形，督緝勤明者不克勝任。閩省内地水師叅將四員内，臣標水師營叅將張朝發本年二月間甫准部文給札，因出洋緝捕尚未到任。銅山營叅將陳國榮給咨赴部引見，現未領札南回。烽火門營叅將潘世標已陞澎湖協副將，水師提標中軍參將楊登俊經臣題請陞補浙江瑞安協副將，旋奉簡放廣東順德協副將，所遺各缺正在遴員請補。

又，浙省水師叅將三員内乍浦營叅將黄忠貞甫經題准陞補，尚未送部引見。鎮海營叅將縻延慶，玉環營叅將胡紹錦到任實授，均在閩安協副將缺出之後。且縻延慶係由江南内河水師出身，到任後尚未來閩考驗。胡紹錦于水務雖甚明白，人亦可靠，惟前因右膀受濕，不能彎弓，現未全愈。該二員尚須再加察看，酌量辦理。此外，尚有臺灣艋舺營叅將温兆鳳一員，實授既在閩安協副將出缺以後，且臺灣營員定例，非一任歷俸五年，不准陞補内地之缺。是閩安協副將一缺，閩省既無合例應題之員，浙江省亦無可以通融揀補之人。本擬奏請勅下部臣揀員，請旨補放，適本年正月間接准部咨，欽奉上諭。盧坤奏請簡放内河水師副將一摺，著兵部即揀選堪勝水師副將人員，帶領引見，候旨補放。欽此。

經部臣查明，止有歷俸已滿之楊登俊暨雖不合例，亦准陞署之糜延慶、胡紹錦三員，奏奉諭旨。廣東順德協内河水師副將員缺，著楊登俊補授。欽此。轉行欽遵在案。

臣查外海水師叅將缺本無多，又無在部候補之員，部臣亦復無可揀選，不敢遽行瀆請。惟查有澎湖協副將潘世標，年四十七歲，福建同安縣人，由行伍洊陞烽火門營叅將，前于澎湖協副將缺出時，因臺灣艋舺營叅將温兆鳳甫經陞署，尚未實授，未便遽請陞轉，經臣以該員潘世標奏准陞補澎湖協副將，于本年二月間接到部札，因在叅將任内有失察，外委龔發串通挪改失事洋面一案，聽候部議，尚未赴任。該員誠實明白，辦事穩練，節次獲盜著績。前任烽火門營叅將二年，于相近之閩安洋面素所熟悉，以之調補閩安協副將可期勝任。雖臺灣營員並無調補内地營缺之條第，該員尚未到任，與例亦尚無礙，所遺澎湖協副將係水師題補之缺，例應于臺灣營員内揀選題補。

查，有臺灣艋舺營水師叅將温兆鳳，年五十歲，福建龍巖州人，由行伍陞署艋舺營叅將，于道光十三年正月内承領署札任事，十四年十二月接准部文，實授給札，尚未據報接札日期。該員水務明暢，緝捕勤能，曾經出兵打仗受傷，蒙恩賞戴花翎，並節次出洋獲盜，著有勞績。且由臺灣都司洊陞至叅將，于臺澎地方情形最爲熟諳，堪以陞署。雖該員籍隸本省，歷俸未滿，均與例稍有未符。溯查從前歷俸恩准，陞署有案。且潘世標熟悉洋面情形，而尚未經歷臺澎温兆鳳由内地調臺業已十年，而于内地洋面又久未經歷。今以尚未到任之陞補澎湖協副將，調補内地之缺，而以例不准陞補内地營缺之臺灣叅將陞署澎湖協副將，人地既皆相宜，且各早得實任之員，以專責成。合無仰懇聖恩，俯念水師人材難得，實無合例應題之員，准以澎湖協副將潘世標調補閩安協副將，所遺澎湖協副將即以艋舺營叅將温兆鳳陞署，仍俟扣滿歷俸年限再請實授，于海洋營政實有裨益，如蒙俞允。該員潘世標係現任副將調補副將，銜缺相當，毋庸送部引見。温兆鳳引見已滿三年，另行給咨送部。

再，臣前在厦門時，曾與水師提督臣陳化成再四熟商，意見相同。現在提臣業已渡臺巡閲，不及會銜合併聲明。臣謹恭摺具奏，伏乞皇上聖鑒，勅部覈覆施行。謹奏。

[硃批]：另有旨。

四八、閩浙總督程祖洛等奏摺：給發道光十五年臺灣澎湖各營俸餉等項銀兩

[道光十五年四月二十六日]，閩浙總督臣程祖洛、福建巡撫臣魏元烺跪奏：爲給發本年臺灣澎湖各營俸餉等項銀兩，恭摺奏祈聖鑒事。

竊照臺灣各營官兵俸餉等項，向由府廳營造册送司，分别扣抵支給，歷辦在案。兹據兼理藩司托渾布詳稱，臺灣各營道光十五年分連閏應領俸餉馬乾養廉等銀二十三萬一千五百二十八兩零，内除朋扣小建並臺灣府造除及由司酌扣各款，共銀一十三萬六百二十六兩零，實給銀一十萬九百一兩零。又澎湖二營應領俸餉等銀三萬五千三百三十七兩零，内除該營廳造册請劃並由司覈扣各款，共銀四千一百二十兩零，實支銀三萬一千二百一十七兩零，以上統計發銀一十三萬二千一百一十九兩零。應調撥兵船四號裝載運交，所需防船軍火及弁兵口糧，即于額派出洋緝匪弁兵數内挑帶支給。至臺灣府屬各縣共未完嘉慶十九年起，至道光元年止，官莊銀五萬五千六百八十兩零，業經完銀一千五百兩，另行造入節年公費奏銷，册内造報尚未完各年官莊銀五萬四千一百八十兩零，未便盡數扣收，致海外兵餉短絀，應嚴催上緊徵解，于下年臺餉劃收造報等情，詳請具奏前來。臣查支給扣收數目俱各相符，除咨水師提督挑選堅固兵船四號，配足軍火砲械，並檄委揀發叅將珊琳，都司祥禄，候補知縣葉之筠等會督文武員弁，解至厦門登舟，分赴臺灣澎湖交

收外，臣等謹恭摺具奏，伏祈皇上聖鑒。謹奏。

[硃批]：該部知道。

四九、閩浙總督程祖洛等清單：臺灣鎮道先後兩次續獲亂民犯姓名事由

[道光十五年六月十二日]，謹將臺灣鎮道先後兩次禀報，續獲逆案餘匪，繕錄姓名事由清單，敬呈御覽：

簡賜幅，年四十三歲，係陳連旗脚，隨同已正法之張成攻打斗六門汛二次，殺兵一人，在茅港尾拒敵官兵數次。

林娘即林淙，年三十六歲，係黄城旗脚，隨同攻打斗六門汛，殺兵一人。以上二犯均照謀反律凌遲處死。

蘇薦，年三十四歲，係張丙旗脚，在店仔口拒敵官兵一次，攻嘉義縣城二次，在茅港尾拒敵官兵多次。

沈靳即沈猫黎，年二十九歲，係吴允旗脚，隨同圍攻嘉義縣城一次，又另犯聽從沈厚將網民捉去，被沈厚挖眼一次。

陳雙高，年十九歲，係黄城旗脚，隨同攻打斗六門營汛數次，又另犯截搶不識姓名事主錢文一次。

陳淙能，年四十歲，係黄城旗脚，隨同攻打斗六門汛數次。以上四犯均比照謀叛律擬斬立决。

[硃批]：刑部知道。

五〇、閩浙總督程祖洛等清單：投誠犯陳平私自偷渡回臺灣暫行監禁

[道光十五年六月十二日]，閩浙總督臣程祖洛跪奏：爲監禁投誠逆犯恭摺奏明，仰祈聖鑒事。

竊查臺匪張丙等滋事案内，有陳平即陳得平一犯，本曾隨同已獲股

首黄城攻打斗六門汛，並無戕官焚汛重情，嗣經陞任彰化縣知縣李廷璧招徠投誠，舉充義勇，隨官防緝獲犯陳連等八名，甚爲出力。經臣會同欽差大臣瑚松額于審奏第六次緝獲餘匪，□定等案内，報請免其治罪，予以自新，仍交地方官，責令總董具結保領，嚴加約束。如再有犯罪應杖者，即照臺灣遊民擬以充軍。犯至徒罪以上，即以正法。欽奉諭旨：俱著照所擬完結等因。欽此欽遵在案。

臣因該犯住居水沙連地方，本係該處社首向多交結匪類，恐其野性未馴，留之臺地究非所宜。因于道出彰化，時將傳到交與陞任閩浙督標中軍副將，諭朝恩帶回内渡，即在該副將□門充役，並當堂曉諭，如至省城尚不安分，或竟放滋事，即分別收禁正法。該犯到省後，尚屬安静。十四年間，其子陳洸顯内渡省視，即同住副將署内。十五年正月二十九日，該犯私自潛回，陳洸顯未經同往，經調署督標中軍副將長春查知，追趕不及。一面將陳洸顯扣留，一面遣人渡臺尋見，隨同赴北路協副將□門投到給照，配船内渡，于五月二十八日到省，飭發福州府等訊，因□聞妻病，急□回家看視，可控不准告假，故將伊子陳洸顯留在省城，暫行渡臺，並非逃匿等情。臣查該犯陳平即陳得平，本係逆案夥匪罪犯應死，因其投誠立功，免予治罪，發□充役。乃並不告假，私自偷渡回臺，按例罪應擬杖，應即遵照奏定章程，照臺灣游民例擬以充軍。惟該犯于潛回時，曾留伊子陳洸顯在省，一經遣人往傳，即隨同内渡，所稱並非逃匿，尚屬可信。該犯甫經到家，即被差人尋獲，亦尚無滋事别情。惟該犯究係逆案内投誠免死之犯，□任久留省城，散處在外，難保不將來復又潛逃，應請將該犯暫禁省禁，俟□年後察看，如果安静守法，再行提禁發臺充役，倘不仍安静，或别滋事端，即照原案分别充軍正法。犯子陳洸顯願否在省，聽其自便，除咨刑部外，臣謹恭摺具奏，伏乞皇上聖鑒。謹奏。

道光十五年閏六月二十三日奉硃批：欽此。

五一、閩浙總督程祖洛等奏摺：續獲簡賜幅等臺灣亂民犯，恭請王命，分别凌遲斬決

[道光十五年六月十二日]，閩浙總督臣程祖洛、福建巡撫臣魏元烺跪奏：爲臺灣鎮道兩次禀報，續獲逆案餘匪，就地恭請王命，分别凌遲斬決彙案，恭摺奏祈聖鑒事。

竊照臺灣逆案竄匿餘匪，必應搜拏淨盡，以絶根株。是以臣程祖洛于内渡時將究出姓名列單行令。該鎮道督飭地方文武各官不動聲色，分布眼綫，或俟其潛回即行拏辦，或出其不意搜索内山，務期無一名漏網，庶足以彰國法而快人心。該鎮道等尚知認真緝捕，已據陸續禀獲蕭紅毛等一百五十七名，禀由臣等三次覆覈，奏報在案。兹復據臺灣鎮總兵張琴，臺灣道劉鴻翱將先後拏獲簡賜幅等六名分别凌遲斬決，兩次錄供，請奏前來。臣等逐加覆覈，内簡賜幅一犯，係已正法股首陳連旗脚，隨同攻汛二次，拒敵官兵數次，殺兵一人。林娘一犯，係已正法股首黄城旗脚，隨同攻汛，殺兵一人，以上二犯均照謀反律凌遲處死。又，蘇薦、沈靳、陳雙高、陳淙能四犯，均係各股要逆旗脚，隨同圍城攻汛，拒敵官兵。内沈靳一犯，尚有另犯，聽從已正法之沈厚挾嫌，將網民捉去，被沈厚挖眼一案。陳雙高一犯，尚有另犯，截搶不識姓名事主錢文一案。均罪止流徒，應從重歸于此案，與蘇薦等均照謀叛律擬斬立決。業經該鎮道于審明後先後恭請王命，就地分别凌遲斬決，梟首示衆，仍飭查明犯屬家産，照例辦理。未獲逸犯，臣等仍嚴飭勒拏，務獲另結。除供招仍按原辦次數繕錄咨部外，臣等謹恭摺具奏，並繕犯名事由清單，敬呈御覽。伏乞皇上聖鑒，勅部覈覆施行。謹奏。

[硃批]：刑部知道。

臺灣文獻

教育部人文社會科學研究項目（08JA770031）中期研究成果之一

清代福建大員巡臺奏摺

下册

尹全海 黄治國 李志堅 盧敏 吴天鈞 陳錦勝 整理

九州出版社
JIUZHOUPRESS

下册目錄

第三卷　福建水陸提督巡臺奏摺

第四卷　其他巡臺奏摺

閩浙總督程祖洛奏摺（下）

五二、閩浙總督程祖洛等奏片：委任玉庚署理臺灣府淡水同知

［道光十五年六月十二日］，再，臺灣府淡水同知李嗣業現在告病，業經另題開缺。查有南平縣知縣玉庚年壯才長，幹練有爲，任内並無將届四條限滿處分，堪以暫委署理臺灣府淡水同知篆務。據藩、臬兩司會詳，請奏前來。除檄飭遵照外，臣等謹附片具奏，伏乞皇上聖鑒。謹奏。

[硃批]：覽。

五三、閩浙總督程祖洛等奏摺：請以婁雲補授臺灣府淡水同知

[道光十五年閏六月二十日]，閩浙總督臣程祖洛、福建巡撫臣魏元烺跪奏：爲海外同知員缺緊要，揀員請補，恭摺奏祈聖鑒事。

竊照福建臺灣府淡水同知李嗣鄴患病，業經題請開缺回籍調理，所遺淡水同知員缺例應在外揀選調補。

查該同知駐紮臺灣極北，南連彰化，北達噶瑪蘭新闢要地，界接生番，地方遼闊，相距郡城六百餘里。該管鎮道每有鞭長莫及之勢，專賴該同知彈壓撫綏，隨機控制，非精明幹練之員，弗克勝任。查定例，應調缺出以對品現任人員調補，如無合例之員，以候補人員題補。又，著有勞績奉旨先盡補用者，無論應題應調應補之缺，悉准先盡酌量補用等語。臣等督同藩、臬兩司在于内地現任同知内逐加遴選，非現居要缺，即人地未宜及有違礙處分，實無合例堪調之員。

惟查有軍功出力，以同知直隸州盡先補用之惠安縣知縣婁雲，年四十五歲，浙江山陰縣人，由監生捐納從九品，分發福建，咨署邵武縣

拏口巡檢。道光六年臺灣北路匪徒焚搶滋事，解餉赴臺，留辦局務，緝獲要犯多名，奉旨以府經歷縣丞陞用，陞補崇安縣星村縣丞，委辦臺灣兵費，報銷出力，奉旨以應陞之缺陞用，陞補惠安縣知縣。道光十二年二月二十四日到任，嗣因臺灣嘉義逆匪滋事，赴臺差委，拏辦南路焚搶匪徒出力，經臣程祖洛會同欽差大臣瑚松額據實保奏，于道光十三年七月十三日欽奉上諭：賞戴藍翎，以同知直隸州盡先補用，現署福州府糧捕通判。該員勤明幹練，果敢有爲，辦事亦認真結實。前在惠安縣任内循聲卓著，匪徒斂迹。現在省城委審案件，訊斷俱臻妥協，以之請補臺灣府淡水同知，洵屬人地相宜，與例亦符。合無仰懇皇上天恩，俯念海外要缺，准以婁雲補授淡水同知，于地方實有裨益，如蒙應允。該員係候補同知直隸州請補同知，銜缺相當，毋庸送部引見，並免查叙衆罰，至所遺惠安縣員缺係題缺，容另揀員題補，臣等謹合詞恭摺具奏，伏乞皇上聖鑒訓示。謹奏。

[硃批]：另有旨。

五四、閩浙總督程祖洛等片：金門鎮總兵竇振彪患病請給假，俟假滿即進京陛見

[道光十五年閏六月二十日]，再，臣接據金門鎮總兵竇振彪禀稱，該員前在臺灣軍營感受山嵐濕熱，染患疝氣病症内渡，後適值搜拏草烏匪徒，堵逐夷船，無暇醫治，以致旋愈旋發。本年入夏以來，疝氣大作，痛澈心脾，頭暈耳鳴，精神頓減，詢之醫家稱，須静心調攝方可就痊，禀請給假兩個月，並委員接署等情。

臣查竇振彪遇事勇往，不避艱險，在閩省水師總兵中最爲出色之員，終年在洋督飭巡防，故歷辦出洋爲匪及販賣私貨等案由，該鎮所屬員弁拏獲者居多。本年春間，臣因查閱營伍，道經惠安海濱，適該鎮巡洋至彼，登岸來見，詢知近患疝氣，臣曾囑其趕緊醫治，以冀速痊。該

鎮以有名洋盜尚未全數就捡，外國夷船又忽隱忽見，不敢稍貪安逸，督率所屬連獲疊刦巨盜及潛赴夷船，販買私貨奸民多起，積受風霜暑濕，洋中又無醫藥可資，以致病勢加增。現聞其仍力疾出洋，若不委員接署，既恐其照料不足，致有踈虞，且非體恤干員之道。合無仰懇皇上天恩，准其給假兩個月，俾得安心調養。該鎮前因到任已滿三年，奏蒙恩准陛見，經臣以該處緝捕喫緊，遞署乏員，奏請飭令該鎮暫緩北上，仰蒙俞允在案。應俟該鎮假滿，即飭先行陛見京，旋再令回任，所有金門鎮總兵員缺孤懸海外，控制臺澎，非威嚴幹練之員不克勝任。

查有福寧鎮總兵陳步雲老成歷練，長于水務。該鎮本任事務較簡，堪以暫行調署，遞遺福寧鎮總兵員缺。查有甫經引見南回，尚未赴任之銅山營尜將陳國榮堪以委令獲理。再，臣先因陳國榮尚未到省檄委，甫經交卸福寧左營游擊印務，于准陞浙江乍浦營尜將案内，應行引見之黄忠貞暫行代辦，以便陳步雲即赴署任。兹陳國榮業已到省，即飭令前往福寧接獲鎮務，並令黄忠貞領咨赴部，合併聲明，臣謹附片具奏，伏乞皇上聖鑒訓示。謹奏。

[硃批]：另有旨。

五五、閩浙總督程祖洛奏摺：遵旨保舉臺灣協副將黄貴堪勝水師總兵

[道光十五年閏六月二十日]，閩浙總督臣程祖洛跪奏：爲遵旨保舉堪勝水師總兵，恭摺奏祈聖鑒事。

竊臣接准部咨，欽奉上諭：現在記名應用水師總兵人員，業經用竣。著兩江、閩浙、兩廣總督各于水師副將内即行遴選堪勝總兵者，保奏一二員，送部引見，候朕記名，以備簡用。該督等統轄全省營伍，平日自當留意真才，用儲干城之選，不得以無員可保，一奏塞責。至所保各員，即著迅速送部引見，毋稍稽遲。欽此。伏思水師總兵爲專閫大員，必得明練水務，嚴整有爲者方堪勝任。臣查閩浙兩省額設水師副將四員，内閩安協副將甫經臣奏請，以准陞澎湖協副將潘世標調補，其澎湖協副將請以艋舺營叅將温兆鳳陞署，均未奉准部覆。

又，瑞安協副將，前經臣以水師題標中軍叅將楊登俊題請陞補，而楊登俊旋奉簡放廣東順德協副將，所遺瑞安協副將員缺尚未遴補有人。惟有臺灣協副將黄貴一員，年六十二歲，福建閩縣人，由行伍洊陞今職，于道光十年八月任事，歷次出洋追捕盗匪，打仗受傷，蒙恩賞戴藍翎。前于查辦副叅等第案内，經前兼署督臣魏元烺保列一等，于道光十二年冬間伴送琉球國使臣，進京就便給咨，赴部引見，仰蒙召對一次。是年奉旨飭保，堪勝水師總兵人員。臣因渡臺時該員已領咨進京，及其京旋臣又内渡，彼此相左，未經接見。而察訪其平日聲名，水務甚爲熟諳，心地似欠醇謹，是以未敢遽保，經臣據實奏明在案。年餘以來，查其公事尚悉妥協。每遇由臺内渡文武官員，臣留心查詢，無不稱其老成嚴整，督緝認真。本年春間，水師提督臣陳化成渡臺巡查，臣又囑其確加察看。昨據覆稱，該員精力强健，督率有方，從前未免有水師習氣，自陞任副將以來，業已悉改前非，辦事益臻老練等語。

臣查水師人材最爲難得，該員黄貴陞任副將業已五年，臣雖未與接見，而覈其行事，叅以輿論，洵爲明幹可靠。且能知改過，即係有心向上之員，堪勝水師總兵之任。謹遵旨據實保奏，如蒙俞允，再行給咨，送部引見，恭候欽定。

再，該員曾于十二年護送琉球使臣，到京遲延，部議降二級留任，尚未開復，合併聲明，爲此恭摺具奏，伏乞皇上聖鑒訓示。謹奏。

[硃批]：著送部引見。

五六、閩浙總督程祖洛等奏摺：清釐臺灣道廠積壓未經修造戰船援案，分設府廠代辦

[道光十五年閏六月二十日]，閩浙總督臣程祖洛、福建巡撫臣魏元烺跪奏：爲清釐臺灣道廠積壓，未經修造戰船援案，分設府廠暫代趕辦，並酌定道廠月修章程，恭摺奏祈聖鑒事。

竊照臺灣澎湖水師各營戰船，原定章程歸臺灣道設廠修造，以船隻到廠在何人任内，即歸何人領銀修辦。如有積壓，無論原管廠員已未離閩，勒令派撥丁屬赴臺趕修。嗣因各廠員並未隨時辦理，致有積壓未修船二十九隻。經前督臣孫爾準于道光五年奏，奉上諭：責成臺灣府代爲承修，准其另設一廠，予限四年修造完竣等因。欽此。自此以後，臺廠始無積壓船工。道光七年，前任臺灣鎮道議請將善字號大同安船九隻，知方兩字號八槳船三十二隻一併裁汰改造。順濟字號白底艍船三十二隻仍由臺灣道廠分作二年成造完竣，復經前督臣孫爾準等奏奉諭旨准行，旋于題估疏内聲明届限，應修及造補各船緩俟白底艍船造竣，再行接續領辦。查，白底艍船于道光十年九月興工起造，將次完工，適值臺匪不靖，咨部展限至十三年七月始得全數造竣。其應行造補修造各船停工不辦者，幾及三年，致有積壓未辦造補船八隻，届限修造船十七隻。按照章程，應勒令原管廠員，前任臺灣道平慶派撥丁屬來閩修造第，係題明緩辦及因軍興停工未造之船，並非無故積壓，未便責令留下辦理，當經前署藩司鳳來議請，將平慶奉文造補未辦船八隻歸于後任道員。自道光十四年爲始，分作兩年代造完竣，咨部准覆。其届限修造船十七隻内有三隻本應拆造，其餘十四船僅應大小修。因停泊海濱爲時過久，既遭風雨剥蝕，又被浪涌沖擊，皆已損壞不堪，非特不能修理，即拆下舊料亦難改用。惟有將原船估變，一律改爲拆造，方可涉歷海洋，但應修

之十四船，按例止准請領大小修銀兩。飭道撙節估計，除例領銀兩並將原船變抵外，共計不敷銀二萬餘兩，籌辦已非易事。且查尚有歷年遭風擊碎，延未詳題造補之船二十三隻，是因改造白底艍船一案，竟將原額戰船失修大半。設遇緩急需船，將何調撥？況白底艍船造竣以後續屆修造，先後駕廠者又有三十三船。此後屆限修造之船轆轤輪替，復接踵而至，若先辦積壓之船，則續後駕廠者將停之以待，勢必又形損壞。如先辦續後駕廠之船，則積壓之船必致盡行廢弃。設令同時併力趕辦，無論需用松杉木料及釘鐵棕麻等項，皆須赴省城厦門等處購買，由厦門附搭商船零星渡載。近年商船日少，斷乎購運不及，且臺灣地方亦無如許工匠廠地，而一年之間究可辦船若干，實難懸擬。因飭現任臺灣道劉鴻翶盡力趲趕，試辦一年，再行設法定議。去後旋據該道以料少船多，往往停工待料，責令厦門渡臺商船照常例加倍配運。約計一年之間，可以造補拆造船四隻，大小修船八隻，稟請酌定道廠年例應修額數，並援案另設府廠，幫辦積壓船工，當經臣等批飭藩司鄭祖琛，兼署藩司托渾布先後議詳前來。

臣等查臺營原額戰船一百零五隻，自裁汰善知方三字號船四十一隻，改造白底艍船三十二隻之後，實在額船九十六隻。按照年限，計其每年應行修造之船多或十五六隻，少或七八隻。截長補短，牽扯匀筭，每年約有屆限應行修造船十二隻。設有巡洋遭風重新造補之船，亦歸奉文廠員領辦，不在扣限修造數内。是臺灣道廠僅能承辦年例應屆修造船工，假令是年造補船隻稍多，即形掣肘。若不通融，設法趕緊辦理，則年復一年，愈積愈多，從此臺灣戰船不可復問。應請如該司道所議，將積壓未經修造，應一律改爲拆造船十七隻。再于歷年遭風擊碎，延未詳題造補船二十三隻内撥出十三隻，共船三十隻。援照前辦成案，由臺灣府分作五年造辦完竣。在鹿仔港另設一廠，凡遇厦門、蚶江渡臺船隻，一體配載料物，以鹿港同知爲廠員，就近稽查彈壓，所有領銀購料集匠成造等事，由府派員經理。其改爲拆造之十七船，仍按原届年限請領，大小修及拆造銀兩照例報銷，所有不敷銀兩，歸于臺灣道府廳縣分作四年勻捐歸款，免其報銷。庶道廠船工不致擁擠積壓，承辦知府不致獨形苦纍，如蒙俞允，即以該府接奉恭錄諭旨之日爲始，起限興工。如有遲延，取該府職名叅處。尚有應行造補船十隻仍歸道廠，于代辦平慶任内，奉文造補船八隻完竣後，從道光十六年爲始，每年帶造船四隻，倘續有造補之船，俟此十船造竣後，再行接續辦理。至道廠年例應辦大小修及拆造船隻，應請仿照内地各廠，奏准月修章程。每年總須修造船十二隻，閏月加修一隻。視船隻到廠之先後，挨次興辦，不得壓前修後，以杜趨避。其需用料物，准其附搭厦門、蚶江商船一體運載，俾資迅速。如此酌量疏通，五年之後，可將積壓之船全數辦竣。計其輪修之期，八年可以一周，營中不致有缺船之慮。再，歷年遭風擊碎之二十三船内，有嘉慶二十及二十一、二十四等年失事之船，至今尚未詳題造補，玩延已極。臣等業已勒限嚴催，併查取遲延職名，隨案附叅。如半年之後，尚有並未詳辦者，即將現任之員另摺奏叅革職，以儆怠玩。臣等謹恭摺具奏，並開具船號清單，恭呈御覽，伏乞皇上聖鑒，勅部議覆施行。謹奏。

[硃批]：工部議奏，單併發。

五七、閩浙總督程祖洛奏摺：張琴丁憂回籍委任達洪阿署理鎮篆

[道光十五年七月初四日]，閩浙總督臣程祖洛跪奏：爲總兵丁憂出缺，先行委員接署，請旨簡員補放，以重地方循例由驛，恭摺奏祈聖鑒事。

竊臣于本年七月初三日，接准浙江撫臣烏爾恭額咨稱，福建臺灣鎮總兵張琴之生母陶氏，于道光十五年六月十五日在平陽縣原籍病故等情。臣查總兵丁憂例應回藉守制，臺灣鎮遠隔重洋，兼轄水陸控制，民番在在均關緊要，應先委員接署。查有漳州鎮總兵達洪阿威嚴練達，控馭咸宜，堪以調往署理。所遺漳州鎮篆務，查有泉州城守營叅將王明，勤明

勇幹，辦事詳慎，堪以護理。除檄飭遵照外，所有臺灣鎮總兵員缺恭懇聖恩，迅賜簡員補放，以重職守。再，該鎮張琴丁憂日期，應由浙江撫臣恭疏題報，合併陳明。臣謹循例恭摺具奏，伏乞皇上聖鑒。謹奏。

[硃批]：已有旨諭卿矣。

五八、閩浙總督程祖洛等奏摺：遵旨查禁臺灣米石越口販運

[道光十五年七月二十七日]，閩浙總督臣程祖洛、福建巡撫臣魏元烺跪奏：爲遵旨查禁臺灣米石越口販運緣由，恭摺覆奏，仰祈聖鑒事。

竊臣等承准軍機大臣字寄，道光十五年五月二十七日奉上諭：本日御史陳功奏請，申嚴閩省海禁，以裕民食一摺。據稱福建省城地狹人稠，産米不敷民食，全賴臺米接濟。向例臺灣客米不准販運浙江廣東，各省原所以籌備民食，自道光四年，前任總督孫爾準招商採買臺米販運天津。海禁一開，雖奏明事竣仍照舊停止，而數年以來，臺米散出犯禁，圖利來省甚少，閩中深受其害。推原其故，皆由海口奉行不力，文武員弁利其偷漏，以爲分肥之地等語。臺米不准越口販運，例禁綦嚴，著程祖洛等通飭各海口聲明例禁，實力稽查。如文武員弁奉行不力，即著嚴叅懲辦，不得有名無實，日久生玩，將此諭令知之。欽此。遵旨寄信前來。

竊思食爲民天，貨不弃地，菽粟尤生，人之大命。原應流通，使之遠近相資，盈虚酌劑。福建臺灣一府，土厚地熱，歲有兩收，産米素稱饒裕。祇緣販運須由海道，防範宜嚴。非如四川兩湖等省，客商販米在内河行走者可比。是以乾隆二十四年間，經前任督撫臣會奏，止許運回本省漳泉地方接濟，民食不准越販鄰省，非存畛域之見，蓋不示以範圍，既恐紛紛搬運，且慮潛赴隱僻島澳，接濟匪徒。因地制宜，實爲防弊起見也。閱今七十餘載，歷久不渝。

道光四年，前督臣孫爾準在巡撫任内，欽奉諭旨，招販臺米

一十四萬石前赴天津糶濟。係值巡臺親歷其地，多方設法勸諭，始得成數運行。後隨即截止招募，至浙江省偶逢儉歲，如須奏請，暫弛海禁。招販臺米，亦係查明閩省，實有盈餘，方可挹注所招之商，皆由官給印照，沿途查驗放行。一經事竣，即行奏報請停，以肅海禁。閩省內地沿海各屬頻年歲收未稔時，須仰給于臺灣地方，官方切招徠不至任聽他往。

本年伏夏初秋，雨澤愆期，糧價得免增昂，即賴臺米源源而至。覈計自春至夏，省會漳泉各口據報，運到臺米已二十萬石有奇。海外一郡，所產除在地民食外，所餘不過此數，似無違禁偷漏之事。惟是商人挾貲，本以涉風濤專爲求利。雖此時鄰省沿海一帶，米價較臺灣不相上下，客販無利可圖，自不舍近而行遠，倘遇鄰疆米貴，即難免不潛行販售。臣等業經恭錄，現奉諭旨聲明例禁，通飭各海口，實力稽查。文武員弁兵役澳甲人等，如敢奉行不力，或得規故縱，立予分別嚴叅懲辦。民食海防均關緊要，斷不敢稍任陽奉陰違，日久生玩。謹合詞恭摺覆奏，伏乞皇上聖鑒。謹奏。

[硃批]：另有旨。

五九、閩浙總督程祖洛等奏摺：臺灣艋舺營添兵案內漏未增估換防兵丁盤費請增估撥補

[道光十五年八月初六日]，閩浙總督臣程祖洛、福建巡撫臣魏元烺跪奏：爲臺灣艋舺營添兵案內，漏未增估，換防兵丁盤費，以致歷年賞兵紅白盤費銀兩多有逾額支銷，懇恩增估撥補，恭摺奏祈聖鑒事。

竊臣等接准部咨，閩省報銷嘉慶十六、十八、二十一、二十二等年臺灣澎湖各營賞給兵丁紅白盤費逾額銀兩，行令刪除等因。

臣等伏查，閩省綠營兵丁紅白事件及臺灣換防兵丁往回盤費銀兩，從乾隆四十七年爲始，每年額估銀三萬九千六百兩。嗣于道光元年裁兵案內，減估銀五百六十八兩四錢，每年實估銀三萬九千三十一兩六錢，係屬有餘省分，與他省之額估無多，不敷支放者不同，本可不致逾額支銷。惟派防臺灣兵丁，定例三年更替，分爲四起，匀作兩年行走，覈計道里遠近，按名賞給盤費銀，自二兩至一兩不等。設各兵到臺後，于未經班滿之先事故開革，應由内地各營照額撥補，一體賞給盤費，爲他省所無。若屆歇班之年，原屬有餘，一遇换防之年即形短絀。然嘉慶十四年以前，無論歇班换防，撙節辦理，總與額估數目不甚懸殊。迨嘉慶十五年以後，歇班之年仍有盈餘銀一萬一二千兩，至一萬八九千兩不等，與從前不相上下。其换防之年，如事故稀少，補額防兵尚不甚多，亦間有盈餘銀數百兩及一二千兩不等，而不敷之年較多。推原其故，皆由臺灣北路淡水營改爲艋舺營案内。從嘉慶十三、十六兩年爲始，在于内地水陸各營添撥戍臺兵丁八百七十一名，此往彼來，照例計算，應加增盤費銀二千二百四十九兩。當時漏未奏請增估，且偶遇臺灣營白事稍多，則補額兵丁之盤費即因之而加增，以致屆當换防之年，每多不敷。至臺灣澎湖孤懸海外，文報往返動輒遲滯，各該營報銷册籍不能依限送到。歷年紅白盤費銀兩，皆係先就内地各營賞給數目覈實報銷，餘剩銀兩留爲臺灣澎湖各營備賞之需，另疏題銷。假如此年内地各營事故稍多，則臺澎各營即不敷賞給，從前辦理，本屬未協此。嘉慶十六等年紅白盤費報銷逾額，及歷年不敷之數，皆在臺澎各營之實在情形也。前任各督臣以内地各營紅白盤費銀兩，既已奉部覆准支銷，而臺澎各營兵丁遠戍海疆，更宜曲加體恤。其報銷遲滯實因重洋遠隔，並非有意延誤，未便令其獨抱向隅，因之題請將甲年盈餘撥補乙年不足，截長補短，通融辦理。而未將嘉慶十三、十六等年以後，應加增盤費銀二千二百四十九兩之處據實奏請增估，部臣又以閩省本係有餘省分，不准逾額多支，屢駁删减，遂致臺灣各營嘉慶十六、十八、二十一、二十二等年報銷尚未奉部覆准。嘉慶二十四年至道光十三年報銷亦不能接續辦理，即内地各營道光十二年分報銷復經部臣以動用銀數過多，恐臺灣不敷支放，駁令查照道光十二年通行章程照例賞銀兩，酌定成數均勻支放。

臣等伏思國家經費有常，各營兵丁賞給紅白盤費本屬恩施，逾格自當覈實慎重。非特道光十二年以後必應遵照部定章程辦理，即道光十一年以前逾額請銷之數，亦應遵駁删減，以免冒濫弟。

近年以來，之所以支銷逾額，實由加增盤費未請增估，及是年時疫流行，盤費亦因而加增所致。且盤費一項，係年有年無之款，若按照换防兵丁之班次三年牽算，仍屬有盈無絀。至均勻支放章程，閩省于道光十二年二月二十四日奉到，輾轉行知内地各營，必須一月之後方能周知，若臺澎各營奉文之期更不可必。是年適當换防，春夏之交又時疫流行，白事較多，于未經奉文之先，早已按照原額賞給，勢難按名追回。而後此請賞之兵，又未便兩歧，致滋偏枯，不得不仍照舊支給，此係當年實在情形。

臣等綜計各年盈絀數目，内嘉慶十七、十九、二十、二十三、二十四，道光元、三、四、五、七、八、九、十、十一等年，每年各有盈餘，共計存剩銀一十二萬三千八百九十七兩一錢，内除入于道光三、六、七等年，春秋撥册内入撥銀三萬五千二百二十七兩五錢外，實存剩銀八萬八千六百六十九兩六錢。

又，嘉慶十六、十八、二十一、二十二等年，不敷銀三千一百十七兩五錢，現在奉部駁減。又，嘉慶二十五年及道光二、六、十二等年，每年亦各支放逾額，共計不敷銀一萬九千二百八十一兩三錢尚未報銷。統共不敷銀二萬二千三百九十八兩八錢，此時若遵部駁，將存剩銀兩照數報撥，不敷銀兩全行删减，即應向通省兵丁按名按年分别著追。歷年既久，裁革事故無可著追之人業已不少，即現在充伍者，皆係貧乏兵丁，未必即能呈繳。竊恐徒有飭追之名，而無歸補之實。臣等再四思維，與其遲誤報銷，繁勞案牘，莫若據實吁請，以盈補絀，合無仰懇皇上天恩，俯念此項逾額支銷銀兩，委係事出有因，實用實銷，並非冒濫。與他省之僅有紅白而無盤費者不同，將嘉慶十六、十八、二十一、二十二、二十五，道光二、六、十二等年紅白盤費不敷銀二萬二千三百九十八兩八錢，在于積年存剩銀八萬八千六百餘兩之内照數撥補，尚有餘剩銀六萬六千二百餘兩入撥造報。並請從道光十四年爲始，將改設艋舺營添兵八百七十一名，加增盤費銀二千二百四十九兩照數增估。惟道光十四、十五兩年，估餉早經撥定，無可請增，如蒙俞允，所有十四、十五兩年，共應增估銀四千四百九十八兩，請即在于報撥餘剩銀内一律撥補。嗣後换防兵丁盤費及本兵白事，仍照向例賞給，其紅事與家屬白事，賞項遵照部行酌定成數均勻支放。有餘則報部入撥，不敷則不准開銷。臣等仍會同水陸提臣隨時督飭鎮將留心稽察，務期帑不虚糜，兵沾實惠，以仰副聖主體恤兵艱至意。前據藩司鄭祖琛議詳，經臣等駁飭覆覈。兹又據兼署藩司托渾布遵駁覈准，詳請具奏前來。除將臺灣澎湖各營補銷嘉慶二十四年起，至道光十三年賞給兵丁紅白盤費銀兩另疏具題外，臣等謹會同水師提督臣陳化成，陸路提督臣馬濟勝合詞恭摺具奏，伏乞皇上聖鑒，勅部覈覆施行。再，道光十三年並非换防之年，覈計賞項有盈無絀，毋庸增估盤費，合併聲明。謹奏。

[硃批]：該部議奏。

六〇、閩浙總督程祖洛奏摺：達洪阿任臺灣鎮總兵最適宜勝任

[道光十五年九月十八日]，閩浙總督臣程祖洛跪奏：爲遵旨察看臺灣要缺總兵，恭摺覆奏，仰祈聖鑒事。

竊臣承准軍機大臣字寄，道光十五年七月十五日奉上諭：昨因臺灣鎮總兵出缺，已降旨將達洪阿調補矣。朕看該總兵明白精壯，人尚去得，惟臺灣地方四面環海，兵番雜處，民情浮動。該處平定未久，操防訓練，稽查彈壓，一切均關緊要。該總兵于該處事宜辦理能否勝任，著該督留心察看，據實具奏，不得因係特旨簡調之員稍存遷就。並著察看汀州鎮總兵王錫朋，建寧鎮總兵王忠貴，該二員于臺灣要缺是否相宜，如均不相宜，該省總兵内何人可勝此任，著一併據實具奏，將此諭令知之。欽此。仰見我皇上慎重海疆，詢及芻蕘，無任悚佩。臣查福建建寧、汀州、漳州、臺灣四鎮陸路總兵均關緊要，而最要莫如臺灣一鎮，漳州次之。臺灣孤懸海外，合閩粤兩省漳泉潮惠嘉應五府州之民，以爲民調。閩省内地水陸五十八營之兵，以爲兵與屯番雜錯而居，氣類不同，門户各别，動以睚眦逞忿，甚或造謡圖利。而歷數從前滋事之案，大都肇釁于漳泉二府之民人。故治臺之法先治漳泉，治臺之人固首重習練戎行，整飭營伍尤要在其威勇，足以懾服浮動之衆，其智謀足以籌備未事之時。一朝有故，聞風即往，乘其所不及防辦理，尚易得手，既須勞心勞力，而用人以計不必惟賢，用財以寬不尚撙節。若一味魯莽，不能文武和衷，則又足以僨事。前任總兵張琴猛毅果敢，亦有謀略，又能操漳泉之音，善用漳泉之人。莅任以來，屢經造謡搶刦各案，奔走南北兩路，在署之日甚少，以故所至獲犯一往成功，民咸畏服。達洪阿之威望韜略本勝于張琴，又能律己廉謹，馭下嚴明，推功讓能，與文員同心共理，于漳州一鎮最爲相宜。其在漳泉既久，雖于臺灣情形尚未深知，初到任時，恐未能如張琴之得心應手，一臻熟練，必能有猷有爲。就現在閩浙兩省總兵而論，臺灣鎮總兵一缺，除達洪阿外，實無人可以勝任。是以臣先經奏明，以該員調署，仰蒙皇上于臣奏未到之先，即將該員簡調斯缺，臣實不勝欽服聖主知人之明，官人之哲。該員于八月初六日登舟候風，現已據報，八月二十九日放洋東渡，仍俟到任後容臣留心察看。如竟遷地弗良，即行遵旨據實具奏，斷不敢稍存遷就，致滋貽誤。至汀州鎮總兵王錫朋，嚴毅明達，當該鎮各營積疲久弛之後，極力挽頹，現已大有起色，其材力不亞于達洪阿。惟到閩未久，下游情形全未經歷。建寧鎮總兵王忠貴誠實穩練，緝捕勤能，建延情形最所熟悉，而不宜于臺灣，其年力亦不若達洪阿之精壯。所有遵旨察看緣由，臣謹恭摺覆奏，伏乞皇上聖鑒。謹奏。

[硃批]：覽奏均悉。

六一、閩浙總督程祖洛等奏摺：請以魏瀛調補臺灣府鳳山縣知縣

[道光十五年九月二十九日]，閩浙總督臣程祖洛、福建巡撫臣魏元烺跪奏：爲遴員調補海疆要缺知縣，恭摺奏祈聖鑒事。

竊照福建臺灣府鳳山縣知縣徐必觀因病出缺，所遺員缺定例在于内地揀選賢能之員，無論歷俸年限及本缺中簡繁要，但得人地相宜，悉准調補。該縣地處郡城之南，民番雜處，閩粤錯居，政務殷繁，緝匪防奸在在均關緊要，必須精明幹練，才守兼優之員方足以資治理。臣等與藩臬兩司在于内地現任知縣内逐加遴選，查有南安縣知縣魏瀛，年五十六歲，湖南衡陽縣拔貢生考取教習中式舉人。嘉慶十六年教習期滿，奉旨以知縣用。欽此。選授山東定陶縣，調任菏澤、泗水、濰縣等縣，因疎失鞘銀革職，于限内獲犯，開復原官，揀發福建，委署晋江、平和等縣，題補南安縣，道光十二年七月十三日到任，調署臺灣噶瑪蘭通判。現經臺灣道劉鴻翱以鳳山地方緊要，改委代理鳳山縣。該員才具穩練，辦事勤明，歷任海疆繁缺，辦理裕如。以之調補鳳山縣知縣，洵屬人地相宜。雖其任内有錢糧鹽課未完，奉議降級降職降俸停陞等案處分，罰俸亦在五十案以外，但俱係因公衾罰，題調要缺例免計算。合無仰懇聖恩，俯准以南安縣知縣魏瀛調補臺灣府鳳山縣知縣，實于海疆要缺有裨。如蒙俞允，該員係現任知縣請調知縣，銜缺相當，毋庸送部引見。所有罰俸銀兩，飭令按限完繳，項目咨銷。其所遺南安縣知縣係題缺，容俟另行遴員題補。除備造該員歷任衾罰案件清册咨部外，臣等謹遵人地相需之例，合詞恭摺具奏，伏乞皇上聖鑒，勅部覈覆施行。謹奏。

[硃批]：另有旨。

六二、閩浙總督程祖洛奏摺：臺灣鎮總兵張琴丁憂在籍病故並仍委黄貴暫護鎮篆

[道光十五年九月二十九日]，閩浙總督臣程祖洛跪奏：爲丁憂總兵病故，副將遵例暫護鎮篆，恭摺奏祈聖鑒事。

竊照臺灣鎮總兵張琴之母陶氏在籍病故，臣與浙江撫臣烏爾恭額先後題奏開缺，嗣據張琴禀報，于閏六月二十八日在任聞訃，所有臺灣鎮衙門事務，行委署該標中軍游擊德謙暫行代辦，該鎮仍督率料理，聽候署員到日再行交卸在案。

玆據臺灣道劉鴻翱禀報，張琴于聞訃後哀毁過甚，又以辦理諸務，雖已粗有頭緒，而其志未竟，痛恨交迫，勞傷俱發。八月初旬漸染痰喘之症，服藥罔效，至八月十九日戌時病故。該道因調任總兵達洪阿尚未到臺，海外重地未便一日乏員，商令臺灣協水師副將黄貴暫行兼護等情，併呈張琴遺摺一扣，禀請代奏前來。

臣查張琴受事于軍興之際，委充翼長，總理軍務。迨臣等内渡後，該員安輯流亡，搜拏遺孽，又查辦許戇成、陳長等造謡滋事暨盜刦各案，皆能不動聲色，消患未萌。與該道劉鴻翱同心協力，圖維治安。在任兩年，南北奔馳，刻無暇晷。臣初微嫌其威望尚輕，而兩年以來，已能立威樹望。提臣馬濟勝以其兼辦千把微弁之事，殊非大將體制。臣則謂臺灣地方亂離甫定，亦不能不如此。嗣聞其丁憂，方恨留之無術。乃天又不假以年，哀勞成疾，賫志以歿，殊爲可惜。且該員素性廉而不吝，每歲禄入，暨文員幫貼銀兩盡爲辦公之需，身後一無所餘，若非劉鴻翱妥爲照料，幾致無以爲殮，子幼家貧，飄零海外，更屬可憫。現經劉鴻翱督飭臺灣府等，設法資送柩眷内渡，俟其到省，臣與撫臣魏元烺，當爲之料理回籍，不致有悮。

再，臺灣地方得人最難，臣前奏蒙恩准，調一都司李煌到臺一年，

兵民愛服私心，以爲可備將來總兵之選，不料今年五月即已出缺。現在調任總兵達洪阿早已放洋，該員未到以前，有水師副將黄貴就近暫護，毋庸另行給委。昨接水師提臣陳化成來函，探詢内渡商船，傳聞達洪阿業已到臺，惟尚未接文報，臣謹恭摺具奏，並將遞到張琴遺摺敬呈御覽，伏乞皇上聖鑒。謹奏。

[硃批]：知道了。

六三、閩浙總督程祖洛等奏片：臺灣府屬各廳縣歷年借碾倉穀應請動項買補

[道光十五年十月二十八日]，再，閩省臺灣府屬各廳縣，每年額徵供粟一十九萬七千餘石，係供放該處兵糧及凑給内地各營兵米之用。自嘉慶二十三年起，至道光十年止，除已徵完外，民欠未完供粟一十七萬五千零一十七石九斗一升九合三勺三抄三撮。又，噶瑪蘭廳未完嘉慶二十一、二十二兩年分供粟二千一百九十四石九斗四升三合四抄。緣該廳係嘉慶十七年收入版圖，所有應徵供粟等項，自道光四年爲始，分限帶徵，是以不在前次請豁之列。又，鳳山縣業户曾廷光報陞田畝案内，尚應補徵乾隆五十二、三等年，並嘉慶十七年起，至道光二年止，未完供粟六十三石九斗八升九合一勺；以上供粟一款，截至道光十年止，統共民欠未完粟一十七萬七千二百七十六石八斗五升一合四勺七抄三撮。

又，内地各屬每年額徵糧米一十二萬六千餘石，係盡數撥給旗營緑營兵米。自嘉慶二十三年起，至道光十年止，除已徵完外，共民欠未完米一十五萬二千三百六十三石二斗七升六合九勺。米耗銀兩自嘉慶二十三年起，至道光十年止，除已徵完外，共民欠未完銀二萬八千四百三十四兩六錢九分一釐九毫。

又，閩縣等縣，每年額徵租穀三千六百餘石，亦係估撥兵糧。自嘉慶二十三年起，至道光十年止，除已徵完外，共民欠未完租穀

一萬三千九百四十一石八斗六升七合一勺三抄。據兼署布政使督糧道托渾布一併查明，具詳前來。

臣等查臺灣供粟一款，歷次普蠲案内，俱奉諭旨一體免徵。又，糧米一款，因係兵糈，是以節次蠲免，案内未奉併免。惟嘉慶三年間，曾經前督臣魁倫、前撫臣汪志伊將各屬無可著追民欠米九萬五千餘石據實具奏請豁，續于嘉慶二十四年普免二十二年以前積欠錢糧，亦經前督臣董教增、撫臣史致光將積欠糧米供粟米耗租穀等款附片具奏，均奉諭旨，著加恩全行豁免。並准其動項買補完倉。欽此。

伏查米粟各款，節次蒙恩豁免。兹復奉諭旨飭查，皇仁浩蕩，海邦黎庶莫不頂感懽呼。惟此項米穀均關撥放兵食之需。遞年歲收豐歉不齊，以致花户均有尾欠，地方官不敢貽誤，兵糧先行，借碾倉穀墊發，待徵民欠歸補，歷届奏銷造報有案。委係實欠在民，其中畸零小户居多，可否一體免其輸納，出自皇上逾格鴻慈。如蒙天恩，准其豁免，臣等趕緊謄黄，遍行曉諭；所有歷年借碾倉穀，應請動項買補，以實倉儲。謹附片具奏，伏候聖訓，祗遵謹奏。

[硃批]：户部議奏。

六四、閩浙總督程祖洛等奏摺：臺灣軍需報銷全案辦竣

[道光十五年十二月初九日]，閩浙總督臣程祖洛、福建巡撫臣魏元烺跪奏：爲臺灣軍需報銷全案辦竣恭摺奏祈聖鑒事。

竊照臺灣軍需報銷一事，先經臣等將内地各廳縣動用軍需銀米，分别題奏請銷在案。至臺灣府廳縣動用銀米，前經責成接任道府澈查底裏，秉公駁減行。據前任臺灣府周彦、署臺防同知沈汝瀚先後携帶册卷到省；臣等督飭省局司道加意釐剔，不使稍有浮濫，現已辦竣。計循照例案，作正開銷銀四十七萬三千三百三十兩零、米二萬一百一十九石零。

又，另案題銷撫卹收養難民銀，八萬六千四百六十一兩零；又于臺

灣府庫緝匪生息項下動銷銀一十六萬三千九百八十二兩零，此外例不准銷，而事所必需者，現亦層層覈減，計實用銀三十五萬七千一百三十九兩零。循照嘉慶年間剿辦蔡逆成案，彙同内地攤捐銀兩，一併歸于通省司道府廳州縣各官養廉銀内攤捐歸補。綜計此次軍需奏准動撥司庫銀八十七萬八千九百四十餘兩，除内地臺灣作正開銷外，尚餘銀一十七萬一千八百八十兩零，欽遵前奉諭旨提回原欵，仍飭司查明。有先經領用待補者，即飭首先攤還歸欵，毋許延宕。除已遵照部行，覈實造册，分案題銷，聽候覈議外，臣等謹將軍需報銷全案辦竣緣由，恭摺奏聞，伏乞皇上聖鑒。謹奏。

[硃批]：户部知道。

六五、閩浙總督程祖洛等奏片：准補臺灣府海防同知仝卜年、噶瑪蘭通判陳盛韶請展緩引見

[道光十五年十二月初九日]，再，官員應行引見，如有承辦要件難以遽易，生手半年以上方可完竣者，例准據實奏明扣展。兹查有准補臺灣府海防同知仝卜年，現署鹿港同知事，准陞噶瑪蘭通判陳盛韶，均于陞補案内奉部調取引見；該二員前經臺灣道委令清釐南北兩路屯番地畝，約須明年冬間方能完竣。現當查辦喫緊之時，未便更易生手。據藩臬兩司轉據臺灣道府，詳請照例奏明展限前來。

臣等查臺灣向化番丁應給餉銀、地畝，弊竇多端。前經臣程祖洛于善後案内奏准委員清釐，現在餉銀一項業已清出，按季散放；其地畝因與民産犬牙相錯，輾轉糾纏，雖已得有頭緒，尚未釐然肅清。若更易生手，非特又須另起爐竈，且一時亦乏精細熟諳之員。相應據實陳明，仰懇皇上天恩，俯准將仝卜年、陳盛韶二員應行引見之案照例展緩，俟清釐屯地完竣再行給咨。俾得一手經理，臣等謹附片具奏，伏乞皇上聖鑒訓示。謹奏。

[硃批]：依議。該部知道。

六六、閩浙總督程祖洛等奏片：臺灣府海防同知沈汝瀚等請分别等次議叙

[道光十五年十二月初九日]，再，候補同知直隸州沈汝瀚，前經臣程祖洛于内渡時奏明，留于臺灣審辦續獲餘匪，旋即委署臺灣府海防同知，于審鞫匪犯時究出許戇成造謡滋事一案。首夥姓名密稟鎮道，得以拏辦，于事未發覺之先，實賴該員之力。嗣因承辦臺灣軍需報銷之同知沈欽霖出缺，又經臣等委令該員接辦。惟時册籍散漫，欵目糾纏，尚無頭緒。該員不避嫌怨，不辭勞瘁，實力删減，携册内渡，不致再事延宕，洵屬賢能可靠之員，可否仰懇聖恩，俯准賞加知府銜。又，前辦内地報銷出力，蒙恩免補縣丞本班，以應陞之缺陞用之，沈功枚以府經歷縣丞補用之。顧　接辦臺灣軍需報銷，始終其事詳慎，鈎稽最爲出力。沈功枚本係應陞知縣，可否即以知縣盡先補用。顧堉已據具報丁憂，將來服闋仍應來閩補用，可否俟補缺後以應陞之缺陞用。

又，龍溪縣典史章煒，候補從九品，朱丙杰分辦銷册晝夜辛勤，頗著微勞。章煒可否以府經歷縣丞即行補用？朱丙杰可否盡先補用？均出自聖主逾格施恩。至在局書吏，始終辦理妥速，由臣等查照成案，分别等次，另行咨部議叙。臣等謹附片陳明，伏乞皇上聖鑒訓示。謹奏。

[硃批]：另有旨。

六七、閩浙總督程祖洛等奏摺：請旨開復嘉義縣知縣熊飛等員頂戴

[道光十五年十二月二十七日]，閩浙總督臣程祖洛、福建巡撫臣魏元烺跪奏：爲臺灣各縣徵解道光十三、十四兩年兵穀，業已全數運清，懇恩開復頂帶，恭摺奏祈聖鑒事。

竊臣等前因鳳山等縣徵解道光十三年分兵穀惰誤，據實奏条，欽奉

上諭：程祖洛等奏請，將惰誤兵穀之臺灣各縣摘去頂帶，勒限趕運一摺。臺灣府屬之臺灣等四縣，每年額徵供粟，除支放本地兵米外，其餘運赴澳倉配船内渡，碾放福州等府，兵米自應年清年欵，不准顆粒短欠。

茲據查明，從前舊欠尚不下十萬石，屢經嚴催，未據造册詳報。其道光十三年分應運穀石内，除臺灣縣業已全數運存澳倉，陸續配載外，統計鳳山、嘉義、彰化三縣，未報運存澳倉兵穀一萬七千四百餘石，米三千石。其歷年積欠是否實欠在民，並已未徵有成數，亦未查明具禀。至十四年分應運新穀，據報配載者更屬寥寥，似此觀望延挨，實屬有心惰誤。所有鳳山縣知縣徐必觀、嘉義縣知縣熊飛、彰化縣知縣李廷璧，著一併先行摘去頂帶。該督等即責成臺灣道府，勒令各該縣迅將未運存澳之十三年分兵穀兵米，刻日全數運存澳倉。仍飭該道府督飭各廳員查明現在船隻，如配運十四年分新穀之外，尚有餘船，著准其仍照舊章，按船匀配。倘僅敷配運新穀，即責令各該縣自行雇船補運，統限三個月内渡交倉。如逾限，尚有顆粒短少，或以民欠爲辭搪塞朦混，著即據實嚴条，將該縣等革職，仍留臺灣勒追配運，事竣再釋回籍，並將臺灣道府一併議處著賠。李廷璧已陞鹿仔港同知，其知縣十年俸滿，著暫緩送部引見，俟三個月限滿，視其十三年分兵穀能否依限運完，十四年分兵穀是否不致貽誤，歷年積欠能否清釐明白，再行察看辦理。嗣後該督等務須嚴飭各該縣，不准以民欠爲飾詞，各廳員不准以乏船爲借口，一有貽誤，即行分别指条，毋稍姑息，以杜推諉，而重軍儲。該部知道。欽此。當即轉行欽遵。

去後旋據嘉義縣知縣熊飛、彰化縣知縣李廷璧，將應解道光十三年分兵米兵穀，于奉到諭旨後三個月限内，自行雇船照數解運清楚，聲明實因兵燹之後，民甫復業，是以徵解稍遲。惟屈計將届十四年分奏報之期，未據將十四年分兵米兵穀一併運清，且有鳳山一縣，因該縣徐必觀病故出缺，該家屬以民欠爲辭，非特十四年分穀石未經運清，即十三年分穀石仍有尾欠，若稍松勁，必致又形積壓，復經嚴飭臺灣道府分別限追，並查明徐必觀有無虧那情弊，併案詳叅。去後即據臺灣、嘉義、彰化三縣禀報，十四年分米穀均于奏銷前一律運清。惟鳳山一縣，十三、十四兩年米穀，係由臺灣道府督飭現任知縣代爲徵齊，解交鹿耳門澳倉配運清楚，已屬逾限。臣等恐有那移情弊，復經嚴檄飭查，兹據臺灣道劉鴻翱查無弊混，由司覆覈詳奏前來。

臣等覆查嘉義、彰化二縣，徵解道光十三年分兵米兵穀。既據查明，實因民甫復業，是以徵解稍遲，並非有心延欠，係屬實在情形。且于被叅後自行捐資雇船，于三個月限内載運内渡。其十四年兵穀亦無貽誤，尚知愧奮，合無仰懇皇上天恩，俯准將嘉義縣知縣熊飛，前任彰化縣知縣准陞鹿仔港同知李廷璧原摘頂帶一併開復，仍飭調李廷璧内渡，于俸滿案内送部引見，再赴鹿仔港同知新任。其鳳山縣欠解道光十三年分兵穀，雖于逾違三個月之後，經後任知縣連十四年分兵穀，一併代爲徵解清楚。惟查無那移别情，該縣徐必觀亦已病故，應請免其置議。至臺灣一縣，前經運存澳倉之十三年穀石，與應解十四年兵穀，均已掃數内渡。該四縣應運十五年分兵米兵穀，現亦源源配運。臣等惟有責令臺灣道府嚴行催儹，務期于明年奏銷前一律運清。嗣後即永以爲例，不准顆粒蒂欠，如稍遲延，即行指叅，以儆玩誤。其道光十二年以前積欠，因内有十年以前之實欠在民者，現在欽奉恩旨查辦豁免，業經臣等另案具奏，俟奉到諭旨，再行復查明確，妥籌辦理，以歸覈實而杜弊混。臣等謹恭摺具奏，伏乞皇上聖鑒訓示。謹奏。

[硃批]：另有旨。

六八、閩浙總督程祖洛等奏摺：先後緝獲洪其等臺灣逆案亂民分別正法擬辦

[道光十五年十二月二十七日]，閩浙總督臣程祖洛、福建巡撫臣魏

元烺跪奏：爲臺灣鎮道兩次稟報，緝獲逆案餘匪，分别辦理彙案，恭摺奏祈聖鑒事。

竊照臺灣逆案竄匿餘匪，節經臺灣鎮道按照臣程祖洛究出姓名，督飭地方文武各員實力搜拏，隨時辦理。已據陸續稟獲蕭紅毛等一百六十三名，稟由臣等四次覆覈，奏報在案。

兹復據前任臺灣鎮總兵張琴、現任總兵達洪阿、臺灣道劉鴻翱，將先後拏獲洪其等十八名，緣坐女犯張黄氏一口分别正法擬辦，兩次錄供，請奏前來。臣等逐加覆覈，内洪其、吴牛二犯，俱係已正法股首張丙旗脚，洪其拒敵官兵二次，圍城攻莊各一次；吴牛圍城一次。蘇秋香一犯，係已正法股首賴牛旗脚，拒敵官兵二次，圍城攻莊各一次；邱導一犯，係已正法股首劉邦項旗脚，圍城攻莊各一次；張塗水、張病二犯，俱係已正法股首張成旗脚，張塗水拒敵官兵一次，攻汛數次，張病攻汛一；張機一犯，係已正法股首洪番仔旗脚，攻城拒敵數次；蘇花一犯，係已正法股首蔡恭旗脚，拒敵官兵二次；卓三一犯，係已正法股首陳委旗脚，拒敵官兵一次；傅葱一犯，係已正法股首陳辦旗脚，圍城一次；沈筆一犯，係已正法股首梁辦旗脚，圍城一次；張膽一犯，係已正法股首黄城旗脚，攻汛一次。以上十二犯均照謀叛律擬斬立决，業經該鎮道于審明後，先後恭請王命，就地斬决，梟首示衆，仍查明犯屬家産，照例辦理。

又，翁烏番、陳弁、楊盛、吴祐、賴清彩、陳蓉六犯，俱係逼脅入夥，並未抗官焚汛，攻城打仗，旋即逃走被獲，應請比照叛案被脅投首，改發極邊足四千里充軍例酌加一等，實發雲貴兩廣極邊烟瘴充軍，到配摺責安置。

又，張黄氏一口，係已正法逆首張紅頭之妻，應照刑部通行新例，反逆緣坐女犯，仍酌發各省駐防，給官員兵丁爲奴。未獲逸犯，臣等仍嚴飭勒拏，務獲斷絶根株，不使一名漏網。除供招仍按原辦次數，繕錄咨部外，臣等謹恭摺具奏，並繕犯名事由清單，敬呈御覽，伏乞皇上聖鑒，勅部覈覆施行。謹奏。

[硃批]：刑部議奏。單併發。

六九、閩浙總督程祖洛等奏摺：給發本年臺灣澎湖各營俸餉等項銀兩

[道光十六年四月初六日]，閩浙總督臣程祖洛、福建巡撫臣魏元烺跪奏：爲給發本年臺灣澎湖各營俸餉等項銀兩，恭摺具奏，仰祈聖鑒事。

竊照臺灣各營官兵俸餉等項，向由府廳營造册送司，分别扣抵支給，歷辦在案。

兹據兼署藩司托渾布詳稱，臺灣各營道光十六年分，應領俸餉馬乾養廉等銀二十一萬六千一十五兩零，内除朋扣小建，並臺灣府造除及由司酌扣各款，暨臺灣道請劃兑船料價銀，共銀一十五萬一千七百八十九兩零，實給銀六萬四千二百二十六兩零，又發還臺灣府庫墊給各款銀，三萬八千九百五十九兩零。又澎湖二營，應領俸餉等銀三萬二千九百九十七兩零，内除該營廳造册請劃，並由司覈扣各款，共銀七千九百一十二兩零，實支銀二萬五千八十五兩零，以上統計發銀一十二萬八千二百七十一兩零。應調撥兵船五號裝載運交，所需防船軍火及弁兵口糧，即于額派出洋緝匪弁兵數内挑帶支給。至臺灣府屬各縣共未完嘉慶十年起，至道光元年止，官莊銀五萬四千一百八十兩零，業經完銀一千五百八兩零，另行造入節年公費奏銷册内造報，尚未完各年官莊銀，五萬二千六百七十二兩零，未便盡數扣收，致海外兵餉短絀，應嚴催上緊徵解，于下年臺餉劃收造報等情，詳請具奏前來。

臣等查支給扣收數目俱各相符，除咨水師提督挑選堅固兵船五號，配足軍火砲械，並檄委調署臺灣水師協副將潘世標，會同委員漳浦縣知縣李若琳，督同文武員弁解至厦門登舟，分赴臺灣澎湖交收外，臣等謹恭摺具奏，伏祈皇上聖鑒。謹奏。

[硃批]：户部知道。

七〇、閩浙總督程祖洛奏摺：福州泉州漳州臺灣四廠造補戰船動用銀數

[道光十六年四月二十八日]，閩浙總督臣程祖洛跪奏：爲福建省福州泉州漳州臺灣四廠造補戰船，動用銀數，循例恭摺奏祈聖鑒事。

竊准部咨，閩省修造戰船，奏明即准其動項興工，俟接奉部覆，再行題估，仍俟估准後按限題銷等因，遵照在案。

兹據陞任福建藩司賀長齡、兼署藩司托渾布先後詳稱，福州廠鹽法道承辦造補閩安水師協標左營安字六號，係三號同安梭船一隻，又造補烽火營慶字七號，係一號同安梭船一隻。泉州廠興泉永道承辦造補海壇鎮標右營固字六號，係三號同安梭船一隻。又造補金門鎮標左營集字四號，大横洋同安梭船一隻。漳州廠汀漳龍道承辦造補水師提標後營清字七號，係一號同安梭船一隻。臺灣廠臺灣道承辦造補艋舺營濟字十四號、十五號白底艍船二隻，以上四廠通共造補船七隻。應需工料銀一萬三千二百六十四兩四錢六分，在于司庫道光十五年稅契存公等欵，並籌備同安梭生息及鹽商匀完巡洋等欵生息各銀内分别動支，其扣收平餘銀兩專欵存貯，仍俟奉准部覆，另行造册估銷等情，詳請具奏前來。臣覆覈無异，謹會同福建巡撫臣魏元烺循例恭摺具奏，並繕該七船字號及在洋遭風失事月日，動用銀欵清單，恭呈御覽，伏乞皇上聖鑒，敕部覈覆施行。謹奏。

[硃批]：工部議奏，單併發。

七一、閩浙總督程祖洛等奏摺：遵旨籌撥臺灣戍兵加餉銀兩

[道光十六年五月十九日]，閩浙總督臣程祖洛、福建巡撫臣魏元烺

跪奏：爲遵旨籌撥臺灣戍兵加餉銀兩，恭摺奏祈聖鑒事。

竊照臺灣戍兵加餉，係就淡水廳及臺灣、鳳山、嘉義、彰化四縣徵收抄叛各産租穀内支給。道光十二年冬間，匪徒滋事，此項租穀多有搶失蹂躪，經臣等查明確實，援案奏奉上諭：程祖洛等奏，應徵抄叛各産租穀被賊搶失援案，懇請豁免一摺，福建臺灣府屬之淡水廳及臺灣、鳳山、嘉義、彰化四縣抄叛各産應徵租穀，除已徵收外，其各該佃户承種晚稻者，均被十二年冬間逆匪棍徒搶失蹂躪無存。現經該督等查明，報搶穀石確係實在情形。著准其援照成案，所有道光十二年分應完租穀内，被搶蹂躪穀五萬二千一百二十四石零，合銀三萬六千四百八十七兩零，准予豁免，以示朕軫念窮黎之至意。此項穀石係應給戍兵加餉，著該督等另行籌欵撥補，分别造册報銷。欽此。轉行欽遵。去後旋據兼署福建藩司托渾布詳，據臺灣府知府熊一本查明，奉豁租銀内有乾隆四十八年械鬭案抄没暫典産業。徵收租穀摺銀九十七兩七錢九分六釐三毫，不（補）充加餉，應查照原案另行報銷，毋需撥補外，實應籌撥加餉銀三萬六千三百八十九兩六錢五分四釐七毫，係兵丁計口授食之需。請于道光五年秋，撥實存司庫銀内，照數籌撥銀三萬六千三百八十九兩六錢五分四釐七毫，發交護解。道光十六年臺灣官兵俸餉，委員漳浦縣知縣李若琳等順便解交臺灣府庫查收，歸補加餉本欵等情。臣等當查臺灣戍兵加餉，如租銀不敷支給，本應在府庫鹽埕盈餘及截曠項下撥補。今奉豁租銀，自當先盡本欵籌撥，惟按欵確查輾轉需時。臺灣重洋遠隔，若不乘便解往，非特另行委員派撥兵船護送，殊多跋涉。設該府無欵可籌，竊恐貽誤兵餉，因之不敢稍事拘泥，隨飭司先行撥解，彙入報撥。道光十六年臺餉順便發還府庫墊欵數内，恭摺奏明，仍再確查，分别籌辦。去後兹據署藩司張澧中呈覆，臺灣府庫鹽埕盈餘等欵，實無餘銀可以籌撥，請照前詳具奏前來，臣等覆覈無异，謹合詞恭摺具奏，伏乞皇上聖鑒。謹奏。

[硃批]：該部知道。

七二、閩浙總督程祖洛奏片：委任熊飛署理臺灣府澎湖通判篆務

[道光十六年五月十九日]，再，臺灣府澎湖通判蔣鏞，陞補泉州府厦門海防同知，並十年俸滿，應行送部引見，所遺澎湖通判員缺，應即委員接署。查有卸署臺灣縣事之嘉義縣知縣熊飛，才具明晰，辦事幹練，任内並無承緝盜案，將届四參限滿處分，堪以委令署理臺灣府澎湖通判篆務。據藩臬兩司會詳，請奏前來，除檄飭遵照外，臣等謹附片具奏，伏乞皇上聖鑒。謹奏。

[硃批]：覽。

七三、閩浙總督程祖洛奏片：委任李若琳署理臺灣府噶瑪蘭通判

[道光十六年六月]，再，委署臺灣府噶瑪蘭通判事，甌寧縣知縣柯培元，因甌寧縣任内交代未清，飭調内渡會筭，所遺噶瑪蘭通判員缺，應即遴員接署。查有漳浦縣知縣李若琳，樸實認真，勤于民事，現已委解臺灣澎湖餉銀渡臺，堪以就便署理。該員任内並無盜案，將届四參限滿處分。據藩臬兩司會詳前來，除檄飭遵照外，臣等謹合詞附片具奏，伏乞皇上聖鑒。謹奏。

[硃批]：覽。

閩浙總督怡良奏摺

一、閩浙總督怡良奏摺：行抵臺灣日期

[道光二十三年正月二十八日]，閩浙總督奴才怡良跪奏：爲恭報奴才行抵臺灣日期並遵旨辦理緣由，恭摺奏祈聖鑒事。

竊奴才于上年十二月二十三日交印後遵即恭摺，啓程在案，嗣□是月二十八日在舟□□准軍機大臣字寄，道光二十二年十二月十一日奉上諭：前因夷酋噗鼎查投遞照會，訴稱臺灣鎮總兵達洪阿等貪功妄殺，遭風難夷業經降旨，令怡良渡臺查辦，兹接耆英奏詢問李廷鈺，□遷至□□□□夷□遭風飄至臺灣，被居民關閉村中，該鎮道再三□索將□交出，□□該夷正法居民等有夷□□來，惟有□官以圖解免之語，顯該酋求伸寃之説，並非無因，此事關係撫馭大局，甚爲緊要。況臺灣人情浮動，倘被該夷煽惑滋事，所關尤非□□計，怡良接□此旨係已啓程渡臺查辦，或從兵民暗訪，或向官吏明查，務得實情，毋稍徇隱，如查明該鎮道等實有妄戮難夷、冒稱接仗之事，著即傳旨將達洪阿、姚瑩革職拏問，解至省城請旨辦理。該督所帶總兵一名，即著署理，臺灣鎮總兵，其臺灣道印務著熊一本署理。該督仍一面飛咨伊里布、耆英曉諭該夷俾消釁端。倘怡良稍存隱飾，不肯破□情面，致朕賞罰不公不明，又誤撫夷大局，將來朕别經察出，試問怡良當得何罪，□之慎之。耆英原奏著抄給閲看，爲此由五百里諭令知之。欽此。

奴才跪讀之下，仰見我皇上撫馭中外一秉大公之至意。奴才自承指示之後，即思量一夜。至彼辦理，將該鎮道帶回内地，以絶内訌外釁之端。無□時届歲暮，春意已萌，無日不發東北風，未能出行，心中萬

分焦急，候至正月十九日，得有順風，始行開放，駛入深水大洋，風力□猛，與浪相逐，顛簸萬端，除水手之外，無不伏艙嘔吐，歷兩晝夜之久，駛抵彰化縣所屬之鹿港地方登岸，其隨帶之總兵保芝琳，參將武攀風，知縣史密所坐兩船未見入□，當即雇覓漁船沿海查探。奴才隨由陸路起程前進，迨行至嘉義縣途次□見保芝琳等，知係被風打至該縣所屬之五□港□□等情。當查臺灣前此接仗之鷄籠、大安兩交海口俱在此路，相距尚遥，奴才並不經過，隨即派令武攀風、史密二員改裝易服，前往密爲查訪。奴才一面帶同保芝琳前赴府城，沿途訪知該鎮道等所辦諸多錯誤，實有應得之咎。二十五日抵郡，二十六日傳旨將臺灣鎮總兵達洪阿，臺灣道姚瑩革職拏問，俟帶回内地請旨辦理。所遺臺灣鎮印務即委隨帶之新陞廣東潮州鎮總兵保芝琳署理，其臺灣道印務遵旨委令臺灣府知府熊一本署理；所遺之缺，查有臺防同知仝卜年老成乾練，堪以□署，除分别飭□，並飛咨欽差大臣廣州將軍伊里布、兩江總督耆英查照，一面查明實在情形另行詳悉具奏外，所有奴才行抵臺灣日期，並遵旨辦理緣由謹繕摺先行馳奏，伏祈皇上聖鑒。謹奏。

道光二十三年三月二十日奉硃批：欽此。

二、閩浙總督怡良奏摺：遵旨渡臺密訪查明復奏臺灣鎮道辦理夷務情形

[道光二十三年三月初九日]，閩浙總督奴才怡良跪奏：爲遵旨渡臺密訪拠實查明伏奏，仰祈聖鑒事。

竊奴才奉命渡臺，當將交卸起程，及到臺委罷鎮道大概情形，恭報在案。奴才于到臺後沿途訪察，並拠叅將武攀風、候補知縣史密從北路民間訪問，回至嘉義，面口與詢之各友者，無不异口同氣，□謂兩次夷船之破，一因遭風擊碎，一因遭風擱沈，並無與之接仗計誘；如該道所奏者，查道光二十一年八月十三日，有三桅夷船一艘，駛至鷄籠洋面收泊；十六日，由萬人堆駛至大武侖山後，該夷船遭風沖礁擊破，除駕杉板揚帆逃去外，餘皆紛紛上岸，向民人求食，遂被鄉民拴獲，地方官聞之前往，照賞格給賞，將所獲各夷解□辦理，與原奏不符。

復查道光二十二年正月二十九日夜間，有夷船一艘在大安土地公港遭風擱淺自破，除當時淹斃者，餘俱上岸逃竄，均被附近民人攬匿家中，文武官各均于初二日趕到，亦如前給賞，令將所獲各夷交官，與原奏又不相符。惟大安港夷船所獲之槍礮刀械、號衣、印文各件，實係鎮海寧波之物，經該鎮道□明帶回存貯。竊以此事在未經就撫以前，各視其力之所能，至使該鎮道志切同仇，理直氣壯，即辦理□當尚屬激于義憤，乃一意鋪張，致爲借口指摘，咎有應得，亦復何辭。奴才因將所訪各情面詰達洪阿、姚瑩，何以當時如此具奏，始猶堅執前情，詰以訪問之言，遂無异説，因即呈遞親供求爲奏明治罪。惟勾結奸民內變一節，雖接該鎮道審明辦理，取□□□附奏爲所殺夷人，奸民□正法外，顛林等又遵旨釋回確□□覽再取，即不得借，此以掩蓋二奏之先況，鎮道大員不能實事求是，殊屬辜恩溺□。謹將親□恭呈御覽，俾將所訪各情據實上閱，或飭部從重治罪，或解部審辦。已將達洪阿、姚瑩帶回內地，恭候諭旨。奴才受恩深重，浹髓淪肌，伏讀諭旨，倘怡良稍存隱飾，不肯破除情面，致朕賞罰不公不明，又誤撫夷大局，將來朕别□察出，試問怡良當得何罪，謹之慎之，耆英原奏著抄給閱看等因。欽此。

聖諭煌煌，如揚日月，奴才何人，豈敢心存欺飾之念，自罹重咎，況李廷鈺□□□阮熊所閲，告之耆英，奴才苟有不實不盡，豈□禁人之不□□至鷄籠、大安兩治，出力義勇等，所得甄叙應仍其舊，彼中民氣浮動，使之咸沐皇仁，遇事亦可□策，至文武各員殊多冒濫，應請飭部，將兩次□□夷人案內各員議叙，一體撤銷，所有赴臺密訪緣由，理合由驛覆奏，伏祈皇上聖鑒。

再，臺灣發遞摺件遲早難以預計，且經遺失□案，是以奴才內渡後，再爲恭繕，□發□伊里布業經出缺外，並飛咨兩江總督耆英查照，合併聲明。謹奏。

道光二十三年三月二十四日奉硃批：欽此。

三、閩浙總督怡良奏片：到臺灣各海口查看積水並飭屬駐防官兵改造不合式裝備

[道光二十三年三月二十四日]，再，奴才至臺灣府城後，親至各海口查看積水，皆不過深□□，潮退淤沙□爲潮汐之來，往往因風力鼓動忽然增長之時，即不得因天險爲稍存竦懈。奴才諄屬署鎮保芝琳，署道熊一本，時時持以小心，實力經理所□鎮標官兵，亦即親加閱看，頗爲精壯，惟安設堵禦之所，須預計炮力所不及爲□，陸路可以固守安平，安設炮位太近，海口向有草房十餘間，亦與布置，不能合式，飭即改易磚瓦，以防火□，所設之炮僅止一層，亦屬單薄，又于其後添設一層，以期周密，至民情浮動，非素所□□□不周固强良善之氣，爲使之□爲我用，熊一本、仝卜年均在臺，年久深得民心，辦事具□體用督□各廳縣盡心民事，內患尚可無慮。經過各地方蒔種俱極繁茂，雨澤亦勻，理合□□陳奏，伏祈聖鑒。謹奏。

道光二十三年三月二十四日奉硃批：欽此。

四、閩浙總督怡良等奏摺：派員押解已革臺灣鎮道達洪阿、姚瑩赴部收審

[道光二十三年四月二十一日]，閩浙總督臣怡良、署理閩浙總督臣劉鴻翺跪奏：□□員押解已革鎮道赴部收審，恭摺具奏，仰祈聖鑒事。

道光二十三年三月二十四日內閣奉上詔，爲因達洪阿、姚瑩奏報。二十一年八月間，英夷船隻駛進臺灣港口，經該鎮道等督率兵勇擊沈船隻。上年正月間復有夷船欲駛進口，經該處弁兵誘令擱淺，節次擒斬夷人多名，並起獲内地軍械旗幟等件，迭經降旨，將該鎮道及在事出力人員加恩獎賞，嗣因該夷于就口後投文訴稱，達洪阿等妄戮遭風，難夷作爲接仗俘獲雲雲。欽此。

查已革臺灣鎮總兵達鴻阿、臺灣道姚瑩，並經臣怡良在臺欽遵前奉上諭辦理。兹奉旨解交刑部收審，應即委員押解。臣劉鴻翺檄委臺灣北路協右營游擊吕大陞，閩州知縣王江押解該革員等前赴刑部報收審訊，所有臺灣道□卷宗，同起獲夷船内槍□刀械、夷書圖册一併解部收貯備查，□發給咨批□□管解，並咨明經由，沿途各省口獲辦。理合由驛具奏，伏祈皇上聖鑒。謹奏。

道光二十三年五月初十日奉硃批：該部知道。欽此。

五、閩浙總督怡良等奏片：陞任廣東潮州鎮總兵保芝琳識慮不足，調補臺灣總兵。

［道光二十三年五月初十日］，再，臣怡良前經遵旨帶同總兵壹員過臺，彼時内地回鎮，惟汀州一鎮係屬實任，餘皆署事之員，衹有陞任廣東潮州鎮總兵保芝琳在省港防堵，且曾在臺日久，因即檄令隨同前往，該員打仗勇□，營務熟悉，任以内地諸鎮均能辦理無誤。臺灣孤懸海外，督撫鞭長莫及，所以責成鎮道者既專且重，向來□止民氣浮動，易啓事端，此時更□夷人滋擾事，或起于□□謀，須定于須臾，非爲□□，係□□洞悉，又能文武和衷，兵民感戴者不足以當此任，保芝琳在省防堵，臣劉洪翺時常接見，臣怡良此番朝夕與處，深知其人勇過于謀，于臺灣總兵要任其識慮斷不能到，兹已蒙恩調補是缺，臣等不敢不按實直陳，並擬將現任各總兵酌商一員奏請更調，率皆到任不久實無其人，惟有仰求簡放一員，以無職守保芝琳本任，潮州鎮缺業已奉旨以祥麟補授，應如何補用之處，伏候欽定。臣等爲要缺起見理合附片陳奏，伏祈皇上聖鑒。謹奏。

道光二十三年五月初十日奉硃批：欽此。

閩浙總督劉韻珂奏摺

一、閩浙總督劉韻珂等奏片：委提臺灣逆犯郭洸侯案内應訊人證情形

[道光二十六年六月二十九日]，再，陞任浙江道御史陳慶康盤獲臺灣逆犯郭洸侯即郭崇高一案，前蒙欽定大學士軍機大臣會同刑部審明擬結，並將原案擬□之陳佐等十四犯同前臺灣慎冒伊□等審奏，續獲逆案内首夥□□□□等一案奏，奉諭旨交臣督同臬司陳士枚審訊具奏，並□刑部將陳佐等各犯于道光二十六年正月二十三日遞解到閩，臣遵即督同臬司及各委員提犯研鞫，各供均與部中所訊大略相同，惟陳佐等所供被萬兵許馬超等挾嫌拏獲，各情究係一面之詞，是否屬實必須提集人證，確切質訊方可定讞，遂將各犯飭司收禁，一面飭委新補□經歷馬慶利等，于二月十五日前赴臺灣，會同因公在臺之馬巷通判俞益等將是案應訊人證遂一提齊解省審辦，現拠該委員等□稱奉提人證共計到案十四名，其餘或已病故，或已遞解，或因另案先已正法，或因病重難以申解未便在臺株守，該□要案應將已到人證先行分起□船内渡等情，臣查自省至臺海道八百餘里，均係深水大洋，風信靡常，往來船隻每有□載□□至一二月不能開駛者是該委員等之提解到省，□速難以預定。臣現定于七月十三日由省起程，查閱閩浙營伍；即札飭臬司，俟臺灣人證解到，先行由司隔别研訊，將案情重大□□仍俟臣回省後提犯嚴審，再行具奏。俾免□□而□慎重，除再□飭臺灣鎮道府縣將來到人證迅速拘提續解外，所有委提郭洸侯案内應訊人證緣由，謹先附片陳明，伏乞聖鑒。謹奏。

道光二十六年八月初一日奉硃批：知道了。欽此。

二、閩浙總督劉韵珂等奏摺：宓惟慷陞補彰化縣知縣

[道光二十六年七月十一日]，閩浙總督臣劉韵珂、福建巡撫臣鄭祖琛跪奏：將揀員陞補海外要缺知縣以重地方而資治理恭摺奏祈聖鑒事。

竊照福建臺灣府彰化縣知縣黄開基請陞臺灣府海防同知，業經奉旨允准，其所遺彰化縣知縣係海外要缺，例應在外揀選調補。查該縣重洋遠隔，地廣事繁，兼以民番雜處，俗尚刁横，撫綏巡防均非易之，必須精明幹練熟悉情形之員，方足以資治理。臣等督同藩臬兩司在于内地現任知縣内逐加遴選，非現居要缺即人地未宜，此外候補各員又皆到閩未久，一時實無堪以調補之員。惟查有淡水廳艋舺縣丞宓惟慷，年四十七歲，浙江海寧州人，由供事議叙未入流，選授大田縣典史，旋因臺匪張丙等滋事，隨同欽差署福州將軍臣瑚松額渡臺查辦，事竣保奏以府經縣丞侭先陞用，咨補邵武縣禾坪縣丞，調補淡水廳艋舺縣丞于道光十九年八月初六日到任，臺俸五年報滿，奉准部覆注册候陞，嗣又在福建捐輸河工經費，奏奉諭旨賞加布政司理向銜。該員老成勤幹，辦事結實，歷委代理各縣篆務，辦理均屬裕如。現在代理彰化縣，措置亦甚合宜。且該員在臺年久，于該處風土民情極爲熟悉，以之陞補彰化縣知縣詢堪勝任，惟調缺請陞與例稍有未符第人地實在相需，例得專摺奏請，合無仰懇天恩，俯念海外員缺緊要，准以淡水廳艋舺縣丞宓惟慷陞補彰化縣知縣，俾要缺得人而理于隔海巖疆實有俾益，如蒙俞允，該員前因拏獲隣境斬梟盜犯，經部調取引見，應俟部覆到日並案給咨送部引見，恭候欽定。該員歷任内奉議糸罰，各案均屬因公處分，應免覆覈，計其俸滿應陞之案照例查銷，應完罰俸銀兩，現飭按限完繳，仍照先造册咨部查覈，所遺臺灣府淡水廳艋舺縣丞，係調缺，容臣等另行揀員請調。兹據藩司徐繼畬，臬司陳士枚會詳請奏前來，謹合詞恭摺具奏，伏乞皇上聖

鑒，敕部覈覆施行。謹奏。

道光二十六年八月十七日奉硃批：吏部議奏。欽此。

三、閩浙總督劉韵珂等奏摺：臺灣水沙連生番輸誠獻納輿圖懇請歸官開墾現飭查勘

[道光二十六年十月初六日]，閩浙總督臣劉韵珂、福建巡撫臣鄭祖琛跪奏：查爲臺灣水沙連六社生番輸誠内附，並獻納各社輿圖吁請歸官開墾，現飭該管鎮道查勘情形，妥議籌辦恭摺奏祈聖鑒事。

竊照臺灣四面環海，大山南北亘峙，山以西係屬内地，山以東係屬番社。而彰化縣所屬之水沙連内山即係生番，地界坐落縣之東南，距城百有餘里。各生番分社而居，其田頭、水里、猫蘭、審鹿、埔里、眉里等六社毗連一處。南北袤延一百餘里，坡原沃野，地盡膏腴，而水里社山澤之秀，審埔里社壤地之寬平尤甲各社之上，向禁民人私入樵採。

道光四年，前撫臣孫爾準過臺巡閱，曾經彰化嘉義兩縣，衿民及屯弁等呈請開墾，水里、埔里二社番地當因其時，水埔二社中隔兇番，地形險遠，且非出自生番之意，與淡水噶瑪蘭番民自順歸附者不同，恐開墾別滋事端，經前督臣趙慎畛會奏，飭禁並請于入山隘口設汛專防，復令鹿港廳同知，彰化縣知縣每年輪往巡查，以杜偷越，奉旨允准。

二十一年，前給事中朱成烈以臺灣曠地甚多，奏請開墾，復經前督臣顔伯燾，前撫臣劉鴻翺援案覆奏，停止各在案。臣劉韵珂抵任及因恐該同知等日久生懈，巡查稍疎，即經照案□飭，務令實力稽察，不准内地奸民私越占墾。玆據署鹿港同知史密金稱，本年正月，該同知會督北路協副將葉發春、署南投縣丞冉正昌，帶同通事番目親至水沙連内山巡查，行至山口鷄胸嶺地方，即有田頭等社番目攊典等率衆出迎跪接，該同知等即令該番目等導入社寮，傳集番衆宣布皇仁，逐加撫諭，賞以紅布鹽糧等物。該番衆等均極悦服。並據田頭社番目攊典，水里社番目毛

蛤□，猫蘭社番目六改二，審鹿社番目排搭母，埔里社番目督律，眉里社番目改弩等率領六社番衆男婦老幼共一千一百六十三人匍匐前來，苦訴伊等哀弱窮困，各社番地悉成曠土，伊等不解耕種，以致生計日蹙，無可謀食，情願薙髮易服，改爲熟番，求准内附，並獻納各社輿圖，吁懇歸官經理。該同知等察看情形極爲真摯，且俱已薙髮，勢難拒阻，遂復賞給各番衣褲一千餘件，諭令各回本社，聽候奉請查辦，該生番等歡欣鼓舞，感謝而回。該同知等即將田頭等六社番地順道履堪，約可墾田一萬二三千甲，按則陞科，每年可徵正供穀三萬數千石，足成閩省一大廳縣，應請援照淡水噶瑪蘭之例設官撫治，並建設城池，以資保障；如蒙准行，統計文武廉俸役食兵餉歲需銀不過六千兩，以歲收之正供，盡數支銷尚可餘穀二萬餘石，其未經陞科以前應需一切經費，約需洋銀三十餘萬圓。現在嘉彰兩縣紳衿認捐洋銀已有十八萬餘圓，其應開番地除該同知自認捐墾二千甲外，該紳衿等亦認墾七千餘甲，其餘不敷經費，未認田畝陸續勸捐，拓墾尚易，爲力將來開墾與興建並□當不致有缺誤等情奉請具奏前來，並據臺灣鎮總兵武攀鳳，臺灣道熊一本，臺灣府仝卜年據奉轉詳，臣等接閲詳奉□酌，于前禁開墾之間熟籌乎，因革損益之理，並默察夫今昔時勢之宜利弊判然情形迥异，□□所知敬爲我皇上詳細陳之。

臺灣孤懸海外，民情浮動，不逞之徒動輒逞兇械鬬，甚或造謡聚衆，謀爲不軌。迨經兵役跟踪尋緝，而該匪徒等明知水沙連内山爲兵役緝捕難至之區，遂各相率逃入潛匿深藏開闢，則地歸疆理建廳設汛，棋布星羅，匪徒既無從□足，地方即可期静謐，是其祛弊者一。臺灣向無土著，多係閩粤兩籍之人，從前地廣人稀，物産豐富，力作經營，在在皆可謀食。近則生齒日繁，生業乏術，有游民而無恒産鮮不流爲盗賊，開闢則驅之力田贍養，無數窮民耕□鑿相安，自可消患于未萌，是其祛弊者二。水沙連地土肥美，甲于全臺。雖内地民人例禁私越，但小民趨利若鶩，既知其中有土地可耕，木植可採，總難保必無私越之人，即使加緊巡防，叠增厲禁，亦難保必無官來則去、官去復來之弊，久之呼朋引類，盤踞日多，爲害滋深。開闢則按户授田，奸匪無從混迹，可免意外之虞，是其祛弊者三。佳里興等各社野番係在水沙連各番社之後。臺灣不法奸徒向有勾引佳里興等社野番潛出卡隘擾害邊民之事，内地兵役因水沙連番社居中隔絶，不能深入查拏，以致該匪徒等負固恃險，顧忌毫無開闢，則水沙連番社悉爲我有，建設誉屯擇要防守，奸徒既不能私入勾結野番，即不敢越境出擾，是其祛弊者四。水沙連各社生番向以抽藤吊鹿爲生，不諳耕耨。前因□禁日久，社地荒蕪，俯仰無資，吁懇歸附，若不允其所請，既見據于官府，必串謀于熟番，即不串謀，而漢奸偵知生番求墾不允，斷無不串謀熟番，私誘生番之理。迨私墾既多，生番得沾餘利，再爲查拏，該生番等始難舍熟番。漢奸而求官後必結熟番漢奸而抗官矣。操之過急則倚衆負隅，更難保不激而生變，開闢則番衆心安，可杜私墾之斷。而熟番漢奸即無由串謀勾結，是其祛弊者五。臺灣夙號殷阜，近因物力有損，户口頻增，以致地方日形凋敝，開闢則地利較薄，歲可産米百萬石，他如木料茶葉樟腦藥材等物爲數更屬不少，通商惠工培養生機，元氣可期□復，是其興利者一。臺灣餉銀向須内地撥解協濟，不特□糜解費，而且重洋遠涉，疎失堪虞。開墾則歲得正供數萬石，即可就地酌撥。在臺灣多一份餉銀，即内地少一份協解，是其興利者二。臺灣爲海外巖疆，倉儲不可不裕，開闢之後正供既有贏餘，而該同知捐墾之二千甲，一經成熟又可酌提充公，從此儲備日見充盈，即可爲地方緩急之需，是其興利者三。鹿港向設屯丁三十餘名，歲給餉銀不敷衣食，開闢則調取，無業番丁酌給荒田農具，令其自行耕作，仍由官給器械，隨營操演，使該屯丁等生計裕如，均得安心紊習，無事則保衛沙連，有事則協助兵力，是其興利者四。水沙連内山前控嘉彰兩縣，後近噶瑪蘭，所爲全臺腹背重地，開闢則前後呼吸相通，全臺均可資策應，是其興利者五。其祛弊也如此，是其興利也如此。若競重拂番情拒而不納，未免坐失事機，顧或謂前之奏明嚴禁係屬老成慎重，今之奏請開墾，終□好大喜功，不知前此係衿民呈求，此次係番衆獻納，前此各番未服，不能與番攘争，此次各番輸誠，並可使番樂利，前此議開僅止水埔二社，尚有田頭等社間隔越墾爲難，此次田頭等社均已一概請開，井里相通，並無兇番梗阻，且現在各番向化甚殷，薙髪者已千有餘衆，實有難以遏拒之勢，是今昔情形迥不相埒，自未便因奏禁在先，即膠執拘泥不予查辦也，惟圖功必先防患慎始方可要終究竟，各社番地實有若干番情果否一律悦服，地勢有無險阻，城池衙署應在何處建造，文武員弁應設何等職銜，書役兵丁應設若干名數，何處應設隘巡防，何處應分屯守衛，溝渠應否開濬，道路應否疏通，授地分田應如何定立章程，方可通力合作，丈畝定賦應如何設法清查，方免移匿隱混，生番應如何保護，漢奸應如何剪除，開墾建置應否同時並舉，捐輸經費果否不致絀支，必當預爲籌□計及萬全，方不致臨時掣肘。臣等現已檄飭該管鎮道親詣番社，周歷查勘體察情形，妥議詳覆，伏思國家承平二百餘年，仁恩怙冒遐邇，傾心闢土開疆，所在多有即遠邊甌脱，無不建官設汛列入版圖。今水沙連各社雖止彈丸一隅第，該生番等鸁居崖谷，性類犬羊，一旦感承高厚，薙髪易衣，獻圖納款，統榛榛狉狉之儔，□蕩蕩平平之路，亦未始非太平之盛事，臣等又何敢壅于上聞，敢負聖主子惠番黎一視同仁之至意，謹不揣冒昧據實奏懇天恩，俯准援淡水、噶瑪蘭改土爲流之例，一體開墾，設官撫治，俾鯷室鯨波以外附隸□□雕題鑿□之倫，涵儒帝澤，感述鴻施，實無既極，倘蒙俞允，俟該鎮道等勘□到日由，臣等詳細確覈，將應辦一切事宜妥議，條款另摺奏請試辦，並繪具圖説恭呈御覽。所有水沙連六社生番獻地允墾，現飭查勘緣由，謹先合詞恭摺具奏，伏祈皇上聖鑒訓示。

再，臺灣丈量地畝，向皆不計弓步，以長戈柄代之，一丈二尺五寸爲一戈，積一百戈爲一甲，以内地畝分覈算，每甲計地一十一畝，合併除明。謹奏。

道光二十六年十一月初九日奉硃批：大學士、軍機大臣會同該部議奏。欽此。

四、閩浙總督劉韵珂奏摺：遵旨復訊原辦臺灣郭洸侯謀逆案内擬軍各犯

[道光二十六年十月初六日]，閩浙總督臣劉韵珂跪奏：爲臺灣原辦郭洸侯等謀逆案内擬軍各犯，並續辦是案餘匪，遵旨覆訊明確按例分別定擬，恭摺奏祈聖鑒事。

竊照前任浙江道御史陳慶鏞具奏，盤獲臺灣匪犯郭洸侯即郭崇高一案，欽奉諭旨交部嚴訊，即經刑部先後行提應質官吏犯證，並續獲逆犯高艷等案内起出郭洸侯等名戳書信，奏蒙欽定大學士軍機大臣會同審明，郭洸侯僅止抗糧，並未與洪協合夥謀逆，將郭洸侯比依直省刁民約會抗糧斬決例上，量減擬流，從重發往新疆，酌撥種地當差，其原案擬軍之陳佐等十五名，訊無被郭洸侯逼充旗脚之事，除柯義牽一犯已在部監病斃外，所有陳佐等十四名應交臣就近訊辦，起獲名戳書信亦由臣確查來歷，照例究辦等因，于道光二十五年十月二十一日奏，奉諭旨依議，同日又奉上諭：前據昌伊蘇等奏，續獲逆案首夥匪徒高艷等分別正法，擬軍一摺當交刑部議奏。玆據該部奏稱，此案前因高艷等供情與續經派審之郭洸侯一案互有牽涉，礙難□□覈覆。現在郭洸侯一案業經審明擬結，其高艷等夥滋事拒敵發兵，雖據供認不諱，惟携帶木印書信等情，既于現訊案内究明，有不盡足信之處，自應覆審確情以昭詳慎。除高艷等八犯、蔡騰等七犯業經審明正法外，尚有被逼充當旗脚畏懼脱逃之謝興等九犯仍□交劉韵珂督同臬司陳士枚親提覆訊，務期供證確鑿，定逆具奏，毋許稍有不實不盡各等因。欽此。並接署侯官縣保奏轉□前途各縣，將軍犯陳佐、蘆杰、黄轉、蔡塘、洪悦、蔡嚴、陳硯、劉憨慊、蘇籐、李鐵牛、蕭是、朱心願、徐斗等十三名官犯，王治潤一名同名戳書信等件逐程遞解到閩聲明，軍犯張和已于二十六年正月初六日解至浦城縣地方，因病身故，當將遞到各犯飭發臬司分別禁押，一面委員馳赴臺灣守提犯證解審。旋據臺灣道熊一本以洪悦、劉憨慊二犯係前任佳里興□□王霈鳳山縣知縣魏彦儀督同拏獲，並□義兵陳梅、江源山獲解，陳梅查已病故，江源山即江元山，係逆匪葉周旗脚，業經拏獲正法，均未募充義兵，許振已于道光二十四年正月二十二日在臺病故，取有保鄰俱結，又續獲逆匪高艷案内旗脚方品、李鑿、張滿、李善四犯均先後在監病斃；其謝興、陳阿荔、李容、林冬仔、方若煌五犯，同奉提之義兵，許馬超、藍鳥番案證李清澗、郭域水，投首匪犯黄賀、並郭洸侯住莊董事施和黄房鄉長張藍俱已逐一提齊，所委員弁協同省委各員發解内渡。此外，尚有守備郭得元先已赴省投審；臺灣慎書識張殿之因患病沈重，驟難起解。再查黄賀係于道光二十三年五月二十六日聽從已正法之盗犯洪添行竊事主莊澄滄家，尚未得財，即被事主警覺喊捕；洪添起意行强，該犯畏懼先回，事後亦未分髒，其陳斗等所供聽從該犯夥劫嘉義縣事主怡成號船貨一案，訊係陳斗等挾嫌誣報，該府仝卜年當以該犯于聽從行竊後既能悔過自新，自可從寬免議，遂將黄賀發交臺灣縣嚴行管束，在案等情具詳，並據該委員等于道光二十六年八月初四日將各犯證管解至省守備，郭得元亦于是日來省投到，隨一併發交臬司，提同前發各犯會督藩司及各委員訊供解勘，去後兹據臬司陳士枚會同藩司餘繼畲，督同福州府趙鏞暨各委員審明，擬解聲明，軍犯陳斗于所供後在監病故等情前來。臣隨督同臬司親提研鞫緣陳佐、蘆杰、黄轉、蔡塘、洪悦、蔡嚴、陳硯、劉憨慊、蘇藤、李鐵牛、蕭是、朱心願、謝興、陳阿荔、李容、林冬仔、方若煌均在臺灣生長，寄居鳳山、嘉義、臺灣等縣，不知原籍何處，與郭洸侯互相認識，臺灣縣欲徵倉穀，先因民間挽運維艱，于乾隆四十年間議定章程，每十石爲一車，折取洋銀二十二圓，歷久相安，並無异議。道光二十一年，鄉民因穀賤銀貴，又值夷人滋事，捐貲雇勇，具呈求减，經臺灣縣閻炘秉經前任臺灣道姚瑩批飭，每車暫减洋銀二圓，後不爲例。二十二年，該縣仍照二十二圓之數折收，西甫北三鄉均已完納，惟東鄉之郭洸侯與在逃之劉取等仍歉减十二圓，經該縣諭令□□傳知紳士與許東燦等至彌陀寺公議，許東燦以三鄉已定二十二圓，東鄉不能獨定二十圓之言當衆開導，郭洸侯等不允，許東燦即稱既不遵依俟可完穀，遂議不終局而散，郭洸侯等即乘機約會鄉民，□備壞穀運至倉外堆放，藉圖挾制减價，該縣查驗穀不干潔，難以存貯，秉經道府委員督收，並諭令鄉民齊帶契串覈對花名，各鄉民因契串不齊，遷延未到，穀亦總未收納，郭洸侯等復□□洋銀，令鄉民李全勝等出名上摺，該縣訪悉前情，先後飭差並調兵查拏，郭洸侯持有鄉衆庇護，始終抗拒不出。二十三年七月，該縣閻炘因病卸事，王德潤奉委代理，欲照原議折收，仍未了結。該縣先有賊匪黄賀于是年五月二十六日聽從已正法之盜犯洪添潛赴事主莊澄滄家行竊，尚未得贓即被事主警覺喊捕。洪添起意行强，黄賀畏懼先回，事後亦未分贓，旋即心生悔懼，欲赴官投首，又恐獲罪，即逃入内山躲避未獲。九月三十日，有昔存□□之許振查知郭洸侯等抗糧情由，因與黄賀交好，欲爲藉此脱罪，捏造郭洸侯等□勾結黄賀爬城謀逆，黄賀不允之言，到處傳播，並向許東璨告述，許東璨信以爲實，即囑許振招令黄賀自行投首，並赴鎮道俯縣各衙門馳報，因之合郡官民頗有驚駭。十月初三日，許振往向黄賀告知前由，邀令同至許東璨家内，由許東璨帶至府署投首。該府仝卜年向其查訊，黄賀因恐據實供明不能免罪，即照許振之言含混供指，該府遂將黄賀發交臺灣縣嚴行管束。四月初十日，有前獲正法之洪協因犯刦被拏，商允、桌輪、鄭炎、黄成等聚衆謀逆，並逼脅現□之陳佐、盧杰、黄轉、蔡塘、洪悦、蔡嚴、陳硯、劉憨慊、蘇藤、李鐵牛、蕭是、朱心顧監斃之，柯文牽、徐斗及在途病故之，張和等充當旗脚，嚇稱如不應允，定先殺死祭旗，陳佐等畏懼勉從，洪協等即于是夜在北門外木栅地方戕斃塘兵竪旗起事。

十一日早，洪協諗知郭洸侯前曾聚衆抗糧起意，邀令入夥，遂于滋事旗内提寫郭洸侯名字，一面率同夥黨走至郭洸侯莊外之土人廟内，逼令廟祝郭域水前往，糾邀郭洸侯，以伊止圖減糧價，並不謀反之言令郭域水轉向拒絶，並令村人鳴鑼將匪衆驅逐，洪協因郭洸侯、劉取係當地著名富户，易于煽惑，且郭洸侯等抗官不出人所共知，每遇寄信邀人亦捏列郭洸侯、劉取兩人姓名，並私刻郭洸侯等名印木戳兩方蓋用信内，使人深信不疑。□□趨附時，臺灣鎮總兵昌伊蘇聞報，統率兵勇前往剿捕，王德潤亦奉委隨營辦事，該鎮恐郭洸侯被賊煽誘，于十三、十四兩日，遣令守備郭得元，生員李清瀾等先後至郭洸侯莊内，勸令出理正供，保其無事。郭洸侯始則用言推阻，繼因外出未遇，郭得元等察看莊中均屬安静，尚無助匪情形，旋經訊弁盤獲洪協夥犯林孕一名，送交王德潤訊問；林孕供認，聽從洪協謀逆，王德潤因聞郭洸侯先有勾結黄賀爬城謀逆之謡，並聞洪協滋事旗内寫有郭洸侯姓名，遂以郭洸侯果否在内之言向林孕究詰，林孕供詞支吾，復向刑嚇，林孕爲其免受刑，即混供郭洸侯已爲洪協邀允入夥，王德潤根究夥黨，林孕又將洪協夥黨鄭炎、黄成混指爲郭洸侯僞軍師，僞先鋒等情解，經該鎮覆訊，林孕聽從洪協謀逆屬實，即在軍前將林孕正法，並移營東北一帶，搜捕洪協黨羽。十六日行至郭洸侯住莊附近之蜈蜞潭地方，即被洪協等將後隊軍裝乘機刦去。十七日復來攻撲營盤，並開放大埤溪水阻截路徑，均經官兵擊退，並將匪寮及匪徒逃匿社屋焚毁。二十日郭洸侯因見官兵搜捕，即率同伊弟郭洸厚等十餘人潛行逃至舊社草舍内住歇，繼至番洋仔地方，伊戚方春□屋内躲避，後于十一月初五日逃入内山，經現到之蘆杰在途撞遇，旋經官兵緝獲首犯洪協等究出夥黨姓名，給發印諭名單，飭令義兵、許馬超、藍烏番等協同官兵照單將陳佐等各犯先後獲案，因前獲林孕已妄指郭洸侯爲同夥，隨各照舊混供□免刑責，經該鎮道等據供擬奏，並將各犯分別正法監禁。二十四年三月，洪協餘黨葉周、高艷、劉文通等復又商允，分股豎旗聚衆謀逆，並逼脅現列之謝興、陳阿荔、李容、林冬仔、方若煌監斃之，方品、李鑿、張滿、李善等充當旗脚，謝興等畏懼勉從，該犯等入夥後曾見高艷、劉文通二犯寄信邀入，均係郭崇高、劉取兩人出名，並蓋用郭崇高等名戳，旋經該鎮道等派委文武帶兵剿辦，當將各犯先後拏獲，並在高艷名下起獲郭崇高即郭洸侯及劉取名印木戳各一方，劉文通身邊起獲郭崇高、劉取讬伊邀人入城書信一封，信内蓋有郭崇高等名戳。提訊各犯，據各供認，謀逆充當旗目旗脚及被逼入夥。並據高艷、劉文通供指，上年十月，郭洸侯等與洪協合夥謀逆時，該犯等曾充郭洸侯、劉取兩人旗目，現起名戳即係郭洸侯等所遺之物，書信係郭洸侯于上年十一月初七日在番洋仔地方書寫，交業被格殺之郭添寄給。復經該鎮道等據供奏報，並將各犯分別正法監禁。嗣郭洸侯由内山逃出起意，□□即獨自赴京居住會館，經前任浙江道御史陳慶鏞盤獲具奏，欽奉諭旨交部嚴訊行提，案内應□官吏犯證，並續獲高艷案内起出名戳書信奏，蒙欽派大學士軍機大臣會同審明，郭洸侯等僅止抗糧，並未謀逆，將郭洸侯、許東琛比例擬流從重發遣。其原案擬軍之陳佐等十五犯據供或被誤拏，或被挾嫌妄拏，均無被郭洸侯逼充旗脚之事。洪協滋事案内亦未被脅同行，除柯文牽一犯已在部監病斃外，所有陳佐等十四名應交臣就近訊辦，已正法之鄭炎、黄成是否與洪協合夥盜匪，黄賀所犯係何罪名，起獲名戳書信與郭洸侯筆迹不符，是否捏造裝點，臺灣縣徵收糧穀應作何籌議，請與已革代理臺灣縣知縣王德潤一併交臣確查來歷，覈實完辦等因奏，奉諭旨飭即提同高艷案内逼充旗脚之謝興等九犯督同臬司研訊具奏，並准將陳佐等各犯逐程遞解到閩，當經發司分别禁押，一面委員馳赴臺灣守提犯證解審，並飭查勘洪協等當時刦奪軍裝等處情形。旋據該委員等將各犯證提解至省，並勘明刦奪軍裝等處係在郭洸侯住莊附近地方，復經飭司提同陳佐等各犯會督藩司及各委員訊供解勘去後。兹據臬司陳士枚會同藩司徐繼畬督同福州府趙鏞暨各委員審明提解前來。臣隨督同臬司親提研鞫，據供前情不諱，當查郭洸侯既經刑部審明僅止約會抗糧，並未與洪協合夥謀逆，何以洪協滋事旗内寫有郭洸侯名姓，而續獲高艷、劉文通二犯又起有郭洸侯等名戳書信，雖名戳係尋常通用之物，不能指爲謀逆確據，而信内所稱招集軍兵幸得入城功勞平分等語，實已顯露叛跡，如謂林孕之供報郭洸侯謀逆，係王德潤向其嚴究夥黨所致，而先後獲到陳佐及高艷等各犯何異口同聲，不謀而合，究竟名戳書信得自何處，是否揑造裝點。陳佐等在部供稱，被義兵許馬超等誤拏妄拏是否屬實，均關衆名，出入必應確查來歷，切實追究方免枉□。遂後飭提犯證，逐細研詰，據郭域水供稱，當日洪協滋事曾率夥衆至伊看守之大人廟内逼令往邀郭洸侯入夥，經郭洸侯囑伊轉向拒絶，其時洪協等携帶旗内已寫郭洸侯名姓人所共見。並據守備郭得元，生員李清瀾各供，前任總兵昌伊蘇于洪協滋事時先後諭飭伊等往邀郭洸侯出理正供保其無事，郭洸侯總未赴案，伊等留心察看，郭洸侯莊内尚無助逆情形。又據陳佐等供稱，伊等委被洪協逼充旗脚，旋即乘間逃回，並未隨同拒敵官兵，嗣洪協等被獲，供出伊等名姓。奉諭飭拏致被義兵許馬超等先後拏獲，因洪協等謀逆旗内曾寫郭洸侯名字，洪協等獲案後又將郭洸侯等指爲同夥，遂各挾同混指。迨奉刑部審出郭洸侯並未謀逆，伊等因到案初供係被洪協與郭洸侯等逼充旗脚。兹郭洸侯既已剖明，洪協等又皆正法無可質證，伊等正可藉此翻供，冀圖脱罪，遂揑稱爲義兵許馬超等誤拏妄拏。今許馬超等到案呈出原奉飭拏諭單當堂質證，伊等無從狡賴。洪協等委因郭洸侯、劉取均係著名殷户，人皆樂附，是以將郭洸侯名姓寫入旗内，每遇發信邀人亦假冒郭洸侯、劉取之名，並恐人未見信，復刻成郭洸侯等木小名戳兩方印在信内俾釋衆疑，伊等被逼入夥後均各知悉。又據謝興等供稱，高艷等因洪協等前曾假冒郭洸侯等信戳邀人入夥，無不樂從，故高艷等隨後滋事，亦仿照辦理。至前起名戳書信是否係高艷等自行捏造，抑係洪協等所遺之物，伊等不能指實質之，鄉董施和等及義兵許馬超等曾供洪協等謀逆旗内寫有郭洸侯名字，遠近皆知，覈與各犯所供無異。復查洪協滋事之初，雖曾邀郭洸侯入夥，但郭洸侯之拒絶，並令村衆鳴鑼驅逐。既有現到之郭域水供□足校，即洪協滋事旗内捏寫郭洸侯姓名亦係在逼令郭域水往邀入夥之先，且前任臺灣鎮總兵昌伊蘇因恐郭洸侯被賊煽誘，先後遣郭得元等入莊勸諭。郭得元等又察看該犯莊内尚無助逆情形，是郭洸侯之並未謀逆，當屬可信。至前起名戳書信究係何人寫造，現雖今從□問第，此信係二十三年十一月初七日所發。其時郭洸侯業于初五日逃入内山，曾經蘆杰在途撞遇，而臺灣鎮道原奏□明，高艷名下搜獲名戳□與信及所用之戳適相符合。如果此信實係郭洸侯寫給，則當發信之日名戳應在郭洸侯手内。檢閲高艷等從前供招，據稱接到此信係在敗散之後，而該犯等敗散後又從未與郭洸侯見面，郭光侯等果有名戳，安能復入高艷之手。既據陳佐、謝興等曾供，洪協、高艷等滋事時，各有捏造郭洸侯等書信名戳糾約黨羽情事，是書信名戳爲洪協等捏造，亦屬信而有徵復集犯□隔别□鞫矢口不移案無遁飾應即擬結。查陳佐等現雖訊明，並無被郭洸侯逼充旗脚之事第，該犯等前被洪協逼充旗脚，乘間逃回被獲，已據供認不諱，所有陳佐、蘆杰、黄轉、蔡塘、洪悦、蔡嚴、陳硯、劉憨慊，蘇籐、李鐵牛、蕭是、朱心願、柯文牽、張和、徐斗十五犯應請與高艷等謀逆案内被逼充當旗脚之謝興、陳阿荔、李容、林冬仔、方若煌，方品、李鑿、張岡、李善九犯仍照該鎮道等原擬，比依謀叛被脅入夥，聞拏投首擬軍例上酌加一等，發雲貴風□極邊烟瘴充軍。柯文牽、張和、徐斗、方品、李鑿、張岡、李善七犯已先後在監病故，應毋庸議，餘俱照例刺字到記杖一百摺責安置。已革臺灣縣知縣王德潤于拏獲洪協夥黨林孕時訊係聽從洪協謀逆屬實，並因先聞郭光侯有糾約黃賀爬城之謡，又聞洪協滋事旗内寫有郭洸侯名字。向林孕嚴究夥黨，尚□平空故勘，且郭洸侯並未獲案定罪，亦與審斷先入者不同第。該革員千（遷）任地方，因徵收正供不能將郭洸侯設法拘案妥協辦理，已不稱職。迨昌伊蘇恐郭洸侯被洪協煽誘，迭次遣人招徠，該革員漠不關心，竟置之弗問，以致洪協等獲案後供詞牽混，無從辨晰，更屬謬妄。僅予革職不足蔽辜，應請從重發往軍臺效力贖罪，以示懲儆。鄭炎、黃成係屬洪協夥黨，現據陳佐等供指確鑿，前經該鎮道照例正法，並無錯誤，應毋庸議。許振一犯現據臺灣道查明業已病故，並據提案各委員褀查屬實，既有保鄰供結，委無捏飾。前起名戳書信既據陳佐等供明，洪協、高艷等各有假冒郭洸侯等書信及蓋用名戳之事，是高艷等所存名戳書信若非洪協等當時交給，即屬高艷等自行捏造，現在洪協等均已正法，劉取又在逃未獲，無從確究第。既非郭洸侯之物，即無關罪名出入郭洸侯。許東璨業經部議發遣應免再議。義兵許馬超等訊無誤拏妄拏情事亦毋庸議。臺灣縣徵收糧有每十石爲一車，每車折收洋銀二十二圓，係乾隆四十年間所定章程歷久，官民相安，並無異議，自不能因郭洸侯斂手挾制，糾衆抗納，輒變七十餘年之舊章。惟歲收之豐歉不同，銀糧之價值不等，甚或有捐貲撫恤防緝等事藉資民力，而民力實形拮據，應如何變通以示體恤，統由該地方官隨時體察情形，酌量辦理，總不得于二十二圓之外復行加增，以示限制，而垂永久。黃賀原犯罪名，現據臺灣道查明，係于洪添糾竊事主莊澄滄家臨時行强，案内該犯聽從行竊，未經得財畏懼先回，並不知洪添有行强情事，事後亦未分贜，是該犯原犯係竊盜未得財，如從按律罪止杖笞。

惟檢查臺灣鎮道審辦洪添臨時行强一案，原奏並未將入室搜贜犯名及有無畏懼先回之犯一一□□明晰，即是案夥犯陳斗等前供，道光二十三年七月初一日，聽從黃賀夥刦嘉義縣事主怡成號一案，據稱係陳斗等挾嫌誣報，究竟有何□接亦未接，該鎮道詳細□明，並恐該犯另有爲匪不法情事，必須行查明確方可定讞。惟行查各情與郭洸侯案無涉，且臺灣重洋遠隔，往返難以期報，現在郭洸侯全案人證俱已訊明，自未便因黄賀一犯案未查明至羈通案，除將黄賀藉留省監，臣一面飛飭該鎮道等確查具覆俟稟，到時由臣覈訊明確，另行辦理。告病臺灣鎮總兵昌伊蘇，臺灣道熊一本及臺灣府仝卜年等審辦此案。因洪協等先後獲案，均供指郭洸侯爲同夥，而洪協等滋事旗内又曾捏寫郭洸侯姓名，迨後該鎮帶兵剿辦被匪刦奪軍裝，攻撲營盤及開放溪水阻截路徑均在郭洸侯住莊附近。郭洸侯又始終抗官不出，以致接供奏報係屬准情辦理，且郭洸侯並未到官定罪，亦與審斷先入不同，可否仰乞聖恩寬免，交部議處之，□恭□欽定。前往臺灣縣閻炘徵收正供係照舊章折徵，並未格外浮勒。迨郭洸侯因圖減糧價不遂，糾衆買運壞穀□交，該縣復諭飭莊户齊帶契串赴倉交收，各莊户遷延不到致未辦結。因病卸事是穀石之本能迅速量收，實由郭洸侯等始終違抗尚□該縣辦理遲誤，惟業經部議革職，臣未敢再爲置議。案已訊明未到人證請免提質無乾省釋，名戳書信案結銷毁，逸犯劉取等飭緝獲行另結，是否允協，除備録全案供招咨部查覈外，所有遵旨稟訊定擬緣由，謹繕摺具奏，伏乞皇上聖鑒，敕部覈稟施行。謹奏。

道光二十六年十一月初九日奉硃批：該部議奏。片留中。欽此。

五、閩浙總督劉韵珂奏片：將無官可謀劣幕陳白齊等驅逐臺地不准逗留

[道光二十六年十一月初九日]，再，臣劉韵珂查臺灣人心浮動，政務殷繁，與内地情形迥然各別，不特官方亟宜澄叙，即幕官亦宜清釐，蓋官有宰治之權，而幕則有佐治之責也。臣于二十三年九月抵任後，因臺灣孤懸海外，遥制難周，遇有官紳人等内渡等來省，無不以官員之

賢否首先咨詢，並密委委員前往查察，凡現任正佐及在臺差委各員，如有不能稱職及不堪驅策者，即隨時分別撤条，以期地方吏治日有起色。至幕友一經應聘，無論錢穀刑名在在均關緊要（[硃批]：能如此，即不易得。），非品端學粹，謹慎自持之士，不足以資付託（[硃批]：人一句何堪，論及。）。臺地夙號殷阜，各署館修亦較内地豐裕，故以館爲生者率皆垂涎前往。然内地非無豐裕之館，使其品學俱優，必不致先館賦閑，其河險東渡者率多不能應聘之人。臣聞有丙辦書啓于刑錢公事均未諳習，而一至臺灣即自命爲熟悉刑名，圖得多脩者，並有其父兄服官臺郡。迨身故後無所歸宿，即寄寓郡域，圖覓刑名館席者接踵而往，日益加增。而各署需延之友又有定數，勢難格外延訂，以致各幕等聚集郡城紛紛待聘竟不下百人。遇有廳縣更易調動，各幕等易難保不鑽營求薦，即各該廳縣明知其學術空疏無所勗蓋，然獲礙于薦者情面，或推念夙昔交情，亦難保不酌議修全勉邀入幕，廳縣廉俸無多，何能以有限之經費作無益之開銷。是各幕等流寓郡城，即使廉隅自飭不預外，事已爲地方之纍，矧人心之不同，如面得館者尚可相安，而無館者必將抱怨。迨曠閑日久，資斧維艱，呼朋結黨，竟難保不遇事造謡。藉端興謗，更難保不勾串書差結交刁劣，狼狽爲奸，是各幕等盤踞郡城更爲地方之害。該地方官既受其纍，復受其害，何以均事姑容，不爲驅逐，迹其姑容之意，難保不因辦理庶務，有因時制宜，因地制宜，雖非循繩守脉，實係達變通權之事。深恐各幕等隨時默識，一經被逐，輒指其准情酌理之舉，爲違法營私之端，任意摭拾逞刁挾制，遂各不與爲難，箝口不言。臣慮及前情，後遣親信嚴密偵訪，查明閑居臺郡之幕，除陸續内渡外，尚有六十餘人，其沈志孔等三十二人業經先後病故，止有眷屬流寓郡城，勢難内渡。此外，尚有陳白齊等三十二人賢愚不等，均非刑名之才，自難任其聚處臺郡久而不歸，且臺郡人浮于事，無館可謀，若竟聽其流落异鄉，亦非所以示體恤。況海外重地，理宜承清，似此藏垢納污，更非杜漸防微之道。相應請旨，將陳白齊等三十二人一併驅逐内地，不准逗留臺地。惟各幕等猝然被逐，難保無復逞故智列欵刁告之人。如有其人，即請比照被劾人員，依挾私忿摭拾不干己事奏告之例，不問虛實立案不行。若固執原詞一再呈□，或被逐後復潛行渡臺，並請將該劣幕及潛渡之人均照建制律杖一百，加枷號一個月遞回原籍，交地方官嚴行管束。嗣後内地幕友除地方官延邀過臺不計外，其餘一概不准私自渡臺，若臺地官員並不認真驅逐，或任其私渡，即照徇庇失察例分别議處，庶各幕等知所儆畏，而該管有習既無需牽纍後自顧處分，自可實心遵辦，無所用其疑慮。臣于拜摺後即當抄錄摺稿，札飭臺灣鎮道及該管府縣遵照辦理，不許稍有稽延，致貽後患。臣明知此舉係屬怨府，然渥被殊恩膺，兹重寄衹知祛巖疆之弊，不能徇游幕之情也。至現在臺郡有館各幕多係各官延自内地，並無學疎行虧之人。臣仍當留心查察，如有前後异軌者，即隨時檄飭驅逐，不稍將就，是否有當，謹不揣冒昧據實附陳，並將已故現存各幕姓名分别開列清單，恭呈御覽，伏祈聖鑒訓示。謹奏。

道光二十六年十一月初九日奉硃批：興利除害，整飭海疆，不愧重寄也。另有旨。欽此。

六、閩浙總督劉韵珂奏片：赴閩各營校閱完竣先赴臺灣閱伍察看地方吏治

[道光二十六年十一月初九日]，再，臣劉韵珂前因臺灣郭洸侯案内犯證提解到省，須臣親督審翔，當經附摺陳明，請將閩浙兩省營伍緩俟，此案審結後再行定期按閱。兹于請覲摺内奉到諭旨："劉韵珂自于止閱閩浙營伍，完竣後回省再行前往臺灣閱伍。所有奏請陛見之處，自下屆再行奏請等因。欽此。"

查郭洸侯一案現已審明具奏，所有閩浙營伍自應遵旨按次校閱。

惟臺灣孤懸海外，不但營伍操防關係緊要，而地方庶務亦須及時查原，始免貽誤。且彰化縣所屬之水沙連六社生番，現俱獻地納款。經臣另摺奏報，如蒙允准收來試辦開墾，尤須臣親往查勘，方爲詳慎。第由省渡臺重洋八百餘里，每歲惟二三兩月潮汐較爲恬静，現已時届冬初，若俟止閲閩浙營伍，完竣後再行過臺，届計程期已在，明歲三月以後，彼時風信靡常，波濤汹涌，勢難剋期，□渡自不得不先。其初急將浙省營伍暫行緩閲，庶不致顧此失彼。臣擬定于十月二十日自省啓程，將閩省之長福、興化、泉州、同安、厦門、漳州、汀州、邵武、延平、建寧各營發兵，逐一校竣，即行回省趕將年終應辦公事料理清楚。于明歲二三月間前赴臺灣閲伍，察看地方吏治，並履勘水沙連番社及籌劃一切事宜，俟内渡後再赴浙省查閲。至臣啓程後署中日行事件仍照舊章，飭委藩司徐繼畬代摺代行，其緊要公事暨題諮案件均包□遞送行，次由臣自行撫辦，以昭慎重，是否有當，臣謹附片陳奏，伏祈聖鑒訓示。謹奏。

道光二十六年十一月初九日奉硃批：欽此。

七、閩浙總督劉韵珂奏片：委令曹士桂署理臺灣府淡水同知

[道光二十七年正月二十二日]，再查臺灣府淡水同知□往飭委彰化縣知縣黄開基代理，該員現已奉旨陞補臺灣府海防同知，應行給□送部引見，所遺淡水同知員缺應先委員接署，以便黄開基交印起程。查有新授臺灣府鹿港同知曹士桂明白幹練，才識俱優，堪以委署，該員甫經飭赴新任，並無承緝盗案，將届四□□□交分接番□兩習會詳前來，餘□飭遵照外臣等謹附片具奏，伏乞聖鑒。謹奏。

道光二十七年二月二十七日奉硃批：覽。欽此。

八、閩浙總督劉韵珂奏摺：遵旨保舉臺灣水師協副將陳顯生堪勝水師總兵

[道光二十七年正月二十七日]，閩浙總督臣劉韵珂跪奏：爲遵旨保舉堪勝水師總兵之副將恭摺奏祈聖鑒事。

竊准部諮欽奉上諭：現在記名應用水師總兵人員業經用竣，著兩江、閩浙、兩廣總督各于水師副將内即行遴選，堪勝總兵者保奏一二員送部引見，候朕記名以備用，該督等統轄全省營伍，平日自當留意真才，用儲干城之選，不得以無員可保一類塞責，至所保各員即著迅速送部引見，毋稍稽遲。欽此。

伏查總兵任膺專閫，水師責在巡洋，必須謀勇併備，練達有爲，而又曉暢營伍，熟悉洋政者，方足以資統率。臣于閩浙兩省額設水師副將五員内詳加遴選，查有陞署福建臺灣水師協副將陳顯生，年五十六歲，福建同安縣人，由行伍薦陞福建烽火門參將。道光二十六年二月臣因該員屢次在洋獲盗著績，奏准陞署今職，嗣于十月内覈辦副參等第，復將該員保列一等出考咨部。該員老成練達，明幹有爲，歷任水師三十餘年，洋面情形極爲熟悉，且曾委署金門鎮等，凡訓練兵技，巡緝海洋等事，亦俱能實心實力，認真整頓，堪勝水師總兵之任，理合遵旨保奏，如蒙命允，容俟命下給咨送部引見，恭候欽定，臣謹繕摺具奏，伏乞皇上聖鑒訓示。謹奏。

道光二十七年三月初二日奉硃批：著送部引見。欽此。

九、閩浙總督劉韵珂奏摺：安定邦陞署臺灣南路營將

[道光二十七年二月二十八日]，閩浙總督臣劉韵珂跪奏：爲臺灣陸路參將員缺緊要遴員，請旨陞署等摺奏祈聖鑒事。

竊照福建臺灣南路營參將餘耀龍病故遺缺，接准部諮，係陸路題補之缺，行令照例于臺地人員内揀選題補等因。臣查該參將駐紥鳳山縣城，山海交錯，民番雜處，撫馭巡防均關緊要，非勤幹有爲熟悉情形之員，不足以資整飭。臺灣陸路各營額設游擊四員，或先□告病，或歷俸未及，或已陞任參將，並無合例可題之人，而内地陸路參將，非現居要缺，即人地未宜，一時亦無堪調之員，惟查有臺灣鎮標中營游擊安定邦，年五十七歲，四川華陽縣人，由世襲雲騎尉歷陞今職。該員才具幹練，緝捕勤能。在臺幾及十年，于海外風土民情最爲熟悉，以之陞署南路營參將洵堪勝任。惟該員歷俸未及二年，與例稍有未符第，人地實在相需，例得專摺奏請在臺灣陸路武職缺出如無合例陞調之員，即以歷俸未及，奏准陞署者，歷有成案可循，合無仰懇天恩，俯念海疆要缺需員，准以臺灣鎮標中營游擊安定邦陞署臺灣南路營參將，實于地方營伍均有裨益，如蒙俞允，該員引見未及三年，應請毋庸送部，仍俟扣及歷俸年限，令請實授。臣謹會同福建水師提督臣竇振彪恭摺具奏，伏乞皇上聖鑒，勅部覈覆施行。謹奏。

道光二十七年四月初四日奉硃批：欽此。

一〇、閩浙總督劉韵珂奏摺：蔡凌標陞署臺灣鎮標右營游擊

[道光二十七年三月十七日]，閩浙總督臣劉韵珂跪奏：爲臺灣陸路游擊員缺緊要遴員，請旨陞署恭摺奏祈聖鑒事。

竊照福建臺灣慎（鎮）標右營游擊關桂因病開缺調理，所遺該游擊員缺接准部諮，係陸路題補之缺，行令照例于臺地人員内揀選題補等因。臣查該游擊駐紥臺灣府之南路口地方，山海交錯，營務殷繁，曾以閩粤民人謀居並處，撫馭巡防均關緊要，必須勤幹有爲，熟悉情形之員，方足以資彈壓。臺灣陸路各營額設都司四員，或甫經題陞未准部處，或准以部處尚未送部，並無合□可題之人，而内地各營游擊非現居

要缺，即人地未宜，一時亦無堪調之員。惟查有准陞臺灣南路下淡水營都司蔡凌標，年五十一歲，福建龍潭縣人，由行伍歷陞臺灣嘉義營守備，並于北路左營千總任内打仗出力，奉旨賞戴藍翎。道光二十三年三月題准陞補臺灣南路下淡水營都司，因緝捕緊要，未經給咨。該員才具明幹，緝捕勤能，歷任臺灣十有餘年，于臺地風土民情最爲熟悉，現□南路營參將事務，□理亦屬□，如以之陞補臺灣慎（鎮）標右路游擊洵堪勝任。惟該員陞補都司尚未送部，並無俸次可計，與請陞之例稍有未符第，人地實在相需，例得專摺奏請，合無仰懇天恩，俾念海疆要缺需員，准以都司蔡凌標陞署臺灣鎮標右營游擊，于地方營伍均有裨益。如蒙俞允，該員于陞補都司案内本應送部，應請候部之後刻日併案給諮，送部引見，恭候欽定，臣謹會同福建水師提督臣竇振彪恭摺具奏，伏乞皇上聖鑒，敕部議之後施行。謹奏。

道光二十七年四月十五日奉硃批：兵部謹奏。欽此。

一一、閩浙總督劉韵珂奏摺：查明臺灣鳳山縣新舊二城今昔情形請定新城爲縣治

[道光二十七年九月十五日]，閩浙總督臣劉韵珂跪奏：爲臺灣鳳山縣新舊二城參酌今昔情形，請定新城爲縣治，以順輿情而資控扼，恭摺奏祈聖鑒事。

竊惟建設城池，原所以保衛民生，捍禦寇患，固貴相度地利，尤貴體察輿情。地不適中，則難資策應；情不協順，則易啓怨。諮從古量地制邑，度地居民未有不使措施。胥得其宜，官民各安其所，而可致祥和之休者。臺灣鳳山縣城原建于興隆里地方，乾隆五十一年林爽文滋事失守，經欽差大學士公福康安以該處逼近龜山之麓，地勢低窪，居民甚少，氣象亦甚局促，奏請移駐埤頭插竹爲城。

迨嘉慶十一年蔡牽滋事，埤頭新城復又失守，經前任福州將軍賽沖阿，以埤頭户口無多，且距海口較遠，議請移回舊治，奏奉諭旨准行。旋于十五年及道光四年，前督臣方維甸、孫爾準先後至臺查勘，各以興隆里舊城基址介在龜、蛇兩山之間，龜山近臨雉堞，難于守禦，議照舊址移向東北，則距蛇山較遠，並將龜山圍入城中，以免敵人俯瞰。均經具摺陳奏，並經前臺灣道孔昭虔等勸諭，官民公捐銀兩。查照方維甸等原定界限建築石城，于道光六年八月一律完竣，厥後臺灣道府議留議遷迄無定論，而鳳山文武員弁亦因舊城卑濕，即在埤頭駐劄，未經遷移。

本年三月，臣奉命渡臺巡閲營伍，當查城垣爲一邑保障。究竟鳳山縣城應就何處爲是，必當查看情形斟酌定議，未便游移兩可，日久懸宕。正在勘辦間，即據鳳山縣闔邑紳耆士庶蔣鵬飛等赴臣行寓公同具呈。據稱興隆里現建石城，周圍八百六十餘丈，西南距海僅止二里，城内圍一龜山，計占全城之半，而城外之打鼓半屏二山，高與龜山相等，以致城内地勢如釜，且無溝洫泄水，一遇天雨，山水下注，即成巨浸。通城又止六井，内惟兩井，係屬淡水，餘俱咸澀，居民五百餘户，均苦卑濕，凡日用所需，悉皆取資埤頭。埤頭地居扼要，東至傀儡内山五十五里，西至東港海口二十里，南至峎嶠等處，北至臺邑大胡均六十里。山川平遠，局勢舒徐，四面村莊環繞拱衛，聲勢極爲聯絡。現在種竹成城，周圍一千三百餘丈，繞城均掘有濠溝，濠内疏引溪水，長年不竭，闔城居民八千餘户，市肆鱗比，商賈雲集，較之興隆舊城人烟寥落，難資守望者，情形迥殊。伊等田園廬墓現俱萃集于斯，懇請即以埤頭作爲鳳山縣治，俾資保護而免遷移等情具呈前來。臣當查賽沖阿于嘉慶十一年間奏請移回舊治，原案曾經採訪輿論，僉稱縣治應移回舊治爲善，即道光四年孫爾準渡臺查勘時傳詢士民，亦有埤頭不及興隆里，地勢塏爽之語，並聲明埤頭西南有水一道，穿城而過，夏秋之間水勢甚盛，居民咸苦潮濕等情，是賽沖阿等節次具奏，亦俱體訪民情，並不僅以形勢爲斷，何以該士民等先則异口同聲願回舊治，今又聯名吁叩求住新城？是否今昔形勢各有變遷，抑或另有別故，必須查詢明確，方可籌辦。臣遂傳集紳耆遍加咨詢。據稱嘉慶十一年間，前福州將軍渡臺查辦時，埤頭地方甫遭兵燹，故闔邑民人咸以居此爲危。及道光四年居民雖已復業，然距兵燹之時尚未甚久遠，以致民心仍多惶惑。今則生息蕃衍，相安已久，若欲他遷，殊多未便，且興隆里城内山水不時爲患，故各具詞求免遷移，並無他故。至埤頭西南之水，雖係穿城而過，第自前縣曹謹修治水利，將城外濠溝開濬深通之後，即已宣泄，有所無虞水災，亦無潮濕之苦等語，環跪哀求情甚迫切。

臣即諭令回歸，聽候勘明奏辦。一面飭隨帶員弁會同該縣馳赴新舊二城逐細履勘。嗣據該委員等會同署鳳山縣郭兆榮勘明繪圖呈覆覈，與蔣鵬飛等所呈無异。並據臺灣鎮總兵武攀鳳，臺灣道熊一本會督臺灣府知府仝卜年聯銜詳同前由。臣查鳳山縣城始則由興隆而請移埤頭，繼復由埤頭而請回興隆，先後陳奏雖不相同，而其實皆爲保民起見，故當請移埤頭，則曰興隆居民甚少，迨後請回興隆，則曰埤頭户口無多。可見兩次奏請，總以民居之多寡爲斷。今埤頭居民多至八千餘户，興隆居民不過五百餘餘家。若必遵循奏案，勉回興隆，勢將弃數千户而往就數百家，權衡輕重已覺失平。且設城雖以衛民，而實賴民自爲衛。現在興隆舊城人烟既極寥落，設一旦偶有寇警，恐數百家之人丁亦難資守禦。如因城已遷回，將埤頭居民亦諭令遷徒，無論舊城地窄，勢不能容。即有隙地，而該居民等移駐埤頭休養生聚已數十年，安土重遷，又誰肯輕去他鄉？兼之龜山屹立城中，大雨即成災浸，埤頭之民更不肯舍樂土而適危城。若謂埤頭距海較遠，不足以控制海口，則沿海州縣所在多有建立城垣，亦不必盡鄰海濱。矧自埤頭以至海口，相距僅二十里，朝發並無待夕至，防維亦甚易易。臣以兩城形勢而論，一則規模狹隘，一則氣局寛宏。而鳳邑所屬之枋寮、琅嶠、文賢、嘉祥港、東港、西各里，非民番雜處，即烟户繁多，撫馭巡防均關緊要。在興隆則僻處海隅，鞭長莫及。在埤頭則地當中道，兼顧匪難。是鳳山縣城論地利當移建埤頭，論輿情亦當移建埤頭也。既據該縣紳民蔣飛鵬等聯名呈叩，應請俯順輿情，仍援前欽差大學士公福康安奏請，移駐之案，即以埤頭地方作爲鳳山縣治，俾免遷移而資控扼，如蒙俞允，恭俟命下，再將埤頭應否改建磚石城垣，抑將興隆里原造石城拆運埤頭，應用及興隆里應否另行分防，同此外應辦一切事宜，統由臣檄飭該鎮道等詳慎妥議，次第奏辦。所有鳳山縣城請仍移駐埤頭緣由，臣謹會同福建撫臣徐繼畬合詞恭摺具奏，並將新舊二城繪具圖説，恭呈御覽，伏乞皇上聖鑒訓示。謹奏。

[硃批]：軍機大臣會同該部議奏。圖二件併發。

一二、閩浙總督劉韵珂奏摺：臺灣各營原設汛防不盡合宜請准酌量變通

[道光二十七年九月二十日]，閩浙總督臣劉韵珂跪奏：爲臺灣各營原設汛防間有今昔异宜之處，吁懇酌量變通，以資策應而壯聲威，恭摺奏祈聖鑒事。

竊照臺灣南北兩路設立水陸一十六營，其各營之中則又分設汛地安置弁兵，棋布星羅。立法本已周備，原無須另議紛更，然或地方情形今昔互异，如果控制實有未便，防禦不能得力，亦應量加損益，以爲因時制宜之計。本年三月，臣奉命渡臺巡閲營伍，凡經過營汛考覈員弁，無不以舊制相沿已久，有無先後異宜之處，留心諮訪，並于各營原設汛防中詳加稽察，有應添撥兵丁者，有應酌量移駐者；有原隸他營，諸形隔閡，必須改歸本營管轄者。統計全臺汛防所宜酌量變通者，惟阿公店、水底寮店、仔口、下加冬等四汛。查南路鳳山縣屬之阿公店汛向與崗山汛爲犄角。崗山地居扼要，相距縣城甚遠，即距臺郡亦有三十里之遥，且又逼近内山，盜匪最易出没，所藉爲聲援者，惟阿公店一汛。兹阿公店汛額設弁兵祗有外委一員，兵丁五名。以之巡防本汛，兵力尚形

單薄，更何能顧及崗山，自應派撥兵丁常川駐守。又水底藔汛亦係鳳山所屬地方，額設守備一員，把總一員，兵丁一百三十名。該處離鳳山埤頭新城六十里，當時民户殷繁，地方多事，巡緝操防不容或懈，故特設立守備，藉資彈壓。今則水底藔一帶安集綏敉，已迥非向日情形，原設防兵似可裁減，應請即于水底藔汛額兵一百三十名内抽出兵四十名添防阿公店汛，同阿公店汛額兵五名統交該汛外委管帶，至水底藔汛防兵既減，即無須守備駐劄。查該守備本係南路營參將管轄，該參將現駐埤頭城内，自應即將該守備同隨防之把總一併移駐埤頭，以守備作爲南路營參將，中軍兼管兵馬錢糧，其隨防之把總一員作爲埤頭存城把總。所有埤頭原設存城千總一員即請撥防水底藔汛，並將該汛裁賸額兵九十名統交該千總管帶，庶阿公店汛聲威較壯，足爲崗山策應，即水底藔汛留此多兵亦無虞單弱。又北路嘉義縣之店仔口汛額設外委一員，兵丁四十名，向歸臺灣城守營參將管轄，該參將駐紮郡城，遇有文武會辦事件，每因相隔寫遠，往返不能克期，而嘉義營參將駐紮嘉義，本可就近輿之商榷，無如該處汛地非其所轄，設有差調呼應，一有不靈，即難免遲誤事極，自應分别改隸方爲捷便。又下加冬汛係臺灣城守營管轄，額設守備一員，把總一員，兵丁一百三十三名，該處地當衝要，爲南北往來必經之路，稽查稍未周密，盗賊即行潛滋，以本汛之兵丁專防本汛之地面，調遣已覺不敷，矧又在此一百三十三名之内撥出兵丁分防哆囉□汛及戍守烏山頭、八槳溪、急水溪、鐵綫橋等塘，更虞顧此失彼。自應酌添兵丁以資防禦，應請將店仔口汛改歸嘉義營參將管轄，即于嘉義營額設弁兵内酌調外委一員，兵丁四十名撥防店仔口汛，並將該汛原設外委一員，兵丁四十名添防下加冬汛，仍歸臺灣城守營管轄。庶以本營所轄之兵丁分防本營所轄之汛地，即于各營額數調遣均無缺之，而各處汛防悉臻嚴整。以上四汛一經如此變通，則北路聲勢聯絡既可免縣營隔絶之虞。南路布置停匀，亦得收彼此應援之效，洵于地方營伍均有裨益。兹據臺灣鎮總兵武攀鳳，臺灣道熊一本會詳請奏前來，臣謹會同福建撫臣徐繼畬，水師提臣竇振彪合詞恭摺具奏，伏乞皇上聖鑒訓示。謹奏。

[硃批]：該部議奏。

一三、閩浙總督劉韵珂奏摺：甄別臺灣正佐雲霄同知玉庚等員才不勝任請分別勒休革職

[道光二十七年九月二十日]，閩浙總督臣劉韵珂跪奏：爲甄別臺灣正佐各官，請旨分別勒休革職，以肅吏治而飭官方，恭摺奏祈聖鑒事。

竊爲政在于得人，而臺灣地方尤貴得人，而治緣海外嚴疆壤地袤延，民番襍處，撫馭巡防均關緊要，不特現任正佐職守所係必須勤明篤實，膽識俱優之員方資整飭。即留臺差委各官均時有飭辦事件，及委署地方之責，非才明守潔，幹練有爲者亦不足以備任使。本年三月臣奉命渡臺巡閱營伍，凡大小文武員弁因公晋謁，無不于接見之餘留心查察，並于任事之處密爲採訪。内渡後曾將臺灣道熊一本不能勝任之處具奏請旨。其武職中如署艋舺營參將林得義等二十三員亦均歸于閱伍案内匯摺糸奏。兹復查有前請撤回之同知玉庚，年四十七歲，係正藍旗漢軍廕生，由筆帖式議叙選授福建沙縣知縣，陞補雲霄同知，因前曾委署淡水同知卸事後，即在臺郡差委。上年十月，臣查知該員辦事竭蹶不勝海外及雲霄同知之任。當經會同前福建撫臣鄭祖琛奏請，將該員撤回内地留省察看，並請將雲霄同知先行開缺，已蒙諭旨允准。因該員在臺尚有經手未完事件，故未内渡。臣此次在臺復加察看，該員情性虚浮，辦事顢頇，將來事竣回省未便再令他任。又候補知縣蔣律武，年五十八歲，江西鉛山縣人，由供事議叙從九簽掣福建，陞補建安縣縣丞，獲盜引見。奉旨以知縣用，于道光二十五年十月回省。即經委署臺灣鳳山縣，于二十七年二月初九日卸事。仍在臺郡差委。該員律己欠嚴，輿情不協，難勝民社之任。

又斗六門縣丞姚鐘瑞，年五十九歲，江蘇昭文縣人，由吏員捐納未入流，簽掣福建陞補今職。道光二十一年因拏獲逆匪江見滋事案内夥犯多名，奏奉諭旨賞戴藍翎。二十三年十月臺俸五年期滿，保薦以應陞之缺陞用。歷署笨港縣丞及代理嘉義縣並澎湖廳各篆務。該員年近六旬，精力漸衰，前在本任及代理各任内官聲平常，輿論未洽，以上三員應請一併勒令休致。又試用從九品陳兆棕，年三十二歲，浙江慈溪縣監生，捐納從九品，分發福建派赴臺灣差遣，歷署鳳山縣典史，下淡水縣丞、羅漢門巡檢，于道光二十六年九月間，因病詳諮回籍調理，聲明病痊尚堪起用，現尚未經啓程。該員才具平庸，居心卑鄙，前在下淡水縣丞任内辦公甚屬專擅。臣訪察既真，自未便因諮報在先，稍事遷就，應請將該員即行革職。此外，現任正署及差遣候補各員中均能奮勉從公，尚無不稱厥職及不堪委用之員。嗣後，臣仍當隨地隨時悉心體察，倘該員等始勤終怠，或竟先後异轍，即行據實嚴叅，斷不敢稍事姑容，致滋貽誤。所有甄別臺灣正佐各官緣由，臣謹會同福建撫臣徐繼畬恭摺具奏，伏乞皇上聖鑒訓示。

再，姚鐘瑞所遺斗六縣丞例應由外揀調，容臣檄飭福建藩司另行揀員，咨部調補，合併陳明。謹奏。

[硃批]：另有旨。

一四、閩浙總督劉韵珂奏摺：凌敬先調補福建臺灣鎮標中營守備

[道光二十七年九月二十日]，閩浙總督臣劉韵珂跪奏：爲臺灣陸路守備員缺緊要遴員，請旨調補。恭摺奏祈聖鑒事。

竊照臺灣鎮標中營守備黄毓得、臺灣城守營右軍守備郭得元均于本年閱伍案内，經臣奏請革職，所遺各缺係陸路題補之缺，例應于臺灣所屬人員内揀選題補，惟該二守備一則駐紮臺郡之中路口，一則駐紮下加冬汛地方，該二處濱海依山，地沖民雜，緝捕巡防最關緊要，非精明强幹奮勇有

爲之員弗克勝任。現任臺灣陸路千總非例應迴避，即人地未宜均未便遷就請補。惟查有陸路提標後營守備凌敬先，年五十六歲，廣東化州人，由行伍歷陞今職，于道光二十六年九月内領札任事。任内並無違礙事故，該員技藝優嫻，勤于緝捕，曾經獲盜著績，于臺灣風土人情亦甚熟悉，以之調補臺灣鎮標中營守備，洵堪勝任。又汀州鎮標中營守備梁進亭，年三十三歲，山西代州人，由武舉補授今職，于道光二十六年正月内領札任事，任内並無違礙事故。該員年壯技嫻，曉暢營伍，兼復熟悉臺地情形，以之調補臺灣城守營右軍守備亦堪勝任。惟臺灣所屬既有合例應陞之人，而黃毓得等開缺部文又尚未經奉到，遽以内地人員揀選請調，與例均有未符第。臺灣係海外巖疆，要缺未便久懸，且人地實在相需，例得專摺奏請，兼以此時臺屬各營正在委用需人之際，更未便遇事拘泥，致滋曠誤。合無仰懇天恩，俯念海疆要缺需員，准以陸路提標後營守備凌敬先調補臺灣鎮標中營，汀州鎮標中營守備梁進亭調補臺灣城守營右軍守備，實于地方營伍均有裨益。如蒙俞允，該員等係現任守備調補守備，銜缺相當，毋庸送部引見，是否有當。臣謹會同福建水師提督臣竇振彪，陸路提督臣徐華清合詞恭摺具奏，伏乞皇上聖鑒，勅部議覆施行。謹奏。

[硃批]：另有旨。

一五、閩浙總督劉韵珂奏摺：請以謝焜陞署福建澎湖水師協副將

[道光二十七年十一月十九日]，閩浙總督臣劉韵珂跪奏：爲外海水師副將員缺緊要遴員，請旨陞署恭摺奏祈聖鑒事。

竊照陞署福建澎湖水師協副將林瑞鳳病故，遺缺接准部諮係水師題補之缺，行令照例揀補。臣查澎湖孤懸海外，爲全臺門户，緝捕巡防最關緊要，非精明幹練熟悉情形之員，不足以資表率。臺灣澎湖水師叅將祇有艋舺營一缺，現任叅將蘇斐然籍隸本省，既與陞補之例不符，而應調之内地水師副將亦祇閩安協一缺。現任副將沈河清于澎湖地方洋面不

甚熟悉，又未便遷，就請調致滋貽悮。惟查有水師提標中軍条將謝焜，年五十歲，直隸天津縣人，由行伍歷陞今職。于道光二十六年閏五月間承領署札任事，任内並無違礙事故。該員曉暢水務，督緝有方，槍礮均極嫺熟，屢次在洋獲盜著績，前署閩安協副將，篆務辦理亦甚裕，如以之陞署澎湖協副將洵堪勝任，惟甫經陞署，尚未實授，並無俸次可計，與例稍有未符第。查從前水師副將缺出，因無合例可陞之員，即以未經實授者奏准陞署歷有成案可循。合無仰懇天恩。俯念水師人材難得，准以条將謝焜陞署福建澎湖協副將，于外海水師實有裨益，如蒙俞允，該員引見未滿三年，應請毋庸送部。臣謹會同福建水師提督臣竇振彪合詞恭摺具奏，伏乞皇上聖鑒，勅部議覆施行。謹奏。

[硃批]：另有旨。

一六、閩浙總督劉韵珂奏摺：臺灣應攤應銷軍需銀米各款

[道光二十七年十二月二十七日]，閩浙總督臣劉韵珂跪奏：爲臺灣勦辦械鬬及焚搶匪徒案内，動用銀米覈定銷攤各數恭摺奏祈聖鑒事。

竊照臺灣彰化縣地方，于道光二十四年八月間有漳籍民人孫返與泉籍民人陳結因賣菁起釁，各結黨羽，分類械鬬。其毘連彰化之嘉義縣所屬各莊亦有，漳泉兩籍民人聞風繼起，以致兩縣匪徒均各乘機造謠焚搶。經前任臺灣鎮總兵昌伊蘇，臺灣道熊一本會督臺灣府仝卜年等調募兵勇及屯弁屯丁馳往查辦，並在府庫内動支銀七萬六千八百三十九兩作爲軍需。飭委桃源巡檢冉正品經管糧臺事宜，其不敷銀兩，並飭各該廳縣先行籌墊。臣于接據仝卜年等禀報之後，當將辦理緣由附片具奏。嗣該鎮道等查辦完竣後，復經現任總兵武攀鳳會同熊一本恭摺奏報。欽奉上諭：府庫提墊軍需銀七萬六千八百三十九兩，著准其援照成案作正開銷，餘著該部議奏等因。欽此。遵即恭錄轉行，並飭將支用各款覈實造報。旋據委辦糧臺之桃源巡檢冉正品，並前任淡水同知曹謹、前署鹿

港同知黄開基、臺灣縣胡國榮、前署嘉義縣王德潤、代理嘉義縣姚鏞瑞各將用過銀米查造細册，呈經臺灣府仝卜年按款覈删，計共應銷應攤銀十五萬七千一百四十七兩七錢二分，米一千二百七十一石九斗三陞四合，由該府匯造册結，呈送覈銷。臣因該府請銷銀米爲數尚多，復飭省局司道悉心稽覈，覆加删減。兹據該司道等以臺灣府册造各款覈，與前辦成案均屬相符。惟國家經費有常，仍當力求節嗇，未便因該府先已駁删，遽准照數支銷，除米石一項係屬計口授食，應照例案覈銷。惟該府請銷米數按動碾倉穀之案，以一米二穀折算，計多米四十六石八斗五升七合五勺，應行照數剔除外，其動支銀數應請即照該府册報數目統以八折覈算，計應作正開銷銀三萬七千九百二兩七錢九分六釐，米一千二百二十五石七升六合五勺。又應動臺灣府庫緝匪生息銀七千六十三兩五錢，又應歸通臺道府廳縣攤廉捐補銀八萬七百四十九兩九錢四分二釐。以上統共應銷應攤銀一十二萬五千七百一十六兩二錢三分八釐，米一千二百二十五石七升六合五勺，此實于無可删減，之中格外節删委實不能再減，亦無絲粒浮冒等情，會詳請奏前來。臣查此次臺灣勦辦械鬬及焚搶匪徒，請銷各款内如給發官兵鄉勇並屯弁屯丁口糧工食，以及僱募義勇民船搭蓋草寮，擡運軍裝，添制器械，並城樓上燃燈照亮所需夫價工料，均與應辦成案相侔。現在請銷總數雖較臺灣鎮道原奏加增第，作正開銷之款數，止三萬七千餘兩。覈之該鎮道等奏准作正開銷銀數尚減少銀三萬八千餘兩。既據該司道等逐款覈明，並無浮冒，且復查照原報銀數酌量覈減，自應准其分别銷攤辦理，其由省酌減銀米同臺灣府覈删之項，應責令該道府等著落經手各員賠繳歸款。除飭查造細册另行照例題銷外，所有覈定應銷應攤銀米各數，臣謹會同福建撫臣徐繼畬合詞恭摺具奏，伏乞皇上聖鑒，勑部查照施行。

再，現請銷攤總數係按該府送到銷册分款覈摺以散合總，各有畸零，故照該府總數折減，計溢出銀一兩九錢三分八釐，合併陳明。謹奏。

[硃批]：户部議奏。

一七、閩浙總督劉韵珂奏摺：福建臺灣鎮總兵武攀鳳因病請開缺調理

[道光二十八年二月十三日]，閩浙總督臣劉韵珂跪奏：爲臺灣鎮總兵告病遺缺緊要，現已委員就近接署，請旨迅賜簡放以專責成，並酌舉所知，以備採擇，恭摺由驛馳奏，仰祈聖鑒事。

竊臣于道光二十八年二月十一日行抵建寧，途次接據臺灣鎮總兵武攀鳳稟稱，該鎮由侍衛洊陞山東登州鎮總兵，旋復蒙恩調補今職，于道光二十五年七月到臺任事，因前在閩省防堵夷務，起卧海濱，積受潮濕，腿足不時酸痛，惟精力尚可支持，不敢遽思引退。上年十一月間徇例巡閱南路營伍，中途感冒風寒，兼受山嵐瘴氣，回郡後頓覺心神恍惚，偏體發熱，醫治月餘病益加劇。現在腿足腫痛，不能展動，兼復氣逆上阻，時形暈迷，詢之醫生，據云係因氣血衰敗，致成氣阻痰喘之症，非安心調理不能就痊。該鎮因臺灣係海疆要缺，不敢以病軀戀棧，致有貽誤。業于十二月十五日恭摺由四百里奏懇開缺調理，應請先行委員接署，俾得交卸内渡等情，並據將摺稿鈔錄，呈送前來。臣查該鎮武攀鳳到臺任事兩載有餘，其訓練兵丁，整頓營伍，剿辦匪徒皆能勤奮。上年三月，臣閱伍至臺與該鎮不時接晤，該鎮曾以積受潮濕，兩腿不時酸痛之言，向臣面稟，臣當囑其及時調理，自可就痊。兹因感冒風寒，致腿疾復發增劇，兼又氣逆上阻，瀝情奏請開缺。臣察其所稟尚係實在情形。臺地民情浮動，若令病軀戀棧，恐致貽誤。自應先行委員接署，以資震懾。查臺灣北路協副將葉長春老成練達，任事實心，在臺年久，于該處風土民情極爲熟悉。曾經委署臺鎮辦理，克臻妥協。且彰化距府城不遠，委令就近接署無虞延誤。臣現已檄飭該副將遵照所遺副將員缺，即以嘉義營糸將吕大陞調署，並令准陞臺灣城守營糸將，常存署理嘉義營糸將，

篆務常存，所遺城守營參將缺以署北路右營游擊富興阿署理。富興阿遞遺各缺，即飭葉長春就所屬各營員酌量委署。惟臺灣鎮總兵員缺極爲緊要，並請皇上迅賜簡放，以重職守，而專責成第，知人善任。聖主自握妙權，而以人事君，臣子亦有常分。臺灣孤懸海外，民番錯處，地方素稱難治。臣又遠隔重洋，鞭長莫及，全在總兵與臺灣道府相機調度。而總兵統轄水陸責任尤重，是總兵之得人與否，即爲臺地安危所係。臣自抵閩任事以來，恐廑宵旰東顧之憂，即諮訪將材以備巖疆專閫之寄。謹就見聞所及，酌舉數員上供任使，除將銜名履歷才守政迹，另開清單敬呈御覽，恭候採擇外，臣謹繕摺具奏，伏乞皇上聖鑒訓示。

再，武攀鳳告病之摺，由驛遞報將次到京。臣因員缺關係重大，不敢稍事拘泥，亦即由驛上陳，冀免遲誤，合併陳明。謹奏。

[硃批]：另有旨。

一八、閩浙總督劉韵珂等奏摺：臺灣軍需報銷現已一律辦竣

[道光二十八年二月十九日]，閩浙總督臣劉韵珂、福建巡撫臣徐繼畬跪奏：爲臺灣軍需報銷現已一律辦竣，恭摺奏祈聖鑒事。

竊照臺灣前辦夷務所有一切防堵事宜，動用軍需銀兩。先經前督臣等在于省局撥解銀四十一萬五千兩，又洋銀三千圓，合銀二千一百五十七兩五錢四分。嗣因撥到銀兩不敷支發，復經該鎮道等奏請撥銀五十萬兩，又于道府廳縣各庫款内自行籌撥銀七萬四千八百九十九兩七錢九分三，共撥銀九十九萬二千五十七兩三錢三分。前據臺灣府取造營屬報銷各册結送省覈辦，當經臣等督同在局司道及各委員節次駁删，覈定應銷確數會摺奏蒙聖鑒在案。兹將動用各款業經逐一查覈明確，分門别類，查造細册，按款題銷完竣。計應請銷銀七十五萬七千一百七十八兩五錢九分二釐，米六萬九千七百六十七石二合五勺五抄，動支臺灣府庫緝匪生息銀一萬八千九百三十五兩三錢八分七釐，請攤捐

銀二十一萬二千七百八十三兩六錢八分一釐，統共應銷動支攤捐銀九十八萬八千八百九十七兩六錢六分，米六萬九千七百六十七石二合五勺五抄，内動碾倉穀米六千八百四十五石五合八勺五抄，又由該府縣籌款墊買米六萬二千九百二十一石九斗九升六合七勺。以上請銷銀兩應歸軍需款内作正開銷，動支府庫緝匪生息銀兩及動碾倉穀米石，應即查照臺灣歷辦軍需成案分别開除，其請攤之銀，並請查照前辦軍需成案照數攤捐歸補，仍匯同内地應攤各項通盤覈計，于通省司道府廳州縣各官養廉内，每百兩攤捐銀四兩。至臺灣府縣墊買米石當時係籌何款墊發，現應如何歸墊，應俟飭查明確，另行覈辦。兹據閩省報銷總局司道具詳，請奏前來。臣等復覈無异，謹合詞恭摺具奏，並將應銷動支攤捐各款目另開清單，恭呈御覽，伏乞皇上聖鑒，敕部覈復施行。

再，本案動撥軍需銀兩，除現准銷攤外，計尚餘銀三千一百五十九兩六錢七分，容臣等檄飭臺灣道府查明，如應歸補道庫備貯銀兩，即行提還清款，若無須歸補，即盡數提存藩庫造册報撥。其應扣一分平餘銀兩，除支銷養廉工夥等項外，計尚餘銀五百五十九兩五分八釐，應請匯入内地扣存平餘銀内一併報部撥用，合併陳明。謹奏。

[硃批]：該部議奏。單併發。

一九、閩浙總督劉韵珂等奏摺：新授福建臺灣道徐宗乾應否賞加按察使銜請旨

[道光二十八年二月十九日]閩浙總督臣劉韵珂、福建巡撫臣徐繼畬跪奏：爲徇例請旨加銜，恭摺奏祈聖鑒事。

竊照福建臺灣道員缺，欽奉諭旨：著徐宗乾補授等因。欽此欽遵。轉行到閩恭查。乾隆五十三年六月欽奉上諭：嗣後凡遇有補放臺灣道員者，俱著加按察使銜，俾得自行奏事等因。欽此。此後歷任臺灣道均蒙恩賞加銜。兹新授臺灣道徐宗乾業經抵閩，不日即可渡臺任事，可否仰乞聖恩，賞加按察使銜，俾得自行奏事之處。據福建藩臬兩司具詳，請奏前來，相應徇例，請旨恭候欽定。臣等謹合詞恭摺具奏，伏乞皇上聖鑒訓示。謹奏。

[硃批]：另有旨。

福建巡撫徐嗣曾奏摺

一、福建巡撫徐嗣曾奏摺：臺灣地方情形及籌辦一切事宜

[乾隆五十三年六月初四日]，福建巡撫臣徐嗣曾跪奏：爲臺灣地方情形及籌辦一切事宜恭摺奏聞事。

竊查臺灣四五月間雨澤應時，各處早稻先後成熟，半月以來天氣晴霽，及時刈獲登場，據各屬分晰稟報統計，全郡收成確有七分。播種晚禾之處亦已暢發可觀，番薯園蔬俱皆暢茂，米價漸次平減。自福康安内渡之後，大兵已全數凱旋，而各營挑撥戍兵及新增防汛，按照現定章程布置周密，民情甚爲寧貼。臣仍嚴飭文武員弁，實力搜孥餘匪，不得以蕩平日久稍滋疎縱。節據報獲股頭已有二十餘名，現在審訊明確即按法辦理具奏。其投誠等犯亦陸續傳齊，面審解送内地分别發遣安插，所有逆黨叛産委員分赴各村莊勘查。臣詳晰開列條款諭知妥辦，毋許顢頇遺漏，亦不得紛擾株連，統俟查明後彙册造報。至軍需報銷各案頭緒紛繁，臣每日親赴局中督催上緊清釐，内有開報款項與例懸殊者，即嚴飭駁查，毋使稍有浮冒，隨時造具清册咨送督臣李侍堯覆覈會題以歸覈實。現奉上諭：李永祺著革職留于臺灣辦理城工報銷等事，效力贖罪。欽此。查李永祺于上年七月内奉旨特派過臺承辦軍需事件，已將一載，經手款項甚多，自應仍令在局内稽查一切。另委護臺灣道楊廷理到局偬司其事，所有李永祺隨帶印信已飭委員賫送内地交新任，衹須凡局内文移稿案即用臺灣道印信以專責成。府城及嘉義二處議築土城，恭候批示。到日即行集料興工，彰化、鳳山、淡水等處城圍遵旨仍用莿竹栽插，繞城加浚深濠，分别移建添設石卡及各屬衙署、學宫、倉廒、監獄

等項工程，一面嚴飭該廳縣上緊購料，一面委員勘估召匠興修。至各營塘汛兵房久經坍塌，業經福康安與臣會商奏明借款興修，于前任鎮道、府、廳、縣名下著追歸款，現亦趕緊估辦，以整營制。查戍兵散處滋事最爲臺灣風俗之害，兹當肅清積弊之後，爲伊等籌劃居處，毋庸租賃民房，復蒙皇上優卹隆恩，于入官叛産内撥給租糧以資貼補。經臣等酌定具奏，先按名賞借銀二兩，該兵等益當感激奮勉。臣與總兵臣普吉保隨時嚴密稽查，如再有離伍游蕩玩法擾民之事，立即親提從重究治。（[硃批]：恐其不能彈壓，已命奎林代之矣，到彼當詳悉告知一切。）如澎湖戍兵拆屋抗官一案，情罪至爲重大，已嚴辦，另摺具奏，並出示曉諭各營汛，俾知儆惕。提臣蔡攀龍仍赴南路巡察後再行内渡，總兵普吉保現擬巡查北路，俟其旋郡，臣即前赴各屬親自查看埔地釐定、界址料理、熟番募補屯丁等事。所有臺灣地方寧謐及臣籌辦一切情形，謹繕摺具奏，伏乞皇上睿鑒。謹奏。

乾隆五十三年七月二十四日奉硃批：覽奏俱悉。欽此。

二、福建巡撫徐嗣曾奏摺：臺灣御制文碑亭後附建生祠

[乾隆五十三年七月初一日]，福建巡撫臣徐嗣曾跪奏：爲遵旨恭摺覆奏事。

本年六月二十六日欽奉上諭：著再傳諭該督等祇須遵照前旨于臺灣郡城、嘉義縣兩處建立生祠等因。欽此。伏思福康安等渡洋勳匪于三月之内迅奏蕩平，無一不出自睿謨廣運炳燭幾光。是以福康安在臺灣時與臣商定蒙恩賞立生祠，即于御制文碑亭之後附連建造，俾軍民往來瞻仰，既獲誦天語之光昭，復得見功臣之勇略，畏威懷德，觸目可以驚心。並于郡城南門内府學之南相度地址，負山面海，氣局最爲宏敞，居民朝夕經由之所，宜于興建而便觀瞻。隨即飭員就該處築平地基，一面赴内地採辦磚木，選擇寬大堅細石料，慎選石工以備鎸勒碑碣，業經會

摺奏蒙聖鑒。其嘉義縣内勒建生祠，臣于四月間到嘉義查勘城垣時亦即籌定城内適中之地，面諭該縣鳩工集料遵照府城内建祠立牌款式一體辦理，茲復欽奉上諭：前次發去之御制文三篇著傳諭福康安等暫緩鐫刻，俟此記事文發往一同敬謹摹勒等因。欽此。仰見我皇上勤政愛民諄諄詔示天章叠耀，海隅尤深感激榮幸。現就舊擬建亭處所再加展拓，共設碑碣四座，恭候御制文四篇，一併待發到日，即照依丈尺敬謹畫一鎸摹，凡聖主賞功罰罪，諸大端明慎用兵之至意，一一炳若日星。海外臣民蓋當感荷生成，惕然猛省，先是輯羣情而垂□禩。臣謹恭摺覆奏，並繪圖貼説，恭呈御覽，伏乞皇上睿鑒。謹奏。

乾隆五十三年八月初十日奉硃批：好，知道了。欽此。

三、福建巡撫徐嗣曾等奏摺：兵丁逞兇殺斃二命審明正法

[乾隆五十三年八月初四日]，福建巡撫臣徐嗣曾、臺灣鎮總兵臣普吉保跪奏：爲兵丁逞兇殺斃二命立即審明正法恭摺奏聞事。

本月初三日據鎮標右營游擊陳大恩等稟報該營兵丁鄭振在街殺死女人二口，現已拏獲解送臺灣府收禁審辦等情。臣等不勝駭异，查臺灣營伍廢弛，經痛加懲創之後，臣等復隨時訓飭該將弁等嚴行管束。近日以來各營内戍兵頗懷畏法安静，乃鄭振一犯膽敢于府城街市連殺二命，不法已極，且恐舊時惡習復又效尤滋弊，立即提解前來，親加嚴訊。緣鄭振係漳州右營兵丁，五十一年四月到臺灣换班，派在鎮標防守，向與李世認識。李世家内窩頓土娼等娘局騙圖利，彼時娼家多藉兵丁爲包庇，鄭振與等娘最好。李世任其往來情密，鄭振又因等娘勾引高求之妻選娘通姦，高求亦知情，縱客至。本年二月以後屢經出示曉諭，嚴禁兵丁游蕩，驅逐流娼。鄭振至等娘、選娘處皆被拒絶，並經李世面斥，告以現在官府查拏嚴緊，如再上門，定要稟官究治等語。鄭振思想前情頓變，心懷不甘，又偵知選娘轉與李世奸好，愈加忿恨，頓起殺機。于本

月望日午刻，身帶小刀突入李世家中將等娘砍斃，李世持刀格鬬，被鄭振推跌倒地將刀奪去，李世即跑至對門高求家躲避，鄭振返逼，選娘出而攔阻，即將選娘殺死，其時高求已外出，李世從後門奔逃，當經營弁將鄭振拏住。臣等提訊，據供前情不諱。查鄭振以戍兵宿娼，怙惡不知悛改，輒敢因拒絶懷恨連殺二命，實屬兇横藐法，未便片刻稽誅。臣等于審明後恭請王命，將該犯押赴市曹即行處斬，傳齊各營兵丁看視，以昭炯戒。李世窩娼肇釁，引誘□淫，亦非善類，僅依窩頓土娼例擬以仗徙，不足蔽辜，應比照逼勒婦人賣姦圖利例枷號三個月，杖一百，發雲貴、兩廣烟瘴少輕地方，以懲臺地惡習。高求縱妻通姦，照例仗九十。臺灣鎮標右營把總温至亨管束兵丁不嚴，即咨部斥革。直轄官游擊陳大恩、守備吴攀龍均請交部議處。臣等近在同城不能先事覺察，亦難辭咎，請旨一併交部察議。其歷任失察土娼各職名，查照另開咨部。謹合詞恭摺具奏，伏乞皇上睿鑒。謹奏。

乾隆五十三年九月初八日奉硃批：軍機大臣會同行在法司速議具奏。欽此。

四、福建巡撫徐嗣曾奏摺：懲治臺灣棍徒分别從重定擬

[乾隆五十三年八月初四日]，福建巡撫臣徐嗣曾跪奏：爲懲治臺灣棍徒分别從重定擬恭摺覆奏事。

竊臣接准廷寄奉上諭：臺灣無籍游民不安本分，武斷一方名爲羅漢脚，此等惡習最爲可惡，與四川嘓嚕匪犯無異。現經大加創懲之後，不可不實力查拏，隨時嚴辦，務使奸徒斂迹，盡絶根株，不復有此項名目，方爲安善等因。欽此。仰見我皇上懲暴安良以期海疆永靖之至意。臣查此等匪徒恃强生事，無所不爲，亦無類中不有，其最甚者，械鬬搶奪，至于傷人殺命而不顧。其次則武斷鄉曲，開賭窩娼，引誘局騙以圖財。又其次則被人哄誘入夥，不務本業，日以游蕩爲事。種種貽害閭

閭，實堪痛恨。當逆匪肆擾之時，大半率多從賊，經官兵臨陣殲戮及蕩平後，續獲正法者計已不少。此外或曾充義民肆其驕凌，或混迹平民逞其鬼蜮。臣于七月初審辦吴懷等仇殺七命一案，七月底審辦義民謝恭誣告人從賊一案，現又另摺奏擬陳光侯等糾夥殺命一案，皆係羅漢脚中之罪魁，曾經面加詰訊，該犯亦俱自認不諱。是其獷悍性成竟以羅漢脚名目，爲無庸避忌，緣向來惡習相沿，兵役庇縱，即有告發之案，地方官不加深究，僅照常例内擬，遂至肆行無忌，匪類日滋，亦當隨犯嚴懲，盡法處治。凡犯該死罪者概照光棍例立置重闢；凡犯該徒流以上者，概照棍徒擾害例發極邊烟瘴充軍。其正係被誘入夥犯止枷杖以下者，一概逐回原籍安插，面刺逐水字樣，不許再行越渡。如此區别嚴辦，炯戒昭然，俾共知羅漢脚之稱，其名甚惡，則愚民不爲誘惑，官役不敢輕縱，庶海外要地不復有此等匪徒聚處滋事，凡械鬭搶奪之風可期漸絶，而此項名目亦可消弭矣。現除陳光侯等各犯外，又經訪獲十餘名，俟審明所犯情節陸續奏咨辦理，所有分别從重定擬緣由，臣謹恭摺具奏，伏乞皇上睿鑒訓示。謹奏。

乾隆五十三年九月初八日奉硃批：軍機大臣會同行在法司速議具奏。欽此。

五、福建巡撫徐嗣曾奏摺（内閣外紀檔）：拏獲林再等請分别凌遲處斬（附件一）

[乾隆五十三年八月初十日]，福建巡撫臣徐嗣曾跪奏：爲拏獲股頭匪犯審明分别正法恭摺奏聞事。

竊查臺灣郡蕩平之後，凡在逃著名賊目，經福康安開列名單通行南北各路嚴拏，已獲十分之九，並以逆匪蔓延日久，夥黨衆多，凡賊中小頭目如所稱股頭者，一經訪查確實，即非單内所開亦嚴飭按名緝獲立正刑誅，以彰國憲。福康安内渡後，臣即照此辦理。查此等股頭匪夥非得受僞封官職，即自行竪旗糾衆，非逞兇刦殺焚搶，即爲賊科斂殃民，有一于此，罪在不赦，非如被賊脅從之輩，實緣身受威迫，莊被焚燒，一時無奈隨行，本非甘心附逆者可比。且蒙聖主如天好生，當大兵雲集之時，叠布恩綸，許以投誠者貸其一死，該犯等尚不悔罪來歸，東奔西竄妄思免脱，其情更爲可惡，必須嚴密搜拏毋絶根株，使海外不留餘孽。惟是人心初定，更不宜稍露張皇，萬一辦理不善，或義民貪功混報，或奸徒挾怨妄拏，甚或兵役藉端圖詐，擾及良民，尤不可不防其弊。（[硃批]：此想甚當。）臣仍嚴諭地方官等留心妥辦，遇有報獲匪犯即提解到郡親審，務使供情確鑿，質證顯然，以期無枉無縱。兹據各廳縣營員及差役義民人等拏獲林再等二十七犯，先後押解前來。臣逐一親提研訊，或受封僞職或打仗殺人，俱各供認不諱。又有書辦胡依庚、廣輝二犯，爲賊書寫僞示，登記賬目；衙役沈美一犯爲賊煮飯，並隨同發掘義民墳冢，（[硃批]：更可惡。）雖據俱供被賊脅從，並無得受僞封及打仗殺人情事，但該犯等係在官人役，竟甘附賊，亦難寬縱。臣于審明後即會同揔兵臣普吉保恭請王命，將各犯分別凌遲處斬。（[硃批]：是。）訖其供出賊夥及應行緣坐犯屬並飭嚴拏另辦。又查逸匪董喜、莊天畏、黄天養三犯，係緊要賊目、賊屬，仍嚴飭一併查拏，毋使漏網。所有臣審辦匪夥緣由，理合恭摺奏聞，除將各犯供詞咨部外，謹繕具名單恭呈御覽，伏乞皇上睿鑒。謹奏。

乾隆五十三年八月初十日奉硃批：該部知道。欽此。

再，查逆匪人犯自起事至蕩平之日，經將軍、參贊、提鎮以及各地方官等先後拏獲，或即就地辦理，或即解京審辦，統計已經正法有册可查者一千五百餘名，俱當按名清查叛産，緝拏犯屬。查當日軍營拏獲賊黨均係决不待時之犯，隨獲隨辦，其有無親屬財産未及詳晰訊明，現有名單可查，未便以供詞不備稍滋踈漏，且該犯等肆惡狡獪，即取有生供亦恐不實不盡。臣現飭各委員會同該地方官等衹須就開列姓名四處密訪嚴查，得有踪迹即有從此跟究。此等肆逆不法之徒，大半係羅淡脚匪類，隻身流寓在臺，查明籍貫一面密咨内地查其財産親屬，務期毋致疎縱。現准部咨：審辦解京者各犯，凡得受僞封者照大逆例凌遲處死，並無僞職者照謀叛律斬决。臣此次審辦各犯即照此分别正法，其緣坐家屬應即依正犯罪名按律問擬。凡正犯凌遲者，連坐之男犯概擬斬决；正犯斬决者，連坐之男犯流二千里安置，通案分晰查辦以歸劃一。至應擬斬决之犯，除年未及歲之犯應行解京閹割發給外圍當差外，其餘各犯若一概解京，重洋遠隔，恐途中有疎脱等事，未免徒滋紛擾，可否即監臺灣候旨辦理之處，仰祈聖明訓示。合併附片奏聞，伏乞聖鑒。謹奏。

同日奉硃批：知道了。欽此。

六、福建巡撫徐嗣曾奏摺（内閣外紀檔）：審明彰化仇殺七命之兇犯吴懷等分别正法

[乾隆五十三年八月初十日]，福建巡撫臣徐嗣曾跪奏：爲審明仇殺七命之兇犯分别正法按擬具奏事。

本年四月二十五日據彰化縣知縣宋　灝稟稱：乾隆五十二年九月廿捌日據縣民林媽乞報稱伊母林蕭氏、兄林永郎在伊姊夫吴有賀宅内被人殺死，並吴有賀一家男女五命均被殺害，于海邊尋獲伊母等五人尸身，尚有吴琪旺、吴珠娘兩幼尸，查無著落，不知兇犯踪迹，投同鄉保稟乞驗究等情。該縣即馳往驗明尸身，查勘吴有賀家内俱有血迹，該處係村居獨舍，左近無隣，時值賊匪肆擾，無從查緝兇犯，迨各路蕩平之後，正在勒限嚴拏。于本年三月初一日，據尸親林媽乞途遇莊鄰施論身穿烏布領褂，認係伊姊夫吴有賀所穿之衣，扭解到縣。經該縣訊出夥同吴懷、謝西、陳送等殺死兩家七命，係吴懷起意挾嫌謀殺。隨于三月十一日緝獲吴懷等各犯，稟請提審等情。臣以此等兇徒慘殺多命，罪大惡極，且犯案在兇徒逆匪滋事之時，恐其中另有别情，亟須嚴切根究，隨飭委員迅速提解到郡審辦。兹據該縣押解各犯及尸親人等同委員解送前來。臣督同道府等提犯逐一研訊，緣吴懷籍隸晋江，在臺灣耕種度日，與吴有賀同姓不宗。乾隆四十七年，漳泉民人械鬬，互相焚搶，吴有賀妻母林蕭氏赴縣控告吴懷搬搶物財，吴懷因並未搬搶，身受拖纍，心疑吴有賀從中主唆，積恨莫釋，旋值逆匪擾亂，即圖乘機報復。于五十二年九月二十六日探知林蕭氏同子林永郎在伊婿吴有賀家，吴懷頓起殺機，即往邀謝西、陳送、施論相幫。陳送、施論亦因械鬬案内被林蕭氏牽告挾恨，俱各應允。謝西貪圖重謝，亦即允從。初更時候各持防守腰刀，齊集吴有賀家中，陳送進門先將吴有賀殺死，吴有賀之妻吴林氏出而喊救，被吴懷砍斃，吴懷又趕入厨房，將吴有賀子女吴琪春、吴琪旺、吴珠娘一併亂砍致死。林蕭氏同子林永郎躲在厨房後面，謝西將林蕭氏殺死，施論將林永郎砍斃。該犯等商同將各尸首揀弃草港四溝海口，冀圖滅迹，復乘便攫取衣物各自潛回。至九月廿八日，尸親林媽乞以伊母、伊兄往吴有賀家許久不歸，前往探視。吴有賀家内寂無一人，查看廳屋及厨房地上俱有血迹，隨跟尋至海邊認獲林蕭氏、林永郎、吴有賀、吴林氏、吴琪春尸身，知係被人殺害，報縣緝兇未獲。旋據林媽乞從施論身穿領褂認係兇犯，解訊究續獲吴懷、謝西、陳送等犯于本年五月二十八日經該縣押解來郡。臣督同道府研訊，據供前情不諱，嚴加究詰，並無另有幫殺之人。惟查該犯等慘殺多命正在賊勢猖獗之時，安知非賊中黨夥逞兇戕害莊民，抑或死者有附賊不法情事，以致該犯等□殺無忌，均屬可疑。且據供因械鬬案内訐告搬搶懷嫌起釁，如果吴懷等搬搶屬實，當日該地方官即應從重究辦，何致留此兇頑，復于數年後釀成巨案？均須徹底根究以期無枉無縱。復加隔别研訊，據鄉保等僉供，該民等平日均係耕種謀生，委無從賊情事，至當年械鬬案内彰民林蕭氏家中被搶，因吴懷等均係泉人，懷疑具控，並無實據，訊之尸親林媽乞亦不能指實。並向各犯等窮詰至再，矢口不移，似無遁飾。查吴懷因懷挾訟嫌糾殺七命，該犯自行殺死吳林氏等一家四命，致令絶嗣，兇殘已極，吳懷合依律凌遲處死。該犯訊無子女，有妻周氏，照律例改發伊犂給厄魯特爲奴，仍查明財産給付尸親林媽乞收管，俟吳有賀立繼有人，飭令給領。陳送殺死吳有賀，謝西殺死林蕭氏，施論殺死林永郎，俱屬同惡相濟，陳送于押解到郡時中途患病在臺灣縣監病斃，謝西、施論均合依律擬斬立决。該犯等乘逆匪擾亂夥殺多人，情罪甚爲重大，未便稍稽顯戮。臣于審明後恭請王命，委城守參將穆騰額、署臺灣府徐夢麟將各犯押赴市曹分别正法，仍傳首犯事地方梟示，以昭炯戒。犯父吳耀年榷年老昏聵，訊非知情，但不能先事禁約伊子行兇，應照不應重律杖八十摺責三十板。已獲各尸業經領埋，未獲二尸仍飭查尋具報。陳送一犯係帶病進監，所有監斃職名並請免開。除將全案供招咨部查覈外，理合將審辦緣由恭摺具奏，伏乞皇上睿鑒。謹奏。

乾隆五十三年八月初十日奉硃批：該部知道。欽此。

福建巡撫王紹蘭奏摺

一、福建巡撫王紹蘭奏摺：巡閱臺灣抵臺日期並察看地方糧價等情形

[嘉慶二十一年五月初八日]，福建巡撫臣王紹蘭跪奏：爲恭報微臣巡閱臺灣，現在抵臺日期及察看地方寧謐、糧價平減緣由仰祈聖鑒事。

竊臣本年輪值巡臺，並前因臺地米價增昂及漳泉兩府糧價未能平減，臣與督臣汪志伊恐民食不敷，奏請酌撥延建邵三府屬倉穀十萬石，運往漳泉以備糶濟，並經臣恭摺奏明，于四月十五日帶印，由省起程馳赴厦門東渡在案。臣于拜摺後輕裝就道，經過福州府屬之福清縣及興化、泉州二府所屬地方，于十五、十六、十九、二十等日得有透雨，早禾雜糧俱極暢茂，惟距早收之期尚遠，米價未減。上游倉穀雖據俱報陸續運省，但由省轉運尚需時日。臣恐緩不濟急，隨飭泉州廳縣先行動碾本倉穀平糶，並檄飭漳州道府一律照辦，嚴禁胥差牙儈人等冒混滋弊。各該處有穀之家聞上游穀石運備糶濟，且有本處倉穀先行平糶，恐藏穀不能得價，亦各乘時出糶，市價頊減，又得澍雨頻霑，收成可期豐稔，民食無虞缺乏。臣即馳抵厦門，登舟候風。二十五日風色順利，同金門鎮總兵林孫督令本年臺澎各餉船一齊出口，初更以後將至黑水深洋，暴風大作，立刻收回守候風訊。嗣于五月初三日舟抵澎湖，臣當即校閲營伍，並察看地方安帖，糧價亦減上年秋間，偶被咸雨雜糧歉收，仰蒙恩旨，緩徵錢糧，海島編氓莫不頂感皇仁，同聲臚頌。當將澎餉交收，隨即乘潮開駛，上賴聖主洪福，初六日直抵臺灣，各餉船亦一同進口。所過海洋極爲寧静，惟查間有零星盜匪出没伺竊，經水師提督王得禄在洋

督緝，實力搜擒，總期悉數殲除，不留餘孽。臣到臺後接見臺灣鎮總兵武隆阿、臺灣道麋奇瑜、知府汪楠，詢問地方糧價情形，據稱三月間糧價甚貴，該道府勸諭郡城及南北各路紳衿殷户，輪日出米減價糶售，三月二十一日起，府倉亦碾穀平糶以濟民食，幸二麥豐收，得以及時接濟。四月望後鳳山縣屬早稻先已登場，現有運赴郡城及嘉漳等屬售賣，民食益加充裕，所有官紳平糶米廠均于四月下旬一律停止。刻下郡城糧價較之三月間已大爲平減。北路氣候較遲，早稻正當吐穗，自四月二十一、二十三及二十六七等日連得透雨，各屬普徧霑足，定可豐收等語。臣詳加諮訪，情形均屬相符。惟臺地民情素稱强悍浮動，當此米價昂貴之後，必須妥爲撫綏彈壓。臣于衿士耆老沿途迎謁，諭以聖天子垂念海外黎民，特派大臣輪年巡視，爾等士爲四民之首，務宜傳諭城鄉民衆，庶各安生業，毋得稍分氣類，動輒鬬狠滋事，向其剴切教導，並各酌量獎賞。該衿耆等均知感悚，現在閭閻綏靖，氣象恬熙，洵堪上紓聖廑。臣現先行閲看臺灣鎮標官兵，再往南北兩路次第校閲，直至噶瑪蘭周歷巡查，並隨地嚴諭所在文武加意偵緝朱毛俚等要犯，毋稍疎懈，被其潛匿境内致干嚴譴統。俟查閲全臺營伍完畢，分别等第，並徧查各處實在情形，密訪臺屬各官優劣，抽查保甲門牌及一切應辦事宜另行陳奏外，合將臣抵臺日期及地方寧謐、糧價平減緣由先行恭摺具奏，伏乞皇上睿鑒。再，臺灣遠隔重洋，臣謹循例由驛恭遞，合併陳明。謹奏。

[硃批]：知道了。

福建巡撫孫爾準奏摺

一、福建巡撫孫爾準清單：福建省臺灣府屬道光四年二麥收成分數

[道光四年五月十三日]，謹將福建省臺灣府屬一廳二縣道光四年二麥收成分數敬繕清單恭呈御覽，計開：淡水廳小麥收成八分有餘，大麥無種；彰化縣二麥收成八分；嘉義縣二麥收成七分有餘，以上一廳二縣統計收成八分。

[硃批]：覽。

二、福建巡撫孫爾準奏片：委任杜紹祁署理臺灣海防同知等各員缺

[道光四年五月十三日]，再，臺灣海防同知稽查鹿耳門出入商漁船隻、配運內地兵穀，最爲要缺。臣察看現任同知管遹儀才識拘謹、辦理竭蹷，人地未宜。茲當招商運米赴津喫緊之際，配船是其專責，恐致貽誤，應行撤回，另委練悉商情之員，以期辦理妥速。查有鳳山縣知縣杜紹祁廉幹公明，委署可期得力。其鳳山縣一缺，查有即用知縣劉功傑堪以委署。除檄飭遵照外，所有該同知管遹儀人尚謹飭，應請于內地相當之缺酌量補用，其所遺之缺容臣與督臣趙慎畛商酌遴員請補。理合附片奏聞，伏乞聖鑒。謹奏。

[硃批]：知道了。

三、福建巡撫孫爾準奏摺：臺灣府屬道光四年二麥收成分數

[道光四年五月十三日]，福建巡撫臣孫爾準跪奏：爲恭報臺灣府屬

二麥收成分數仰祈聖鑒事。

竊福建省内地各屬道光四年二麥收成分數經臣恭摺具奏聲明，飭催臺灣府屬趕緊查報在案。兹臣奏奉諭旨巡閲營伍到臺，據臺灣道查明收成分數，造册請奏前來。臣覆加查覈，除澎湖、噶瑪蘭二廳，臺灣、鳳山二縣向不栽種二麥外，所有淡水廳大麥無種，小麥收成八分有餘；彰化縣二麥收成八分；嘉義縣二麥收成七分有餘，合計一廳二縣收成八分。

臣謹恭摺奏聞，並繕清單敬呈御覽，伏乞皇上聖鑒。謹奏。

[硃批]：知道了。

四、福建巡撫孫爾準奏摺：特參署守備楊士高等怠玩疎縱營兵搶毁米船請議處

[道光四年五月二十九日]，福建巡撫臣孫爾準跪奏：爲特參約束不嚴營兵搶毁米船又不即拏要犯交出致被脱逃之怠玩疎縱各將弁，請旨革職審問並分别摘頂議處，勒限嚴緝以肅功令事。

竊臺灣縣商人李勝興赴鳳山僱有船户張瑞吉載米回郡，五月十六日晚驟遇風雨，于鹿耳門三鯤身地方擱淺。詎安平水師營兵在岸目擊不爲救護，反敢糾約同伍並沿海奸民于十七日黎明各持器械鳧水上船，將該船米石盡行搬搶，並將船隻拆毁，船夥二人向前攔阻，俱被其用刀棍拒傷。當經臺灣縣知縣李慎彝聞信選派差役馳往該處，當場拏獲兵丁翁萬成、楊媽成、辛有，民人鄭定、陳介、蔡魏六名，訊係兵丁翁正幅起意爲首，同姚韜等糾衆上船搶刦傷人等。供查水師兵丁有巡哨救援之責，今乃搶毁商民米船，目無法紀至此，實堪駭異。臣隨飭文武各官上緊緝拏滋事兵民，詗察各口岸，嚴防偷渡，並將首要各犯姓名開單移交臺灣鎮總兵明保，督率安平水師副將吴得勳，務令按名悉獲以憑從嚴究辦。續據營縣報獲兵丁翁世春等九名、民人許老等六名，經臺灣道孔昭虔督飭臺灣府方傳穟率同該縣逐加嚴訊，與翁萬成等所供約略相同，而指名要犯翁正幅等仍未弋獲。

查此案現訊情形，僉供起意爲首糾衆傷人各要犯俱係在營兵丁，民人因而附和，失事地方即在安平營本汛，距臺灣縣城十數里之遥，該縣于城内聞信選差馳往尚及獲犯，而本汛各員弁近在肘腋，平時漫無約束，臨事不爲禁止，又不當時拏獲一犯，迨經臣專札指名飭拏。兵丁係營員專司管帶，與遊民聚散無定者不同，乃一任其逊匿無蹤，非尋常失事之案可比，且難保無知情分贓及事後賄縱情事，必當嚴行參辦以昭炯戒。應請將署守備楊士高、許成安，把總趙世傑、許世藩先行斥革提問有無知情賄縱，審明定擬歸案辦理。署游擊方朝輝近在同營，全無覺察，請先行摘去頂戴，勒限一個月將犯事有名各要犯拏獲送交地方官，提同現犯研訊確情，詳請具奏按律懲辦，限滿無獲即請革職。副將吴得勳駐紮安平，爲統轄大員，不能防範于事前，又復玩縱于事後，亦請勒限一月督拏，届限無獲再行奏參請旨。臺灣鎮總兵明保，臺地水陸官兵盡歸統轄，責無旁貸，經臣屢次移催，僅以副將吴得勳並不拏犯爲詞，空文回覆，意存諉卸，咎實難辭，相應請旨交部議處。此案係營兵起意搶奪、沿海奸民聽糾附和，地方文職亦有應得處分，並飭查取職名于覆奏案内，照例附參，理合恭摺具奏，伏乞皇上聖鑒訓示施行。再，臣現在海外巡閲，循例由驛馳遞，合併陳明。謹奏。

[硃批]：查辦甚好，另有諭旨。

五、福建巡撫孫爾準奏摺：拏獲臺灣行刦盗犯李來等九名按律審擬

[道光四年六月十七日]，福建巡撫臣孫爾準跪奏：爲拏獲行刦盗犯按律審擬恭摺具奏事。

案據臺灣縣知縣李慎彝詳報：道光三年十一月二十六日夜，民人李意誠家被盗，砍門入室，將事主之父李助，工人陳四、潘養綑縛毆傷，搜刦銀錢衣飾而逸。會營勘驗估贜造册通報，經前臺灣道胡承珙批飭會

營勒拏贓盜，務獲解究。旋據該縣李慎彝禀報先後緝獲夥盜李來、劉光輝、林弄、張貢來、湯新興、陳冬烟、林尾仔、林芒港、林猫買九名，並據在臺聽候差遣之候補縣丞周璽禀報，遣丁購綫協同臺灣縣兵役首先盤獲首夥盜犯湯阻、陳拙、柯鬪、劉仲、鄧明、張長六名解縣。訊係湯阻起意爲首，糾同現獲各犯及在逃之施樓等行刦綑毆致傷事主不諱。經該縣李慎彝審明擬解，適臣巡視臺灣行抵郡城，據臺灣道孔昭虔轉據署臺灣府知府方傳穟覆審解勘前來，臣當即督同該道親提現犯覆鞫。緣湯阻住居臺灣縣，道光三年十一月二十四日，該犯途遇素識之陳拙、柯斗，各道貧難，湯阻稔知李意誠家道殷實，起意糾刦得財分用，與陳拙、柯斗商允，湯阻添糾現獲之林弄、劉仲、張長，在逃之施樓、沈續五人；陳拙轉糾現獲之李來、劉光輝、鄧明、湯新興並伊弟陳冬烟五人；柯斗轉糾現獲之林尾仔、張貢來、林芒港、林猫買，在逃之張泳桂五人，首夥共一十八人，于二十六日夜在舊厝地溪埔會齊分携刀棍、繩索、火炬，二更時分同至事主門首。湯阻派林弄、劉仲、張長、鄧明、湯新興、陳冬烟、林尾仔、張貢來、林芒港、林猫買、沈續、張泳桂等十二人在外把風接贓，湯阻用刀砍開籬門，同陳拙、柯斗、李來、劉光輝、施樓共六人進內。事主李意誠之父李助在更寮起捕，被湯阻推倒按縛，劉光輝用棍毆傷左肋脊背，湯阻亦用刀劃傷其右手背、左脚心，工人陳四、潘養聞聲出護，均被陳拙、柯斗、施樓綑縛，嚇禁聲張。該犯等入室搜刦銀物，遞交林弄等接收，同回湯阻家中，向林弄等告知綑毆事主、工人情由，查點贓物刦得番銀四百十六圓、銅錢八千文、紅帽二頂、頭布四條、綢布衣褲六十六件、銀鐲四對、銀戒指十二個。次日，湯阻將贓物携赴墟場賣與不識姓名人，得番銀三十四圓，連刦得番銀作大小股俵分，湯阻、陳拙、柯斗、李來、劉光輝、施樓六人各分大股，銀三十七圓、銅錢一千文，林弄等十二人各分小股，銀十九圓，剩錢二千文，湯阻留作夥食用度，各散。以上各情均據逐一供認嚴詰，此外委無另犯竊刦不法別案，逃後亦無爲匪及知情容留之人，矢口不移，案無遁飾。贓雖未獲，據供行刦月日、贓數及綑毆事主、工人情形悉與報案相符，正盜無疑。查律載强盜已行得財者不分首從皆斬，又例載臺灣盜刦之案罪應斬决者照江洋大盜例斬决梟示，又尋常盜刦未經傷人之夥犯其止在外了望接遞財物、行刦止此一次並無兇惡情狀者仍以情有可原免死發遣各等語。此案湯阻起意爲首糾刦刃傷事主，陳掽、柯斗、李來、劉光輝聽從轉糾夥黨，綑毆事主、工人，入室搜贓，均合依强盜已行得財律擬斬立决，臺灣海外重地，該犯等情罪重大，未便稽誅，臣于審明後即恭請王命檄委臺灣道孔昭虔、臺灣鎮標中營游擊楊俊將湯阻、陳掽、柯斗、李來、劉光輝五犯綁赴市曹處斬，仍傳首犯事地方懸竿梟示，以昭炯戒。林弄、劉仲、張長、鄧明、湯新興、陳冬烟、林尾仔、張貢來、林芒港、林猫買等十犯，訊止在外把風接贓，行刦亦止一次，尚屬情有可原，應請照免死發遣例發往新疆給官兵爲奴，仍各照例刺字。失察子弟爲盜之父兄及各牌保，飭縣拘責。盜械丢弃請免追起。贓銀據供花用，查明有無盜産資財，估變追賠。買贓之不識姓名人，請免查拘。逸犯施樓等飭緝獲日另結。本案首夥盜犯十八名，于疎防限内拏獲首夥盜犯十五名，獲犯過半兼獲盜首，所有文武疎防各職名應請照例免參，再候補縣丞周璽係撥臺差遣人員，于臺灣縣民李意誠被刦一案首先拏獲斬梟盜首湯阻並陳掽、柯斗三名，遣犯劉仲、鄧明、張長三名，緝捕尚知奮勉，應請照例給咨送部引見，仰懇天恩，可否量予鼓勵之處，出自皇上逾格鴻慈。除備錄全案供招咨部外，合將審擬緣由恭摺具奏，伏乞皇上聖鑒，勅部覈覆施行。謹奏。

[硃批]：刑部議奏。

六、福建巡撫孫爾準奏摺：審明臺灣兵民搶奪遭風擱淺米船分别定擬

[道光四年六月十七日]，福建巡撫臣孫爾準跪奏：爲審明沿海兵民搶奪遭風擱淺米船分别定擬具奏，仰祈聖鑒事。

竊臣于道光四年五月初三日到臺巡閲營伍地方，是月十七日有船户張瑞吉由鳳山縣載米赴郡，行至鹿耳門三鯤身地方，船身遭風擱淺，被該處水兵搬搶米包、拆毁船隻，復指使附近兵民撈搶。經臺灣道府縣稟報，並據臺灣縣知縣李慎彝選差馳往，登時獲到兵丁翁萬成、楊媽成、辛有，民人蔡魏、鄭定、陳介六名，又續獲兵丁翁世春並民人許老等。經該道府縣先後查訊，僉供係兵丁翁正幅起意爲首糾同姚韜等搶奪傷人，因要犯翁正幅等係在營兵丁，失事地方即在安平營本汛，當經臣恭摺參奏，將臺灣水師協中營署守備楊士高、左營守備許成安、中營把總趙世傑、左營把總許世藩先行斥革提問，署游擊方朝輝摘去頂戴並將安平協副將吴得勳、臺灣鎮總兵明保請旨分别勒限督緝，並交部議處在案。

旋據該副將吴得勳督同署游擊方朝輝等于一月限内將要犯翁正幅、姚韜、翁振並同搶各兵先後緝獲，又據臺灣縣續獲同搶民人李輝等各犯解經臺灣道孔昭虔，據署臺灣府知府方傳穟督同該縣覆訊確情，按律定擬解勘前來，臣隨督同該道提犯親加研鞫。緣翁正幅籍隸同安縣，充當金門鎮標左營水兵，道光二年换班來臺，派撥臺協水師中營巡哨，該營駐紮安平海口。本年五月十六日，有臺灣縣商人李勝興僱張瑞吉彭船自鳳山縣載米回郡，于是日晚間驟遇風雨飄至鹿耳門三鯤身海邊擱淺。十七日黎明，張瑞吉因船身沉重恐被礁石觸損，將米包拋弃水中，船中尚存米一百餘包，當留水手劉希、楊葉二人在船看守，自同舵水上岸分頭知會米主及船行夥伴前去保護。翁正幅在海邊巡哨瞥見，起意搶奪，隨即糾邀現獲兵丁姚韜、翁振入夥同行。翁正幅順携兵夥翁得興腰刀，姚韜帶片刀，翁振持斧一同鳧水上船。水手劉希、楊業見其持械，畏兇不敢阻禦，各自跳水逃走。翁正幅等隨搶米二十包，牽得海邊漁人竹筏，搬載上岸。其時，船身已被水底礁石擱漏，水涌入船。翁正幅、姚韜、翁振希圖裝點滅迹，即乘勢用刀斧將船皮拆毁，船即沉溺。適有兵丁翁世春、翁得興、翁得成踵至。翁正幅指稱沉溺船内尚有米包可搶。

翁世春、翁得興、翁得成三犯隨各鳧水，撈得米包搬取上岸，正值該船户張瑞吉邀夥五人趕至喊阻，翁正幅用刀拒傷船夥吴漏左眉，姚韜用刀拒傷船夥吴實頂心顖門，翁世春、翁得興、翁得成亦用竹棍各自拒傷吴漏、吴實右腿、右手腕等處，船户張瑞吉等隨俱退避。時有兵丁翁萬成、黄柳、楊媽成、張幗泰、何進興、許發春、李榮、李榮成，民人李輝、蔡魏、鄭定、陳介、袁良、陳受、許老及在逃兵丁翁元春、翁成發、李名山、鄭安得，民人涼仔、八仔、苗光喜、歐大砲、尚仔等陸續走到，俱在海邊看望。翁正幅因見人多，恐被兵夥張揚稟究，當稱破船内尚有濕米，指使翁萬成等在于水中撈搶，各自運回。翁正幅遺落腰刀，被該船户拾獲繳縣，又有近地民人歐玉同子歐光英，代在逃之涼仔挑米回家，各分得米三斗。又兵丁辛有一名續後走到，未經搶米即被弋獲各等情。屢審供認不諱，傳到船户張瑞吉質訊相符。

臣查船户張瑞吉被搶處所即係安平本汛兵民聚居之地，該管備弁何以毫無聞見，並不立時禁阻救護，又不實時拏獲一人，難保無同謀分贜情事。復提該備弁等嚴行究詰，據供實係該兵丁翁正幅等于十七日黎明巡哨時查知米船擱淺，天色甚早，失事地方雖在本汛，而訊房距海口尚有三里之遥。各該備弁俱在訊房，並無聞見。翁正幅等搶搬米石，自知有罪，旋即逃避，以致未能及時弋獲。現在翁正幅等俱已先後獲到，如有知情分贜之事，該兵等現已獲案究辦，何肯代爲隱瞞等語。提質翁正幅等供亦相同，再三嚴詰，矢口不移，案無遁飾。

查例載大江洋海出哨兵丁遇商船遭風著淺不致覆溺，不爲救護反搶取財物拆毁船隻者，按江洋大盜例，不分首從斬決梟示；見船覆溺，搶取貨物傷人，如刃傷及折傷以上者，斬監候，傷非金刃傷輕平復者，發極邊烟瘴充軍；未傷人者，爲首照搶奪律加一等，杖一百，流二千里，爲從杖一百，徒三年。又邊海居民及採捕船户乘危搶奪，但經得財並未傷人者，均照搶奪本律加一等，杖一百，流二千里；爲從，各杖一百，徒三年。又年十五歲犯流罪以下者，准其收贖一次各等語。此案張瑞吉船隻在海口遭風擱淺，尚未覆溺。翁正幅、姚韜、翁振三人均係巡哨兵丁，膽敢持械上船搶米，又乘勢拆毁船隻以致沉溺，實屬目無法紀，自應照例治罪以示創懲。翁正幅等搶米二十包，估值贜銀五十二兩，按律罪止滿徒，及爲首指使兵民于船隻覆溺後撈搶米包，罪應擬流，並搶奪刃傷船夥，罪應斬監候不議外，翁正幅、姚韜、翁振三犯均合依大江洋海出哨兵丁遇商船遭風著淺不致覆溺，不爲救護反搶取財物拆毁船隻，不分首從斬决梟示例斬决梟示。臺灣爲海外要地，該犯等情罪重大，未便稽誅，臣于審明後即恭請王命，檄委臺灣道孔昭虔、臺灣鎮標中營游擊楊俊將該犯翁正幅、姚韜、翁振三名綁赴市曹處斬，仍傳首于犯事地方懸竿梟示，俾營汛兵丁觸目警心，咸知儆懼。兵丁翁世春、翁得興、翁得成三犯見船隻沉溺，續往搶米，用竹棍各自拒傷船夥，除各搶米二三包計贜輕罪不議外，均合依出哨兵丁遇商船遭風著淺，見船覆溺搶取貨物傷人，傷非金刃傷輕平復例發極邊烟瘴充軍，照例刺字，該犯等年未五十，毋庸改發。兵丁翁萬成等八犯，民人李輝等七犯于船已沉溺及翁正幅等拒捕傷人之後，聽從翁正幅指使撈搶米包，自應仍按未傷人爲從各本例問擬。除各犯搶米一二包不等，計贜輕罪不議外，兵丁翁萬成、黄柳、楊媽成、張幗泰、何進興、許發春、李榮、李榮成照出哨兵丁見船覆溺，搶取貨物未傷人爲從，與民人李輝、蔡魏、鄭定、陳介、袁良、陳受、許老照乘危搶奪得財並未傷人爲從，情罪相等，應各照例杖一百，徒三年，與翁萬成等分別定地發配，折責安置。兵丁辛有獨往圖搶，未經得財，罪止擬笞。民人歐玉、歐光英代搶犯涼仔挑米，各分得米三斗，計贜准竊盜論，罪止杖六十，尚覺情浮于法。辛有、歐玉、歐光英三犯均請照不應重律，各杖八十，加枷號一個月。歐光英年僅十五，照律收贖。辛有仍革除名糧，遞籍管束。失察民人爲匪之牌保同各犯父兄分别拘責。翁正幅所執腰刀查係軍械，案結還營配用。姚韜片刀、翁振鐵斧及翁世春等拒捕竹棍據供丟弃，免其追繳。各犯兵所遺糧缺，飭營挑補已起贓米給主承領，未起之贓及毁失船米于各犯名下查明財産，分别估變追賠。本案搶米拆船首夥兵丁三名俱已就獲；其船隻覆溺後續往搶米及搶後分贓並搶奪未經得財兵民共三十名，已獲二十一名，統計獲犯過半兼獲首犯，所有文職疎防職名應請免開。船夥吴實、吴漏傷經平復，應毋庸議。逸犯翁元春等獲日另結。再該管備弁楊士高、許成安、趙世傑、許世藩于所轄營兵搶毁遭風米船，雖訊無知情分贓情事，平日漫無約束，以致兵丁肆無忌憚，釀成巨案，應請仍照原參革職，不准開復。署游擊事守備方朝輝、副將吴得勳雖于限内將指名要犯全獲，惟未能先事預防，亦難辭咎，方朝輝應請降爲千總以觀後效，吴得勳仍應請旨交部議處。

除備錄全案供招咨部外，所有獲犯審明定擬緣由，臣謹恭摺具奏，伏乞皇上聖鑒，敕部覈覆施行。謹奏。

[硃批]：另有旨。

七、福建巡撫孫爾準奏摺：巡閱臺灣地方情形並應行籌辦各事宜

[道光四年七月初九日]，福建巡撫臣孫爾準跪奏：爲巡閱臺灣地方情形並應行籌辦各事宜恭摺具奏，仰祈聖鑒事。

竊臣奏奉諭准過臺巡閱，兹已自南至北徧歷一周。隨處留心諮訪，除考閱營伍另摺陳奏外，臣查臺灣處大海之中，以澎湖爲門户，距澎湖海程五更，約三百里，其地西臨鉅海，東倚連山，其山内山後皆係生番所居不通往來。郡縣所隸之地，東西自山麓至海濱約二三十里及六七十里不等。自極南鳳山縣之沙馬磯頭起至極北淡水廳之艋舺止，袤延一千餘里，皆係坦途。自艋舺至噶瑪蘭之南關，三百餘里，越三貂、嶐嶐二嶺，山峻路險，則自東折而向南已在連山之後矣。此全臺之形勢也。

南路鳳山縣氣候最暖，四月間，早稻即已登場。迤邐而北，爲臺

灣嘉義、彰化諸縣，淡水一廳，氣候漸寒。至山後噶瑪蘭最冷，收獲較遲，縣治幅員臺灣最小，袤僅四十里，廣六十餘里，嘉義、彰化適居其中，氣象開廓，土地肥饒。而郡城乃設于臺灣縣者，緣其初衹有鹿耳門一口可通舟楫，嗣後添設鹿仔港、八里坌兩口。目前鹿仔港口門沙淤，漸行淺狹，舟行頗難，而內山谿水奔滙入海，別開一港，介在嘉義、彰化之間，名曰五條港。臣紆道前往履勘，寬約數里，港水甚深，數千石之巨舟通行無滯。現據臺灣道府詳請將五條港開設正口，則商賈稱便而于配運官穀尤爲大有裨益，否則口廣水深不能禁其出入，私渡必多，難資防範。又噶瑪蘭僻居山後，重巖峻嶺，負戴難行，不通百貨，而該處並無出產，取資于外來之物甚多，其地有烏石港加禮遠港皆可通四五百石小舟，亦須設爲正口，以通貿易而便稽查。俱俟臣回省與督臣趙慎畛妥商有無格礙，再行具奏辦理。

臺地民人向係漳、泉、粵三籍，各分氣類，動輒械争，其實有田有廬之人類皆畏事，野處農民尤爲樸願，惟有孤身游手尋工覓食之輩喜滋事端，無識者從而附和，近亦頗知畏法第。游民既多，盜賊猶不免，時有竊發。現經道府督飭所屬廳員嚴緊緝捕，獲盜頗多。又于保甲之外，力行清莊之法，選平時爲衆所信服之人，令其各就本莊挨户清查，毋許容留匪類。並按户輪派壯丁夜間擊柝巡邏，一有賊盜，鳴鉦共捕，互爲聲援，與內地所辦連結之法相似。臣到處抽查門牌丁口，大略相符。沿途鄉村耆老迎接，詢以地方情形，俱稱安靜。早稻均已收齊，約有七八分不等，晚禾俱經栽種，一望青葱園蔬雜糧亦均芃茂。諄飭廳縣勸諭商販源源運米接濟漳泉民食，至應買補從前內地及臺灣動缺倉穀，因天津米石甫經運竣，據該道府詳請暫緩採買，應請准其俟冬間晚收之後，再行察看，斟酌辦理。

途中多有生童接見者，叩其所學，緣地無書籍見聞未免孤陋。淡水以北，則如《十三經注疏》、《二十一史》俱稱聞其名而未見其書。臣許以回省購寄，分貯學宫、書院，俾得就閲，均各色喜。

所有生番伏處内山，無由得見，各路熟番屯丁俱有屯弁、通事、土目人等帶領迎候。臣賞以銀牌、紅布等物，令其通事剴切傳諭宣揚聖主德威，勉以守法安業。該番等咸知感悚，間有以民番交涉田園事件呈訴者，臣立飭有司傳訊清理。大約番性惷愚，其初爲漢奸所誘，將田典當漢奸，佃種其後，欠租占踞久假不歸皆不能免。查番丁田業免輸租税例不許漢人典賣，實國家矜卹番黎之至意，豈容漢奸違例謀占？杜其衣食之原所關甚大，因即嚴飭，將田追還原主管業，其謀占之人按律懲究。屯餉一項散給屯丁、屯弁支領之外，尚有赢餘。嗣因水沖沙壓，番丁又不善經理，多有荒廢，前經督臣趙慎畛附片奏明，飭委臺防鹿港二廳查辦。

臣詢據二廳面禀，屯餉埔地皆近山畸零之地，非履勘丈量不能劃清經界，應俟收獲之後方可履畝丈量。臣諄囑其實力奉行秉公勘丈，仍查照督臣原奏，俟辦竣後妥議具奏。至城垣爲地方保障，臺地沙土浮鬆，性不膠粘，兼以不時地震，城垣易于損壞。向惟郡城及嘉義縣設有磚城，臣周歷閲視，間有被雨淋塌之處，即飭修補。其彰化縣城係該縣紳士殷户捐建，本年四月間甫經落成。臣順道履勘，委屬工堅料實，足資捍衛。又鳳山縣舊城在興隆里，因乾隆五十二年林爽文滋事焚燬，移治埤頭，栽竹爲城。從前議築磚城，或謂宜在興隆里，或謂宜在埤頭，屢飭道府勘辦，所見不同，迄無定論。臣往兩處查勘，埤頭地勢散漫全無形勝，且有埤水一道，自西南來穿城而過，夏秋之間水勢甚盛，故西南一隅俱係浮沙，城基斷難堅固。因傳集士民詢其願在何處建城，僉稱埤頭土薄水淺，地苦潮濕，不如舊城。興隆里地勢塏爽，沙迴氣聚，臣查勘興隆里舊城雖已殘廢尚有基址可辨。其地介居龜蛇兩山之間，龜山近臨雉堞，俯瞰城中，是以難于守禦。然不過培塿之山並非高峻，移城稍向東北則去蛇山較遠，將龜山圍入城中，居高臨下實據形勝，隨令度以弓丈，計周圍一千餘丈，較舊城基址八百餘丈，僅增二百丈。該處距郡城不及百里聲勢聯絡；距海口五里便于控制。惟工程頗巨，國家經費有常，未便濫請，容俟另行籌措。噶瑪蘭原議栽種九芎樹爲城，據通判吕志恒禀稱經前任屢次栽種不能生根，難望長成，現栽莿竹，業已周密。臣往履勘，四門城樓俱已建設整齊，竹外周圍壕溝一道寬約五六尺頗爲深通，竹内建有土墻高僅四尺。詢據該倅及該處工匠僉稱沙性浮鬆不粘，遇雨即有坍卸，隨坍隨修，數年之後土漸堅凝，逐漸加高方能鞏固。臣察覈情形尚非虚語。以上鳳山縣城尚待籌款，興築噶瑪蘭土城工程未竣，彰化縣磚城業已竣工，現飭該縣造具實用工料並捐户姓名、銀數清册，均俟回省與督臣趙慎畛商酌連銜具奏。

至于整飭吏治，綏靖海疆，鎮道府三人均關緊要。臺灣鎮明保業已丁艱，接督臣趙慎畛知會欽奉上諭令臣等于總兵各員内保舉一員，奏請調補，容臣會商督臣另行保奏。臺灣道孔昭虔、臺灣府方傳穟于公事盡心講求，俱能知衷商榷，率屬有方；廳縣内除臺防同知管遹儀不勝要缺，業經臣于抵臺後附片奏請撤回内地酌量補用外，餘俱因海外要地慎選調補，現無不能勝任之員。教職佐雜及試用各員俱以徧經接見，詢事考言加以訪察，内有鳳山縣下淡水縣丞叚光煃，人地未宜應即飭回内地，其撥臺差遣各員内有不能勤慎之員亦即飭令内渡再行察看，餘俱勘循分供職。

所有臣沿途察看地方情形，年穀順成，民番樂業，全境敉綏，堪以上紓聖廑，理合恭摺具奏，伏乞皇上聖鑒。臣拜發奏摺後，即由噶瑪蘭回至滬尾，登舟出八里岔口内渡，合併陳明。謹奏。

[硃批]：知道了。

八、福建巡撫孫爾準奏摺：巡閲臺灣澎湖各營官兵技藝情形並分别等第拔擢降革

[道光四年七月初九日]，福建巡撫臣孫爾準跪奏：爲恭報微臣巡閲

臺灣、澎湖各營官兵事竣分别拔擢降革恭摺具奏，仰祈聖鑒事。

竊臣于道光四年正月陳奏請于四月間過臺校閲營伍，就便查辦地方事件，恭奉硃批：知道了。欽此。又經臣將由省帶印起程，及到澎湖、臺灣各日期先後奏報並附片奏明考校各營官兵等第，俟通臺閲竣統行具奏在案。

臣抵臺後，適值霖雨浹旬，校場積水未消，難于校閲。臣即暫住郡城，遵旨召募商民販米運赴天津，以裕民食而平市價。至五月十四五日，天色暢晴，校閲臺灣鎮標中左右城守並臺協水師中左右等營陸操。十九日，校閲水師中左右三營水操。隨赴鳳山縣校閲南路並下淡水營官兵，事竣于二十七日，仍回郡城審辦各要案，並將募商運米十四萬石裝船放洋，辦理完竣，分案恭摺具奏。即由郡城起程赴北路查閲，沿途校閲北路中左右營暨臺協左營分駐鹿港官兵，再由嘉義、彰化前進至噶瑪蘭，將艋舺、滬尾、噶瑪蘭等營逐加考校完畢。

除陸路派防緊要海口並水師出洋巡緝各官兵應免調閲外，閲看得臺灣鎮標中左右三營及臺灣城守營、臺協三營合操演陣，進退步伐整齊連環，聲勢聯絡，馬步騎射合式者多，鳥鎗中靶分數逾額，藤牌跳舞靈便，對械純熟趫捷，堪以列爲一等。臺協水師中左右三營水操駛船把舵，折戧轉篷，施放火器，爬桅泅水及水中對械等技俱能熟諳；南路營布陣連環緊湊如法，藤牌跳盪亦尚便捷，鳥鎗中靶逾數，騎射多半合式，堪列二等。澎湖左右二營、北路協中左右三營、艋舺、滬尾、噶瑪蘭陣法齊集，雜技亦有可觀，惟鳥鎗中靶不及分數，弓馬稍形軟弱，應列爲三等，當將該管將備分别訓飭。各營配隊旗幟、軍裝、器械皆屬鮮明、鋒利，軍火藥鉛馬匹俱能足額、膘壯。水師船隻除交廠修造外，餘皆實存無缺。

其各營將備、千把、外委、兵丁人等年力强壯，内有中箭四五枝並鳥鎗中靶較多技藝出色操防勤奮者，立予拔補奬賞。其年力衰弱，弓箭、鳥鎗不能合式操防懈弛者，當場責革。護理澎湖水師協標左營游擊事守備翁及箭無中靶，察其年力未衰，營務尚嫻，應請旨將該守備翁及降爲千總。又署滬尾水師守備餘生貴，該管海口時有私鹽往來，緝私不力，技藝亦屬庸劣；陸路噶瑪蘭頭圍千總黄廷泰操防懈弛，聲名平常；又把總盧森，外委鄭寶、熊連騎射生疎，丁開輝年衰技庸，謝士梁人甚狡猾，俱請斥革。又把總楊維進、劉萬福騎射平常，應請降爲額外外委。又外委林高輝、陳名高、李占梅步射不能合式，甘日光弓力太軟，步射不能及靶，惟年力尚强，應俱請降爲馬兵。所遺各缺即以此次考校年壯技優及緝捕得力之水師千總陳景嵐，陸路千總馬步衢、業青華，把總周奪標、羅兆輝，經制外委丁有陞、王登標，額外外委駱鴻照、蕭國章、沈雲飛、李國昌、陳日陞遞相拔補。千總以上員缺例有内地調補，千總陳景嵐、馬步衢、葉青華三員，把總周奪標、羅兆輝二員，應請記名，遇有千總以上缺出，隨時陞補。其堪以拔補弁兵現無相當缺分者，亦即存記，遇有可補之缺，照例輪補，均造具清册，咨明督臣趙慎畛分别辦理。尚有技藝未能精熟而年力壯盛各員弁，應與現在降補各弁兵咨明臺灣鎮總兵一併勒令時加操練，以期一律精熟。伏思臺灣爲海外重地，巡防彈壓尤賴兵威，是以一郡之地設兵至一萬四千餘名之多，名額既衆，則訓練不可不勤，而鈐約尤不容不肅。本年五月中，安平水師兵丁翁正幅等乘危搶奪米船，業經臣審明具奏按律嚴辦，並將該管總兵明保、副將吴得勳奏請交部議處，護理游擊方朝輝，署守備楊士高、許成安，把總趙世杰、許世藩分别降革，以示懲儆在案。

臣查臺灣營伍情形有與内地不同者，内地兵丁皆係土著，千把、外委多由本營拔擢，兵弁素相習熟；臺灣則由内地各營抽撥輪戍，例不准在臺召募，是以一營之内，每集數郡之人，初到之時，兵與兵既不相親，兵與將尤不相識，需以月日甫能熟習。而將弁既有隨時陞調之事，兵丁亦有三年换班之期，不能如内地各營之將習兵心、兵識將意。臣現在惟有誡以勤于摻演之一法，摻演之時勿徒奉行故事，于技能出色者必呼名使前面加獎勵，不能合式者必親爲指授不憚精詳。如此，則將之于兵不僅知其姓名，識其面貌並可通其性情，悉其材用，自無扞格不通之患矣。又兵丁本屬武夫，安能周知律令，而使氣任情尤所難免，偶爾犯法亦多出于不知非由故犯。臣現將律例内與兵丁干涉各條，擇其易犯者務取簡明刊成木榜發給各營懸挂于摻演事竣之後，令本管官弁或在營字識詳爲講解，俾知法令森嚴不能幸免，目染耳濡，心知兢畏，自不致身犯憲章，以期上副聖主慎重海疆、整飭武備、咸使有勇知方之至意。

所有臣閱過臺澎水陸各營官兵分别等第緣由，理合恭摺具奏，伏乞皇上聖鑒。再，臣現在海外巡閱，循例由驛馳遞，合併陳明。謹奏。

[硃批]：知道了。

九、福建巡撫孫爾準奏摺：由臺灣内渡回省日期

[道光四年七月二十一日]，福建巡撫臣孫爾準跪奏：爲恭報微臣由臺灣内渡回省日期恭摺具奏，仰祈聖鑒事。

竊臣奏奉諭旨赴臺巡閱營伍就便查辦地方事件，當將起程到臺日期及考校各營等第、各員弁拔擢降革並籌運天津米石、查辦地方情形節次恭摺具奏在案。臣即于七月十四日自滬尾登舟由八里坌出口徑渡五虎門，仰賴聖主洪福，舟行穩速，于七月十九日回至福州省城。現在地方安謐，民氣恬熙，早稻收成豐稔，足以仰慰聖懷。除臺灣鎮總兵員缺遵旨會同督臣另摺具奏外，所有應辦事宜均容俟臣與督臣趙慎畛悉心妥商定議再行分别奏請聖訓遵行。所有臣内渡回省日期謹恭摺具奏，伏乞皇上聖鑒。謹奏。

[硃批]：知道了。

福建巡撫王凱泰奏摺

一、福建巡撫王凱泰奏片：今冬春巡撫駐臺灣斬絞等人犯勿庸解省

[光緒元年十月初四日]，再，臺灣府屬案犯徐尋常遣軍□徒及命案，擬徒等向准就臺審前，不解內地外，重罪應斬絞並由死罪減擬爲犯，均仍解省勘。特需現議，福建巡撫冬春駐臺，此項斬絞等人犯，隨臣駐臺之時，擬由臺灣道就近勘，特勿庸照舊解省，以免往返之煩。臣據審明後，行至臬司覆詳請題斬。臣道負審□，即照臬司之例擬計。據臺灣道議詳，批經臬司覆照詳請□資前來。除諮部外，臣謹附片陳明，伏乞聖鑒。謹奏。

光緒元年十月三十日軍機大臣奉旨：刑部知道。欽此。

福建巡撫丁日昌奏摺

一、福建巡撫丁日昌奏摺：拏辦匪犯員弁請奬

[光緒二年十二月初二日]，爲拏辦淡水廳轄之銅鑼莊匪犯在事出力員弁，懇恩分别奬敍，以昭激勵事。

竊據臺灣道夏獻綸先後具禀："據淡水同知陳星聚禀稱：淡轄銅鑼莊著名積匪吴阿來、吴阿富等兄弟族衆，叠犯搶擄，無惡不爲；節經設法拿辦未獲。本年五月三十日，吴阿富等復出擄搶紮厝，經差勇先後追捕，格斃首匪吴阿富、黨匪羅昌國二名；該同知陳星聚復募勇丁五十名、移營撥兵五十名，于閏五月二十日前往拏辦，弋獲匪黨林安古等三名。該匪吴阿來等遁入接近番界之老鷄籠莊，將内山水源截斷；仍遣黨類四出擄人。該同知因地處險僻，未便輕進；商同北右營游擊樂文祥携帶礮火，添派兵丁，並號召各莊聯丁，陸續齊集五百餘人，連日進勦，將老鷄籠莊匪巢及銃櫃五座一律平毁，放出被擄蔡阿興一名。所塞水源，亦即開通。該匪逃竄新鷄籠莊，隔溪踞守；于二十九日聚衆復出，仍欲奪回老鷄籠莊。兵勇、聯丁迎頭堵禦，乘勢涉過溪南，該匪退入竹圍；續經樂文祥督隊進攻，憑高開礮擊斃賊匪二名，傷者無數，兵勇亦受傷六名。又盤獲匪黨林阿四、傅阿盛二名，訊係吴阿來每月以洋銀五圓僱來幫拒官兵者。維時該處莊民以此次不爲破獲，則兵退復出，毒害更甚于前；環乞留師，願爲助勦。陳星聚目睹情形可憫，而辦理猝難得手，即就近移請管帶福鋭新右營都司楊金寶帶勇二百名，于六月十六日由銅鑼灣莊進勦，攻破水井仔莊匪巢，連毁銃櫃五座，先後斃匪多名；被賊銃斃莊丁羅水生一名，營勇受傷二名。二十三日，直搗鹿湖莊老

巢，匪黨駭奔；鄉團立將匪巢焚燬。吴阿來向内山逃竄”等情。經臣等以匪首吴阿來在逃，必須添勇勦捕，並購重綫緝拿，以除後患。批飭遵照去後。

兹據該道續稟：“都司楊金寶與游擊樂文祥等協力勦捕，叠有擒獲。該匪竄踞黄麻園，黄麻團一帶，惟日久未能蕆事，恐致蔓延；由道飛飭練鎗營參將吴世添撥勇一哨交都司熊昭萬督帶，與楊金寶、樂文祥分路進攻，匪勢愈促。查黄麻團已在叢山之内，菁深林密，逼近生番；官軍驟難深入。先經淡水同知陳星聚懸賞一千圓；並訪有莊民吴定新曾被吴阿來擾害，避居後山、熟悉番徑，又由統領飛虎各軍總兵吴光亮派令守備吴三勝，密授機宜，馳赴鹿湖，諭飭吴姓頭人幫官拏犯。選集莊丁百餘名，隨同吴定新入山，于七月二十日將吴阿來圍住；該匪仍復死拒，莊丁間有受傷。陳星聚得信，立發洋銀五百圓，並濟以子藥等項，俾期踴躍。二十二日，攻破匪巢；將首匪吴阿來擒獲，由守備吴三勝押解出山。淡南士民，無不同聲稱快。惟吴阿來于拒捕時腹受鏢傷，又復患病；據營、廳馳報到道。當恐該匪幸逃顯戮，即飭嚴訊明確，就地正法，梟首示衆，以伸國法而快人心；餘犯另行訊辦。所有在事出力員弁，稟請分別奏咨獎叙”前來。臣等查吴阿來爲臺北積年著匪，擾害鄉閭；復敢擁衆抗拒官兵，形同叛逆。若任其遁迹番界，貽害胡可勝言。此次在事文武認真勦捕，得將首惡殲擒，洵爲地方除一大患；似未便没其微勞。除都司熊昭萬一員業已病故、軍功吴定新另行咨部覈獎，其出力莊丁兵勇，由外酌給獎勵。合無仰懇天恩，俯准將尤爲出力之臺灣淡水同知陳星聚，以知府用，换頂戴；署臺灣北路右營游擊、候補游擊樂文祥，以參將仍留福建盡先補用；暫革福州城守左軍都司楊金寶，開復原官花翎；守備吴三勝，以都司留于福建盡先補用；臺灣北路右營千總林金安，以守備盡先補用。布政使銜臺灣道夏獻綸調度有方，並請旨交部從優議叙，以昭激勵。是否有當，臣等合詞恭摺具奏，伏乞皇上聖鑒訓示！謹奏。

二、福建巡撫丁日昌奏片：奏報察看鷄籠八斗新開煤井情形

［光緒二年十二月十六日］，再，臺北礦務前請以廣東候補道葉文瀾會同臺灣道夏獻綸督辦，欽奉允准在案。臣東渡到鷄籠後，當親往八斗察看，即在該廠駐宿。次晨，到老寮坑親驗洋人新開煤井。該井面圓，徑丈餘；九月間，已見過煤層八寸有零，煤質尚嫌鬆脆。現挖至一百二十餘尺，據洋工翟薩稱"須至二百七十五尺，方能見煤"，又謂"下層定有好煤"等語。現在晝夜輪班，並力開鑿。查閱機器、蓬廠、車路等工，尚未全行告竣，當即諄囑該道葉文瀾督同委員悉心妥辦。兹據煤務委員何恩綺、李彤恩會禀稱：十二月初五日，煤井挖至一百三十一尺，又見煤層厚一尺零；起出净煤十餘桶，沙石尚少，質亦漸堅。取爲機器燒用，火焰比前耐久。是無徵不信——亦既略具端倪，積久而通，自可大資利濟。洋工懸揣：工程必俟明春三月，方得大宗好煤。是目下各項工役，斷不可任其間斷。除批飭該委員等認真經理，以期速著功效；其餘硫磺、煤油、鐵礦情形，容俟確查禀覆，再當分別馳陳。

三、福建巡撫丁日昌奏摺：奏統籌臺灣全局擬開辦輪路、礦務請簡派熟悉工程大員駐臺督理摺

［光緒二年十二月十六日］，竊維謀國貴于可大可久，議雖創而流弊無虞；籌邊期于能發能收，費雖繁而成效可睹。臺灣雖屬海外一隅，而地居險要、物産豐饒，敵之所必欲争，亦我之所必不可弃。臣自五虎門渡海，東抵鷄籠、歷後山蘇澳，復折回前山至郡；全臺形勢，約已十得七、八。深惟目前情形，不在兵力之不敷，而在餉需之不足；不患番洋之不靖，而患聲氣之不通。譬如人之一身，其精神血氣本足自强，而榮衛失宜，以致筋絡不舒、手足痿痺，雖有蔘苓之劑，不能爲功；良醫相

其脉絡，治以針砭，則沈痾立起。竊以臺事設郡置縣，無益之葠苓也；輪路、礦務，奏功之針砭也。輪路宜于臺灣而不必宜于内地，礦務籌諸現在即可取效于將來。其間形勢互异、利害迥殊，有可以屈指計者。臣謹爲我皇太后、皇上縷晰陳之。

臺灣前山業已開闢無遺，後山雖平曠膏腴遠遜前山，然道里袤長亦與前山相等。當夏秋溪河盛漲時，前山南北文報往往經月不通，後山更不必論。即如日本窺伺臺南，紮營業已經旬，郡中尚未得信。近者如此，遠者可知。幸而疫重敵退，否則倭營業已深入穩紮，豈不大費經營？若非郵遞艱難，何致如此隔膜！其害一。後山之地，弃之必爲彼族所據；取之則開百里之路，必須設數營之勇分紮要隘。否則，“生番”必乘虚狙殺，路雖開猶不開也。開千餘里之路，即須添設數十處之營，費重時長；年復一年，勢成坐困。其害二。臺灣四面環海，敵人隨地可以泊船，即隨地可以登岸。彼則輪船飄忽，朝擾北而暮可擾南；我則跋涉艱難，速計旬而遲須計月。留營固恐餉需難繼，撤勇又恐事變忽來；處處爲敵所制，實時時爲敵所乘。其害三。安平砲臺連砲費至四十萬兩，尚非泰西新式。即使其能得力，而全臺口岸如安平者尚有數十處，若均設臺防守，爲費殆將千萬。度支如此艱難，豈能籌此巨款！然不籌，則防無可防。其害四。臺灣民情浮動，相傳“無十年不反”之説。遠者姑不必論；即自道光十二年土匪張丙之案起、至同治三年土匪戴萬生之案止，内連道光二十二年防海一案計叛案八起，約費軍餉並攤款共銀五百三十四萬兩、又米銀五十二萬兩，民捐尚不在内。合而計之，三十年之間靡國帑與民捐且逾千萬；百姓因遭賊而家破人亡者，至今言之猶有餘痛。蓋彰化一帶，深山大澤，易于藏垢納污；往往亂機已釀，經年纍月而官尚未聞知，皆由道阻信艱之故。其害五。同治十三年日本峎嶠事起，臺灣辦理海防至今計共享餉四百餘萬，淮軍月餉尚不在内。倘海上仍有波瀾，又需另起鑪竈，大費張羅。若不速興礦利，則庫儲之出入有定而臺灣之事變無窮，猶之以石塞海，石盡而海不枯。其害六。臺灣水陸額兵共十八營，每年需餉三四十萬兩；合併則防汛全空，仍舊則訓練皆僞。自“開路撫番”以來，前後山一帶勇數添至二十餘營，每年需餉又在百萬兩外。零星散紮，分則勢孤，以禦“生番”且不足，何況外侮！是輪路不設，不惟該兵勇不能合營操演；而深入瘴鄉，即册籍多寡亦無人爲之查考。其害七。臺灣府城逼近安平，然安平實無口岸可以泊船；故輪船到安平，無論官員兵勇，均須坐在桶中，由竹排泛海上岸。前年颶風驟發，船政“安瀾”、“大雅”兩船皆在安平擊碎，民船之受害者更無數。鷄籠口岸雖穩，而自南至北動輒兼旬；故官民各船明知安平之險，不能不靠泊于此。其害八。澎湖離安平一百五十里，據臺郡咽喉，有口可以泊船，凡船自閩來臺郡者，皆須路過；既靠安平起清人貨，又必須駛回澎湖避風。我兵之克鄭經、朱一貴也，皆先得澎湖而後入臺。然澎湖百物不生、實一絶地，攻者易而守者難；該處一有疏虞，則輪船行駛無路。其害九。淡水所轄七八百里，彰化亦數百里，聲教之所不及，洋人輒開堂引誘入教；羽翼既成，一呼百應，實爲心腹之憂。臺北一帶滿山皆礦，煤、鐵出于是，硫礦、樟腦、煤油、茶葉出于是；往往洋人既知而我尚未知，洋人既採而我尚未採。欲處處設官置吏，則無此經費。皆由地方遼闊、礦事不興，故官與地不習，官與民又不習。其害十。夫以輪路、礦務之不舉行，其害之可睹，固灼灼然有如此者。

今試以輪路、礦務之利言之：輪路計一日約行二千餘里，由臺南至臺北頃刻即達；軍情可瞬息而得，文報無淹滯之虞：利一也。後山瘴癘盛行，若有輪路則屯軍擇善地駐紮，遇有緊急方軌而馳、朝發夕至，不必使有用之兵受瘟疫之害；利二也。輪路比輪船捷至一倍，平居精練二枝勁兵駐紮南、北二路，海上有事，電報卯來，精鋭辰集；隨敵所向，合兵急攻，以逸待勞、以衆乘寡：主客之勢既异，勝負之券可操。是無輪路而兵多餉重，徵調遲延，我處處爲敵所制；有輪路而兵精餉有，赴援神速，敵且處處爲我所制矣。以視株守一隅、軍符已下纍日而消息仍覺杳然者，相去豈可同年而語！利三也。内山奸民縱有煽動，而勁旅呼吸即達；朝聞萌櫱，夕壓重兵，比于迅雷不及掩耳：教民無所用其簧鼓、奸宄無所用其機智、番衆無所用其兇横。禍亂不生，商民安堵；百貨流通，舟車輻輳：利四也。日本崐嶠一役，合沿海七省因臺事而設防，耗餉何止千餘萬。臺中若設輪路、興礦務，則敵人知我已得竅要，可無意外之虞。不惟大宗之餉可省，即常年防軍亦可酌裁；漏卮已塞，庫藏自有餘裕：利五也。輪路開，兵勇可以歸並操練；不惟營官不敢以少報多，即勤惰、壯弱亦可隨時稽覈：卧薪嘗膽以求實濟，斷無練而不精之兵：利六也。輪路開，則由臺灣府城至鷄籠口不過數時可到；來往人等自可由鷄籠起岸，不必再涉安平之險：利七也。自府城視澎湖，則澎湖爲咽喉；自鷄籠視澎湖，則澎湖爲枝指。而且鷄籠渡海，水程近三分之一，不必經由澎湖。彼族知澎湖不足以制我之命，斷不聚全力以争之，則我亦不必聚全力以禦之；兵減餉輕：利八也。鷄籠礦務已用機器舉辦，明春可以開至煤層。以成本計之，每噸約在一圓三角左右；運至香港則每噸可值五、六圓，計每噸可得餘利三、四圓。該處民礦，若用價一律由官買回自辦以斷葛藤，將山中之煤無盡，即公家之利無窮。又大水堀地方查有鐵礦，據洋工翟薩面稱：約有六分成色。然該洋工尚非鐵務專門；擬將鐵苗寄至英國傾鎔，分準成色若干，再定辦法。蓋外國一切制造皆從鐵務生根，工匠不能鍊鋼，軍事斷無起色。又金包里磺礦前經封禁，其洞淺深不一，烟焰直沖，吐出磺末，左右窮民私煮售賣。夫外洋之磺不能禁使不入，而中國之磺轉禁使不出；非計也。今若設廠開挖，每百斤成本約在一圓左右；運至遠省，即可值銀四、五圓。若能涓滴歸公，此利誠爲不小。又牛頭山之煤油，現用人力每日僅可取數十斤；倘能改用機器開挖、澄清，亦是一宗大利。樟腦則因前任道員辦理不善，幾至開釁；近來日漸減色，尚須另籌辦法。茶葉，數年以來釐稅蒸蒸日上；擬再籌款給本種植，其利當可與煤並駕齊驅。夫外人之所以垂涎臺灣者，以有礦利耳。礦務若自我全行舉辦，無主之物變爲有主；垂涎之根既絶，則窺伺之念自消。同時並舉，計機器、人工等費，大約不過百萬；將來收效無窮，所獲何止倍蓰：利九也。臺灣、日本、小吕宋三島皆係鼎足而立，相距不過一、二日水程。現在各島情形如同戰國，利之所在，各出全力争之，强必並弱、衆必並寡。日本前本弱國，自設輪路、電綫、開礦、練兵、制器後，今乃雄踞東方，眈眈虎視；前年窺臺南、上年逼琉球不令進貢，今又脅高麗使與通商，彼其志豈須臾忘臺灣哉！既已斷我手足，必將犯我腹心。而且臺灣爲東南七省尾閭，上達津沽、下運閩浙；臺事果能整頓，則外人視之有若猛虎在山，不敢肆其恫喝。若再輔以中等鐵甲船二、三號，則遇各島無理肆擾，尚可由臺斷其後路，使彼有首尾不能相顧之憂。故臺强則彼有如芒刺在背，時存忌憚之心；臺弱則彼視爲奇貨可居，各蓄吞噬之念。輪路開、礦務興，則兵事自强而彼族之狡謀亦自息：利十也。

夫臺灣不辦輪路、礦務之害如彼，辦輪路、礦務之利如此；其得失取舍，固可不待懸揣而知。而或者慮輪路、礦務一辦，必致傷人廬墓，百姓怨嗟。不知臺中曠土甚多，輪路不致礙及田廬；開礦之處並無人居，且一風水之説亦未深入膏肓。此可無慮者一。或又慮輪路用煤必多，將來煤盡則輪路將成廢物。不知臺北各山到處皆煤，固有用之不竭之效。況煤價愈賤，則輪路獲利益賒。此可無慮者二。又或以輪路經費繁重爲慮。不知後山暫可緩開，自前山極北之鷄籠起、至極南之恒春止，計程約在千里；以一里約二千兩計之，大約經費總在二百萬兩以外，不過安平砲臺六倍之費，大約得上年臺中日本防務所用之六、七便足集事。且防務所給勇糧既出，則不能復還；輪路則租稅可收、礦務則餘力無盡，每年歸還成本之後源源挹注，于餉項實大有裨益。至輪路、礦務、電綫三者，必須相輔而行；無礦務則輪路缺物轉輸而經費不繼，無電綫則輪路消息尚緩而呼應不靈。查鷄籠達恒春陸路電綫，尚有閩省今春議撤之綫可以移用；即添補修整，爲款當不甚巨。至達省水路電綫則爲費較多，似可從緩再商。鷄籠、滬尾關係全臺形勝，此二處砲臺、水雷似亦宜擇要舉辦。夫輪路、礦務，曲突徙薪之費也，費少而效賒；臨事募勇，焦頭爛額之費也，費多而無濟。目前所費有限，將來所省實多。此可無慮者三。又或慮輪路僅在前山，則後山番情尚多反復。不知臺事以禦外爲要，外侮既靖，擇"生番"之尤兇者大舉剿辦，則撫局自永遠可諧。一俟後山有礦可採，再行次第舉辦路綫，庶免浪費錙銖。況于南、北、中三路多開捷徑，則前後山將混而爲一；險阻日通，則獉狉日闢。此可無慮者四。又或慮輪路、礦務取法洋人，他日全局要害必爲洋人所盤踞。不知我但僱洋人爲工匠，工竣則洋人可撤；將來一面舉行即一面學習，不過二、三年，當可自爲制造。以練兵爲體，以輪路、礦務爲用；故有輪路、礦務則餉可足、兵可精，並非謂有輪路、礦務而兵可不用也。日本借泰西之款雇李泰國開輪路，至今尚無流弊；何況款由自籌！且環地球皆辦輪路、礦務，人有捷徑、有餘利可以制我，而我無捷徑、無餘利可以制人，終非勝算。夫輪路與輪船等耳，輪船可行則輪路亦可行。非常之舉，原雖爲黎民所懼；要在持議者堅定不摇耳。此可無慮者五。又或慮臺灣開闢二百年，何以從前議守議戰並無輪路、開礦之說？不知從前無外人環集覬覦，故不必處處設防；今則外人攻之之法與從前不同，則我禦之之法亦當與從前有异。譬之乘小舟于曲港，固可游駛自如；及出至大海重洋篙槳之所不能爲力者，則小舟非顛即覆矣。且兵事與礦事相爲表裏，礦不興則無財，無財則餉何由而足？礦不興則無煤、鐵，無煤、鐵則器何自而精？地與勢殊，即不能不事隨時變，理固然也。此可無慮者六。又或慮臺中既設輪路，恐彼族欲于內地效尤。不知臺灣係屬海外，與內地情形迥然不同；況係中國自行舉辦，並非如上海由于洋人私造者可比。將來如奉密旨准行，則請辦奏中尚須聲明“臺灣海島孤懸，廬墓無幾，不致爲輪路所傷，仍請他處不得援以爲例”等語，見諸抄報；似此辦理，則彼族亦無從借口。此可無慮者七。

目下臺灣疫重兵疲，民窮變亟。防廣則營皆散紮，勇不練而豈能精；口多則敵易紛乘，險無定而何能扼！餉將竭而備仍虛，寇已深而謀未定。日本及小吕宋皆逼近臺疆，蓄鋭養精，機深意險。若不未雨綢繆，速將輪路、電綫、練兵、購器、開礦各事分投速辦，誠恐該二島猝然有變，非僅止于虛聲恫嚇而已。宋臣蘇軾有云：“言之于無事之時，則其言易于有爲而苦于不信！言之于有事之時，則其言易于見信而苦于無及”。臣每反覆斯言，輒復慨然三嘆！伏維聖慈獨斷，飭下總理衙門籌議有無經費？如何舉行？並請特簡熟悉工程大員駐臺督理，俾靖浮言而收實效；將見臺防有磐石之安，即沿海無風鶴之恐：臺民幸甚！大局幸甚！

四、福建巡撫丁日昌奏疏：臺灣生番未靖力疾渡臺辦理疏

[光緒二年十二月二十一日]，奏，爲臺灣北路生番未靖，微臣現擬力疾渡臺妥籌辦理；恭摺陳明，仰祈聖鑒事。

竊照臺灣各路生番居高負險，人面獸心；殺人多者，推爲酋長。示之以威，則愍不畏死；欲以恩羈縻之，則又文字不能諳、語言不能通。上年春間，南路獅頭番拒捕，戕殺游擊王開俊；秋間，北路豆欄社番又時有乘機殺人，將首級賣與木瓜番之事。本年春間臣到任後，察知北路疫重兵疲，辦理敷衍。當經會商將軍臣文煜、前督臣李鶴年奏派水師提督彭楚漢、福甯鎮總兵吴光亮前往整頓，並挑裁舊勇。嗣于四月間，彭楚漢受瘴病，重回内地。七月間，吴光亮又受烟瘴致疾，幾死者數次；旋回中路養病，至今未能起床。屢接臺灣道夏獻綸並該鎮等禀稱：以後山嘉禮遠番衆串通豆欄、木瓜各番，夜則暗攻營壘、日則伺殺軍民，禀請速籌剿辦。經臣與署督臣文煜會商，派總兵張陞楷先帶練勇二營前

往北路督同原派各軍穩紥穩進，徐圖勦撫之方。惟臺灣自南路至北路、自前山至後山相隔千數百里，内山外海，巢穴深邃、口岸煩多。欲處處設防，則兵多餉重；欲擇要駐紥，則兵力偶有未周，外侮内患即相乘迭起。況年來瘴氣又重，疫癘繁興。上年之所謂精鋭者，今年已成衰弱。整頓一切尤須深費經營。玆據臺灣鎮總兵張其光報稱患病甚重，臺灣道夏獻綸亦復因病請假一月。臺事無人主持，實深焦灼！臣蒙恩賞假雖未滿期，而值此軍事急逼，多一日之躭擱，即誤一日之事機。現已函商船政速備輪船，臣擬即日帶印東渡。俟至臺灣察看情形，應如何籌劃布署？再當隨時奏請訓示遵辦。其省中應辦事宜，遠隔重洋，欲圖兼營並顧，必致貽誤事機。玆將本署應題奏、應咨一切事件，商由督臣代辦；其日行一切公事，由藩司代印代行：庶免蹈上年積壓稽延之誤。至臣渡臺後，應請敕下將軍臣文煜、新任督臣何璟寬籌糧餉，顧臣後路；船政大臣吴贊誠應付輪船、採購軍火，俾資接濟。想該將軍等平日公忠體國，必能相與有成。

所有臺灣北路生番蠢動、微臣帶印東渡辦理緣由，謹恭摺附商輪船遞交上海縣發驛五百里馳陳，伏乞皇太后、皇上聖鑒訓示。謹奏。

五、福建巡撫丁日昌奏摺：勘臺灣北路後山大略情形

[光緒二年]，奏，爲微臣東渡親勘臺灣北路後山大略情形，恭摺陳明，仰祈聖鑒事。

竊臣于十月十五日由閩省起程，乘坐輪船渡臺，曾經報明在案。旋于十八日到臺灣之北路鷄籠，當即前往察看煤礦，並派督辦煤務之道員葉文瀾，分勘硫磺礦，並試驗[驗]各山有無鐵苗。因聞後山蘇澳各營疫氣正盛，臣不能不親往撫慰將士，以作其氣。當帶同隨員張夢元、莊士敏、莊鎮藩等，由鷄籠起，早次早度三貂嶺，土人謂之摩天嶺，懸崖陡壁，禽鳥聲絶，輿馬所不能通，皆攀藤援葛而上。蓋此嶺爲臺灣極

北、極險之處，逾嶺而南，是爲後山。行三日，抵蘇澳，總兵張陞階帶領各弁勇來見，類皆病容滿面。據稱該鎮新帶兩營來此駐紮，不及月餘，病者已二百餘人，死者復十餘人。計該處統領，自總兵宋桂芳受疫病故後，提督彭楚漢、羅大春，總兵吴光亮皆先後病幾；殆其將弁兵勇之喪亡者，蓋不下二、三千人矣。因囑該總兵將各骸骨歸爲義冢，臣並爲文祭之。又查該處生番，勢仍猖獗。半月前，福清右勇丁來市買米，回至蘇澳五里亭，被生番狙殺九名。該營官副將朱寶隆疎于防範，本應重辦，姑念全營病者過半，情有可原，相應請旨將候補副將朱寶隆即行革職，以示懲儆。又據福鋭左營參將李得陞禀稱，該營被生番二百餘人圍攻，李得陞督率兵勇，先已設伏，俟生番到時四面截殺，生番帶傷而逃者，不可勝數，斬取首級六顆，生擒該番四名。又據福靖右營營官副將陳得勝禀報：督同五品軍功陳輝煌，陣擒生番二名，均解至蘇澳。臣親提審問，據譯供：該生番向例俟秋冬間，即須出草殺人，能割取首級者，衆人稱爲英雄，即敲折一齒以爲號，番俗方肯以女妻之。該生番數年來。依舊殺人，並不知有所謂就撫之説。臣審明後，當驗各生番有敲折一齒及二齒者，計共四名，據供均經殺人數次，當即正法，以首級祭陣亡諸勇之靈。其未經折齒諸番，飭令暫留營中，以備將來擒縱之用。臣查後山生番計共數百社，穴居野處，並無總目管轄，行同禽獸。但以殺人爲樂，其居平原者，稍知人性，名曰平埔番，性極詭詐，每慫恿生番殺人，居間取利。咸豐年間開墾，百姓被該番殺害者約千餘人。自上年議撫以來，在我徒費賞賚之資，而在番並未稍弭殺人之害，長此羈縻，終無了局。臣屬張陞階先爲確查該番良歹，其平埔近海各番易與洋人勾結者，可撫則撫，不可撫則須擇尤痛加勦辦。然後另選頭目，令之薙發，歸入版圖，嚴定界址，不許他人侵占，俾得自安耕鑿，庶法立恩加，知懼而後知感，方免彼此相持，永無息肩之日。撫且我之所以撫番者，原以杜洋人覬覦之謀，若不大舉勦辦，收入版圖，萬一洋人復重利餌番，曰吾取地于番也，非取地于中國也，我復何說之辭！故爲目前計，得番地不足以爲益，不得番地不足以爲損，爲大局計，得番地則可永斷葛藤，不得番地，則恐難息窺伺。其高山各番，距海口稍遠者，如果能安本分。祗可聽其自生自滅，以免多戕生命。惟是後山疫氣方盛，十勇九病，此時言勦，亦尚無把握，必須俟疫氣稍平，徐圖大舉，然後一發中的，方免輕于一試，轉致不可收拾。目前祗可嚴絶接濟，俟鹽鐵一斷，自必漸就牢籠，熟剌番情，必虛實盡諳，庶免誤蹈羅網。臣商榷既定，適總兵吴光亮、臺灣道夏獻綸前來鷄籠後山，並布置情形，理合會同將軍兼署總督臣文煜恭摺密陳。

六、福建巡撫丁日昌奏片：臺北生番滋事辦理情形

[光緒二年]，再，臺北生番反覆靡常，從前未能徹底辦理，以致上年九月以後，時有乘機殺人之事。本年九、十月間，據總兵吴光亮、臺灣道夏獻綸以後山嘉禮遠番衆唆串豆欄、木瓜兩社，屢次伺次殺軍民稟請勦辦。臣等查該生番性類犬羊，若任令恣肆横行，必致益無忌憚，將一發而不可制。吴光亮已飭調練勇左前兩營各派勇丁一百五十名，交都司劉洪順總帶，前赴花蓮港與都司李英會商同紮。又參將李得陞總帶福鋭左營勇丁二百名進紮鵲仔埔，以備應援。籌辦尚屬周妥，惟轉運一切，非有輪船在彼，聲勢斷難聯絡。當經飛飭福星輪馳蘇澳，聽後調遣。惟吴光亮劇病未痊，尚難親往往督辦。查有留閩總兵張陞楷曾陞貴州督辦苗務，卓有成效，隨派該總兵酌帶省勇兩營配坐輪船先往蘇澳相度地勢，穩紮穩進，徐圖勦撫。去後，復據吴光亮、夏獻綸查明，福清前營駐紮花蓮港，七月二十八夜三更，被嘉禮遠、豆欄兩社串通木瓜番突攻營盤，鏢傷支更勇丁一名；八月初七日，復攻該營，勇丁受傷二名；十四夜，又兩次攻營，均隨時擊退；十五日黎明，該營探勇張鴻恩、饒洪山至嘉禮遠路旁，被生番殺害。其分紮米崙港營盤八月二十

日，飽干社番潛伏溪邊草内，經防勇呼追，鎗傷生番一名；又福鋭左營分駐鵲仔埔，八月初一日五更，生番突撲碉堡，經勇丁礮斃該番二名，割取首級。碉勇翁紅左手被番鏢傷；二十九夜四更，生番又圍撲碉堡，勇丁迎剿，斃番二名，向前追擊，詎生番百餘埋伏草内，突出沖殺，碉勇被戕二名，受傷二名。參將李得陞聞報，督隊赴援，斃番十數名，始行逃竄。附近之馬鄰溪一帶，悍番亦常出伺殺。又練勇前營、前哨分紮後灣。八月二十一日晚，被該社兇番十人突攻營盤，經千總張廷珍等帶隊截殺，斃番二名，勇丁吴日陞被鏢刺左脇一傷；二十五日，張廷珍帶勇五十名赴山採木修栅，突遇兇番數十人開礮攔阻，經張廷珍迎敵，殺番一名，割取首級，並獲番銃、番刀各一件。又福清新右營前哨紮大烏石山，右哨紮毛崗坑，每日督隊登山開路。八月二十三日下午，深山内涌出兇番百餘，逼近營墻，官軍出隊抵禦，始行遁走。勇丁吴得明被番鏢鎗刺死，並受傷火勇陳貴一名，均經吴光亮督飭各營妥籌防禦，其傷斃勇丁，另行彙請撫卹等情具報前來。伏查此次各番圍撲營盤，狙殺兵勇皆傳爲嘉禮遠番串通木瓜、豆欄等番所謂爲，而吴光亮報稱八月下旬，嘉禮遠番通事陳八寶等又兩次將木瓜番首級四顆赴營呈獻，以明其並未串通。該生番從前本同禽獸，開路之後經不肖通事乘機挑唆，近來更成狡詐，所獻首級是否真是木瓜，必須確切查明，方免墜其僞局。而各番中如飽干等社，素尚馴良，尤當區别清楚，惡者固須痛加剿辦，而良者即須加意撫循，不令通事藉名誅求，兵勇絲毫騷擾使知受撫之後，果勝于未受撫之前時，庶免逼良番與兇番聯成一氣，轉致不可收拾。仍俟臣即日渡臺察看情形，再行相機剿辦外，合將臺北生番滋事現籌辦理緣由，先行據實奏陳。

七、福建巡撫丁日昌奏摺：查勘北路淡水彰化大略情形

[光緒二年]，爲微臣查勘北路後，順由淡水、彰化一帶起旱回郡，

謹將布置大畧情形恭摺馳陳，仰祈聖鑒事。

竊臣前航海到臺灣鷄籠後，即馳赴後山、蘇澳一帶查勘，當將辦理情形分别密陳在案。因臣總兵吴光亮、臺灣道夏獻綸均在鷄籠候臣商辦防務，是以由蘇澳折回鷄籠，與吴光亮等晤商。皆以郡城爲根本要地，日國藉端開釁，臣必須駐郡布置，庶可息彼狡謀。臣當于十一月二十九日自鷄籠起，旱行抵艋舺，閱看該處擬建府城形勢，即由淡水歷彰化、嘉義抵郡，計自蘇澳、噶瑪蘭至行竹塹、彰化交界之大甲溪約十一站。開闢以來，向爲大吏之所未到，故臣所過之處，男婦老幼夾道聚觀，熟番頭目亦皆遠道迓接。臣告以方今皇太后、皇上愛民如子，雖海外遐荒亦關宸廑，特遣疆臣前來撫綏，百姓無不歡呼載道，感激天恩。到郡後，復經查閲安平礮臺皆佳，而形勝未得，臺式亦非新樣，隔堆一設杉木，恐不能支，夏浪一沖傾斜，尤爲可慮，且無守臺之勇演礮之人，當將總兵沈茂勝一營調紮礮臺，並挑選礮勇百名學習量天尺算法，專司演放。其礮臺附近亦擬添設築土墻以資護衛，扼要處設立營壘，俾可聯絡。澎湖據全臺咽喉，且可泊船，尤爲險要，距臺水程約一百五十里，已札飭該副將吴奇勳認真布置，並調派楊武各號輪船駐紮該處，以壯聲威。其前調署提督孫開華三營、道員方勛三營均尚未報到。至中南兩路，生番殺兵民通事，且聞南路前月尚有傷斃哨官之事。臣一俟海防布置稍定，再當分别查辦，並親往南路察看以期擇尤痛剿，庶幾撫局可諧一勞永逸。所有微臣由鷄籠馳至郡垣，沿途大畧以及到郡布置情形謹專摺密陳，由輪船交上海縣發驛五百里馳遞，伏乞皇太后、皇上聖鑒，訓示。謹奏。

八、福建巡撫丁日昌奏摺：查勘臺灣後山卑南等處情形

[光緒二年]，奏爲查勘臺灣後山卑南等處情形，會籌辦應辦事宜恭摺仰祈聖鑒事。

竊查臺灣北路蘇澳、南大澳以致岐萊、新城中阻高山，旁臨大海，路險而遠。經臣奏明變通辦理，調總兵吴光亮統領各營移駐後山璞石閣水尾，居中控馭，分布各營于岐萊、秀孤巒一帶，以與卑南聯絡，並飭知縣周有基自恒春八瑶灣新開一路，由大烏萬以達卑南，較爲平坦。四月間，吴光亮統帥大隊已由北路行過，並無阻礙。臣見刻下海防静謐，臺地事宜，當以山後撫墾爲急務。臣于後山情形未悉，必須親往，與吴光亮面商，以期周妥。當于五月初七日出駐安平，擬乘輪船前往，嗣因連日風雨，涌浪過大，船不能停。十二日，天色漸晴，遂改由陸行，取道鳳山、恒春前進。查自恒春縣城東北行過，射蔴里、萬里得、八瑶、阿眉等社，僅越小嶺三重，中間溪澗回環，路旁皆係水田，民番襍居耕作。出八瑶灣，北至知本社四十餘里，中皆一綫海灘，環繞山脚，怒濤沖擊，亂石成堆，其間巴郎衛一處，地段稍寬，有土人林讃承墾居，然村落其餘曠地爲振字中營分哨駐防，而牡丹鼻及及紅土嵌山，地勢最險，周有基所開此段石路。二月間，撫臣曾派知府周懋琦勘明，必須開鑿寬闊，方能經久。因周有基，另有差委，致未興工。現經大雨沖刷，石皆碎裂成片，崩塌入海。臣去時，過此尚有石級參差，勉强可度，回時則弃輿步行，前挽後推，躡足于崚嶒之危石之尖，數百步乃過此。再北去路，雖平坦，中有大小溪流數十道，最深者爲大烏萬、諸也葛、大猫貍、知本四大溪。在冬春時皆可徙涉，惟至盛夏大雨時行，山水陡漲，溪流迅急，勢若建瓴，枯樹、大石皆隨流而下。臣至大猫貍阻雨三日，十里中，前後兩溪隔斷，從人幾至絶糧。及晴已兩日，溪水尚不得渡。前次吴光亮經過此路水尚未發，即飭地方官于每處溪口預備船筏，搭蓋蓬寮。臣再三審度，除大烏萬溪尚可兼用船筏外，大猫貍等三溪水底多石，勢極汹涌，有時船筏皆不能施，即飭署臺防同知袁聞柝、知縣周有基等緣溪開路，溯至上游稍狹處，用生番編籐爲橋之法，架設數十丈懸橋，跨溪而過，以通文報。再另紮鏗固竹筏，縛以臣籐，于兩岸釘立木樁，安設絞關，左右牽曳，漲水稍平時，可藉以渡筏，其紅土嵌山一路，仍飭周有基添雇石工開寬至丈餘，方免崩卸。此自恒春至卑南後山南路，山溪間阻，現經設法布置之情形也。臣于二十八日行抵卑南，吴光亮亦自璞石閣前來會晤，詢知所部飛虎左右兩營、概中哨親兵均在璞石閣暫紮，並于成廣澳設立糧局，分勇守護，以資轉運。俟由蘇澳移調之練勇前、左兩營到齊，即分紮水尾、馬大鞍、吴全城等處。移現紮大陂之綫搶營往紮大港口，原駐新城、花蓮港之江開泰、李英兩營均仍其舊。計璞石閣以北，自水尾、馬大鞍、吴全城、花蓮港以達新城，相距皆在四五十里以内。其成廣澳、大港口、花蓮港又皆沿海要地，似此棊布星羅，聲勢可聯成一氣，此後山中路分布營壘以連絡南北之情形也。吴光亮請于水尾築城以廣招徠，亦自有見。惟估計城工需費甚巨，且商賈來集，井邑未成，應俟墾民招有成數，再爲籌辦。自恒春新路以來，阻山偪海絶少平蕪過。知本溪則山勢豁然開朗，中間平原彌望，林巒秀美。臣偕吴光亮由卑南、阿眉社循海岸北行，踰卑南溪至猴仔山麓，憑高眺遠，迤北數十里内，山川形勢歷歷在目。卑南至北路分爲二：一由外屏山前沿海以至成廣澳；一由外屏山後沿溪而上璞石閣路皆坦平，而西路地尤寬闊。卑南周廻百餘里，爲番社者八，爲番莊者八，爲民莊者一。止綏靖軍一營分紮數處，兵力似單。惟卑南各社就撫已久，番情尚屬馴良，其中卑南覓大社向爲七十二社之長歸化最早。康熙、乾隆間大軍先後渡臺，平朱一貴、林爽文之亂，該社酋長或奉檄搜捕，或遠出迎師，屢受銀牌、衣服之獎，至今傳爲家寶。日本岶嶠之役，署同知袁聞柝航海至卑南曉諭，該頭目陳安生、鄭仁貴等首先薙髮具結，各社聞風一律遵辦，使倭人無從借口。厥後，開路撫番諸事，陳安生甚爲出力，時有邪教相誘者，約束子弟不爲所惑。惜于本年春間身故。現在頭目鄭仁貴、嘉走等亦尚肯辦公。臣到卑南次日，該處八社頭目及覓仔爻、阿眉社番目、保桑莊客民、董事人等以次來謁。臣謹宣布朝廷恩德，反覆諭導，勉以各安本分，同荷生成。其番目尚能辦事者，獎以銀帛。惟吕家望社素號强悍，自就撫後，漸加斂戢，偶有滋事兇番在逃未來獲，亦傳到該頭目，嚴切訓誡，予限交兇，俱各禀遵而去。臣復親至卑南覓社中儀事公所，名曰笆樓館者，茅屋雖不甚整潔，而竹樹環繞數里，極爲茂盛。該社設有義塾，已故番目陳安生之子年七八歲能背誦故撫臣王凱泰所刊《訓番俚言》，琅琅可聽。後山一帶共設義塾十六處，内保桑莊塾中，民童陳姓已粗通書旨；北□□社丁楊姓之幼女入塾讀甫兩年，已完《四書全注》，並《詩經》一部，于《訓番俚言》能逐句講解大意，能作番語及操漳、泉土音。其弟十一齡，亦粗解《俚言》字義。臣見該處設塾未久，民番諸童已有鼓舞向學之機，將來涵濡聖教，淪浹日深，其進境亦未可量，因將其塾師並該童等，酌加獎勵，仍飭同知袁問柝查明僻遠未設之處，再添設數塾，以廣化導。阿眉本係奴番，邇來生齒日繁，勢寖强盛，不受卑南番目役使，且有誘以爲非者，亦飭署同知袁問柝隨時開導，加以防範。該番近日漸能自開水田，種蒔禾稻。查卑南自大陂以南，除阿眉番種田地外，客民陳雲清、吴加炳、潘元琴等各有承墾，已成熟田。其間荒地亦多有主之業，可以督令陸續自墾，其可在招外人承墾者地已無多。且平埔番雖不習耕，向皆有捕鹿之場，牧羊之所，如卑南寮之類即諸番游牧公地，若一併歸奪他人，絶其謀生之路，勢必不能相安。惟大陂以北至水尾、馬大鞍、大巴望一路，地廣人稀，礦土不少，可容招墾。若岐來一帶，地雖可墾，而大魯閣、嘉禮遠、豆欄等社番情尚未甚馴服，墾民亦不敢輕往，必須由近及遠，次第設施。璞石閣亦有民莊，係民番雜居，而番衆民單，勢難相抗。撫臣前已遣人赴厦門、汕頭等處分投[頭]招募。須秋後風浪平息，始可由輪船裝儎而來，所需耕牛、農具已飭由臺灣道夏獻綸籌欵購置。《開墾章程》先已參酌妥協，俾易遵行。至八瑶灣、新路中間隙地雖少，然偶有數處水源甚旺。稍可墾闢僅容數家及十數家者，現亦招募山前土人前往試墾，緣此路本極荒僻，除巴郎衛一村外，百數十里中，絶無人烟，雖節節紮營駐防，而商賈行人尚無食宿之地，無怪其裹足不前。前山土人多習番情，前往耕種，可冀相安無事，而行人望衡投止得所依托，此路始可通行也。惟後山自南達北三百里中，沃野平疇，開墾如有成效，則米穀糖油桐茶棉子之利，出産日多，銷路宜暢，而居民既集，百物皆需陸運之勞，又不若水運之便。臣復細查，自八瑶要灣以至卑南沿海一帶實無可以泊船避風之處。吴光亮親往成廣澳沿岸察看，祗有郎阿郎港口水勢較深，溪底並無大石，擬遣熟悉工程海務之員，覆加確勘，如能加工開挖，深通可泊本地商船百數十隻，于地方甚有便益。成廣澳並無港口，且有礁石，秀孤巒、大港口則巨石蔽塞，港門口狹水急，船隻更難出入；至輪船交夏後，罕能駛往，惟冬春兩季，風色微和，可以暫就海面停輪，裝卸人貨，亦不能久泊此。後山地雖膏腴，而水陸運道均多不便，祇可隨時設法相機辦理，之實在情形也。臣此行，正當盛暑，行則烈日當空，沙熱如火；宿則茅茨容膝，下濕上蒸，自覺受瘴甚重。回至恒春，隨從員弁、勇丁皆病不能起。臣祗能輕騎減從，趲程回郡，行抵枋寮，即頭眩胸脹，寒熱交作，六月十三日勉強抵郡，病勢增劇，現在趕緊調理，仍復力疾辦事。所有查勘卑南等處情形並會籌應辦事宜，理合會同兼署福州將軍閩浙總督臣何璟、福建巡撫臣丁日昌恭摺由驛四百里馳陳，伏乞皇太后、皇上聖鑒、訓示，謹奏。

九、福建巡撫丁日昌奏摺：臺灣歲試竣

[光緒三年三月]，爲臺灣府屬歲試事竣，恭摺陳明，仰祈聖鑒事。

竊照臣到臺後，于上年十二月十三日欽遵光緒元年諭旨，兼理臺灣學政關防；當即檄行臺灣府舉辦歲試。嗣據該府張夢元及各該學錄送文武生童各册前來，隨于三月十三日移進考棚，嚴密關防，按次舉行歲試。查臺屬向多槍替頂冒之弊，臣于試時終日危坐堂皇，親自巡查坐號；並

遴選妥慎之員梭巡文場内外，使弊竇無從而生。諸生童均恪遵功令，無敢偭越。惟澎湖認保增生陳翔雲，有混填年歲情弊；當即行學斥革。向來槍替頂冒各弊端，實已屏除凈盡。仍于當堂發落時，勉諸生以敦品勵學，化導鄉里。查覈文風，以臺、淡兩學爲優，彰化、嘉義次之，鳳山最下。現在文武歲試，業已一律告竣。士風民情，均極安貼。再臺灣番童，向有應試者，不過取充佾生而止。該番童登進無路，難期鼓舞奮興。

臣此次仰體皇仁，無分畛域；將淡水廳番童陳實華一名取進府學，鳳山縣番童沈紹陳一名取充佾生，均勉以讀書向上爲諸番倡。該番民等無不動色相告，咸喜功名有路；從此迎機引導，益當懷我好音。

所有微臣歲試事竣並酌進番童歸入府學緣由，理合恭摺陳明，伏乞皇太后、皇上聖鑒！謹奏。

一〇、福建巡撫丁日昌奏片：擬遵舊章輪赴臺灣巡查片

[光緒三年三月]，再，臺灣開路撫番本係兩江總督臣沈葆楨辦理未竟之緒，而臣接辦者。今督臣何璟、署撫臣葆亨奏稱爲臣辦理未竟之緒。微臣焦灼萬分，現在内病且無暇計及，祇有專用針灸外治之法，以求速效，但使雙足畧能移動。無論假滿與否，即當趕緊馳赴閩省與何璟等和衷商酌權衡兵事、餉事，應否駐閩、駐臺再行分別辦理。惟現接總兵吴光亮、孫開華等文稱："後山有納納社、阿棉山二股兇番攻破後，剿撫兼施，羣番懾服，番務已有頭緒。"又接臺灣道夏獻綸禀稱："臺灣每月額定月額餉銀八萬四千兩，司局自九月起至十二月止，僅解過餉事五萬兩，覈計不及八分之一"等情。臣極知省中餉務萬分拮據，並非有心不解。臺中既已無事可辦，臣與其株守臺中，無益于臺，曷若仍往在省整頓吏治，既于省事有益，兼籌餉需，遥制番情及礦墾各務，亦于臺事有裨。從前沈葆楨之所以請將巡撫分駐臺灣者，亦以其時臺事敗已極。閩省未遭兩次大水，餉務尚足接濟，擬將臺事大加整頓，不得不議

以巡撫駐臺，藉資督率，並非偏袒巡撫，使奪總督節制臺灣之權，亦非掣肘巡撫，使失省中應辦各事之職也。昨晚沈葆楨致臣信函，亦言臺事譬如病人，當其驟中邪風，宜用攻瀉；迨風邪去而虛症現，則宜用補劑。是則沈葆楨倡議之人，亦以臺事爲宜因時變通，光明磊落，並不膠柱鼓瑟也。且巡撫駐紮臺灣，祇有半年，除去白犬、澎湖、安平等口守風，合來往程途計之，已在一月；除去南北路巡查，合來往程途計之，又須一月有餘。又除臺灣府文武試、臺北府文武試覈計約須二月有餘。而自臺南赴臺北考試，往返程途又須二十餘日。若遇大甲溪水漲，則又難以日計。是巡撫舍通省應辦之事而不辦，僅來臺灣代巡道辦一試事而已。因小失大，殊不合算。然則考試一事，亦以仍歸巡道爲得計也。恭查乾隆五十二年，定章以督及水師陸路兩提督每年輪值一人前往臺灣，而停止巡查御史之例。迨嘉慶十四年，欽奉上諭，嗣後，福建總督、將軍每隔三年著輪赴臺灣巡查一次。祖宗成憲當時自有深意。以臣愚見，如遇臺灣有緊要軍務，臣立即馳往，斷不稍有遲滯；倘遇無事之時，似不如遵照舊章：隔年輪赴臺灣巡查，庶省中巡撫應辦之事，臣不致全行廢弛，臺中督撫合辦之事，亦不致督以省事爲重，撫以臺事爲重，各執意見，互相推諉。至臺中番務如已肅清，防勇宜稍酌裁，俾可移爲辦理礦務、墾務之用，庶有土地，有財。目前既不致生外人覬覦之心，日後亦可資接濟內地之益。惟事關更變新章，仍遵故制，臣未敢固執己見，且未知于洋海重大事宜有無另有窒礙。合無仰懇天恩，飭下總理衙門南北洋大臣李鴻章、沈葆楨等詳察機宜，據實議覆，候旨遵行。庶省臺免成兩橛，呼應靈通，督撫可以一心，邊疆受益。臣愚昧之見，是否有當，理合附片陳明。

一一、福建巡撫丁日昌奏片：守備嘉朝泰革職片

[光緒三年三月]，再，臺灣營伍廢弛甲于全閩，而尤以北路各營爲

甚。前經奏明飭令挑選，務期一兵得一兵之用。緣滬尾營水師距郡較遠，且有應行查辦之人。當將該營弁兵二百餘名全數調赴郡城，由臺灣鎮張其光、臺灣道夏獻綸悉心校閱，除兵丁謝正忠等八名因案扣留查辦外，計挑出兵丁楊維陞等七十四名，皆係疲弱充數。又字識、陳占魁臨點不到，均應裁汰。一面清理糧餉，勒令尅日内渡，毋許逗留滋事。該守備衙門于字識之外，復有營書十一名，殊屬浮濫，並飭挑留熟悉公事者三四名，其餘一概裁撤，以節靡費。查該官守備嘉朝泰平日不能約束兵丁，整頓營務，以致犯事。及老弱者數至八十二名之多，實屬荒怠不職，當此整飭戎行之際，未便稍事姑容。又把總林文漢年力就衰，難期振作。據臺灣鎮道揭忝前來，除將該把總林文漢諮部斥革外，相應請旨將臺灣滬尾營水師守備嘉朝泰即行革職，永不敘用，以爲玩視營務者戒。所遺滬尾營守備係應題補之缺，另行揀員請補。此外，各營弁兵仍飭次第挑選，再行分別辦理。臣等謹附片陳明，伏乞聖鑒訓示！謹奏。

一二、福建巡撫丁日昌奏片：淡水都司即行革職片

[光緒三年三月]，再，臣日昌駐臺時訪聞鳳山縣轄東港汛弁胡鴻璋有勒索賭規，擅受民詞，濫押詐贓情事。密飭署鳳山縣陳祚查覆拏究因。該汛弁胡鴻璋已先爲下淡水營都司陳捷陞撤防，由縣查明情形稟請解，訊復經批飭將該汛弁解府訊辦。並飭將陳捷陞一併撤參。玆據臺灣府張夢元詳解，到汛弁胡鴻璋一名訊，據供稱，係汀州府長汀縣人，充當中營戰兵。同治十三年調臺，在南路下淡水營當差。光緒二年十一月，該營管都司陳捷陞委令代理東港汛防。是時，東港街有賭場四五處，該汛弁陸續抽收規費，統計得錢五千文，被營縣訪聞禁止，十二月間，同裕號布店潘玉華以郭知、郭戇兄弟欠其銀項，扭交押追。郭知患病釋回，其郭戇許給該汛弁銀二十圓，由許力經手，先付八圓，當將郭戇交領餘銀，並未入手。本年正月間，有漁人孫良以妻子被小琉球莊人

陳瓶拐帶，將陳瓶送汛押追，適枋寮巡檢容彭齡路過東港，經陳瓶之父陳判攔輿喊冤，該汛弁即將陳瓶釋放，尚無詐銀入手。都司陳捷陞查知，將該汛弁撤防回營。照例分別議擬由臺灣道夏獻綸覈詳請參前來。

臣等查該汛弁胡鴻璋本係調臺兵丁，乃因委代東港汛防，輒敢抽收賭規，並先後擅受濫押需索得贓，實屬骩法營私，應如該道府所擬除得受枉法贓十兩罪止，擬杖不計外，其在汛收受賭規與窩賭抽頭無异，應革去名糧，即依窩賭抽頭枷號三個月，杖一百，例解赴犯事地方，枷滿折責發落；下淡水營都司陳捷陞將兵丁濫委汛防，已屬憒憒，迨該汛弁抽收賭規，擅受押詐，僅止將其撤防並不據實稟揭，尤屬有心狥護，非從嚴參辦，不足以警其餘。相應請旨將前署臺灣南路下淡水營都司事留閩補用，都司陳捷陞即行革職，以示懲儆。是否有當，除諮部外，臣等謹附片陳明，伏乞聖鑒訓示！謹奏。

署福建巡撫吴贊誠奏摺

一、署福建巡撫吴贊誠奏摺：陳報後山番情未靖定期渡臺相機剿撫摺

[光緒四年八月□□日]，爲臺北後山番情尚未安謐，微臣現在部署各事，定期帶印東渡，相機剿撫；恭摺馳陳，仰祈聖鑒事。

竊照臺灣後山加禮宛番情蠢動緣由，業于本月十八日會摺奏報在案。旋接總兵孫開華、臺灣道夏獻綸函禀："已商派參將張兆連選帶擢勝一營，前赴花蓮港會合總兵吴光亮所部妥辦援應"；並據夏獻綸禀稱："訪聞土棍陳輝煌向爲該番社主謀，有從中挑釁情事；現在設法密拿"等由。復經會同督臣札飭參將周士得明示賞罰，務在必獲。旬日以來，番情尚無續報。臣本擬早日東渡，因事稽延、曾于前奏聲明。刻下該番雖未大肆猖獗，惟相持不决，不特糜餉老師，且慮萬一枝節横生，該鎮、道等勢位等夷，靡所承禀；省垣重洋遠隔，遥制無從，恐臺事益難歸束。臣自七月以來，兩足積受濕熱，忽然腫潰，步履甚艱。顧以甫經任事，百務紛集，不得不强起清釐；竭數旬之力，甫有端緒。因與督臣商定，將巡撫、船政兩署公事趕爲料理；于九月初一日起程東渡，先赴鷄籠、艋舺一帶擇要駐紮，就近調度。現值清理庶獄之際，臬司詳結案件較多；除已經勘審者仍由臣分别題咨外，其未經勘審及續到之案與此外應行奏題咨事件，應即循照成例，均由督臣暫爲代辦。臺灣如有招解之案，由臣就近勘審辦理。其日行一切公事，飭委藩司代印代行，以免積壓。鷄籠距省海程，輪船順風一日可達；省垣倘有要事，臣得報，即可隨時駛回。除俟抵臺後相機剿撫，再將籌辦情形馳報外，所有微臣

定期東渡緣由，謹恭摺由驛四百里馳陳。伏乞皇太后、皇上聖鑒訓示。謹奏。

二、署福建巡撫吳贊誠奏摺：臺北後山番社頑抗預籌進勦摺（會閩督銜）

[光緒四年九月初一日]，奏爲臺北後山加禮宛番頑抗不遵查辦、復肆猖獗，現籌進勦緣由，恭摺馳陳，仰祈聖鑒事。

竊照臺北加禮宛番情蠢動緣由，業于八月十八日會摺奏報在案。臣等初意，原恐該番誠有屈抑或通事從中挑煽，必應徹查釁由，分別勦撫，使之知感、知懼；且慮各營久戍瘴鄉，難保不漸生玩愒，另有別情。是以諄飭臺灣道夏獻綸先赴臺北，遴員前往確切查明。一面添調勇丁，爲可勦、可撫之計；如果縛獻兇犯、悔罪輸誠，自當仰體皇仁，寬其既往。乃頃接夏獻綸稟稱："該道馳抵鷄籠後，遴委知縣邱峻南、吳鳳笙選帶熟番頭目，會同擢勝後營于八月十六日駛赴花蓮港，當派番目進社勸諭。該社初猶不納；示以印諭，始行放入。各老番尚知情理，曉其子弟不可妄爲。其少壯之番，則出言無狀，轉責老番不是；且謂'社內如有遷避者，即先搶其穀米'。又查得本年三、四月間，土棍陳輝煌指營撞騙，按田勒派，共詐番銀不少；該社被逼難堪，是以决計反撫"各等語。並據總兵孫開華、吳光亮呈同前由。論以前土棍朘削各節，該番似有可原；論現在肆意狂悖情形，該番實無可恕。除責成參將周士得密拿陳輝煌務在必獲，並查訪各該營官有無知情另行懲辦外，查該番負嵎抗拒，一意執迷，前已屢經圍撲營壘、殺害民勇，戕及哨官楊玉貴；近于八月十九日復截殺哨官參將文毓麟及勇丁九名，番情益形猖獗。若不與以懲創，何以戢兇頑而靖邊圉！後山原駐各營分紮要隘，且多疾病，不敷調撥。現由總兵孫開華督帶親兵並鎮海中營營官胡德興所部七哨、新設"海"字營四哨，分坐輪船駛赴花蓮港，取道米崙山逼紮前進；並擬挑選福靖新右營兩哨，令赴新城幫同陳得勝扼紮鵠子鋪，以防進勦時兇番紛竄。又據報稱“現惟附近之巾老耶一社顯然助逆，其餘南勢各社尚懷觀望”。應俟孫開華到地後察看情形，如帶去三營不敷分布，即行馳報，再由内地濟師協勦。若勦辦得手，該番畏懼，仍應將從前起釁情由徹查辦結；其兇番、土棍，一律從嚴懲治：庶冀安反側而弭亂萌。

臣等公同熟商：該鎮、道等勢位等夷，靡所承秉；省垣重洋遥隔，無從覩悉事機。萬一枝節横生，以後更難收拾。臣贊誠擬即日帶印東渡，相機勦撫。合先將現籌進勦緣由，恭摺由驛四百里馳陳。伏乞皇太后、皇上聖鑒訓示。謹奏。

三、署福建巡撫吴贊誠奏摺：官軍攻毁後山番社並搜除安撫情形摺（會閩督銜）

[光緒四年九月十二日]，奏爲臺灣後山官軍攻毁巾老耶、加禮宛兩社，陣斃悍目，餘衆潰散，現在分别搜除安撫情形，恭摺馳陳，仰祈聖鑒事。

竊臣等于九月初一日將加禮宛番不遵查辦、現籌進勦並臣贊誠親赴臺北就近調度緣由，會摺陳明在案。臣贊誠由馬尾工次乘“威遠”練船，于初五日辰刻駛抵鷄籠，登岸駐紮。據臺灣道夏獻綸面禀：“探得總兵孫開華于八月二十九日抵花蓮港，風浪正大，冒險登岸；所部各營，亦于九月初三日陸續到齊。因進兵正路草木蒙茸，深防埋伏，擬繞由米崙山紆道而進”等語。即飛催該總兵等激厲將士、整肅隊伍，相機進紮，務使首尾相顧，不致被番包抄；並派參將傅德柯解去雙管加那礮及藥彈等件，以助攻勦。

茲接孫開華、吴光亮呈報：“初五日酌帶隊伍，會同前往米崙山查勘地勢。該番散伏深箐，放槍伺擊；我軍連施開花礮、火箭，傷番十餘名，番衆敗退。查點我軍，陣亡一名、受傷數名。孫開華等先擬由米崙山一路前進；及察看巾老耶社適與加禮宛勢成犄角，必先攻拔以孤其勢，我軍始無後顧之憂。遂于初六日會督各營，分路進攻。派副將李光率隊駐紮米崙港，防其包抄；調新城營勇紮鵲子鋪，以防竄逸。孫開華、吴光亮率參將張兆連等整隊向前，先作明攻加禮宛之勢；密遣參將胡德興、吴立貴、同知朱上泮、都司李英、劉洪順等，突向巾老耶社分攻東南、東北兩面。該社悍番拚命拒戰；正相持間，嘉禮遠番目大肥宛汝率悍黨數百來援，爲我後隊截擊，大肥宛汝中礮立斃。連斃悍黨十餘名，番始敗退。巾老耶外援既絶，勢漸不支；我軍勇氣倍奮，戰及三時，始將該社攻破，殺斃悍番數十名。李英當先搶進，足受槍子傷，弁勇亦有傷亡；各軍就農兵營、十六股莊兩處屯紮。初七日黎明，復督大隊往攻加禮宛社。該番先受懲創，知我軍威，料難自守；預于社後二里許，負山阻險，堅築土壘。我軍一到，該番拒戰，逾時即弃社而遁；登即追殺數十人，立將該社茅屋焚燬。因路徑叢雜，未便窮追，即收隊回營；隨探知敗竄悍番，尚麕聚土壘爲守死計。初八日五鼓，吴光亮率各營仍由加禮宛竹仔林而進、孫開華親督參將張兆連等由巾老耶社旁深草叢中銜枚疾進，直抵該巢。環攻一時之久，身先沖入，遂將堅壘踏平，搜斬一百餘名，餘衆翻山竄逸；至午刻收隊。計四日之戰，共殲番二百餘名。其南勢之豆欄、薄薄等社，初猶觀望；至是，悉皆懾服，不容敗番入社。七脚川社番，先曾邀截木瓜生番，繳呈首級赴吴光亮營領賞。至是，復阻截木瓜番，不使與嘉禮遠聯絡；並截殺巾老耶敗竄之番，甚爲出力。高山之大魯閣番，亦來助戰。現仍查探敗番竄匿踪迹，分别搜除、招撫；並曉諭南勢各社安業”等情呈報前來。並據臺灣道夏獻綸稟報相同。臣等伏查嘉禮遠等社少壯之番，向來自立勻頭名目，不受老番約束；恃其兇頑，顯然抗撫，戕害官勇，實屬罪不容誅。此次殲斃皆係壯番，洵堪示儆。在逃餘衆，果能悔罪自投，仍當妥爲安插，使之復業；以免竄伏崖谷，終爲後患。其從前土棍詐索之案，並當嚴行查辦，俾昭平允。惟岐萊一帶地荒瘴重，生力軍衹可于事急調援，事鬆即撤；若久留瘴地，雖精壯亦變爲疲羸。亟應乘此事機，將該處善後一切妥籌布置，以冀一勞永逸。臣贊誠俟日間風浪稍定，即乘輪親往花蓮港會同孫開華、吴光亮察酌情形，商籌辦理；一面將續調之兵，陸續撤回。

除將應辦事宜隨時會商馳陳並此次陣亡員弁、勇丁隨後查明匯案請卹外，所有後山官軍攻毁巾老耶、嘉禮遠兩社，現在分別搜除安撫情形，謹合詞恭摺由驛四百里馳陳。伏乞皇太后、皇上聖鑒訓示。謹奏。

四、署福建巡撫吴贊誠奏摺：抵基隆後查看煤礦情形片

[光緒四年九月十二日]，再，臣抵基隆後，即于初七日帶同夏獻綸往八斗地方查看煤礦。所有位置、機器、起煤、汲水、扇風諸法，略與西書所載相仿；惟井内挖工過少，故日出之煤不多，且碎塊多而大塊少。緣該處僻在荒山，水土惡劣，暑天尤甚，中外工人染疫者多；煤井操作事尤極苦，熟手往往因病辭工，生手一時尚難練熟。經飭煤務委員設法廣爲尋僱；以後天氣凉爽，當可漸有起色。

五、署福建巡撫吴贊誠奏摺：續籌安插番社裁併營勇摺（會閩督銜）

[光緒四年十一月二十六日]，爲臺北後山嘉禮遠等社逃番陸續招回安插，並將首惡續獻懲辦；現經撤换營官，分別裁併，嚴飭加意訓練，以期民番永遠相安。恭摺馳陳，仰祈聖鑒事。

竊照臺北後山番社未盡事宜，前經覼縷陳奏；旋于十一月十七日，欽奉十月二十二日上諭：“何璟等奏‘臺灣後山番衆悔罪自投，現籌布置情形’一摺，臺灣後山嘉禮遠等社番衆滋事，經官軍擊散後，番衆悔罪自投，並將兇番姑乳斗玩一名縛獻正法，各番社現已一律安帖；惟兇犯姑乳士敏一名在逃未獲，仍著責令番目擒獲綑送，毋在漏網。其投

出各番，並著擇地妥爲安插，俾資生業。土棍陳輝煌屢次索詐，激變番衆，致煩兵力，實屬不法已極！務須嚴拿懲辦，以儆效尤。後山地方雖處瘴鄉，惟既經開闢，頗費經營，原期固疆圉而杜覬覦，豈可半塗而廢！況花蓮港一帶皆係平原之地，瘴氣較輕；所有原駐各營，應如何培築營基、分建兵房、廣備醫藥之處？及設局招撫、裁併營制一切善後事宜，著該督等悉心會商，妥籌辦理”等因，欽此。恭讀之下，仰見朝廷洞燭萬里，訓誨周詳；曷勝感忭！

查嘉禮遠招回番衆，節據總兵吳光亮呈報先後不滿千人；其原駐棚寮業經焚燬，先爲搭棚栖止。嗣于該社迆北里許之地，准其搭造寮房，鱗次居住。其南有溪河一道，爲民番分界之處。此外，平原劃歸番界者，皆開溝種竹以爲標識；將來招墾地段不致混淆，可杜侵占之弊。其巾老耶番衆亦已歸來，准令附入七脚川、豆欄、飽干、理留四社之内蓋屋居住；並令七脚川等社連具保結，寬給田地，俾遂耕種。大段界限已分，蓋造亦經完竣；間有犬牙相錯畸零之地，飭令招撫局委員隨時妥爲區處，俾臻帖服。該處北濱海隅，曠地不少；捕魚、墾地，皆可自便。誠使兵民不恃勢欺凌、通事不從中煽惑，定可相安無事；誠如聖訓“後山雖處瘴鄉，開闢頗費經營，豈可半塗而廢”！經臣等節次諄切曉諭，並飭總兵吳光亮等遴選誠實通事隨時訓誡，俾就範圍。不敢以番情安謐，稍懈綢繆；亦不敢謂番意譸張，稍存歧視：此安插番衆，期無失所之情形也。

兇番姑乳斗玩先經正法；其在逃之姑乳士敏一名，旋由番目陳赤鹿等綑送，經吳光亮提訊“倡首反撫、迭次行兇”不諱，于十月初八日正法。旋于十月十九日，復據番目縛送起事兇犯龜劉武歹、底歹洛洛（即武歹洛爻）二名，供認糾衆攻營不諱；隨于營次駢僇。惟查土棍陳輝煌本係噶瑪蘭社之總理，曾隨提督羅大春開路，給以頂戴；所結番衆不少，其志尚欲藉開墾以圖利便。急之則深入番山，恐貽後患；惟緩以誘之，則貪念未灰，必將自投羅網。現仍嚴切責成參將周士得、傅德柯等密爲購致，務獲懲辦，以除禍首而服番心：此緝拿逸犯之情形也。

後山各營積久生疲，勇多病弱；臣贊誠親往按驗，亟應更易生力，以資防戍。當將原駐花蓮港之都司李英福靖左營裁撤，改委丁憂壽寧縣知縣吴鳳笙另募新勇接防；現先帶兩哨進抵花蓮港填紮，兼辦招撫局務。其餘三哨募到，亦即撥往歸隊。原駐新城之福鋭左營，業將營官陳得勝撤去，委都司楊金寶接帶，移紮吴全城等處；原駐吴全城都司劉洪順練勇左營，業于十月初裁撤。原駐中溪洲之代辦營官同知吴炳章所帶練勇前營裁撤，以總兵邱得福新募飛虎前營抵補填紮。其移駐大港口之副將李光所帶“振”字前營，亦係疲弱；擬俟降補都司張福勝所募飛虎後營成軍到防後，再將原營撤遣。其前臺北府知府林達泉原帶“海”字一營，以同知朱上泮管帶，現改爲鎮海後營，歸臺灣道節制，分紮基隆、滬尾、艋舺一帶。統計臺北裁撤四營以新募三營抵補外，實裁一營。其臺南防戍之軍，據臺灣道夏獻綸詳請：福鋭中營提督高登玉請假，即將該營及蘭軍中營勇丁汰弱留强，撤去“蘭軍中營”名目，並歸副將楊開友管帶；另飭署臺防同知袁聞柝募成綏靖一營，分布防護。其澎湖副將、陞任山東登萊青鎮總兵吴奇勛原帶健勇一營，留一哨防護澎湖砲臺；其餘四哨調至臺郡，委參將蘇鷹鴻、守備吴奇猷合帶，飭赴楓港、枋山一帶防戍。該處原有都司劉志慶、林明募帶護墾土勇二百名，亦即裁撤。總計臺南北防勇，除填抵外，實裁去一營兩哨。其中新募之勇，尚須訓練；已嚴飭各該營官認真講求，申明禁令，隨時更易疲弱，以冀悉成旅勁：此撤换營官、分别裁併之情形也。

臣等詳細籌商，務臻妥密，斷不敢使已成之功廢于半塗；一面嚴飭設法購拏土棍陳輝煌，期在必獲，庶幾仰副聖主除暴安良之至意。所有臺地續籌安插番社、裁併營勇各緣由，謹合詞恭摺由驛陳明。伏乞皇太后、皇上聖鑒訓示。謹奏。

六、署福建巡撫吴贊誠奏摺：在臺灣病劇請開巡撫署缺摺

[光緒四年十月初六日]，奏爲微臣病勢增劇，籲懇天恩准開署缺，仍回船工醫調；恭摺籲陳，仰祈聖鑒事。

竊臣自上年夏間在臺灣後山感受瘴癘，卧病數旬；屢經醫調，精神總難復舊。本年五月，蒙恩命署巡撫篆務，當即瀝陳病體難勝實情。欽奉諭旨"毋許固辭"等因，欽此。臣自顧何人，膺斯寵任；勉就職守，冀效涓埃。若果精力稍可支持，敢惜捐頂踵以酬高厚！惟臣此次渡海親往岐萊，風浪險惡，瘴毒深重；營中地尤卑濕，夜間海氣砭肌，以致右臂酸痛，牽引項背，頭目益加眩暈，終日如坐霧中。臺北既乏醫藥，而病眩又難渡海；祇得就艋舺暫息。

伏思省屬公事，繁重數倍于臺。巡撫有總理之責，非全神貫注，不能提挈整頓，周徹無遺；豈容一再貽誤！念之焦灼愈加，遂致虚火上炎，夜不能寐。醫者謂心血虧耗，兼風邪深入經絡；非息心静養，難期速痊。閩撫衙門事件，自丁日昌屢請病假、旋回原籍，葆亨以山西藩司留署斯缺，中間不無躭擱，積壓漸多。臣接篆後，督同幕僚竭數旬之力，清理積牘，甫有頭緒；而省外屬吏之賢否、地方之利病，尚未及採訪周知。清夜自思，倍深疚惕！旋以番社不靖，悤遽渡臺，忽又逾月。雖現任藩司李明墀才力勝臣十倍，精于察吏、熟于洋情，可期得力；而藩司自有錢穀專責，撫署公事僅代印代行，非比一手經理可以任其展布。臣竊慮此次事竣回省，百務紛集，立待清釐；而病軀如此支離，精神萬難周到。報國之心雖切，任事之力已殫；若但請賞假醫調，則展轉貽誤仍所不免。天下事皆由因循于積漸，遂致敗壞于一朝；縱幸而愆尤未暴、譴責不加，臣自問亦天良難昧。船政近因費絀，員匠裁減，工務暫鬆；臣自不敢卸責。惟有籲懇天恩，准開署缺，迅簡賢能接任；臣仍回船工，力疾照料，藉可稍資調理，以冀漸獲就痊。至臺灣海防、省

城洋案，皆與船政極有關係；臣思所能及、力所能爲，無不與督臣隨時會商妥辦，不敢稍存膜視。臣原籍安徽廬江縣，自兵燹後，住屋已無片瓦；斷非敢遽思安逸，徜徉田里，自外生成。犬馬餘生，仍當竭力馳驅，圖報鴻慈于萬一。

所有微臣病勢增劇、請開署缺緣由，謹力疾吁懇，附驛馳陳。伏乞皇太后、皇上聖鑒訓示，臣不勝迫切惶悚之至。謹奏。

七、署福建巡撫吴贊誠奏摺：番衆悔罪自投現辦撫緝並撤裁營勇摺（會閩督銜）

[光緒四年□月□□日]，奏爲臺灣後山加禮宛等社番衆悔罪自投，縛獻首兇懲辦，現在妥爲撫輯，將援軍陸續撤回，並原駐各營分别裁併，會籌布置情形，恭摺仰祈聖鑒事。

竊臣等于九月十二日將官軍攻毁加禮宛番社、餘衆潰散、分别搜除安撫緣由，會摺馳奏在案。臣贊誠于九月十五日乘"威遠"練船抵花蓮港，連日會同孫開華、吴光亮親赴嘉禮遠等處周歷查勘；遣通事傳各社番目到營，謹宣布朝廷寛大之仁，務使海澨羣生同被聲教，毋令失所之意。因七脚川番合社一心始終出力，面予嘉奬，犒以銀、帛；薄薄社番性尚馴良，亦予奬勵。豆欄、里樓等社，則皆嚴切訓示，曉以利害；飭各約束子弟，毋再爲非。皆悚惕俯聽，似知感悟。加禮宛番，初則散竄山谷，懼不敢出；有逃往中路馬大鞍等社者，悉被拒弗納：糧食漸竭，窮蹙無路。因遣通事及七脚川番目傳諭招致，並令縛出滋事兇番，許其免罪就撫。旋有番目陳赤鹿等詣營自投，並縛獻首兇姑乳斗玩一名。臣贊誠察看該番等皆久已薙發，面貌、衣服與平民無异。訊以肇釁滋事之由，僉以"土棍陳輝煌藉命屢次索詐，逼迫難堪"對。復詰以"委員遣人入社招撫，何故頑抗不遵，且更誘殺官勇"？則稱係現獲之姑乳斗玩及在逃之姑乳士敏二人把持，主令無知少壯所爲，老番力阻不聽；並稱姑乳士敏逃亦不遠，容誘獲綑送。現在各良番皆知畏威悔罪，但求寬宥、給地安插，願永爲良民等語。隨提訊姑乳斗玩一犯，此次倡首滋事、戕害官勇各情，直認不諱。察其形狀果係兇惡，未便稽誅；即派員押赴新城正法梟示，以昭炯戒。一面將投出各番交七脚川番目保領，准予免罪；令速將逃散番衆一律招回，聽候安插。連日報到有名者，已九百餘人；吴光亮爲之搭棚栖止，給發食米、炊具。俟陸續到齊，擇地分別安置。巾老耶社人數較少，並未遠逃，仍散附各社；除查明最劣之番目板耶等二名革退另换外，餘皆分別保結，聽其復業。陳輝煌本係噶瑪蘭土民，先已逃回，藏匿番山；業飭宜蘭縣、營設法購獲，再爲徹辦。復以民番所耕之地彼此參錯，難于辨别，易啓争端；飭署宜蘭縣知縣邱峻南隨同吴光亮逐段勘明、劃清地界，令民番照界各自耕種，不相侵越，以杜後釁。孫開華所部擢勝後營及夏獻綸添撥之鎮海"海"字等營，均即陸續撤回。

臣等伏查臺灣後山南起恒春八瑶灣、北至蘇澳六百餘里，中分三段。除南路八瑶灣以北百四十里係一綫海灘、北路蘇澳以南百五十里山高路斷不計外，自知本溪至大陂一路，川原平衍，是爲卑南；至璞石閣，而山勢一束。過此，則水尾、打馬燕、迪佳等處，又復開曠，是爲秀姑巒；直至岐萊、新城之鵲子鋪而止。中間大巴塱北一段，地勢雖平，而兩邊皆山，中匯溪流，沖刷無定；沙石間雜，不可開墾。惟山邊高地，可種旱糧。其間向無居民，止有番社。至吴全城溪流漸平，始有可開水田之處。由此北抵新城鵲子鋪六十里内，平原沃壤，最爲膏腴；現在番民耕種者，僅十之二、三。此外曠地甚多，隨處可耕；並不慮民占番地。該處各社歸順已久，其老番常出海購貨，往來于噶瑪蘭；雖不如卑南之馴良，較中路新撫各社已覺稍通情理，並非無從教化：此土地、人民之不可弃也。綜計全臺南北各港口，四時均可泊輪船者，惟有鷄籠一港。輪船由鷄籠開往花蓮港，約六時可到。如看準天色，隨到隨返，尚有把握，不致疏虞。若南路之安平、旂後、射寮等港，盛夏、初秋皆不能停船。其船由旂後等港開往後山之成廣澳，須繞轉恒春極南之沙馬幾頭，路多紆折，非一日所能必到；不如花蓮港之刻期往返，聲息易通。且成廣澳至璞石閣山路崎嶇，轉運費力；花蓮港至大巴塱、水尾路皆平坦，牛車可行：此港口運道之不可弃也。議者謂地處瘴鄉，兵難久駐；須俟人民漸集、瘴氣漸輕，而後設營鎮撫。竊見後山每逢夏令瘴疫流行，不獨岐萊，即璞石閣、大港口亦然，而恒春以北之牡丹灣一路尤甚；皆爲不能恝置之地。花蓮港一帶究係平原，距高山已在十里外，其瘴非盡由嵐蒸所致；查各營戍久力疲，不免因陋就簡，茅茨不蔽風雨、沮洳不爲疏泄，居者安得不病！若營基加工培高、營墻加工築固，兵房分爲行列修整，潔净水溝周圍深通，再戒兵士以節慎寒暑、廣備醫藥，未始不可以人事補救。且留營則居者有恃，而來者日多，人烟盛而瘴氣可冀漸減；撤營則來者裹足，即居者亦難立足，山川閟而風氣終無由開。惟是原駐各營病弱者多，久戍思歸；不得不酌量裁併更換。且將來墾民日衆、墾地日闢，民番交涉事務漸繁；招撫一局，亦不可不設。查陳輝煌屢次索詐，通事等皆有所聞，而該處營官李英等曾不覺察。可見武員之粗率，斷難恃以體察民情；必須遴派文員設局經理，兼資彈壓。查有丁憂壽寧縣知縣吴鳳笙曾在軍營帶勇及歷任州縣，穩練耐勞；擬令募帶一營，就于花蓮港駐紮，兼辦北路招撫局務。其原駐花蓮港都司李英一營，即行裁併。新城僻在最北，距農兵營三十餘里中間，並無人烟；蘇澳舊開之路既廢不通行，則此處並非扼要。原駐該處副將陳得勝一營，擬令移回吴全城，擇近、擇要駐紮；即將原駐吴全城之都司劉洪順一營裁撤。陳得勝于加禮宛番攻撲鵲子鋪碉堡時，恃勇輕進，被番兩次設伏包抄，致陣亡哨官參將楊玉貴、文毓魁二員，該副將左右臂亦受槍鏢重傷；按其輕敵失機，本應參革。惟該副將上次隨攻阿棉納納番社，首先奪隘破壘，最爲奮勇；尚未保獎。此次復將積年未服之大魯閣生番設法收撫，並隨同堵勦加禮宛番，頗有斬獲；且右臂受傷，碎骨尚未全愈：功過似足相抵。可否仰懇恩施，免其參革；即撤去營官，仍留營差遣，以觀後效？所帶福鋭左營，現改派都司楊金寶接帶。同知吴炳章所帶練軍前營現駐中溪洲，亦多病弱；擬令總兵邱德福另募一營更替：均仍歸吴光亮節制調遣。似此一經裁换，汰弱留强，庶期兵收實用、餉不虚靡。俟年餘後，察看民番漸能相安，當可再裁兩營；于中、北兩路酌留三營，分布要隘，定爲永遠之額。再查臺北原派有輪船一號，常川差遣；嗣後每月中遇晴霽日，令往花蓮港運輸餉銀、軍米一二次。凡墾民、商販願往者，均准查明附搭，並准携帶眷口及農具、食用等物；庶農商争便，趨者日多，地方始有起色。臣贊誠于九月二十三日偕孫開華回抵鷄籠，擬赴艋舺暫駐，部署一切。

至此次本任漳州鎮總兵記名提督孫開華一聞檄調，冒險赴援；四日之間連戰皆捷，出奇制勝，叠破堅巢：洵屬謀勇兼資，膽識出衆。合無仰懇天恩破格獎擢，以勵戎行。其餘在事出力員弁，可否准臣等併歸勦平阿棉納納社案内，擇尤匯保之處？伏候聖裁。

所有安撫嘉禮遠等社並會籌布置情形，臣等往返函商，意見相同。謹合詞恭摺，由輪船遞滬交上海縣發驛馳陳。伏乞皇太后、皇上聖鑒訓示。謹奏。

八、署福建巡撫吴贊誠奏片：由臺北陸行赴臺南沿途訪察情形事竣回省片

[光緒四年十一月二十六日]，再，臣自後山回抵基隆後，于十月初九日飭派“永保”輪船將駐防吴全城之劉洪順一營撤勇全數載到基隆，飭臺灣道夏獻綸點驗，立即遣散。旋得吴光亮咨函，知姑乳士敏已經縛獻懲辦，番情大定；臣即由基隆出至艋舺，醫治旬餘。二十六日，起程陸行，道經竹塹、彰化、嘉義一帶；十一月初六日，抵臺灣府城。所過

各處，訪求利弊。查新開中路之埔里社建築土城，工程及半；土民及熟番，均已相安。惟附近之北港高山番素稱兇悍，因有游擊丁汝霖帶福鋭新右營勇丁分扼要隘，未敢四出擾害；已飭催委署中路同知孫繼祖迅赴新任，以資彈壓。又彰化縣屬之揀東保内山一帶，間有生番伺殺土人之事；當飭該縣、營另選妥幹隘首、多設隘丁，隨時防範。彰、嘉交界之西螺地方，有積匪廖金福素行不法，經該處汛弁率鄉從圍拿，因拒捕登時格斃；及嘉義縣屬之查畝營毛、劉二姓争收田穀相鬥，互有殺傷：均經諄飭該縣、營就近嚴行查辦。其餘各處民情，均爲安謐。在郡閲鎮、道標左右兩翼練兵，操演陣法亦頗齊整。旋于十五日展輪内渡，行次南日海面，風濤甚惡；仰托朝廷福庇，于十七日安抵馬尾工次。略將船政事務料理，現已于十一月二十日回省。

所有微臣内渡日期，理合附片陳明。伏乞聖鑒。謹奏。

福建巡撫勒方錡奏摺

一、福建巡撫勒方錡奏摺：臺灣海口營務民番情形

[光緒六年十二月初七日]，福建巡撫勒方錡跪奏：爲查勘臺灣各海口及營務、民番大略情形，恭摺具陳，仰祈聖鑒事。

竊臣于本年十月二十日附陳赴臺日期，隨于二十一日東渡；二十三日抵基隆口，旋由陸路于十一月十三日至臺灣府城。沿途爲風霧所侵，時有感冒，抱恙逾旬。二十八日，始往閲安平海口。本月初三日，泛海赴鳳山旂後。初四日，從陸路回城。所有次第察看情形，謹爲皇太后、皇上陳之。

臺灣南北袤延千餘里，西向爲前山、東向爲後山。後山海面洪濤涌起，舟船罕至其地；其蘇澳、成廣澳、蓮花港諸處，雖可偶然停泊，亦難久留。前山要口有四，北則基隆、滬尾，南則安平、旂後：爲全臺首尾門户。此外諸小口，淺狹淤塞，不能通舟。四海口之中，則基隆最爲險要。臣于岸後與提臣孫開華周迴履勘，該口面西稍北，島嶼前錯。左右繚長，中凹寬敞而深；巨舟二三十可以聯泊，且隨時均能進口，不須守候風潮。今靠東建設礮臺，扼險迎擊，尚得形要；刻已併力趕築，開春即可竣工。基隆以南約七八十里至滬尾溪海口，其南岸名八里坌。從前舟行皆傍南岸；近因沙壅，又皆依北岸行。然亦不甚深，潮漲時僅一丈六七尺；難駛大船。北岸舊有露天礮隄，不足以避風雨；臣與孫開華商度，他日能籌經費，當作礮臺。蓋泥沙時有變更，目前雖淺，异時未必不深也。

安平海口近在府治之西，礮臺扼要居中；然面勢又覺過于寬漫。幸

鹿耳門以内水底皆係板沙。輪船惟定椗外洋，不能徑進。夏、秋數月，風涌尤猛；前波後浪低昂一、二丈許，噴薄如雷。十里之遥，來往均資竹筏，海船未有抵岸者。安平以南九十餘里，爲旂後海口。兩山近對，中豁一門，水底石礁既堅且鋭；商船夾板亦祇在口外拋泊，扼塞天成。兩邊各立礮臺，地勢太高；然舍此。更無可設之處。所恃港道嚴，船大則莫能飛渡也。此兩地，皆同鎮臣吴光亮、道臣張夢元會勘者。現際海疆多事，臺灣控接數省，防維尤不可疏。但必先明險易之形，庶不至懵于緩急。現查各處分別屯營伍，均屬得宜：基隆特駐三營，臺北府城駐一營，滬尾駐一營；此前山之臺北路也。彰化、嘉義近外諸處分駐一營，近里諸處分駐一營；此前山臺南、臺北之中路也。臺灣府城内駐兩營，府城西門外駐一營，安平地方駐一營並水師練兵一百九十餘名、礮臺專駐管礮弁勇一百四十餘名，旂後擬添撥一營、礮臺亦專駐管礮弁勇一百三十餘名，鳳山、恒春要隘諸處分駐二營；此前山之臺南路也。其北頭前後山交界之蘇澳地方分駐一營，後山由北往南自蓮花港至象鼻觜諸處分駐一營，又往南自中溪洲至大港諸處分駐一營，又往南自璞石閣至成廣澳諸處分駐一營，又再往南自卑南至牡丹灣等處分駐一營；此後山道北暨南全境也。原後山之駐營，非徒爲招撫番社；實以兼顧海防後路，照護遭風船隻，預杜釁端耳。

臺灣民番錯壤，風氣囂凌；比年以來，稍稱安靖。番社已設義學，冀其函濡教化，徐革非心，臣嚴飭各該管官勤爲撫卹，威惠兼施，必先感之以誠，乃可約之以法。親習既久，自得相安。至于民風，大率悍而好訟。臣前後所收詞稟，已亦百餘張；駕捏之辭，什逾五、六。查各縣控案多者過千起、少亦數百起，日積月累，塵牘紛紜；差役胥丁，易以因緣爲弊。臣嚴檄州縣勒限清釐，聽訟若動，結案自速，無辜者不至拖累、虚誣者當亦漸稀。欲使政平，必由訟理：是治内之本務也。所有微臣到臺日期及沿途察勘情由，理合專摺具陳：伏乞皇太后、皇上聖鑒訓示。

光緒七年二月初三日軍機大臣奉旨：知道了。所有布置營伍、撫恤民番、情釐案牘事宜，著該撫飭令各該管官認真經理，毋得始勤終懈。欽此。

二、福建巡撫勒方錡奏片：密陳臺灣旗後海口港門不宜開通

[光緒六年十二月初七日]，再，旂後海口，中外商船所集，爲臺灣南路要區。對峙兩山，礮臺臨海。第限于局勢，均覺過高；俯擊敵船，恐難恰中。礮臺既未足深恃，所可恃者港門偪仄。石塹中潛，險扼天生，巨大艦莫能沖駛耳。聞曩者曾有開通之議，欲便行舟；是乃自撤藩籬，情同誨盜。設逢事變，何以禦之！現在有辭于經費不敷，得以默然中寢室；竊計將來必有重申前説者。若竟允從所請，异時爲害，悔不可追！謹附片密陳，伏乞聖鑒訓示。謹奏。

光緒七年二月初三日軍機大臣奉旨：該衙門知道。欽此。

三、福建巡撫勒方錡奏片：密陳撫馭臺灣番社

[光緒六年十二月初七日]，再，同治十三年春末，日本人紮營于臺灣之峎嶠地方，以十月二十四日撤去，計七閱月。其兵士死亡枕藉，不止千數人；鋒刃未交，精鋭先盡。如再相持數月，彼當自走，莫不能留。于時淮軍亦損耗三千有餘，扶病者不可勝數。夫以中國之醫藥相繼、饋餉易通，猶且傷夷若此；何况勞師遠襲，隔海運糧者乎！當時未知虛實，曲與議和。倭人勢實不支，乘機就款；彼已非常僥幸，理應遺痛在心。顧聞倭酋輕率自衿，常欲逞志于臺灣及高麗兩處。高麗戒備，當亦難圖；彼從前受厄于臺南，將恐求伸于臺北。昔日已曾探路，今臺灣員弁知其事者尚多也。若論以逸待勞，即臺灣亦可獨當彼國。所慮者民番錯處，須防其勾誘内訌。聞彼駐峎嶠時，散旂于後山番社，其附從

者已三十餘處，故遂欲移駐卑南。當經檄委前候補同知、今保知府之袁聞柝馳赴卑南等處招撫諸番社生番，遂將日本所誘各番均招歸順；乃令袁聞柝就其地分屯綏靖一軍。是日本倘有事于臺灣，籠絡生番是其故智；欲使番社之不爲寇用，莫若合民番而綏設團防。蓋雖土民，亦未必不動口于利也。查臺地人民約分五類：西面瀕海者，閩漳州、泉人爲多，與化次之，福妙較少。近山者，則粤東惠、潮、嘉各處之人，號爲客民。其一則爲熟番；又其一則新撫之番名之曰化番，即後山各社生番稍近平坦處也。至于前山、後山之中脊深林邃谷、峭壁重巒，聚而獸處者，是爲生番。此五類之人除生番外，其四類多有從西教者；异時爲患，何可殫言！而就目前論之，惟生番未馴教化，其熟番已化各社親習漸久，尚能就我範圍。誠使撫馭就、有方，大可助後山防務；雖不能從軍遠赴，要不至爲敵所資。所謂“曲突徙薪”，洵屬無形之益。且番人樸儉，即有時調之出隊，口糧亦正無多。平時酌犒其頭人善爲操縱，但使用恩不濫，自無難繼之虞。前山兵力尚單；此事妥時，當可騰出後山防勇一營以補前山虛處，似爲兩得也。是否有當？謹附片密陳，伏乞聖鑒訓示。謹奏。

光緒七年二月初三日軍機大臣奉旨：所奏係爲豫防勾結内訌起見；該撫當與何璟會商派委妥員相機撫馭，以期消患未萌。欽此。

福建巡撫岑毓英奏摺

一、福建巡撫岑毓英奏摺：會商臺灣防務大概情形摺

[光緒七年七月二十四日]，奏爲遵旨會商臺灣防務，謹將辦理大概情形，恭摺馳奏，仰祈聖鑒事。

竊臣等前欽奉上諭："臺灣爲南洋門户，防務緊要。等因，欽此"。當經臣毓英奏請由黔酌帶官兵，赴閩遣用，欽奉諭旨允准在案。伏查臺灣地方孤懸海外，日本窺伺已久。不早籌整備之方，則戎心易啓；不量予變通之策，別兵氣不揚。臣毓英奉命督辦，責無旁貸，惟有懍遵聖訓，隨時親往履勘，認真經營。該處情形，其北開闢未久，尤關緊要。而赴臺輪船，向來由羅星塔出五虎口繞道厦門、澎湖，必須三十九個時辰，始能到岸。設遇風狂浪大，顛簸躭延，日期更難預定。若改由五虎口逕赴臺北，衹須九個時辰，即抵基隆，甚爲妥速。而由基隆至臺灣府城，亦不過旬日可至。臣等再四商籌，擬即以此路爲渡臺正路。並諮商船政大臣黎兆棠，撥大輪船一號，長爲渡臺之用。至由南臺到五虎口，用小輪船往來甚便，臣毓英擬將積牘清理完竣，定于閏七月十三日，即行渡臺。由臺北至臺南，沿途查看，應如何整頓，諮商臣璟妥爲籌辦。前奉旨准調黔省安義等營練軍二千。臣毓英已飭藩司匯撥行裝、行糧、夫價等銀，並檄行記名提督何秀林等分起管帶，不動聲色，陸續前來。俟到閩時，擬以二百名留爲護兵，以二百名駐紮五虎口，其餘一千六百名均分紮臺灣。惟通省吏治、刑名、錢穀，皆是巡撫專責，事務殷繁，歷任前撫臣渡臺撫署，題奏諮案係交督臣代辦，日行事件，委藩司代行代拆。本年臣璟奉旨查閱營伍，即須出省，已將督署日行公

事，委藩司代行代印。臣毓英現遵旨渡臺撫署，尋常事件，擬照例亦委藩司代行代印，如事關緊要，仍送臣行營覈辦。臣毓英俟將臺防查勘後，詳細奏報，即先旋省清理案牘，以後或兩月渡臺一次，或三月渡臺一次，隨時往返布置，庶政務、臺防，均可兼顧。其內地沿海要口，臣璟自當會同福州將軍臣穆圖善，督飭水陸提鎮，加意嚴防，不容稍有疏懈，以仰副聖主軫念海疆之至意。所有會商臺灣防務大概情形，謹合詞恭摺具陳，伏乞皇太后、皇上聖鑒訓示。再，此摺係臣毓英主稟，合併陳明。謹奏。

二、福建巡撫岑毓英奏片：臺灣緑營陞調等事諮商總督辦理片

[光緒七年七月二十四日]，再，各省營伍，僅貴州等省向例歸巡撫管理，其其餘總督管轄，省份俱係總督專政。今臣毓英奉旨督辦臺灣防務，該處緑營、勇營官兵，均有防守之責，必須勸勤懲惰，紀律嚴肅，方能制敵。

查臺灣鎮總兵前經臣璟奏准，仍舊挂印兼歸巡撫節制，原期巡撫渡臺，事權歸一，但不兼管營制，呼應不靈。臣等擬請將臺灣緑營陞調、補署、開革等事，由臣毓英諮商臣璟會銜辯理，以專責成。所有臺南北緑營勇營，容俟臣毓英到臺督飭鎮道查明，汰弱留强，酌量裁併，庶饟不加增，兵皆有用。臣等悉心商酌，意見相同，謹合詞附片具陳。是否有當，伏乞聖鑒馴示。謹奏。

三、福建巡撫岑毓英奏片：渡海行抵臺灣府城日期片

[光緒七年八月初十日]，再，臣渡臺日期，前經附奏在案。臣于閏七月十三日拜摺後，即出省至馬尾，乘坐輪船，因阻風停泊三日，與船政大臣黎兆棠商籌一切。至十七日開船東渡，十八日黎明抵基隆。勘

驗礮臺，必須添紥營硐始能固守，當即畱員經理。遂由臺北府淡水、新竹、彰化、嘉義各縣，遵陸前進。臣每至一縣，或住一二日，或住二三日，查看情形，並接見紳耆，問民疾苦，閑有具控胥役舞弊、土棍横行者，皆就地懲辯，以昭炯戒。至沿海之滬尾、鹿港各口，亦經前往勘明。兹于八月初七日行抵臺灣府城，擬日内即往勘安平、旂後各口形勢，所有全臺防守事宜，應如何布置，容俟臣查勘完竣，與臺灣鎮總兵吴光亮、新授臬司臺灣道張夢元，通盤籌劃，再會商將軍臣穆圖善、督臣何璟具奏，請旨遵行。

臣此次經過地方，自臺北以至臺南，平疇沃野，晚稻雜糧，均屬茂盛，民番尚屬相安。惟海邊遭風之虛，收成歉薄，民食維艱。臣已檄行臺灣道督飭府縣，分别賑濟，兵開倉平糶，仰副聖主軫念海疆之至意。謹附片具陳，伏乞聖鑒。謹奏。

四、福建巡撫岑毓英奏片：臺灣等處颶風大雨片

[光緒七年八月二十九日]，再，本年六月十九、二十等日，臺灣臺北兩府屬因被颶風大雨致鳳山縣之大鳥山地方，溪水陡漲，淹斃番民十餘口，又淡水、新竹兩縣，海邊草寮民房，閒有吹倒。其外洋内港，商漁船隻經，及滬尾營兵船，均被激壞，水手人等亦有淹斃。又宜蘭縣蘇澳營房，倒壞敷處，沿海哨勇住屋概被吹塌。又基隆廳海口草寮民房，亦被吹倒十餘間。以上各廳縣，皆幸田禾無礙，經各該地方官分别撫卹在案。詎閏七月初一起，至初三日止，復遭颶風大雨，較前次尤爲猛烈。臺灣縣之安平地方，民居營房俱有倒塌，旂後中洲沖開河港一道，擊壞民船三號，人口無傷。鳳山、嘉義、彰化、恒春各縣民房皆有倒塌，惟鳳山一縣，有壓斃淹斃民人數丁口，各口船隻均有沖擊飄沈。又北路淡水、新竹、宜蘭三縣民房，皆有倒塌，人口閒有傷斃，廟宇、考棚、書院、衙署，亦有損壞。幸各該縣早稻俱已登場，晚禾甫經栽種，

尚無妨礙。惟澎湖不宜播種禾麥，全望花生、地瓜成熟，藉資口食，玆因猝遭烈風狂雨，籐葉根株俱多霉爛，有礙收成。此外後山花蓮港暨吴全城等處，于五月二十一二等日，地震數次，震倒營房暨軍裝局營墻，業經分别修整，尚無倒塌民房壓傷人口，據藩臬兩司暨臺灣道府營縣具報前來。

伏查臺灣各縣疊遭颶風大雨，民房例塌甚多，人口亦有傷斃。至澎湖地方，五穀不生，惟種花生地瓜，借以餬口，今披風雨飄摇，根葉霉爛，百姓更形困苦。臣毓英到臺查明情形，即飭臺灣道府，籌買糧米，由輪船運往賑濟。其各屬被灾處所，亦飭地方官妥爲撫卹。各處倒塌各項工程應如何修理，沖開港道應否填復，亦飭分别查辯，務使民番得安耕鑿，仰副朝廷軫念海隅，子惠元元之至意。所有臺灣臺北兩府屬，因被颶風大雨，查勘撫卹情形，謹附片陳明，伏乞聖鑒馴示。謹奏。

五、福建巡撫岑毓英奏片：行抵基隆日間内渡片

［光緒七年八月二十九日］，再，臣行抵臺灣府城，當經附片奏明在案。嗣接准督臣何璟會已出省巡閲營伍。臣應即旋省照料，遂于十四五等日，復往鳳山、旂後、安平，將各海口勘畢。十六日自臺灣起程回臺北，一路再加查勘。玆于八月二十七日行抵基隆，日内即乘輪船旋省。

此次前後山番社未及親到，而全臺情形略得大要，容俟會商妥籌，再恭摺會奏，請旨辯理外，謹附片具陳，伏乞聖鑒，謹奏。

六、福建巡撫岑毓英奏摺：渡臺查明情形會籌防務摺

[光緒七年九月二十六日]，奏爲微臣遵旨渡臺，查明全臺情形，謹將防務悉心商籌，恭摺會奏，仰祈聖鑒事。

竊臣毓英前行抵臺灣府城暨回至基隆，均附片陳明在案。玆由基隆

内渡，于九月初三日旋省。謹將一切情形，敬爲我皇太后、皇上陳之。

臺灣自北而南，沃野數百里；糧食、茶、餹、煤炭，皆出其間。海濱居民，復有魚鹽之利。前、後山又出樟腦、硫磺暨各種竹木，此誠外國所垂涎，而防範所宜亟也。

顧臺灣防務與内地不同。内地各省僅一、二面臨海，所備者寡。臺灣則一島孤懸、港汊紛歧，乃四面受敵之區；今安平、旂後、基隆、滬尾各口先後雖設有礮臺，而備禦難周。兵法多出其不意、攻其不備，恐敵人由無礮臺之處舍舟登陸，抄襲後路；則中路之彰化、鹿港等處，不可不防。溯自臺灣歸版圖以來，屢有變亂；其中如朱一貴、林爽文、戴萬生諸逆，皆起于彰化。今彰化、嘉義一帶，械鬬、搶殺之案層見叠出；往往逃匿番地，鮮有獲案。若被其勾引敵人乘虛竄擾，則全臺尤危。查前、後山生番，僅南路概行就撫，中、北兩路尚多梗化。因臺地水土惡劣，前、後山烟瘴更大，歷年員弁兵勇瘴故不少；故招撫尚未完竣。又查新設臺北府、淡水、宜蘭各縣尚無城垣，臺灣府城暨各縣城池亦間有損壞，不足以資捍衛；此又臣等之所深慮也。臣等竊計臺灣之事，當以省刑薄斂、固結民心爲上，分路屯兵、嚴守陸地次之，添紮營壘、保守海口礮臺又次之；而三者俱宜相輔而行，不可偏廢。

現在新授臺灣道劉璈業已到任，該道曉暢戎機，曩歲曾奉調渡臺辦理營務，熟悉情形；臺澎鎮總兵吴光亮、署臺灣府知府袁聞柝皆在臺年久，深得番心。其餘各官，優劣參半。擬督飭司、道遴選更换，力行教養之政，以固民番之心。

至全臺兵勇，臣等前奏請汰弱留强，已邀俞允；現督同該鎮、道認真裁汰。查臺灣防勇，除署陸路提督孫開華所帶擢勝四營，前以奏明應撤回漳、泉駐防外，尚有防勇十二營。按楚軍章程，五百零五員名爲一營，三百七十員名爲一旂——即一小營也；今擬易大營爲小營，每營裁汰一百三十五名，共裁勇一千六百二十名。又鎮標練軍共二千五百四十員名，擬裁汰二成，共五百零八名。此項勇饟、兵饟，即可節省。前欽奉諭旨准帶黔軍二千名，兹據記名提督吴永安、楊國發、何秀林、蔡標等分帶貴州安義鎮左右兩營馬步戰兵六百一十六名，威甯鎮右營馬步戰兵三百七十九名，松桃協左營馬步戰兵五百一十二名，永安協馬步戰兵四百零六名，水城營馬步戰兵一百五十二名——共合二千零六十五名，陸續到閩。臣等前奏擬分黔軍二百人駐紮五虎口，查五虎口有候補道朱明亮所帶楚軍三營尚敷布置，擬將黔軍全數渡臺並爲四營，更换孫開華原紮營壘礮臺，兵數有盈無絀。所需饟銀，即照孫開華原領之數，以歸畫一。臺灣道劉璈所帶舊部楚勇一營，亦經到臺。統計留臺兵勇及原存制兵共合一萬一千數百名，除留守澎湖暨各海口及前、後山外，擬分爲三小軍：一紮臺南、一紮臺北、一紮中路之彰化縣。其糧饟、軍火亦分屯三處，以備緩急之需。無事，則認真操練；有事，則互相應援。並嚴飭印委各員一面招撫中、北兩路生番，查拏匪犯；一面修理城垣，整頓保甲。如有餘力，再挑拔屯丁爲堅壁清野之計。臣毓英仍隨時親往督辦，不敢稍涉疏虞。

臣等管見所及，是否有當？相應請旨敕下遵行。再，此摺係臣毓英、穆圖善面商，復與臣璟往返函商，意見相同。謹合詞恭摺具奏，伏乞皇太后、皇上聖鑒訓示！謹奏。

七、福建巡撫岑毓英奏片：興修大甲溪河隄片

[光緒七年九月二十六日]，再，彰化、新竹兩縣交界之大甲溪，地當沖要。每遇春夏之交，溪水泛濫异常；田地多被沖没，行人遭溺斃者亦復不少，久爲地方之患。現在辦理臺防，必使中途無阻，文報暢行；遇徵調等事，庶免遲誤。臣此次渡臺，據沿途官紳面稟前情。嗣行抵大甲，當即緣溪踏勘。查此溪離海不遠，兩旁皆山，寬有六百二十餘丈。地段過闊，既不能建橋梁；盈涸無定，又不能行舟楫。再三審度，

惟有開挖河道，即以溪中亂石用篾籠閒雜鐵籠，裝築長隄，形如八字；將各股溪水束歸河中，流入于海：即可用舟過渡，不致爲害。仍另開堰溝，以溉田畝。並將兩岸荒地，招佃開墾：于民生實有裨益。至河隄須築三、四丈寬，中閒雜種竹木；數年後，根深蒂固，可期堅久。詢諸官紳、耆老，僉以爲然。並據該紳等面稟，情願于冬季農隙之時捐助夫役，聽候分派。所需篾籠、鐵籠等物，即由臺灣、臺北兩府舊存海防經費開支。現飭印委各員分投採辦；俟仲冬臣復行渡臺，乘便親督開築，並派附近防軍協力相助，以期克日蕆事。謹附片具陳，伏乞聖鑒訓示！謹奏。

八、福建巡撫岑毓英奏片：請將"琛航"、"永保"輪船二號輪渡臺片

[光緒七年九月二十六日]，再，前准南洋大臣咨，承准總理各國事務衙門咨開：中國官兵輪船進出江口、海口，不准夾帶貨物，毋庸經新關洋人之手，咨飭派員查驗等因。當由臣穆圖善分別委員駐紮各海口稽查在案。

查福建輪船除兵船分防各海口外，僅有"琛航"、"永保"、"海鏡"三號輪船爲渡送來往官兵之用。臣等前會奏商籌臺灣防務，擬用輪船自五虎口逕渡基隆；業經奉旨："知道了。欽此"。欽遵辦理。嗣臣毓英至基隆查看，由此海道渡臺，實屬便捷；不論有風無風，皆可停泊。又附近基隆之滬尾海口，前因水淺，輪船必須候潮，始能進口。本年閏七月初一、二等日颶風鼓浪，將海口淤沙推出，海口之水較前加深數尺，輪船進口，不必候潮，已成緊要之區。復咨商臣穆圖善、臣何璟、臣黎兆棠，即用"琛航"、"永保"二號輪船輪流渡往基隆、滬尾；凡來往官兵及省、臺文報，均由輪船渡送，以免遲誤機宜。惟官兵、文報多寡難定，而輪船所需煤炭、薪工則未能短少，不得不籌款添補。擬遇有民人渡臺暨商民販運貨物，均准隨時搭船。仿照招商局章程

酌減水脚，收支輪船炭、工等項，亦屬兩便。所有應納關税，仍由閩海關委員經收；其應納釐金，另由釐金總局委員收解，不容隱漏。該二號輪船雖順搭民商，究係渡送官兵、文報，與尋常輪船不同；無庸經新關洋人之手。其餘别號官兵輪船，仍照定章辦理，不得援以爲例。臣等悉心商酌，意見相同。並行據善後局司道覈議具詳前來，除批示遵辦外，謹合詞附片具陳，伏乞聖鑒訓示！謹奏。

九、福建巡撫岑毓英奏片：賑濟澎湖饑民片

[光緒七年十月十三日]，再，臺灣府屬之澎湖地方，前遭颶風，百姓所種花生、地瓜根葉霉爛，餬口無資。前經臣飭陞任臺灣道臬司張夢元，籌撥糧米運往賑濟，附片奏明在案。嗣臣旋至基隆，據澎湖紳士禀訴被灾情形，復批飭新任臺灣道劉璈，籌款採買雜糧，解往接濟。嗣據該道禀稱：張夢元任内已將義倉存穀提出二千石，碾米運澎散賑。現又由臺局貨釐項下，提銀五千兩，委試用通判李嘉棠帶往浙江温州採買薯絲、小米等項，運回澎湖，添資賑濟。惟查澎湖各島饑民，共有八萬餘丁口。前項雜糧恐不敷分散，請寬爲籌備等情。又據臬司張夢元面稱：由臺灣交卸旋省，道經澎湖，目睹各島饑民甚衆,該饑民等紛紛哭訴，深堪憫惻。

臣查澎湖地土瘠薄，户鮮蓋藏，此次被灾，饑民竟有八萬餘千之多，嗷嗷待哺，亟應設法賑卹，以免失所。督臣何璟巡閲營伍，尚未旋省，臣與司道商籌，由省城增廣義倉穀項下，提陳穀二萬石碾米，陸續裝輪船運往澎湖。並飭臺灣道遴委委員前往，會同澎湖通判鮑復康，確查各島饑民，實有若干，分别散給，仰慰宸廑。至動撥倉穀，仍籌款買補還倉，除陳易新，兩有裨益。謹附片具陳，伏乞聖鑒訓示！謹奏。

一〇、福建巡撫岑毓英奏片：臺、澎各營裁兵餘米變價留作臺防經費摺

[光緒七年十一月初四日]，奏爲查覆臺、澎各營裁兵餘米變價留作臺防經費，恭摺仰祈聖鑒事。

竊案准户部咨，議覆前督臣李鶴年奏“福建臺、澎各營裁兵”案内餘賸兵米變價一案，以此項裁賸兵米穀石，或應碾放現時留臺兵勇口糧，或應照議就地變價備充經費，並現在臺地穀價是否每石祇可折銀六錢之處，逐層查明項目奏報，以憑覈辦。若查係必須變價，其所有穀價銀兩，自同治八年起，每年除撥給臺、澎各營不敷俸饟銀一千八百八十九兩九錢八分二釐四毫外，又自同治十一年起每年扣除撥給臺、澎各營公費銀五千八百十七兩外，截至本年底止，每年各餘銀若干兩、統共餘銀若干兩，應由該撫分晰查明先行報部，以重款項。且查此項穀價既出于臺兵裁賸之餘米，則此項銀兩即係臺地之餘款。自應入于“臺灣撫番闢境”案内善後項下，就近動支；毋庸提解藩庫，以免路隔重洋，提解不前之慮。至光緒二年起每年所遺此項穀石變價銀兩，應俟該撫臣查明確實，報部覈辦。又臺、澎水師各營添設舵炊應支銀米未奉部覆一節，查同治十三年十一月間據該督奏稱：“‘閩省内地裁兵’案内舵炊均照舊留存，臺、澎各營漏未造入，請照舊准設”等語；當經臣部檢查部存道光十七年臺灣兵馬奏銷册並無舵工名目，行令該督、撫查明此項舵工設自何年？應支饟米入于何項動銷？趕緊聲覆等因。嗣據臺灣道、府確查情形，禀覆前來。

現在臺灣各勇營應支糧饟係照楚軍營制按日給發現銀，本非支給米石。且各營俱分駐前、後山沿海各口，水陸崎嶇，异常險阻；碾放米石，轉運不易。所有餘賸兵穀，不得不就地變糶。至于臺北穀價

向係平減，從前林、戴各逆軍需報銷案内每穀一石，亦係銷銀六錢；即查邇來鄉間穀價，每石亦不過值六八番銀九角内外。其離城稍遠之處，每番銀一圓可易穀一石二、三斗。通匀覈計，總不出六錢之數。臺屬糧價册報，均照城内價值，將碾工、運費並計在内；如除運費等款，亦屬相仿。蓋前項裁兵餘穀徵自四鄉，若就地變價，每石原不過值銀六錢左右：此臺地穀價每石衹可折銀六錢之情形也。又查臺、澎各營舵工鑲米，從前係臺屬營員捐給；所以道光十七年兵馬俸鑲奏銷案内，未經開列。嗣因裁兵加鑲，禁止攤捐，未便再令營員捐給。況查内地水師各營舵工鑲米已動兵鑲正款，所有臺、澎舵工鑲米事同一律；既有餘賸穀價，是以撥給；先經奏請于各營撥船到營之日，分别起支。其所支之銀未奉部覆以前，在于臺、澎裁賸兵米項下動支。查臺、澎營制係同治八年裁定，大小師船八年前後均有修制；今議自裁兵後，有船到營者分别撥給，以昭公允：此臺、澎各營舵工始請支給鑲米之情形也。再查光緒四年間"臺灣豁除各項雜鑲"案内請將餘賸兵穀變價酌撥不敷存留等款並"臺北改設府治"案内不敷留支，均已先後奏准撥給；現在自應就款提支。計"裁兵"案内應賸裁兵餘米二萬五千三十石八斗，内除撥給臺、澎各營添設稿字識、號令手年應支米七百三十八石，又臺灣舵工年應給米三百三十四石八斗外，尚賸米二萬三千九百五十八石，合穀四萬七千九百一十六石；每石變價銀六錢，共折銀二萬八千七百四十九兩六錢。自同治八年起至光緒元年止，共折銀二十萬一千二百四十七兩二錢。内除同治八年起撥給臺、澎各營不敷俸鑲銀一千八百八十九兩九錢八分二釐四毫，又于十一年起每年加撥臺、澎各營公費銀五千八百一十七兩，又自同治八年起年支臺、澎各營舵工鑲銀一千一百一十六兩——共支銀四萬四千三百九兩八錢七分六釐八毫外，截至光緒元年止，尚賸銀一十五萬六千九百三十七兩三錢二分三釐二毫。遵照部議，留作臺防善後經費，就近解道撥用。其自光緒二年起前項裁兵餘穀每年除撥給各款外，尚有應支臺灣府屬光緒四年分起，每年不敷留支銀一千八百六十五兩五錢七分五釐；又臺北府光緒五年起，每年不敷留支俸工銀共二千三百四十三兩八錢二分七釐八毫；所有閏月應支不敷銀米，在于閏月裁米款内撥凑。此外尚有餘賸穀價銀兩，事同一律；仍請留作臺防善後經費，以免路隔重洋，提解不前之慮。據善後局司道會同署糧儲道謝家瑞詳請奏咨前來，臣覆覈無异。除咨部外，謹會同閩浙總督臣何璟恭摺具奏，伏乞皇太后、皇上聖鑒，敕部覈覆施行！謹奏。

一一、福建巡撫岑毓英奏片：再行渡臺片

［光緒七年十一月初四日］，再，臣于九月初三日由臺灣旋抵省署辦理内地公事，今已兩月。擬于本月初八日復行渡臺，籌辦防務、撫番事宜，並督修城池、礮臺、河隄各工程。所有省署尋常事件，照例委藩司代行代印；如事關緊要，仍送臣自行覈辦。謹附片具陳，伏乞聖鑒！謹奏。

一二、福建巡撫岑毓英奏片：到臺籌辦開山撫番等事片

［光緒七年十二月十八日］，再，臣于上月初八日復由省渡臺，因海上阻風五日，于十四日始抵基隆；督飭分統黔軍記名提督何秀林，將新紮礮城、營碉妥爲布置。十七日，至臺北艋舺，又督飭黔軍將換防各營壘認真脩理。署陸路提督孫開華已交卸防務，帶所部四營渡回泉州。臣于二十二日行抵新竹、彰化交界之大甲溪，紳民所捐修隄夫役皆已齊集，當即督飭開辦。該處居全臺之中，又與前山各番社相近，便于調度，臣暫行駐紮。臺灣道劉璈、臺灣鎮總兵吴光亮、署臺灣府知府袁聞柝，先後到臣行營面商。並據吴光亮呈稱："兼統後山各營已經數載，現值整頓緑營又兼辦防務，恐兼顧難周，請另委員接統"等語。查前、後山番社，臣前次渡臺查知中、北兩路尚多梗化，即派墾户黄南球、姜紹基分投招

安。現據帶來二十六社番目禾乃、阿鹿等共二百一十七户，俱願薙髮歸順。又有記名提督鄒復勝，協同奏帶黔軍各員到閩投效。該員前在滇省經臣奏委查辦東昭江防甚合機宜，且耐勞苦。臣于九月旋省時，復委往後山詳加查看。該員自臺灣南路之鳳山、恒春、卑南至中路之水尾、璞石閣、大巴塱，共走十八站，始到花蓮港。因北路生番隔絶，仍由南路折回臣營，面述一切。以後山僅有恒春一路可通，防軍繞道，行走維艱。每遇换防及採運糧米、軍火，皆需輪船渡送。而後山各營紮處又無大港，輪船難泊，一有缺乏，坐困堪虞！其言尚屬可採。此時辦法，必須將中、北兩路先行開通，俾後山各營糧饟、軍火及往來文報皆便于運送，則開山撫番方能應手。擬即以吴光亮兼統之飛虎三小營撥歸鄒復勝統帶，並將南路屯丁挑派五百名爲鄉導，責成由臺灣、嘉義交界之三重埔、老弄社、小八洞、關嶺開路六站，即至後山之大陂，以通璞石閣、卑南等處；又將現紮蘇澳一小營撥歸駐防基隆提督何秀林就近兼統，並將北路屯丁挑派五百名爲鄉導，責成由大小南澳、新城一帶開路，以通花蓮港；又將現紮埔里社一小營撥歸督帶黔軍换防彰化之總兵丁槐，責成清查沿山墾户、通事、隘丁，不准勾引生番再出劫殺，並查勘山勢能否再開一路？稟商辦理。惟查臺灣後山番地，言語難通，烟瘴甚大；必須鄉導，及冬春兩季方好辦理。臣擬飭何秀林、鄒復勝等俟開年春暖瘴輕，即設法將路開通，並清查各番社。凡就撫番目，按所管番户多寡給予八、九品頂戴，月給飯食銀數兩，責令約束番民懔遵教化；果能相安無事，再仿照湖南鳳凰三廳成案，奏請分設千、把、外委各土職，以示鼓勵。或須添設文員督同治理，俟察看情形，再行請旨。至各屯弁共十八缺内有五缺久懸無人，均經臣調集考拔，咨部注册。所管熟番屯丁，臺南、北共計四千名，亦督飭挑選足額。派出一千名，委員管帶操防，以三月爲期，輪流更换。每丁衹應役三月，不致廢農。原領饟銀，照舊發足；在防之日，加給口糧，所費亦屬不多：于開山撫番，頗有裨益。是否有當？謹附片具陳，伏乞聖鑒訓示！謹奏。

一三、福建巡撫岑毓英奏片：賑濟嘉、彰兩屬灾民片

[光緒七年十二月二十日]，再，臺灣地方于本年六、七等月叠遭颶風大雨，所有各屬被灾及賑濟澎湖居民情形，前經臣等附片具奏在案。兹據代理彰化縣知縣朱幹隆稟稱："縣屬深耕、二林兩保因逼近海邊，被災較重，所種雜糧收成歉薄，饑民衆多。懇請賑濟"。又據署臺灣府知府袁聞柝、署嘉義縣知縣邱峻南稟稱："嘉義沿海之笨港、三條侖一帶，亦有饑民紛紛求賑"等情。經臣與臺灣道劉璈先後委員查勘，並飭該縣官紳分别周濟，將精壯者雇修大甲等處河隄，以工代賑。但老弱婦女不能工作者尚多，本籍周濟無幾。春耕在邇，亟應從寬接濟。臣等往返函商，現檄飭司、道將省城增廣倉存穀酌提碾米，運往賑濟。謹合詞附片具陳，伏乞聖鑒訓示！謹奏。

一四、福建巡撫岑毓英奏摺：宜蘭縣節婦林莊氏等請旌摺

[光緒七年十二月二十日]，奏爲臺北宜蘭縣採訪貞孝節烈婦女，彙案籲懇天恩，敕部分别旌表，以維風化；恭摺仰祈聖鑒事。

竊臺灣孤懸海外，凡士民之盡忠、盡孝與婦女之守節、守貞者，往往因舉報維艱，致多湮没；經臣責成地方官選派公正紳耆採訪呈報去後。兹據宜蘭縣知縣馬桂芳詳："准儒學署教諭黄而康牒：'據在籍紳士進士楊士芳等稟報，陸續採訪得現存節婦生員林應台之妻莊氏、民人李文山之妻廖氏、吴大業之妻謝氏、潘西瑶之妻羅氏、林文潮繼妻李氏、李坑生之妻鍾氏，已故節婦民人吴碧瑞之妻張氏、黄懌如之妻蔡氏、陳景瑞之妻蔡氏、郭龍水之妻林氏、董發之妻陳氏、游厚水之妻吕氏、胡朝昌之妻游氏、林玉秀之妻王氏，已故烈婦楊賢庇之妻張氏，已

故孝女陳天心之女陳氏——共十六口，覈與年例相符；造具事實總册，取具族鄰切結呈送，並懇建立專祠，以垂久遠’等情，轉報到縣。由該縣馬桂芳覆覈相符，加具印結，詳請旌表。並聲明該邑自嘉慶十七年先設噶瑪蘭廳缺、嗣改縣缺，迄今七十年並無舉報節孝，亦未建有專祠。此次應由縣籌款建祠，設牌致祭”等情前來。

臣查宜蘭縣現存節婦生員林應台之妻莊氏、民人李文山之妻廖氏、吴大業之妻謝氏、潘西瑶之妻羅氏、林文潮繼妻李氏、李坑生之妻鍾氏，已故節婦民人吴碧瑞之妻張氏、黄懌如之妻蔡氏、陳景瑞之妻蔡氏、郭龍水之妻林氏、董發之妻陳氏、游厚水之妻吕氏、胡朝昌之妻游氏、林玉秀之妻王氏，已故烈婦楊賢庇之妻張氏，已故孝女陳天心之女陳氏——共十六口，生長海濱，雜居山島：風凄雨苦，處蓬户而大義能知；玉潔冰清，咏《柏舟》而微瑕不玷。或矢志撫孤，畫荻灰以貽訓；或代夫行孝，竭菽水以承歡；或守不字之貞，養親終老；或抱至清之節，失偶捐軀。均爲巾幗完人，宜荷旌揚鉅典。除飭縣將建祠、設牌等事妥爲籌議詳辦，並將事實册結送部外，合無仰懇天恩俯准照例旌表，分别建立總坊、專坊，以維風化。

臣謹會同閩浙總督臣何璟、福建學政臣崑岡恭摺具奏，伏乞皇太后、皇上聖鑒，敕部議覆施行！謹奏。

一五、福建巡撫岑毓英奏片：沈徐氏節烈請旌片

[光緒七年十二月二十日]，再，據署永春直隸州知州唐寶鑒詳據德化縣知縣沈受謙會同縣學教諭吴世昌、署訓導黄嵩齡、城汛把總蘇連元、典史章堡等詳報，查有寄寓德化縣、原籍浙江蕭山縣文童、承襲世職雲騎尉沈鳳池之妻烈婦徐氏，現年二十九歲。該氏因夫近游學漳州，于光緒七年六月初五日病故，該氏聞，計誓不獨生，潛吞金飾、即于次日殉烈。惟原籍乏人呈報，誠恐湮没不彰，該員等或近在同城，或誼屬

親戚，見聞較確，理合出具印結，並造事實清册，詳經該州覆查屬實，加結申送，由司覈詳請旌前來。

臣查浙江蕭山縣籍寄寓閩省文童、承襲世職雲騎尉沈鳳池之妻烈婦徐氏，性成淑慎，質秉堅貞。嘉耦早諧，戒懷安而勸學，哀音忽告、竟慷慨以捐軀。洵節烈之堪嘉，宜褒揚之特沛。既據該同鄉官舉報，合無仰懇天恩俯准，敕部旌表，以維風化。

除册送部外，臣謹會同閩浙總督臣何璟、福建學政臣崑崗附片具陳，伏乞聖鑒訓示，謹奏。

一六、福建巡撫岑毓英奏片：嘉義縣土匪莊芋等滋事情形片

[光緒八年正月二十六日]，再，本年正月初四日臣自大甲溪旋臺北府，督同官紳布置修築府城、添紮礮臺營碉各事。十四日，接據署嘉義縣知縣潘文鳳禀稱："訪聞有土匪莊芋、林阿淋、陳文嬰等于光緒七年十二月二十五夜糾集匪黨，將甘蔗崙民人吴登科及其妻吴李氏一併殺斃；其餘家屬，受傷七人、被擄二人。又將頂坪民人劉傳基、劉廷顯、劉廷芳等住屋焚燬，擄去男女八人。該縣聞報，一面馳往勘驗，一面會營查拏。該匪莊芋等竟聚集匪黨二百餘人，分占離城五十里之大湖、甘仔寮等處，阻險抗拒，請派兵圍拏"等情。查甘蔗崙距嘉義縣城僅二十里，該匪等膽敢肆行燒殺，實屬目無法紀！臣現已飛飭臺灣道劉璈，並咨會臺灣鎮總兵吴光亮就近酌派兵勇，交署臺灣府知府袁聞柝帶往查辦，臣定于日内亦即親往督同辦理。除俟到嘉義查明詳細並辦理情形另行奏報外，謹附片具陳，伏乞聖鑒訓示！謹奏。

一七、福建巡撫岑毓英奏片：蔡標帶黔軍回伍片

[光緒八年二月二十二日]，再，臣上年奏奉諭旨，准帶黔軍二千六十五名到閩辦理臺灣防務。當將該官兵等渡臺换防情形，先後

奏明在案。現在防務稍鬆，臣擬將黔軍先撤回一半，以節餉需。惟黔、閩相距遥遠，必須約束得人，以免滋事；又須分爲二起行走，沿途站口方不擁擠。查新授雲南開化鎮總兵蔡標，紀律素嚴，馭兵有術。該員現請旨入覲，合無仰懇天恩俯准俟該員晋京陛見後，仍飭回[回]閩先將該員分統之黔軍五百餘員名順帶回黔歸伍，再赴新任。尚餘五百餘員名，容另遴委妥員管帶回黔。此外祇留一千餘名，隨後察看情形，再行妥籌辦理。臣爲節餉起見，是否有當？謹附片具陳，伏乞聖鑒訓示！謹奏。

一八、福建巡撫岑毓英奏片：攻克嘉義土匪莊芋等巢購拏匪首片

［光緒八年三月初六日］，再，臣于二月初七日行抵嘉義縣城，據知府袁聞柝禀稱，已會同臺灣道劉璈所派之陞用總兵副將楊開友、李勝才暨臺灣鎮總兵吴光亮所派已革總兵王九齡等管帶駐防勇營及緑營練兵，于二月初四、五兩日夜將匪等占據之大湖、甘仔宅等處一律攻破，傷斃匪黨二十餘名、生擒陳老陣等十五名，餘匪潰散；而匪首莊芋等尚無實在下落，正跟蹤搜捕等情：並據劉璈、吴光亮轉報前來。臣實時督飭袁聞柝將生擒各匪提訊明確，分别懲辦。查匪首莊芋、林阿淋、陳文嬰皆係積年匪犯，逃匿生番内山；此次復乘間出來搶擄燒殺，實屬罪不容誅。臣已嚴飭該府及各營員懸賞購綫，務將該匪首等拏獲懲辦，以絶根株；並出示解散脅從，以孤匪勢。至大湖地方，頗關緊要；臣現飭該道、府派撥防勇同營兵駐紮，招撫百姓歸業，酌給籽種、耕牛，不致有誤春耕。所有攻克大湖等處出力員弁，應俟將匪首拏獲，再擇尤奏懇恩施。

現在全臺地方均屬安靖，大甲溪河隄業經修築完竣；前奏委記名提督何秀林、鄒復勝分開北、中二路以通後山，均已分投修路，紮營前進。臣定于日内由基隆内渡旋省，辦理秋審案件。以後防撫事宜，即由臺灣道劉璈暨臺灣鎮總兵吴光亮就近調度；遇有要件，臣仍隨時渡臺督辦。除咨行查照外，謹附片具陳，伏乞聖鑒訓示！謹奏。

福建巡撫張兆棟奏摺

一、福建巡撫張兆棟奏摺：巡視臺灣南北各路地方海口情形

[光緒八年十二月二十日]，署理福建巡撫臣張兆棟跪奏：爲微臣巡視臺灣南北各路及籌辦情形，謹繕清單恭摺，仰祈聖鑒事。

竊以臺灣地方緊要，上廑宸衷，臣將署中公事稍爲清理，即儆裝渡臺，于八年十一月十九日由省起程，乘坐輪船，擬至臺北基隆上岸，再由陸路馳抵臺南，已經奏明在案。坐船後，于二十日展輪出五虎門，至白犬山洋面灣泊，適以風浪掀簸，未能開駛；二十五日，波浪稍平，而北風當令仍難直，繞基隆因即折向東南，于二十六日至澎湖口。該處四面環海，地方沙瘠，衹宜番薯花生。間有布種五穀，而收成甚薄。去歲颶風成灾，海水嘯溢，更難種植。當經籌運米薯賑濟。本年秋收尚好，居民安堵。三十日開船出澎湖口，十二月初一日至臺南，由安平口坐竹筏登岸。暫駐臺灣府城，接見臺灣鎮臣總兵吴光亮、臺灣道劉璈等，當經宣述朝廷軫念海疆至意，囑令勤求治理，實力籌防。初五日至鳳山、旂後等處；初七日回臺灣府城；十一日啓行赴臺北，經過嘉義、彰化、新竹等縣；十九日至臺北府城，沿途查驗海口、礮臺及地方情形。現與淡官知府陳星聚籌商一切。擬于年内仍坐輪船回省。查臺灣五方雜處，風氣浮囂。溯自歸入版圖以來，匪徒相繼爲亂，迨籌辦海防官輪往返兵勇雲屯，奸宄之徒震懾而不敢發。居民樂業，商賈流通，地方尚屬静謐，惟民間强悍成習，詞訟繁，鬬擄之案層見叠出。臣沿途接收控詞數百紙。擇其情節較重者，批飭道府親提審辦，餘下勒限各縣清理，並派員幫審。一面出示刊發徧貼，剴切勸諭，務使革除積習，勉爲善良。然

欲正民風，先端吏治，必須廉明幹練之員，久于其任，庶幾易俗移風，海疆日有起色。所有未能稱職各員已分别撤。經查辦，除再隨時認真整飭外，謹將查過情形及應辦事宜另繕摺清單，恭摺具奏，是否有當，伏乞皇太后、皇上聖鑒訓示。再臺地雨暘時，若年穀順成，民番等俱安帖，合併陳明。謹奏。

光緒九年二月十四日軍機大臣奉旨：知道了，所有應辦事宜，即著該署撫督飭屬員詳細查明，妥爲籌議，會同何璟奏明辦理。欽此。

二、福建巡撫張兆棟清單：臺灣南北各路地方海口情形

[光緒八年十二月二十日]，謹將臺灣南北各路地方海口情形並應辦事宜繕具清單，恭呈御覽。

一、海口宜加意籌防，以備不虞也。查臺灣口岸林立，防不勝防，而最要者有四處：南則安平、旗後；北則滬尾、基隆均經設有礮臺，派勇駐守。旂後一口，近年地陷水深，洋船直達内港，然僅容中號船隻，若大船則仍泊口外。安平一口暗沙環繞，涌浪掀騰，地勢可稱天險，且係逼近郡垣，守禦最關緊要。基隆水勢平穩，洋船可隨時出入滬尾，當大潮時，巨舟亦可徑達，防守俱宜加嚴。臣順途逐加履勘，並督飭操練礮械，均屬精利，演放亦尚嫺熟，惟安平、旂後二處，礮位俱係明露，有事之時設爲敵礮所乘，兵勇無所藏身，尚須妥爲布置。滬尾口外之油車口有礮臺基址一所，其内爲八里坌及觀音山正任撫臣岑毓英在觀音山建築礮臺、碉樓係第二重門户。竊以防内不如防外，應將油車口舊礮臺興修完固，再于八里坌附近之剜仔尾建一礮臺，勢成犄角以資捍衛。此外，各處汊港紛歧，雖通塞靡常，皆須防範，應于扼要處所，再築暗礮數座，並分段添種莿竹以爲屏蔽，似較周密。澎湖一廳，海中孤峙，船舶來往，路所必經，實爲由省赴臺之咽喉。現雖建有礮臺，堪以扼守。惟礮臺門較大，八字向外，易受敵人之礮，尚須如式改造，以期得力。

至駐紮郡城兵勇調集操演，技藝均屬可觀，其餘扼要分紮，聲勢尚覺聯絡，惟勇丁未能一律精壯，已諄飭統帶各官汰弱留强，認真訓練，務期勇歸實用，餉不虛靡。

一、文員宜酌量添設，以資治理也。查臺灣原設南北兩路同知，均以海防而兼理駐府城。北駐鹿港，嗣因番民交涉，事務日繁，經辦理海防臣沈葆楨等議，將南路臺防同知移紮卑南。北路鹿港同知改爲中路，移紮水沙連。均加撫民字樣，並移南投縣丞于鹿港，移羅漢門巡檢于南投。先後奏准在案。伏思臺南海防尚有臺灣府縣就近兼顧，不致疏虞，若鹿港則遠在海口，前據紳民以地方緊要，僉請將該同知留駐，是以未經遷移。查該處商船輻輳，市廛鱗集，實爲濱海緊要劇之區。所有同知一員，似仍駐鹿港爲是。同知既無更易，則南投縣丞、羅漢門巡檢均可各仍其舊。惟水沙連距鹿港有一百四十餘里之遥，現在田地開闢，民番萃集，且爲後山中權扼要，若直達璞石閣、秀姑巒一帶，則幾及二三百里，不可無專員駐守，以重責成。擬請另設通判一員辦理撫番、開墾事宜。先由海防經費項下酌給津貼銀兩，以資辦公。俟田畝墾熟陞科，再仿照《噶瑪蘭廳章程》設立廳治。並將養廉役食各項，次第舉行，則中路不致曠廢。至前設屯丁四千名，分隸臺南北同知鈐束，而屯租則由各縣就近徵收，同知徒有管轄之名。該屯丁分隸各縣間散難稽，幾同虛設，自應量爲變通。擬請將屯丁改撥各縣經管，平時則約束易周，有事則調遣立至。一轉移間可收實效。至澎湖，島嶼繁多，周圍三百餘里，文職衹通判一員，控馭難周。議者擬設巡檢一員隨同分理。查羅漢門巡檢公事無多，現既無須移紮南投，似可改爲澎湖巡檢于該海口。媽祖宫地方暫置公署，庶官守不致曠誤，于海防亦有裨益。以上各情飭由臺灣道查議，俟覆到時即會同督臣分晰奏辦。

一、縣治地界宜量爲區畫也。康熙年間，設臺灣府領臺灣、鳳山、諸羅三縣，諸羅即今之嘉義也。厥後，鳳山、嘉義土地漸闢，惟臺灣介平其中，不能開拓。迤南至二層行溪；迤北至新港溪。袤長僅四十里。二層行溪以南爲鳳山縣界，鳳山舊治南北二百三十里，嗣劃率芒溪以南離恒春縣尚有一百二十里。其新港溪以北爲嘉義縣界，嘉義自新港溪至虎尾溪，南北一百三十里。臺灣路徑甚長。鳳山、嘉義之一百二三十里幾及内地二百里。其壤接臺灣縣處所，若遇命盗重案，由各縣治前往，必須兩日方到，往往顧此失彼，公事因之稽延。今擬劃鳳山之茄　港以北二十里，嘉義之急水溪以南三十里，改歸臺灣縣管轄，仍各以溪港爲界。庶臺灣縣袤長約九十里，鳳山、嘉義各一百里。不特計里適均，即撫字催科，縣令今亦于圖治。現由臺灣道查議，俟覆到時即會同督臣奏明辦理。

一、開山撫番宜漸而不能驟也。查臺灣四面環海，大山峙于南北。山以西，官民所居；山以東，皆係番社。南北千里有奇，東西約四五百里，或二三百里不等。平疇沃壤，多在山前。山後之木未闢者不過四分之一。中間隔以深山，樹木陰翳，道途險隘，生番踞爲巢穴，人迹因而罕到。該番種類甚多，各分門户，不相聯屬。大約居高山者，兇頑嗜殺；處平埔者，性情稍馴。自開山以來，埔番歸化者已數十社。前後山現設義塾番童學習其中，教以文字語言，漸能通曉。

各營並有番衆，輪流當差，情誼相通，日形浹洽。惟内山生番反覆無常，尚非教化所能驟及。歷任撫臣于南北中各開道路，直達山後。僅南路由恒春至卑南者，民人多有往來，土田亦漸懇闢。餘緣山路崎嶇，且有生番時出劫殺，沿途無勇護送，行人皆有戒心，不敢出于其途。溯查臺灣建置之初，幅員尚狹，嗣將南北兩路漸次開闢，近復通及後山，運會既開，不容或遏事機未至，亦難强行。此時衹可徐圖，不必操之過急。俟懇民日衆，自能水到渠成也。

一、城堤各工宜分别辦理也。大甲溪袤長八里，爲彰化、新竹二縣往來孔道。每當夏秋之間，溪流浩瀚，舟筏不通，文報因之阻滯。經正任撫臣岑毓英築堤架橋，以分水勢，以便行人。無如去秋，溪流正旺，又值颶風爲灾，水勢挾風力而來，竟將所築堤工沖决及半。經督臣何璟奏明在案。臣此次渡臺親往履勘，見南北岸長堤二道，現尚無恙。中間數道已多潰没，據土人云，溪源出自内山，雨後溪水暴漲，勢如倒海排山，雖鐵錠銅堤，亦難保其完固。查詢沖坍之由，雖云風力過猛，亦實由水勢太驟。儻議重爲修築，臣察看情形，廣採輿論，一時實無把握，况前車可鑒，尤不敢冒昧從事，須俟溪水盛時，相度形勢，妥籌辦法再行奏報。查溪之上游，群山叢雜，循山而上，南北皆有路可通，較之由溪行走，約計繞路數里，可免横流阻隔。其間有無應行修治之處，已飭新竹縣堪明辦理。至臺北府城工，經該管知府陳星聚督同紳董籌款興築，現在東城一帶垣墉雉堞尚未舉辦；北城亦接續興工。惟經費不敷，深慮功虧一簣。臣思城垣爲海疆保障，必得地方紳士力任仔肩，方可竣事。查有三品卿銜、候選道林維源向爲臺北巨富，遇事頗稱急公，因即檄飭專辦，庶責無旁貸，城工可望有成。

[硃批]：軍機大臣奉旨覽。欽此。

三、福建巡撫張兆棟奏摺：擬請添設移改疏

[光緒十年]，竊臣兆棟前因渡臺巡閲，條陳應辦事宜，擬請在水沙連另設通判，將羅漢門巡檢改移澎湖；奉批旨：知道了。所有應辦事宜，即著該署撫督飭屬員詳細查明，妥爲籌議，會同何璟奏明辦理。欽此。當經恭録轉行欽遵。兹催據臺灣道劉璈議詳，批由藩、臬兩司會同善後局司道覆明請奏前來。

臣等伏查臺灣水沙連在中路之後山，未經開墾。以先衹爲荒埔，近以田園日闢，漸成要區；其界内之埔里社地勢坦平，民番雜處，尤爲後山中權扼要。前議鹿港同知改爲中路，移紮水沙連，會于埔里地方建設土城、官廨。今鹿港同知未能改移，亟應另設通判一員，駐紮埔里辦

理撫番開墾事宜，名爲埔里社撫民通判；凡有民番詞訟，俱歸審訊。將來升科等事，亦有其經理；如遇命、盜等案，仿照澎湖通判之式，由該通判勘驗查緝，移歸彰化縣招解。仍先由海防經費項下酌給津貼辦公，一俟田園墾陞，將養廉、役食等項次第籌給。其與彰化縣如何劃界，容新設通判到任後會勘定議。至于澎湖島嶼縱橫，文職祗一通判，控馭難周；是以有羅漢門巡檢改移媽祖宮之議。現經劉璈覆加查勘，距澎湖廳治九十里之八罩地方，較媽祖宮更爲緊要。該處居民以漁爲業，良莠不齊，每有海船擱淺，乘危搶奪情事；廳員卽鞭長莫及，汛弁、把總又不足以資鎮壓。擬將臺灣縣羅漢門巡檢移紮八罩地方，歸澎湖通判管轄；附近將軍澳等嶼，卽歸該巡檢分管：因地制宜，洵于海疆有益。巡檢俸廉、役食，悉仍其舊。應需衙署，委員勘估，就海防經費撥欵妥辦。

除咨部查外，合無仰懇天恩，俯准添設臺灣埔里社通判一員；將羅漢門巡檢改爲澎湖巡檢，移紮八罩，以資治理而重巡防。如蒙俞允，並請勅籌埔里社撫民通判關防、澎湖八罩巡檢印信各一顆，頒給領換，俾資信守。羅漢門巡檢舊印，俟新印頒到，鎸字繳銷。以上二缺，照臺地向例，均作爲調缺，俟准部覆，分別辦理。

福建巡撫劉銘傳奏摺

一、福建巡撫劉銘傳奏摺：恭報到臺日期並籌辦臺北防務摺

[光緒十年六月初四]，竊臣前抵天津，當將自津啓程日期具報在案。拜摺後，即乘輪南下，二十四日行抵基隆，當即登岸查勘砲臺形勢。周歷數日，于二十八日移駐臺北府城。擬再往滬尾察看形勢，相機布置。

竊維臺灣孤懸海外，爲南北洋關鍵，礦産實多，外族因而環伺。綜計全臺防務，臺南以澎湖爲鎖鑰，臺北以基隆爲咽喉。澎湖一島，獨嶼孤懸，皆非兵船不能扼守。歷經閩省派輪船四雙：永保、琛航兩船專住臺北，裝煤載貨；萬年青、伏波兩船，專備臺南，調遣往來。現在四船俱赴閩、滬，尚未回防，不獨與閩疆音問不通，即臺南北亦聲氣隔絶。近值南風水漲，臺南輪船不能泊岸，防務暫可稍鬆。海上一有戰争，香港、日本皆以公法所關，不能濟敵船煤炭，惟基隆煤礦久爲彼族覬覦，以故聲言攻取。且口門外狹，船塢天成，不慮風濤膠擱，仿佛烟臺。其地舊有砲臺，勢居低下，且在口門以内，不能遠擊敵船。現已詳察地勢，在外海口門扼要岸鱗墩、社寮兩山對峙之區，各築砲臺一座，别建護營一座，以遏敵船進口之路。商令統領慶祥等營福寧鎮總兵曹志忠面授規模，撥支款項，于二十八日即令督勇興工。惟一材一料，類皆取購厦門，現無輪船過海，望洋束手，萬難迅速告成。滬尾海口距臺北府三十里，中外通商，輪船易入。其次蘇澳等口，船亦易通。一俟購砲到臺，均須次第設防，以期嚴密。此臣現抵臺北急籌防守之情形也。

至全臺物産，餉源所係，實以茶、鹽、樟腦爲大宗。鹽釐各局，臺

北較多。臺南，陸路則阻大溪，水程則須泛海，公牘往返，動逾旬時，自係鞭長莫及。臣擬俟防務稍布規模，即將煤礦、鹽釐，詳查整覈，興地方自有之利，養全臺防守之兵。各營月餉，亦須總覈分明，力祛糜濫。

查全臺防軍共四十營。臺北祇存署福建陸路提督孫開華所部三營、曹志忠所部六營而止。臺南現無大患，多至三十一營。南北緩急懸殊，輕重尤須妥置。臣舊部章高元武毅兩營，現經飭調北來，作爲護隊，其餘尚須審擇將領，徐整戎規，固非一時所能猝辦。

臺北統將孫開華，器宇軒昂，精明强幹；曹志忠性情樸實，穩慎過人。該提鎮等于器械操練雖少講求，要皆久著霆軍，飽經戰陣，臣連日接談簡器練兵之法，類皆鼓舞歡欣。如能不畏艱險，于兵事切實講求，皆不負國家幹城之選。臣以駑駘，仰蒙天恩，畀以重任，既不敢因循粉飾，亦不敢急切圖功，惟當殫竭微誠，圖報萬一，仰副聖主綏保危疆之至意。

光緒十年六月十二日奉上諭：現派曾國荃等在滬與法使議約，該使無理要求，婪索巨款，萬難允許。雖經美國照約出爲調處，成否尚不可知，亟須豫備戰守。況法艦現聚閩口，彼族詭計多端，伺隙攻瑕，均未可定。沿海各省防務喫緊，該大臣、將軍、督撫等不得因有調處之説，稍涉疏懈，仍當振刷精神，懍遵叠次諭旨，極力籌備。堅持必戰之心，勿存游移之見，庶不至因循貽誤，致干咎戾。將此由六百里各密諭知之。欽此。

二、福建巡撫劉銘傳奏片：調何維楷辦礦片

[光緒十年]，再，臺北基隆煤礦，自沈葆楨開辦以來，籌劃經營，規模宏遠；原冀擴開風氣，爲國家富强之謨，詎閲時未久，流弊已深。臣到基隆後，接見礦局提調楊崇銓、礦務學生張金生，俱言煤務虧折甚多，不肯明言數目。自京滬以及基隆局外之人，皆言每月煤局虧折本

銀八千內外。當委記名道朱守謨潛往查勘，並飭提調楊崇銓將光緒九年正月至本年三月該局所用經費以及出售煤價節開具報。續據先後送呈月報，覈計用度與銷售煤價，均屬有盈無絀，不知虧折何由。現飭將開辦以來歷年帳目全數查出，提至臺北府城詳細覈算，以清積弊。惟以後必須明干大員督率，切實經營，方期有利無弊。查有河南候補道何維楷精明幹練，辦事精能，勤于會計，曾經開辦磁州煤礦，熟悉情形，若以辦理基隆煤礦，必能日見起色。該道現在天津，可否請旨飭下北洋大臣李鴻章轉飭來臺接辦，以期整頓，實于礦務有裨。

三、福建巡撫劉銘傳奏片：請飭南洋遣回四輪片

[光緒十年]，再，臺灣孤懸海外，一舉一動，皆非兵艦不行。且澎湖一島，地處要沖，尤非兵船不能設守。現往來臺南北之船：永保、琛航在臺北專裝煤貨；萬年清、伏波兩兵輪專住臺南，年久行遲，斷難應敵。查船政局素有澄慶、登瀛洲、靖遠、開濟四船，均經撥赴兩江。目前臺防需船，較他處爲倍急。兩江設守，應用兵船，祇有江陰、吴淞兩處，其次皆無需兵船。各船往來，不過供差之用。而管駕、水手，久居滬上華麗之地，不居船內，懼涉風濤，游惰已成習慣。不獨虛糜餉項，且致貽誚外人。現在南洋新購鋼快二船已到，合之舊輪，爲用已敷。如能將澄慶等四船遣回臺灣，臣與張佩綸隨時督練，察看管駕賢否，長令梭巡海面，嘗試風濤，非祇有裨防務，且于師船一道切實講求，尤爲擴張海軍之地。應請飭下署兩江督臣曾國荃，迅飭該兵輪即行回臺，以後餉需經費，當由閩臺籌給。閩防既固，南洋亦可稍減海防經費之資。伏求聖鑒。

四、福建巡撫劉銘傳奏摺：敵陷基隆砲臺我軍復破敵營獲勝摺

[光緒十年六月十六日]，竊臣前將抵臺日期並勘基隆砲臺恭摺陳報

在案。前月二十五日，即有法人兵船一艘，灣泊基隆。詢所由來，答以游巡海口。臣即密飭各軍嚴行戒備。督促海口社寮砲臺日夜築脩。惟運料無船，萬端束手。當即飛函閩省，請將永保、琛航兩官船撥臺應急。奈閩口音信，隔絶兼旬。由滬運砲赴臺之商輪，又久遲不到。自本月朔，時有法兵船巡泊基隆，一半日即去；而前次所到之法船一艘，仍泊不行。當以和戰未定，未便釁自我開。適伏波兵船自臺南載新調提督章高元毅軍勇五百甫到基隆，閩省復調伏波裝澎湖兩營以去，臺兵益寡，輪艦一空。當飭章高元紮近基隆砲臺，藉資輔助，提督蘇得勝佐之。其自上海運砲之委員游學詩，因中國各輪憚于南下，初九日始雇德商萬利輪船，十二日始來滬尾。維時臣正赴滬尾督令孫開華所部趕造砲臺，見軍裝運到，即令將雷砲仍由萬利船運布基隆。及到基隆，法兵酋堅阻不令卸載。德船不能久候，仍回滬尾口門。臣方回至淡水城，正擬改船裝運，忽于十四日續來法兵船四艘，直逼基隆。其兵酋李士卑斯遣告蘇得勝、曹志忠，據稱和議不成，限期已届，隨帶戰書告示，定于翌晨攻擊砲臺。諸將一面嚴防，一面飛報。

臣于十五日黎明接信，當以基隆砲臺本無可恃，前摺業經奏明。當即親馳督戰。行至半途，砲聲震地。趲行速至。法人已于辰刻開砲攻臺。營官姜鴻勝督砲還攻。臺上衹存洋砲五尊，砲臺僅有當門一面，敵由旁擊，砲即不能旁攻。章高元、蘇得勝各帶百餘人潛伏砲臺墻外溝中。敵砲猛攻不息，自辰至午，血戰不休，竟毁砲臺前壁，火藥房亦被敵轟毁。章高元、蘇得勝密令姜鴻勝率軍退出，傷亡弁勇六十餘人。砲臺既毁，我不能支，法亦未踞。此砲臺被毁之情形也。

臣憤法人之輕我也，非誘之陸戰，不足以折彼兇鋒。趕將海濱難守各營，飭移後山，以避敵砲。曹志忠營雖近海，中隔小山，仍令照常嚴守。一面激勵各軍，堅籌血戰，誓挫兇威。十六日卯刻，法兵四、五百人，半在曹志忠營北山上築營，餘二百人直薄曹志忠之壘，仍用輪船炸砲助攻。自卯至午，鎗砲不息。曹志忠一面飭守本營，親督王三星等率隊二百人出戰。臣即令章高元、蘇得勝率隊百餘人襲其東，復派已革游擊鄧長安率親軍小隊六十人繞擊其西。曹志忠見兩路夾攻，士氣益壯。法見我軍之夾攻也，連轟巨砲以敵之。鎗戰逾時，我軍所持後膛鎗皆能命中，擊倒山巔擁纛之法酋二人，與山下法兵頭一人。敵軍大潰。我軍一鼓登山，當破敵營，奪獲洋鎗數十桿、賬房十餘架，並獲其二纛，斬首一級。探報法兵傷亡百餘人。逐北至船邊始返。我軍傷亡纔數人。二纛者，皆國徽，尤爲萬國行軍所大耻。此法犯基隆陸戰獲勝之情形也。

伏念基隆砲臺不固，砲位無多，彼族久經竊議，今突以五船相犯，實瞰我軍船砲俱無，睥睨乘危，妄思竊踞。今幸仰荷天威，將士用命，有此血戰，稍挫兇鋒，實足以抒激憤。惟當逐北抵船之際，海口若有兵輪，首尾夾攻，敵船皆爲我有。失此機會，慨惜如何！法人自入中國以來，未經此敗，勢豈能甘？必將增兵、增船，一雪斯耻。我軍兵單器乏，何以禦之？合無仰懇天恩，俯念海外孤軍，事機萬急，飛敕南北洋大臣暨閩省督撫，速撥能戰兵輪十隻，擇將來臺助戰，無蹈各安疆土，坐令微臣獨陷危機，曷勝急切待命之至！

所有此次尤爲出力之統領霆慶等軍記名提督福建福寧鎮總兵曹志忠，親駐海濱，孤軍突戰，且于砲臺攻倒後，鼓勵將士，毀挫敵營，其功實非尋常可比，可否籲懇天恩，賞穿黄馬褂，以示優奬？統領武毅軍記名提督章高元、記名提督蘇得勝，平日認真操練，臨敵尤能奮不顧身，助守砲臺，保護守臺弁兵全行退出，未甚傷夷。擬懇天恩，遇有海疆總兵缺出，即行簡放，並請賞换清字勇號。總兵銜盡先副將王三星，擬請以總兵記名簡放，並請賞給清字勇號。已革游擊鄧長安，擬請開復原官，用示鼓勵。其餘文武立功將士，可否擇尤保勵，出自逾格鴻慈。

光緒十年七月初二日，内閣奉上諭：劉銘傳奏臺北基隆砲臺爲敵攻陷我軍復踏毁敵營獲勝情形一摺，法國兵船駛至臺北基隆口岸，于六月十五日疊開巨砲，將該處砲臺擊毀。十六日，法兵上岸，直撲營壘，經劉銘傳及總兵曹志忠等督軍迎擊獲勝，敵兵潰敗。劉銘傳調度有方，深堪嘉尚，著交部從優議叙。尤爲出力之記名提督福建福寧鎮總兵曹志忠，著賞穿黄馬褂。提督章高元、蘇得勝，均著遇有海疆總兵缺出，即行簡放。章高元並賞换年昌阿巴圖魯名號。蘇得勝並賞换西林巴圖魯名號。副將王三星，著以總兵記名簡放，並賞給額騰依巴圖魯名號。已革游擊鄧長安著開復原官。其餘立功將士及出力文武員弁，准其擇尤彙請獎勵。欽奉慈禧端佑康頤昭豫莊誠皇太后懿旨，著于内帑節省項下發出銀三千兩，賞給此次出力兵勇；著劉銘傳查明尤爲奮勇者，傳旨賞給。欽此。至基隆砲臺，前據劉銘傳奏，修築未能合法，本不足恃，此次失事員弁，著免其置議。嗣後倘有守禦不力，以致挫失情事，定當按照軍律，從嚴懲辦，决不寬貸。所有傷亡弁勇，即著查明請卹。另片奏解運軍械、辦糧轉餉各員，懇請獎勵等語，基隆通判梁純夫，著賞换花翎；縣丞游學詩，著以知縣補用；鹽大使錢壽益，著免補本班，以知縣仍留原省歸候補班；前補用游擊孫安邦，著以參將補用，並賞加副將銜；已革道員裕庚，著准其留營效力。又片奏道員朱守謨等懇請留營等語，記名道朱守謨、郎中羅廷玉，均著准其留營效力。該部知道。欽此。

五、福建巡撫劉銘傳奏片：請將曹志忠移紮山後並拆移煤礦機器片

[光緒十年六月十六日]，再，臣自滬渡臺之日，正事機緊急之時，隨帶親兵百餘人、文武員弁十餘人，猝臨强敵，内地音信不通，臺兵素無紀律，恩信未孚，諸務無從措手，惟有宣示朝廷威德，激厲將士，苦戰以保危疆。惟敵人船堅砲利，若再增兵、增船，曹志忠所守正營、中營，離海過近，難支敵砲，擬令移紮後山，以保兵鋭。其八斗煤礦，已派擢勝營官楊洪彪督拆機器，移至山後，並將煤礦房屋一併燒燬，以絶敵人窺伺之心。謹附片具奏。

再，正繕摺間，接據基隆稅務司幫辦英人鮑琅榮函稱，法樂提督意甚殷勤，欲邀臣赴彼船面商事件。臣以體制有關，未便前往。惟彼族既以禮來，當約該稅務司于十八日巳刻在基隆相晤，詢問該酋所商何事，再行馳奏。謹抄該稅務司原函，恭呈御覽。伏乞聖鑒。

六、福建巡撫劉銘傳奏片：法擬調陸兵來攻臺北片

[光緒十年七月二十八日]，再，臺北軍情，自七月初九法船出閩後，即以三艘近迫基隆，勢極猖獗，挂旗索戰，連日不休。七月初十、十一兩日，敵兵開砲猛攻，我勇憑山爲障，開砲還擊，屢中其船。彼砲反無所施其毒。彼勞我逸，敵頗傷亡，然後退泊口外。滬尾海口離基隆八十里，該處僅孫開華三營，復經李彤恩添募土勇一營，兵單力薄，危急萬分。彼族不得志于基隆，十四、二十等日，復窺滬尾。當經孫開華、李彤恩趕將滬尾前備堵口石船，接連沈塞。法船屢到，探視口門，即行駛去。臣于本月十九日親至滬尾，添派砲勇百人，稍加布置，即日仍返基隆。現基隆口門仍泊三船未動。閩口駛出兵船，不知何往。聲言調陸兵四千來攻基隆。臺島孤懸，兵單援絶，前奉諭旨，飭撥江陰援兵劉朝祐等四營。頃接曾國荃電復，謂設法雇船，可載一營先渡。北洋所撥三營，尚待覓船。八月以後，臺南浪涌漸平，更形吃緊。臺疆千里，在在堪虞。憂急既深，不知所措。惟有就現在防兵，竭力支持，以待援應，除大概情形均經隨電總理衙門外，謹將近日軍情，附片密陳。

本年十月十九日奉到原摺後開，軍機大臣奉旨：覽奏已悉。前有旨令南洋閩粤速籌援應，著劉銘傳就現有防兵，嚴密布置，力籌戰守，並將軍情隨時迅速電奏。欽此。

七、福建巡撫劉銘傳奏摺：法船並犯臺北基滬俱危移保後路摺

[光緒十年八月十五日]，竊臣前將法人擬調陸兵攻擾臺北各情，于

七月二十八日片陳在案。拜摺後，敵人日以一、兩船攔泊滬尾口門，遇船即搜，以絶援應。商船畏阻，音問不通，馳摺無從，萬分焦灼！

八月初二日，颶風大雨之中，上海所僱匯利、萬利兩船，載江陰劉朝祜勇六百人駛到。趕用駁船接卸百餘人，而風勢緊急，兩船皆避風入海。匯利仍裝原勇折回上海。萬利僅裝五十人，于次日回臺，卸兵甫畢，敵已上船搜查，見無軍裝始去。當將前摺由萬利賫赴上海轉呈。初九日，龔照瑗所僱華安輪船，裝勇三百人，甫來滬口，遇敵追回。初十日由新竹上岸，至今未到基隆。其危迫難至如此。三法船停泊基隆，日以巨砲轟擊。十二日，復有八船突至，並前泊共十一船，兵勢益盛。十三日黎明，敵兵千人自口外西山登岸。恪靖營營官畢長和各帶百餘人接戰，往復沖蕩，血戰兩時，敵復自山巔抄擊，章高元、陳永隆等退出山口，血戰抵持，直至酉刻。敵更猛撲我軍，復經陳永隆等擊退，陣斬一酋。我勇傷亡逾百，自六月既望以來，將士血戰兩月，日在炎瘴溽濕之中，病者十居八九。八營之衆，能戰不過千人。曹志忠、章高元、蘇得勝等身自搏戰，誓死不撓。正當全力相持之際，忽報滬尾敵船五艘，直犯口門。滬臺新造，尚未完工，僅能安砲三尊，保護沈船塞口。敵砲如雨，孫開華、劉朝祜飭張邦才等用砲還攻。砲臺新壅泥沙，不能堅固，被砲即毀，陣亡砲勇十餘人，張邦才負傷亦重。飛書告急基隆。臣以基隆萬分危迫，滬尾又被急攻，基隆無兵可分。滬尾又當基隆後路，離府城祇三十里，僅恃一綫之口，商船聲息稍通。軍裝糧餉，盡在府城，滬口除沈船外，臺脆兵單，萬無足恃。倘根本一失，前軍不戰自潰，必至全局瓦解，莫可挽回。不得不先其所急，移師後路，藉保府城。乃夜率曹志忠、章高元各營，自基隆趕回淡水。立派曹志忠、章高元、蘇得勝共率奮勇數百人，馳救滬尾。軍裝隊伍，搬運無遺。劉朝祜所部百餘人，原助孫開華守滬，敵船連攻兩日，孫開華、劉朝祜伏軍海岸，屢遏敵鋒。曹志忠既退，現抵滬營。敵艦無增，或可暫支危局。臣惟有勉循傷病，力守危疆。急迫情形，想邀聖鑒。

伏念臣以疲病之卒，當破閩之師，兩月孤危，情見勢詘，兵單援絶，坐困較然。敵人自破閩江，聲言必攻臺北。稔知我軍勢蹙，全力環攻。兵力過單，智勇俱困。微臣憐士卒之瘡痍，慮全軍之覆滅，僅能拔之出險，先顧本根，不能力保基隆，咎何能逭？亟應請旨，將臣從重治罪，以示國威。惟法既全力注臺，淡水新城，尚未完工，無險可守。臺危纍卵，旦夕難知。伏求聖明迅施方略，以救阽危，無任激切待命之至！

軍機大臣奉旨：覽奏均悉。臺防萬緊，朝廷殊深焦慮！昨又諭南北洋大臣派撥兵輪援應。劉銘傳素有謀略，務當勉力籌防，聯絡紳民，出奇制勝，挫彼兇鋒，以保臺灣全局。所請治罪之處，著加恩寬免。欽此。

八、福建巡撫劉銘傳奏摺：敵攻滬尾血戰獲勝摺

[光緒十年八月二十四日]，竊臣前將法船分攻滬尾、拔隊援守等情，馳報在案。自是以來，我軍嚴防滬尾。不料十六日法人又到三船，通計八艘。巨砲日擊滬尾，砲臺守兵，茫無駐足。孫開華、章高元、劉朝祜等晝夜率軍，分伏海濱林莽，風餐露宿，不敢少休。二十日清晨，敵船忽散。孫開華決其勢必登岸，親督右營官龔占鰲伏假港，中營官李定明伏油車，別令後營官范惠意爲後應。章高元、劉朝祜各率營官朱煥明等伏北臺山後，防襲我臺。李彤恩所募土勇張李成一營，伏北路山間。部署粗定，敵砲轟數百響，烟塵漲天，炸彈如雨。復以小輪分道駁兵千人，猝登海岸，攻撲砲臺。孫開華見敵兵既逼，立率李定明、范惠意分途截擊。章高元等自北路迎戰。敵兵各執利鎗，自辰至午，鎗聲不絶。屢挫復進，鏖戰不衰。我軍拔短兵擊殺，張李成領隊襲之，孫開華斬執旗法酋，奪旗鋭入。我軍見敵旗被獲，士氣益張，斬馘二十五級，內有兵酋二人，鎗斃三百餘人，敵乃大潰。我軍直追至海岸，敵兵溺海者更七八十人。敵船急護敗兵，開砲亂擊，自傷小輪一隻，並遺格林砲

一尊。我軍俱獲以歸。是役也，提臣孫開華中後兩營，首犯敵沖，鏖戰最久，陣亡哨官三員，傷亡勇丁百餘人。其餘各營弁勇，俱有傷亡。戰後，孫開華舉戰勝各情具報前來。臣查此次敵兵猛撲滬口，蓄鋭猝登，志在必克。當敵劃送兵上崖，各劃皆開入海中，自斷歸路，以决死戰。我軍自基臺被毁，無砲還攻，全賴軍士赤手短兵，誓死不退。雖鎗砲如雨，士氣益奮决無前，竟能斬將搴旗，遏其兇鋒。滬尾英人登山觀戰，拍手狂呼，無不頌孫開華之奮勇絶倫，餽食物以鳴歡舞。伏念各將士忍饑里創，野宿山隈。當呻吟疲病之餘，處絶險孤危之地，奮身血戰，以弱摧强，實屬异常勞苦。所有統領擢勝等營署福建陸路提督記名提督漳州鎮總兵孫開華，身先士卒，忠勇善戰，危局獨支，厥功尤偉。該提督歷著戰績，已蒙恩賞穿黄馬褂，並賞給清字勇號，現署福建陸路提督，官職較崇，微臣未敢擅請，可否破格以獎戰功之處，恭候聖裁。記名提督綽羅泰巴圖魯龔占鰲，陷陣沖鋒，殺敵最衆，可否賞穿黄馬褂，以示優殊？提督銜記名總兵健勇巴圖魯李定明、記名提督朱焕明二員，均擬請交軍機處存記，遇有總兵缺出，先行請旨簡放。李定明擬請賞换清字勇號，並以提督記名。副將銜閩浙補用游擊范惠意、盡先游擊孔光治二員，均擬請免補游擊、參將，以副將留于閩浙，盡先補用，並加總兵銜。范惠意仍擬請賞給清字勇號。盡先副將畢長和、陳永隆二員，擬請以總兵記名簡放。記名總兵梁秉成，擬請賞給巴圖魯勇號，並加提督銜。藍翎盡先都司滬尾營守備蕭定邦，擬請以游擊盡先補用，並賞换花翎。五品軍功張李成，擬請以守備盡先補用，並賞戴花翎，並加都司銜。軍功陳振泰、黄國添、蔡國梁三弁，均擬請以千總盡先拔補，並賞給五品藍翎。江蘇候補從九品劉恕，擬請免補從九縣丞，以知縣留閩補用，以示鼓勵之處，出自逾格鴻慈。其餘出力員弁，應請匯入前次保案，擇尤請獎。陣亡弁勇，亦俟查明匯奏請卹。再此次非常惡戰，海關英人，皆嘆嘖無已。將士風餐露宿，艱苦萬端。孫開華軍，尤多出力。

所請獎勵，不免稍優，惟當此餉窮援絶，惟恃重獎以勵人心，不能不稍從其厚。故敢照原請上聞，未能遽加删減。可否仰懇天恩，廑念海外孤軍血戰之艱，俯賜俞允，以收士卒奮勉圖功之效？無任惶悚之至。至章高元前于基隆獲勝案已邀獎勵，劉朝祜係臣姪孫，均未敢隨摺上請。合併陳明。

九、福建巡撫劉銘傳奏片：密陳臺疆危迫援餉俱窮片

[光緒十年八月二十四日]，再，臺島萬分危迫，已于前摺並電報瀝陳。現在滬尾之捷，仰托天威，稍摧敵燄。惟營、臺俱爲砲毁，軍士無立足之區，露宿抵防，暫救目前危急。彼族大隊，俱集于斯，基隆四山，皆築鐵營，勢非得全臺不止。我軍苦戰，傷病死亡，器械、藥丸，無能爲繼。前者南洋裝兵，竭盡無窮之力，三次僅到六百人，萬分險阻。頃上海忽有華安輪船在海被劫之謡，各船皆不敢再裝兵械。海天寥廓，接濟已窮！官紳堅請招土勇數千，以輔官兵不足；烏合之衆，器械毫無，安能禦敵？現在餉需益絀。臺南道庫，據臺灣道報稱，僅敷目前，請咨閩省速爲援濟，尚未知能撥若干，如何轉運。臺北所存，不足十萬，以臺北出入之數計之，不過僅支一月。臺北税釐，因軍事日危，毫無所獲。過此以往，呼籲無門，尤堪悚懼！從前基隆既失，滬口一綫，商船猶可往來，藉得稍通消息；此後商船日絶，音信難通。臺南潮勢將平，統將無能一戰，敵船若攻臺南，則四路斷絶。南北洋之船又不能遠來臺地，坐而受困，援救伊誰？臣一身不足惜，將使全臺千萬生靈，盡罹塗炭，能不寒心！況敵人踞此，更將横擾南洋，大局何堪設想？臣受恩深重，何敢一字虚飾，上瀆宸聰？徒以援濟俱窮，勢且坐而待斃，情危勢迫，不得不冒死哀陳。敢乞宸謨廣施方略，以中原全力救此危疆。無任激切待命之至！附片密陳，伏求聖鑒。

軍機大臣奉旨：覽奏已悉。現諭令南北洋大臣調撥兵輪，克日前

往援剿，並令楊昌濬將兵餉軍火妥籌接濟。該撫務當激勵將士，聯絡紳民，妥籌戰守，迅復基隆，毋稍鬆勁。欽此。

一〇、福建巡撫劉銘傳奏片：密陳餉絀請令閩督早籌並法人封口劫殺商船片

［光緒十年八月二十四日］，再據曹志忠報稱：二十三日夜，法兵五百餘人，分兩路自深澳坑、月眉山潛襲我軍。當經廖得勝探知，早爲準備。曹志忠督飭各營分頭堵擊，並飛告劉朝祜、林朝棟率隊往援。法兵直撲濠外，拔梅樁。我軍鎗砲迭轟，戰至五鼓，法兵死傷過多，始行潰退。自是以來，法人日夜迭攻，該處風雨連綿，須制造油衣，以便戰守。現已飭作速制衣三千件，趕赴前敵分用。惟臺地產衣素少，海封既久，百物時虧，苦難速辦。前因軍餉奇絀，臣等商之，各營月餉暫計四十日一關，有餉再行補發，以便騰挪。值此戰事方殷，百貨奇貴，軍無足餉，困苦尤深。且聞湘軍王詩正援臺之勇，增給口糧，吴鴻源所部，均頒足餉。現在援兵日集，用度益繁，前因暖暖孤危，飭令林朝棟並粵派總兵徐贊彪各增土勇一營爲助，加以淮軍續到數營，臺南北月各需餉銀十一萬兩。據劉璈禀請截留津廣協銀數萬，支發臺南北軍餉，不過勉支明年二月，深慮竭蹶，必賴早籌。應請飭下督臣楊昌濬趕籌大批餉銀，或解或兑，均交沈應奎收儲，統籌支發，以免嘩噪之憂。伏求聖鑒。

再正繕摺間，據報滬尾法船，又添三艘，基滬兩口共十三船。新竹縣官紳且報稱，敵船至新竹諸港，日事游巡。逢船劫搜，見人擊殺。内地商船偶至，輒爲砲箭毀傷，有舟人潛遁入臺，據稱有軍裝二船，並爲敵劫；船來何處，詢訪無從。又據英商言，英兵輪携來書信，法人皆令露封。此後安能再賫臺信？似此情形，内信略通，又將梗塞。且敵船日伺海口，屢見軍裝登岸，故示截搜，更須慎之又慎。臣已密電南北洋、閩省，倘資餉械，勿用民船，免資强敵；惟盼兵輪護解，援兵早至，庶

可力解重圍，免致孤軍覆没。此後臺軍情狀，仍當轉電南北洋、閩省，由總署代陳。伏求聖鑒。

一一、福建巡撫劉銘傳奏片：覆陳封口後兵危餉缺勸紳捐助各情片

[光緒十年八月二十四日]，臺灣自法船封口，文報不通，奏牘無從遞送，屢將危急情形，電乞總署代奏，電文皆托英商。且重價僱人，由民船潛渡，能達與否，茫不可知。灼焦如焚，生還已絶。適初五日，厦商附民船偷渡來臺，始奉九月初八、十一、十二三次電寄諭旨，仰荷聖慈逾格垂念臺危，温諭叠頒，諄飭各疆臣悉力救援，謀通消息；奉詔涕泣，莫知所云。臣處此萬分危迫之中，一息尚存，終當死守待援，仰答鴻慈于萬一。惟厦兑北洋、閩省餉銀，至今無船，未能東渡。當派福建候補知縣鄭建中，設法于臺北華洋各商，貼息籌兑，期濟艱危。臺北紳士三品卿銜林惟源認捐洋二十萬圓，屢請寬期分繳，臣已遵旨力催，本年可繳十萬圓。繳清即當奏獎。林惟源早渡厦門，其友同知劉壽鏗陰相勸助，臣並傳旨知照劉壽鏗隨辦來臺。惟臺北商店現銀無多，不敷兑用，商令函致林惟源借資籌濟。

林惟源重洋遠隔，信息不通，能否遵行，尚難遥度。臣始渡臺，隨員甚少，凡在臺官紳有可用者，無不廣致禮羅。彰化紳士郎中林朝棟，好義急公；新竹紳士郎中林汝梅，任事勇往；二紳皆有才識，物望所歸。當令林朝棟帶練助防臺北，林汝梅帶練至新竹協防。其餘紳士知府陳霞林等，皆令設局辦團，以期聯絡，官民一氣，上下翕然，可紓廑注。惟法圍基、滬，分船四面環臺梭巡，遇有民船即行搜劫。昨英國兵船到口，所帶厦門文牘已被截回。現據基隆探稱，新至小輪七隻，將攻滬尾口門，情勢益岌。雇人賫信，貌作行商，乘船夜渡，信縫衣底，冀避劫搜，奏摺體嚴，未能照繕，謹稿送督臣乞代繕呈，遲速浮沈，尤難預決。軍中情狀，仍由電達南北洋、閩省，轉電總署代陳。惟冀仰仗天

威，援兵早至，救全臺將士生民于垂死，解微臣籲天乞命之危情。不勝痛切哀鳴之至！軍機大臣奉旨：覽奏均悉。林維源業經降旨優獎，自當感激圖報。此外臺紳，並著該撫善爲激勵，輔助兵力，共奏膚功。至南北洋閩粵籌濟兵械，均已電催速辦矣。欽此。

一二、福建巡撫劉銘傳奏摺：臺紳捐資募勇屢戰獲勝並各軍分守情形摺

[光緒十年十一月初九日]，竊臣屢奉諭旨，垂念臺島孤危，飭令勸集義團，協力助戰。當即宣示德音，懸賞激勵，俾令敵愾同仇。紳民感沐皇仁，竭立從事。

自敵踞基隆附近之暖暖、深澳、四脚亭、“鰈”魚坑、六堵、七堵、八堵等處，地皆相接，始則派夫修壘，不從則侵掠隨之。暖暖隘口、石梯嶺、鳥嘴峰一帶，逼近基隆，九弓山敵營兵屢犯暖暖。練董武舉王廷理、周玉謙等捐資募勇三百人，與深澳等處各董練丁扼守，每處或數十百人，憑險堵禦。臣恐民練力薄，當飭曹志忠派營勇三百人屯紮暖暖，助之戰守；並發款飭王廷理等增募土勇三百人，撥發洋鎗，參用土鎗，以備風雨。九月二十日後，法攻暖暖三日，周玉謙等嚴守山隘挫之，斃法兵十數人，並斃其三畫兵酋一人，土勇亦傷亡十數人。練勇見山險可恃，保守益壯，不時宵入敵卡，斬首以歸。臣亦立即給賞，以示鼓勵。十月二十五日黎明，敵衆百餘人突自九弓山分撲鳥嘴峰營卡，練丁悉力抵拒，勢且不支，適各處營勇、練丁俱至救應，鎗傷敵衆十餘人，奪獲紅旗一面，敵始敗退。

彰化紳士郎中林朝棟，生長將家，急公好義，聞狀獨備糧餉兩月，募勇五百人助剿。臣大喜，急撥軍械，令赴暖暖共圖守禦。新竹紳士郎中林汝梅，亦籌款兩月，募練勇二百人協守新竹。其地離海才八里，海口紛歧，當臺南北關鍵。初僅游擊張得貴合土練勇五百人，不敷防布，屢請增兵，莫能分撥。今南防較緩，已檄劉璈酌撥一營前來協守。滬尾南岸觀音山一帶，僅總兵柳泰和楚勇一營，甚爲吃重。曾令添募土勇八百名，祇可聊爲聲助。地勢綿長，無險可據，其地離府城才十餘里，尤爲可慮。法自滬尾敗後，憤恨益甚，時購奸探察看水雷多寡，安置某所。聲言兵到必水陸俱攻。經孫開華拿獲奸探五人，訊明正法。冬來水淺，敵且多集小輪船以待大兵。臣已令就海口添設浮樁八百個，以備不虞。陸路亦經孫開華、章高元督修暗穴，安設地雷。惟該處地形窪下，營、臺輒爲船砲所摧。八月以來，兵皆露處。入春水漲，更難措置。基隆之達滬尾，以五堵爲要隘。曹志忠所部現紮五堵，並添募土勇千人分駐六堵、大武崙一帶，皆與基隆接壤。蘇得勝新募土勇千人駐防水返脚，以資策應。以兵數言，除宜蘭土勇千人外，臺北通計一萬三千人。惟敵聚我分，彼此莫能援救；且老勇死傷過衆，精鋭無多，土兵器械不精，操練未熟。況兵多餉重，匱缺則嘩潰乘之。

十月以前，將士病危，敵勢猖獗，餉盡援絶。土寇紛乘，臣竭蹶萬分，已無生望；幸荷天恩，屢飭各疆臣多方援濟。十月初，直隸督臣李鴻章、閩浙督臣楊昌濬、各派厦紳葉文瀾兑銀通信。復經兩江督臣曾國荃令道員龔照瑗雇輪載送淮勇五百人，並由民船解到黎意鎗一千桿。兩廣督臣張之洞雇輪由澎湖接濟餉艱三萬兩，暨火藥等項。臺北軍勢，差得生機。惟本月初二日安南降人並法船舌人密報：法在安南運兵且至，堅囑嚴防。敵踞基隆陸兵多病，三次共增一千五百人，分守七營，傍山傍海。倘能趁敵兵未到，内地運增勁旅三千人防守，方能有濟；否則，法兵齊到，支柱實難。昨已電商張之洞，請將臣舊部吴宏洛五營抽調渡臺。張之洞接濟餉項軍裝，不遺餘力，或可允副所求。要非大隊兵船，護運殊難；即達，法人以兵艦縱横海外，以我之兵輪與之海上争鋒，固非可恃，乘間護運，勢尚可爲。已電請楊昌濬速趁敵兵未到之先，臺南巡船尚少，迅調勁旅渡臺，免成後著。臣當督各軍相機防剿，以待援師。

惟基隆山勢奇險，敵以兵艦護營，仰而攻之，徒傷精鋭，顯圖進攻，勢更艱危。謹密選敢死之徒，懸以重賞，使之夜襲邊營。法人器利守堅，得手尚難逆料。惟盼援兵早渡，兵力稍充，方免瞻前顧後。臺北府城爲糧械本根重地，前僅土勇二百人，臣謹調劉朝祜率所部並江陰新到勇八百人聊資守禦。所幸土匪已平，地方安定，軍民輯睦，差堪仰慰宸懷。除捐練紳民匯案請獎外，謹將練丁獲勝及各軍防守待援各情，馳陳聖鑒。

軍機大臣奉旨：覽奏均悉。臺北紳民捐資助防，禦敵獲勝，實屬急公好義；著劉銘傳查明奏請優獎，仍激勵團勇會合官軍迅克基隆，同膺懋賞。欽此。

一三、福建巡撫劉銘傳奏摺：補授福建巡撫謝摺

[光緒十年十一月十二日]，竊臣于十月初五日，據厦門民船由鹿港間道到臺，鈔到北洋大臣李鴻章電寄，本年九月十一日總理衙門奉上諭：劉銘傳補授福建巡撫，仍駐臺灣督辦防務，著竭力籌辦，以副委任等因。欽此。

伏念臣猥以謭陋庸材，渥荷生成知遇。南徵三載，提督神畿；北討五年，忝邀爵秩。養痾田里，謬拜督師關陝之榮；久卧江干，屢邀奉詔入都之寵。凡荷聖慈之曲逮，輒慚圖報之無從！今夏督師臺疆，尤切枕戈待旦，袛以才非遠馭，莫由展效涓埃。屢迫孤軍困守之難支，上煩聖主憂勞之遠係。深宵繞泣，徒喚奈何！兹復仰被恩綸，畀以封圻重寄，承命戰栗，莫知所爲。竊念我朝武臣中如趙良棟、岳鍾琪、楊遇春等，皆以非常勛烈，特簡專圻，微臣自顧何人，膺兹殊遇！且當閩、臺危迫，援餉俱窮，縱竭駑駘，終慮難勝險巨。加以海程圍塞，飛渡無從，莫由遠覲天顔，敬聆慈訓，泥首北望，彌切悚惶！惟有殫竭血誠，將諭旨飭辦事宜，隨時設法密商督臣，妥爲辦理。蠟丸奉表，彌深犬馬依戀

之忱；戰壁拜恩，矢圖頂踵捐糜之報。現當法輪禁海，商船皆肆掠搜，不能恭摺專賫，上呈天闕，謹繕稿密遣漁人潛達督臣代繕。拜稿零涕，不知所云！

一四、福建巡撫劉銘傳奏摺：臺北極危請飭速調勁旅援救摺

［光緒十年十一月二十二日］，竊臣于十一月初九日將臺北防剿情形恭摺具陳在案。十月二十日電寄諭旨：南北洋援臺兵輪，克日進發，法人必圖抵禦，不能專顧封口，正可乘此機會，另僱商輪，運載兵械，伺隙抵臺。著曾國荃、彭玉麟、張之洞速即電商，各撥得力數營，僱定洋輪，于七船赴閩之日，相機潛渡。此次兵輪前進，首在牽制敵船，以鬆臺圍。滬、粵兩處，及時設法僱船運助，實爲救臺第一要策。該督等務當速辦，與左宗棠等互通消息，以應事機。長沙現有備調八營，南洋如能酌撥劉銘傳舊部援臺，即速調湘中八營填紮。馬祖澳法船二艘，倘能設法掃蕩，可挫敵燄；並著酌量辦理。劉銘傳亦應激勵兵勇，迅復基隆，不得懦怯株守，致敵滋擾等因。欽此。仰見聖主垂念臺危，無微不至。

查臺灣自六月十五日基隆開戰以來，至今半載，僅江陰數次調到淮軍一千三百人。雖募土勇五千，器械不精，難當大敵。滬尾海口，尤關臺北安危，通計淮、楚七營、土勇三營。基隆一路，僅曹志忠所部六營，其餘蘇得勝、林朝棟等土勇五營，分紮暖暖、六堵一帶。九月十四日三鼓，曹志忠率隊欲趨獅頭嶺襲取九芎坑敵營，山高路險，爲敵所知，甫至山下，敵即砲傷四十餘人。曹志忠見敵有嚴備，收隊退回。臣堅令穩紮五堵，扼水陸要沖，勿輕進以傷精鋭。用兵之道，攻堅最難，仰攻尤險。基隆山勢險峻，道路崎嶇，敵營傍海依山，兵輪環護，明攻尤難。曹志忠所部，傷病之後，精鋭不過千餘，倘再傷亡，淡水以東，更難支柱。且攻堅必須巨砲，今砲鎗彈藥，存者無多，用盡更難禦敵。臣屢函諸將，三令五申，堅止圖功輕進。若爲基隆一隅，失臺北大局，

微特獲罪更重，且慮挽救無從。法兵遠涉重洋，利在速戰，曠日持久，彼更難支。我軍惟有固守待援，相機進取。此臣因海島孤懸，兵單器乏，接濟爲難，期保危局，不敢孟浪進攻基隆之所由來也。

左宗棠與督臣楊昌濬先後到閩。督軍于濟餉一事，竭力籌維，猥因海道不通，援兵難渡。左宗棠據劉璈之禀，奏攻基隆，實未知臺北兵單之苦。據法船譯人歐姓二十日密報：法兵四千來臺，爲安南截留；十五日，孤拔親赴安南調兵；十九日，有英商二船爲之運糧，基隆似有大兵速至；現在基、滬水陸四千餘人，兵輪十六隻，小輪七隻等情。臣前接該譯人密報法人添兵，即叠次電請督臣速派勁旅三千，乘臺南現無法船，尚可登岸，至今未接回信。今叠蒙恩詔，飭兩江、兩廣督臣撥臣舊部渡臺。值此軍情萬緊，惟有仰懇天恩，迅飭兩江督臣曾國荃，將江陰未來一營並厦門淮勇二百，速即運臺，自臺南登岸。並請飭兩廣督臣張之洞，迅調吴宏洛所部五營來臺。倘吴宏洛未能速來，即請飭令左宗棠、楊昌濬迅撥楚軍三千，歸孫開華節制，以救孤危。

軍機大臣奉旨：覽奏已悉。法人久踞基隆，亟應迅圖進取。若云攻堅爲難，何以竟被彼族攻據？該撫務當竭力設法，聯絡土勇，出奇制勝，克期攻復，毋得稍存退阻，貽誤事機。所請飭吴宏洛五營赴臺，已諭令張之洞籌撥矣。欽此。

一五、福建巡撫劉銘傳奏片：密招敵探仍留敵中通信片

[光緒十年十一月二十二日]，再，臣叠奉密諭，飭將被脅越人，設法招徠。臣即行遵辦。本月初一日，暖暖土勇拿獲越探陳番婁一名，解至府城。臣即温言撫慰，賞給番銀，囑令仍還基隆，密招諸探。旋來越探十餘人，並撫慰之。陳番婁密言，法船中、越兩國翻譯五人，暨本地漢奸五十餘人，均願投誠自效。惟越人作工營内，防守甚嚴，未能俱逸。臣見諸探既願來歸，正可置之敵中，以通聲息。若令全出，翻隔敵

情。現已密諭諸人，密探以報，遇機進取，内應官軍，亦散黨伐謀之一道也。

軍機大臣奉旨：知道了。所有投誠人等，該撫務當妥爲駕馭。所稱留敵中以通消息，尤當加意慎重，毋爲所紿，致墮狡謀。欽此。

再，臣前將法營添兵情形，于十一月二十二日恭摺奏報在案。旋據林朝棟報稱：二十四日，法兵百餘人在大牛埔一帶察勘地形，與營勇接戰，互有傷亡，旋即退去。二十五日清晨，九弓坑、紗帽嶺各路敵營，同時開砲轟擊我營。林朝棟度其必來撲犯，當飭營官蘇樹森、團總王廷理等嚴隊待之，分飭各營官團、總嚴守諸隘。果有法兵千人由獅球嶺、鳥嘴峰、石梯嶺、大水窟四路環攻。持戰逾時，即經周玉謙等擊退。惟紅衣悍敵五百餘人，猛撲林朝棟所駐之大牛埔。大水窟一路，鋒鋭异常。林朝棟伏鎗以待，俟其逼營，即行轟擊。敵屢却輒前，鎗如雨發。基隆山上諸敵壘，亦開放炸砲助攻。我勇以逸待勞，堅持不退。曹志忠馳兵援救，愈戰愈勵。自辰至戌，血戰不休。兵勇傷亡百餘人，陣斃三畫、五畫兵、酋各一人，始行敗退。夜半，復來搶尸。又經幫帶林朝昌率勇擊斃數人，斬殺七級，奪獲洋鎗、衣帽多件。我勇亦死傷十餘人。二十六日以後，敵守不前，惟船兵以大砲遥擊等情。臣查十一月中旬，法人增兵千餘，敵燄方張，窺探大水窟一帶山勢稍平，鋭意必克。林朝棟督勇力戰一日夜，敵兵死傷狼藉，實足以挫其兇鋒。林朝棟爲殉難福建提督林文察之子，忠藎之裔，久孚物望；今復自籌資餉，帶勇五百人，經臣派駐暖暖，統率各團土勇，甫臨大敵，即能督戰有功，實屬忠義勇敢。其餘武舉王廷理、周玉謙、劉廷玉、陳維樂等，皆捐資募勇，數月來苦守血戰，竟挫敵鋒。亟應奏請恩施，以昭激勸。兵部候補郎中林朝棟，擬請賞加道銜，並賞戴花翎。候選員外郎蘇樹森，擬請賞加四品頂戴。餘俟查明奏獎，以勵紳民。

軍機大臣奉旨：林朝棟等均著照所請獎勵，餘依議。該部知道。欽此。

一六、福建巡撫劉銘傳奏片：請還沈應奎布政使銜片

[光緒十年十二月]，再已革貴州藩司沈應奎經左宗棠等委派渡臺會查團練，于十二月十八日潛抵臺疆。臣銘傳前在陝西共事年餘，知其精明練達，久任儲胥，歷著成績。現值臺灣軍情萬緊、餉需竭蹶之時，亟賴得力大員綜司會計。當經臣等會委該革司總辦全臺糧臺，並籌辦損借事務，駐紮彰化，統籌畫一，庶免南北分歧。沈應奎與劉璈亦係至交，當可和衷共濟，有裨大局。

查沈應奎于十一月二十二日到澎湖，附搭漁船渡海，正值法船封海之後，嚴緊巡查，其船行抵布袋嘴，離岸二十餘里，突遇法船追至。沈應奎當飭將船趕赴淺水，法船開砲連擊，皆傍船身而過，衣衫盡濕。臣銘傳族姪劉盛璨與沈應奎後先同渡，目擊危險情形。沈應奎笑諭在船諸人，死生有數，堅坐不驚，鎮定之操，迴非尋常所及。此來或大有造于全臺，可否仰懇天恩，俯念冒險渡臺，艱危幾死，實與尋常軍營投效遠殊，酌予加恩賞還布政使銜，以示鼓勵之處，出自逾格鴻慈。軍機大臣奉旨：沈應奎獲咎較重，著俟有實在勞績，再行奏請恩施。欽此。

一七、福建巡撫劉銘傳奏摺：法攻暖暖月眉山連日獲勝並現在戰守情形摺

[光緒十年十二月廿四日]，竊臣等前將法人添兵並十一月二十五日暖暖接仗各情形，于十二月初三日片陳在案。法自十一月底至十二月初旬，陸續增兵二千。自上月二十五以後，日尋爭戰。本月初五日，以兵百餘探路于暖暖附近之大武侖，經團勇擊退。曹志忠見其地兵單難守，即撥王三星、陳士貴兩營前往助防。初十日清晨，法兵千餘分攻大水窟、圓窗嶺，別船載兵四百，自八斗上岸，抄襲深澳坑後路，以備夾攻。該處僅有守隘民團，寡不敵衆，一時俱潰。敵遂進至暖暖對河之月

眉山。林朝棟與桂占彪等分途截擊，營官張仁貴率勇二百衝入山下竹林中，拒戰竟日，勇寡被圍，巨雨昏宵，竟夕幾殆。十一日清晨，林朝棟馳往援救，對敵方殷，適曹志忠所部營官廖得勝、葉友勝亦各帶楚勇三百人奮力夾攻。敵兵稍退。張仁貴始出重圍。喘息未安，敵又增兵千餘前來接戰，以百人奪踞月眉山，分犯大水窟、圓窗嶺一帶。月眉山綿亘數里，山勢最高，敵據其巔，暖暖、大水窟各營，不攻且潰；廖得勝、張仁貴等奮力仰攻，鎗斃山上敵兵十數人，血戰一日，始奪踞其巔。其分犯大水窟之兵，亦經林朝棟擊退。圓窗嶺僅有桂占彪楚兵一哨、蘇樹森土勇一營，兵單險甚。敵攻時，蘇得勝命營官鄧長安，以土勇三百，合練兵百餘人助之血戰。敵三路蹙之，自巳至酉，大雨淋漓，夜戰莫能息。曹志忠聞報，慮其孤危，十二日黎明，親赴督戰，直至十三日逾午，鎗斃兵酋，敵始敗退里許，仍伏月眉山、圓窗嶺山下不歸。我軍堅守月眉山頂，互相鎗擊。十五日曹志忠見敵不退，築壘月眉山待戰。敵亦築壘山下，鎗聲始息。自兩軍血戰，五日夕大雨不休，將士冒雨忍饑，目不交睫，遍身霑溼，凍餡堪憐。曹志忠、林朝棟皆跣足督戰泥淖中，險絶憂勞，言之泪下。是役也，我軍死者九十餘人，傷者百餘人；敵乃死傷三百餘人，並陣斃三畫、七畫兵、酋各一人。十六夜，曹志忠、林朝棟乘敵壘未成，會商攻襲。曹志忠親率廖得勝、鄧長安等四路往攻，已得其首壘，基隆敵全隊死爭，血戰至黎明，始收隊回營，各死傷數十人。二十日，敵兵四百，復犯大武崙。營官陳士貴、林則榮率隊奮擊，敵死傷二十餘人始退。

查敵自增兵前進，冒雨血戰，連日夕不休，幸賴曹志忠、林朝棟督兵血戰，力保月眉山，得支危局。惟敵兵日益，基岸已四千，開山運砲，轟擊我營，殊難抵禦。臣已令曹志忠趕就大水窟至月眉山一帶十餘里，開造深溝巨洞，暫避敵砲。惟戰久疲勞，苦無後繼。且自月眉前敵，以至暖暖，而達六、七堵，橫亘大武侖，周回三十餘里，險隘十餘所，皆須嚴密禦防，地闊兵單，顧此失彼。前因暖暖戰急，曹志忠、蘇得勝所部盡已前驅。敵若乘虛，則歸途悉絶。當飭駐守臺北府劉朝祜所部淮勇千人，分赴暖暖、六堵間協戰；楊金龍楚軍兩營，自彰化移駐關渡，修築砲臺；吴鴻源新軍接防彰化，並擬令抽撥兩營來臺北助剿。此實無可調换，不得不免强騰挪。此守兵之近狀也。頃接左宗棠等電，知南北洋兵艦，初三日自滬啓行，計當抵閩；楊岳斌、程文炳已到閩疆，當係候輪東渡。左宗棠所派王詩正一軍已抵澎湖，李鴻章所派聶士成淮勇八百五十人，得報十三日已自卑南登岸。臣已飛飭趕程北來。惟卑南去臺北一千三百餘里，道路難行，非一月不到；山海迢阻，實用憂勞。此援兵之近狀也。

義中營營官張仁貴，本宜蘭巨盜，曹志忠聞其壯勇，設法招致。選帶精壯一百人，屢告奮勇，夜襲敵營，路滑山高，兩攻未獲。該營官异常憤懣，每戰輒先登。此次血戰陣亡，實堪惆惜！應請旨將軍功張仁貴，照守備陣亡優卹；其陣亡哨官副將銜湖南參將秦正福，請照副將優卹；都司銜守備孔得勝，請照都司優卹，以慰忠魂。所有尤爲出力之將官廖得勝、桂占彪等，容匯案請獎。謹具摺以聞。

軍機大臣奉十一年二月初七日旨：覽奏已悉。著該撫懍遵叠次電寄諭旨辦理。張仁貴等均著照所請，分別從優議卹。尤爲出力之廖得勝、桂占彪等，准其匯案請獎。該部知道。欽此。

一八、福建巡撫劉銘傳奏片：奏參朱守謨片

[光緒十一年正月]，再，臣銘傳由京渡臺，道經上海，倉猝啓行，文武隨員甚少，適有記名道朱守謨懇隨東渡。六月十五日，法攻基隆砲臺，臣赴前敵，後路無人，當委朱守謨辦理營務，轉運一切，會同府縣，彈壓地方。知其素昧戎機，不令攙越，月給薪費銀一百五十兩，稍慰其私。該道素性奢侈，揮金如土，未及一月，即禀稱薪費不敷火食用

度，月需銀三百餘兩，聲明實報實銷，不能限制。當經批駁，月增公費銀五十兩。旋即請歸，語多不遜。因見臺軍危迫，規避敵鋒。臣因其宦氣過深，留之轉纍，准其給假。適值河南知府方策勛冒險渡臺，當以營務屬之。自六月半後，臣在前敵軍營，所住獅頭山草房濕地，日日風雨，困苦不堪。該道端居臺北府城，尚自盛修公館。據臺北知府陳星聚詳稱，擅用府庫銀二百餘兩，並未報銷。滬尾通商委員浙江知府李彤恩，素有幹才，勇于任事，臣委兼辦滬尾營務，監修砲臺，辦理沉船塞口各事。李彤恩堅辭薪水，辦事認真，臣應稍爲優視。該道憤甚，嫉之如仇，遇事齟齬，已非一日。適值八月十三日法砲環攻，基隆退守，該道遂造言傾陷，遍告紳民，謂基隆未敗忽退，皆李彤恩得銀數十萬賣于法人。城厢紳民，一時嘩譟。及至二十日滬尾之捷，紳民始各恍然深悟，不撤基隆，滬尾必陷，滬尾不保，臺北必亡，浮言始息。該道自知詐破，未可久安。當時滬尾商輪二隻，尚自往來，乃不由滬尾乘輪，特繞臺南，招摇播弄。復至福州省城，左宗棠、楊昌濬正盼臺音，聽該道一面之詞，不能無惑于基隆之退。楊昌濬先後派員渡臺細訪，當能盡得其詳。

查朱守謨臨危乞假，規避敵鋒，又復造言生事，摇惑軍民，尤屬故違軍令。更于撤差之後，沿路招摇，逗留福州，鑽營差委，肆口讒謗，計敗戎機，實非尋常造謡可比。應請旨將道員朱守謨革職，永不叙用，以示薄懲。謹附片具參，伏乞聖鑒。

十九、福建巡撫劉銘傳奏摺：法攻月眉山大水窟一帶衆寡不敵各營退守河南摺

[光緒十一年二月初二日]，竊臣等前于十年十二月二十四日。將法人添兵接仗並王詩正等援兵渡臺未至各情馳報在案。王詩正所部于正月十五日馳抵臺北，聶士成所部及陳鳴志新募土勇亦于十六、十七等日

到防。當即趕凑軍械，撥濟餉需，王詩正統帶恪靖五營于十八日即赴前敵。臣銘傳擬將聶士成、陳鳴志兩軍餉械料理就緒，帶同續發，而前敵飛報，十八日法人添兵大至，以四艦濟兵自八斗登岸，猝襲月眉山。曹志忠、劉朝祜共派七百人堅守戲臺山，堵戰終朝，飛書告急。蘇得勝土勇兩營防守六堵，已派一營分守竹披寮隘卡，僅賸五百人，聞信馳援。十九日清晨，敵兵二千自枕頭山、竹篙山、龍潭堵三道進逼。曹志忠所統楚軍六營，既以兩營分紮大武崙，又以三百守戲臺山，于時僅率一千四百人分守月眉山、深澳坑，長墻十七里，兵單地闊，敵逕犯之。曹志忠與蘇得勝揮兵抵禦。敵見其兵寡，突以千兵自深澳坑抄襲墻背，將戲臺軍截斷。我軍腹背受敵，蘇得勝所部營官梁善明中鎗陣亡，鄧長安亦被重創，曹志忠勇丁死傷益多，不能抵禦，乃退守一山以待。法兵既襲長墻，遂攻破月眉山頭卡，並以炸砲夾擊深澳坑。新築長墻，雨久多坍倒。營官蕭清福禦敵受傷，守卡兵勇僅百餘人，當時潰退，法遂直犯月眉山巔。廖得勝之兵勇皆爲曹志忠率去逆戰，守壘纔百人，適劉朝祜率勇三百人，合力拒守，血戰經時，敵已匝月眉三面。劉朝祜、廖得勝因勇丁死傷甚多，乃退至山下，合曹志忠、蘇得勝暫壁新煤廠，以待援師。當是時，林朝棟據大水窟，蘇樹森據四脚亭，尚堅持未敗。十九日夜，臣銘傳聞前敵敗狀，大懼。六堵空虛，敵自獅頭嶺攔截我軍，則暖暖諸軍皆無歸路。當夜即率聶士成所部四百人馳赴六堵，策應前軍。十八日，王詩正至五堵，聞報，翌日即派威、良兩營疾赴六堵救援。因至暖暖必過敵壘，白日不便行走，二十日夜，王詩正率兵潛進。臣令合曹志忠先據暖暖，夾河爲營，保大水窟後路，堅約二十一日夜親至暖暖商度機宜。敵兵既集月眉山巔，日以巨砲轟擊林朝棟、蘇樹森營壘，勢甚危岌。王詩正未至暖暖之先，二十日逾午，威、良兩軍乘間攻襲月眉山尾。威營營官劉見榮、良營營官易玉林，皆依山蛇進，敵數十人抵死拒之。剛營自山後繞至，敵退至山腰，遂奪月眉山一卡。王詩正當令威、良、剛等四營分屯卡後。二十一日黎明，會合曹志忠進攻月眉山巔。敵已集基隆水陸全軍以待。王詩正向前猛攻，哨官胡少亭、羅國旺等屢次奮進，敵砲如雨，兩弁皆中砲陣亡。哨官李經青、龍春芳奪回兩尸，亦各受重創。剛營營官申道發殿軍死戰，傷足始退。敵既敗我月眉軍，三道逼進。王詩正、曹志忠率各營血戰抵拒。敵分兩道：一自月眉山襲暖暖之前，一自鳥嘴舉峰襲大水窟之後，包匝我師。兩軍前後受敵，乃退河南。于是大水窟、四脚亭亦三面受敵。林朝棟、劉朝祜抵拒長墻敵兵，救出蘇樹森土勇，合同奪圍而出。西路鳥嘴峰團勇俱潰莫能支。是夕，王詩正、曹志忠始退還五堵。

是役也，自卯至申，我軍靡不誓死血戰；奈敵勢過衆，鎗砲過精，無能相敵。林朝棟、劉朝祜兩軍，死傷尤多。聞敵亦傷亡四百餘人。自十九日以來，每戰，敵輒以悍卒更番墻進，前死後繼，尸弃不收，實爲歷戰以來所僅見。二十日，臣抵六堵，見前敵敗退，痛憤莫可如何。現河北要區悉爲敵踞，我軍悉退河南。王詩正一軍屯五堵，曹志忠一軍屯六堵、小坑，林朝棟兩營屯小坑前之草蘭尖山頂，暖暖紳董王廷理等屯暖暖街後河。臣親督聶士成、蘇得勝、劉朝祜屯駐六堵間，以扼臺北孔道。惟各軍敗後，兵鋭已傷，刻難遽振。更慮敵兵乘勢分窺滬尾，謀襲府城。

臣開華已督飭滬防各軍築塹掘濠，扼滬河嚴備以待。此十八日至二十一日暖暖戰退及退軍布置之情狀也。頃據生擒法兵色博供稱：十七日孤拔帶兵千人返基隆，一意攻犯臺北。三十日，敵兵數百自暖暖造橋以濟，白揚琛土勇開鎗擊退。臣銘傳防守中路，令曹志忠、林朝棟防守南路，王詩正防守北路。均于陰雨之中，趕築營壘。今中、南兩營皆已紮定，惟北路王詩正一軍初到，形勢未詳，尚須察看，始克定營。臣懼敵自獅頭嶺直犯河北，據山設砲，則六堵各營，勢且危急。現已令蘇樹森以土勇往守趙水坑，桂占彪、張仁照帶勇三百人屯紮港孜，該處逼近獅頭嶺下，猶恐兵力過單，復令蘇得勝以一營移守河北，陳鳴志親將土勇千人，與蘇得勝營相輔，防守火炭坑、馬陵坑一帶，營壘尚未築成。曹志忠所部六營，自上年六月至今，傷亡過衆，屢修營壘，疲苦异常，軍額多缺。現令裁併二營，以節餉需。統計六堵一帶兵數，雖有萬人，鎗械未精，不能當敵。臣銘傳稍知敵勢，嚴防浪戰，懼損軍鋒，故相持半載，法兵未多，幸無挫失。今敵兵驟至，我軍衆寡既殊，鎗矛尤鈍，以此致敗，情勢昭然。

目前固守堅持，或可勉支危局，惟餉項奇絀，鎗彈無多。王詩正、陳鳴志所部渡臺，先由臺南借銀二萬兩，復由臺北支銀二萬六千兩，月需軍米二千石。吴鴻源所部四營，原議廣東濟餉，敵封海口，兑解阻艱，仍由臺發。現在餉需，臺南業已告罄，臺北僅支一月，實無可籌。臣銘傳現駐前軍，徒深焦灼。合計全臺月餉，需銀三十萬，一旦告竭，潰裂堪危。仰懇天恩，如何設法救濟，立賜施行，無任急迫待命之至。

再此次月眉山、大水窟一帶，未經退守之先，曹志忠兵單不敷分布，屢乞增兵，臣銘傳無兵以應。此次退守，實以兵單地闊，堵禦殊難，非戰守不力之故。其營官總兵銜副將龍惠南、葉友勝二員，不能力戰，業已撤去營官，應請革職留營效力，以示懲戒。所有力戰陣亡之記名提督梁善明、升用提督總兵故少亭二員，均請敕部照提督陣亡例從優議卹；參將銜游擊陳玉堂、花翎游擊陳得升二員，均請照參將陣亡例從優議卹；花翎都司王先仁，請照游擊陣亡例從優議卹；花翎都司銜守備羅國旺、藍翎守備鄒繼圓，均請照都司陣亡例從優議卹；守備銜千總吴子元，請照守備陣亡例從優議卹；六品軍功高春和、李國斌二弁，均請照千總陣亡例從優議卹，以慰忠魂。

軍機大臣奉旨：覽奏均悉。現在法已議和停戰，著劉銘傳等督飭各軍穩紮嚴守，以備不虞，所需餉項，即與左宗棠、楊昌濬籌商濟用。副將龍惠南、葉友勝均著革職，留營效力。陣亡之提督梁善明等，均著照所請分別從優議卹。該部知道。欽此。

二〇、福建巡撫劉銘傳奏片：奏奬道員邵友濂龔照瑗片

[光緒十一年]，再，臺灣孤懸海外，法人自恃船堅砲利，一意攻圍。臣銘傳于上年五月十三日由京起行，二十四日單騎馳抵基隆，猝臨强敵。閩臺軍務廢弛已久，以病疲烏合之師，當節制訓練之寇，鎗砲器械，無一敵人，不啻驅疲羊以逐狡兔。若非聖主廣施方略，南北洋暨粤閩各疆臣力拯孤危，大局何堪設想。實由李鴻章、曾國荃、張之洞設法濟援，不遺餘力。惟當敵船環擾、危急路窮之際，運兵運械，送信兑銀，非實心任事之員，誰敢冒圍入險？溯自封口以來，至本年二月底，運濟械餉，未失絲毫，自非承辦各員顧全大局，籌劃周詳，安能及此？

查通信兑餉，以福建水師提督彭楚漢差弁次數最多。運兵運械，以南洋爲最力；其次北洋運送毛瑟鎗五千餘桿、克虜伯過山砲十六尊，協餉二十餘萬；廣東運送士乃得鎗五百桿、大唧前門鎗三千桿，協餉十餘萬；均當急需之際，立救危亡。三月以後，張之洞復委員陸續解餉十餘萬，運送後門鎗三千桿，尤見始終如一。各疆臣公忠任事，力救孤危，在各大臣受恩深重，理宜竭力以分我皇太后、皇上宵旰之憂。臣等當兵單援絶，器乏餉窮，四顧重洋，决無生路，豈料蹉跎今日，尚在人間？追念危迫情形，不禁感激泣下。

朝廷論功行賞，自有權衡，非微臣等所敢擅請。惟上海道邵友濂、江蘇候補道龔照瑗，當上年秋冬之際，濟械運兵十餘次，前死後繼，百折不回，卒能將劉朝祜四營、聶士成兩營並鎗砲、水雷、電綫等件，歷艱險以達重圍。且復憂念臺危，代向南北洋、廣東乞師援救，義憤忠情，來信皆言隨泪下，不啻身在圍中。邵友濂與臣銘傳祇一面之交，尤爲難得。彭楚漢身任提督，于餉事呼應不靈，獨具忠懇，與福建藩司沈保靖、前任厦門道孫欽昂、現署厦門道奎俊籌運接濟，始終不渝，可謂

實力實心，顧全大局。福建水師提督利勇巴圖魯彭楚漢，官職較崇，應如何獎勵之處，不敢擅請。邵友濂、龔照瑗曾經直督李鴻章請獎，部駁以龔照瑗並戴花翎、邵友濂一品封典，均覈與定章不符，應令另行奏請等因。查該道等忠敢血誠，力全危局，其籌運出力，非尋常勞績所同，實與戰功無异，應懇天恩破格優獎。二品銜江蘇蘇松太道邵友濂，擬請賞給一品封典；二品銜江蘇候補道龔照瑗，擬請賞戴花翎；均擬請賞給頭品頂戴，用昭激勸，出自逾格鴻慈。所有籌劃協濟之司道並冒險押運文武各員，謹擇尤開單請獎。其餘轉運各員，候咨請各省查明開單匯案請獎，方見有勞並錄，同沐恩施，伏乞聖鑒。

二一、福建巡撫劉銘傳奏片：請加恩總兵吴鴻源片

[光緒十一年]，再，前浙江温州鎮總兵吴鴻源奉旨援臺，該鎮久經休致，冒險渡臺，毅然以逐虜保臺爲己任，力雖不逮，志實可嘉。該鎮所部土勇四營，經臣銘傳商請分屯中路，防禦海口，聯絡民團，深資得力。惟目前軍事粗平，餉項奇絀，臺南北土勇不下三十營，急應陸續裁撤，以節餉需。除林朝棟、張李成兩營土勇，能戰能守，仍留辦防外，其餘已經臣將臺北土勇補發欠餉，陸續遣歸，臺南亦令陳鳴志點驗清查，立行裁撤。吴鴻源所部土勇，是否一律撤裁，應俟請旨後欽遵辦理。查吴鴻源自厦門率帶一營，冒險赴援，不避艱苦，設防辦練，有裨地方，應懇天恩酌量加恩，以示榮幸。

二二、福建巡撫劉銘傳奏摺：請撥兵商各輪船片

[光緒十一年五月]，再臺灣善後，需款浩繁。臺灣道劉璈曾稟請左宗棠由借洋款内撥銀壹百萬兩辦理善後，經臣電乞總署請旨飭令左宗棠、劉璈所請百萬撥歸全臺辦理善後，想邀聖鑒。惟善後以辦防爲第一

要務。臺灣面面皆海，臣等察看各口及往來通信，斷非輪船不行。澎湖、基隆、滬尾三海口，均須長泊快兵船一隻，將來修造砲臺，運辦各料，尤須裝貨船二隻。滬尾尚存萬年青輪船一隻，費重行緩，年久無用，應請飭令南北洋分撥快船三隻，福建船政速撥貨船二隻，到臺備用。如蒙俞允，所撥兵商船到臺之後，其餉項如何發給，請飭南北洋船政議奏定章，以便遵行。

光緒十一年五月二十六日奉上諭：楊岳斌等奏：籌辦臺灣防務，澎湖、基隆、滬尾三海口，均須長泊快兵船一隻，修造砲臺，運辦各料，須裝貨船二隻到臺備用等語；臺灣所需各船，能否照數撥往，著李鴻章、曾國荃、裴蔭森、奏明辦理。至各船到臺之後，餉項如何發給，並著妥議具奏。欽此。

二三、福建巡撫劉銘傳奏摺：基隆法兵全退臺北解嚴請獎戰守各員紳摺

[光緒十一年五月十二日]，竊臣岳斌抵六堵後，已于四月十三日將前敵情形附片具奏。其時因和議尚未定局，雖暫停戰事，彼族修營開路，工作不休，仍恐狡謀反覆，與臣銘傳督率各軍加意嚴防。本月初二日，直督李鴻章來電，悉于上月二十七日畫押。基隆法營，自三月初即陸續搬運輜重上船。本月初六日，法提督李士卑斯專差送信至記名提督蘇得勝營，約請親到基隆，面交被擄華人。臣等當令蘇得勝于初八日前往。法將殷勤款送，各船皆升中國龍旗，並言及臣岳斌所部將士九百餘人，至澎湖一併交還。當將被擄船户百餘人放交蘇得勝等帶回。即于初九日將各營法兵全調下船，開往澎湖。據云二十日內，即由澎湖回越。所有臺北防務，一律解嚴。臣等于初九日，均至基隆安撫百姓，察看法營布置。先調數營扼紮基隆前後，徐圖修築砲臺，一切善後事宜，會商舉辦。惟自上年六月基隆開仗以來，孤島被圍，時將一載。封口之後，

兵餉砲鎗，毫無接濟，艱危情狀，言之痛心。仰蒙宵旰憂勞，廣施方略，敕各省設法救援，頒内帑以勵戰士，詔書所至，感泣涕零。臣等借以激勵將士，上下一心，九月堅持，勉支危局。

疊據降酋供稱，孤拔率兵到基隆後，死亡相繼，杳無捷音，屢向本國請兵請餉，法議院深咎孤酋不應争基隆烟瘴之荒山，喪師糜餉，無傷中國，徒喪法兵。正月以來，無餉接濟，二月，法兵饑苦异常，紛紛降附。連日法兵艦譯人密稱，停戰後，孤拔意甚怏怏，屢梗和議，議院斥之。上月二十九日，于澎湖接電，知中法議成畫押，孤酋憤愧，痛飲而亡，座上一兵酋與之同死。法人諱稱醉斃，實皆酖死等情。

查孤拔自上年八月親將水陸大軍，遠侵臺北，大言一月定取全臺，法國軍民皆知其説；乃竟困于基隆瘴惡之地，進有山河之險，退無以踐息壤之言，坐守一隅，喪師糜餉，徘徊海上，力竭就和，自爾無顔返國。此次兵端，孤拔實爲禍首，果係飲酖自殺，雖未受天朝顯戮，實足快薄海人心，夫豈臣下智力所能及此？

獨念基隆地方，周圍不過三十里，終年風雨，瘴毒横生，不特内地無此厲鄉，即全臺亦無此絶域；偶罹沴疫，遂與死鄰。各將士致身行間，不畏死于兵戎，惟恐亡于烟瘴。曹志忠、蘇得勝、劉朝祜、林朝棟等所部各營，防剿經年，死傷枕藉；彌復忍饑裹創，血戰死守于鎗林砲雨之中，修濠築墻，毫無退志，俱屬堅忍刻厲，死生不渝。陳鳴志、王詩正、聶士成等軍，雖到防未久，當逆燄猖獗之際，冒雨滚營，進逼基隆，與敵對疊，俱係不避艱險，慷愾勤王。至若地方官紳，或捐貲帶勇，或辦練助防，敵愾同仇，深明大義。臣岳斌隨帶文武各員，適值澎湖失守，冒險渡臺，均未忍没其勞勩。除力戰陣亡提督銜記名總兵果勇巴圖魯曾照禮、盡先副將劉義高、藍翎千總段有升、藍翎把總尤運農、盡先把總祁文元等已請交部照陣亡例從優議卹外，謹將异常勞瘁之將領官紳，開單請奬，伏候聖裁。

二四、福建巡撫劉銘傳奏摺：覆陳臺北情形請旨查辦李彤恩一案以明是非摺

[光緒十一年五月十二日]，竊臣于正月初二接准大學士左宗棠來咨，具奏抵閩詳察臺灣現在情形一摺，恭錄十年十一月十八日上諭："左宗棠奏詳查臺灣情形妥籌赴援一摺，據稱八月十三日基隆之戰，官兵已獲勝仗，因劉銘傳營務處知府李彤恩駐兵滬尾，以孫開華諸軍爲不能戰，三次飛書告急，堅稱滬尾兵單將弱，萬不可靠，劉銘傳爲其所動，遽拔大隊往援，基隆遂不可復問。李彤恩不審敵情，虛詞搖惑，擬請即行革職，遞解回籍，不准逗遛臺灣等語。前敵軍情，關係極重，必應確切查辦，不得含糊了事。李彤恩所稟劉銘傳各情，人言藉藉，果係因此貽誤，厥咎甚重，非遞籍所能蔽辜。前諭楊岳斌迅速赴閩援臺，即著該前督于到臺後詳確查明，據實參奏。李彤恩著即行革職，聽候查辦等因。欽此"。知照前來。

伏查基隆退守情形，已于上年八月十五日奏明在案，無庸瀆陳。謹將左宗棠所參各節，爲我皇太后、皇上陳之。

臣渡臺時隨帶親兵一百二十名。其次，臣孫開華三營、曹志忠六營，每營精壯衹三百餘人。當由臺南調來章高元淮勇兩營。其時臺南疫癘盛行，兵丁多病，僅來五百人。嗣又添調巡緝營一營。合之劉朝祜百餘人、張李成土勇一營，統計基隆、滬尾兩處共衹四千餘人。左宗棠疏稱基隆各營，數且盈萬，不知何所見聞？

自七月杪基隆疫作，將士十病六、七，不能成軍。八月十三日之戰，九營僅挑選一千二百人，內中尚有抱病勉强應敵者。當孤拔未來之先，初九、初十兩日，臣接香港、上海電報，知其全股犯臺，其時滬尾衹孫開華三營、劉朝祜一百餘人並張李成新募土勇一營甫經到防，砲臺尚未完工，又無營壘，地勢坦平，無險可扼。危迫情形，不待旁言。臣

早已憂慮及之，曾函致孫開華、李彤恩，如果敵犯滬尾，臣即撤基隆之守來援，囑令堅守以待。一面派員赴下游趕雇船隻，將軍火笨重之物先運下船。十二日，孤拔率大幫兵船進口。臣料敵兵必由仙洞登岸。當同曹志忠等密商：如敵兵明日戰後即紮仙洞，則不致遽攻滬尾；如戰後收隊下船，我軍即須預備回援滬尾，以保後路。十三日酉刻，敵軍收隊，全行下船。當接孫開華、李彤恩、劉朝祜先後來信，俱稱法船五隻直犯口門，升旂開砲。臣同孫開華、李彤恩已有成約，無用李彤恩虚詞摇惑。左宗棠疏稱李彤恩三次飛書告急，即係孫開華、李彤恩、劉朝祜三人三次之書，非李彤恩一人之書也。臣當即傳令拔隊，惟四十磅大砲二尊不能運動，埋于山下，其餘軍裝、鍋帳以及傷病勇丁，毫無遺弃。若果因李彤恩三次飛書告急，倉猝拔隊退回，軍裝焉能毫無遺失？

基隆退後，敵兵上岸住營，兵勢已分，往攻滬尾，不足千人。若不撤基隆之守，敵必全隊攻犯滬尾，無兵往援，雖提臣孫開華驍勇敢戰，器械不敵，衆寡懸殊，何能保其不失？

二十日之捷，左宗棠前據劉璈禀報，奏稱孫開華所部並淮勇、土勇三路迎戰獲勝，此次又奏係孫開華數營戰勝，不獨于臺事未加訪察，即奏報中亦自相矛盾，不加斟酌。

所陳臺北距滬尾三十里，如果危急，地方官當慎重過于他人等語；查基隆至滬尾水程祇八十餘里，頃刻可至，臣五里安設一站，往來通信，尚恐聞警應援不及，若俟地方官禀報，必至滬尾失後，敵至臺北城下，方能回援。

臺北府知府陳星聚屢次禀請進攻基隆，並有土著之人願告奮勇往攻基隆者，皆有其事。自滬尾捷後，俱以李彤恩所募張李成土勇得力，提臣孫開華、曹志忠、蘇得勝、柳泰和各請添募千人。臺北府陳星聚等聯名禀請基隆通判梁純夫招募土勇二千，候補知縣周有基禀請招募一千，俱告奮勇，進攻基隆。其時記名道朱守謨請假尚未銷差，倡言多招土勇，迅攻基隆；至于餉項軍械之有無，不計也。忽有臺北府書識陳華聲稱，願招土勇一千五百人，自備鎗械，包取基隆，每月每勇需銀洋十二圓，托親兵哨官奚松林來説。當經臣申飭，不許多事。朱守謨聞有包取基隆之説，即私許陳華招募。及臣以淮楚營制，每營祇月餉四兩二錢，陳華大言輕敵，不知能否得力，即給如此重餉，何以服老勇之心，堅執不許添增口糧。該勇俱知臺北府無兵，祇親兵數十名，即聚衆吶喊鼓譟。臣派弁往看，陳華所募，皆城外艋舺市井之徒，器械毫無。當傳陳華來見，諭以兵餉不能加增；如果能克基隆，立給賞號銀二萬；先發十日口糧，令其帶赴水轉脚，聽候曹志忠調遣。嗣曹志忠見其勇多滋擾，器械毫無，不能見敵，不肯節制。臣令蘇得勝親至曹志忠營與之密商：陳華土勇，先行挾以兵威，裁去五百名，復調三百名赴觀音山，歸柳泰和裁併，其餘隨即一併裁撤，費餉一萬餘兩。周有基募勇，尚未成軍，即鬧餉鼓譟，經臣將已募四百餘人派歸柳泰和節制。梁純夫見土勇不遵約束，屢次滋事，不敢招募。此即左宗棠疏中所稱各將領以及土著之人願告奮勇攻基隆者，係九月初旬事也。

又紳士陳霞林等屢言，内山禦番土勇常見仗，可以挑募。臣告知各軍前往内山選募，一面令工匠連夜修理各營所繳舊鎗，分撥應用。搜查餉項，僅敷月餘。各軍招募，有尚未成軍者，亦有成軍尚無器械者。值疫氣染至臺北滬尾一帶，軍民俱病。提臣孫開華、署臺灣鎮總兵章高元、總兵柳泰和等俱抱重病。曹志忠六營營官，無不病者。臣隨從文武員弁，日歿數人。自封口後，内地音信不通，兵單援絶，土匪四起。臣日夜憂急，無所措手。臺北府知府陳星聚，每見必催進攻基隆。臣因其年近七旬，不諳軍務，詳細告以不能進攻之故。奈該府隨言隨忘。紳士陳霞林並署淡水縣知縣劉勳，皆明白曉暢，見將士多病，土勇尚未募齊，器械缺乏，俱知不能前進。陳星聚除面催進攻外，復禀請進攻。臣手批百餘言，告以不能遽進之道。該府復慫　曹志忠進攻，並以危言激之。曹志忠一時憤急，遂有九月十四日之挫，幸傷人不多，未損軍鋭。敵于十五日即渡河耀兵七堵。陳星聚妄聽謡言，謂基隆法兵病死將盡，又謂業已退走上船，故日催進攻。自十五以後，該府始自言不諳軍務，不再妄言。此即左宗棠疏稱陳星聚屢次稟請進攻基隆之原由也。

左宗棠參臣坐守臺北，不圖進取，機宜坐失。臣曾將兵單器乏、不能進攻情形，叠奏在案。基隆近靠海岸，敵船入口，即不爲我有。故于六月十六日之捷，並未奏報克復，曹志忠所守營壘，逼近海邊，如法人添兵添船，即須退守山後，亦經臣附片密陳。我之所恃者山險，敵之所恃者器利。彼來攻我，我得其長；我往攻彼，彼得其長。且敵營據山傍海，兵船聚泊其下，若不能逐其兵船出口，縱窮陸師之力，攻亦徒攻，克猶不克。如果易攻，現在兩軍俱在疲乏之際，王詩正統帶勁旅三千，不日當可奏功，以雪臣懦怯株守之耻。臣治軍三十餘年，于戰守機宜稍有閱歷，惟事事求實，不慣鋪張粉飾。若空言大話，縱可欺罔朝廷于一時，能不遺笑中外？臣實耻之！臣渡臺時，軍務廢弛已極，軍裝器械全不能用，砲臺營壘毫無布置。接戰于倉猝之間，所部多疲病之卒，歷盡艱難，支持半載。臨敵應變，大小十餘戰，幸無挫失。若聽局外大言，輕敵浪進，上月初十日孤拔添兵大舉，戰無策應之師，守無可據之險，必至一敗不能立脚。軍事瞬息千變，其中動止機宜，固非旁觀所能盡知，亦豈隔海所能臆度也。

至浙江候補知府李彤恩，本係滬尾通商委員。臣到臺北，提臣孫開華稱其辦事勤能，熟悉洋務，現因身弱多病，决意乞退。臣商之提臣，臺北現在用人之際，不可任其乞退，托其致書慰留。六月十二日臣同提臣並臺灣道劉璈至滬尾察看砲臺地基，李彤恩扶病出見，瘦弱不堪。臣令其趕緊調養，不必請假，當委兼辦滬尾營務。六月十五日基隆開仗以後，李彤恩稟請買船填石塞口。時值秋茶上市，英商阻撓。李彤恩同英領事往復辯論，始將口門堵塞。隔日法船即至，英兵船告以口門封塞，隨即駛回。七月二十日，臣至滬尾查看砲臺，孤拔親坐三號兵船，亦至滬尾查探水道，並托英兵船代覓引港之人。若非李彤恩先期塞口，法船混入一隻，臺北已不堪問。紳士陳霞林等每晤談時，輒稱其功。臣到臺北，有言招募土勇者，臣因其所用土鎗不能禦敵，不肯操練，未曾招募。李彤恩力保張李成打仗奮勇，請募五百名，發給後門鎗二百桿，令其操練助防。八月二十日之戰，張李成包抄得力，官紳共見共聞。十月初，臣因餉項支絀，札令李彤恩來城，同福建候補知縣鄭建中會同官紳辦理捐借餉事。該守到後，即同陳霞林等議向城鄉殷户借銀票二十餘萬圓，毫無勉强，現已辦成。如果李彤恩有誤大局之處，紳民當共切齒，曷有聽其分派捐借者？該守不領薪水，未邀保奬，究其所辦數事，有裨于大局皆非淺鮮。左宗棠甫到閩一日，不加訪察，遂以劉璈之禀並朱守謨挾嫌傾陷、顛倒是非之言，率行奏參。臣若緘默不言，使出力有功之人，忽遭不白之冤，當此孤島險危之地，軍務萬緊之時，臣何以用人辦事？應懇天恩將已革浙江候補知府李彤恩開復原官，並請暫免究辦，一俟軍事稍定，請旨飭令楊岳斌，或專派大員渡臺逐細訪查，如果左宗棠所參情事屬實，臣妄用匪人，辦理不善，貽誤事機，應請將臣一併從嚴治罪，以明國法而昭公允，誠如聖諭，關係極重，非李彤恩革職遞解所能蔽辜。事愈久則是非愈明，臣無任惶恐待命之至。除記名道朱守謨規避鑽營業已具摺嚴參外，所有左宗棠奏參臺北情形，具實詳陳，伏乞聖鑒。

二五、福建巡撫劉銘傳奏摺：奸商吞匿釐金道員通同作弊請撤任委署查辦摺

[光緒十一年五月十三日]，竊查臺灣釐税，以進口洋藥爲大宗。自前臺澎道張夢元于光緒六年招商包辦，劉璈抵任後，仍令商包。上年係歸董事陳郁堂包辦。自九月後，以法人封口爲名，照常徵收，絲毫不解。今春三月，經前貴州藩司沈應奎由糧臺委員查出中路鹿港等口隱匿

釐金四萬六千兩，稟請查追，該商始知事露，始報稱臺南徵收一萬五千餘兩，聊爲飾辯狡謀，吞匿情罪昭然。叠經臣札提陳郁堂來轅訊究，竟敢抗延不到。臺灣道劉璈督辦税釐，上年秋冬，餉項萬分支絀，宜如何籌劃搜查，顧持危局；乃任該商吞匿巨款至六萬餘兩之多，事前既爲隱庇，事後更加徇縱。臺餉奇絀，上勞聖主憂勤，各疆臣百方籌濟，不遺餘力，劉璈身在局中，何以膜視？上年十一月底，稟報臺南餉竭，潰散堪虞，截留臺北協餉五萬兩，商吞巨款，若罔聞知。本年三月底，該道會同沈應奎稟請全臺洋藥釐金每年加徵十萬圓，仍由陳郁堂包辦。臣批該商侵吞隱射，業經札提來轅，應候訊辦確查，再行覈議。該道硬行抗辦，若無事然，竟于四月初一日詳報加徵，仍由該商承辦。臣叠次訪查，洋藥、茶腦釐金、均多吞匿。税務爲餉糈所關，豈容絲毫侵蝕？該道于奉批後猶復具詳爲商人回護，顯係通同作弊，侵没餉需。臣已檄令撤任，聽候查辦，所遺臺澎道員缺應即委員署理。龔照瑗正在結算制造局並上海購買軍械各帳，尚難到臺。查有江蘇候補道陳鳴志練達精明，深通營務，持躬廉潔，守正不阿，堪以署理。現經臣飭令陳鳴志將所部恪靖土勇兩營妥爲遣撤，該道即赴臺南接署道篆。除將劉璈貪污狡詐、劣迹多端、另摺奏參外，一面摧提奸商陳郁堂到案研訊，有無通同作弊情形，謹馳驛具奏。

光緒十一年五月二十六日軍機大臣奉旨：劉璈著即撤任，聽候查辦，餘依議，該部知道。欽此。

再臺灣釐金煤務，自劉璈到任後，煤務每年開銷經費十餘萬兩，釐金于正税之外勒索私費，洋藥項下三萬圓，茶腦項下一萬圓，經臣據實奏參，仰蒙特派刑部尚書錫珍等到臺逐款查奏，臣應毋庸再瀆。查錫珍等原奏内稱，以後煤務或歸商辦，或歸官辦，總期經費不致虚糜，有裨船政官輪應用，由臣體察情形，妥議籌辦等因。查基隆存煤，前據局員算明開報應存估價銀十六萬餘兩，訊據供稱，堆存過久，日曬雨淋，煤塊碎裂，官煤化成粉炭，均歸烏有。賬目支離，事隔數年，無從澈底查究。惟楊崇銓稱于十年六月法人竄擾基隆時，被匪搶失現銀五千餘兩，制錢一千餘串，當時並未呈報地方官勘明立案。十一年法人退後，經臣飭派營務處道員方策勛訊據基隆煤井工頭蔡添進供稱，十年六月，法擾基隆，楊崇銓早將家眷、行囊、字畫等物，悉數搬移，尚有何銀被搶等語。復經檄飭楊崇銓將被搶何證，明白稟呈。旋據稟稱，當六月十五法擾基隆，官民盡徙，局内銀錢，因係公款，不敢妄搬，不料是夜數百人持械到局，即將銀錢搶盡等語。察覈所稟，均屬子虚，毫無證據，顯係乘機捏報，希圖匿吞。平日辦礦濫支，弊端百出。若徹底查究，自開局以來，經手作弊人員，辦不勝辦。既經錫珍等查覆奏結，自應毋庸究追，惟乘機捏報被搶銀兩，必須勒令賠繳，以重公項。至釐務包商陳郁堂，僅認交過劉璈署内私費銀洋二萬五千圓，與該商股夥陳悦周單開不合。經臣復委沈應奎傳提陳悦周暨前辦董事王青雲等續呈親供，以所付臺灣道衙門包釐規費銀洋三萬三千圓，鄭建中稟繳茶腦私費銀一萬三千兩，均交與已革知縣張映景轉交劉璈内署查收，有縣丞王棟眼見作證。詢據王棟僅認知情，並未眼見過付。現計洋藥釐金包期届滿，陳郁堂係罪應擬杖之人，自應另由殷商包辦茶腦釐金。現據包商林協和承辦，每年照舊認繳銀洋十三萬七千圓，本年增繳三千圓。臣批令將劉璈所收私費銀一萬三千兩並繳銀洋二萬圓合成十六萬圓。洋藥釐金，已據包商黄瑞階、陳弼臣等具稟，仍照上届包價扣閏，匀分十二個月，捐銀洋四十萬七千圓，按月徵解。由糧臺沈應奎議准具詳。經臣飭令將前交劉璈私費洋三萬圓一併照繳，以充公用。包商黄瑞階等情願照數加繳，通年認繳洋四十三萬七千圓，取具認保各結，由沈應奎覈明詳覆定案。基隆煤務，現由商人張學熙稟認開辦。查船政購買基隆煤價，官炭每百石給洋二十四圓，兹據張學熙稟稱，每官炭百石減去四圓，祇領價洋二十圓。自承辦之後，無須由官籌墊經費，煤務歲支經費銀十萬餘兩即可概行裁省。仍俟該商辦有成效，再行酌議抽釐。此臺灣釐金、煤務現在辦理之情形也。

查前辦釐金煤務各委員朋比侵吞，貪劣不職，若不擇尤參處，不足以儆方來。前釐金提調已革知縣張映景，于查辦時自知劣迹，避逸無踪，應請永不叙用。釐金委員縣丞王棟雖稱交納劉璈私費，並未在場眼見，究係知情，已據報捐卹番衣褲二千件，該縣丞業已丁艱，擬請姑寬免究。候補知縣楊崇銓經辦煤務，任意支銷，復乘亂捏報搶失銀錢六千餘兩，雖據承認賠繳，一味遷延搪塞，實屬貪狡异常，應請即行革職，仍由臣勒限追繳，以重帑項而肅官方。

軍機大臣奉旨：著照所請，該部知道。欽此。

二六、福建巡撫劉銘傳奏片：改百貨釐金片

[光緒十一年五月十三日]，再，臺灣釐金，祗收洋藥、茶腦二項。同治四年，經已故臺灣道丁曰健開辦船貨釐金，無論何項貨物，每百石抽收洋銀二圓四角，較之内地釐金，不稍輕減。查歷年全臺各口收數，每年僅二萬餘圓。新竹屬又有抽分名目，臺南復有大小斛船區别，徵收法令紛歧，辦理不能劃一，且聽委員開報，多寡無稽，侵吞益甚。臣因撫番經費無出，飭令沈應奎、陳鳴志整頓釐金。現據詳議，將船貨釐金自本年四月初一日停止，改收百貨釐金，發給三聯票，按成本百圓抽釐五圓，祗收出口，不許重收。進口貨物，除洋藥一項照舊抽收外，其餘百貨以及陸路販運，概不抽釐，米穀概行免釐，不准收取。惟臺南以糖爲大宗，向來糖商借口洋本不肯完釐，臣現飭陳鳴志督同通商委員按約争籌，或完子口半税，或照内地一體抽釐，以示公允而求實濟，謹附片具陳。

軍機大臣奉旨：該衙門知道。欽此。

二七、福建巡撫劉銘傳奏摺：嚴劾劉璈摺

[光緒十一年五月二十六日]，竊臣于本月十三日將奸商吞匿釐金、道員通同作弊、業經撤任奏報在案。查臺澎道劉璈到任以來，全臺餉需、軍務，一手把持，既總臺澎營務，又統臺南各軍，宜如何整頓操防，統籌全局。臺南軍務，自故江督沈葆楨渡臺後始行設防練兵，劉璈履臺數年，不但臺北、澎湖毫無布置，即臺南安平、旂後兩口，除沈葆楨前築砲臺外，竟未添一營壘，築一砲臺。每年巨款虛糜，未購一精利鎗砲。臺南各軍，不聞操練，徒藉提截曠以掩虛冒，致各營空額日多。是軍務之壞，自劉璈始。罪一。

全臺鹽務，經前臺澎道夏獻綸極籌整頓，歲除鹽本津貼運費外，尚得洋銀十七八萬圓。劉璈抵任後，任用私人，互爲奸利，每年僅收十二三萬圓。是鹽務之壞，自劉璈始。罪二。

全臺洋藥並茶腦釐金，自前任臺澎道張夢元歸商包辦。夢元方正清廉，一塵不染，故收數日多。聞劉璈抵任後，每年除正稅外，洋藥釐金私得洋銀三萬圓，茶腦私得洋銀一萬圓。是釐金之壞，自劉璈始。罪三。

臺北煤務，自開辦不得其人，固多虧折，然聞從前每年月用經費銀四五千兩，自劉璈接辦後，每月用銀六千兩，嗣又增至八千兩，遂致虧折不可勝窮。是礦務之壞，自劉璈始。罪四。

臺道主治全臺，察吏安民，本其專責。訪聞劉璈到任後，全臺候補謀差，視財帛之重輕，定差缺之優劣。財多交厚，優差之後，更以優缺繼之。惟利是圖，何暇更言吏治？以致地方命盜巨案，日積月纍，從未獲一正兇。是吏治之壞，自劉璈始。罪五。

是數者，據前嘉義知縣張星鍔揭稱，該道歲吞銀五十萬兩。臣逐款訪查，除糧臺歸該道督辦，自用自銷，無從稽查外，所有營務、鹽

務、釐金、煤務四大端，歲侵銀約二十萬兩。雖未能盡得其實，然閩臺上下，無不周知。前督臣何璟屢派專員渡臺訪查，逢人輒告，而瞻徇隱忍，不肯直發其奸。該道所恃既堅，愈形跋扈，獨行獨斷，旁若無人。與何璟文牘齟齬，盡刻成書，以形其短，布散各省，莫敢誰何。然此猶爲前事也，及臣到臺一年，臺南軍務，如募勇造械，動用公款，以及地方委差委缺，該道從未請示候批，輒行自辦。凡所禀詳，偶經批駁，彼輒置之。上年九月底，曾自行發摺奏事，附片請將澎湖一島並臺灣後山弃于德國。並奏該道係奉旨辦理臺南軍防，言外不歸節制。擄報繕摺入都，不知曾否上邀聖覽？其摺稿已行刊刻，布散全臺，詳報本省並南北洋廣東在案。然此雖違節制，猶爲罪之小者，則請舉其大者言之。

自上年八月十三日基隆退守之後，臺北餉需奇絀，該道不獨絲毫不濟，忽于八月二十日咨行署提臣孫開華、曹志忠等，據稱臺北十二營，俱自六月十六日起加足夫價一百九十二人。當經臣商將孫開華三營自七月初一日起支，其餘均自八月初一日起支。該道明知臺北無餉，意在誘脅各營嘩潰，使敵得乘我之危。其時幸得滬尾關報解税銀五萬兩，復得臺北府庫積存銀十餘萬兩，勉强支持。十月初，仰蒙聖主軫念臺危，嚴飭各省接濟，兵械餉項，源源而來，幸得稍安危局。萬一無此數者，臣不死于敵，且死于譟餉之兵，全臺豈堪設想？聳各軍以圖内亂，其大罪一也。初，九、十月間，法雖封口，並未嚴查，我軍猶得用民船偷渡。該道見臺北餉械尚能轉運，獨于十一月初照會英領，謂法人封口廢弛。法遂于十五日重行禁口，擄船殺人，斷絶臺運。此時危急，臣已誓不復生，設非聖明在上，嚴飭各省速濟援師，臣豈復能見天日？激强敵以絶臺援，其大罪二也。

尤可駭者，十月底該道詳報派捐，全臺二百萬，並未分飭舉行，即報捐款已收，軍火亦經購運，全臺軍餉足恃，詳請左宗棠、楊昌濬與臣奏咨。斷朝廷拯救之心，絶各省濟援之路，奸謀險惡，反覆欺矇，不致臣于死地不止。誑朝廷以陷督師，其大罪三也。

尤有陳者，據江蘇候補道陳鳴志面稱：上年臘月底，奉督臣楊昌濬委赴臺灣府查存庫款，據呈清摺，道府兩庫，結自上年六月起，至十一月止，舊存新收，共銀一百零九萬兩，尚有提存兵餉截曠並購存稻穀三項，銀二十餘萬，除滬尾關税、臺北釐金、鹽課項下，由臺北提用，剔除十二萬，拔解臺北餉銀七萬兩，另由該道提存彰化、嘉義十五萬，統計六月至十一月，臺南尚存銀一百萬兩等情。乃該道至十一月底，即報臺南餉竭，立有潰裂之虞。如果無餉，其冒濫曷可勝言？如果有餉，借口截留臺北協餉不發，其險惡更不可測。查臺北自上年六月初一日起，至本年五月底止，統計兵餉賞號雜款並補發各營欠餉，一年之久，共計用銀尚不及百萬。臺南據報各營餉項四十五日一關，何以六閱月即用百餘萬之多？其爲措餉激潰，不問可知。設非臣與沈應奎等設法騰挪，勉將饑軍拯救，將全臺數千萬居民，不死于强敵，且死于内亂之饑軍。思之令人心悸。擁巨餉以速軍變，其大罪四也。查該道所設支應局，自用自銷，或以少報多，或藉名開支，其中不無浮冒，應即逐款覈對，以杜侵吞。臣于劉璈撤任後，即委員會同道府將臺南支應局並鹽務、煤務、釐金各項帳目案牘，分别查封，聽候覈算。惟該道情罪重大，應請旨先行革職，並請特派清正大員渡臺，逐款查辦，以肅綱紀而儆奸貪。所有該道劣迹多端，不勝枚舉，謹將訪查營務、鹽務、釐金、礦務數大端開單臚列，恭摺具參，伏求聖鑒。

一、訪查臺南三十營湘軍月餉，由管帶、幫帶各具印領，勒寫銀二千九百四十餘兩，除例少勇百人繳歸劉璈外，另扣空額截曠銀多少不一。每營定章長夫一百九十二人，照數請領後，須繳還夫價銀三百八十兩，内有管帶、幫帶如副將姚秀芳等，每月由劉璈酌給薪水數十兩，兵餉由劉璈内賬房給發，所有公費、夫價空額，均歸劉璈，名曰包營。

一、訪查臺南鎮海等營，自光緒十年起，至十年底止，每勇月提存餉銀二兩。臺灣烟瘴之地，疫癘時作，勇丁病故，所提存餉，概不給支，即有家屬來領，又以箕斗不對、年貌不符，留難不發。告假則分文不給。勇丁多弃餉而逃。各營空額，概不令補，空餉提爲截曠。如各營添補一勇，雖隔數百里，皆須至道署驗看箕斗，留難萬分。嗣後各營空額，無一添補。上年五、六月間，竟有空勇至三百餘人者。

一、臺南三十營管帶、幫帶，多係劉璈親戚門生。如鎮海後營，係其第二妾舅李德福管帶，以把總冒充都司；岳右營係其妾舅李立綱管帶，虧欠公款，改歸游擊黃瑞清管帶，代爲彌補，並送李立綱洋銀五百圓，另提空額十餘人歸劉璈内賬房，作爲道署用人工價。提督高登玉，派充分統，自帶兩營，岳後營餉歸高登玉領交劉璈給發，營官薪水、公費、夫價，均歸劉璈入私。

一、訪查新募仁義禮智信五營土勇營官内，有本地富紳林文欽、吴朝陽，皆係劉璈門生，正副哨官俱係岳州臨湘人，多係劉璈親戚，並無一官。副將張福勝、張兆連各進一女，俱委統領。並聞已革嘉義營守備蔣復勝幼女被劉璈誘入衙内逼奸，蔣復勝憤疾而死。

一、訪查臺南水勇，多係佐雜管帶，名曰調濟，每百人祇二三十人。屯軍每百人祇三四十人。有魚團費，有團練費，自十年四月起，凡百姓家有千金者，月捐洋四圓，怨聲載道。

一、訪查十年正月，劉璈札委次子劉濟南爲行營營務處，赴湖南岳州招募岳軍等營，由招商局代雇廣利等船裝兵渡臺，每勇船價水脚，聞用洋八、九圓，劉璈捏報用洋十三、四圓，招商局有帳可稽，並浮開口糧等項，共虚冒銀萬餘兩。

一、訪查全臺鹽務，自前任臺澎道夏獻綸整頓以後，每年銷鹽三十六七萬，共得價洋銀四十餘萬圓，除津貼運費、成本外，尚得洋十七八萬圓。自劉璈抵任後，每年僅得十二三萬圓。其總局弊端，無從查考。全臺差使，以鹽務爲最優。劉璈每局添派幫辦一人，每鹽百斤抽提一斤，劉璈入私。從前正辦、幫辦，俱用親戚、本家、妾父、妾舅，後經前督臣何璟查出，逐名開單驅逐，有案可稽。劉璈始將正辦改委本省候補人員，幫辦仍用私人。凡鹽局委員出息一千兩者，提出四成分歸幫辦。有親戚文案挂名幫辦者，有到局幫辦者，聞各幫辦由劉璈酌給薪水，所提四成，均歸劉璈私收。劉妾舅李德福既已管帶鎮海後營，又兼辦鳳山鹽務。總館委員劉伯卿係劉璈姪孫，又兼瀨北場委員。麥寮鹽館委員楊玉臣，係劉璈妻姪。鹽水港鹽館委員龔若成，係劉璈姻姪。梧栖鹽館委員孟秀山，係劉璈第五妾父，已回甘肅中衛縣，該館課銀歸劉璈代爲收解。大甲鹽館委員林鑄，由福州買女進獻，特委優差。鹿港鹽館幫辦委員丁少杜、瀨南場委員李順卿，俱係劉璈親戚。仔脚鹽館委員江道成，係劉璈第四妾兄，又兼岳右營幫帶。文案王秋澄兼管阿公店鹽館。另屬人頂名府城西門外新街鹽館。府城内嶺、後街鹽館，均係劉璈自辦。

一、訪查基隆煤務，自光緒七年以前，歸現任澎湖廳鄭膺杰總辦，每月動用經費銀四、五千兩，均歸臺灣道批發。如賣煤敷用，即不請領經費。自劉璈到任後，于八年更易新章，凡賣煤價銀，俱繳歸劉璈衙門，月發經費銀六千兩，後又增至八千兩。煤務本有外國煤師，劉璈恐其走漏風聲，托言薪水太大，稟請裁撤，另派煤務學生張金生爲煤師，節省經費。復又加添委員、司事二十餘人，半係劉璈私人，較前經費更大。據煤務司事、工頭面稱：歷年挖煤約略數目，每日至少挖煤三千石，統計一月可挖煤九萬石。上等爲官炭，中等爲總炭，下等爲粉炭。一月可挖煤九萬石，官、總、粉各三萬石。官炭歸船政收用，每百石價洋二十四圓。總炭就地賣于洋商或本國商人，每百石價洋十六圓，粉炭每百石價洋三圓。纍計一月可賣煤價一萬二千餘圓。據查煤務每月用賬，薪水、工價、雜支，共享銀七千兩。劉璈摺開每月動用經費銀八千兩，不知所賣煤價，收歸何人？查基隆附近民礦挖煤，由煤務委員收買，官炭每百石價洋十六圓，總炭價洋十二圓，該委員轉賣船政、商人，于中取利。然此係委員作弊，至劉璈如何侵吞，須俟調到善後局劉璈歷年報銷，並提楊崇銓、鄭膺杰訊究，方能水落石出。臣于上年六月，曾委揀選知縣汪望賡提查煤務出入細賬，楊崇銓匿不肯交，僅提到該局月報大略，即就所呈帳目覈計，煤務亦無虧折。

一、訪查臺北洋藥釐金，由前任臺澎道張夢元于光緒六年議歸商人薛樹華包辦。彼時每箱洋藥，僅收釐銀六十圓。薛樹華每年認繳七二番銀五萬圓。七年，劉璈到任，更改新章，每大土一箱，改徵銀九十六兩，小土一箱，改徵銀八十兩，仍歸薛樹華包辦，共八月認繳六八重番銀一十四萬圓，另繳一萬圓歸劉璈私收。臺南係商人王青雲、陳悅周等包辦，每年除繳正課六八番洋二十三萬圓，另繳銀洋二萬圓歸劉璈私收。查臺北市間，向用七二重番銀。張夢元任内，收釐繳課，俱以七二番銀繳納。劉璈接辦，即改收六八重番銀。衹就臺北薛樹華包辦凡八月而論，短徵銀五千六百兩。臺南向用六八重番銀，不在此内。一、訪查臺北茶腦船貨釐金，于光緒八年三月經劉璈議招董事衛伊才、張慶雲等包辦，全年認繳六七番銀十三萬零五十四圓，另繳番銀一萬圓歸劉璈私收。九年，係歸陳魯齋、陳同愚等包辦。十年，係歸傅政、鄭昭包辦。本年二月，尚未開口，即經劉璈另招本包洋藥釐金商人陳郁堂等加價包辦，全年認繳六八番銀十三萬七千圓，聞另繳洋一萬五千圓歸劉璈私收。查臺北從前官辦徵收茶釐，向照市間行用七二重番銀完納，劉璈議歸商辦，遂改以六八重番銀繳課，計每年短徵銀五千二百兩。現在徵收茶釐概收七二重番銀，可證。

二八、福建巡撫劉銘傳奏片：密保陳鳴志署臺道片

[光緒十一年五月二十六日]，再，劉璈經臣奏參革職，臺澎道缺，應即請旨簡放。惟查臺灣自劉璈到任後，官貪軍冒，流弊已深，非廉明忠實之員，不可振挽。上年臣奏保江蘇候補道龔照瑗堪勝此任，奉旨

"龔照瑗著飭赴臺灣交劉銘傳委用。欽此"。比因海道阻塞，龔照瑗經臣並南北洋委在上海專理轉運。現接兩江督臣曾國荃來函，謂龔照瑗尚有制造局交代並購辦軍械賬未結，一時難令渡臺，囑臣奏請仍留上海暫辦轉運。臣因龔照瑗暫難渡臺，臺澎道缺已委江蘇候補道陳鳴志署理。查臺南全係湘勇，其廢弛虛冒，積弊已深，一時未能概遣。所有營官統領，固多劉璈私暱，其中不無可用之才。陳鳴志籍隸湖南，查察較易，且軍務熟悉，謹幹廉明，奉委時力任除奸剔弊，果能不避嫌怨，不獨挽回積習，且可查明虛冒，以便省款辦防。臣無黨無私，惟期舉賢用才，有裨國事，合無仰懇天恩，將臺澎道缺，暫緩簡放，待至三、五月後，或陳鳴志辦有實效，或龔照瑗事竣渡臺，再行請旨定奪。謹附片密陳。

光緒十一年六月十三日軍機大臣密寄，奉上諭：據劉銘傳奏臺灣道劉璈貪污狡詐、劣迹多端、開單列款、請革職查辦一摺，劉璈著即行革職拏問，交劉銘傳派員妥爲看守，聽候欽派大臣到閩查辦。所有該革員任所貲財，著該撫遴派廉幹委員嚴密查抄，毋任寄頓隱匿。另片奏臺灣道缺，暫委陳鳴志署理，期挽積習等語，著依議行。欽此。

二九、福建巡撫劉銘傳奏片：遵籌全臺捐款片

[光緒十一年]，再，臣欽奉十年八月電旨："臺北各軍，糧餉軍火，款項短少，先向紳商暫借，解到即還，成功後奏請優獎，均即遍行曉諭等因。欽此"。當即恭錄，札飭臺澎道劉璈妥速籌辦。十一月初旬，據劉璈申復，已議全臺捐銀二百萬兩，俟開口之日，即行止捐。經左宗棠、楊昌濬暨臣先後批令減辦一百萬，以期實效。詎劉璈徒事空言，抗不遵辦，亦無一字稟陳。本年正月，臣派前貴州藩司沈應奎總辦全臺糧餉，會同劉璈籌辦捐輸，駐紮彰化。沈應奎委催各縣舉辦，劉璈置之不問，各縣陽奉陰違，俱不肯認真籌辦。惟臺灣縣知縣沈受謙首先勸捐，報捐銀一萬兩，嗣後各縣始陸續籌捐。除淡水借用銀票，未辦捐

輸，其餘臺、鳳、嘉、彰、新、宜六縣，共籌捐洋五十四萬圓。直至三月初一日停戰通商，始據劉璈申復籌捐一百萬兩。臺南紳民均以劉璈議定開口後停止繳捐，各懷觀望。臺灣縣知縣沈受謙已繳捐洋三萬五千餘圓。彰化縣地方殷富，經沈應奎督同縣令蔡麟祥分催，已繳洋五萬六千餘圓。其餘各縣，或繳一、二萬不等。若照劉璈所議，開口後應即停捐，惟捐户難齊，慷慨者先行呈繳，慳吝者觀望徘徊，如即行止捐不繳，則已繳之款仍須全數發還，方昭公允。臣商之臺北各紳，據稱全臺合捐洋六七十萬圓，爲數不多，尚可勉相籌措。查地方善後需款方殷，全臺已捐洋五十餘萬圓，合之淡水一縣可捐二十萬圓，共洋七十餘萬圓，于善後不無裨助。加之五月以後，由督辦福建軍務大學士左宗棠續解洋款銀五十萬兩，若捐輸一律收齊，統計南北共存銀一百萬兩内外，合全臺秋冬進款，辦理臺灣澎湖各口砲臺，並添砲給餉，所欠當不甚多。須俟辦有端倪，約欠若干，再行具奏。現飭沈應奎委員分赴各縣，一律催收，捐項收齊後，擬先給予各捐户實收，隨後覈較部章，分別實官、翎支、虛銜、封典匯案奏咨，給予獎敘，以示鼓勵而助餉需。

軍機大臣奉旨：户部知道。欽此。

三〇、福建巡撫劉銘傳奏片：宜蘭縣勒捐革職片

[光緒十一年]，再，臺灣餉項支絀，曾奉特旨，捐借以濟危軍。臣當飭道府廳縣妥爲勸辦，不得勒索苛派，以失人心。據宜蘭縣殷户周家芳禀稱，縣令王家駒派令捐洋八千圓，周家芳自願捐募土勇二百人，帶赴基隆助剿，自備口糧四個月，需餉銀六千圓外，復認補繳捐洋二千圓。即按該縣原派之捐，亦無不合。宜蘭縣知縣王家駒不問助剿勇費，仍勒令捐繳洋八千圓。叠據周家芳禀控，以伊兄周家祥被該縣拘押，並有縱差凌辱等情。當經臣批令該縣將周家祥開釋，仍令補繳二千圓，以歸原派之捐。該縣始則不禀復，繼謂周家芳募勇助防基隆，越桑梓之鄉，舍

近圖遠，請撤去所募勇丁，照補捐款。周家祥依舊管押，抗不釋放。

查本年正月底，正基隆法人猖獗之時，周家芳不避艱險，自備餉需，率勇助剿，認紮前敵，可謂勇敢急公，該令獨肆摧殘，殊難索解。經臣飭委訪查，據稱周家祥在押，尚無縱凌情事，惟該縣辦捐所派本地貢生楊德英幫同辦理，諸多不公，各捐户或因徇情而減，或因私賄而除，並未一律照章辦理。查宜蘭縣王家駒奉辦捐事，宜如何勸諭樂輸，乃聽任劣紳任意增減。且據委員訪查，該令謂周家芳捐勇助剿基隆，非剿宜蘭，本縣所捐勇餉，不准抵銷，仍令勒繳八千圓之款。奉批後，仍行抗押周家祥不放，實係剛愎任情，意圖苛勒，應請旨將宜蘭縣知縣王家駒即行革職，以肅官方。

軍機大臣奉旨：王家駒著即行革職，該部知道。欽此。

三一、福建巡撫劉銘傳奏片：臺捐減成片

[光緒十一年]，再，接准督臣鈔咨户部議覆准開臺灣防剿經費捐輸一案，所有京外實官及三班分先分間盡先各項，均以例定十成上兑，不准以錢米軍械折收等因，奉旨："依議。欽此"，仰見朝廷俯念臺餉支絀，暫廣招徠之路，以濟急迫之需，莫名欽感。

臣于接奉部章後，謹即行知糧臺暨臺灣道遵照部章妥爲勸辦。旋據官紳稟稱，部章十成收捐，原爲慎重名器，時艱孔亟，自應竭力勸籌；惟臺灣自封口後，茶糖百貨概不能出口銷售，商販已多歇業，即各屬力田殷户，亦皆因倡辦團練、招募勇丁，捐墊甚巨。現辦全臺捐借，雖皆志切輸將，實苦力量拮据，萬難收集。惟冀捐獎稍優，人情欣動，辦理或易爲謀。即有指項捐納員生，亦冀捐數少從酌減，庶可聞風興起，廣示招徠。現因按十成照收，爲數過巨，不免觀望徘徊，懇請奏予變通，俾易從事等情。臣伏查臺灣餉需緊要，久在聖明洞鑒之中。現在雖經閩省、天津及廣東各處力籌接濟，而援師大集，需餉愈繁。加以被圍

日久，百物奇騰，尤非趕爲設籌，不足以資輾轉。既蒙恩施逾格，准開臺捐，惟期實濟餉需，庶幾上副宸廑，下支危局。今自奉章開局，全臺各處，尚無報捐之人，該官紳所稱捐款過昂，未能踴躍，悉心體察，委屬實情。再四思維，與其無裨實餉，僅存輸納之名，莫若據實上陳，稍乞變通之策。查錢米軍械折捐等事，流弊滋多，誠如部臣所議，不敢更張。今擬于萬不得已之中，爲酌中權宜之請，合無仰懇天恩，俯念臺餉萬分緊迫，臺地民力拮據，非内地尋常捐輸可比，敕部詳加覈議，于定例十成數内減四、五成，以廣招徠。如蒙俞允，臣仍當嚴飭局員覈實照收，不准暗行折減，並遵照部章，滿限半年，即行停止，以杜弊端。

再，現在臺灣海道梗阻，轉運艱難，各省濟銀，皆由匯兑，不能起運現銀。凡紳民習賈服官，遠居内地，一聞捐信，雖輸將有願，而路梗莫通；僅恃臺南北一隅所收，實恐無幾。捐事既多棘手，捐生亦未免向隅，自應分頭勸辦，以期集腋。除福建本省奉部章後已由省城善後局辦理外，其餘天津、上海、廣東各口岸，均擬派員設局勸導，如有收數，並可隨時匯兑來臺，以免阻滯，合併陳明。軍機大臣奉旨：户部速議，具奏。欽此。

再，據臺北紳士三品卿銜候選道林維源禀稱：“臺北軍情緊急，餉項奇艱，屢奉勸諭，仰蒙電旨優奬。伏思維源世受國恩，何敢坐視？第業無商賈，産祇菑畬，歲入各租，略支家用。自光緒三年獨捐五十萬圓，歷年又有大甲溪工、臺北城工，並各處賑捐等項，近又分助各莊練勇，所費不貲，力盡筋疲，萬不能再捐巨款。然當此海氛日亟，軍餉不支，環顧臺疆，勢誠岌岌，爰以萬不容己之心，作無中生有之計，奔走厦粤，極力籌挪，報效洋銀二十萬圓，以助餉需。懇乞原情據奏，務求朝廷垂念屢捐巨資，家貲漸落，飭下地方官吏，後免再捐。一面呈立限結，先繳十萬圓，明年六月，一律繳清。仍先捐月米三千石，折價計銀，暫資兵食”等情。並據候選同知劉壽鏗稱：據該紳來函，所捐款項，不敢屢邀優獎，求改京職自效等語。臣查該紳屢捐巨資，迭奉諭旨諄勸，臣初次接奉電旨，即經剴切勸商，嗣經奉旨飭查該紳銜職，並總辦臺北團練借餉事宜，皆經轉行遵照。當臣八月間基隆退兵，滬尾開仗，軍情岌岌，餉項一空，實已朝不謀夕，屢飭劉壽鏗商勸捐助。維源深明大義，允捐二十萬圓，並先繳十萬圓以濟急需，在該紳屢捐巨款，家計原不如前，今以全臺危迫，隔海籌挪，竭力勉輸，實屬急公好義。迹其原稟，委實無虛，决非尋常捐輸軍餉可比。該紳前于光緒三年捐款，已蒙恩賞卿銜，此次請用京職之處，臣未敢擅行擬請，可否仰懇天恩，俯念臺灣餉絀兵危之際，該紳急公報效之忱，特予破格恩施，以昭激勸；並可否將求免續捐之處，一體加恩曲允，用示矜全，伏求聖鑒。至同知劉壽鏗，臣已遵旨飭令隨營辦理一切，應俟續行出力，另案請獎，合併陳明。

軍機大臣奉旨：林維源已明降諭旨，以四五品京堂候補；餘依議。欽此。

三二、福建巡撫劉銘傳奏摺：法兵已退請開撫缺專辦臺防摺

[光緒十一年六月初五日]，竊臣渥承恩命，督辦臺軍，旋授福建巡撫，受命于戰陣憂危之際，自應曲陳于軍勢粗定之餘。臣一介武夫，不諳吏治，持兵臺島，未立寸功，仰蒙皇太后、皇上破格恩施，畀以封疆重寄。力所能效，敢不殫此血誠；惟外察時勢，内審殘軀，有不得不瀝陳于君父之前者。

臺灣爲東南七省門户，各國無不垂涎，一有釁端，輒欲攘爲根據。今大局雖雲粗定，而前車可鑒，後患方殷，一切設防、練兵、撫番、清賦諸大端，均須次第籌辦。縱使專心壹志，經營十年，尚恐難收實效。福建巡撫曾經前兩江督臣沈葆楨奏請移駐臺灣，尋以通省事繁，殊難兼

顧，于是議令半歲駐臺，究之倏往忽來，終屬有名無實。雖若前撫岑毓英勤明果鋭，不遑啓居，卒乃于臺奚補。臣平居私議，常謂臺灣孤懸海外，土沃産饒，宜使臺地之財足供臺地之用，不須取給内地，而後處常處變，均可自全。此次莅臺經年，訪求利病，深見臺事實可有爲，深嘆前此因循之誤。固知補牢未晚，而時會所迫，勢不能併日兼營。况臣才質駑庸，即竭力謀臺，已恐才難勝任。若更加疆寄，内地九府，公事繁多；而又遠阻重洋，凡督臣所商榷，司道所禀承，函牘往來，究形間隔。若駐臺日久，則顧此失彼，必致遠曠閩官；若駐臺不常，則一暴十寒，更屬何裨臺局？臣宿患目疾，到臺後瘴烟風雨，昏障益深，公牘稍多，汗流眦赤，昏眊痛澀，幾不自持。况乃全省簿書，病目安能勝任？與其貽誤于後，曷若陳乞于前。再四思維，惟有乘此未受撫篆之時，仰懇天恩，准開臣福建巡撫本缺，俾得專辦臺防，庶幾勉效寸長，或可無致隕越。臺事幸甚！微臣幸甚！

軍機大臣奉旨：本日已有旨令楊昌濬兼署福建巡撫矣。劉銘傳督師無功，正當力圖自贖，著將臺灣善後事宜，認真整頓，以觀後效。所請開缺之處，不准行。欽此。

三三、福建巡撫劉銘傳奏摺：條陳臺澎善後事宜摺

[光緒十一年六月十八日]，竊法兵退讓澎湖，已同前陝甘督臣楊岳斌于本月十七日會奏在案。臣前因澎湖未退，雖遣撤臺南北土勇，各海口仍未撤防。除基隆設立撫卹局，先將被燬民房派員查明撫卹外，其餘善後各事，未敢預奏。現在澎湖兵退，急需舉辦數端，謹爲我皇太后、皇上陳之：一、臺澎防務，急宜設籌也。查全臺各海口，大甲以南至鳳山，沙綫遠闊，兵輪不能攏岸，遠則四、五十里，近則二三十里，較易設防；大甲以北新竹一帶，海口紛歧，直至宜蘭，兵船皆能近泊，至遠不過三、五里。基隆、滬尾兩口，雖能停泊兵輪，尚多山險，如有

水雷、大砲，設防尚可爲功，至新竹一帶，沿海平沙，後隴、中港，三號兵船皆能出入，地勢平衍，全恃兵營，殊難著手。然以視澎湖，猶較勝焉。澎湖彈丸孤立，臣派提督吴宏洛察看情形，據稱其地不生草木，沙石迷漫，片土難求，四面驚濤，無能設險。惟港内天然船塢，最宜停泊兵輪。臣到臺一年，縱觀全局，澎湖一島，非獨全臺門户，實亦南北洋關鍵要區，守臺必先守澎，保南北洋亦須以澎厦爲筦鑰。澎厦駐泊兵輪，設防嚴密，敵船無能停泊，萬不敢懸軍深入，自蹈危機。此澎厦設防，實關全局，非僅爲臺灣計也。姑就澎湖而論，若云設防，要當不惜重資，認真舉辦。縱兵船一時難集，陸兵不過三千，必須多購大砲，堅築砲臺，制辦水雷，聚薪屯粟。計買砲築臺諸費，約需五十萬，全非一、二年不能竣事。若漫圖敷衍，不如不防，既節數營兵餉之需，亦免臨事覆軍之纍。進退遲速，伏候聖裁。此防務之不容緩者也。一、臺澎軍政，急宜講求也。查臺灣軍務，久號廢弛，湘淮各軍，已成弩末，欲挽積習、杜虚糜，非講求操練不可。即演習洋操，非認真數月，步法不能整齊，手法焉能嫻熟。將官點名責令小操一次，則頂替之弊可除。近來各營多用後門鎗砲，尤非勤練不爲功。倘令鎗砲不明，則遠近高低，茫無准的，是有鎗與無鎗同矣。且鎗之精者，折機磨擦，奥竅深微，雨濕沾潮，銹霉輒損。重價購之，隨意弃之，苟有人心，能無慨惜此器械之不容漠視者也。更有難者，臺灣烟瘴之地，勇丁多半病烟。兵滑將貪，寬則玩而不振；釐奸剔弊，嚴則去而之他。臣時欲改弦更張，嚴定營規，堅明約束，事煩目劇，未易猝圖。現同沈應奎、陳鴻志詳酌裁留數營。除鎮標練兵不計外，擬留三十五營。臺南合澎湖十五營，臺北合宜蘭十五營，中路新竹、嘉、彰擬派五營，稍資鎮攝。論勢則臺北爲重要，論地則臺南爲綿長。當此百端締造，區區營數，力已難支。然較往時一道歲糜百萬，僅守臺南，餉項無增，全局已爲一振。此軍政之不容緩者也。一、全臺賦税，急宜清理也。查臺灣田産，甲于東南，一年兩熟。淡水一縣，每年額徵錢糧銀僅七百八十餘兩，官莊穀纔九千餘石。宜蘭一縣，錢穀無徵。其餘各縣，糧税亦寡。通計全臺鹽、茶、百貨税釐，歲入銀壹百零數萬兩。將來整頓各項税釐，剔除中飽，歲可百二十萬。覈以臺澎三十五營之餉，歲需百二十萬，乃適相資。惟輪船經費，一切雜支，並須添設制造局，歲需銀約百五十萬；所虧實多。若能將各縣賦税一律清查，以臺灣之入，供臺灣之需，尚可有盈無絀。惟清賦一事，要在得人。臣不諳吏治，昧于理財，時與沈應奎商量，辦理之法，必先清查户口，再謀次第舉行，恐須一、二年方可以收實效。此清賦之不容緩者也。

一、全臺生番，急宜招撫也。查臺灣番族，從前多在外山，客民愈多，日侵月削，擠歸山内，種類滋繁。邇來亦知耕種爲生，各相統屬。平日往來山外，居民亦頗相安。惟土匪成群，聚集番民交界之處，搶劫居民，或侵番族田廬，或誆番民財貨。争端一起，械門不休。奸民被殺，則訴冤于官，官輒興師勦辦。番族被冤，則無官可訴，類多集衆復仇。番禍一興，殺掠生番者轉得置身事外，而生番殺掠，多係良民。將恐積怨日深，終至民番俱斃。不謀招撫，必致陝甘回亂之憂。即以防務論，臺疆千里，防海又須防番。萬一外寇猝臨，陰結番民，使生内亂，腹心之害，何以禦之？誠令全番歸化，内亂無虞，外患雖來，尚可驅之禦侮。既可減防節餉，又可伐内山之木以裕餉源。此撫番之不容緩者也。查設防、練兵、清賦三端，皆可及時舉辦，惟撫番須待三者辦成之後，方可議行。其次設電、購輪、造橋、修路，以通南北之郵，理屯、興墾、開礦、取材，以興自然之利，臣智識庸駑，難勝艱巨。禦敵既無方略，辦事又乏精誠，每念時局艱難，不獲報稱萬一，徬徨中夜，慚疚萬端！惟有殫竭愚忱，勉圖職守。雖目疾萬分沉重，殘軀苟可支持，不敢片刻稍休，尤不敢自安緘默。除俟臺南北各營撤定後，再將選留兵將分紮地方、另行續奏外，謹擬臺澎善後諸大端，馳陳聖鑒。

按清賦條自言不諳吏治，昧于理財，時商沈應奎以求辦理之法，推賢讓能，非古大臣不能與此，此其所以成大功也。陳澹然識。

三四、福建巡撫劉銘傳奏摺：澎湖法兵退去查明失守各員分别處分摺

［十一年六月十七日］，竊臣等于本月初六日派記名提督吴宏洛乘萬年青輪船往察澎湖，十四日還至淡水，據稱李士卑斯于初九日接到撤兵國書，十二日開船出口，並知會吴宏洛由香港法船轉電總署奏聞，想邀聖鑒。

查澎湖本年二月十二日法船到境，十五日失守，情形已經督辦福建軍務大學士臣左宗棠、閩浙督臣楊昌濬會奏在案。其時臣岳斌在臺南，派探回稱：二月十二日，有法船六隻泊在珠水、烏坎、開邊海面。十三日，六隻内分一大船迫近蒔里澳，三船駛至媽宫、西嶼，二船至觀音亭後，齊開大砲，縱横轟擊。統領前路各軍代理澎湖副將周善初、管帶練軍澎湖都司鄭漁，出隊抵禦，各砲臺亦開砲還攻。經法兵將四角山、觀音亭等處砲臺及媽宫協署、街道、營房一律轟毁。周善初等不能抵敵，退往大城北去。十四日早，敵將泊蒔里澳大船近岸，渡兵三百餘人登岸，攻撲珠母水澳。管帶綏靖副中營副將陳得勝率隊相持，未久即退。敵亦未追。十五日早，法兵八九百人復由雙頭跨登岸，徑至大城山下。周善初率管帶綏靖前營守備馮楚燊接仗，勢不能支，陳得勝帶隊來援，手骸受傷乃退。周善初又調管帶德義中營同知關鎮岳、管帶德義後營通判梁岳英來援，均難抵禦。關鎮岳爲飛彈中傷。周善初、馮楚燊、關鎮岳、梁岳英、鄭漁等一齊退往赤嵌北山，澎湖遂失。澎湖通判鄭膺杰前報募勇四百人防守，及法人攻澎三日，不聞其勇抵禦何處，地方失守，咎有應得。周善初、鄭膺傑二員應請旨即行革職。鄭膺傑尚有煤務經手事件，由臣銘傳撤任查辦。梁岳英、鄭漁、馮楚燊均請一併革職。同知

關鎮岳、副將陳得勝均經帶傷，應請加恩免予處分。陣亡官勇，查明奏請賜卹，以慰忠魂。惟澎湖一島，地處孤危，面面受敵，既無得力砲臺砲位，又無兵輪、水雷。臣銘傳上年秋冬，屢接周善初等來禀，請發大砲、水雷，愧無以應。十月底，臺澎道劉璈即無餉項接濟澎軍，經臣咨請督臣楊昌濬撥款接濟，並請督臣運送砲雷，未接咨覆。劉璈申報至香港購買水雷，至東洋購買大砲，臣批令趕布澎湖，亦無禀覆。周善初等失守地方，原有應得之咎，惟臣銘傳督辦臺防，不能預爲籌設，且不能保守基隆，既參該廳協等失守，若不一併處分，何以服諸將之心？應請旨將臣銘傳交部從嚴議處，以肅軍政。

三五、福建巡撫劉銘傳奏摺：道員攻剿已撫番社請旨懲辦副將摺

[光緒十一年七月十七日]，竊臣于本年四月二十三日接前臺灣道劉璈詳稱：“南路界偪生番，山路梗塞，曾飭屯營管帶官潘高陞調和番衆，招近社生番百人安輯屯營，藉資聯布。惟地居險遠，兵力本單，而生番嗜殺，不問官民弁勇，稍有嫌隙，動肆兇殘”。本年四月初八日，據柴里屯隊目潘貴生等禀報：‘以率芒、七家山兩社番互殺三人，潘高陞未能伸理，以致屯兵潘清復被率芒社番仇殺，潘高陞僅令葬埋。番情兇悍，請飭添棚協守’等情。查此案先據潘高陞禀稱：‘董底社突來生番十餘人，到卡傷斃七家山番兵加隆飽一名，該同社番兵持鏢拚救，亦殺董底社生番二人。該社番到營無故殺人，應請剿洗’等情。當批‘董底社番，共有若干？可否盡誅？抑兇惡僅此十數人？該社離大路若干里？有無頭人管束？應否擇尤懲創？目下法防未鬆，務須出以審慎。應由地方官查明禀奪’在案。據禀前情如果盡實，潘高陞殊屬乖方，隨飭管帶田豐年率兵馳往查復嚴辦去後。本月十三日，據潘高陞呈報：“董底社與率芒社、大同坳等社百餘番，本月初十夜圍攻該營碉堡，百長楊元璧死拒對擊，互有損傷。適飛虎營餉員蕭順喜等四十餘人道過，見番

圍攻赴援，番始敗退。乃生番沿途埋伏，竟殺斃蕭順喜等四人、屯兵四人、客商四人、哨長屯兵受傷七人，防堡被焚，軍裝被搶，請派數營剿洗”等情到道。查該番招撫經年，一旦竊發，焚燬防堡，傷斃官兵，實屬异常頑梗，自須查明剿辦，藉儆效尤。當經移請分統方春發率部督辦，暨後路統領張兆連帶隊出山，會督潘高陞剿撫兼施，查明分辦。至潘高陞辦理不善，容再詳請撤參”等情前來。

臣查董底、率芒兩社番早經就撫，内外相安，何以突殺多人？當有别故。飭道先委確查，果係無故殺人，再行分别拿辦，不得張大其辭，派兵合剿。如有擅殺無辜，惟道是問。旋接劉璈四月二十九日來詳：“准方春發移稱：‘該番恃强反叛，非嚴剿不安。現擬三路進剿。二十四日，三路各營均抵率芒社，焚燒兇巢數百間，該番抵死回救，我軍奮力迎戰，殺傷番衆甚多，該番勢窮逃竄，追奔三十餘里，始各收軍。會剿各員，均請記名匯奬’等因到道。查率芒、董底兩社叛番滋事，原擬剿撫兼施，俾知懲儆，乃該番愍不畏法，抗拒官軍，實屬始終頑梗。經此會剿，難保不鋌險負嵎，應仍由方春發相機辦理。若僅燬其番社，聽其避逃，則我軍一去，彼仍伺殺，不能不派營搜剿，爲懲一儆百之謀。如果悔罪輸誠，仍當脅從罔治”等情。臣覆加詳覈，該社番非盜非叛，種類繁多，久經受撫，此次因何兇殺？自應查明起釁，勒社交兇。如抗不遵，再行進剿。番事在示威懷德，該道等不分良莠，即將兩社焚燬，殺傷多人，鋪張戰功，殊深怪詫。當委道員陳鳴志、副將戴秉綱先後赴三條崙查明起釁，有無迎拒官兵，及現在是否安撫情形。六月十七日，接據陳鳴志禀：“以現奉札署臺道，三條崙番案已委埤南同知吴本傑查覆。據稱親至東港水底寮一帶明察番情，緣駐三條崙南路屯營潘高陞招各生番充勇，本年三月十五日，分防七家山番勇兩人下山汲水，被生番殺死一人，割去首級，一番勇跟踪追覓，見伺殺者行入率芒、董底，當報本營官潘高陞，傳率、董兩社番目赴營，與七家山番勇質對。十八日，率、董兩社並七家山番數十人同赴屯營爭辯不決。于是兩番械鬥。七家山死者一人，屯勇憤恨，幫同擊殺率、董番二人，內一人爲番目古溜之子。是時潘高陞倉皇失措，不置一詞。率、董兩番憤恨而返。由是沿途伺殺，行人戒嚴，二十八日，遂有殺死送文屯勇潘清一事。隊目潘貴生控之潘高陞，僅令葬埋。置之不問。前臺灣道劉璈委管帶田豐年往查，率、董兩番益憤。四月初十夜，復聚番衆百餘人圍攻歸化門。十一日，岳左營幫帶劉玉山、蕭順喜、飛虎後營哨弁曾起成及商人、挑伕等四十餘人，道經歸化，見番衆圍攻，群呼叱之，番等驚而走去。蕭順喜等亦即就道以行，不料番等伏于道左，鎗殺蕭順喜等十二人，斷其首級，復焚毀歸化門、老社場營堡。潘高陞請兵入救，劉道遂調方春發統領各營相機勦撫。四月二十四日，各營分兩道進兵。二十六日，大兵行至率芒、董底，生番居高臨下，鎗傷屯長練勇數人，官軍即燬兩社房屋三百餘間，始行收隊。各營復進紮率芒後山。兩社始乞輸誠，呈繳蕭順喜等首級七個，縛送兇番六人，在坊寮巡檢衙門訊供。各營亦即于五月二十一日收隊。此勦辦社番並現在安撫之實情也。職道查此案當以該番滋事，應否調兵勦辦，有無拒敵官軍，及現在如何安撫爲斷。吴丞所查各節，似係實在情形，所送兇番大光等六人，現已解府訊供。如屬正兇，情真罪當，擬即由道覆訊明確，立正典刑”等情。又據副將戴秉綱查覆，大略相同。惟禀中敘及率芒、董底兩社番與七家山番爭鬥，潘高陞不能從中議斷，反助七家山番殺斃率芒番兩人，又將七家山兇番兩人解歸臺道審辦。劉璈不論法律，反犒賞紅布酒飯釋回，是以率、董兩社番忿恨愈深，激成圍攻歸化門屯營之變，尤爲此案辦理失當之大關。

臣按各員查復，三月十八日潘高陞令傳番目到營，率、董兩社番遵到，與七家山番對質，其非梗頑不化可知。潘高陞不能伸理，反縱勇偏助七家山番，又率請派兵，釀成巨禍。劉璈初詳猶是委查之語，乃不待查覆，遽爾調派大兵，分途痛剿，率芒、董底兩社數百家同遭焚掠，良莠不分，尤爲慘毒。陳鳴志面稱兩社男女千餘人，饑苦异常，嗷嗷待斃，業經量爲撫卹。所交兇番，臣現飭陳鳴志督同臺灣府悉心研鞫，果係殺害官軍，罪無可赦，即行正法。惟劉璈輕信方春發焚殺已撫社番，潘高陞辦理乖方，激成巨禍，均應嚴懲。除劉璈貪劣，臣已專摺奏參外，副將潘高陞，擬請旨革職，發往軍臺，以示儆戒。

三六、福建巡撫劉銘傳奏摺：再請開巡撫缺並銷督辦差回籍養痾摺

［光緒十一年九月二十五日］,竊臣久患頭疾,舉發不時。治兵二十年，迭乞假歸在案。近六、七年更罹目眚，復經迭陳。到臺年餘，感蒙風熱，蠻烟瘴雨，晨夕內攻，元氣既傷，目疾因之日劇。曾于本年六月初五日奏請開缺。八月初七日恭奉上諭:“本日已有旨令楊昌濬兼署福建巡撫矣。劉銘傳督師無功，正當力圖自贖，著將臺灣善後事宜認真整頓，以觀後效。所請開缺之處，不准行。欽此”。跪聆之下，悚感莫名。

顧念訓勉優加，恩施逾格，既原情于已往，更策勵于將來，敢不力疾從公，亟圖報稱。謹將善後應辦事宜，擇尤先辦，庶期稍蓋前愆。惟基隆五月以來，疫癘橫流，將士十病八、九。七月而後，死喪益多。勇不能工，軍無可爨。既傷逝者，益用自愴。回顧殘軀，乃居絶域。獨念臺防重要，未敢苟延。先將滬尾砲臺購料興築，分建水雷，遍資防護，開設制造、軍械各局，爲制造彈藥、屯儲軍械之區。一面乘輪馳赴安平、旂後、澎湖，往還二千里，察看形勢，籌劃設防。

方期殫竭血誠，力求整頓，不料臺南往返，風燥日侵，目疾日增，精神益憊。左目障滿，久廢無瞳；今右目並昏，新翳徒塞，微光一綫，茫不知人，數武相離，聞聲始辨。若再遷延不治，必致雙目俱盲。臺灣既鮮良醫，又無珍藥，瘴深疫重，斷非北人所可久安。臣自東渡以來，隨從文武將官，十亡四、五。現在建寗鎮總兵蘇得勝、營官鄭洪勝皆嬰

猝疾，旦夕瀕亡。以此人人自危，紛紛乞骸歸里。天下苟非戰事，富貴之念終不敵其畏死之心，性命所關，雖王法不能强之不去。感群僚之競返，傷衰病之孤羈，悵望海天，生還何日！

伏念臣自上年五月隻身渡臺，猝臨大敵，内憂外患，環掣交攻，孤孑艱危，無復生人之趣。自分不死于敵，必死于讒，冰蘖孤懷，至今心悸。仰荷聖明萬里，委任不摇，海外孤臣，幸逃讒諑。每念聖慈再造，碎頂莫酬，烏敢自外生成，妄圖引退？惟臣智識駑庸，賦性愚直，才力既不能勝艱巨，德望又不足洽同寮。督師不力，既經負罪于前；補過無方，焉敢貽誤于後？且臺疆危險，全賴練勇辦防。早辦一防，早得一防之效；多練一勇，多得一勇之功。微臣目疾已六、七年，斷非數月假期所能調理。思維再四，與其病軀戀棧，無補涓埃，何如披瀝瀆陳，免虞叢脞。惟有仰懇天恩，並開差缺，迅簡賢員，不勝迫切待命之至。

臣受恩深重，雖赴湯火，所不敢辭。際此時艱，豈復忍耽暇逸？倘荷聖慈許歸田里，兩目不致俱盲，定當趨謁闕廷，乞供驅策。萬不敢飾詞諉避，自悖古人鞠躬盡瘁之忱。惶悚微誠，伏求慈鑒！

三七、福建巡撫劉銘傳奏摺：臺灣暫難改省摺

[光緒十一年十月二十七日]，十月十九日准兵部咨：九月初五日欽奉慈禧皇太后懿旨："醇親王奕環等奏稱，臺灣要區，宜有大員駐紮。臺灣爲南洋門户，關係緊要，自應因時變通，以資控制。著將福建巡撫改爲臺灣巡撫，常川駐紮。福建巡撫即著閩浙總督兼管。一切改設事宜，該督撫詳籌奏辦。欽此"。臣查臺灣一島，孤懸海外，爲南洋門户要樞，誠如聖諭關係緊要，自應因時變通，改設巡撫，以資控制。惟微臣到臺年餘，情形稍悉，此中奥曲，不得不瀝陳于聖主之前。

臺灣所出財賦，較之貴州、新疆則有餘，惟沿海八縣之地，番居其六，民居其四，重洋遠隔，倚傍一空，猝有難端，全恃閩疆爲根本，聲

氣聯絡，痛癢相關，以助孤危之境。上年法人之亂，督臣楊昌濬未到之時、何璟罷官之際，前藩司沈保靖尚能力籌接濟，以救艱危，誠以本省受兵，義難辭却。即沿海州縣，文報往來，尚通聲氣，亦以地歸本省，不敢膜視其間。若改設臺灣巡撫，與閩省劃界分疆，即督臣顧全大局，一視同仁，司道以下，畛域分明，勢必不相關顧。即以餉論，以後仍須閩省照常接濟，方能養兵辦防。現在籌餉艱難，除不得不用之費，萬難減省，以誤要需；其稍可緩減者，即須力求撙節，惟視事之緩急輕重，次第分籌。臣前陳善後摺，以辦防、練兵、清賦、撫番爲急圖。現既詔設臺灣巡撫，必先漸撫生番，清除内患，擴疆招墾，廣布耕民，方足自成一省。

臣查臺番與雲貴苗民、甘肅番回迥异。臺番不相統屬，各社所占膏腴之地，高山宜茶，平地宜穀，一旦教之耕種，皆成富區。從前撫番，虚糜巨款，皆由舉辦未能認真。一撫就降，遂若無事。臺南降番甚衆，仇殺依然，聲氣仍歸隔絶。以臣度之，若認真招撫，示以恩威，五年之間，全臺生番，許可盡行歸化。然後再籌分省，土地既廣，財賦自充，庶可無勞内地。刻下外辦防務，内撫生番，巨款難籌，時形竭蹶。一經改設巡撫，省城必建彰化縣北適中之地。前撫臣岑毓英察勘，形勢昭然。覈計建造城垣、衙署、廟宇之需，又非百萬不可。臣目疾沉重，業經奏乞假歸，如蒙恩准，無論何人接替，若外辦防務，内辦清賦、撫番，又造城垣、衙署，萬端草創，縱使經費有著，亦恐才力難支。

但臺灣重地，經醇親王等統籌全局，冀保海疆，自應派大員駐紮。似可仿照江寧、江蘇規制，添設藩司一員，巡撫以臺灣爲行臺，一切規模無須更動。全臺兵政吏治，由巡撫主持，内地由總督兼管。如此分而不分，不合而合，一俟全番歸化，再行改省，以重巖疆。既可寬此數年，從容籌辦，目下又可節省巨款，騰出資財撫番、設防，先其所急。此臣審度事勢，擬從緩設巡撫之大略也。如蒙採擇，應請飭令王大臣等公同議奏，以期萬全。

至臺灣防務要需，業經片請籌撥借存洋款。覈計設防餉項，惟仗閩省協籌，應請旨飭令將軍古尼音布、督臣楊昌濬自十二年正月起，月由厦門海關協濟餉銀三萬兩，每年協濟銀三十六萬，俟三、五年後臺事有成，或减或停，再行覈議。是否有當，伏候聖裁。

奉光緒十一年十二月十二日上諭：據劉銘傳奏籌度臺灣情形暫難改省，又據楊昌濬奏籌議臺灣改設事宜請添設藩司各一摺，臺灣爲南洋門户，業經欽奉懿旨，將福建巡撫改爲臺灣巡撫，劉銘傳所稱從緩改設，著毋庸議。楊昌濬所奏，添設臺北道不如添設藩司，爲因地制宜起見，自可准行。惟此次該督所奏尚係大概情形，所有一切應辦事宜，均未籌商定妥。臺灣雖設行省，必須福建聯成一氣，如甘肅、新疆之制，庶可内外相維。著楊昌濬、劉銘傳詳細會商，奏明辦理。欽此。

三八、福建巡撫劉銘傳奏片：奏參林文欽等片

[光緒十一年]再中路通宵、大甲兩海口，曾經前任臺澎道劉璈調派彰化紳士候選同知林文欽、廣東候補同知吴朝陽各帶土勇一營，分紮紮守。林文欽等于上年十一月募勇成軍，至臺南駐防，劉璈申報各該營俱照楚軍坐糧章程，每軍每月口糧銀三兩六錢，每營祗長夫八十名，夫價每名每月二兩四錢。本年經吴鴻源咨調至中路協防，劉璈申報改照行糧章程，每勇每月口糧銀四兩二錢，添足長夫一百九十人，俱照每名每月三兩發給。

臣查林文欽、吴朝陽俱係彰化富紳，所帶彰化土勇，何以出防臺南口糧尚輕，調防本鄉口糧轉重，深爲詫异。五月初十日，札飭記名提督王貴揚、知府丁達意分路點裁。據報：王貴揚所點吴朝陽土勇一營，空勇十八人，全營無一長夫，夫價亦未發給；丁達意所點林文欽一營，空勇四十九人，亦無長夫，官長僅見前哨哨官林文欽，並各哨弁均不在

營。當經檄令遣散，飭令林文欽等來轅聽候查辦。當飭沈應奎會同方策勛審問。林文欽、吴朝陽各供短少勇丁，扣發夫價，與點册相符。若照侵餉定律，重咎難寬。惟訪聞該紳等均係安分富户，帶勇既非其才，亦非所願。林文欽不能成文，係劉璈新進附生。吴朝陽之子亦拜劉璈門下。劉璈貪污不法，誅不勝誅，應無庸再事搜求，以免株纍。查林文欽自上年十一月成軍，至本年五月底止，共領餉銀一萬六千一百餘兩。吴朝陽自上年十二月成軍，至本年五月底止，共領餉銀一萬二千八百餘兩。吴朝陽尚知悔畏，禀繳本年三個月行糧銀八千兩，懇求寬宥。林文欽年少無知，視空勇、侵餉、擅離軍營爲細故，不肯認咎。經沈應奎等詳報前來。臣查林文欽與林朝棟親堂叔姪。林朝棟家道中落，尚肯急公好義，備資募勇，出力禦寇。林文欽爲彰化第一巨富，縱不如林朝棟之仗義急公，乃經劉璈檄令帶勇，竟敢空少勇數、夫數，擅自離營，理應從嚴參辦，惟聞該紳係劉璈勒令帶勇，素昧軍營規制，與尋常軍營侵冒不同，應請旨將同知林文欽即行革職，勒令將所侵餉項銀一萬六千餘兩全數繳還，以示薄儆。至吴朝陽家資稍薄，既據禀繳三月行糧銀八千兩，應懇天恩免予參革。臣爲鄭重軍餉起見，謹附片具陳。

軍機大臣奉旨：林文欽著即革職，覈明該營空少勇數、夫數餉銀若干，勒令呈繳。餘依議。該部知道。欽此。

第三卷

福建水陸提督巡臺奏摺

依清制，各省緑營，受總督、巡撫節制，其最高武官爲提督，從一品。提督下轄總兵、副將、參將、游擊、都司、守備等。職掌爲“固護疆陲，典領甲卒，節制鎮、協、營、汛。”

清代全國共設十五提督，其中陸路提督十二人，水陸提督三人。福建水、陸提督各一人。陸路提督，設于順治四年（1647年），駐泉州，轄陸路提標左中右前後五營，福州守城營、興化守城營、泉州守城營，節制福甯、建寧、汀州、漳州四鎮。水師提督，設于康熙元年（1662年），駐海澄，七年裁之，十七年復設，駐廈門，轄水師提標左中右前後五營，節制金門、海壇、南澳、福建、臺灣、福寧等鎮。

本編共收錄福建陸路提督馬濟勝于道光十一至十三年（1831—1833年）赴臺查辦張丙事件，福建水師提督許文謨于嘉慶十三至十五年（1808—1810年）因蔡牽事件和中港械鬥事件赴臺、王得禄于嘉慶二十五年（1820年）循例巡臺、許松年于道光三年（1877年）和六年（1880年）循例巡臺、劉起龍于道光八年循例巡臺、陳化成于道光十一年（1831年）和十五年（1835年）循例巡臺，巡臺期間留下的巡臺奏摺，共二十九份。

福建水師提督王得禄奏摺

一、福建水師提督王得禄奏摺：巡查臺灣地方寧謐併督緝獲盗各情形

[嘉慶二十五年九月二十九日]，福建水師提督奴才王得禄跪奏：爲巡查臺灣地方寧謐併督緝獲盗各情形循例由驛具奏，仰慰聖懷事。

嘉慶二十五年五月初二日，奴才在南洋舟次接准閩浙督臣諳會，奏明奴才渡臺校閲營伍，稽查地方等因，當回厦門配船登舟，候風放洋，經將起程日期恭摺具奏在案。嗣于六月初二日直抵臺灣府城，所有本年臺餉各船同進鹿耳門口，經過洋面均屬寧静。適調任鎮臣音登額亦先于初一日到臺任事，奴才當與會晤，併見道府，面詢地方情形。

緣臺地居民本鮮土著，其中良莠既不能一，而游蕩無業者亦復不少，每于冬杪歲暮及青黄不接時，多有匪類出没伺刦，屢懲不悛。本年二、三等月，嘉義縣屬連報盗刦。又三月二十二夜，盗夥數十强刦大埔林莊瑞源當鋪，拒傷捕人；四月十九夜，連刦西門外羅開興布店，銃傷幫捕街鄰數人，斃命三人，勢尤兇惡，人頗惶懼。先經前鎮臣武隆阿聞報，嚴飭副參各員督率該轄都守暨千把、外委等各于該管汛防地段會哨梭巡，分投（頭）堵拏。嗣調任臺灣道葉世倬于四月十八日抵臺接印，復商同分委北路協副將明祥、臺灣府知府蓋方泌馳往會同督捕，催獲首夥盗犯楊啓明等二十名帶郡訊跟，餘黨購綫踹緝，人心遂安等語。奴才差訪大畧相符，惟二案逸盗約有百人，散匿内山，若不趕緊設法拏究，不但無以儆兇盗而服事主，更恐日久復恣鴟張，别滋事端。且兩月之内盗刦頻仍，逸犯尚多，該地方文武緝捕廢弛，實難辭咎。除署嘉義縣知

縣鹿澤長先經該管道府撤回改委外，奴才隨會商鎮臣音登額將都司黄清泰先行摘去頂戴，勒限緝拏，以觀後效。

奴才又風聞淡水之滬尾、鷄籠及噶瑪蘭一帶偏僻洋面，近有盜船游奕伺刦，亦須乘其初起，趕緊撲滅，以免勾結蔓延爲害商艘。鎮臣音登額甫經莅任，恐不免人地生疎，奴才復與商酌，一面飛飭艋舺營游擊李天華親率兵哨出洋探踪追剿，務將人船擒獲解究；一面札飭署淡水同知胡振遠多派幹練役勇分布各口岸，以杜該匪上山潛竄之路，併商選緝捕勤能，地方熟悉之千總謝德彰、毛翼展，把總杜掄元、王有能，候補未入流易金杓等授以機宜，改裝易服，前赴嘉、彰一帶内山踹訪各案盜踪，慎密查拏。奴才亦即自郡起程先赴北路巡閲，由嘉而彰，繞道沿山督緝，又于接見各莊耆總董之便，留心諮訪，得有盜匪姓名、住址隨時存記飭拏，併擇誠實可靠之紳衿總理王雲鼎、蕭廷獻、蔡啓賢等分給札諭，飭令協同營縣差弁獲盜獎賞。奴才即赴淡水、艋舺、噶瑪蘭出，由鹿仔港、笨港、鹽水港沿海一帶周歷巡查，旋赴南路之鳳山、埤頭等處，無論沖僻遍加閲歷。

回郡，旋據營縣併派緝之文武員弁紳衿等先後呈報拏獲强刦瑞源當鋪、羅開興布店二案夥犯又另案盜匪共有八十六名；又聞拏投首之吴興、林維、蔡鑾、林天露、蕭塔、林漢、楊漢等七名，内稔惡巨匪固多，亦難保無挾讎混拔。奴才當經陸續行府提郡分案審擬，併將訊係無辜即行省釋，以免拖纍。又據艋舺營游擊李天華禀，在噶瑪蘭洋面追及匪舟宗趕攏攻擊，匪船放鎗拒捕，該游擊過船受傷殺賊落海，併生擒盜犯九名、盜船一隻、鎗械火藥等件；署淡水同知胡振遠督帶役勇拏獲鳧水登岸洋匪十一名；貢生王雲鼎獲匪八名，均經行府提訊，各在案。

奴才沿途察看地方安静，汛防周密，經過番社點艙[驗]屯丁足額、技藝俱可，隨各捐賞銀牌，諭令安分守法，咸知感悚。間有民番交涉田園及民間命盜呈詞，立即分别情節，照行道府，速爲秉公訊辦以杜争端。臺地氣候本早晚禾已一律長發，近又連得透雨普霑，益滋培養，禾苗雜糧更極青葱暢茂，上中下米價亦以次遞減。奴才察看情形，年穀順成，民番安貼，洵堪仰慰宸衷。

已獲盜犯因人數過多，現據知府蓋方泌面禀“供詞既多游移，且尚有續獲未經解到之犯，必須待質方能定案”等語，奴才提督全省水師，洋面遼闊，口岸緊要，未便因此久滯，業檄該知府悉心質訊確情，擬解臺灣鎮道會辦，具奏。鎮道雖皆初任，均極謹慎認真，且到臺已經數月，地方情形漸各熟悉。

奴才再就所見詳晰具告，仍擬由鹿耳門配船登舟放洋，前赴澎湖校閱，事竣即行内渡，其未獲供犯訪犯仍各開單，諮會鎮道督屬勒拏，務絶根株，毋遺餘孽，以期仰副我皇上除莠安良，綏靖海疆至意。至官兵等第，謹俟閱過澎湖營伍分別彙摺具奏外，合將巡查臺灣地方寧謐及督緝獲犯各緣由恭摺具奏，伏乞皇上睿鑒。再臺灣遠隔重洋，謹循例由驛恭遞，合併陳明。謹奏。

[硃批]：另有旨。

二、福建水師提督王得禄奏摺：臺灣陸路夥盜請照嘉慶元年部議章程發遣

[嘉慶二十五年九月二十九日]，福建水師提督奴才王得禄跪奏：爲敬陳管見恭摺奏聞仰祈聖訓事。

竊照本年嘉義縣屬陳瑞源當鋪及羅開興布店，先後被刦拒捕兩案，陸續拏獲。本案並另案盜犯共一百一十三名，現交鎮道等審辦，業經奴才于奏報巡查臺灣營伍，併配船内渡緣由摺内聲明在案。

伏查嘉慶元年欽奉恩詔刑部，條議内開濱海沿江行刦案内，免死盜犯不准援免，其陸路發遣各犯俱重責二十板釋放，通行遵照。今恭逢聖主膺符禦宇，如蒙曠典優頒，皇仁普被，率土皆周，自當欽遵辦理。

惟臺灣孤懸海外，民情獷悍，動輒糾衆刦搶，拒捕殺人，是以歷來辦理盜刦重案，均係從嚴究辦，以期闢以止闢。此次該犯等夥刦拒捕，銃傷斃命，經奴才會派員弁等多方偵緝，弋獲各犯，其中法所難宥者，固應立正典刑；而情有可原免死發遣之犯，若以幸逢恩赦概予杖釋，即該犯等果知悔改，而以數十兇囚同離桎梏，鄉愚已先有戒心。況野性難馴，倘故智復萌，仍出鴟張肆刦，不特爲害閭閻，且懷挾事主報緝之嫌，衿士兵綫捕解之恨，勾結報復，恐于海外重地大有關係。奴才與臺灣鎮道公同商酌，意見相同，合無仰懇皇上俯念海外要區，稔惡難留，其陸路免死夥盜較内地尋常盜刦實有不同，可否援照嘉慶元年《部議章程》江洋行刦案内“發遣各犯，仍照常例遣戍，抑或分解各原籍州縣，永遠監禁”之處。

奴才爲整頓地方起見，是否有當，理合恭摺具奏，伏乞皇上睿鑒。

[硃批]：所奏是，另有旨。

福建水師提督許松年奏摺

一、福建水師提督許松年奏摺：查閲臺灣鎮水師協標暨南路等營官兵技藝情形

[道光三年五月二十九日]，福建水師提督奴才許松年跪奏：爲恭報奴才抵臺閲過臺灣鎮標、臺灣水師協標暨南路等營官兵分别等第，並將多病疲弱之游擊請旨革職以肅營伍，仰祈聖鑒事。

竊奴才于本年四月十六日由厦門配坐臺澎餉船，候風渡臺，巡閲營伍，稽查地方，業經恭摺具奏在案。嗣于二十六日，駛抵鹿耳門查點餉船，俱已先後到齊。奴才隨即進郡會晤鎮道臣觀喜、胡承珙查詢一切情形，據稱地方尚屬安静，米價亦較前平減，惟臺地民番雜處，其中良莠不一，水陸搶刦之案未能肅清。奴才已商同鎮道嚴飭訪拏，務獲懲辦，以絶根株。衹因臺灣連日大雨，校場積水，難以閲操。直至五月十二三等日天氣晴霽，即將臺灣鎮標中、左、右、城守四營暨臺灣水師協標中、右二營各官兵會合陸操，以及馬步騎射，詳加校閲；次赴閲看臺協水師水操畢，遂于十六日前往南路查閲南路營、下淡水營官兵，順赴水底寮等處察看民番情形，尚皆恬謐，並將沿途汛防巡查回郡。

奴才按册查覈，所有閲過臺灣鎮協暨南路等營操陣俱屬整齊，進步連環緊凑，鎗箭中靶合式，牌兵對械可觀。又臺協水師二營水操、駕船、執舵、轉篷、摺戧、施放鎗砲及水中演技俱能合法，爬桅、泅水尚屬嫻熟，均堪列爲二等。查驗[驗]各營軍裝、器械、配操旗幟堅利鮮明，陸路馬匹亦皆臕壯，水師戰船除交廠修造外，餘亦足額。水陸將備、千把總、外委、兵丁人等，内有馬步全射及能中靶五枝、四枝，鎗

兵中靶三鎗者，俱已分别記名奬賞，其生疎者當場責革。弁兵中間有技藝稍疎人材壯偉者，查其平日差防勤慎，姑再勒限練習。惟有調署臺灣水師協標中營游擊之海壇鎮標左營游擊鄭恒健當場步射不能開弓，據稱時患氣喘病症，身力不支當舩[驗]。該游擊現年五十六歲，人甚疲弱，難資表率，相應請旨革職（[硃批]：甚是。）。又有臺灣城守營把總謝得龍軟弱眼昏，應行斥革。臺灣鎮標左營經制外委許萬山、臺協水師中營經制外委萬定弓馬生疎，均應降爲額外外委。所遺各弁缺，即以此次考舩[驗]材技優嫻之經制外委胡興龍，額外外委邱瑞鳳、林桂芳，馬兵許文龍及降補額外之許萬山、萬定分别遞拔降補用示勸懲，以仰副聖主軫念海疆整飭戎行至意。

奴才渡臺時，曾准督臣趙慎畛函囑臺灣營汛緊要，員弁中倘有因循驕縱，或人地不宜者，務須詳細察查，咨商酌辦。兹郡城南路等營查閲已畢，奴才拜摺後即由北路之嘉、彰、淡水直進艋舺、噶瑪蘭等處巡閲稽查，隨時函達督臣，妥爲商辦。事竣具摺奏聞外，所有奴才抵臺閲過臺灣鎮協及南路等營官兵情形合先恭摺具奏，伏乞皇上聖鑒。謹奏。

[硃批]：另有旨。

二、福建水師提督許松年奏摺：拏獲噶瑪蘭聚衆抗辦船料案犯林允春等人審辦

[道光三年七月三十日]，福建水師提督奴才許松年跪奏：爲拏獲臺灣噶瑪蘭斂錢聚衆、抗辦戰船木料、滋事不法首從各犯，督飭該管府、廳審明辦理緣由，恭摺奏聞，仰祈聖鑒事。

竊奴才本年巡視臺灣，先抵府城將各營官兵校閲，次赴南路鳳山一帶巡察營伍地方。事竣回郡，適有噶瑪蘭刁民林允春向在該處内山砍伐樹木，制作物料營生，借以不辦戰船樟木爲名，聚衆斂錢、抗官不法，屢經該廳差拏未獲。該犯林允春輒敢糾人，將廳差擄入山中勒銀取贖，又復糾夥百餘人鬨鬧頭圍縣丞衙署。節據該管廳員禀報，經鎮、道、知府先後派委文武員弁進山查辦，未能得手。奴才以臺地民情本屬浮動，噶瑪蘭係新闢之區，收入版圖未久，民俗未馴，況該處距郡寫遠，往返動須一月，此時奴才正須前去北路巡閱，當與鎮道熟商，妥爲籌備。俟奴才到彼察看情形，如須酌用兵力即行飛調策應。一面飛咨閩浙督臣趙慎畛查照督飭，一面趕緊前進。于六月十八日途次艋舺，適新補噶瑪蘭通判吕志恒抵臺，即飭隨同進蘭接印，以資辦理。查該犯林允春于鬨鬧縣丞衙署之後，隨與同夥各犯潛匿山中，負嵎不出。文武員弁無從下手查拏，因而民心惶懼，晝夜不安。奴才以“此等小丑跳梁既已潛身山谷，毋虞他變”出示曉諭，民情始各鎮定。又以“林允春不過無知犯法，果能悔悟投到俯首伏罪，尚可援例分别末減”剴切傳示去後，詎林允春等置若罔聞，竟不投出。誠恐曠日持久，别生枝節，隨就近酌調艋舺營官兵二百員名，並飭新任通判吕志恒勸募義民、鄉勇、隘丁暨奴才隨行弁兵，親自帶領直抵該山干溪駐紮。該處萬山重叠，深林密菁，山徑鳥道羊腸。奴才分派官兵、役勇于各隘口嚴密巡防差探。該犯林允春等聚集内山係在山脚里，量（原文：糧）而入山後爲生番所居之地，山僻小道，路路可通，倘該犯等勾結生番助勢，則滋蔓難圖。奴才諭令土目頭人傳諭各番，加以重賞；如遇林允春等逃至即行驅逐出山，並復多方設法散其黨羽，又嚴禁沿山居民毋許接濟糧食。奴才即親帶官兵役勇直入深山，連日分路探捕，仰仗聖主福庇，于七月十四日夜將首犯林允春于大埤山隘拏獲，並據文武員弁報獲從犯江文魁、林黑等，其餘各犯先已星散分逃。正值奴才知會鎮道檄委署臺灣府事候補道胡祖福來蘭接應，奴才即將已獲各犯發交該署府，督同通判吕志恒詳加研鞫。緣林允春現年四十四歲，原籍内地長泰縣人，隻身來臺，先在各處傭趁，後在噶瑪蘭採砍山木，制成物料，出售度日。嗣因前任臺灣道以修造戰船需用樟木，近年淡水等處出産漸稀，該道承辦戰船，廠中需用甚急，札飭噶瑪蘭廳員一律採辦。林允春等借以蘭地開闢之時，並未議採樟木以供廠用，鼓惑做料衆匠收斂銀錢、抗官不辦，屢經該管文武差拏未能弋獲。詎該犯林允春心懷忿恨，糾約匪夥林黑等，于本年三月二十二日將廳差吴合擄去綑縛，用蟻巢置于吴合頭上叮咬淩虐，勒索番銀二百十九圓分用，始行放回。又因同夥制做木料之林萬等赴官認辦戰船樟木，該犯林允春以其不肯歸附于己，糾邀現獲木匠江文魁等百餘人，于六月初一日趕至頭圍地方與林萬等争鬧。林萬等將其夥黨賴獅毆傷，林允春藉稱赴官請驗，即同江文魁等鬨塞頭圍縣丞衙署。該縣丞親出彈壓，江文魁等手執器械，直入大堂逞兇肆鬧。經該縣丞會營查拏，方各竄散。稟經鎮道知府遴委文武員弁馳赴嚴拏，該犯等即入内山潛匿。嗣聞奴才抵蘭先行傳示該犯等，及早投出准予量爲减罪，林允春本欲自行投首，因其夥黨不允，致未投到等語，由該府廳録供呈送前來。

奴才以噶瑪蘭係草昧初開之地，民番雜處，林允春膽敢聚衆抗官，肆行不法，若不就地嚴辦，不足以懲儆，未便因其本欲自行投首一語稍爲寬縱。當飭該府廳檢查定例，以該犯林允春擄捉廳差置蟻巢于頭上，非理淩虐勒索番銀二百十九圓，又糾邀百餘人鬨鬧衙署，照“聚衆至四五十人鬨堂塞署”例，爲首應擬斬梟。又臺灣無籍游民獷悍兇惡，肆行不法、犯該死罪者亦應照光棍例，斬决。奴才于該府廳審明定擬之後，提犯覆加親鞫，與該府廳所審供情無异，當即傳集民番諸色人等，即于噶瑪蘭地方恭請王命，檄委噶瑪蘭通判吕志恒、署艋舺營游擊張朝發將林允春綁赴市曹處斬訖，仍傳首梟示，以昭炯戒。該地民番在旁觀看，無不悚懼。奴才隨復分賞生熟各番布物，用好言安撫，俱各歡欣踴躍而去。居民、鋪户人等亦皆綏静，安堵如常。其現獲從犯江文魁等罪有等差，奴才飭令署臺灣府胡祖福管帶回郡，確審實情，照例通詳分别定擬，仍由鎮道審明覆奏，期無枉縱草率。未獲各犯，嚴飭該管文武上緊偵緝，務絶根株，毋許鬆懈。至樟木一項爲修造戰船所必需，但須按照民價由廳官爲給發，以免擾纍而資稽察。惟該處所産樟木本不甚多，應請毋庸由道設館派差採購，致滋流弊。奴才已咨明督臣趙慎畛，議立章程，轉飭所屬久遠遵行。所有拏獲林允春首從各犯審明辦理緣由，理合恭摺，循例由驛具奏，並摘叙林允春緊要供單敬呈御覽，伏乞皇上聖明訓示。

再，奴才辦理此案完結後，本應將艋舺營調來官兵撤回[回]歸伍，因查噶瑪蘭開闢以來，臺屬等處人民徙居覓食者數倍于前。該處原設守備一員暨千把總等弁額兵四百名，分防駐守，存城兵丁僅有二百十五名，實不足以資彈壓。目下尚有零星匪夥未獲，奴才現飭艋舺營游擊仍帶原調兵丁二百名暫留該處，督飭緝捕。一面函商督臣趙慎畛籌議裁移官兵、添設捍衛事宜，再行會同具奏。奴才擬于八月初旬起程，仍由北路將未經簡校之鹿港等處官兵順途查閱，回郡配船内渡，再將續閱營伍情形據實奏報，合併陳明。謹奏。

[硃批]：所辦甚好，知道了。

三、福建水師提督許松年奏摺：臺灣北路及澎湖等處營伍分別等第拔補斥革

[道光三年十月二十六日]，福建水師提督奴才許松年跪奏：爲續閲臺灣北路及澎湖等處營伍分别等第，並有年老技疎之守備，請旨革職。恭摺具奏，仰祈聖鑒事。

竊奴才抵臺後，曾將查閱臺灣鎮標、臺灣水師協標暨南路各營官兵情形于五月二十九日具摺奏報；嗣赴北路巡閱營伍，適有噶瑪蘭刁民林允春聚衆斂錢、抗官不法。隨即馳往察看，旋准督臣趙慎畛諮會奴才駐蘭查辦。業經拿獲首從各犯，督飭該府廳訊明實情，先將首犯林允春就地正法，餘犯江文魁、林黑等二十餘名解郡審辦，及地方安静緣由。又于七月三十日恭摺由驛奏聞，各在案。奴才隨將該處營伍查閱事畢，即

自噶瑪蘭起身回郡，祗因積受深山瘴氣，感患沉疴，致留淡水，屢（原文：旅）次調治，兼旬始能就道。所有北路協標中左右三營、艋舺營及駐防鹿港海口之臺協水師左營，暨沿途汛防俱經先後周歷檢閱察看，民番情形甚爲安堵，屯弁屯丁亦皆强壯，經過番社，男婦歡迎，均照例給賞。于九月初七日行抵臺灣郡城，隨與該鎮道府籌議噶瑪蘭添設官兵事宜，諮覆督臣會覈具奏外，奴才仍由鹿耳門配船候風。十月初一日出招放洋，初三日駛抵澎湖登岸，校閲該標左、右營操隊併考敛[驗]官兵技藝，尚爲整飭，探訪兵民安輯、文武和衷。緣遇暴風阻滯，直至十九日自澎開行，仰托皇上洪福，于二十一日回抵厦門。

兹謹按册查覈，内惟澎湖左營水陸操隊俱屬整齊連環緊凑，藤牌對械亦尚純熟，官兵馬步騎射及鳥鎗中靶均有逾額，堪以列爲一等。又北路協標中左右三營、艋舺營並滬尾水師官兵、噶瑪蘭營暨分駐鹿港之臺協水師左營布陣連環，亦皆齊整，藤牌雜械跳舞便捷，馬箭步射合式，鳥鎗中靶六分或五分有餘，均應列爲二等。查驗器械軍裝鮮明堅利，陸路馬匹臕壯，水師戰哨船隻除駕廠修造外，餘亦齊全。各營官兵内馬步全射及能中靶四五枝、鎗兵中靶三鎗者俱經分别記名奬賞；其生疎者當場責革；間有技藝稍次而人材可觀，查詢平日差操尚屬勤奮、水師弁兵水務熟悉者，均予勒限訓練，移知該鎮覆敛[驗]，如無改觀再行斥革。惟有北路協標左營駐防斗六門汛守備陳名聲現年五十八歲，人甚老弱，步射開弓不能過臉，察其官聲亦復平常，海外重地未便姑容，相應請旨革職以肅營伍。又有北路協標右營千總盧作梅不循紀律、任性乖張，艋舺營滬尾水師把總宇文進年老疲軟，北路協標中營經制外委蘇得昌差防怠玩、弓馬生疎，均應斥革。所遺盧作梅千總弁缺例由内地遴調。兹奴才查有北路右營把總闕桂，年力强壯、弓馬可觀。據該鎮協稱其平日緝捕操防甚爲奮勉，曾經獲盗，善能管兵，且該弁在臺多載，熟諳北路地方情形，堪以拔補。雖與定例未符，但查前有把總李國瑞、王福生俱係臺灣營弁，經前督臣方維甸、前提臣王得禄先後赴臺閱兵，奏請拔補臺營千總在案。奴才爲海外營伍得人起見，合無仰懇天恩，俯准以闕桂拔補臺灣千總，以資緝捕，如蒙俞允，俟命下之日，奴才當即移咨督臣查照辦理。更有把總宇文進、外委蘇得昌斥革各遺缺，請以此次考驗[驗]材技優嫻之經制外委郭揚聲，額外外委温廷寶、許荆山，目兵李萬春、陳日陞分别遞拔，用示勸懲。臺灣水陸各營員弁内有人地未盡相宜、難資整作者，奴才已函商督臣隨時更調，以仰副聖主　念海外巖疆、整飭武備之至意。所有奴才續閱臺澎營伍分别等第及内渡回署日期，理合恭摺具奏，伏乞皇上聖鑒。謹奏。

[硃批]：另有旨。

四、福建水師提督許松年奏摺：行抵臺灣日期、適值北路股徒焚搶馳往查辦

[道光六年五月初五日]，福建水師提督臣許松年跪奏：爲臣行抵臺灣，適因北路匪徒分類焚搶，先行馳往查辦緣由恭摺奏聞，仰祈聖鑒事。

竊照本年巡閱臺澎營伍，先經督臣孫爾準奏明，令臣前往彈壓稽查。臣業將配坐餉船登舟候風日期恭摺奏報。各在案。兹臣于四月三十日駛抵澎湖，隨將該標兩營官兵校閱事畢。五月初一日由澎開駕，初二日傍晚，舟抵臺洋，查點載餉各船俱經進口。當聞四月中旬突有北路匪徒糾衆焚莊，乘機搶殺。臺灣鎮總兵蔡萬齡率同臺灣府知府陳俊千帶領官兵已于二十二日馳赴查辦，現在尚未止息，不勝駭异。因思臺灣既有匪徒滋事，巡閱營伍尚屬可緩，自當權其輕重，先圖平靖地方。臣隨即連夜星飛進郡，晤詢在城文武，並接准該總兵蔡萬齡先後函稱，訪查匪徒起釁根由。緣粤莊民人先因口角毆斃漳泉莊民，而漳泉人等心懷不甘，隨有糾衆焚搶粤莊、希圖泄忿、謡言散布，故附和之匪日益增多。該鎮督率文武剿捕兇頑，一面撫諭莊民以安良善等語。臣查臺灣漳、

泉、粵三籍民人素分氣類，偶遇睚眦細故，動輒焚搶莊村，實屬目無法紀，但臺灣民情浮動，尤當趕緊制止（[硃批]：甚是，勉力辦理。），庶不至滋蔓難圖。臣現在面商臺灣道臣孔昭虔籌備一切，並囑鎮壓郡城，一面函致督臣督飭查辦。臣隨于拜摺後，先行馳赴嘉義、彰化一帶稽查察看實在作何焚搶情形，即便會商該總兵蔡萬齡相機辦理，另行陳奏外，所有臣抵臺日期、適值北路匪徒分類焚搶馳往查辦緣由，合先恭摺由驛具奏，伏乞皇上聖鑒。謹奏。

[硃批]：覽奏俱悉。

五、福建水師提督許松年奏摺：馳抵淡水境內查辦分類械鬥

[道光六年六月初六日]，福建水師提督臣許松年跪奏：爲淡、彰分類械鬬逐漸解散，先行查明被焚最甚各莊，委員搭寮，招集難民歸莊；乘時收獲田稻，併督飭地方文武查拏首從各犯，分派將備各路駐紥以資彈壓，恭摺奏聞，仰祈聖鑒事。

竊臣由郡城馳抵嘉、彰兩縣查辦分類焚搶匪徒，並接據廳縣禀報，淡屬中港等莊閩粵分類械鬬焚殺，請調内地官兵來臺接應緣由，業經專摺陳奏在案。臣拜摺後即馳赴淡境，駐紥大甲地方以便南北策應。復據代理淡水同知、彰化縣知縣李振青禀報，五月十一至十三等日，該屬竹塹以北之南坎等莊、竹塹以南之大甲等莊，閩粵民人互相焚殺，致斃人命。又據禀稱，十八日，竹塹城外附近十餘莊均被粵人焚燬房屋；十九日，粵人又至近城之滴仔莊，與閩人互鬬，各有死傷。並據彰化營縣禀報，該縣迤北之四張犁、葫蘆墩等處連日焚殺，其勢驟難止遏，淡、彰一帶道路梗塞以致文報稽遲，各等情。

臣查淡屬滋鬬匪徒膽敢擾及近城各莊，彰屬之四張犁等處又復滋鬬不休，必須尅期親往查辦。隨于二十日由彰起程，途次准鎮臣蔡萬齡函稱，五月二十一日馳抵竹塹。二十二日粵人聚衆與塹城東門外東勢等莊互鬬，該鎮臣蔡萬齡督同將弁帶兵出城追捕，粤匪竟敢抗拒，被兵丁格殺數人，始各四散竄逃。臣查臺地分類械鬬之風，其始由于良民聞謡驚恐，相率播遷，積習相沿，牢不可破，繼則匪徒乘機焚搶，甚至互鬬殺傷，輾轉蔓延，捷于影響，遇有官兵圍捕，均各逃匿無踪，惟兵至則散，過則復聚，此處稍靖彼處又起，如非分路查拏，難以蕆事，現在請調内地兵丁三千名尚未到臺，不敷差遣。臣先行示諭各莊良民各歸本莊，互相守護，毋許聽從匪徒出莊滋事，一面由彰屬之四張犁馳赴塹城，沿途傳集各莊閩粤兩籍總理人等剴切曉諭，飭令嚴行約束莊民，出具切實甘結，不准再滋事端。該總理等並稱，情願邀集兩籍頭人會面和好，遵諭約束，聽候官爲查辦，察其情詞似屬真摯。臣到塹後，會同鎮臣蔡萬齡飭傳塹城附近各莊總理頭人等，具結約束子弟歸莊。現在自彰化至淡水所屬之桃仔園等處滋鬬匪徒均已解散，遷徙民人亦漸次歸莊，一俟内地大兵到境，即可分路查拏滋事匪徒盡法懲辦。惟臣沿途所經嘉屬之殿仔莊，彰屬之四張犁、員林仔、環地莊；淡屬之中港莊被焚最甚，廬舍全墟，各該莊逃避難民每莊不下數千。但當此早稻登場之際，若不爲其亟謀居處，乘時收獲，一經匪徒搶割，勢必復起爭端。查代理淡水同知、彰化縣知縣李振青現已卸事，該員才具開展、辦事勤奮，臣已飭令先赴中港地方搭蓋草寮，招集該莊難民歸莊栖止。以次至嘉、彰等處一律搭寮辦理，所需工價由該員先經措墊，事竣造册詳報，籌欵發還。再連日哨探淡屬之艋舺及噶瑪蘭等處民人亦間有搬移，誠恐匪徒效尤滋事，適督臣孫爾準檄委閩安副將邵永福、澎湖左營游擊謝建雍帶兵三百名赴艋舺防堵，已由八里坌登岸。臣即檄飭該副將等留駐艋舺，並飭署艋舺營參將曾允福帶兵二百五十名，迅由海道往噶瑪蘭，一體嚴行彈壓。又督臣所調金門鎮總兵陳化成帶兵五百名，因南風盛發，不能收入鹿港正口，已由淡屬大安口登岸。臣飭令就近馳赴中港一帶周歷巡查，以免匪徒復出滋擾，併商囑鎮臣蔡萬齡馳赴艋舺駐紮，以便控制蘭境。臣于拜摺後，仍回大甲等處適中地方，督飭各營縣上緊查明各處爲首匪徒，及聽從焚莊殺人各正犯，務期盡數弋獲，毋使稍有漏網。

再，臺灣府知府陳俊千先經隨臣至四張犁等莊，旋因彰化地方尚有匪徒争割田稻之事，當即商囑該守暫回彰化縣城，督縣查拏。至嘉義及郡城併鳳山等處現在均屬安静，臣恐北路匪徒聞拏南竄，已飭鎮標右營游擊珠爾松阿帶兵二百名馳赴鳳山，會同南路營參將楊彪認真防堵，合併聲明。

所有臣馳抵淡境查辦緣由理合恭摺由驛具奏，伏乞皇上聖鑒。謹奏。

[硃批]：另有旨。

福建水師提督劉起龍奏摺

一、福建水師提督劉起龍奏摺：出洋巡緝並循例查閱金門等處營伍分別等第

[道光八年四月初一日]，福建水師提督臣劉起龍跪奏：爲臣出洋巡緝並循例查閱金門等處營伍分別等第，恭摺奏聞，仰祈聖鑒事。

竊照定例福建水師提督一年北上巡閱海壇、福寧、閩安、烽火，一年南下巡閱金門、南澳、銅山等營官兵。如遇欽差巡閱之年，提督停其查閱。等因。久經遵奉在案。竊臣仰荷天恩，畀以水師提督重任，凡于操防緝捕，刻刻留心，不敢稍有懈忽。上年四月內，北上巡緝之便，業將海壇、福寧、閩安、烽火等營遍歷校閱，恭摺奏報在案。伏查閩省南北各洋面，節經臣會同督撫臣督飭水陸營縣實力訪緝獲犯懲辦，邇來漸就肅清。惟沿海窮漁偶因失利乘間爲匪，亟應加意防範。臣先于本年二月初一日率帶兵船前赴北洋之海壇、閩安一帶，通遍歷巡查尚屬静謐，察看在洋各員弁舟師往來巡緝，亦不敢偷安。隨于二月杪返篷南下，旋准督臣孫爾準咨會本年巡閱臺灣澎之差經具摺奏明。令臣循例前往，因今歲例應查閱金門等處營伍，而東渡臺灣尚須相度天時，當即就洋報明兵部，于三月初一日先赴南洋巡緝，順便將金門南澳銅山各在營官兵次第考校畢，隨由內外洋面搜巡回抵厦門。謹將閱過各標營官兵按册稽覈，內南澳鎮標左營、銅山營官兵合操演陣，步伐整齊、進退得法、槍炮連環、聲勢聯絡、藤牌雜技、跳舞對械俱各快捷勇健，弓箭鳥槍中靶分數，計有八成，均堪列爲一等。又金門鎮標左右營官兵操演布陣，整齊連環緊凑，藤牌跳舞便捷，槍箭中靶分數合計七成，堪以列爲二等。

查驗各該營，旂幟、軍裝、器械俱屬鮮明鋒利，戰船除屆期進廠及遭風擊碎尚未修造外，餘俱足額校閱。各將備弁兵，年力俱尚壯健，內有弓馬射中三四五箭者，當場分別獎賞。間有弓馬中平及著靶少者，因查該員弁等或曾經獲盜，或在洋甫經回營，均勒限練習覆考再行覈辦，其餘各技藝兵丁亦按名分別優劣獎賞降革。尚有出洋防汛或患病出差未經閱檢，各員弁另容陸續調考，仍諄諭各官兵按時勤加訓練，勿以甫經閱過稍存懈怠，一面嚴督所屬緝訪各案未獲逸盜，務期悉獲報解，加謹巡防，以期望仰副聖主綏靖海疆，整飭戎行之至意。合將臣出洋巡緝及查閱金門等營官兵，分別等第情形，恭摺具奏，伏乞聖鑒。謹奏。

[硃批]：知道了。

二、福建水師提督劉起龍奏摺：赴臺灣考校營伍稽查地方登舟候風東渡日期（殘破）

[道光八年四月初八日]，福建水師提督臣劉起龍跪奏：爲臣應赴臺灣考校營伍，稽查地方，登舟候風東渡日期，恭摺奏聞，仰祈聖鑒事。

竊照閩省臺灣一郡爲海外要區，民番雜處，人情浮動，節奉諭旨著將軍、督撫、水陸兩提督輪赴臺灣巡查，以資彈壓，久經欽遵在案。臣荷蒙恩綸簡畀福建水師提督，遵旨赴新任，于道光六年十二月內就洋接印任事之後。七年三四月間，業將水師提標五營及海壇、福寧、閩安、烽火等處營伍，親歷考校，本年又赴金門銅山南澳各路遍行校閱，惟有海外臺灣尚未親到。臣溯自南澳鎮總兵任內，道光年三月間入覲渥邀，天語溫和，垂詢曾否到過臺灣。臣拳拳服膺，無時或釋，歷今已屆□年，應即請旨入都述職，跪聆聖上訓苐。念臺灣營伍屬水師統轄未曾親往查察，恐難明晰敷陳。茲于二月間巡洋過省，經督臣孫爾準、撫臣韓克均面商，本年正值輪巡臺灣之期，應恭摺會奏以臣前往，俟事竣內渡再行請覲等因。抄錄摺稿咨知到臣。臣謹即遵照，將近日閱過金門、銅山、南澳等處營伍情形，另摺奏報訖。現經配備船隻，定于四月初八日登舟候風東渡，所有臺灣營伍地方一切情形，容俟到臺詳細稽查，認真整頓，咨知督撫臣商榷辦理，據實陳奏仰紓聖廑外，合將臣登舟候風東渡日期，恭摺奏皇上聖鑒。謹奏。

[硃批]：整飭營伍，稽查奸匪，俱要認真。

三、福建水師提督臣劉起龍奏摺：赴臺灣校閱營伍並稽查地方情形

[道光八年六月二十四日]，福建水師提督臣劉起龍跪奏：爲臣赴臺灣校閱營伍，官兵技藝分别等第，並稽查地方情形及回抵厦門日期，恭摺具奏，仰祈聖鑒事。

竊臣准督臣孫爾準、撫臣韓克均咨會本年（疑脱）臺灣營伍地方之期具奏令臣前往，隨于四月初八日自厦門登舟候風東渡緣由，恭摺奏明之後，十一（日）風帆稍順由大擔放洋，十五日駛抵澎湖，隨校閱澎湖水師協標左右兩營標（操）陣，考驗官兵技藝，察訪民情安貼，事畢還舟，緣連日風雨交錯未能起逢（疑誤），至十二日稍息，開駛渡臺□□南風頂逆，迨二十五日至臺灣鹿耳門，二十六日先閲臺協水師中左右三營□□□□官兵技藝次第考□完竣，于五月初一日由沿海赴南至鳳山縣校閲南□□□□水營操（陣）官兵技藝，旋從□山一帶過郡赴北路加（嘉）義縣斗六門漳（彰）化縣淡水廳艋胛直進噶瑪蘭内山周□轉□滬尾，繞萌（葫）蘆墩出黄港，沿海一帶先後校閲北路協標中左右三營、艋胛營、滬尾水師營、噶瑪蘭營及駐防黄港之臺協水師左營暨（沿）途塘汛俱經逐一簡□，于六月初五日到郡城查覈考册，内臺灣鎮標中左右城守四營、臺協中左右水師三營、北路協標左營、澎湖水師協標左右營，操陣俱屬整齊，進步連環聯絡鎗箭中靶分數均在七成以上，籐牌對械跳舞便捷，臺灣水師三營水師駕船執舵轉篷折□，往來馳放鎗砲均能純熟，袒（疑誤）桅泅水及水中對械等技亦皆靈便，均堪列爲一等。又

北路協標中左右兩營、艋胛營。滬尾水師噶瑪蘭營、南路營、下淡水營，布陣連環俱皆齊整緊凑，牌兵對□□□□熟鎗箭中靶分數俱在六成以上，堪以列爲二等，查驗各營軍裝器械鮮明堅利，陸路馬匹除倒斃水師戰船除遭風擊碎駕廠修造外，餘俱足額，各營官兵内有馬步全射及中靶四五箭鎗兵（中）靶二三鎗者俱經分别記名獎賞，生疎者責革，技藝次（疑誤）人村（材）可觀查詢平日差操尚屬勤奮，水師弁兵熟悉水務者，均予勒限訓練，移知該鎮臣覆驗，如無該（疑誤）觀，再行斥革。所有各營將備員弁上年經臣劉廷斌于軍政及閱兵案内甫經縣後劾辦，現無（在）尚無衰邁庸劣之員，各營兵丁□□精壯，惟有臺灣鎮標左營額外李雄彪馬步生疎，俱（但）年力精壯，降爲馬兵遺缺，請以馬步全射之，該營馬步□□芳拔補所遺糧缺，即以李雄彪降補。又南路下淡水營額外鄭□□□步軟弱，未便姑容，□場斥革，遺缺請以材技可瑪（疑誤）之南路營□□□沈生拔補用示懲觀（勸）□仍于閱操時曉諭軍律，俾各兵咸知大義，並令將領備弁務須時加訓練，□以閱後稍存懈怠。臣到臺歷過地方細訪輿情，自督臣孫爾準于道光□年間勦撫閩粤民人分數（類）械鬬，一經懲創之後，民知儆畏，甚屬安□□□□。臣劉重麟欽遵諭旨實力查辦清壯（莊），設立總董專司戰（戢）暴安良，立法極爲周備，臣見地方官均諄囑勉力奉行勿得虚應故事，沿途調驗屯弁，兵丁俱各强壯，器械亦屬適用，照例賞給以示鼓勵，並諭各守番隘，毋許生番出山擾害，所過村莊各諭紳耆，務須約束子弟守分安業，均各悦服領命前去，教督察看田疇，早稻彰化以南業已登場，淡和（疑誤）以兆（北）氣候較遲，亦漸刈獲，詢間（問）老農俱稱年穀豐稔，地瓜雜糧亦好。臣往返臺郡晤見鎮道□□和哀（衷），遇事皆熟屬（疑誤）辦理，所以民情安貼，洋面商船亦絡繹如常□□□□，目下地方雖屬安静，但臺地民情内（向）稱浮動，防徵（微）杜衛（漸），仍當隨時隨事認真查辦，並督飭協營廳縣勤加捕盗，以安閭閻，復諄囑鎮臣劉廷籠

（斌）于水陸各營員弁加意稽察，加（如）有不循紀律及人地未宜難期振作，隨時分別覈辦，總期海外營伍整齊嚴肅，安益求安，以仰副皇上慎重海外岩疆，整飭武備之至意。兹臣出閱事竣仍由鹿耳門配渡，于六月十四日登舟開駕放洋，二十四（日）抵厦門，和將□過□澎營伍官兵技藝分別等第及稽查地方安静各緣由，恭摺具奏，伏祈皇上聖鑒。再，臣經過洋面□□□□隘，合併陳明。謹奏。

道光八年八月十三日奉硃批：知道了。欽此。

福建水師提督陳化成奏摺

一、福建水師提督陳化成奏摺：南巡督緝及循例查閱金門等處營伍

[道光十一年十月初六日]，福建水師提督奴才陳化成跪奏：爲奴才出洋督緝並循例查閱金門等處營伍情形，恭摺奏聞，仰祈聖鑒事。

竊照定例福建水師提督一年北巡海壇福寧、閩安烽火；一年南巡金門、南澳、銅山等營官兵，如遇欽差巡閱之年，提督停其查閱等因。上年四月内北上巡緝之便，業將海壇福寧、閩安烽火等營遍歷較閱恭摺奏報在案。今歲例應南巡，緣奴才先于四月内遵旨進京陛見，八月内回任將營伍應辦各事宜次第清理訖。因思洋面清形，數月未知其詳，雖邇來仰仗聖主洪福，一律安静。第閩省沿海貧民多以採捕爲生，每有一二不法奸徒藉漁爲名，乘間伺刦，要在巡緝謹嚴時常稽察，方收實效。奴才隨于九月初九日駕坐兵船親赴内外各洋面及沿海島澳，遍歷巡查，均屬静謐，在洋接遇各鎮將舟師，往來巡緝，亦俱不敢偷安。奴才即順便往金門、銅山、南澳等處，將在營官兵認真查閱畢，仍由南過北摺戧旋抵厦門。兹將閱過營伍，按册查覈。内金門左右兩營操演陣勢整齊得法，進步連環，聲勢聯絡，籐牌對械，各技跳舞便捷，弓箭，鳥鎗中靶，分數俱各逾額，均堪列爲一等。南澳左營銅山營各官兵布陣整肅，連環緊凑，籐牌對械，跳舞靈便，弓箭中靶，分數逾額，鳥鎗中靶，分數亦能合式，堪以列爲二等。查驗各營旗幟軍裝器械，亦俱鮮明，戰哨各船除駕廠修造及遭風擊碎尚未造補外，餘皆足額。至已考將領備弁本身弓馬中靶多者，優加獎賞；中靶少者，勒限練習，覆考如無改觀，再行分别降革。所有各項技藝，兵丁當場分别獎賞，惟金門右營經制外委李鳴

泉馬步稍疎，而年力正强，應行降爲額外；所遺弁缺，即以馬步全射之該標左營額外外委許連科獎拔；許連科所遺額外，即以李鳴泉降補。又銅山營經制外委劉振清，馬步全無，上靶曾有獲盜，應行降爲額外，所遺弁缺，即以年青技可之南澳左營額外外委陳世章拔補，陳世章所遺額外，即以劉振清降補。俱經移咨督臣察覈，用示勸懲。尚有限考及出洋防汛差出，未經閱驗各員弁，另當陸續飭調考校。奴才仍諄諄面諭各官兵，務須實心緝捕加謹巡防，時勤訓練，上報國恩，以仰副皇上綏靖海疆，整飭戎行之至意。合將奴才出洋督緝及循例查閱金門等處營伍分別等第各情形，恭摺具奏，伏乞皇上聖鑒。謹奏。

[硃批]：知道了。

二、福建水師提督陳化成奏摺：巡閱臺灣澎湖營伍考校官兵技藝分別等第及稽查地方情形

[道光十五年五月十五日]，福建水師提督臣陳化成跪奏：爲巡閱臺澎營伍考校官兵技藝分別等第並稽查地方情形，恭摺具奏，仰祈聖鑒事。

竊臣前因臺灣營伍係臣統轄。自道光六年交卸臺灣鎮篆内渡以來，又閱數年，今昔情形恐有不同。援照成例函商督撫。臣代爲奏明，乘巡洋之便，相度天時，東渡臺灣查閱營伍，彈壓地方，並經督臣程祖洛將臺灣營伍地方應查應催應辦各件逐一開列清單，面交臣于抵臺後密查嚴催。臣隨于三月二十六日坐駕捐備巡洋之金安泰哨船，在厦門候風迨二十八日，風帆稍順，即由大擔放洋。三十日駛抵澎湖，隨校閱澎湖水師協標左右兩營操陣，考驗官兵技藝，察訪民情安帖，事畢還舟。四月初一日轉蓬渡臺，是晚即抵臺灣鹿耳門口，初二日登岸晤見鎮道，詢悉全臺地方安静，即將臺灣鎮標中左右城守四營，臺協水師中左右三營會合操陣，官兵技藝先爲考校，並閱看臺協水師中左右三營水操。復由沿海赴南路至鳳山縣校閱，南路營下淡水營操隊官兵技藝，仍從内山一帶

查察，過郡即赴北路，由嘉義縣彰化縣淡水廳艋舺直進噶瑪蘭内山周歷校閲，北路協標中左右三營，艋舺營、滬尾水師營、噶瑪蘭營及駐防鹿港之臺協水師左營。暨沿途塘汛，俱經逐一簡閲完竣。臣將考册逐一比較，内臺灣鎮標中左右城守四營、臺協水師中左右三營、艋舺營、澎湖水師協標左右營，操陣俱屬整齊，進步連環聯絡，槍箭中靶分數均在七成以上，藤牌對械跳舞便捷。臺協水師三營水操駕船執舵，轉蓬摺戧往來，施放槍礮均能純熟，爬桅氽水及水中對械等技亦皆靈便，均堪列爲一等。又北路協中左右三營、滬尾水師營、南路營下淡水營，噶瑪蘭營布陣連環俱能整齊緊湊，牌兵對械尚見嫻熟，槍箭中靶分數亦在六成以上，堪以列爲二等。查驗各營軍裝器械鮮明堅利。陸路馬匹水師戰船除倒斃遭風外，餘俱足額，各營官兵内有馬步全射及中靶四五箭槍，兵中靶二三槍者俱經分别記名獎賞，生疏者責革，技藝稍次，人材可觀，查詢平日差操尚屬勤奮，水師弁兵熟悉水務者，均予勒限訓練，及出差赴洋防汛未經考驗，各弁兵移知該鎮。臣復驗如無改觀，再行斥革。所有各營將備員弁上年甫經鎮臣張琴于軍政及閲兵案内隨時覈辦，現在尚無衰邁庸劣之員，各營兵丁亦俱精壯。臣仍于閲操時當場曉諭軍律，俾各兵咸知大義，並令將領備弁務須時加訓練，毋以閲後稍存懈怠，臣到臺歷過地方細訪，與情自督。臣程祖洛于道光十三年剿辦逆匪張丙，案内一經懲創之後，民知儆畏，甚屬安静。臣因戢暴安良以清莊爲首務，當即告知該鎮道，並于接見地方官時，諄囑勉力奉行，勿得虛應故事。沿途抽察門牌及調驗屯弁屯丁亦俱强壯，照例賞給以示鼓勵，並諭各守番隘，毋須生番出山擾害，所過村莊召諭紳耆，務須約束子弟守分安業，均各悦服領命前去。教督察看田疇先則缺雨，自四月望間連得雨澤，高下一律霑足，早稻可期豐稔，地瓜雜糧亦好。查看鎮道文武和衷，遇事皆熟商辦理，所有善後事宜，案内應辦各件，現在文武各官以次查辦，俱各認真，尚不致有名無實，民情安帖，洋面商艘亦絡繹如常。臣切告鎮道，目下地方却甚安静，但臺地民情向稱浮動，況當大加懲創之後，雖宜以修養爲急務，然亦不可借口修養一味姑息，更不可一刻無備，杜漸防微，仍當隨時隨事認真查辦，並督飭協營廳縣勤加捕盗，以安閭閻。復諄囑鎮臣張琴于水陸各營員弁加意稽察，如有不循紀律及人地未宜難期振作者，隨時分别覈辦，總期海外營伍整齊嚴肅安益求安，以仰副皇上慎重海疆，整飭武備之至意。

再，臣接准督撫，臣咨會欽奉上諭：程祖洛等奏請，由收捐監生銀兩歸補封貯項下酌撥十萬兩發交道庫，以爲備公要需。著照所請如數酌撥，責成臺灣道專款封貯，如遇將軍督撫提督渡臺巡閲覈實盤查，于奏報巡閲事竣摺内聲明，有無虧缺等因。欽此。臣欽遵查驗臺灣道庫貯備銀十萬兩，委係實貯無虧。其督臣囑臣確查催辦，各件亦已按款登覆，由督臣照案辦理，臣隨于四月二十九日由八里坌放洋内渡，兹于五月十三日行抵五虎門，順道進省與將軍督撫面商應辦公事，謹將閲過臺灣營伍官兵技藝分别等第及稽查地方安静各緣由恭摺具奏，伏乞皇上聖鑒。

再，臣于拜摺後仍坐原哨船出五虎門，由海道巡察回厦門合併陳明。謹奏。

[硃批]知道了。

福建陸路提督許文謨奏摺

一、福建陸路提督許文謨等奏摺：賽沖阿于三月十三日登舟十八日放洋

[嘉慶十三年三月二十一日]，福建臺灣鎮總兵奴才武隆阿、福建陸路提督奴才許文謨、按察使銜福建臺灣道奴才清華奏：爲將軍賽沖阿内渡回任遵旨交辦臺灣巡防事宜，恭摺具奏，仰祈聖鑒事。

竊奴才許文謨准福州將軍賽沖阿諮會，欽奉上諭内渡回任，其臺灣地方一切巡防事務遵旨交臺灣鎮將等遵照章程妥辦，除徵兵凱撤外，並囑奴才許文謨在臺恭候諭旨，再行内渡等因。奴才武隆阿、奴才清華亦奉行同前。因奴才等伏查臺灣水路巡防事務，奴才武隆阿于前年四月抵臺後即隨同將軍賽沖阿親赴南北各路口岸，逐一履勘查辦，即奴才清華蒙恩調補臺灣道兩年以來，亦經會同講求，所有一切巡防章程均已辦有成效。今將軍賽沖阿内渡回任，將巡防事務遵旨逐一指示奴才武隆阿等，惟有督飭所屬文武員弁實心實力遵照妥辦，毋致凱撤之後日久懈弛，且未獲零星逸匪逃匿内山。今伺徵兵全撤或有潛回本莊之人，正應乘此留心踩緝，以靖根株，即匪船遠竄臺地，洋面肅清，而口岸出入船隻仍應嚴密稽查，以杜偷透。奴才等一併督飭廳縣營汛及守口員弁嚴密辦理。至臺地春麥豐稔，早稻現亦發榮滋長，糧價平減，民情極爲恬熙，其凱撤徵兵除酌留五百名暫防滬尾外，其餘應撤兵一千三百餘名。查照將軍賽沖阿行知由鹿耳門鹿仔港分起内渡，奴才等仍委員彈壓，現在均已登舟，口岸一律安靜。將軍賽沖阿于本月十三日登舟後，會于十八日放洋，奴才武隆阿並派游擊盧芨長酌帶水師弁兵護送至厦門，東

風急平順可期穩渡，除奴才武隆阿即日擬赴南北兩路校閱營務，順道巡查口岸外，所有現辦巡防事宜，謹恭摺具奏，伏祈皇上睿鑒。謹奏。

嘉慶十三年四月十九日奉硃批：覽。欽此。

二、福建陸路提督許文謨奏摺：抵達臺灣日期並查看地方大略情形

[嘉慶十四年九月初十日]，福建陸路提督奴才許文謨跪奏：爲恭報奴才到臺日期並查看地方大略情形先行恭摺具奏仰聖鑒事。

竊奴才前准署督臣張師誠咨會暫緩進京，帶兵過臺，彈壓械鬬。奴才隨即馳抵厦門統帶官兵于八月十九日登舟候風東渡，當經恭摺具奏在案。嗣于二十四日由大擔門放洋因風訊未順，寄椗澎湖，待至九月初七夜由澎開行，初八日午刻抵臺灣鹿耳門登岸。所有隨帶官兵及署寧福道馮鑿、候補知府楊廷理等，並帶解餉銀俱已先後到齊。奴才登岸後查郡城地方寧謐，進城時察看民情，亦均安貼，貿易如常。接見臺灣府知府徐汝瀾，詳細查詢。據稱南路鳳山一帶離郡城較近，尚爲安静；其北路嘉義所屬各莊大局已定，惟彰化所轄之牛罵頭、白沙坑等處尚未止息。現在臺灣道張志緒駐紮嘉義迤北之大埔林，地方妥爲安撫。臺灣鎮武隆阿帶兵于嘉彰交界之虎尾溪紮營拏犯，查辦前獲糾鬬焚搶之吴進等七犯，已經正法具奏。續獲林呈等犯現在研審等情。奴才查臺地民人向分氣類，每因細故，動輒械鬬，匪徒趁機焚搶，最爲可惡。此時風聞大兵已到，其從前糾鬬焚搶，匪徒勢必四散外竄，應速設法搜捕盡絶，以安閭閻。奴才擬于日内帶領將備弁兵，率同署甯福道馮鑿前往北路查明起釁根由，及匪徒弃械焚搶各情。會商臺灣鎮道，酌量地方何處需兵彈壓，何莊應妥爲安撫，何處應分遣將弁會同文員前往拏犯，相機妥辦，務使民人得早安業，匪徒不致漏網，以期仰皇上安良除暴綏靖海疆至意。至署督臣所調由蚶江對渡鹿港之二起官兵一千名，俟抵臺時即交新陞定海鎮林永昌管帶，酌量分投[頭]彈壓查辦。其金門鎮許松年一幫兵

船亦已抵臺，應令探明朱渥匪船踪迹，前往剿捕。現在郡城雖極寧貼，但恐北路搜拏□緊，匪徒南竄，彈壓緝查亦關緊要。奴才諄囑知府徐汝瀾在郡妥爲防範外，合將奴才抵臺日期及查看地方大略情形先行恭摺具奏伏乞皇上睿鑒。謹奏。

嘉慶十四年十月十四日奉硃批：另有旨。欽此。

三、福建陸路提督許文模奏摺：查明臺灣械鬬案及焚搶各犯審明定擬

[嘉慶十四年十月二十二日]，福建陸路提督奴才許文謨跪奏：爲拏獲彰屬械鬪及焚搶各匪犯審明分別辦理恭摺具奏事。

竊照臺灣械鬪一案，昨奴才欽奉諭旨，業經查明起釁根由及地方，俱已寧貼分投拏犯審辦各緣由于本年十月初七日恭摺覆奏在案。奴才查本年臺地械鬪，先由淡屬之後厝、中港挾嫌分類起釁，延及彰嘉二邑。争鬬者既非一處，爲首者亦非一人。其焚搶各匪徒亦係隨地隨時糾集，各有首夥，並非合而爲一。此時辦理，自應查明何處争鬪，係何人爲首；何處焚搶，首夥何人；何處村莊係械鬪焚燒，何處村莊係匪徒殘毁；淡嘉彰三屬實在被焚毁村莊若干，傷斃人命若干，必須逐細查明，分别拏犯究辦。當經移行確查，並飭將前後所獲匪犯張紅等先行審解去後。兹准寧福道馮鞏、臺灣道張志緒諮稱會同逐一確查。除淡水嘉義二屬互鬬日期及焚搶村莊情形，俟獲犯審辦再行聲叙外。兹查得彰化縣屬本年四月十二三等日，與淡水接壤之牛罵頭、大肚，漳泉雜處等莊先行聞風搬徙；十四五等日插居南北投等保之泉人逃往海口，所遺房屋雜物被漳人焚搶。漳人即往攻泉人之秀水等莊。同時寶鬬莊泉人焚燒東螺街及附近之零星漳莊。四月二十五日郡城兵到，鬬即止息，民人亦陸續歸莊。因五月二十一日内山匪徒張紅等往攻三家春等泉莊，殺死巡路鄉勇一人，泉民糾夥復攻燕霧保漳莊；迨于九月初八日，葫蘆墩漳人往牛罵頭與泉民争鬭，于沙轆地方誤殺挑米粤人二命，粤人不服，幫同泉人勾出生番，曩圖報復，漳人復焚搶粤人凉傘樹、内新莊、柳樹湳等莊，殺害多命。所有被焚各村莊及殺斃各人命均未報官。勘驗業經設局，責令淡彰嘉三屬漳泉粤總董頭人分别挨查，並委員分路查勘，容俟錄齊分晰造册另送。覈奏其械鬭及焚搶各首犯現在嚴密訪查，並就已獲之犯逐細推究，一面按照各莊糾鬭情形，何莊理直，嚴辦理曲之人。如係兩造互相争鬭，究明何莊係何人爲首。除附和及脅從之人欽遵諭旨免其拏究外，仍將糾鬭首犯及殺人放火並焚搶各匪徒嚴拏懲辦，内中如有首犯互鬭時已經殺斃者，質證明確再行開除，方得頭緒清楚，要犯不致踈漏，以昭公允而以儆兇頑。至前後所獲各匪犯，除吴養等七名；又林堅、林龍、高草、林引、戴海鐘、伍員、鐘光賜、蕭爲八名業經張志緒會同臺灣鎮武隆阿審明正法，先後奏明在案尚有林呈等二十三犯，同續獲之；卓貢、李斗、李元開、黄在等共二十五名均發禁嘉義縣監。又粤匪鄭祥麟、陳五、許川、楊漢、蔡信五名並代翁聰明等送信之人，均發淡防同知禁押，俟該同知等番解到日再行解勘。其現禁彰化縣監之匪犯王安邦等十名，又匪犯利老三、徐阿沐等九名及殺害粤人之吴小二一名節次嚴審，或供出首犯，尚須暫留指證；或供詞游移，必須質訊明確，期無枉縱。應暫緩查辦外，所有匪犯張紅並陳舉、黄糖、唐亮、陳皆、莊銀、林幅、魏信、朱阿夷、王章、餘通、鄭寬、黄鶯、張舉、唐色、洪柱、李海、林接、蕭玉希、陳二、陳復共二十一名，督同委員平潭同知汪楠等訊取確供，按擬解送會勘等由前來。奴才隨即會同馮鞶、張志緒等提犯覆鞫。據張紅供認，本年正月聽從已正法匪犯張送糾邀結會謀叛，事發逃入内山。嗣聞淡屬分類械鬭，潛出叠次，糾夥焚搶彰化南北投等莊，並殺斃秀水莊泉人一家四命。又陳舉、黄糖、唐亮、陳皆、王章、餘通、鄭寬七犯供認，聽從張紅糾邀入夥，焚搶秀水等莊，各殺斃泉人一命。又莊銀、林幅、魏信、朱阿夷四犯供認，聽從林程糾邀，隨同械鬭四次，在沙轆等莊各殺斃泉人一命。又李海、林接、蕭玉希、陳二、陳復五犯供認，聽從池添成糾約，隨同械鬭五次，在羅厝等莊各殺斃漳人一命。又黄鶯、張舉、唐色、洪桂四犯僅止隨同械鬭傷人，並無焚搶殺人情事。以上各犯均經訊認不違，詰無另有别故，失口不移，案無遁飾。查律載，謀叛但共謀者不分首從皆斬；又載殺一家非死罪三人者凌遲處死；又例載，兇惡棍徒糾衆商謀，意圖得財放火，故燒民房並人居稠密之地，已經延燒搶奪財物者，均照强盗律不分首從，擬斬立決。殺傷人者，梟首示。又查乾隆五十三年經部奏准通行，嗣後臺灣如有械鬭殺人及並未傷人而首先起意糾約鳴鑼聚衆者，即爲罪魁惡首，均從重照光棍例，擬斬立決。其爲從傷人之犯，亦應從重發遣黑龍江給披甲人爲奴各等語。今張紅一犯先則附逆爲匪，繼復糾夥焚搶殺人，實屬罪大惡極，除聽糾謀叛及焚搶爲首均罪止斬決不議外，應照殺一家非死罪三人凌遲處死律，凌遲處死。照例緣坐。陳舉、黄糖、唐亮、陳皆、王章、餘通、鄭寬七犯聽從糾約，焚搶殺人，應照兇惡棍徒放火搶奪財物殺人例，擬斬立決；莊銀、林幅、魏信、朱阿夷、李海、林接、蕭玉希、陳二、陳復九犯各照械鬭殺人例，擬斬立決。該犯等情罪重大未便稽誅，奴才于審明後即恭請王命，飭委福州府平潭同知汪楠、署北路協副將英林將張紅等十七犯綁赴市曹，分别凌遲斬決，仍照例梟示以昭炯戒。其黄鶯、張舉、唐色、洪桂四犯各照械鬭傷人例，發遣黑龍江給披甲人爲奴，照例刺字。未獲首從各犯嚴飭密拏務獲另結。除另繕共單恭呈御覽外，合將拏獲械鬭及焚搶各匪犯審明分别辦理緣由，恭摺具奏。伏乞皇上睿鑒勅部覈覆施行。再甯福道馮鏧于會同審辦後即赴嘉義，督拏各犯審辦，並接臺灣鎮武隆阿函，開此案肇釁之黄紅及糾鬭首犯杜明珠等已經拏獲等情，現在飛移勒拏供犯，同前獲鄭祥麟等五名一併解彰勘辦，合併陳明。謹奏。

[硃批]：刑部議奏。

四、福建陸路提督許文謨奏摺：拏獲臺灣械鬬及焚搶案内黄紅燈首從各犯分别審明辦理

[嘉慶十四年十一月十九日]，福建陸路提督奴才許文謨跪奏：爲拏獲淡屬起釁械鬬首從及焚搶各犯審明分别辦理，恭摺具奏事。

竊照臺灣械鬬及焚搶一案，經奴才督飭文武員弁，先後拏獲彰屬犯人張紅等審明辦理，于十月二十二日恭摺具奏在案。所有淡屬之後厝中港地方係起事之區，其首先肇釁及糾鬬各犯尤爲緊要，節經嚴飭，設法查拏，務期悉數就獲，以示懲儆。旋據臺灣鎮武隆阿及候補知府楊廷理、淡水同知朱潮先後報獲肇釁首犯黄紅一名，泉籍械鬬首夥翁聰明、杜明珠、陳五、許川四名，又焚搶首夥莊沉、李品、康兩、藍子清、康尋、莊通、李極、施山、張滿、郭施、蕭九、李程會、壯林軍、葉得意、葉溪、陳孔、鄭答、林春、吴榮、林旺、林朝、杜寬、林表、連菊二十五名，又漳人吴願、劉九、楊好、林初、蕭番、吴滑督、張合連、楊漢、蔡信九名，又粵人鄭祥麟、徐科麟、黄一白、賴大貨、邱阿興、謝新義、徐鳥癩、謝阿二、羅必信、曹阿吉十名，並代翁聰明送信之粵人陳恩一名，以上共獲犯五十名，經奴才一併提解來彰，移交在彰會辦之臺灣道張志緒先行審解，並將淡屬互鬬日期及焚搶村莊各情形逐一查報去後。兹准張志緒諮稱，查得淡防廳屬先因泉民黄紅之妻與漳民蔡成通奸，互毆起釁。旋緣堵禦匪船復相較鬧，隨有後厝泉人翁聰明起意，信致杜明珠、杜嚴約會械鬬，于四月十一、十三等日先後攻擾中港，漳人吴願等糾衆堵禦。十六日翁聰明、杜明珠、杜嚴合攻中港，吴願等搬逃。翁聰明等放火焚燒房屋，殺斃漳人一命。十九日漳人戴淺等意圖報復，糾攻後厝泉莊，焚燒房屋，傷斃泉人二命。二十三日，杜明珠等攻燒宛里漳莊，傷斃漳人五命。同日，漳人戴淺等攻燒猫盂、白沙墩等泉莊。傷斃泉人多命。二十七日杜明珠等攻擾大墻圍彰莊，焚燒房屋，傷

斃漳人多命。二十八日，新莊匪徒莊沉、李品等糾衆焚搶譚底擺接大姑崁、淇里岸等漳莊，傷斃漳人十命。同日，戴淺等亦焚燒大坪頂、北投等泉莊房屋，均未傷人。經臺灣鎮武隆阿帶兵到地彈壓，鬭即止息。嗣于五月十四日大甲泉人高宰老等雇人守莊，未能約束强割漳人稻穀。漳人林鉗會嘆等不願糾人報復，互相鬭殺，傷斃泉人五命。迨後派員帶兵監割，地方寧静。至九月二十四五及二十七等日，因彰屬猫霧捒粤人被漳人殺害，逃往淡屬粤莊求救，粤人劉岑雲糾衆攻燒南港彰莊，傷斃彰人二命。當二比械鬭之時，無賴匪徒乘機焚毁蘆竹濫等莊，瓦草房屋。所有被焚村莊及殺斃人命均未報官勘驗。現在設局挨查分析造册，另送彙奏。兹將淡屬解到首從各犯五十名，内除粤人鄭祥麟、許科麟、黄一白、賴大貨、邱阿興、謝新義、徐鳥癩、謝阿二、羅必信、曹阿吉等十名訊係焚搶彰屬潭仔墘等彰莊之犯，應歸彰屬焚搶案内另辦。又翁聰明一犯訊係在于淡水首先糾約械鬭，惟所糾之杜嚴今未弋獲，尚須暫留指證。又漳人吴願一名，訊止糾人守禦本莊，並未械鬭，是否避重就輕，應俟拿獲首犯戴淺等質訊明確，再行辦理。外所有肇釁首犯黄紅及糾鬭首夥杜明珠等共三十八名，督同委員平潭同知汪楠等訊取確供，按擬解送會勘等由前來。奴才隨會同張志緒提犯覆鞠，據黄紅供稱，本年四月初八日伊妻林氏與漳民蔡成通奸，該犯查知彼此争毆，自將草房焚燬誣賴漳人欺侮，首先肇釁。旋因泉人堵禦匪船與漳人互相較鬧。該犯聽從現獲之翁聰明糾約械鬭，隨同攻擾中港，殺斃漳人一命。又杜明珠一犯供認爲首糾衆械鬭，焚燒漳莊房屋並未殺人。莊沉、李品二犯供認爲首糾匪焚搶潭底等漳莊，莊沉殺斃漳人二命，李品殺斃漳人一命，陳五、許川、康兩、藍子清、康尋、莊通、李極、張滿八犯供認，聽從杜明珠等糾邀，隨同械鬭四次，在中港宛里、大圍墻等各莊殺斃漳人一命，李程、會莊、林軍、葉溪四犯供認，聽從莊沉、李品等糾邀入夥，焚搶潭底等漳莊，各殺斃漳人一命。施山、郭施、蕭九三犯供認，聽從莊沉等糾邀，隨同放火燒人房屋，搶劫四次，並未傷人。又葉得意一犯供認，聽從莊沉糾邀隨同焚搶，該犯又于本年八月間因索欠起釁，致斃蔡簡、蔡果二命。又楊漢、蔡信、劉九、楊好、林初、蕭番六犯供認，聽從在逃之戴淺糾邀，隨同械鬬三次，在後厝等莊各殺斃泉人一命。又陳孔、鄭答、林春、吴榮、林旺、林朝、杜寬、林表、連菊、吴滑督、張合連等十一犯僅止隨同械鬬傷人，並無焚搶殺人。陳恩一名訊係受雇代翁聰明送信，不知糾約械鬬情事。以上各犯均經訊認不諱，再三究詰，矢口不移，案無遁飾。查乾隆五十三年經部奏准通行，嗣後臺灣如有械鬬殺人，及並未傷人而首先起意糾約鳴鑼聚衆者，即爲罪魁惡首，均從重照光棍例擬斬立決，其爲從傷人之犯亦應從重發遣黑龍江給披甲人爲奴。又例載兇惡棍徒糾衆商謀，意圖得財放火，故燒民房並人居稠密之地，已經延燒，搶奪財物者，均照强盜律不分首從擬斬立決。殺傷人者梟示各等語。今黄紅一犯首先肇釁，又復隨同械鬬殺人，應照械鬬殺人例擬斬立決；杜明珠一犯起意糾約及爲罪魁惡首，應照械鬬爲首例擬斬立決；陳五、許川、康兩、籃子清、康尋、莊通、李極、張滿、楊漢、蔡信、劉九、楊好、林初、蕭番十四犯聽糾械鬬，各斃一命，應各照械鬬殺人例擬斬立決，莊沉、李品、李程會、莊林軍、葉溪七犯或起意糾結或聽從焚搶殺斃人命，施山、郭施、蕭九三犯隨同叠次放火搶劫，各應照兇惡棍徒放火搶奪財物，照强盜律不分首從斬立決例擬斬立決。該犯等情罪重大，未便稽誅。奴才于審明後即恭請王命，飭委平潭同知汪楠、署北路協副將英林、將黄紅等二十六犯綁赴市曹斬決，仍照例梟示以昭炯戒。其陳孔、鄭答、林春、吴榮、林旺、林朝、杜寬、林表、連菊、吴滑督、張合連等十一犯各照械鬬傷人例發遣黑龍江給披甲人爲奴，照例刺字。陳恩僅止受雇送信，不知糾約械鬬，尚無不合，應免置議。未獲首從各犯嚴飭密拏務獲另結除，另繕供單，恭呈御覽外，合將拏獲肇釁械鬬及焚搶首從各犯審明，分别辦理緣由，恭摺具奏，伏乞皇上睿鑒，勅部覈覆施行。再，現接甯福道馮鞶函開，在嘉督同府縣營員已獲械鬭焚搶犯人潘加等多名，奴才移令同前獲之林呈等一併解彰勘辦，合併陳明。謹奏。

[硃批]：刑部議奏。

五、福建陸路提督徐文謨奏摺：拏獲嘉義縣糾鬭焚搶案犯李賞等分別審明定擬

[嘉慶十四年十二月初二日]，福建陸路提督徐文謨跪奏：爲拏獲嘉屬械鬭首從及焚搶各犯審明分別辦理恭摺具奏事。

竊照臺灣械鬭及焚搶一案，經奴才督飭文武員弁，先後拏獲淡彰二屬肇釁及糾鬭首從各犯審明辦理，節次恭摺具奏在案。所有嘉義縣屬糾鬭焚搶各犯，先經嚴飭設法查拏，務期速獲究辦，以示懲儆。旋據甯福道馮鞶購綫訪獲匪犯林聰一名，又據營縣報獲漳籍械鬭及焚搶首夥李賞、沈願、張山鳳、簡潭、吕毆、鄧宗、李董、林泛、韓選、曾梭、蕭合、張宗輕、吴延、吴位、徐明月、羅鳥珍、羅從、吴芮、涂祥、吴知、莊鎮、張彦、黄埤等二十三名。又泉籍械鬭及焚搶首夥潘加、張雀、林岳、許清水、劉知、曾添成、張華、黄順、謝盛、蘇尋、蘇潭、陳朝、黄緘、鄧講、李江、翁向、林肚、楊請、吕超、王開等二十名，並據署臺灣府知府徐汝瀾報，獲人犯郭紅、劉番波、胡坤、吴亦、陳冰、黄尾、陳水、吴番、魏九等九名，以上共獲犯五十三名。奴才移令甯福道馮鞶，將現獲各犯同前禁嘉義縣監之林呈、卓頁等兩起人犯一併審擬解勘，並將嘉屬互鬭日期及焚搶各村莊情形逐一查報去後。兹准甯福道馮鞶咨稱，查得本年四月十六日，淡水分類械鬭，延及彰化，所有嘉屬迤北一帶莊民聞風紛紛搬徙。經臺灣鎮武隆阿、知府徐汝瀾于十八日趕到彈壓，旋即寧貼。嗣武隆阿等分往淡彰兩屬拏犯查辦，六月二十一二日，沿山漳籍匪徒沈願等越至嘉邑境内，焚搶蔴園廉、塗庫等

莊房屋，殺害泉人十二命；二十八日，泉人番加等意圖報復，糾人往攻大槺榔、六加佃等漳莊，傷斃漳人多命；二十九日，月眉潭莊李賞僱募林呈等幫鬭，攻毀灣内樸仔脚等泉莊，傷斃泉人多命；七月初三、四等日，已正法匪徒張紅等糾衆焚搶鹿寮、北港等泉莊，傷斃泉人多命；十六七等日，泉人李蛾等焚搶南港、西美、掘下、樹頭上、加冬等漳莊，傷斃漳人多命；二十日，李蛾等往攻大義崙漳莊，李蛾當被漳人殺斃。經臺灣鎮道于八月初三日分帶兵番到地查辦，拏獲吴進等犯，訊明正法，鬭即止息；當二比械鬭之時，有無賴匪徒趁機焚拆菁寮等莊瓦草房屋；所有被焚村莊、殺斃人命均未報官勘驗，現在設局挨查，分晰造册另送彙奏。兹將續獲首從各犯五十三名，又前禁嘉義縣監之林呈、林正、劉一、李對、何多、蘇鳥、連養、林水養、何庇佑、黄港、張梅、盧連、黄又、楊受、楊水、何癢、張仙竒、何番、陳顆、林西即林獅、林霜即林桑、李顯、何願等二十三名，又卓貢等二十五名，總共一百零一名，内除卓貢等二十五名節次巖審、供詞游移，必須質詢明確，方無枉縱，應暫緩查辦；又蘇鳥、黄港二犯，訊係受僱，幫同械鬭三次，各斃泉人一命，帶病進監先後身死；又何願一名，訊係附和隨行，並無幫鬭傷人，欽遵諭旨免其究治外，所有沈願等七十三名，督同候補同知翟淦等訊取確供，按擬解送會勘等由前來。奴才隨會同臺灣道張志緒提犯覆鞫，據沈願供認，起意爲首糾衆焚搶塗庫等莊，傷斃泉人一命；張山鳳、李董、劉番波、林泛四犯供認，聽從沈願糾邀入夥，焚搶塗庫等莊，各殺斃泉人一命；會梭、蕭合、張宗輕、吴延、吴位五犯供認，聽從沈願糾邀，隨同放火燒人房屋、搶刦三次，並未傷人；李賞一犯供認，起意糾夥僱人械鬭，焚燒泉莊房屋，並未殺人；郭紅、簡潭、吕毆、鄧宗、韓選五犯供認，聽從李賞糾邀，隨同械鬭三次，各殺斃泉人一命；林呈、林正、劉一、李對、何多、連養、林水養、何庇佑八犯供認，受僱幫鬭三次，各殺斃泉人一命；番加一犯供認，爲首糾鬭殺斃漳人一命；張雀、林岳、胡珅、許清水、劉知、曾添成、吴亦、陳冰、黄順、黄尾、謝盛、蘇尋、蘇潭十三犯供認，聽從潘加糾邀，隨同械鬬二次，各殺斃漳人一命；張華、陳朝、黄緘、鄧講、陳水五犯供認，聽從李蛾糾邀入夥，隨同焚搶南港等莊，各殺斃漳人一命；又林聰一犯供認，先聽從已正法之張送夥刦許水盛家銀物，入室搜贓後，復聽糾結會謀叛，事發逃入内山，嗣聞械鬬潛出，旋被拿獲；又徐明月、羅烏珍、羅從、吴芮、凃祥、吴知、莊鎮、張彦、黄埤、李江、吴番、翁向、林肚、魏九、楊請、吕超、王開、張梅、盧連、黄又、楊受、楊水、何癢、張仙竒、何番、陳粿等二十六犯僅止隨同械鬬傷人，並無焚搶殺人情事；又林西即林獅、林霜即林桑、李顯三犯供認，出貲公僱林呈等守莊，因李賞起意，帶領林呈等前往樸仔脚等莊械鬬，該犯等知情並未阻止；以上各犯均經訊認不諱，再三究詰，矢口不移，案無遁飾。查乾隆五十三年，經部奏准通行：嗣後，臺灣如有械鬬殺人及並未傷人，而首先起意糾約鳴鑼聚衆者，即爲罪魁惡首，均從重照光棍例擬斬立决；其爲從傷人之犯，亦應從重發遣黑龍江給披甲人爲奴；又例載：兇惡棍徒糾衆商謀，巢[意]圖得財放火，故燒民房並人居稠密之地，已經延燒搶奪財物者，均照强盜律不分首從擬斬立决，殺傷人者梟示；又律載：謀叛但共謀者，不分首從皆斬各等語。今李賞、潘加二犯，起意糾鬬，潘加又殺斃一人，均爲罪魁惡首，各應照械鬬爲首例擬斬立决。郭紅、簡潭、吕毆、鄧宗、韓選、林呈、林正、劉一、李對、何多、連養、林水養、何庇佑、張雀、林岳、胡珅、許清水、劉知、曾添成、吴亦、陳冰、黄順、黄尾、謝盛、蘇尋、蘇潭等二十六犯，聽糾械鬬，各斃一命，應各照械鬬殺人例擬斬立决；沈願、張山鳳、李董、劉番波、林泛、張華、陳朝、黄緘、鄧講、陳水十犯，或起意糾結，或聽從焚搶殺斃人命，曾梭、蕭合、張宗輕、吴延、吴位五犯隨同叠次放火搶刦，各應照兇惡棍徒放火搶奪財物，照强盜律，不分首從斬决例擬斬立决；林聰一犯，先因夥刦分贓，繼復聽糾謀叛，二罪相等，從一科斷應照謀叛律，擬斬立决，該犯等情罪重大，未便稽誅。奴才于審明後即恭請王命，飭委新授浙江嘉興府知府、平潭同知汪楠，署北路協副將林英，將李賞等四十四犯，綁赴市曹斬决；並將監斃之蘓烏、黄港二犯照例戮尸，一併傳首梟示，以昭炯戒；其徐明月、羅烏珍、羅從、吴芮、涂祥、吴知、莊鎮、張彦、黄埤、李江、吴番、翁向、林肚、魏九、楊請、吕超、王開、張梅、盧連、黄又、楊受、楊水、何癢、張仙竒、何番、陳粿等二十六犯，各照械鬬傷人例，發遣黑龍江給披甲人爲奴，照例刺字。林西即林獅、林霜即林桑、李顯三犯，公僱林呈等守莊，迨後李賞起意，帶領林呈等出莊械鬬，該犯等知情不行阻止，釀成多命，亦難輕縱，應于林呈等斬罪上量减一等，杖一百、流三千里，定地發配；林聰一犯，訊無緣坐親屬及應抄財産，應毋庸議；首犯李蛾，是否因鬬被殺斃命，確查取結辦理；仍飭拏未獲首從各犯，務獲另結；蘇烏等二犯，係帶病進監身故，刑禁人等訊無凌虐情弊，應毋庸義；監斃職名並免開叅；除繕具供單，並將臺灣鎮武隆阿等辦過嘉屬人犯吴進等十五名補録供單一併恭呈御覽外，合將拏獲嘉屬械鬬焚搶首從各犯，審明分别辦理緣由恭摺具奏，伏乞皇上睿鑒，勑部覈覆施行。謹奏。

[硃批]：刑部議奏。

六、福建陸路提督許文謨奏摺：續獲糾衆械鬬首犯何定等及焚搶各犯審明分别定擬

[嘉慶十四年十二月十九日]，福建陸路提督奴才許文謨跪奏：爲續獲淡嘉彰三屬械鬬首從及焚搶各犯審明，分别辦理。恭摺具奏事。

竊照臺灣械鬬及焚搶一案，經奴才督飭文武員弁，先後拏獲淡嘉彰三屬肇釁及糾鬬首從各犯審明辦理節次恭摺具奏在案。玆本年十二月初五日，接准督臣諮開，承准軍機大臣字寄嘉慶十四年十月初三日奉上

諭：方維甸奏臺灣地方漸就安貼一摺，現在臺灣械鬬既已解散，地方自就寧謐；其起意要犯雖指出黄紅、蔡成等名，現尚逃逸未獲，且恐爲首者不止此數；許文謨帶兵已先後到臺，務須查明糾衆爲首要犯，全行拿獲，即將要犯解赴厦門，交方維甸等審明辦理，其餘即在臺灣正法，俾愚民共知儆惕；此外附和解散之人不必株連等因，欽此。奴才伏查淡水肇釁首犯黄紅及泉籍糾鬬首犯翁聰明、杜明珠，並漳籍爲首之吴願等，先經拿獲到案。奴才提審明確，隨將黄紅、杜明珠等先行正法；其翁聰明一犯，因首犯杜巖未獲，應暫留指證；並吴願一名，訊止糾人守禦本莊，並未械鬬，是否避重就輕，應俟拏獲首犯戴淺等質訊明確，再行辦理等緣由，恭摺具奏在案。其未獲首犯復經嚴切催拏。兹據臺灣鎮武隆阿及候補知府楊廷理、淡水同知朱潮報：獲首犯杜巖一名；又獲漳泉粤籍械鬬及焚搶首夥陳笑、張房、林桓、林合、陳盤、黄志、高益、李停、林駭、陳歲、王聰、周講、劉祖、潘雲、陳降、陳立、王榜、王騰、許僯、陳典、徐添砲、陳化、何禄、林靈、李創、陳弁、高阿界、賴文生、黄阿僯等二十九名；又據寧福道馮鞶督飭嘉義營縣，報獲王因、楊九、趙平、吴賞、蔡枉、洪賜、黄歲、林永來、李捷、林北僯番、蔡玉僯、石泮水、張秧、郭武等十四名；又據臺灣道張志緒督飭彰化營縣報：獲何定、吴有成、陳武、陳圍、蘇三、林訓、張誦、葉如、餘姜、黄擁、白乞、蔡添僯、許營、施泰、施國、陳喜、吴排、林拂、陳心、施滔、李諒、羅阿富、鄧飛、林添厚、賴權、陳添後、林偶、林番、劉輝、鄭總、薛芬、楊紀、郭兑、劉傳、鄭海、賴元、陳塹等三十七名，以上共獲犯八十一名。奴才移會臺灣道張志緒提解到彰，同前禁彰化縣監之王安邦、柯玉、柯出、錢東、許飽、張池、張旺、蔡斗、陳達、黄阿鑾等十名，又利老三、徐阿沐、趙蔡、劉秋、何昌佑、廖阿珠、林全、林蘭、陳琴九名，又殺害粤人之吴小二一名，一併審擬解勘去後。兹准臺灣道張志緒諮稱，利老三等九名、又吴小二一名，應歸入焚搶涼傘樹等粵莊案内另辦；又杜巖一名，應欽遵諭旨，同前獲之首犯翁聰明、吴願等解赴厦門，交督臣審辦外，所有陳笑等九十犯，督同新授嘉興府知府、平潭同知汪楠等訊取確供，按擬解送會勘等由前來；奴才隨會同張志緒提犯覆鞫，陳笑、張房、林桓、林合、陳盤、黄志六犯供認，聽從已正法首犯莊沉糾邀，焚搶潭底等莊，各殺斃漳人一命；高益、李停、王聰、周講、劉祖、潘雲、陳降、陳立八犯供認，聽從已正法首犯杜明珠糾邀，隨同械鬬四次，在大墻圍莊各殺斃漳人一命；林駭、陳歲、高阿界三犯供認，聽從已獲首犯翁聰明糾邀，隨同械鬬二次，在大墻圍莊各殺斃漳人一命；徐添砲、陳化、何禄、林靈、李創、陳弁六犯供認，聽從在逃之戴淺糾邀，隨同械鬬四次，在猫盂等莊各殺斃泉人一命；賴文生一犯供認，聽從在逃之劉岑雲糾邀，隨同械鬬一次，殺斃漳人一命；王因、洪賜、黄歲、郭武四犯供認，聽從李蛾糾邀，隨同焚搶南港等莊，洪賜殺斃漳人一命，王因等並未傷人；楊九、趙平、吴賞、蔡杜四犯供認，聽從已正法首犯潘加糾邀，隨同械鬬二次，在六加佃莊各殺斃漳人一命；林北番一犯供認，跟同已正法首犯李賞械鬬三次，在樸仔脚莊殺斃泉人一命；蔡玉僯一犯供認，受李賞僱募，幫鬬三次，在樸仔脚莊殺斃泉人一命；何定一犯供認，爲首糾鬬，在燕霧保莊殺斃漳人一命；吴有成、陳武、陳圍、蘇三、林訓、張誦、葉如、餘姜、黄擁、白乞、蔡添僯、許嘗、施泰、施國、陳喜、吴排、林拂、陳心等十八犯供認，聽從何定糾邀，隨同械鬬一次，在燕霧保莊各殺斃漳人一命；羅阿富一犯供認，爲首糾鬬，在水里港殺斃泉人一命；李諒、鄧飛、林添厚、賴權、陳添後、林偶、林番、劉輝、鄭總、薛芬、楊紀、郭兑、劉傳、鄭海等十四犯供認，聽從羅阿富，隨同械鬬二次，在牛罵頭、水里港等莊各殺斃泉人一命；又王榜、王騰、許僯、陳典、黄阿僯、林永來、李捷、石泮水、張秧、施滔、賴元、陳塹、王安邦、柯玉、柯出、錢東、許鮑、張池、張旺、蔡斗、陳達、黄阿鑾等二十二犯，僅止隨同械鬬傷人，並無焚搶殺人情事。以上各犯均經訊認不諱，再三究詰，矢口不移，案無遁飾。查乾隆五十三年經部奏准通行：嗣後臺灣如有械鬬殺人及並未傷人而首先起意糾約鳴鑼聚衆者，即爲罪魁惡首，均從重照光棍例擬斬立决；其爲從傷人之犯，亦應從重發遣黑龍江給披甲人爲奴；又例載：兇惡棍徒糾衆商謀，巽[意]圖得財放火，故焚民房並人居稠密之地，已經延燒搶奪財物者，均照强盗律，不分首從擬斬立决，殺傷人者梟示各等語。今何定、羅阿富二犯，起意糾鬬，各殺斃一人，均爲罪魁惡首，各應照械鬬爲首例擬斬立决；吴有成、陳武、陳圍、蘇三、林訊、張誦、葉如、餘姜、黄擁、白乞、蔡添僯、許營、施泰、施國、陳喜、吴排、林拂、陳心、李諒、鄧飛、林添厚、頼權、陳添後、林偶、林番、劉輝、鄭總、薛芬、楊紀、郭兑、劉傳、鄭海、高益、李停、王聰、周講、劉祖、潘雲、陳降、陳立、林駭、陳歲、高阿界、徐添砲、陳化、何禄、林靈、李創、陳弁、頼文生、楊九、趙平、吴賞、蔡枉、林北番、蔡玉僯五十六犯，聽糾械鬬，各斃一命，各照械鬬殺人例擬斬立决；陳笑、張房、林桓、林合、陳盤、黄志、王因、洪賜、黄歲、郭武十犯，或放火搶刦，或殺斃人命，各應照兇惡棍徒放火搶奪財物，照强盗律不分首從斬决例，擬斬立决。該犯等情罪重大，未便稽誅。奴才于審明後即恭請王命，飭委新授嘉興府知府平潭同知汪楠、署北路協副將英林，將何定等六十八犯綁赴市曹斬决，仍照例梟示，以昭炯戒；其王榜、王騰、許僯、陳典、黄阿僯、林永來、李捷、石泮水、張秧、施滔、頼元、陳塹王安邦、柯玉、柯出、錢東、許鮑、張池、張旺、蔡斗、陳達、黄阿鑾等二十二犯，各照械鬬傷人例，發遣黑龍江給披甲人爲奴，照例刺字。此案總計淡嘉彰三屬先後共獲首從各犯二百八十八名，分别辦理；其餘未獲人犯無多，現在勒拏，自可尅期蕆事。察看地方情形，甚屬寧貼。所有内地兵丁，奴才酌量分起撤回歸伍。除繕具供單恭呈御覽外，合將續獲淡嘉彰三屬械鬬焚搶首從各犯審明分別辦理緣由恭摺具奏，伏乞皇上睿鑒，敕部覈覆施行。謹奏。

[硃批]：刑部議奏。

七、福建陸路提督許文謨奏摺：續獲淡水彰化二屬械鬬搶劫要犯林豫等審明辦理

[嘉慶十五年正月二十五日]，福建陸路提督奴才許文謨跪奏：爲續獲淡水、彰化二屬肇釁及搶割互鬬各犯審明，分別辦理。恭摺具奏仰祈聖鑒事。

竊照臺灣械鬬及焚搶一案，經奴才督飭文武員弁，先後拏獲首從各犯二百八十八名，分別辦理，八次恭摺具奏在案。玆查覈全案，械鬬焚搶各犯均已先後就獲辦理，惟淡彰二屬尚有肇釁要犯蔡成及大甲搶割稻穀並彰粵互鬬首從各犯未獲，奴才會同鎮道飭屬上緊查拏；玆據臺灣鎮武隆阿、候補知府楊廷理報，獲械鬬匪犯林豫、李佑、彭春花、郭添奉、邱阿四等五名；又搶割人犯吴範、蕭江二名，傳到田主高宰老、柯媽亮，工人劉章、陳物恩、方因、連儺等六名；又據臺灣道張志緒督飭新授嘉興府知府汪楠等拏獲淡水肇釁逸犯蔡成一名；又彰粵互鬬案内粵籍人犯梁鴻舉、何幅觀、張孱、許九、吴阿戎、黄友白等六名漳籍人犯，賴捷元、林魁、方六、賴問、林碧、簡瑞、張闕、尤春義、林烏碩、胡招、餘宜、何必意、林創、李嶂、林曹、王欉、陳清、會火、林彪、游金海、林井、江均幅、黄江、何篤、鐘光預、李旺、林長、賴贊、吴終等二十九名；又泉人紀新廷、郭芳、許登三名，並續獲漳泉鬬犯會闕、簡居、賴梧、林札、楊幅、葉友、劉飄香、紀科、張潜、吕脩、駱勇、施篤、池生等十三名，總共獲犯六十五名。奴才移會臺灣道張志緒提解到彰，同前禁嘉義縣監之卓貢、李斗、李元開、黄在、楊乞、張紀、楊啓明、楊現、陳瓏、陳武端、會程、高餅、葉文良、林萬、李金、李神阻、鐘溺、鐘巴、

鐘火、鐘再、李六子、李然、吕信、李管、李娘引等二十五名；又留禁彰化縣監之鄭祥麟、徐科麟、黄一白、賴大貨、邱阿興、謝新義、徐烏癲、謝阿二、羅必信、曹阿吉、利老三、徐阿沐、趙蔡、劉秋、何昌佑、廖阿珠、林全、林蘭、陳琴、吴小二等二十名一併審擬解勘去後，兹據臺灣道張志緒諮稱，提齊各犯隔别研訊；大甲搶割委係高宰老、柯媽亮僱令戴逢羣等往刈己田稻穀，適值分類械鬬之時，戴逢羣等遂將漳人田稻越界割取，林鉗、會嘆不服，糾人互鬬，傷斃戴逢羣等五命；高宰老等並未同往不知搶割情事，提質工人劉章等，供亦相符。其彰粤互鬬一案，因上年九月初八日漳人吴小二等誤殺挑米粤人林委伯、黄增仔二命，粤人何幅觀、徐阿沐、利老三、鄭祥麟等不服，商議報復，鄭祥麟隨糾邀徐科麟等，于初十日攻燒上圳寮等漳莊，殺死漳人多命；漳人賴捷元、林魁于十一、十二等日糾人攻燒捒東、凉傘樹、柳樹湳等粤莊，傷斃粤人多命；粤人梁鴻舉商同吴阿戎，于十三日勾出生番，攻燒潭仔墘漳莊，殺死漳人十四命；漳人亦殺死生番一個，經縣勘驗，據粤人認領尸身三十二具，其被殺漳人先自收埋，未據報驗。兹拏獲首從各犯，訊得前情，除首犯何幅觀、徐阿沐、梁鴻舉、賴捷元、吴小二、吴阿戎等六名，又淡水肇衅要犯蔡成及續獲之林豫、李佑三名，應欽遵諭旨，同前獲之首犯翁聰明等解交督臣審辦，並李元開、鐘再、李六子、李然、吕信、李管、李娘引等七犯，供詞游移，應暫留質訊；李金、李神阻、鐘溺、鐘巴、鐘火等五名，訊係附和隨行，並無幫毆傷人，免其究治；又粤人邱阿四、黄友白二犯，訊係聽糾幫鬬，各傷一人，帶病進監，先後身故外，其餘鄭祥林、林魁等八十七犯，督同知府汪湳等訊取確供，按擬解送會勘前來。奴才隨會同張志緒提犯覆鞫；鄭祥林一犯供認爲首糾鬬，在上圳寮莊殺死漳人一命；徐科麟、黄一白、賴大貨、徐烏癲、利老三、劉秋、何昌佑七犯供認，聽從鄭祥林糾邀，隨同械鬬兩次，在上圳寮等莊各殺斃漳人一命；林魁一犯供認，爲首糾鬬三次，並未傷人；廖阿珠、林全、賴問、陳琴、林籣、簡瑞、張闕、尤春義、林烏碩、胡招、餘宜、何必意、林創、李嶂、林曹、王欃、陳清、會火、林彪、游金海、林井、江均幅、黃江、何篤、鐘光預、李旺、林長、賴贊、吴終等二十九犯供認，聽從林魁糾邀，隨同械鬭三次，在凉傘樹、柳樹湳等莊各殺斃粤人一命；紀新廷、郭芳、徐登三犯供認，跟同粤人鄭祥林等，在上圳簝莊各殺斃漳人一命；會闕、簡居、賴梧、林紮四犯供認，跟同已正法首犯羅阿富械鬭二次，在水里港各殺斃泉人一命；楊幅、葉友、劉飄香、紀科、張潛、吕修、駱勇七犯供認，聽從在逃首犯池添成糾邀，隨同械鬭兩次，在木梨等莊各殺斃漳人一命；卓貢、楊乞、楊啓明三犯供認，跟同已正法首犯潘加械鬭二次，在大槺榔等莊各殺斃漳人一命；李斗、張紀二犯供認，跟同已正法首犯李賞械鬭二次，在樸仔脚莊各殺斃泉人一命；彭春花、郭添奉二犯供認，跟同已正法首犯杜明珠械鬭兩次，在大墻圍莊各殺斃漳人一命；吴範、蕭江二犯供認，聽從首犯林鉗糾邀，在大甲互鬭，各殺死割稻泉人一命；又邱阿興、謝新義、謝阿二、羅必信、曹阿吉、張孱、許九、方六、林碧、趙蔡、施篤、池生、楊現、陳瓏、陳武端、會程、高餅、黃在、葉文良、林萬等二十犯，僅止隨同械鬭傷人，並無焚搶殺人情事；又高宰老、柯媽亮二名，係大甲泉人業户，僱人割稻，自未同往，不知搶割情事。劉章、陳物恩、方因、連僯四名，係高宰老等二人在己田割稻，目擊戴逢群等被殺，害怕跑回，並未滋事。以上各情均經訊認不諱，再三究詰，矢口不移，案無遁飾。查乾隆五十三年經部奏准通行：嗣後臺灣如有械鬭殺人，及並未傷人而首先起意糾約鳴鑼聚衆者，即爲罪魁惡首，均從重照光棍例擬斬立决；其爲從傷人之犯，亦應從重發遣黑龍江給披甲人爲奴各等語。今鄭祥麟、林魁二犯起意糾鬭，鄭祥麟又殺斃一人，均爲罪魁惡首，各照械鬭爲首例擬斬立决；徐科麟、黃一白、賴大貨、徐烏癩、利老三、劉秋、何昌佑、廖阿珠、林全、賴問、陳琴、林蘭、簡瑞、張闕、尤春義、林烏碩、胡招、餘宜、何必意、林創、李嶂、林曹、王欃、陳清、會火、林彪、游金海、林井、江均幅、黄江、何篤、鐘光預、李旺、林長、賴贊、吴終、紀新廷、郭芳、徐登、會闞、簡居、賴梧、林紥、楊幅、葉友、劉飄香、紀科、張潛、吕修、駱勇、卓貢、楊乞、楊啓明、李斗、張紀、彭春花、郭添奉、吴範、蕭江等五十九犯，隨同械鬭，各斃一命，各照械鬭殺人例擬斬立决；該犯等情罪重大，未便稽誅，奴才于審明後即恭請王命，飭委新授嘉興府知府、平潭同知汪楠、署北路協副將英林將鄭祥麟等六十一犯綁赴市曹斬决，仍照例梟示以昭炯戒；其邱阿興、謝新義、謝阿二、羅必信、曹阿吉、張孱、許九、方六、林碧、趙蔡、施篤、池生、楊現、陳瓏、陳武端、會程、高餅、黄在、葉文良、林萬等二十犯，各照械鬭傷人例，發遣黑龍江給披甲人爲奴，照例刺字；高宰老、柯媽亮兩名，僱人割稻，自未同往，不知搶割情事，但所僱非人，致滋事端，殊屬不合，應照不應重律，杖八十，折責發落；工人劉章、陳物恩、方因、連僯等訊無搶割争鬭情事，應毋庸議；林鉗一犯，現據吴範等供已病故，是否屬實，飭聽確查取結另辦。未獲人犯人數無多，飭拏另結。邱阿四、黄友白二犯罪應擬遣，係帶病進監身故，刑禁人等訊無凌虐情弊，應毋庸議。除繕具供單，恭呈御覽外，合將續獲淡彰二屬肇釁及搶割互鬭各犯審明分别辦理緣由恭摺具奏，伏乞皇上睿鑒，勅部覈覆施行。

再，淡嘉彰三屬搆釁要犯均已先後就獲，分别辦理，地方早經寧謐，現將内營兵丁先撤一千名，交原帶將弁管領，由鹿港配渡。合併陳明。謹奏。

[硃批]：刑部奏議。

八、福建陸路提督許文謨奏摺：續獲審明林勇等嘉淡彰三屬械鬥案內餘犯按律定擬

[嘉慶十五年二月十七日]，福建陸路提督奴才許文謨跪奏：爲續獲淡嘉彰三屬械鬭案内餘犯審明分别辦理恭摺具奏仰祈聖鑒事。

竊奴才到臺以來，會同鎮道督飭文武員弁，先後拿獲械鬭及焚搶首從各犯共三百四十七名，分别辦理，九次恭摺具奏在案。其未獲人犯爲數無幾，復經飭屬上緊查拏，務將實在兇惡匪徒搜捕盡絶，以安閭閻；旋准寧福道馮鑾及臺灣鎮道，先後獲解漳籍械鬭匪犯林勇、廖翠、蔡岱、王雲、吴番波、許虎、江承發、林雍八名；又泉籍犯人馬仔言、陳允、吴探、陳乞、施響、楊敬、楊接、林輝、楊智九名，因臺灣道張志緒由彰回郡考試，當即飭委署臺灣府知府汪楠、候補知府楊廷理，提同前禁之李元開等七名，分别確審去後。兹據會詳，李元開、李六子、李然、吕信、李管、李娘引六名供詞未確，尚須摘傳要證質詢，方可定讞，應仍留禁；其鐘再一名供認，造言騙銀不諱，同林勇等各犯按擬解勘前來。奴才隨督同知府汪楠等提犯逐細覆鞫。林勇一犯供認，聽從已獲正法之林魁糾邀，隨同械鬭，在揀東等莊殺斃粤人二命；廖翠一犯供認，聽從林魁糾邀，隨同械鬭，在揀東莊殺斃粤人一命；王雲、蔡岱、吴番波三犯供認，聽從李賞糾邀，隨同械鬭，在灣内等莊各殺斃泉人一命；馬仔言一犯供認，聽從潘加糾邀，隨同械鬭，在大槺榔等莊殺斃漳人二命；陳允、吴探二犯供認，聽從潘加糾邀，隨同械鬭，在大槺榔等莊各殺斃漳人一命；陳乞、施響二犯供認，聽從何定糾邀，隨同械鬭，在燕霧保莊各殺斃漳人一命；又許虎、江承發、林雍、楊敬、楊接、林輝、楊智七犯，訊止隨同械鬭傷人，並無焚搶殺人；又鐘再一犯，係乘漳泉分類，捏造泉人欲攻漳莊之語，詐騙漳籍各鋪户番銀一百五十四圓花用，並無械鬭情事。以上各情業經訊認不諱，再三究詰，矢口不移，案無遁飾。查乾隆五十三年經部奏准通行：嗣後臺灣如有械鬭殺人，從重照光棍例擬斬立决；其爲從傷人之犯，亦應從重發遣黑龍江給披甲人爲奴；又律載：詐欺官私取財計贜准竊盜論，竊盜贜一百兩，杖一百、流兩千里各等語，今林勇、廖翠、王雲、蔡岱、吴番波、馬仔言、陳允、吴探、陳乞、施響十犯，隨同械鬭，各殺斃一二命不等，各照械鬭殺人例擬斬立決；該犯等情罪重大，未便稽誅，奴才于審明後即恭請王命，飭委署臺灣府知府汪楠、署北路協副將英林，將林勇等十犯綁赴市曹斬決，仍照例梟示，以昭炯戒。許虎、江承發、林雍、楊敬、楊接、林輝、楊智七犯，各照械鬬傷人例，發遣黑龍江給披甲人爲奴，照例刺字。鐘再一犯，乘漳泉分類之時，造言欺騙莊民，共得番銀一百五十四圓，摺實紋銀一百兩零，應照詐欺官私取財計贓准竊盜論，竊盜贓一百兩，杖一百流兩千里律，杖一百，流兩千里，照律免刺，仍照追贓銀給還各主，未獲人犯飭拏另結。除繕具供單恭呈御覽外，合將續獲淡嘉彰三屬械鬬案内餘犯審明分別辦理緣由恭摺具奏，伏乞皇上睿鑒，勅部覈覆施行。再，奴才俟督臣方維甸到臺後，將所辦情形詳晰告知，即行内渡回任，合併陳明。謹奏。

[硃批]：刑部議奏。

福建陸路提督馬濟勝奏摺

一、福建陸路提督馬濟勝奏摺：巡查臺灣起程日期

[道光十一年四月初三日]，福建陸路提督奴才馬濟勝跪奏：爲恭報奴才應赴臺灣校閱營伍巡查地方起程日期恭摺奏聞，仰祈聖鑒事。

竊照閩省臺灣一郡爲海外要區，民番雜處，人情浮動，節奉諭旨著將軍、督、撫、水陸兩提督輪赴巡查，用資彈壓，久經欽遵在案。奴才渥荷聖恩，調補福建陸路提督，自道光四年四月内接印任事後，所轄陸路地方營伍，均經周歷巡查。上年四月間，又將汀州、漳州兩鎮及邵武延平、福州興化、長福各協營，再行查閱。惟臺灣鎮屬地方營伍，奴才未經親履其地，無從目擊情形。現接督臣孫爾準、撫臣魏元烺來函，以巡臺之舉，今歲必當舉行，輪應奴才前往，奴才當將應辦事件逐一趕辦，並將巡臺事宜函請督臣指示詳悉，隨于四月初三日自泉州府起程，由厦門配船，候風東渡。所有臺灣營伍地方一切情形，容俟到臺詳細稽查，認真考校，咨會督撫臣商榷辦理，據實陳奏外，合將奴才起程日期恭摺奏聞，伏乞皇上聖鑒。再，奴才帶印渡臺，所有陸路提督衙門，日行事件經札商閩浙督，臣行委中軍叅將沈廷芳暫行代拆代辦，合併陳明。謹奏。

道光十一年五月初九日奉硃批：知道了。欽此。

二、福建陸路提督馬濟勝奏摺：赴臺灣校閱營伍稽查地方情形及回抵泉州日期

［道光十一年六月初五日］，福建陸路提督奴才馬濟勝跪奏：爲敬陳奴才前赴臺灣校閱營伍稽查地方情形及回抵泉州日期恭摺奏聞，仰祈聖

鑒事。

竊奴才准督臣孫爾準、撫臣魏元烺函商以巡臺之舉，今年必當舉行，輪應奴才前往，奴才于四月初三日恭摺奏報。後帶印起程，馳赴厦門配船候風。十三日風色稍順，即由大担放洋，十四日辰刻望見澎湖，因北風正急，不能落蓬，奴才督飭舵工、水手極力□戧，據稱船在下風，實難攏岸，不得已順流東渡，是日申刻寄泊鹿耳門之外汕。十五日即到臺灣府城，晤見鎮道，詢問地方情形，咸稱安静，文武辦事，亦極和衷。惟春間雨澤較少，立夏以來甘膏叠沛，尚未十分透足。奴才到臺後，大雨時行，至十八九等日，天色晴霽，隨將臺灣鎮標中、左、右、城守四營臺協水師中、左、右三營，水陸操陣官兵技藝，次第校閲，並行委臺協水師副將黄貴，駿[驗]看澎湖協標兩營營伍，奴才即親赴南路鳳山縣之埤頭山、猪毛等處校閲，南路下淡水各營，旋回臺郡。再赴北路之嘉義縣彰化縣竹塹、艋舺、噶瑪蘭、内山一帶，周歷巡查，閲看北路協標中、左、右三營，艋舺滬尾水師營、噶瑪蘭營及分駐鹿港之臺協水師左營，暨沿途塘汛官兵畢，于五月二十二日回抵彰化縣鹿港地方，按册查覈内臺灣鎮標中、左、右三營，北路協標中、左、右三營，艋舺營、滬尾水師營合操演陣，步伐整齊，鎗砲連環，聲勢聯絡，籐牌對械，勇敢靈便，鳥鎗弓箭，中靶逾額。臺協中、左、右三營水操駛船、執舵，折戧轉蓬，施放火具，爬桅、泅水及水中對械等技，俱極純熟，堪以列爲一等。又臺灣城守兩軍、臺協水師三營噶瑪蘭營陸操布陣連環緊湊，藤牌跳舞，尚屬矯捷，鎗箭中靶，亦多堪以列爲二等。又南路下淡水兩營合操，尚能如法雜械等技，亦有可觀，惟鎗口稍高，號令未能畫一，雖鎗箭中靶，均够分數，應列爲三等。其澎湖協標兩營，現據委員呈繳驗過圖册，聲明操陣合式，覈其鎗箭中靶分數，亦俱足額，詢問該處地方亦稱安静，查驗各協營旗幟軍裝器械等項，均屬鮮明鋒利。陸路馬匹水師戰船除例准倒斃送廠修造外，餘俱足額。兵丁技優者，當場奬拔；生疎者，即行降革。至各營將領備弁，奴才加倍留心考察，内有才技出色、緝捕認真以及官聲尚好，熟悉海外情形于臺灣實屬相宜者，酌舉一二員開列密摺，諮送督臣，以備題補，餘俱循分供職。現在尚無庸劣之員，惟臺灣鎮標中營外委許元輝、南路下淡水營外委黄光烈，人軟技庸，難期振作，應行斥革。又臺協水師右營外委黎應陞、南路營外委吴金龍、下淡水營額外劉建龍、北路中營額外黄朝鳳，均係步射平常，姑念年力正壯，應行降爲額外，馬步戰兵所遺各弁缺。請以現在考驗[驗]弓馬可觀之額外馬步目兵分别遴拔，另開清單，恭呈御覽。其弓馬稍次，人材尚可者，均予勒限練習，移知臺灣鎮，届期覆驗[驗]辦理，務使一律精純咸成勁旅，以期仰副聖上整飭戎行綏靖海疆至意。刻下全臺地方實係安静無事，鎮臣劉廷斌、道臣平慶遇事均能督屬迅速辦理，奴才經過各廳縣營汛，又復面囑該管文武，凡有應辦事件，務須妥速商辦其應行禀報者，據實飛報，毋許壓延。而清莊之法尤須實力奉行，以除匪類而安良善，並諭紳衿耆老約束子弟，毋許滋生事端，其化番男婦以及屯弁屯丁沿途迎接者，均照例賞以銀牌布疋，諭令各守番隘毋許生番逸出擾民，均各歡抃答應，沿途察看田疇禾稻，南路一帶早已登場，北路氣候較遲，現得透雨，亦已陸續刈獲，詢問農氓均稱，收成尚好，咸慶豐年。奴才查閲事竣，于五月二十七日由鹿港登舟，二十八日放洋内渡，因開駕後即遇西南風頂逆，至六月初四日收泊蚶江登岸，隨時馳赴泉州府駐紮衙門，所有奴才經由洋面商艘絡繹詢堪仰慰宸廑，合將閲過臺灣營伍官兵拔藝分别等第及稽查地方安静緣由，同奴才回署日期，恭摺具奏，伏乞皇上聖鑒訓示。謹奏。

道光十一年七月十五日奉硃批：知道了。欽此。

三、福建陸路提督馬濟勝清單：巡閲臺灣營伍弁兵陞拔降革花名册

［道光十一年六月初五日］，清單。謹將奴才巡閲臺灣營伍弁兵陞拔

降革花名營分繕具清單，恭呈御覽：計開臺灣鎮標中營右哨二司外委許元輝斥革，遺缺請以該標右營額外黃茂拔補，所遺額外弁缺請以該標中營馬兵楊耀宗拔補。臺灣南路下淡水營左哨外委黃光烈斥革，遺缺請以北路左營額外會名標拔補，所遺額外弁缺請以北路中營馬兵黄廷鳳拔補。臺協水師右營右哨外委黎應陞降爲額外，遺缺請以該協中營額外李夢熊拔補，所遺額外弁缺請以該協左營目兵林振貴拔補。臺灣南路營右哨頭司外委吴金龍降爲馬兵，遺缺請以鎮標中營額外陳基成拔補，所遺額外弁缺請以艋舺營馬兵黄書成拔補。臺灣下淡水營額外劉建龍降爲戰兵，遺缺請以鎮標左營馬兵林得勝拔補。臺灣北路中營額外黄朝鳳降爲戰兵，遺缺請以該營馬兵董連高拔補。

[硃批]：依議。

四、福建陸路提督馬濟勝奏摺：前赴臺灣剿辦亂民帶印起程日期

[道光十二年十月十八日]，福建陸路提督奴才馬濟勝跪奏：爲恭報奴才前赴臺灣剿辦賊匪帶印起程日期仰祈聖鑒事。

竊奴才于道光十二年十月初四日，接准臺灣鎮臣劉廷斌函開嘉義縣屬地方有匪徒陳辦等糾衆焚搶，欲行滋事。經該鎮臣巡閲到彼，督飭追捕，並調臺郡安平兵丁赴嘉義剿捕等因。奴才查臺灣民情浮動，匪徒最易滋擾，當即函囑該鎮妥速拏辦，勿任蔓延。密飭内地各鎮協營一體撥兵伺備，嗣于初九日接到臺灣道臣平慶來函，探聞嘉義南北均有匪徒向應，郡城兵丁除調赴嘉義外，不敷調遣，請轉咨督臣奏委大臣帶兵前往會剿。奴才渥荷國恩，亟應圖報，當即函商兼署閩浙督臣魏元烺奏委奴才帶兵前往。十四日午刻准到咨覆，業經奏明，派調奴才管帶本標兵丁六百名、興化協標兵丁四百名，金門鎮臣竇振彪帶領兵丁八百名，迅渡鹿港，會同臺灣鎮道，相機督率剿捕，並派督標中軍副將謝朝恩等帶兵八百名，由八里坌登岸，堵捕各等因。奴才當即飭令泉州城守營叅將馬

麟輝等，先將標下兵丁佩帶軍夥器械，馳赴蚶江配載船隻，一面檄調興化協標兵丁，星速來泉，一同東渡。正在摒擋起程間，又于十五日申准准兼署督臣魏元烺咨會以嘉義賊匪膽敢戕害府縣印官，猖獗已甚，深恐蔓延，郡城爲根本重地，尤須保固，咨會奴才添調漳州鎮標兵丁一千名，改由厦門直趨臺郡，又添調水師提標金門、海壇、閩安等處兵丁一千名，令金門鎮臣竇振彪等帶領，均由蚶江對渡鹿港，聽候調遣。所有陸路提督衙門事務，現經兼署督臣委令提標中軍叅將沈廷芳就營兼辦，奴才仍嚴飭同城文武，加意巡防，認真稽查口岸，毋使臺匪竄逸入境，亦不許游民偷渡出洋，並飭叅將馬麟輝等速將所帶兵丁改赴厦門配渡。奴才遵于十月十八日自泉州府帶印起程前赴厦門登舟，一俟風色稍順，即便放洋，飛赴臺灣，會商該管鎮道，相度機宜，督率在事水陸官兵，妥速剿捕，以期賊匪殲除，及早蕆事。仰慰皇上綏靖海疆至意，容俟到臺後查看情形，再行據實具奏外，合將奴才由厦赴臺剿辦賊匪起程日期，恭摺由驛具奏，伏乞皇上訓示遵行。謹奏。

[硃批]：另有旨。

五、福建陸路提督馬濟勝奏摺：馬濟勝馳抵嘉義添派官兵赴南路剿捕情形

[道光十二年十二月初二日]，福建陸路提督奴才馬濟勝、陞任廣東提督臺灣鎮總兵官奴才劉廷斌跪奏：爲恭報奴才濟勝馳抵嘉義，賊匪解散，擒獲股首，撥兵前赴南路剿捕情形，恭摺奏聞，仰祈聖鑒事。

竊奴才濟勝前在茅港尾地方屢獲勝仗，攻毁賊巢，生擒股首詹通，經于道光十二年十一月二十六日恭摺由驛奏報在案。該逆等自連日敗績之後，四散潛匿，不能合幫屯聚。奴才濟勝隨遴派各營官弁帶同兵勇屯番，由山路一帶分頭偵捕，一面函囑嘉城文武速派兵勇由前路兜擒，並囑臺灣道府營縣加緊防範，一體堵捕，俾無漏網。拜摺後，即由茅港拔

營進屯鹽水港，適金門鎮臣竇振彪、北路協副將葉長春帶兵到彼，囑將所帶水師官兵帶赴店仔口起事地方，小心防堵，並飭副將葉長春速回彰化，督飭巡防，毋使匪徒竄逸入境。察看鹽水港一帶商民照常貿易，鄉耆、義首踴躍歡迎，均諭令約束子弟團集鄉民，協力保守。若能擒賊送官，尚當量加獎賞，仍由海邊取道各處安撫。于二十八日未刻到嘉義縣城，將隊伍紮住城外，與奴才廷斌相見。告知自十三日接到密信，即經分派弁兵、義勇及各莊總理衿民，四處截拏，擒獲僞帥吴貂柯和尚，僞軍師林世治、黄寅，僞先鋒邱樣，並逆夥一百數十名。又據代理嘉義縣事典史張繼昌飭丁拏獲僞帥賴牛一名，均經分別凌遲斬首。現在嘉屬賊勢窮蹙，黨夥星散，其股下聚匪最多者所存無過二三百人，其次則百餘人、五六十人不等。其股首逆賊多在附山一帶叢林隱僻，山谿陡險之處，鼠伏蛇行。該逆所恃者，迫脅之匪徒强派之飯食，吾民之不敢力拒之者，皆因大兵未至，雖勝亦難以爲繼。今我軍屢勝，民心稍安。聚族較多之處，敢集壯勇以禦賊。産業較多之民，亦將其鄉之貧民給與飯食，藉資守禦，甚至有忿殺其兄之從賊，將首級投獻，如民人劉長西、蘇弄二名者。奴才等仍添派弁兵赴各處搜拏。旋據差由山路探捕之興化右營都司李發漳稟稱，督同南路營千總朱鴻恩、臺灣鎮標中營把總陳兆培帶兵四百名，在後大埔内山同總理葉占春等擒獲叠次攻城抗拒大兵之股首黄番婆一名。並獲賊夥謝成、陳清山二名，提標右營千總何家鳳管帶兵丁三百名，同總理洪賢德在溝子溪地方，拏獲起意謀逆戕害府縣攻打城池叠拒大兵之股首劉港一名，提標右營把總蔡長珍，同總理陳大春帶領兵丁、義民三百名在白芒埔地方，拏獲糾衆爲首迎拒大兵之股首劉仲一名，先後解送前來。並叠據弁兵莊民屯番義勇拏獲賊目戴闊、匪犯黄水來等六十四名，均經發縣及委員訊認不諱。查劉港一犯叠攻嘉義，殺害游擊周承恩兇要首犯，審明後，即押赴該故員墳前凌遲立决，以慰忠魂。劉港一犯係在店仔口與詹通等戕害知府吕志恒，並叠次在茅港尾抗拒大兵，應行解赴店仔口凌遲，再將首級發赴茅港尾鐵綫橋一帶示衆，黃番婆一犯係在府城西關外行刦棉昌號布店肇釁謀逆，臺郡之軍民人人切齒，應將該逆首解赴府城凌遲立斬，以快人心。以上二犯俟奴才濟勝率兵南下時帶往辦理，其餘各犯均就嘉義斬決，所有出力之弁兵、義首、總理、紳衿、莊民，容俟事後竣再行開具花名，懇請恩施。奴才等現仍嚴飭官兵上緊搜捕，並諭義首莊民再行訪緝，務將各逆匪誅鋤净盡，不敢稍留餘孽至南路鳳山一帶。奴才濟勝已令署督標右營叅將達明阿，帶領省標兵八百名前往剿捕。緣准據臺灣道府函稟探聞，該縣之大湖二層行溪一帶，尚有北路擊敗之賊竄至滋擾等因。奴才濟勝隨就營派撥興化兵二百名，及先經解犯赴郡之臺灣鎮標兵二百名、義民四百名，均係曾經見陣之勇交督標中軍副將謝朝恩帶赴南路，相機剿捕，其達明阿所帶之省標兵八百名及該副將親帶到郡之弁兵七十三員名，均歸謝朝恩調度。該員久歷戎行，較爲可靠，若剿辦未能迅速，奴才濟勝即當親統大兵前往痛剿，斷不敢稍涉鬆勁，謹將奴才濟勝馳抵嘉義會商剿捕。續獲股首及查探嘉義賊匪解散，添派官兵赴南路剿辦情形會銜恭摺，由驛具奏，稍堪仰慰聖懷，伏乞皇上聖鑒，訓示遵行。謹奏。

[硃批]：另有旨。

六、福建陸路提督馬濟勝奏摺：由嘉義帶兵回臺灣府及赴南路剿捕獲勝情形

[道光十二年十二月初八日]，福建陸路提督奴才馬濟勝跪奏：爲恭報奴才由嘉義帶兵回郡。據報續獲股首蔡恭、江七及馳赴南路剿捕賊匪獲勝各情形，恭摺奏聞，仰祈聖鑒事。

竊臣前往嘉義縣督飭官兵，續獲逆首張丙、黃城，並據彰化營縣稟，獲陳連等犯。擬即分路帶兵剿捕南路賊匪各情形。經于道光十二年十二月初四日會同陞任廣東提督臺灣鎮臣劉廷斌恭摺附片由驛具奏在

案。奴才拜摺後，帶領官兵押犯起程，經過店仔口地方，即將逆犯劉港就地淩遲斬首梟示訖。仍由鐵綫橋一帶取道南行，初五日未刻，回抵臺灣府，將隊伍暫駐城外，接見道臣平慶，詢知府城安堵，人心大定。惟南路賊匪未除，現仍督飭在城文武帶領兵勇、義民嚴謹保守，所有前在茅港尾被大兵擊散在逃之匪犯，亦經飭屬設法嚴拏，節經獲犯審辦在案。現據署臺灣府托渾布前任臺灣海防同知王衍慶選派丁役，同義首生員陳廷禄等拏獲股首蔡恭一名，及其僞軍師王送賊夥葉祖成等四名。又據義首林希哲等隨同道府所派役勇，拿獲僞元帥江七、旂首蔡受夥匪黃禄等四名，均已訊取，確供解道覆勘。臣查蔡恭供認，受張丙僞職，妄稱中路大元帥。江七供認起意謀逆與張丙響應，各竪旗糾夥同在曾文溪殺害官兵，截搶火藥鎗礮；又在茅港尾拒敵大兵，罪大惡極，當將該二犯與黃番婆綁赴臺灣府北校場，逐一淩遲處斬；張丙一犯交臺灣府嚴謹收禁，其王送等各犯均認隨同蔡恭等爲匪，見陣傷人不諱，亦即一併正法。旋據閩浙督標中軍副將謝朝恩禀報，初四日帶領隊伍行至二喃溝，聞有賊匪千餘人在彼派飯。隨令義勇由後路抄捕，官兵由正路進剿，當將該匪等沖散，燒其賊寮。紥營後，該匪等復糾集阿公店之賊夥在北連箕地方對面屯聚。該副將親率官兵、義勇，一由正面攻打，一由側面要截擊斃賊匪七八十名，拏活賊四名，奪獲馬一匹，鉎鐵礮二位，火藥一桶，鳥鎗、長矛、刀牌弩箭共五十餘件，餘賊奔散。內有賊目柯神庇一名，肚腹受傷，其腸已出，被賊夥抬回，因值昏暮未便追剿等語。臣帶領大隊于初六日自郡起行，初七日到二喃溝。據報，潭底莊尚有賊匪。奴才隨令官兵、義勇前往剿捕。該匪等亦匿于叢林中開鎗抵拒，用礮轟擊，斃賊三百餘名。該匪等立時瓦解，追奔十餘里，殺賊百餘名，擒活賊二十六名，奪獲鉎砲四位，銃刀器械不計其數。追至崗山下，日色已晚，暫令撤回。隨將先後所獲各犯委員研訊，除鐘碁等九名訊係被脅同行，並未執械入夥，業經取保釋放外，其餘各犯均認是賊首許成名下旗脚不諱，均已隨時斬决。初八日再行出隊，前赴崗山一帶，四處搜捕，周歷三十餘里，未見賊踪。據探差莊民稟報，均已逃入鳳山等語。臣定于初九日拔營前赴鳳山埤頭等處，極力剿捕，務盡根株，所有協同府廳丁役拏獲股首蔡恭等之義首、義民内有生員陳廷禄，一名讀書明理向義急公前已自僱義民跟隨。臣在茅港尾攻打七次，又幫同官兵護觧糧餉，查探賊踪，事事結實可靠。臣進兵嘉義，著令該生帶領義民在蔴豆莊一帶查緝督禦。今果能使股首就擒著有成效，洵屬義首中最爲出力，應行從優鼓勵。容俟事竣，與在事出力之文武官兵紳衿義首分别等第。恭請恩施。兹謹將臣由嘉義帶兵回郡。據報，續獲股首蔡恭、江七及馳赴南路剿捕賊匪獲勝情形謹恭摺由驛具奏，伏乞皇上聖鑒訓示遵行。謹奏。

[硃批]：業經接到，降有諭旨。

七、福建陸路提督馬濟勝奏摺：生擒亂民頭首嘉義、鳳山安静酌擬撤兵

[道光十二年十二月十七日]，福建陸路提督奴才馬濟勝跪奏：爲仰伏天威生擒逆首並獲南北兩路賊匪多名，酌擬撤兵緣由恭摺馳奏，仰祈聖鑒事。

竊奴才前由嘉義帶兵回郡，續獲股首蔡恭、江七，及親赴南路，剿捕賊匪獲勝情形，經于道光十二年十二月初八日恭摺由驛具奏在案。奴才拜摺後，行抵鳳山縣屬之楠仔坑。據該縣托克通阿署南路營叅將翁朝龍赴營面稟：埤頭一帶業經嚴緊堵禦，尚無賊匪竄入。其閩粤互鬬之民人因聞大兵南來，早已赴縣具控，容俟審辦無須親臨。奴才隨在該處紮營，仍連日分兵由大小岡山、阿公店猨巢中竹阬、觀音山、大穆降等處實力搜捕。據股首蘇港率夥三百餘人赴營投首。奴才察其來意似屬真誠，隨交鳳山縣妥爲安插，著令鄉耆總理嚴加管束，無許再生事端。續據派赴大穆降一帶搜捕之副將謝朝恩回營稟稱，初九日帶兵馳抵新港，

准臺灣縣陳炳樞知會探知南路逆首許潛匿舊社地方，隨會帶兵勇前往圍捕。適道府廳縣丁役繼至，當將該逆首許成同賊目張洸明等十五名一併擒獲，就近解送郡城訊供管押，奪獲鳥鎗四桿，皮牌一面，竹銉五枝，短刀七口，繳騐[驗]前來。並據臺灣府縣稟同前情。奴才隨酌留副將謝朝恩在彼駐紮，鎮静民心，搜捕餘匪。奴才酌帶隊伍于二十日馳回府城。據署臺灣府知府托渾布同委辦軍務之前任臺防同知王衍慶稟稱：連日督縣會營派撥兵役義勇，拏獲南北兩路股首旂首同夥犯二十九名，經已訊供，觧道覆勘。惟重犯過多，未便久禁，錄供定，擬呈請覈辦。奴才當即移會道臣將逆首許成仝各該犯綁赴北關外法場，分别淩遲斬決。所有各犯花名另開清摺恭呈御覽，仍飭府廳營縣遵照前檄在内山要隘及沿海口岸認真稽查，實力堵拏，毋許鬆劲，續准金門鎮臣竇振彪函開，在嘉城督飭兵勇拏觧匪犯吴照、何藍等十餘名發縣訊明，分别凌遲正法。初八日據義首監生林振賢差報陳辦逃在無底潭地方。該鎮立時札委署嘉義縣知縣陳國瑞，會同金門左營把總馬元超等督帶兵勇前往圍捕。已將該逆首擒獲，于初九日押解到嘉，發縣收禁等語。奴才展閲之下，喜不自勝，伏查陳辦一犯起事生端，而張丙、詹通同惡相濟，既戕府縣搶汛攻城，又復糾結南北匪徒，抗拒大兵，實屬罪大惡極，此惡不除，難免不生枝節。今賴天威遠届，逆首就擒，臺地軍民莫不同深欣幸。奴才正在派兵前往接解，間又據臺灣道役拏獲中路僞元帥歐宗一名，並府廳營縣同奴才派往清莊之候補未入流胡世熺觧、餉來臺之馬家巷、照磨馬慶釗會督丁役拏獲下手戕害知府吕志恒之逆犯劉邦頂一名，解送前來。適值該故員運柩到郡，隨將該二犯淩遲斬决，以慰忠魂。至陳辦、陳連亦于十六日申刻解到臺灣府，仍應發府監禁，請旨定奪。同日又據署嘉義縣知縣陳國瑞稟稱，督飭義首王源懋等拿獲股首侯虎、曾吉二名一併錄供，解送前來。奴才于審明後即將該二犯凌遲處斬。惟查此次臺匪滋事著名股首，莫如詹通、張丙、陳辦、陳連、劉港、劉仲、黄城、黃番婆、江七、蔡恭、侯虎等犯。今既悉數就擒，即南路豎旂響應之許成等犯，亦已一併擒獲，分別辦理。此外，惟黃奉一名未知下落。奴才前因初到臺地，道路梗塞，未及查明，衹准臺灣道臣所聞花名，據實具奏，嗣後打仗，獲賊之時，必加盤詰，並無一犯供是黃奉份下賊夥，恐即係黃城口音之訛，且恐尚有未除之匪，現仍嚴飭查拏，不敢稍涉疎縱。至該匪等烏合之衆，南北兩路彼此勾通，爲數約有二萬人，經奴才十次痛勦殺斃及生擒正法者已不下二千餘名，其餘被脅良民均已出示曉諭著令歸莊，仰體我皇上好生之德。現在嘉義南北道路已通府城，鳳山亦皆安靜，雖賊踪詭秘，難保必無潛匿，然須審慎偵捕，無庸多兵搜拿，轉滋疑懼。且聞內地米價高昂，風謡不一，亦須速爲鎮静。奴才察看事勢，擬將續調省標兵丁八百名先行撤回。俾內地民心稍定，而臺灣兵費亦可漸省除。俟日內風色稍順，即行斟酌辦理外，謹將生擒逆首及拏獲南北兩路股首、賊匪多名酌擬撤兵緣由恭摺由驛具奏，仰慰宸衷，伏乞皇上聖鑒，訓示遵行。謹奏。

[硃批]：另有旨。

八、福建陸路提督馬濟勝奏摺：續獲亂民頭首張丙、黃城並分兵勦捕餘黨

[道光十二年十二月二十八日]，福建陸路提督奴才馬濟勝、陞任廣東提督臺灣鎮總兵奴才劉廷斌跪奏：爲續獲逆首張丙、黃城並分路帶兵勦捕餘匪，恭摺奏聞，仰祈聖鑒事。

竊奴才等于道光十二年十二月初二日，經將弁擒獲股首劉港、劉仲、黃番婆三犯分別處所凌遲斬示衆，仍嚴飭官兵、義首、莊民再行搜擊各緣由，專摺由驛奏報在案。續據提標右營守備馬起鳳稟報，督同臺灣鎮標中營外委毛起鳳帶兵四百名、武生王得蟠帶領義民一百名，馳抵溪邊厝地方，擒獲股首黃城一名。又據探差飛報，逆首張丙帶夥逃在加

我莊、鈸仔山地方。奴才等隨密派調署漳州鎮標左營游擊張溥，率同南路營千總朱鴻恩帶兵五百名、義首武舉張連捷、武生張景星等帶領子姪及署臺灣府托渾布所募之義民，前往該處圍拏。該逆膽敢黨衆拒捕，經兵勇協力擒獲逆首張丙一名，並獲匪夥林炎等十九名。義勇受傷三名，于十二月初三日解送前來。奴才等會同督縣研訊，據黃城供認，豎字黃旂僞稱北路大元帥聚匪四千餘人，攻打斗六汛營盤，殺害千總馬步衢、把總陳玉威、縣丞方振聲，又隨同張丙等在茅港尾拒敵大隊等供不諱，張丙供認起意謀逆在店仔口及大排竹等處，與詹通戕害知府吕志恒、知縣邵用之，攻打嘉義城鹽水港，拒敵大兵，殺過文武官十餘員、兵民不計其數，據實供認並無遁飾。奴才等審明後，隨將黃城一犯解送斗六汛，就地凌遲，以快人心。張丙一犯係起意謀逆，戕害府縣，殺傷將弁兵丁，屢拒大隊之最要首犯，仍應解交臺灣府監禁，可否解京治罪，抑應就地正法之處，請旨定奪。

此外，又據水路弁兵鄉勇總董衿民陸續解到賊目廖花並匪夥李略等十一名，均經交縣訊明。内有廖花衣犯供認，出旂十四桿，糾夥二千餘人，僞稱大將軍與張丙是换帖兄弟，其餘各犯均認隨同攻城見陣拒敵不諱。隨將各該犯分别凌遲斬首梟示。伏查嘉義賊匪解散已多就擒者亦屬不少。所有在逃匪犯尚須分路南北搜捕，未便合兵一處。況南路鳳山一帶數日來並無音信，雖有别將謝朝恩等帶兵前往，仍不放心。奴才等公同計議俟拜摺後，奴才濟勝即馳赴南路親督剿捕，以期迅速。仍囑金門鎮竇振彪移營嘉義，搜捕餘匪，彈壓地方城池。奴才廷斌亦即帶官兵前赴彰化、淡水一帶，沿途搜捕嘉義逃竄北路賊匪，俾無漏網。兹奴才等謹將續獲倡亂股首分路剿捕，餘匪情形恭摺由驛具奏，伏乞皇上聖鑒，訓示遵行。謹奏。

道光十二年十二月二十八日奉硃批：另有旨。欽此。

九、福建陸路提督馬濟勝奏摺：馳赴鳳山拏辦焚搶亂民帶兵起程日期

[道光十三年二月初四日]，福建陸路提督奴才馬濟勝跪奏：爲恭報奴才馳赴鳳山拏辦焚搶匪徒帶兵起程日期，恭摺奏祈聖鑒事。

竊奴才于道光十二年十二月二十九日謹將分兵搜捕，續獲要犯，並派將領會同道臣前赴南路查辦分類緣由，恭摺奏蒙聖鑒。奴才拜摺後，督飭在城文武晝夜巡查，並因時届新年或有在逃餘匪潛回故鄉，此時偵捕最易得手。移飭帶兵鎮將及地方文武加謹稽查，實力搜拏。正月之內准據鎮將營縣報獲僞帥陳委等七十餘名，内由金門鎮臣竇振彪就地辦結者五十六名，解府訊供；未辦者十八名；現仍督飭上緊偵捕，務盡根株，不敢稍涉鬆勁，惟南路鳳山縣焚搶之案報獲匪犯尚屬寥寥。奴才不勝焦急，擬即親往拏辦，因郡城重地，未克分身，應俟督臣到臺，即行帶兵前往。兹督臣程祖洛已于正月二十六日到臺灣府城，奴才接晤之下，將前事縷晰陳明，督臣亦深以爲然。奴才隨親帶水陸官兵于二月初四日，自臺郡起程，前赴鳳山，相機圍拏。務期有犯必獲，解赴督臣行轅審辦，以除强暴而安善良。仰副聖主綏靖海疆至意。再陳辦滋事案内匪犯，自上年十一月二十二日經奴才擊散之後，續據内營官兵及臺地府廳縣擒獲匪犯二百八十名，内奏報有名股首十一名，奏案無名之小股首、旂首、僞軍師三十六名，夥匪二百三十三名，或由金門鎮臣竇振彪督縣辦結，或由奴才親行勘辦，及會同鎮道分别剉尸監禁，凌遲斬决。至臺灣陞任鎮臣劉廷斌自行辦結之犯，業經該陞鎮自行奏明在案。奴才現已移咨該二鎮，嚴飭在事文武嗣後獲犯務須解送郡城，聽候督臣覆勘辦理。庶事權有所專屬，而奏辦不致參差，仍將節次拏獲已未正法匪犯，開具姓名，錄取供詞，呈送督臣察覈分别奏辦外，謹將奴才馳赴鳳山拏辦焚搶匪徒帶兵起程日期，恭摺由驛馳奏，伏乞皇上聖鑒，訓示遵行。謹奏。

[硃批]：另有旨。

第四卷

其他巡臺奏摺

福建大員中,或以非本職（如欽差大臣）巡臺,或爲福建特設官職（如福建船政大臣）,雖非輪值巡臺大員，但考慮到與福建大員之淵源關係及其所留下巡臺奏摺的史料價值，我們也加以收錄，謂之其他巡臺奏摺。

本卷共收錄欽差大臣沈葆楨和福建船政大臣吴贊誠的巡臺奏摺五十四份。

欽差大臣沈葆楨奏摺

一、欽差大臣沈葆楨等奏摺：恭報到臺日期並分別緩急粗籌大概情形

［同治十三年五月二十日］，爲恭報微臣等到臺日期，並分別緩急，粗籌大概情形，先行馳奏，仰祈聖鑒事。竊臣葆楨于五月初一日由馬尾乘安瀾輪船，臣霨乘伏波輪船，洋將日意格、斯恭塞格乘飛雲輪船，俱于辰刻展輪。臣霨船直放大洋，臣葆楨暨日意格兩船沿各口而行，晚抵興化之南日，適海壇鎮總兵黃聯開巡洋到此，接詢洋面情形，諸尚安謐。初二日，抵泉州之深滬。初三日，抵澎湖，登岸踩勘礮臺水口形勢。初四日，抵臺之安平。臣霨已先二日到矣。接見鎮、道，據稱：四月二十五日，倭船一隻，裝生番首級及傷亡倭兵回國。二十五日開兩隻赴厦門。二十七日開一隻赴後山。㟓嶠遂無兵船。二十九日，又有輪船運軍裝糧食而來。此水路情形也。岸上倭兵約二千餘人，一紮大埔角，一紮㟓嶠，一紮龜山，時以甘言財利説降各社。牡丹社在下者已爲攻破，餘數百人逃往山頂，倭人未能仰攻。龜仔角生番亦不肯降。其降者綱索等十一社，倭給一旂爲憑。有加錐來社生番頭人引倭人往拔瑶駐紮，則已轉過㟓嶠山嘴，屬後山界址矣。二十八日，倭兵添二百餘名從石門入，八百餘名從風港入，殺生番三名、擒五名。此陸路情形也。探員晤倭先鋒福島，據稱破生番三社，取首級十二顆，伊兵傷者五十餘人，死者二十餘人。二十六夜，又被其殺傷五人，死者二人。官民所報生番死者，多于倭兵。而倭將則稱倭兵死者多于生番，或者留爲索償地步，未可知也。又據淡水廳陳星聚禀報：近有日兵船名牧源源吾載兵百餘名，由臺

南繞後山一帶過噶瑪蘭，入鷄籠口買煤一百五十噸而去等語。

臣等悉心籌度，辰下所宜行者三：一曰理諭，一曰設防，一曰開禁。開禁非旦夕所能猝辦，必外侮稍定，方可節節圖之。理諭一節，則臣霨過滬時業與彼國公使柳原前光往復辯論，該酋始則一味推諉，繼忽自陳追悔，爲西人所賣，商允退兵，有手書可憑。乃到臺後，察其情狀，恐未足信。臣葆楨先發照會一道，破其狂愚。臣霨擬于初八日同臺灣道夏獻綸及洋將日意格、斯恭塞格等，帶該公使手書，親赴琅嶠面詰其中將西鄉從道。彼族狡詐性成，即果弭首無詞，難保不旋萌覬志，設防之事，萬不容緩。臺地亘千餘里，固屬防不勝防，要以郡城爲根本。城去海十里而近，洋船礮力，及之有餘。海口安平，沙水交錯，望之坦然。然其中一小阜突出，俗呼紅毛臺，蓋明季荷蘭國揆一王踞臺灣時所築也，爲地震所傾圮，而甎石堅厚，遺址尚存，礮亦銹而不適用。近日西洋礮火猛烈，甎石礮臺雖堅不足恃，臣擬仿西洋新法，于是處築三合土火礮臺一座，安放西洋巨礮，使海口又得停泊兵船，而後郡城可守。臺地精華，又在北路，淡水、噶瑪蘭、鷄籠一帶，物産殷阜，蘇澳民番關鍵，尤他族所垂涎。故日意格謂急須派兵駐紮，且去郡千里，有事鞭長莫及。臣等商派靖遠輪船迎陸路提督羅大春鎮之，並飭長勝輪船同通曉算法之藝生轉入後山周圍，量水淺深，探其形勢。鎮道添招勁勇，著力訓練，多籌子藥煤炭，以備不虞。臣霨到峴嶠後，再將辯論事體據實上陳外，謹先將到臺日期並分籌緩急情形，合詞派輪船遞天津，由驛六百里飛奏，並錄照會日本國中將西鄉原稿一件，恭呈御覽，伏乞皇上聖鑒，訓示施行。再此摺係臣葆楨主稿。欽奉諭旨，籲懇准交大學士直隸督臣李鴻章轉發輪船遞回，以期迅速。謹奏。

謹將照會日本國中將西鄉原稿錄呈御覽：

爲照會事。照得生番土地，隸中國者二百餘年，雖其人頑蠢無知，究係天生赤子，是以朝廷不忍遽繩以法，欲其漸仁摩義，默化潛移，由生番而成熟番，由熟番而成士庶，所以仰體仁愛之天心也。至于殺人者死，律有明條，雖生番亦豈能輕縱？然此中國分内應辦之事，不當轉煩他國勞師糜餉而來。乃聞貴中將忽然以船載兵，由不通商之琅嶠登岸。臺民惶惑，謂不知開罪何端，使貴國置和約于不顧。即西洋曾經換約各國，亦群以爲駭人聽聞！及觀貴中將照會閩浙總督公文，方知爲牡丹社生番戕害琉球國難民而起。無論琉球雖弱，亦儼然一國，盡可自鳴不平。即貴國專意恤憐，亦何妨照會總理衙門商辦。倘中國袒護生番，以不肯懲辦回覆，抑或以兵力不及，藉助貴國，則貴國甚爲有辭。乃積纍年之舊案，而不能候數日之回文，此中曲直是非，想亦難逃洞鑒。

今牡丹社已殘燬矣，而又波及于無辜之高士佛等社。來文所稱殛其兇首者謂何也？所稱往攻其心者謂何也？幫辦潘布政使自上海面晤貴國柳原公使，已商允退兵，以爲必非虚語；乃聞貴中將仍紮營牡丹社，且有將攻卑南社之謡。夫牡丹社戕琉球難民者也，卑南社救貴國難民者也，相去奚啻霄壤？以德爲怨，想貴中將必不其然。第貴中將照會閩浙總督之公文，有佐藤利八至卑南番地亦被劫掠之語，誠恐謡傳未必無因。夫鳧水逃生，何有餘貲可劫？天下有劫人之財，肯養其人數日不受值者耶？即謂地方官所報難民口供不足據，貴國謝函具在，並未涉及劫掠一言。貴國所賞之陳安生，即卑南社生番頭目也。所賞之人，即所誅之人，貴國未必有此政體。或謂貴國方耀武功，天理不足畏，人言不足恤。然以積年精練之良將勁兵，逞志于蠢蠢無知之生番，似未足以示武。即操全勝之勢，亦必互有殺傷。生番即不見憐，貴國之人民亦不足恤也耶？或謂貴國既波及無辜各社，可知意不在復仇。無論中國版圖尺寸不敢以與人，即通商諸邦豈甘心貴國獨享其利？日來南風司令，崼嶠口岸資糧轉運益難。中國與貴國和誼載在盟府，永矢弗諼。本大臣心有所危，何敢不開誠布公，以效愚者之一得？維高明裁察見覆，幸甚。須至照會者。

再，臺灣之用内地班兵也，當時新入版圖，民情浮動，若用在地之兵，恐其聯爲一氣，計弭内變，非計禦外侮也。積久弊生，班兵視爲畏途，往往僱倩而來，伍籍且不符，何有于技勇？臣昨到澎湖踩勘，陂陀周回數十里，無一山、無一田、並無一樹，爲向來未有之瘠壤，然颱颶時作，臺南數百里舍此更無泊船之所，地則極要，守則極難。守將吴奇勳謂此地班兵七百餘人，皆疲弱不可用。該處不生五穀，民以捕魚爲業，自少至老，衽席風濤，誠招此輩以易班兵，民間既開生途，防務尤爲得力。臣等商諸鎮、道，咸謂全臺均宜照此辦理，

否則，弁兵缺額，候内地募補而來，動淹纍月，于防務大有窒礙。且臺地閩、粤兩籍，互相箝制，可無意外之虞。即使弊端踵生，事平之後，不難改歸舊制。可否將臺灣班兵疲弱者先行撤之歸伍，其曠餉招在地精壯充補，以固邊防，伏乞聖鑒訓示遵行。謹奏。

正繕摺間，奉四月十六日上諭：現在日本兵船登岸，各國船隻復駛往福建洋面，據李鶴年所奏情形，尤爲喫緊。著沈葆楨凛遵前旨，與潘霨慎密籌劃，隨時會商文煜、李鶴年等悉心布置，毋令日本侵越，並預杜各國覬覦，方爲妥善。著文煜、李鶴年將撥餉撥兵事妥速籌辦，毋誤事機。日本是否回兵？臺灣鎮、道如何與之理論？即著據實奏聞等因。欽此。既機宜之詳授，復兵餉之寬籌，臣等敢不激發天良，上紓宸慮。

查西洋各國，在通商口岸，兵船來往，本無虚日，遇兩國搆釁，尤必確探風聲，至交戰時，且作壁上觀，將其勝負關鍵，飛報本國，筆之于書，其結習然也。使倭人得志于生番，西人必不令獨享其利。若就目前而論，則必不冒不韙之名，爲倭分謗。

同知袁聞柝在峎嶠面晤副島，與談他事，皆隨問隨答，獨提及上年救出日本難民利八等護送回國一節，再三問之，默無一語。可見倭奴亦難自泯其羞惡之心。

臣等方慮番民爲其甘言財利所誘，旋得夏獻綸呈縣丞周有基報；

各社番目托粤莊頭人吁乞歸化，謂沐皇上深恩，向由伊等居山，自作自食，今日本肆虐，心實不甘，乞垂憐作主，保全數千生命。用兵之日，各願先行等語。似此驅倭撫番，機勢愈順。臣等斷不敢喜事以圖戰功，亦不敢畏事而傷政體。合再附片聲覆，伏乞皇上聖鑒訓示。謹奏。

二、欽差大臣沈葆楨等奏摺：理諭倭將稍有端倪遵旨加緊籌防摺

[同治十三年五月二十一日]，爲理諭倭將，稍有端倪，仍遵旨加緊籌防，以消其貪鶩之心，而速我撫綏之局，恭摺馳陳，仰祈聖鑒事。竊臣等于五月初七日，業將到臺大略情形奏明在案。是時，各輪船先已派赴鷄籠、淡水、峴嶠等處。十一日，濟安船到，臣葆楨將前摺飭令遞津，詎管駕甫登岸，即風濤大作，連日雷雨，海水横飛。十六日，始得出港。續奉同治十三年四月二十二日、二十五日諭旨兩道，遵即悉心籌劃，勉期周妥。

臣霨于初八日偕臺灣道夏獻綸，帶同隨員張斯桂等，並邀洋將日意格、斯恭塞格乘輪船由安平沖濤出海，下午已抵峴嶠，風涌到卷，船板不得攏岸，群躍而登。晚宿車城。次早直叩倭營，晤其中將西鄉從道。持葆楨照會及彼公使柳原前光信函，與之反覆辯論。迨其報謁，復逐條窮詰。始則一味推諉，繼遂理屈詞窮。十一日，竟托病不見。臣霨及夏獻綸派人先傳生番各頭目，至者百五六十人，服色詭陋，言語啁啾，譯傳大意，皆謂日本欺凌，懇求保護。因諭令具結前來。次日，除牡丹、中社、里乃三社，以避倭不出外，到者計十有五社，均呈不敢劫殺押狀。臣霨與夏獻綸宣示國家德意，酌加賞犒。番目等歡欣鼓舞，咸求設官經理，永隸編氓。察其形狀，實出至誠。臣霨函諭倭將，既托病不出，即告辭登舟。該倭將轉再三婉留。次日接晤，仍堅以生番非中國版圖爲詞。即將帶去臺灣府志，檢出内載生番各社歲輸番餉之數，與各社所具切結，令其閱看。彼反變羞成憤。經臣霨及夏獻綸厲聲曉譬，旋

復婉謝，齗齗以所用兵費無著爲言。經再據理駁斥，彼請一面致書柳原，一面由厦門電報寄信回國，暫不必添兵前來。即派人搭中國輪船分往厦、滬兩處等語。臣霨等乃歸行館。十四日，擬乘原船回郡，風潮愈厲，該船立脚不住，已退澎湖。旋由旱路歷番社而行，鳥道獸蹊，蜿蜒如綫，輿從飢憊，宿于風港。十五抵枋寮，方出番社。十六到鳳山。十七回郡城。此臣霨等親至琅與倭將辯論及撫諭各番之情形也。

臣等竊思倭奴雖有悔心，然窺我軍械之不精、營頭之不厚，貪鷙之念，積久難消。退兵不甘，因求貼費。貼費不允，必求通商。此皆萬不可開之端，且有不可勝窮之弊，非益嚴儆備，斷難望轉圜。倘恃其款詞，日延一日，奸民乘隙搆煽，必致事敗垂成。班兵惰窳性成，募勇訓練無素，擬請于北洋大臣借撥久練洋鎗隊三千，于南洋大臣借撥久練洋槍隊二千。如蒙俞旨，請飭其僱坐輪船來臺，乃有勦敵之軍，以爲各營表率。提督羅大春經臣鶴年奏留内地，不能不從新改圖。南路迫近倭營，以鎮臣張其光專其任，該鎮有部勇一營，並内地調勦廖有富之兩營，更增募五營繼之，以遏沖突。臺北之要，甚于臺南，當有倭人窺伺，以臺灣道夏獻綸專其任。該道原有部勇一營，擬添募一營繼之，以杜旁竄之謀。據張其光稱，前南澳鎮總兵吴光亮打仗勇敢；據夏獻綸稱，浙江候補道劉璈甚有勇略；各請奏調前來。合併仰懇天恩，飭兩廣總督、浙江巡撫派令克日東行，俾收臂助。臺民尚義而難持久，且漳、泉、粤三籍氣類不同，必得人聯絡。前署臺灣鎮曾元福熟悉民情，鄉評亦好，臣等擬令其提倡南北鄉團，以資保固。並分招後山向導，諭致屯番、生番各頭人，與之要約。此布置陸路諸軍之情形也。

閩廠輪船，除往來天津、上海、廣東、福州、厦門傳遞信件外，不敷調遣。擬于滬局添調數號，由統領吴大廷督帶來臺，彌補空隙。此續籌布置水軍之情形也。

北洋畿輔重地，南洋財賦奥區，所借洋槍隊，倭兵退後，即令歸防。彼時召募勇營，亦當漸臻馴熟。至倭情叵測，臣更當隨時偵探。一切防務，宜更區晝者，續當馳聞。除臣霨再函致柳原重申前議外，謹先將臣霨赴倭營辯論情形及臣等會籌布置諸端，合詞派輪船遞津，由驛六百里飛奏，伏乞皇上聖鑒訓示施行。謹奏。

正繕摺間，奉到五月初一日上諭：所擬購買鐵甲船、水雷及各項軍火、均照議行。閩省存款，如有不敷，即照所請暫借洋款，以應急需。沿海各輪船，應如何調撥之處，即咨商妥辦。前臺灣道黎兆棠，著即赴閩。所請電綫，著即迅速辦理。前陝西布政使林壽圖前往船廠稽查，如有緊要事宜，著即會銜具奏各等因。欽此。臣等詭讀之下，感激莫名。洋槍、鐵甲船二事，日意格到閩之日，臣葆楨即囑其由電綫打探。近得回報，里明東後膛槍現成者有六千桿，每桿配藥子四百顆，開價洋銀三十一圓。器固適用，但價須議減。鐵甲船現成者亦有一號，噏水一丈八尺，與中國港道尚屬相宜，約價洋銀一百二十五萬圓。惟其船身之新舊堅脆，則未明言，擬更由電綫查悉，再行購辦。謹合詞附片陳明，伏乞皇上聖鑒訓示施行。謹奏。

三、欽差大臣沈葆楨等奏摺：倭情叵測續將籌防情形恭摺馳陳

[同治十三年六月初五日]，爲倭情叵測，續將籌防情形，恭摺馳陳，仰祈聖鑒事。竊臣等于五月二十一日，業將理諭倭將，並會籌布置各情，奏明在案。三十日，奉到五月十一日諭旨：日本若能就我範圍，歛兵回國，自當消弭釁端；倘再肆意妄爲，當即聲罪致討，不得因循遷就，轉誤事機。沈葆楨與潘霨當相度機宜，悉心籌辦。應如何調撥之處，著會同文煜、李鶴年妥速布置，以維大局等因。欽此。伏讀之下，仰見聖慮周詳，洞見萬里。

近據探報；倭營自臣霨等歸後，五月十九等日，將前紮番社各營，先後撤歸龜山。而二十一日，復到輪船一隻，泊龜山下之射寮港，船中

裝兵二百餘人，倭婦十餘人，帶有酒、米、鐵鍊農器，以及松桐杉栽、草種、花種各數百株，分植後灣、龜潭灣等處。復購土人約牡丹社生番，于保力莊議和。又有倭人成富清風者，從北路航海來言，王字社生番不肯議和，要請兵往攻等情。二十二日，又到輪船一隻，駛往後山而去。

臣等思倭奴情狀若此，其用意不可知，斷難稍懈籌防，爲所愚弄。臺北一路，五月二十七日，臺灣道夏獻綸挈參將李學祥部勇，坐輪船前往，此時當抵蘇澳矣。臺南之東港，游擊王開俊一營駐之。李學祥從鳳山移紮蘇澳，以總兵戴德祥一營填紮鳳山。鎮臣張其光原部一營，因廖有富尚未就擒，分駐彰化之三哨，一時未便撤動，祇得先帶兩哨，于本月初四日前赴鳳山；其新募五營，派員赴粤開招，到臺尚需時日。臣霨以兵力太單，適前調燕臺税務司博朗來，擬挈之前赴鳳山，屬前署鎮曾元福爲招土著壯勇五百名，交博朗練成洋槍隊；行營無定，礙難借印，謹刊木質關防，用資號召。

長勝輪船測量水綫歸，據稱後山除蘇澳外，並無深穩海口可泊巨艘，而短艇小船則隨地可以來往。其對準牡丹社山後之海口，已望見倭兵營帳等語。查牡丹山之北，可通卑南覓，其番社七十有二，丁壯約計萬人。臣霨在琅時，曾面詰倭將，據稱不敢進擾卑南，然已訪聞其暗中托人，往勾卑南番目陳安生。是以商同夏獻綸立派同知袁聞柝坐輪船往招陳安生等。該番目五人，立即薙發，隨委員來郡叩謁。臣等分給銀牌、衣物，以原船送歸。其地對準鳳山，膏腴遠過琅嶠，正倭奴目前所垂涎。由海道繞山南而東，輪船日半始至。陸路由下淡水穿山，百七十餘里可通；惟鑿險縋幽，頗費人力。陳安生之歸也，袁聞柝派弁隨之，令其從後山尋路，探出山前；現尚未據回報。臣霨駐營鳳山，可就近相度形勢，逐漸撫綏，庶不爲彼族所劫制。

臣等前摺請于北洋大臣處借撥洋槍隊三千人，于南洋大臣處借撥洋槍隊二千人。比接臣李鴻章五月初旬、中旬三函，深以臺地兵單爲慮，商撥駐徐州之洋槍隊十三營，令提督唐定奎帶至瓜州，由輪船分次航海前來。臣等正在四顧徬徨，如久旱得霖，大喜過望，合無仰懇天恩，俯准如數調撥。臣等一面飛派輪船迎之。兵力既厚，彼族詭謀或有所懾而中阻。

澎湖爲臺、厦命脉，守備虛弱，臣等業將目擊情形，奏明在案。今飭副將吴奇勛添募新勇一營，鎮臣張其光派員赴上海購大鐵炮十尊與之。其洋式臺、一時難遽集事。令用巨筐裝沙土小石堆垛，暫作藩籬。

日意格所招電綫洋匠、到臺議價，略有眉目。擬從臺郡北至滬尾，轉白沙渡海，過福清縣之萬安寨，登陸至福州之馬尾，先行辦起。該洋匠回滬，與外國電報會商定即來臺，先將陸路起工。其過海電纜，四個月方能運到。日意格以臺地與滬、粤隔遠，消息稽遲，採購諸多窒礙，請留斯恭塞格以待洋匠，自歸馬尾部署一切，業于初二日登舟矣。謹將近日防務情形，合詞派輪船遞津，由驛六百里馳奏，伏乞皇上聖鑒，訓示施行。再，此摺係臣葆楨主稿，欽奉諭旨，請仍交大學士直隸總督臣李鴻章轉發輪船遞奏。

四、欽差大臣沈葆楨等奏摺：謹陳近日防務並懇旨催淮軍迅速來臺

[同治十三年六月十七日]，爲倭使宕延，懈我邊備，謹陳近日防務，並懇旨催淮軍迅速來臺，以壯軍威而消覬志事。竊臣等于六月初五日，業將續籌防務情形，奏明在案。是日復奉到五月二十五日諭旨：沈葆楨等擬于海口築臺安礮，北路淡水等處派兵駐紮，並分招勁勇，多備軍火等事，均著妥速辦理。日本如何照覆？潘霨到峴嶠後如何辯論情形？著隨時詳悉奏聞。生番本隸中國版圖，即著酌度機宜，妥爲收撫，以固其心，俾不致爲彼族所誘。班兵疲弱者撤令歸伍，另招本地精壯者充補，即著照所議行。臺灣鹽課、關税、釐金等款，准其盡數截留，不敷之款，著文煜、李鶴年籌撥接濟，毋令缺乏等因。欽此。臣等伏讀之

下，感激莫名。

臣霨自崐嶠歸，即函致倭使柳原前光，申明前約。嗣接其來信，以未得聯銜印文爲詞，無非立意刁難，宕延時日。臣等如其所請，換聯銜印文寄給。聞柳原已先由滬入都矣。

倭營雖屬聚龜山、楓港等處，仍不時游戈各莊。五月二十八日，有倭兵五人在柴城調戲民婦張楊氏，其族人張來生前往阻止，爲倭奴刀戮，身受重傷數處。鄉鄰擲石喊捕，一倭兵頭額被傷，乃歸率五六十人尋殺，經其魁遏之始息。臣等一面委員驗明張來生傷痕，一面照會倭將查辦。據委員報稱，張來生傷已漸瘥，而倭將于臣等照會仍置之不覆。六月初三日，山後有大鳥萬、千仔帛二社，被脅至倭營説和。初四日，有倭兵百餘名添紮楓港。下午又有倭兵四人離風港二十四里之茄鹿塘哨探。臣等因思該處迫近枋寮，急宜防衛，一面札飭王開俊由東港帶兵進紮枋寮，以戴德祥一營由鳳山填紮東港。

初七日，臣霨偕前署鎮曾元福、税務司薄郎暨委員人等馳赴鳳山舊城，一面招募土勇，一面獎勵鄉團。次日，親履海口之打鼓山、大科圍、五塊厝等地踩勘，分别要隘，催建兵棚，以便淮軍到時分紮。沿途莊衆鼓舞歡迎，民情尚覺安固。當臣霨至舊城之日，鎮臣張其光業自鳳山，周巡下淡水之麟樂、上元等莊。同知袁聞柝派往卑南之弁回報，卑南番目與西路各社生番素無往來，仍須從下淡水一帶，先行設法招徠開路，方有把握。適張其光到彼查勘，詢自土人，咸以由潮州莊開通，路直而坦。現擬招徠後再行動工。當張其光之到鳳山也，千總郭占鰲帶崑崙鐃、望祖力、扶圳、鹿坡角四社番人遮謁，已經慰遣還山。迨抵下淡水，都司丁汝霖復禀稱，山猪毛社番之總頭人，亦願出山求見；張其光遂駐騎待之。十一日，臣霨留曾元福、薄郎等于鳳山，募勇練軍，躬馳歸郡，將所勘營地繪圖貼説帶歸，與臣葆楨商酌。此臺南諸路布置之情形也。

五月二十九日，臺灣道夏獻綸由旂後坐輪船北去。三十日泊澎湖，即有紳董等禀稱，前有倭船一隻，駛近口岸放礮，居民驚慌。該道諭以此地已有輪船駐紮，續當添募水勇，民間宜急辦鄉團。初一日抵滬尾，初二日抵鷄籠，初三日抵蘇澳。現據禀稱：淡、蘭各處鄉團，業經剴諭舉辦，該紳民等俱知踴躍趨公。淡屬者派員會辦，蘭屬者該道躬駐蘇澳督之。蘇澳民番關鍵之區，港道寬深，非東南風輪船亦可停泊。而倭人之在北路者全用利誘，非如南路之惟以威脅，番民愚蠢，往往墮其術中，招撫較難，而情形尤亟。查本年四月間，倭人劉穆齋等僱墨西哥國人啤嚕船隻赴後山岐萊等處，船至花蓮港打破。時有加禮宛社及七腳川等五社生番，助之拖曳上岸。該倭人等以被濕貨物分給各番，餘物未動。且登岸寄住五社番莊。嗣倭人成賦清風及啤嚕先回，路經頭圍，晤縣丞鄒祖壽，僅云此次失去洋銀一千餘圓。詢其緣故，答應含糊。劉穆齋等三人又作一起，回至蘇澳。該道擬先將此案徹底查辦。社番如無搶其財物，即令各具切結帶回，以免日後倭奴借口，兼可隨機招撫岐萊一帶，聽我指揮。滬尾税務司好博遜熟察倭情，頗深義憤，願出相助，許與委員偕行，以爲徵證。惟由蘇澳至岐萊，港道艱險异常，輪船既不能通，小艇須候風汛。開通陸路，曠日需時。該道以所部一營，駐紮蘇澳，兵力甚單，擬就淡、蘭添募土勇兩營，有事則當勇，無事則開山。山路既開，即可分移岐萊各處墾荒等語。至所需火藥，臣等已派輪船趕運赴之。此臺北諸路布置之情形也。

六月初五日，濟安輪船自津歸，臣李鴻章寄來洋礮二十尊，洋火藥四萬磅。初八日，永保輪船自粤至，臣鶴年撥解洋火藥三萬磅。現雖南北防務略有端倪，鄉團募勇漸次舉辦，而採購西洋船礮尚無定局，招募繪畫礮臺洋匠亦尚未到。東洋探報，變態日增，勿恃其不來，恃吾有以備之，非得大枝勁旅，仍無以壯民氣而戢戎心。前者請旨飭提督唐定奎統帶徐州洋槍隊十三營至臺，合無仰懇天恩催其迅速前來。臣等業已一面集備輪船，到瓜州口迎之矣。臣等非敢貪功好戰，但倭情如此，不能不先事圖維。謹將分防南北機宜及翹望濟師情形，合詞派輪船遞津，由驛六百里馳奏，伏乞皇上聖鑒訓示遵行。摺係臣葆楨主稿，欽奉諭旨，請仍交大學士直隸總督臣李鴻章轉發輪船遞回迅速。謹奏。

五、欽差大臣沈葆楨等奏摺：遵旨續陳防務並將近日撫番開路報明

[同治十三年六月二十八日]，爲遵旨續陳防務，並將近日撫番開路報明仰祈聖鑒事。竊臣于六月十七日業將臺灣防務情形奏明在案。二十一日，安瀾輪船自省至臺，奉到上月三十日上諭：日本占踞牡丹社一帶，刻下辦理情形若何？該國近日作何舉動？著沈葆楨、文煜、李鶴年、潘霨詳細奏聞，以慰係等因。同日飛雲輪船自津至臺，奉到六月初五日上諭：臺灣近日情形，著沈葆楨相機妥辦，仍隨時奏聞等因。又奉到初八日上諭：沈葆楨等所奏洋槍隊令其克日起程，羅大春著即渡臺，彭楚漢著赴新任。日本情形，詳悉具奏。各社生番，妥爲收撫。吴光亮、劉璈著往臺郡。滬局輪船，著吴大廷督帶駛往各等因。臣等伏讀之下，欽感靡涯。

查南路自王開俊兵紮枋寮之後，倭人戒備益嚴。十二日，倭兵由龜山分紮一棚于三家厝，別有十餘人乘船自楓港沿岸至枋寮，測水淺深。十五日，復有輪船一隻，載米糧接濟。而我之驛夫文赴琅嶠者，行至平埔，該倭兵竟阻之，卒由間道旁達。現兵釁未開，臣等衹得移書詰其中將西鄉，俾有顧忌。十六日，倭人水野遵入猪束、高士佛諸社，聲言索取前年琉球人被戕首級，實躬帶遠鏡，周覽各山。十九日，倭兵自後灣開道上達龜山上頂，楓港之營又欲分出平埔駐紮。二十一日，倭通事彭城中平謁琅委員周有基，反叩以前日中國所議，柳原前光何以尚無回信？中國四處布兵何意？托爲查示。臣等乘其心動，具文勸令回兵，未知其能有照覆否。

民團經張其光同曾元福親行激勵，漸有規模。十五日，委員袁聞柝復帶來番目買遠等五十六名，均加撫諭犒賞，派船送歸。該番目苦求派兵駐防其社，臣等憐其懇切，令袁聞柝招募土勇五百，無事以之開路，有事以之護番，名其軍曰“綏靖”。以連朝臺風猛雨，溪漲淹途，至二十四日始能馳赴招募。張其光之經淡水也，扶里烟六社番目，率百餘人迎謁，諭以薙髮開山，該番目等亦俱點頭遵照。目前番衆輸誠如此，開禁之事，冀可日起有功。

北路自蘇澳至南風澳山路，據臺灣道夏獻綸禀稱：兩日之内，即便開道。現已進闢岐萊之道。平路以横寬一丈爲准，山蹊以横寬六尺爲准，俾榛莽勿塞，車馬可行。論蘇澳至岐萊，水程祇百十餘里，而懸流逆浪，舟險异常。陸路二百餘里，墜崖峭壁，叢雜盤行，其實在程途，非疏通後雖土人亦難臆度也。

倭人劉穆齋失銀之案，經税務司好博遜帶當日之駁船户墨西哥國人嗶嚕面質，據述前此倭往岐萊，實爲租地蓋屋，已付定銀百八十圓，且寄有斧鋸諸物，並許日給引綫者辛資十二圓。彼族詭謀，數語畢露。該道立飭噶瑪蘭通判洪熙恬、委員張斯桂與好博遜乘船前往。十六日抵岐萊之新城。是處已有居民三百餘，遂上岸駐紮。而颱風旋作，輪船不能守候，起椗疾歸。俟風定往迎，方知其實在情形，再行酌辦。

二十二日，提臣羅大春帶印至臺，與臣等熟商，日内即遵旨出鎮臺北。擬撥揚武輪船前往泉州，裝其原部營勇六百人，往赴蘇澳。臺北人心，當更安固。前臺灣道黎兆棠同日自粤至。擬令專司營務，贊勷戎機。臣霨擬即日前往鳳山督練新軍，催集民團，撫綏番社，並飭地方官豫籌客兵薪米，俾免臨時周章。

臣等伏思臺地六、七月間，颱颶時作，峎嶠浪涌，難泊輪船，龜山倭營，又當風沖，站脚不穩。儻我陸兵業已厚集，乘此烈風暴雨，一鼓作氣，併力合勦，彼雖有鐵甲船，不得近岸，孤軍援絶，不難盡殲之海隅。此等情形，想亦倭奴所深悉，所以日來情狀，倍見張皇。迨八、九月風浪漸平，彼之輪船必集海岸，互爲攻援。我之防水較防陸更亟，此時非多備戰船不爲功。現在柳原至都，款服與否，尚未可知。臣等夙夜深籌，陸既望淮軍之速至，水又盼鐵甲之遄來，蓋爲此耳。兹謹將近日防務及撫番開路情形，合詞輪船遞津，由驛六百里馳奏。

正繕摺間，接夏獻綸二十二日禀稱：淡、蘭鄉團業經舉辦。添招練勇亦已成軍。惟新開岐萊山道，須設寮駐勇，後路方無他虞。現復增勇三百人，料匠二百人，隨同入山伐木。自六月十六日起，至二十一日止，已開路九百七十餘丈矣。查辦倭人劉穆齋失銀一案，通判洪熙恬、委員張斯桂、李彤恩及税務司好博遜等，十六日船至花蓮港勘視，以浪大難泊，折回新城，用舢板登岸。是日天氣晴明，風亦不惡，而浪擊沙岸，倒卷而去，小舸幾爲所，幸土人拖之上岸。晚駐古廟，傳集居人，訊供與啤嚕所述相符。惟倭旂一桿，尚留番社，情願查明與前給租地定銀一併繳出。其失銀千圓，據啤嚕供稱：聞諸倭人傳述，而土人謂絶無影響，衆口一詞。十七、十八等日，附近社番聞有官至，俱陸續前來。十九日，别有加冬社番目帶子四人叩謁。該員均加慰諭，各欣躍而歸。似招撫一事，尚不棘手。委員張斯桂同藝童將該處地圖連日畫畢，遂于二十一日同好博遜、李彤恩先歸蘇澳，洪熙恬仍留駐新城，候繳收銀旂等因。理合附片陳明，伏乞皇上聖鑒訓示。謹奏。

六、欽差大臣沈葆楨等奏摺：倭備日增倭情漸怯亟宜迸力防務以伐戒心

[同治十三年七月十七日]，爲倭備日增，倭情漸怯，亟宜迸力防務，以伐戒心，謹將近日情形，恭摺續陳，仰祈聖鑒事。竊臣等十六日、二十八日將撫番開路情形奏明在案。七月初一日，振威輪船自省至，奉到六月十二日上諭：唐定奎所部步隊六千五百人，由徐拔赴瓜州

口，分起航海渡臺，聽候沈葆楨調遣，所需月餉、軍裝、火藥等項，仍著源源籌撥，毋任稍有缺乏。日本近日情形如何？著沈葆楨等隨時確探，並將應行豫備事宜妥畫，即行奏聞等因。同日萬年清輪船自津回，奉到六月二十日上諭：日本意存覬覦，悍不旋師，亟應厚集兵力，益嚴儆備。澎湖守備空虛，現添募勇丁一營，是否足資捍禦？務當布置嚴密。日本遣人往勾卑南社番，沈葆楨等應如何聯絡番衆，俾不爲彼族所煽惑，務宜設法妥辦等因。仰見宸算周詳，莫名欽服。

倭營之在後灣、楓港者，日以蓋兵房、掘濠溝、竪竹圍爲事。其士卒則令之練習洋槍、洋礮。六月二十八日，營中設席邀請近村民人，好言撫慰，且分給綾、布、氈、扇等物。連日到輪船三號，裝倭兵六百餘及米糧、槍礮、洋氈、杉板等物。另有琉球人百餘，則皆工役，非兵也。其死者剖腹實以鹽與樟腦，殮以木桶，並病兵百餘，上船陸續駛歸。雖巧飾增竈之形，實僅補死亡之額。僞示整暇，勉强支持。據游擊王開俊禀稱：初三夜二更四點，有倭兵到茄鹿塘，向竹圍遥開空槍數排，且有小船載兵，將次近岸。哨弁李長興密飭兵勇潛伏圍内，遵令無嘩，俟其近圍，方准施放槍礮。彼見我寂然久之，知哄嚇不動，遂斂隊而退。初九日，有在倭營之美國人日格塞爾者，帶倭人六、七名到郡，來訪我之洋將斯恭塞格，反叩以柳原到京，所議若何？中國調兵何意？斯恭塞格據公法答之。且告以李讓禮被厦門恒領事挐解往滬。日格塞爾微覺神沮而去。然臣等聞李讓禮爲厦領事所擒，又爲滬領事所釋，雖信否未可知，究一李讓禮之去來，何關大局？我若可以自信，彼亦無所能爲。

淮軍計可以到臺，臣霨復于初四日馳赴鳳山，催督地方官將營棚薪米一切具備。南路得此大枝勁旅，可壯聲威。提臣羅大春已赴蘇澳。揚武往裝其原部楚勇一營。夏獻綸派朱名登所招楚勇，聞亦成軍，日内均可東渡。北路足資捍禦。澎湖守備素虛，現借海關凌風輪船往彼教習，分閩廠六船隨之，合操陣法，並借以兼顧地方。惟安平之礮臺，擬照西法興築，所雇洋匠未至，致未施功。而臺地自六月以來，暴風猛雨迭作，通計臺城二千七百餘丈，倒塌者千有餘丈，圻裂者又三四百丈。固由始基之不慎，亦緣臺地常震，土弱沙鬆，甎石又不易致，故至于此。現已發銀由臺灣府周懋琦等轉飭紳士，分段監修，多加蜃灰，厚砌基址，冀以外防沖突，内固人心。而役巨工繁，亦非一時可畢。電綫之約，已有成言，近復翻异，屢經日意格駁詰，乃欲以舊綫搪塞。臣等飭其不許遷就，致重款虛糜。然電綫尚可緩圖，而鐵甲船必不可少。臣等曩派船政總監工葉文瀾同日意格赴滬定買，近據函稱，所議英國之船，非英使周旋其間，無從成購。日耳曼一船，有船無礮，制成且逾十稔，水缸祇堪包用兩年。臣思國家擲此巨款，原爲利用起見，倘費百餘萬帑金，易一朽爛之船，將益爲外人所侮。臣囑日意格勿憚往返之勞，務求堅致之物。倘議購不成，不如鳩工自造。雖三年求艾，要可計日程功。

南北撫番開路諸事，勇夫齊集，畚鍤日興。惟中路水沙連、秀姑巒山一帶，爲全臺適中之區，腹背膏腴之壤，故洋人之在臺者，每僱奸民帶往，煽惑番衆。聞該處社寮，竟有教堂數處，深林叠嶂，罪人積匪，往往逋匿其間。如逆匪廖有富等，即恃以藏身。而彰化之集集街，近復有紮厝斃命之事，安保日後不受倭奴勾通，斷我南北之路？臣等與營務處黎兆棠商令募兵前往，一面撫番搜匪，一面開路設防。俟辦有端倪，當更詳悉具奏。

要之，倭將非不知難思退，而其主因貧成虐，不惜以數千兵民爲孤注，謡言四布，冀我受其恫喝，遷就求和，倘入其彀中，必得一步又進一步。此皆屢試屢驗之覆轍，早在聖明洞鑒之中。議者以爲臺地得淮軍、得鐵甲船則戰事起，臣等以爲臺地得淮軍、得鐵甲船而後撫局成。夫費數百萬帑金，殲此貧主所陷溺之數千兵民，不特無以體皇上徧覆之仁，抑且不足示天朝止戈之武。臣等之汲汲于備戰者，非爲臺灣一戰計，實爲海疆全局計。願國家勿惜目前之巨費，以杜後患于未形。彼見我無隙可乘，自必帖耳而去。但寬其稱兵既往之咎，已足見朝廷逾格之恩。倘妄肆要求，伏懇我皇上堅持定見以却之。彼暴師于外，怨讟繁興，不待揮我天戈而内亂作矣。臣等恐局外議者急欲銷兵，轉成滋蔓，愚昧之見，未知當否。謹先將近日情形，合詞恭摺，發交輪船到滬，交上海道由驛六百里馳奏，伏乞皇上聖鑒，訓示遵行。再此摺係臣葆楨主稿，合併聲明。謹奏。

正繕摺間，探聞本月十二日裝運淮軍輪船七號，均到澎湖，陸續用小輪船盤往旂後登岸。十三日，有日本兵船一號，從厦門到澎湖，本日開往崊嶠矣。知關宸念，謹附片以聞，伏乞聖鑒。謹奏。

又奏，爲北路倭案辦結，追出旂件，取具供結，寄交上海日本領事，並飭銷執照，預杜端，恭摺仰祈聖鑒事。竊臣等于六月十七、二十八等日，叠將查辦倭人在岐萊船破失銀一事奏明在案。本月初六日，復據臺灣道夏獻綸禀稱：此案該道前抵蘇澳時，即將情形詢之該處地方官，祗得其大概。迨税務司好博遜將船户嗶嚕帶至蘇澳，據供日本人破船之後，即將行李貨物及現銀三箱，均搬上岸，僱人看守，許給工資，並欲與生番租地，付定銀一百八十圓，又許再來時給引綫者日辛十二圓，將帶去斧鋸等物留存該處。旋稱失銀千圓。以後實在如何，嗶嚕已先回滬尾，並不知情。又提到嗶嚕船上之幫工林周，所供與嗶嚕相同。其失銀千圓，則云聞之成富清風，據稱無甚緊要。究竟有銀與否，則未眼見。六月十六日，派噶瑪蘭通判洪熙恬、委員張斯桂、李彤恩偕好博遜帶嗶嚕坐輪船往花蓮港破船處所勘查，隨即駐紮新城。連日傳集該處頭人李振發、暨南勢番目潤瀾、加禮宛社番目八寶、附近居民曾生等，隔别研訊，僉供破船情形，大致相同，實無搶其物件。其曾否失去洋銀千圓，均不知情，亦無將地給租之事，惟受雇搬挑物件、看房引路，大家絡續得其工銀約計一百八十圓，並非租銀，均願將日本前寄旂物等件繳呈，分具切結，如虚甘坐等語。再四研詰，矢口不移。隨將寄件繳出，内有日本人城主静、兒玉利國、上田新助三人合其原單可憑。單外折扇一柄，則有成富清風題名爲證。質其受租銀一百八十圓一節，據曾生堅供因番目來益不收，日本人亦即未給。來益辭銀之日，啤嚕並未在場。旋又質之猴猴社番目籠支孝禮雲，五月間該船回泊南風澳，伊親見内有日本人三名，箱籆等物二十餘件。則其未曾被搶，信而有徵。合將取具供給、並追出旂件呈送前來等因。臣等查日本和約内第三條，即禁商民不准誘惑土人；第十四條，沿海未經指定口岸，概不准駛入；第二十七條，船隻如到不准通商口岸私作買賣，准該處地方官查拏。今臺灣岐萊地方，固中國所轄，並非通商口岸。此次前赴岐萊之成富清風、兒玉利國、上田新助，雖准該國領事品川、請給游歷執照，何得潜往勾引土番？種種情節，均違和約，現確查岐萊各社，並無竊盜銀物，應毋庸議。其繳出旂扇各件，臣等當即發交蘇松太道沈秉成、轉給駐滬之日本領事收回。將前次所給游歷執照追銷。惟前聞到岐萊者爲劉穆齋，此次番目所供，係成富清風。據洋行呈出成富清風名片，印其背曰字穆齋，其爲一人無疑也。其違約妄行之處，應由該國自行查辦。以後該領事請發執照，應查明實在安分之人，方許發給。一面鈔錄城主静等原單，暨各民番供給，咨呈總理衙門，照會其外務省，轉飭該國領事照章程辦理，以弭釁端。

至税務司好博遜深明大義，踴躍從公，涉履危途，弭我邊患，除地方官及各委員俟匯案保獎外，合無仰懇天恩，飭總理衙門先將好博遜酌議獎勵，以答其效順之忱。是否有當，謹合詞具奏。伏乞皇上聖鑒訓示施行。再，此摺係臣葆楨主稿，合併聲明。謹奏。

七、欽差大臣沈葆楨等奏摺：續陳倭營動静並籌防開路情形

[同治十三年七月二十九日]，爲續陳倭營動静，並籌防開路情形，懇厚集餉需，以求實濟，恭摺仰祈聖鑒事。

竊臣于七月十七日，業將防務一切情形奏明在案。二十四日安瀾輪船自津回臺，奉到七月十六日上諭：日本兵船仍在龜山等處，沈葆楨、文煜、李鶴年、王凱泰、潘霨酌度情形，審慎籌劃，能使倭船迅離臺地，則諸務皆易爲力。柳原前光在都，經總理各國事務衙門王大臣與之剴切辯論，該使臣語意支吾，尚未就緒。沈葆楨等務宜乘此兵釁未開，速爲布置，一面撫馭番衆，一面厚集兵力，俾壯聲威。所有商購船械等事，是否已有端緒，著即迅速籌辦，毋失機宜等因。臣等伏讀之下，敬謹遵循。

倭營之在龜山者，雖死病相繼，仍時有彼船接濟礮械軍糧。比據報稱，刺桐脚莊民有勾引倭兵往攻龜紋社之謡。臣等一面飭王開俊傳集該處民番令其解仇息事，一面照會倭將西鄉阻之。

淮軍頭起，陸續由澎湖小輪船盤抵鳳山。統兵提督唐定奎踩勘地勢，分紮老營。臣霨至鳳山視師，見其將領紀律精嚴，其士卒深明大義。唐定奎將各營安置後，即馳抵郡城。臣葆楨接晤三次，沈毅勇敢，深懷敵愾之心。臣等囑其蓄鋭養精，以待朝命。

郡城業已興工。日意格雇來礮臺洋匠頭二人，曰帛爾陀、曰魯富；槍礮洋教習四人，曰都布阿、曰拉保德、曰蛤利孟、曰貝魯愛，業已到臺。臣等于本月二十五日帶往安平海口，督同相度要隘，現繪圖尚未畢也。鐵甲船、丹國一號，合約垂定，旋以不肯擔承一直駛入中國，又不肯换中國旂號出口，致復中變。

羅大春所調泉勇一營，業抵蘇澳。夏獻綸挈原帶一營，歸駐郡城。惟滬尾、鷄籠均屬要口，兵力單薄。羅大春請再調募三營，扼紮海口，一面再招泉屬壯丁千人，以供開山之役。番社愈進愈險，施工亦愈深愈難。且開通一層，便須分紮一哨，衛以碉堡勇夫，方無意外之虞。雖營頭愈多，餉需愈巨，大局所係，何敢坐失機宜。臣葆楨、臣霨遠隔重洋，無從籌措，惟冀省門源源接濟，庶幾相與有成。謹將近日辦理情形，合詞恭摺，附輪船到滬，交上海道由驛六百里馳奏，伏乞皇上聖鑒，訓示施行。再此摺係臣葆楨主稿，合併聲明。謹奏。

八、欽差大臣沈葆楨等奏摺：淮軍陸續到防南北開山恩威並用情形

[同治十三年八月二十四日]，爲淮軍陸續到防，南北開山，恩威並用，恭摺馳陳，仰祈聖鑒事。竊臣于七月二十九日，業將倭營動静，並開路情形奏明在案。八月十六日奉到七月二十五日上諭：軍機處封發寄信諭旨，各省奉到後，自應加意慎密，況係中外交涉事件，豈容稍有漏泄？乃本年三月二十九日密寄沈葆楨等諭旨，上海新聞紙内竟行刊刻。究係何人泄漏，著李宗羲嚴密確查。嗣後各將軍、督撫等奉到寄諭，務當格外嚴密，以昭慎重等因。欽此。臣等伏讀之下，無任悚惶，敢弗祇遵，益求慎密。

八月初四日，倭將遣其酋吉利用通等六人，自峨嶠來郡，遞公文二件。其一覆臣等詰其兵傷鄉民、阻我驛夫一案，諉諸言語不通，請以後遇有公差，給予執照，以敦和好。其一則覆臣等勸令退兵一節，謂柳原及大久保想能商定，彼兵進退，應須朝命等語。大抵借此一行，以窺我虚實。續據探稱：初六日，倭營給附近奸民數人洋銀七百圓，以酬其前日招番及取琉球人首級之勞。而逐日仍復勾致近番，給以旂號、嗶吱、白布等物。該營疫氣流行，死者日四、五人，病者不計其數。其副都督川崎祐、通事官彭城中平、管糧官富田等俱相繼染病。美國人機慎者，自得工銀一千圓，爲入牡丹社繪圖，亦病危而歸。然内雖多故，外仍示强，買茅草蓋兵房，日練槍礮，且稱大兵萬餘將至，以聳嚇居民。此倭營近日情形也。

淮軍二起五營，于初五日即抵澎湖，以風浪暴作，寄椗守候。十四、十五、十六等日，始盤至旂後，現均抵鳳山擇地駐紮。鎮臣張其光與前南澳鎮吴光亮所招粤勇二千餘人，亦僱輪船于十七日到旂後，雖

已登岸，以風濤顧簸，人力饑疲，俟暫息一、二日調來郡城分紥。一時兵勇聚增，聲勢頗壯。臺南開路，經同知袁聞柝親督人夫，由赤山步步爲營，披荆斬棘，已跨師頭山，入鷄籠坑，離崑崙坳十餘里。崑崙坳，蓋諸山之脊也。卑南番目牙等陳安生等，已自率番衆由本社循山闢路，出至崑崙坳相迎。其附近諸番，繳出倭旂多面，以示諭誠。八月初八日，有崑崙坳及内社番目率二百餘人，來袁營請領開路器具，願爲前驅，均分别賞賚。詎旁有望祖力社兇番，其目名武甲與卑南社素仇，率衆埋伏菁林，放槍截殺，卑南社番情急抵禦，格殺武甲等三人。袁聞柝馳至曉諭，望祖力社番自知理屈，悔罪求和，尚于大局無礙。臣等恐該同知孤軍深入，後援無資，札副將李光帶勇三哨進紥雙溪口，游擊鄭榮帶勇一營進紥内埔莊，節節相銜，庶入山日深，後顧無慮。頃接報：十一、十二、十三等日，内山風雨大作，棚帳皆飛，爲之停工數日。然一過崑崙坳，則近卑南地界，業經諸番墾荒闢穢，雖所開未必合法，然從而擴之，沿途尚易施功。北路准提臣羅大春函稱：自七月二十四日由東澳起工，至八月初一日開到大南澳嶺頂，計程二十餘里而遥，大半縋幽鑿險，苦費人功。初三日，有不知社名之兇番百餘，出没灌莽間，窺我有備而退。初四日，正在刊木踰山，勇夫手口交瘁之際，突有兇番數百，各持刀標鳥槍，從林際前來撲犯。守備黄朋厚、千總王得凱、都司陳光華、軍功陳輝煌等，率勇上前接仗，斃其一人，傷其數人，始獸駭而散。我兵亦被傷五人。自此以下爲大南澳平埔，約廣長四五十里，中有竹圍。聞兇番約計四十餘社，丁壯數千，思截我前途，鏟削巨木，創爲望臺，以憑高下瞰。羅大春現復遣人加意招徠，一面添募勇四旂，夫千名，以助士功，兼防不測。恐一時兵勇未齊，衆寡懸絶，請臣撥臺南一營赴之。現調東港總兵戴德祥一營前往。咨淮軍總統唐定奎分營填紥東港，以爲枋寮後援。近聞北路自初六日後，亦風雨交作，溪流四溢，途逕不通，一切工程，想難措手。大抵臺南番社，經倭人肆虐，知朝廷寬大之恩，故稍易招致。且山後番目，真心受撫，兵至則荷鍤相迎，雖有伏莽狙擊之徒，搜之即遁。北路則天荒未破，各社言語互异，官無從曲通其情，不得不諉諸通事。爲通事者，向以欺番爲利，號曰“番割”。生番積受其欺，無所控訴，憤不自勝，時報以殺。故通事亦以入番社爲惴惴。其零星番社名目，通事且不能周知，進一步即紮一哨，以勇丁護夫役，即須以碉堡護勇丁，非刊除草萊即堪收效也。

臺郡城垣，以灰磚必來諸内地，輾轉需時，現祇修成二百餘丈。而風雨飄摇，舊者又塌數十丈。安平洋式礮臺，繪圖剛就。現已派候補知府淩定國會同洋匠督速。所呈圖説，深合機宜。惟費巨工煩，非一時可竣。臣霨以月初親往鳳山巡視諸軍，稽覈練丁人數，清查番社户口，發給印牌，以固人心。該民番等均鼓舞歡欣，一律遵辦。于本月二十六日始歸郡城。兹謹將淮、粵兩軍到臺及南北開路情形，合詞恭摺，附輪船到滬，交上海道由驛六百里馳奏，伏乞皇上聖鑒，訓示遵行。再，此摺由臣葆楨主稿，合併聲明。謹奏。

九、欽差大臣沈葆楨等奏摺：續報倭情並淮軍到臺及開路、城工、礮臺各情形

[同治十三年九月二十四日]，爲續報倭情，並將淮軍三起到臺及南北開路、郡城礮壘各情形，恭摺馳陳，仰祈聖鑒事。竊臣等于本年八月二十四日，業將淮、粵兩軍續到、南北兩路開山情形奏明在案。八月二十八日，奉到八月初二日上諭：日本兵船在後灣、楓港一帶，意圖招誘番衆，恫喝村民，日久相持，情形漸怯。現在防務漸臻嚴密，惟中路水沙連、秀姑巒一帶地方，最爲緊要。刻下該處社寮竟有教堂數處，並有逃匪逋匿其間，難保倭族不暗爲勾通，肆其煽惑。即著迅速籌商，妥爲調派，一面撫綏番衆，搜捕匪徒，一面開路設防，力求固守，毋使倭族得售其奸。安平礮臺，著沈葆楨設法興築。臺城倒塌，現經發款興

修，著即飭令周懋琦認真經理。鐵甲船必不可少，沈葆楨等當切實籌辦，力圖自强。閩廠准其興造得力兵船，以資利用。屯番槍傷生番，亟宜速行查辦各等因。欽此。九月十六日復奉到八月十九日上諭：日本雖未啓兵端，然日久相持，終非了局。現在淮軍續抵鳳山，羅大春所調泉勇業抵蘇澳、滬尾、鷄籠等口，亦擬調募兵扼紮，布置漸臻周密，當隨時聯絡，以壯聲威。莿桐脚莊民有勾引倭兵往攻龜紋社之謡，當飭令王開俊迅傳該處民番，解仇息事，毋任别滋事端。鐵甲船購買未成，仍著沈葆楨等妥速籌議，以資得力。修築礮臺勢不容緩，著沈葆楨等迅速辦理，毋失機宜。羅大春招募開通番社，該處事務愈繁，需餉愈巨，著文煜、李鶴年、王凱泰設法籌濟。道員黎兆棠應否留于福建差委，著文煜、李鶴年、王凱泰與沈葆楨酌度具奏各等因。欽此。臣等伏讀之下，感激莫名。

查八月二十三日，倭營到輪船一號，内載兵七百餘人，並藥鉛、洋氈等物。二十七日，復到一號，内裝琉球小工二百餘人，鍬鋤四百餘具，鐵釘十餘挑及砲子繩索等件。二十三日之船于二十八日駛歸，内載病兵七百餘人，小工三百餘人，花旂人機慎亦在其中。二十七日之船于九月初二日駛歸，内載病兵四百餘人。初二日復到一船，初四日即駛歸，蓋以傳遞信件者。初七日午刻，倭兵忽移營棚一架，紮新街渡頭。莊民公憤，聲言户出壯丁二人，各帶軍器防護。申刻，倭遂撤棚而歸。初八日，倭列大銅礮八尊、飛輪礮一尊、小銅礮十餘尊于營外，添兵巡邏，以防莊民。初十日，四張告示云：新兵之至，乃替换舊兵，並無他意，各莊其安堵如故等語。其營中疫氣猶盛，死者日八、九人或兩、三人不等。病者邀醫診治，醫云：此不土木服所致；皆涕泣思歸。此近日倭營之情狀也。

莿桐脚莊民勾倭攻龜紋社一案，臣等照會倭酋後，旋接王開俊稟稱：已有生番十三日與該莊釋嫌尋好，倭兵亦未前來。峫嶠諸社，經臣霨派員入山，清查户口，發給印牌，感受約束，業均送册前來。現復派由海濱繞往卑南一帶，逐社稽查矣。自臺郡至鳳山，近亦疫氣流行，兵勇染者不少。王開俊一營尤甚。該營迫近前敵，其將鎮定有謀，深知大體，近亦染病甚重，臣等馳念殊深。淮軍三起，九月十五日均抵澎湖，現由靖海、長勝兩船盤運旂後未畢也。南路開山，據袁聞柝禀稱：已越過崑崙坳，再八十餘里，即卑南之界，憑高俯瞰，臺東海色如在幾前。惟入山愈深，番社愈雜。沿途留隊扼險，兵力漸單，請添營濟之。臣等飭張其光親率新到粤勇兩營，于十二日馳赴内埔察看情形，調度前途各軍，挨次進紮，使無後患。若工程順手，下月當能東達海濱。此臺南一帶之情形也。

北路近准提臣羅大春函稱：八月十三後該處風雨始歇，大南澳兩河遽决爲四，勇丁方結筏以渡，蘆葦中突出生番狙擊，守備黄明厚等各受鏢傷。十九日，復有生番率衆撲犯蘇澳碉樓，傷斃兵丁一名。迨大隊趕至，紛然獸散，逃匿無踪。辰下開山已抵石屋。石屋者，以石崖如屋而名也。自大南澳至石屋，中皆平坡。縱横數十里，雖菅茅荒穢高至丈餘，而山水清腴，勃勃有生氣。溪溜成坳，可備旱澇，後日耕種，悉屬膏腴。過石屋十餘里爲濁水溪，路極險仄，須得兵勇由海道前途扼紮，方免邀截之虞。現已造船五隻，足資配載。前移戴德祥一營，並招新勇一旂，均抵蘇澳。兵力漸集，可以鼓勇直前。開荒雖煩人力，果步步脚踏實地，原可日起有功。顧必碉堡足恃，兇番乃無可逞其鋒；居民漸多，番割乃無所施其技。欲集居民，必先招墾。所難者窮户拮據無資，紳富之家往往畏難不進。臣等亟商羅大春設法招徠，無論兵民，咸許領墾。此北路一帶之情形也。

臺郡城工，經夏獻綸、周懋琦督催，業已過半。安平礮臺，先由洋匠踩址繪圖，擬設于三鯤身之地。該處下臨大海，計去安平一千三百九十三丈有奇，去郡城七里有餘，爲海濱離城最近之所，外可遥擊敵船，内可近衛郡治。臺爲方式，其制四面共寬一百八十丈，四角爲凸形，中爲凹形；凸者列大礮以利遠攻，凹者列洋槍以防近撲。臺頂至地高一丈六尺有奇，厚一丈八尺有奇，外更掘濠一重，濠岸以一丈爲率，注水以七尺爲常。臺上容一千五百人，周圍配大礮五尊、小礮六尊。除礮兵二百七十二名外，餘皆洋槍隊也。臺之下爲避礮室，以備換班歇息，後爲倉庫，以儲糧米藥鉛。其墻均須極厚，層層必以竹木撑持，敵礮乃不能入。論洋法礮臺，皆壘土爲之，而時有旁塌之患，歲修之費頗繁。臺北常震，海雨動輒經旬，土臺尤易傾塌。今擬外圍方磚，内塞以三合土；圍磚則永無旁塌之慮，實土則不至爲巨礮所摧。外圍之磚厚須五尺有奇，約估丈數，已在六百萬塊以外，竹木石灰稱之。據洋匠云：諸物齊備，工程以六個月爲期。況該處本屬沙洲，取土須十餘里以外。臺地向無磚廠，須由泉、厦購運而來。海上風帆靡常，恐非刻期可致。臣等派候補府淩定國于本月十五日興工，先修道架橋，以供輦運，搭寮蓋草以居匠徒。一面購運磚灰木料前來，填地壘土之功，方能舉辦。

中路開山，經黎兆棠召募營勇，業已成軍。惟該處途徑百出，岩壑阻深。水沙連一帶，久爲逋逃之藪，非先搜捕積匪，無以撫綏生番。新軍無多，不敷分布，現飭南澳鎮吴光亮率粤勇兩營赴之，已于十四、十五等日由郡至城拔隊北行。

臣霨于八月十六日回郡，以外受嵐瘴，内迫焦勞，復患嘔血，臣葆楨竊爲心憂，幸氣體尚壯，漸已平復。浙江候補道劉璈，業于本月十七日抵臺，臣等可以藉資廣益。黎兆棠之奉旨東渡也，稟稱賦質羸弱，無志出山，兹以疆事方殷，爲臣子者何敢自耽安逸？懇倭事定後，仍予回籍，理合聲明。兹謹將近日倭情及淮軍三起到臺，南北開路，郡城砲臺情形，合詞恭摺，附輪船到滬，交上海縣由驛六百里馳奏，伏乞皇上聖鑒，訓示遵行。再此摺係臣葆楨主稿合併聲明。謹奏。

一〇、欽差大臣沈葆楨等奏摺：倭使遵約撤兵謹派文武弁兵前往交代

[同治十三年十月十四日]，爲倭使遵約撤兵，謹派文武弁兵前往交代，恭摺馳陳，仰祈聖鑒事。竊臣于本年九月二十四日，業將淮軍到臺及開路、城工、礮臺各情形奏明在案。十月初九日，承准總理各國事務衙門函稱，倭事議定三條辦法，已畫押互換，大久保即赴臺灣會同其中將撤兵，所有修道、建房等件交付中國官員收管，當先期委員馳赴倭營驗收，隨即派兵駐守，以便將來籌辦善後事宜各等因。並抄會議憑單一扣、互換條約一扣、給稅務司赫德札一扣寄來。初十日，倭領事福島九成帶同該國通事吴碩等來謁，據稱大久保已往𤩝嶠，特令該領事到郡面陳一切，並開呈事宜五條，大意與總署原約相符，惟中一條稱，該國民人被生番殺害者，已于收埋舊址建立墓碑，以後如有該國民人親友登岸祭掃，請准其拜奠而歸等語。蓋指其初入番社時陣斃者言之也。臣等以撫局已成，允其所請，與約來時須有領事官蓋印執照，祭畢即歸，俾免生事。另由臺灣道具文照覆。該領事感謝而去。臣等即派臺灣府周懋琦帶同委員弁兵，定于本月十三日坐永保輪船前赴𤩝嶠。隨帶照會一道，面給倭將西鄉，令其按照條約交代明白。一面札飭臣霨所部游擊鄭榮安撫軍一營，由赤山拔隊，自陸路會之。周懋琦事竣回郡，即留安撫軍駐守𤩝嶠。

旋據探稱：初八日𤩝嶠到倭船一號，有倭官帶兵役三十餘人登岸，蓋即大久保也。初九日，又到倭船一號，亦係空船。倭兵均已收拾行李，用牛車裝載槍礮器具下船。此數日内，倭營死者復二十餘人，帶來洋氈又爲大風刮去百餘件。想該倭將等接到照會，交代一畢，即當撤營登船矣。

淮軍三起，九月十五日即到澎湖，方派長勝、靖海兩船陸續盤運，

奈日來風濤暴興，兼旬不息。十月初四日，兵勇始得盡數登岸。至後山番社一帶善後事宜，俟倭兵退後臣等再當悉心通籌，請旨定奪。玆先將臣等承准總署來函，並接見倭將領事，派員前往，按照條約交代，並抄倭領事呈請事宜五條，合詞恭摺，由輪船到滬交上海縣付驛由六百里馳奏，伏乞皇上聖鑒，訓示遵行。此摺係臣葆楨主稿，合併聲明。謹奏。

謹將倭領事呈請事宜五條，錄呈御覽。

玆因本國徵番一事，在北京總理衙門，兩國大臣業經會議妥平，互立辦法可據。我全權大臣飭敝領事就貴道臺面陳一切，轉請沈大臣查辦事宜，開列于左：

從今約五、六日之間，敝國所撥大船，自必齊到琅嶠，載兵回國。應請沈大臣或潘大臣如期駕至該地，與我西鄉中將會晤，以便彼此料理交代事宜。貴國所派兵員，現下不過充爲交代，彼此照應，猶可不必多員。

從來兩國大臣一切往來公文，彼此繳回注銷，永爲罷論。則其沈、潘兩位大臣與西鄉中將曩日所有來往一切公文，亦宜就琅相會交之便，兩相交換。

我國人民，在生番被殺死者，遺骸現就當時收埋之舊址，更建墓碑表之。將來如有親戚朋友人等航客就近港口之際，若欲藉便登岸掃祭者，務望使其即日登岸拜奠而歸。

所有交代事宜完訖之後，即望貴道立將其由飛札及電信捷報上海道臺處，以便轉申北京總理衙門查照。

本國現在厦門派設領事，將來如在貴道臺所轄之地，倘有交涉敝國事件，務望貴道速即照會敝領事，以便照辦其事。

一一、欽差大臣沈葆楨等奏摺：倭兵盡數退出業將草房營地撤回

[同治十三年十一月]，爲倭兵盡數退出，業將草房營地撤回，恭摺

馳陳，仰祈聖鑒事。竊臣等于本年十月十四日，業將倭使遵約撤兵，派往交代情形，奏明在案。嗣叠據臺灣府知府周懋琦稟稱：十月十三夜，帶同委員陳謨、都司沈國光等抵峎嶠登岸，隨即函知倭將西鄉從道。十四日，該倭將遣其通事吴碩來請到彼營會晤，即交出臣等前發照會五件，該府亦將倭營前發照會兩件還之，且向索倭營與民間交涉字據，倭將允諾，因出酒果相款，排槍隊送歸。十五日未刻，倭官福島九成送來本處民人租地合同七紙，並通知十六日先撤楓港之兵。是日游擊鄭榮所帶安撫軍適至，該府遂派巡檢周有基引鄭榮所部把總沈如生前赴楓港。迨十八日，該處倭兵始掃數登舟。福島九成寄繳楓港租約呈詞十一紙。該府復索民間尚有呈詞字迹。旋據西鄉函復，以該營人員内有數員病故，無從尋檢，以後均爲廢紙，兩無异言等語。其遺下營房三十七間，經周有基等接收填紮。二十四日已刻，西鄉從道將龜山老營兵勇五百餘人登舟；酉刻，福島九成復將兵役五百餘人登舟。一面開單遣人交出草房一百零二間，板片一千二百零五片。當即派巡檢周有基、千總郭占鰲照數點收，復由鄭榮派安撫軍四哨赴該營填紮。西鄉之船，于是夜亥刻開駛而去。其餘倭船于二十五日盡行放洋等因。現在交代事竣，該府周懋琦已于二十六日坐揚武輪船回郡。龜山、楓港兩處，留鄭榮駐紮，以資彈壓。至所有峎嶠一帶善後事宜，容臣等悉心妥籌，再行請旨定奪。兹先將倭兵盡退及交代營房情形，恭摺由輪船到滬，交上海縣付驛六百里馳奏，伏乞皇上聖鑒訓示。再此摺係臣葆楨主稿，合併聲明。謹奏。

一二、欽差大臣沈葆楨奏摺：商辦獅頭社番摺

[光緒元年二月十七日]，奏爲恭報微臣葆楨抵臺日期，並將商辦獅頭社番情形，恭摺馳陳，仰祈聖監事。

竊臣等于本年正月二十七日奉上諭：沈葆楨等奏“履勘峎嶠形勢擬建城設官”一摺，即著照所議行。該大臣等即飭令委員將築城建邑等

事，實力籌辦；其餘未盡事宜，並著隨時具奏。沈葆楨現在回省，著將船政應辦各事迅速料理，即前往臺郡督飭該地方官將撫番開山事務，通籌全局，悉心經理，以副委任。刺桐脚莊民被生番戕害一案，著即妥爲辦結等因。欽此。正月間，臣葆楨甫將船政銷案勾稽就緒；旋聞獅頭社番抗不交兇，且敢公然戕勇傷官，擬刻期渡臺，業經奏明在案。

二月之初，將後膛洋槍等件陸續盤運登舟，候解到臺餉，分給洋將日意格西行採辦，臣葆楨即于初十日發虎門，十二日抵澎湖。登岸履勘副將吴奇勛所修礮臺工程，頗知力求堅實；惟窮島荒陬，木料難致，尚未竣工。

十三日午後，抵安平。接見地方官，知王開俊失利之後，内外獅頭等社常結連黨羽，在刺桐脚沿海一帶伏路伺殺；風港、枋寮各處道路爲之不通。夏獻綸函商淮軍總統唐定奎，委副將王福禄接帶王開俊原營、劉璈率總兵朱名登一營併鎮海中營兩哨馳赴風港；唐定奎派提督王德成、周志本、張光亮先帶七營分紮枋寮、南勢湖、枋山等處；隨于本月初四日親統四營扼紮刺桐脚，以當其沖。據報：兇番晝則伏于莽中，狙擊行人；夜則燎于山巔，誘我出隊。軍民夫役零星行走者，往往爲所伺殺。唐定奎議：以該番恃密箐深林爲藏身之固，我進彼隱，我退彼見，與中原之剿髮、捻迴不相同。欲殲豺狼，必翦荆棘，各營添募土人幫同勇夫隨山刊木，務絶根株；並細訪附近奸民有接濟鹽米火藥者，按以軍法。所籌深合機宜。竊思臣葆楨奉命巡臺，意在撫安番社；今易撫爲剿，甚非所以仰體朝廷仁愛之心。第獅頭社番前年伺殺委員王文棨勇夫，當時恐波及無辜，未經切實懲辦；乃聞日本兵退，遂欲焚滅莊民。曉諭頻仍，抗頑益甚，惡言四布，謂不屠不休。各莊婦孺環籲營門，致王開俊不及會商，孤軍深入，遂勾結龜紋等十八社阻險潛踪，殞我良將；而崰嶠各社早經帖服者，亦因之觀望而有异心。若非震以天威，不特内患疊乘，外侮且因而狎至。臣等檄飭各營悉聽唐定奎調度，俟榛莽廓清後，按隘設碉，步步爲營，層層逼入；痛懲一、二社，諸社自當懾服輸誠，從而撫之，以爲一勞永逸之計：固不敢養癰以貽患，亦不敢嗜殺以貪功。其原駐峴嶠之淮軍、原駐昆崙坳之粤軍，仍照常堅紥，以鎮民番。至于中路、北路各處尚稱安謐，一切情形當更陸續奏聞。

愚昧之見，是否有當？謹先將商辦事宜，合詞恭摺由輪船赴滬付驛六百里馳陳。伏乞皇太后、皇上聖監，訓示遵行。

再，此摺係臣葆楨主稿，合併聲明。謹奏。

一三、欽差大臣沈葆楨奏片：游擊王開俊請卹片

[光緒元年二月十七日]，再，管帶福靖左營、温州右營游擊王開俊，本年正月初八日以入剿獅頭社番，遇伏陣亡；所有情形，經臣等奏明在案。該游擊任事勇往，血性過人，久歷戎行，勳績卓著。上年剿辦彰化土匪，甚爲出力；臺事方殷之時，尤能密籌布置，深合機宜。此次以兇番疊擾居民，奮不顧身，雖深入捐軀，而所誅番目、番衆亦復不少。忠骸至今尚未尋獲，聞者無不惻然。上年經臣等會摺奏保，以參將盡先補用，並加副將銜。合無仰懇天恩，將浙江温州右營游擊王開俊照副將例從優議恤，並請加恩予謚，于臺南准建專祠；其隨同陣亡之哨長花翎都司銜盡先守備周占魁、藍翎盡先守備楊舉秀、盡先千總楊占魁及勇丁九十三名，並懇交部從優議恤附祀，以慰忠魂。謹附片陳明，伏乞聖監訓示。謹奏。

一四、欽差大臣沈葆楨奏片：請調段起充營務處片

[光緒元年二月十七日]，再，據營務處浙江候補道劉璈禀稱：該員于本年二月初一日在風港營次接到家信，知父品章于同治十三年十二月二十日在湖南臨湘縣本籍病故，懇請奔喪回籍守制等因；該員例應丁

憂，情詞迫切，雖撫番開路諸務倥傯，未忍違其所請，隨即給咨，俾星馳旋里，勸令營葬一畢，仍即到臺素服從事。惟所遺營務處，未便久懸；查有在籍布政使銜前江西督糧道段起，係湖南清泉縣人；該員潔己愛民，曉暢軍事，與臣葆楨共職日久；合無仰懇天恩，飭下湖南巡撫調令刻日來臺，用資臂助。段起未到之前，一切營務交臺灣道夏獻綸兼理。謹合詞附片聲明，伏乞聖監，訓示遵行。謹奏。

一五、欽差大臣沈葆楨奏摺：報明南路勦番情形摺

[光緒元年三月十三日]，奏爲南路勦番，分途拔木通道，翻山逼巢；恭摺馳陳，仰祈聖監事。

竊臣等于本年二月十七日，業將商辦獅頭社番情形奏明在案。兹疊據總統淮軍提督唐定奎稟稱，獅頭等社兇番，前雖經各軍連營進紮，將海邊樹木斫清，而近山仍可藏匿，狙擊無已。

二月十二日前營之勇差往枋寮者九人，途遇生番數十，被殺者七、受傷者二；連日福靖左營之勇被殺者五、南勢湖之勇被殺者一：含沙射影，防不勝防。唐定奎招土勇千餘人爲鄉導，督飭各軍將山腰汙萊概行翦薙，自南勢湖起至刺桐脚止，開路計寬三十餘丈、直三千餘丈；該番無莽可伏，沿途一清。隨獲獅頭社奸諜林進春一名，訊明梟示。

當唐定奎之初至也，先于十八社中訪出同惡之番社曰内龜紋、曰外龜紋、曰内獅頭、曰外獅頭、曰竹坑、曰阿栽米息、曰中心崙、曰嗎梨吧、曰草山、曰干仔、曰阿養益、曰中汶、凡十有二社，地皆毘連；因定進勦之路：一出刺桐脚、一出南勢湖。

十四日，該番等竟敢先由刺桐脚迤北，要劫出哨淮軍；格鬬移時，槍斃兇番二人，奪獲器械數件，方各獸散。

二十日，中軍提督周志本、副營提督章高元親自入山探路，見山窪茅屋數間，料有藏伏；施火箭射之，果有生番百餘突出喊抗，我軍繞山

而歸。其地蓋外獅頭社之卡也。

二十二日，周志本督隊由南勢湖探路魚貫而入，約行數里，左巖右溪，鳥道一綫，側足乃通。正警備間，生番約有五百餘人突起迎擊，槍子雨墜。周志本執盉先登，士卒攀緣而上，頂踵相摩；兇黨死拒益力，鏖戰兩時，始駭而奔。我軍乘勝急攻，連破其五卡，直搗草山社，克之；弱息、輜重早已遷匿，焚其草寮百區。敗番等分兩路奔竄，憑高下瞰；數十武外，猶虎視眈眈也。擬即築壘其地，以山無汲道，整隊而還。是役，計陣斬悍番十餘名、槍斃百餘名、奪獲器械百餘件。我軍亦陣亡銘中副營左哨官游擊東維清一員、正勇三名，槍傷銘中前營左哨官副將楊春泰一員、正勇二十餘名，鄉導千總郭占鰲亦右手受傷。

唐定奎于山麓廓清之後，旋親督部伍由刺桐脚循溪右偏而進，三里許至竹坑山口，察勘形勢，可以安營；惟荆榛滿目，急須芟薙。三月初三日，派武毅右軍右營管帶宋先聘屯之，調集親、正、左等三營幫築壁壘。布置就緒，唐定奎仍循溪右而進。數日之中，又清山三里有奇，遂至竹坑山下；地勢迴旋，爲竹坑、獅頭往來必由之道。

初八日，復調集親、正等營助築營壘，派武毅左軍右營管帶何迪華駐之；唐定奎仍督將士前行伐木，繞至竹坑山之後；其地曰竹坑埔。該處距刺桐脚十里，溪廣山高；竹坑社在其東南，阿栽米息、中心崙在其正東，内外獅頭社皆在溪北，實爲形勝之區。仍飭親、正等營協築壁壘，令左軍左營管帶陳有元扼之。現入山雖深，逐節廓清，連環進紥，俟攻克險砦，即分兵久占；建瓴之勢既成，破竹之功可待。

南勢湖一路山溪更險，亦已開通三里有奇。該處係往獅頭社要隘，可以安營。惟其地石少土鬆，囊土成之乃得結實。已派管帶銘字中軍左營梁善明駐之。餘仍步步翦除，相機前進，批亢搗虛，以收全勝之效。

現在抗違者知技無可恃，漸生其愒息之心；附和者知法在必懲，潛消其勾結之術。雖披荆斬棘，將士勞苦迥异尋常，較諸冒險圖功，糜血肉之軀以僥幸于一勝者，又不當以彼易此。攻心爲上，多殺何爲！此臣葆楨與唐定奎往返熟商，不敢以稍延時日爲憚也。

至恒春建治事，宜俟剿務稍鬆，即行舉辦。其衙署一切，業繪圖貼說。由内地購材繩削，俟工竣轉運至臺，以節運費，而免曠工。

茲先將淮軍近日開路入山進迫番社情形，合詞恭摺由輪船到滬，交上海縣發驛六百里馳奏。伏乞皇太后、皇上聖監，訓示遵行。

再，此摺係臣葆楨主稿，合併聲明。謹奏。

一六、欽差大臣沈葆楨奏摺：臺灣北路中路開山今日情形

[光緒元年三月十三日]，奏爲北路開山已抵吴全城，中路開山已抵茅埔；謹將兩路近日情形，恭摺馳陳，仰祈聖監事。

竊臣等于同治十三年十二月初一日，業將北路開山情形奏明在案。茲疊准提臣羅大春咨函，稱北路大南澳生番，自經黄朋厚、馮安國等懲辦之後，上年十二月初九、十三等日斗史武達、斗史麻達簡、斗史實紀律、斗史麽、哥老輝等五社番目各帶番丁百餘人叩譬乞撫，經馮安國等分别誡飭、賞犒遣歸，番情遂頗安謐。本年正月初五日，羅大春由蘇澳率隊起程，初九日始抵新城。初十、十二等日，履勘三層城、尤仔丹溪、馬鄰溪、鯉浪港，旁繞加禮宛番、南勢番，直抵花蓮港之北而止。據陳形勢：自蘇澳起至花蓮港之北止，計途二百里，中界得其黎。得其黎以北百四十里，山道崎嶇，沙洲間之。大濁水、大小清水一帶，峭壁插雲，陡趾浸海，怒濤上擊，眩目驚心；軍行束馬捫壁，踏踏而過，尤稱險絶。得其黎以南六十里，則皆平地，背山面海。如悉墾種，無非良田；奈地曠人稀，新城漢民僅三十餘户耳，外盡番社也。自大濁水起至三層城止，依山之番統名曰大魯閣。其口社曰九宛、曰實仔眼、曰龜ㄖ、曰ㄖ沙、曰符吻、曰崙頂、曰實空、曰實仔八眼，凡八社；憑高恃險，野性靡常。歧萊平埔之番，居鯉浪港之北者曰加禮宛、曰竹仔林、

曰武暖、曰七結仔、曰談仔秉、曰瑤歌，凡六社，統名曰加禮宛社；其性畏强欺弱。居鯉浪港之南者曰根老爺、曰飽干、曰薄薄、曰斗難、曰七脚川、曰理劉、曰脂屘屘等七社，統名曰南勢番，男女共七千七百有四人；雖悉具結就撫，而薄薄、理劉二社皆既順復貳者。除薄薄一社知煮鹽、加禮宛一社頗耕種，餘悉茹毛飲血之倫，叛服不常，時當防範。論他日建城之地，宜在歧萊。若新城、三層、馬鄰、鯉浪，不過營汛之區；尤必截大清水以南隸歧萊，截大清水以北隸大南澳，方足資控制也。自該提督躬率大隊入新城添設碉堡，該番驟生疑慮，來營要求子藥未經允給，遂呼聚悍黨，晝則伏莽，夜則撲碉；節經各營奮擊，時有斬獲，稍息窺伺。丁勇等因之傷亡數十人。最狡者，正月二十四、二十五、二十六、二月初五、初六、初七、初八等日，大魯閣番竟敢糾衆數百，撲我新碉。弁勇一面力拒，一面興築。該提督親督礮隊馳援，番族傷亡頗多，始行敗竄；我勇陣亡者亦二十五人。叠經懲創，番情稍定。擬自蘇澳五里亭起、迄秀姑巒之鵲子埔止，計地三百四五十里，區分五段，沿途建三十二碉；各派營哨屯之，俾一氣聯絡。而以新到之宣義左營駐三層城，策應鵲子埔以北；宣義右營駐加禮宛，策應鵲子埔以南：此花蓮港以北籌辦之情形也。

花蓮港以南爲走秀姑巒之道，固木瓜番游獵之場也。登高一望，平沙無垠，茅葦盈丈，人迹不到。蓋以該番兇惡不亞斗史諸社，故沃壤曠如。南北港道，闊及三十餘丈。欲造正河木橋，左近苦無巨材；因先建支河木橋一道。軍功陳輝煌業率所部結筏以濟，直趨吴全城。該處離秀姑巒祗數十里，當時即有成廣澳之番目、秀姑巒之通事來營乞撫。其中别有大吧籠社、嗎噠唵社，皆附近强番，節經設法招撫，番目等各率耆老丁壯，由通事引至新城歸化，各賞酒食而歸。平埔之番，聞已盡此。平埔既附，以之專圖高山，似事勢較易：此花蓮港以南籌辦之情形也。

中路，原派前南澳鎮總兵吴光亮帶兩營駐集集鋪一帶。隨經臣等奏派臺灣道夏獻綸督理開山撫番諸事，嗣以遣探山路未回，未即動手。本年正月臺南剿務方殷，劉璈丁憂回籍，夏獻綸暫兼營務處，遂緩前往。玆迭據吳光亮稟稱：自年底探路歸報後，本年正月初九日起即率勇由林圮埔、社寮兩路分開，至大坪頂合爲一路；進而大水窟，進而頂城，計共開路七千八百三十五丈有奇。二月初七日，復由頂城開工，直抵鳳凰山麓；躋半山、越平溪、經大坵田、跨扒不坑等處而入茅埔，計又開路三千七百七十五丈有奇：兩處統計一萬一千六百一十丈。凡建塘坊八所，沿途橋道、溝壑、木圍、宿站俱漸興修；分派兵勇，自集集街起至社寮、大水窟、大坵田、茅埔、南仔脚、蔓東埔各要隘已逐節配紮。又送到查撫、水里、審鹿等三十九社名册，計歸化番丁、番口，凡七千二百九十二人。辰下方循途漸入，斬棘披荆以出秀姑巒之背；倘能因勢開通，將與北路諸軍聯爲一氣：此又中路一帶開山之情形也。

至卑南等處，自内埔以至大猫鼇，張其光諸營分布其間；袁聞柝病痊後，業再馳往經理番情，尚稱安帖。

臺郡城工雖竣，而安平礮壘以磚石、巨材轉運維艱，一時尚未蕆役；旂後礮臺早已興工，因淮軍挑調入山，暫行緩辦。理合陳明。

玆另將北路、中路開山及卑南各情形，合詞恭摺，附驛馳奉。伏乞皇太后、皇上聖監，訓示遵行。

再，此摺係臣葆楨主稿，合併聲明。謹奏。

一七、欽差大臣沈葆楨奏摺：請封蘇澳海神摺

[光緒元年三月十三日]，奏爲海神助順，籲懇敕加封號，專建廟宇，以答靈貺，而順輿情；恭摺馳陳，仰祈聖監事。

竊本年三月初三日，准陸路提督羅大春咨稱：噶瑪蘭屬之蘇澳，水勢險急，風涌奔騰，向難停泊船隻。去秋該提督駐紮該處，以水道糧運維艱，衆心焦灼，因于八月二十三日爲文虔禱海神蘇肸蠁孔昭，匝月

之間，涌勢頓減，附近突起沙洲隔成内港一道，百數十石之船得以檥棹小輪船往來亦可停泊，舉無沖擊之虞，居民船户人等額手相慶，咸稱神力。應請奏懇加封立廟，以答垂庥等因前來。臣等伏查江海正神，實能功德及民，例得奏請廟祀。令蘇澳海神靈感潛孚，鴻流順軌，俾帆檣穩便、士卒飽騰，功德昭彰，宜邀褒寵；合無仰懇天恩，准于蘇澳建立海神廟一區，敕加封號，編入祀典，以答靈貺，而順輿情。謹合詞恭摺具陳，伏乞皇太后、皇上聖監，訓示遵行。

再，此摺係臣葆楨主稿，合併聲明。謹奏。

十八、欽差大臣沈葆楨奏片：報明臺郡城工完竣片

[光緒元年三月十三日]，再，臺郡城垣，上年六月間暴風猛雨叠作，倒塌千有餘丈，經臣等奏奉諭旨：著即飭令發款興修，認真經理；務期修築鞏固，不准草率從事等因。欽此。八月間又因風雨坍塌數十丈，續奉諭旨：臺郡城池，關係緊要，著督飭該地方官速行修葺，務期鞏固等因。欽此。欽遵在案。

本年三月初三日，據臺灣道夏獻綸詳稱：查臺郡城垣周圍二千七百餘丈、垛子三千九百六十八個，分設八門；上年内垣傾圮六百九十丈有奇、外垣傾圮五百八十四丈有奇、垛子一千一百二十二個、礮臺八座、礮房三十一間盡行坍塌。經該道督飭臺灣府周懋琦、臺灣縣白鸞卿勘明坍塌處所，分派委員、紳士趕緊修築，所需工料銀兩即在海防經費項下動支；計自上年七月二十五日興工，至上年十二月十五日將内外城垣、垛子、礮臺、炮房、溝道均行修築完竣。旋經該道會同鎮臣張其光，履勘所修内外城垣用三合土舂築堅實，垛子、礮臺、礮房均各整齊；雖舊存者難保不復傾圮，而新修者可期一律完固矣。又臺地向無軍裝火藥局，上年辦理防務購買洋礮、洋槍以及軍火器械等項，必須慎爲存儲，方不虛糜；因于小東門内擇出空地，委員同洋匠按照洋式起造火藥局一

所。于上年六月初三日興工，凡築内圍墻五十六丈、外圍墻一百零二丈、房屋三十三間、亭子二所以及照墻、栅欄，均于上年十一月三十日完竣。又于小西門官地建軍裝局一所，上年六月初四日興工，凡築圍墻八十五丈五尺、建房屋四十二間，于上年十月十三日完竣。該道覆覈俱屬堅固，並無偷減工料。所有動用銀兩，應俟覈明匯案造報等因前來；臣等理合附片陳明，伏乞聖監。謹奏。

十九、欽差大臣沈葆楨奏片：千總李長興正法片

[光緒元年三月十三日]，再，本年正月間，管帶福靖左營游擊王開俊進剿獅頭社生番陣亡，臣等即飭臺灣道夏獻綸查明該營臨陣弁勇有無先行潰逃情事，以便分别辦理；業經奏明在案。二月二十九日，夏獻綸詳稱：先據接帶福靖營副將王福禄報稱：當王開俊被圍時，前哨正百長游擊李玉貴、左哨正百長千總李長興未能策應，咎無可辭；應先撤去百長，留營聽候查辦等因。旋又禀稱：二月十三日，李長興等俱求給假，該副將以應候查辦不准，詎李長興竟于十六夜潛逃；派弁追至東港拏獲到郡，經夏獻綸親自提訊。緣正月初八日，王開俊親督中、右、後三哨由獅頭山而進，令李玉貴、李長興督前、左兩哨由南勢湖而進，約至獅頭社合隊；迨王開俊爲生番圍困，哨官周占魁、楊占魁、楊舉秀俱已陣亡，張玉祥身亦受傷，而李長興、李玉貴兩哨不能前進合隊，致王開俊以孤軍力戰捐軀。李玉貴、李長興等身爲哨長，分道進兵，力圖援應，是其專責；雖據供衆寡不敵，因而挫退，並非先行潰逃，究屬怯懦無能，有干軍律。李長興不候查辦，私自離營，情節尤重；請示分别懲辦等因前來。臣等于三月初二日，先將千總李長興按軍法示衆；游擊李玉貴應請旨革職，不准投效軍營，以爲畏葸者戒。謹附片馳陳，伏乞聖監訓示。謹奏。

二〇、欽差大臣沈葆楨奏片：臺北員弁請卹片

[光緒元年三月十三日]，再，准提臣羅大春咨稱：前營外委陳維禮，于本年二月初六日帶勇護解餉銀，由蘇澳前赴新城，行至石公嶺下之小石洞，餉銀業已過嶺，該外委督勇丁押後，突遇生番百餘蠭擁截殺，該外委率勇力戰；移時，奈衆寡不敵，陣亡勇丁五名，猶奮勇突圍，力竭被殺。嗣碉勇聞聲救護，餘兵得脱，餉銀幸亦保全。該外委于去夏隨軍渡臺，旋回泉募勇，委帶綏遠左營左哨；茲因解餉中伏，血戰捐軀，殊堪悼惜！又盡先補用副將李東來管帶福鋭左營左哨，去夏隨軍來臺，駐紮蘇澳；委赴淡、彰募勇，力疾從公，于上年八月十五日在石碇途次病故。又盡先補用守備時榮貴，管帶福鋭左營前哨，駐紮新城，感受瘴癘，于本年正月十七日在營病故：可否奏懇賜恤等因。又准文稱：該提臣駐臺所部兵勇，或臨陣捐軀、或入伏遇害、或積勞成疾、或遭風隕身，自十三年七月起至元年二月底止，計陣亡、傷故、病故兵勇九十六名、遭風淹没勇丁三十二名，可否奏懇俟後山建城設官後，准予附祀昭忠祠等因。並據送册前來，經臣等覆覈無异。伏查陳維禮等三員，戎行宣力，奮勇無前，先後陣亡病故，情均可憫！合無籲懇天恩逾格，飭部將外委陳維禮照把總陣亡例從優議恤，副將李東來、守備時榮貴各以原官照軍營立功後病故例議恤；其兵勇一百二十八名，均懇准予附祀昭忠祠，俾得分歆享祀，以慰忠魂。謹合詞附片陳明，伏乞聖監，訓示遵行。謹奏。

二一、欽差大臣沈葆楨奏摺：淮軍攻破内外獅頭社摺

[光緒元年四月二十三日]，奏爲南路剿番，先後攻破竹坑、本武並内外獅頭等社；恭摺馳陳，仰祈聖監事。

竊臣等于本年三月十三日業將淮軍分途拔木通道、翻山逼巢情形，奏明在案。兹復迭據總統淮軍提督唐定奎報稱：各營自紮竹坑埔後，即將山麓榛莽一律廓清。三月十七日擬進攻竹坑社，料該番必有埋伏，豫派統帶武毅左軍提督張光亮出竹坑山前爲中路；管帶左軍左營游擊陳有元、管帶左軍右營游擊何迪華、管帶右軍右營副將宋先聘由左右兩路，各路步步哨探，攀緣登山；又以管帶武毅親兵副營總兵章高元、營務處候補知府田勤生繞由竹坑山後進拊其背，以絶外援。張光亮等行入箐叢，伏賊突起，我軍用連珠陣法且戰且進，擊傷兇番十數名，將士乘勝搗巢，該番舍穴而走；抄出鴟芋數千觔、槍矢刀斧數百件；内有髑髏十餘顆，非捐軀之士卒，即被難之人民，揮泪瘞之。其社正據竹坑山巔，東望阿栽米息、中心侖，南瞰楓港、刺桐脚，俱朗若列眉，誠形勝要區也；因飭陳有元分一哨扼之。特其社下距竹坑埔尚七里，中隔重山，慮倉卒之際，聲息驟難相聞；又飭何迪華分一哨踞其適中之山以聯絡之。自入山來，步步爲營，非惟甎石無所取資，即版築萬難咄嗟立辦；因購麻袋數萬挈之以趨，遇敵則攻，得險即守；就地囊土立壁，不日而成，番族望之氣奪。

竹坑布置就緒，仍督將士循大龜紋溪向内外獅頭等社開路。該番登高了望，百十成群。二十三日章高元帶隊前擊，槍傷悍番十數名，奪其紅旂而歸。二十五日正在伐木，突有兇番二百餘人蠭擁截路，經張光亮、章高元麾隊迎戰，鏖鬬逾時，陣斬十數名、槍傷十數名而散；我軍乘勝入砦，焚其草寮五六十區。詢諸土人，蓋龜紋所屬之本武社也。二十七日，章高元率親副營築壘于溪左之大橋頭，並分哨山頂，仍飭合力翦闢草萊，以爲進取之計。其南勢湖一路，疊經提督王德成、周志本等沿途開通，每日兇番四五百人撓我進路，互有殺傷，焚其沿山草寮百餘所，該番堅築石臺爲久踞計。二十七日，管帶武毅右軍左營總兵餘光德進紮衡山。此三月望後，攻克竹坑、本武等社並兩路進紮之情形也。

四月之初，唐定奎親登絶頂，見内獅頭社正面懸崖如削，無徑可通；仍飭各營循龜紋溪翦闢而進，思取勢以搗其後。至初三日，又廓清三里有餘。張光亮正覓路上山，相度營地，忽兇番二三百人突起莽中，隘地相逢，短兵奮擊。鏖戰兩時許，悍番扶傷數十遁入密箐；左軍正營幫帶副將馬加銀、左軍左營哨官游擊張賢扶均受槍傷，勇丁亦受傷六名。初四日，宋先聘營其山巔，龜紋社之接濟梗矣。南勢湖一路，又派中軍前營副將劉朝林營于獅頭山背，去外獅頭社僅二里。訪聞大甘仔力、周式濫等社皆萃居外獅頭社，壘石墻、插鹿角、建望臺、樹哨旂以守；我軍叠次陣斬悍番二十餘名、轟傷百餘名，而兵勇陣亡受傷者亦十數名，將士憤極，勇氣彌厲，各思滅此朝食。而兼旬不雨，酷熱有如内地之六月，張光亮、王德成、章高元感受嵐瘴，病莫能興；張光亮以十四日歿于營次，知府田勤生代領其衆。唐定奎登山察看形勢：見生番于各山稍平之處，亦自伐木通路；蓋知官軍清道而後行，故掘阱乎其中，置伏于其旁，去荆棘以誘我也。十五日，唐定奎面授各統帶機宜。十六日子時，蓐食銜枚而進剿内獅頭社者，唐定奎自督親兵正營爲中路，陳有元率左軍左營爲左路，宋先聘率右軍右營爲右路，而以副將畢長和帶親兵副左營伏于山後，以斷龜紋社救援之途，田勤生以左軍正營繼之，何迪華帶左軍右營扼山岡以斷外獅頭社往來之道。東方未白，中路之兵已過三卡，闃其無人；至第四卡，逆黨呼嘯迎拒，槍炮雨集。而陳有元、宋先聘已由左右逾嶺，軼至山巔，卡番擾動，中路遂乘鋭猛攻，連破堅卡，與左右合搗賊巢，該番依然負險死守。龜紋社兇番聞信，果以二百餘人前來，遇伏而潰；畢長和、田勤生仍留哨設伏，另分兵由山後繞出，與中、左、右三路併力合圍，自卯至已，賊砦始破。計斬悍番六、七十名；内一名名阿拉擺，龜紋社番酋之弟也。轟傷者二百餘名、生擒小番二名、奪獲槍刀三百餘件。餘番二百餘人沖入深林，向龜紋社而竄；何迪華追抵風吹嶺，始還。當時我軍一面囊土築營，一面搜查草寮。抄出福靖左營旂幟十餘面、擡礮十桿、番槍百餘桿、刀斧千餘柄、火藥百餘斤、鴟芋數百石、發辮二十餘條，焚其草寮二百餘間；檄左軍右營何迪華守之：此四月十六日攻克內獅頭社之情形也。

剿外獅頭社者，提督周志本暨副將劉朝林率中軍前營鰲字營兩哨爲中路，提督梁善明帶中軍副、左兩營爲左路，總兵餘光德帶右軍左營、提督姚天霖帶右軍正營兩哨爲右路，亦三路齊進。自卯至辰，連破五卡；巳時，攻克外獅頭社；斬斃悍番三十餘名、轟傷百餘名、奪獲槍刀二百餘件，餘番二百餘名向大甘仔力社奔逸。周志本派中軍副營三哨營于山巔，一面搜查草寮，抄出刀斧、火藥、鴟芋與內獅頭社相埒，計毀其草寮一百餘間。隨于前後溪壑覓得白骸甚夥，千總郭占鰲指爲王開俊及勇丁等捐軀之地。無貴無賤，同爲枯骨，慘目傷心；購木匣殮之。其王開俊首級必爲逆酋所藏，尚須細訪下落：此同日攻克外獅頭社之情形也。

陣亡淮軍十二名、土勇一名、受傷者四十餘名，都司彭壽長、鐘玉鏞均受傷，業已分別醫治等因前來。臣等思獅頭兩社自外生成，戕我兵民、傷我良將；此次各軍深入，用伸天討而快人心，其主謀助惡各社果能悔罪輸誠，縛獻渠魁，以彰國典，臣等何敢不仰體朝廷好生之德，寬其脅從；倘頑梗如前，亦不敢畏難苟安，留遺孽以貽民患！

淮軍歷著偉績如此，戰事各將領並不以之自多，而披荊斬棘之勞、炎瘴毒霧之酷、蹇山越澗之奇險、含沙射影之難防，其艱苦更非血戰中原者比。可否容臣等彙案擇尤、請旨獎勵之處，出自逾格天恩。除飭查明張光亮生平戰功另行奏懇賜卹外，謹將先後剿克竹坑、本武及內外獅頭各社情形，謹會同大學士直隸總督臣李鴻章合詞恭摺，由輪船內渡發驛六百里馳奏。伏乞皇太后、皇上聖監，訓示遵行。

再，此摺係臣葆楨主稿，合併聲明。謹奏。

二二、欽差大臣沈葆楨奏片：裝送王開俊忠骸片

[光緒元年四月二十三日]，正繕摺間，准唐定奎報稱：本月二十日

營務處知府田勤生帶隊巡山，派縣丞李際泰同勇丁至内獅頭社左近密箐中，見有首級絡于竿杪，急爲解懸，負回營次；經唐定奎飭曾隨王開俊剿番之千總郭占鰲及其舊部兵勇等環列諦視，咸稱確係前游擊王開俊之首。計死難已逾百日，面目凛凛如生，莫不搏顙下淚，嘆爲鬼神呵護。即備木匣裝送郡城，轉交故員家屬祗領歸葬，以慰忠魂等因。謹附片陳明，伏乞聖監訓示。謹奏。

二三、欽差大臣沈葆楨奏片：周維先等請卹片

[光緒元年四月二十三日]，再，准提臣羅大春咨稱：管帶福鋭左營花翎補用副將周維先，于本年三月初一日病故新城。該副將歷年出師楚、粤、江、皖，積功洊躋今職，選授貴州荔波營游擊，未經赴任；同治十一年，帶哨駐守厦門，十三年正月，隨總兵戴德祥渡臺，剿辦臺匪，奮勇獲勝。當臺事方殷，巡防鳳山、東港等處，始終不懈。八月間拔隊北來，招撫加禮宛、南勢等十三社生番，開山鑿路，首至歧萊。十二月，委帶福鋭左營，駐紮新城。實心任事，所向有功。詎積勞病殁，殊堪痛惜！陸提右營裁缺把總楊飛高駐紮米崙港地方，于本年三月十七日在營病故。該把總自同治十三年募帶壯丁深入番社，實力巡防。嬰疾遽逝，殊堪憫惻！均請奏懇賜卹等因。又據臺灣道夏獻綸詳稱：六品銜候委訓導蔡秉鉞，前派營務處差遣；在楓港營次得病，于本年三月初一日身故。候補鹽大使吴森林，前派辦行營文案，旋調辦南路淮軍支應事務；于本年三月二十四日在差次病故。試用巡檢阮經標，上年調臺，委辦鳳山縣屬内埔轉運局；于本年三月二十五日在差次病故。試用從九品章堃，上年七月間隨夏獻綸在蘇澳行營差遣病故：以上四員，隨營辦事，均屬出力；以感受瘴癘，相繼身亡。可否彙案奏懇賜卹等因？臣等覆覈無异。伏查花翎補用副將荔波營游擊周維先，久著戰功，積勞身殁，可否仰懇天恩逾格，准照副將軍營立功後積勞病故例，從優議

卹；把總楊飛高、候委訓導蔡秉鉞、候補鹽大使吴森林、試用巡檢阮經標、從九品章堃等五員，可否各以原官均照軍營立功後病故例賜卹，以慰幽魂。謹合詞附片陳明，伏乞聖監，訓示遵行。謹奏。

二四、欽差大臣沈葆楨奏片：提督羅大春請假片

[光緒元年四月二十三日]，再，臣等迭准陸路提臣羅大春咨稱：本提督自去秋力疾辦理開山事務，未遑醫治。本年五月入駐新城，時覺怔忡胸滿，兼患瘧痢，二月以後瘧證增重。加以兩脅疼痛，肝火上炎，嘔吐痰血；醫者以爲焦勞過甚、致邪氣未出，正氣已虧。後山藥餌缺如，無可調理。辰下神氣憒亂，委頓不支。請即派員接辦，以顧大局等語。臣等伏思臺北開山撫番，經該提督刱建布置，井井有條，誠難驟易生手；又恐勉强從事，久病失調，漸成痼疾，非所以上體朝廷愛惜人才之意！各無仰懇天恩，賞假兩月，俾該提督出山安心調理，得及早痊愈，以遂其報效之忱。第接辦之員，一時臺地實難其人。查有福寧鎮總兵宋桂芳，精明穩練，奮發有爲，堪勝其任；擬先調令來臺，代羅大春經理一切事務。當否之處，伏乞聖監訓示。謹奏。

二五、欽差大臣沈葆楨奏片：美德蘭等請賞寶星片

[光緒元年四月二十三日]，再，據日意格禀稱：上年隨防之“凌風”輪船大副美德蘭、管輪飛得士，均悉心教練，著有微勞；請獎寶星，以示優异等因。可否仰懇天恩，將洋員美德蘭、飛得士二名賞給三等寶星，以示鼓勵之處？謹附片陳明，伏乞聖監訓示。謹奏。

二六、欽差大臣沈葆楨奏摺：番社就撫布置情形摺

[光緒元年五月二十三日]，奏爲臺南脅從番社悔罪輸誠，業已次第

就撫；謹將布置情形，恭摺馳陳，仰祈聖監事。

竊臣等于本年四月二十三日，將先後攻破竹坑、本武並內外獅頭等社情形，奏明在案。玆迭准總統准軍提督唐定奎報稱：各軍攻克獅頭等社後，仍分哨扼險，拔木通途，徐圖進取。附近各社知負嵎不足恃，天討不可逃；五月初九日，率芒社番目一名晋箣、一名姑益翼、一名沙貝、一名處雷、一名姑觥、董的社番目名烏力烈、南片社番目名姑令、草山社番目一名土結、一名筲朗等率散番五十餘人到營乞降。經該提督傳譯曉諭利害，愈共震懾，籲求收卹。當日均給衣履諸物，該番等各跪戴而歸。十二日，枋山民人有程古六者，帶至內龜紋社番目野艾、外龜紋社番目布阿里烟；又有射不力社番目郎阿郎者，帶至中紋社番目龜口六仔、周武濫社番目文阿蛋及散番等百餘人款營乞降。該提督示約七條：曰遵薙髮、曰編户口、曰交兇犯、曰禁仇殺、曰立總目、曰墾番地、曰設番塾；以龜紋社首野艾向爲諸社頭人，拔充總社目統之，著照約遵行。所統番社如有殺人，即著總目交兇；如三年之內各社並無擅殺一人，即將總目從優給賞。其獅頭社餘孽，探悉竄伏何社；即由何社限交，不許藏匿。野艾及各番等均願遵約。隨將竹坑社更名曰永平社、本武社更名曰永福社、草山社更名曰永安社、內外獅頭社更名曰內外永化社；脅從各社，均許自新。惟獅頭社罪大惡極，漏網者不許復業。所有內外永化社，即著總社目另招屯墾，以昭炯戒。于枋寮地方先建番塾一區，令各社均送番童三數人，學語言文字，以達其情；習拜跪禮讓，以柔其氣。各番聞之，無不俯首帖服等因。適臣凱泰本月十一日由省東渡，十七日抵臺；與臣葆楨公同參酌：伏思曩奉撫番之命，以獅頭社之變，易撫爲剿，實出于萬不得已；幸天威所震，頑族歸誠，敢不仰體生成，使之同托帡幪之下！惟狉獉之性，初就範圍，不能不堅明約束，俾先受我羈勒，後乃可徐與漸摩。擬即如該提督所請，按條實力奉行。臣等愚昧之見，是否有當？祗候聖裁！謹合詞恭摺，由輪船內渡發驛六百里馳奏。伏乞皇太后、皇上聖監，訓示遵行。

再，此摺係臣葆楨主稿，合併聲明。謹奏。

二七、欽差大臣沈葆楨奏片：北路中路情形片

[光緒元年五月二十三日]，再，臺北一帶迭經羅大春報稱：自前隊開抵吴全城，諸軍遂擬一路聯絭而入；無如該處初闢之區，叢莽積霧，天日蔽虧，一交夏令，疫氣流行，兵勇染病甚衆。三月十九、二十等日，據統帶福靖、綏遠各營旂都司周士得稟稱：加禮宛之番唆動七脚川諸社，背其老番，乘我軍病疫，各謀蠢動；經羅大春集各社通事窮詰實情，宣揚國家威德，切實曉諭，乃息异心。又見我軍方汰遣病羸，添補精鋭，戒備森嚴，愈形惕息。惟大濁水、得其黎、新城一帶，兇番仍不時出没。四月初七、初八、初九、十二等日，生番或數十人、或百人伏途狙擊，乘雨撲碉；經各路兵勇隨時零星擊斃，且有生擒者，勇丁亦陣亡十數名，以後尚覺安静：此花蓮港以北之情形也。

花蓮港之南，據周士得稱：日來派千總吴金標、軍功陳輝煌、外委陳陞等沿途招撫。據吴金標譯造木瓜等五社、大吧籠等二十社名册，陳陞譯造嗎噠唵等四社名册，通計二十有九社，共丁口一萬七千七百一十九人。内惟木瓜五社狡悍异常，餘較馴善：此花蓮港以南之情形也。

中路一軍，據吴光亮報稱：自三月初九日起至四月初八日止，由茅埔越紅魁頭，經頭社仔坪、過南仔脚蔓至合水止，統共開路四千六百八十丈，合計二十六里有奇，遞建塘坊四座、茶亭二所、大小木圍二座、公所二座、小營壘一座，以便往來。自四月初九日起至五月初八日止，大雨兼旬，工程稍滯。自合水起，歷東埔社心、走霜山横排至東埔坑頭止，共開三千七百九十丈，合計二十一里有奇，建塘坊三座、石橋兩道、木栅、土圍、公所、兵房均已隨地建置。以後當再接續

前進，復雇工從牛轀轆旁開一道，側接茅埔，以便分達埔里、集集、社寮、南投各處，使商旅時通。

卑南一帶，署臺防同知袁聞柝，現方招集屯丁建築碉堡，爲經久之計。內埔、崑崙坳、諸也葛等處，鎮臣張其光仍駐營彈壓，地方均稱安謐。

謹再合詞附片陳明，伏乞聖監訓示。謹奏。

二八、欽差大臣沈葆楨奏片：搜獲布袋嘴土匪正法片

[光緒元年五月二十三日]，再，據臺灣鎮張其光、臺灣道夏獻綸稟稱：嘉義縣屬之三條崙、布袋嘴一帶濱海地方，私梟充斥，時有搶劫情事。本年四月間，風聞布袋嘴之新厝莊有匪徒聚集，當飭都司沈國先帶兵往捕，竟敢抗拒，致傷兵丁一名。時張其光駐兵南路，夏獻綸遂派管帶蘭軍中營提督高登玉、管帶鎮海中營副將張逢春並前淡水同知向燾前往，會同嘉義縣陳祚查拏。四月十四日抵新厝莊，匪首蔡顯老等先期逃匿北港仔地方。十五日官軍分路馳往，傳令該莊將要犯捆送；詎蔡顯老等持械沖出，高登玉率隊向前，被該匪槍傷左腕、左腿，矛傷左臂、左胯下，勇丁亦受傷者五名。高登玉奮勇直入，當場格斃匪犯兩名，其一即匪首蔡顯老也。各弁勇奪獲洋槍、鳥槍十餘桿、矛械三十餘件。餘匪散逸，官軍等分路搜獲蔡波、蔡歹等十一名；經陳祚立時訊明蔡波、蔡歹二名均係著匪搶犯，無惡不作，稟經批飭就地正法。其餘並逐一研訊，分別詳辦。在逃各犯，仍責成陳祚會營勒緝。現在所有兵勇均已撤回，地方業臻安静等因前來。理合附片陳明，伏乞聖監。謹奏。

二九、欽差大臣沈葆楨奏片：臺地無庸另派大員片

[光緒元年五月二十三日]，再，承准軍機大臣密寄，本年四月二十六日奉上諭：南北洋地面過寬，必須分段督辦；著派李鴻章督辦北

洋海防、沈葆楨督辦南洋海防，所有練軍、設局及招致海島華人諸議，統歸該大臣等擇要籌辦。至鐵甲船需費過巨，著李鴻章、沈葆楨酌度情形，如實利于用，即先購一兩隻。開採煤鐵事宜，著照李鴻章、沈葆楨所請，先在磁州、臺灣試辦。出使各國及通曉洋務人才，並著李鴻章、沈葆楨隨時保奏。臺灣開山撫番事宜，是否仍須該督親爲督率，抑或奏派大員經理；並著沈葆楨酌度情形，速行具奏等因。欽此。查撫臣王凱泰，已于本月十七日抵臺。王凱泰用心之縝密、勵行之清苦，勝臣遠甚；所有開山撫番事宜，自應歸撫臣專辦。署臺灣道夏獻綸于民番情僞了如指掌，可資輔翼，無庸另派大員。臺俗好逸，撫臣率之以勤；臺俗好奢，撫臣示之以儉；臺俗好鬬狠，撫臣感之以和平：正本清源，易俗移風，于是乎在。至開山撫番，即事有漸；但能裕其經費、寬以時日，定可收效。將來採煤一節，已由總稅司赫德雇一洋師來臺，祗因臺北多雨少晴，是以彙月尚未踩勘竣事；俟勘竣後應如何開採？亦由王凱泰酌度機宜，總以恪遵聖訓，權自我操爲主。所有臺灣應辦各事宜，臣自當與王凱泰悉心會籌具奏後，再行内渡。至南洋機要，臣自知材力不及，業于正摺陳明；但稍有見聞亦不敢不竭其愚，以冀一得之效。容俟陸續函商李鴻章酌定後，再行上聞。謹先將臺灣無庸另派大員情形，附片陳明，伏乞聖監訓示。謹奏。

三〇、欽差大臣沈葆楨奏摺：臺南撫番就緒淮軍陸續凱撤摺

[光緒元年六月十八日]，奏爲臺南撫番業已就緒，擬將淮軍陸續凱撤内渡，另調填紮，以蘇士氣而固疆防；恭摺仰祈聖監事。

竊臣等于本年五月二十三日業將臺南番社次第就撫情形，奏明在案。玆復准總統淮軍提督唐定奎報稱：五月十五日巡檢周有基帶至中心崙社、媽梨也社、阿栽米息社及新改之内永化社、外永化社番目乞降，即令薙髮，賞給衣履，宣示條款，均各俯首聽從而歸。十七日，千總郭

占鰲復帶至大籠藕社、謝阿閣社、龜仔籠藕社番酋乞降，曉諭如前，亦皆欣躍以去。惟據率芒社目禀稱：迤北之北力力等五社與該社素不相能；該社今已歸誠，自當守法，恐北力力社仍復逞兇等語。當時諭以此後如有啓釁情事，不拘何社均應控官候訊，分别曲直，不許擅自争鬭。即飭郭占鰲往諭北力力社相率來歸，毋得自外等因。又據淮軍營務處知府田勤生、鳳山縣知縣孫繼祖等禀稱：于五月十五日在刺桐脚地方設立招撫局，各薙髮番酋等帶同通事、書識前赴各社造具户口清册，一俟送齊，再行編驗，散給腰牌；其在社未薙髮之番，亦均發給剃刀，俾自薙髮，以昭畫一。該番裸居習慣，自見受撫番酋賞穿衣褲，各萌愧耻，競慕冠裳，時時來局請領衣褲爲式，學制改裝。又中紋、永化二社，各送番童二名，願入官學；擬于枋寮創建義塾，延師教導，俾通言語文字，有以自達其情，所有膏火口糧由官發給等因。臣等于此竊幸撫局之有成，而番族向化之有漸也。

惟淮軍自去秋渡臺以後，沿海設防，沖風冒雨，瘴癘交侵，物故者已不少。今年深入内山圍勦番社，披荆斬棘，越澗騰巖，艱險萬狀，將士勞苦之餘，加以疾疫，其甚者至一營無病之人僅二十有七。炎荒酷熱，深秋未已，爲日正長；大支勁旅，關國家元氣，非及早量移，恐有不堪設想者。臣等思勦務已畢，撫局亦有端倪，雖未敢大意疏防，亦須更番休息。因飭淮軍全數移回鳳山老營，以待内渡；先飭署臺防同知袁聞柝馳往接辦招撫事宜，復飭鎮臣張其光于前駐崑崙坳等處之四營内抽出六哨馳往會辦，總兵朱名登、副將王福禄兩營留紮刺桐脚，千總郭占鰲一營留紮南勢湖，調提督高登玉、副將李勝才帶蘭軍兩營由郡城前往填紮峴嶠，並調在省之王蔭南、林福喜兩軍來臺候遣。現淮唐定奎報稱：染疫最重之右軍正營、銘中左營，業于六月初一日先令啓程回鳳，其刺桐脚各營于初六日親督就道，南勢湖各營于初十日由提督周志本率帶回防，峴嶠兩營俟蘭軍到齊當即陸續凱撤等因。臣等一面飭船政局豫派輪船到旂後口拋泊，候其整隊登舟。惟局船均派差使前赴各口轉運，一時未能遽集。而臺地六、七月間風涌异常，非伺風浪稍平，口岸不能停泊。淮軍人數近萬，兼以疾病者衆，艙位宜寬；官輪往來周轉曠日需時，恐傳染者多，省費而滋窒礙。擬更雇洋輪濟之，俾得迅速内渡。其病甚不能登舟者仍留鳳山調理，俟全愈後以局船送之北歸。

合將臺南撫番情形並淮軍凱撤内渡緣由，謹會同大學士直隸總督臣李鴻章恭摺由輪船内渡，發驛六百里馳奏。伏乞皇太后、皇上聖監，訓示遵行。

再，此摺係臣葆楨主稿，合併聲明。謹奏。

三一、欽差大臣沈葆楨奏摺：臺北擬建一府三縣摺

[光緒元年六月十八日]，奏爲臺北口岸四通，荒壤日闢，外防内治，政令難周，擬建府治，統轄一廳三縣，以便控馭，而固地方；恭摺仰祈聖監事。

竊惟臺灣，始不過海外荒島耳。自康熙年間收入版圖，乃設府治，領臺灣、鳳山、諸羅三縣。諸羅即今之嘉義：嘉義以北未設官也。郡南北各一百餘里，控制綽乎有餘。厥後北壤漸闢，雍正元年拓彰化一縣，並淡水同知主北路捕務，與彰化知縣同城；蓋明知非一縣政令之所能周，特以創建城池籌費維艱，姑權宜從事焉已耳。雍正九年，割大甲以北刑名、錢穀諸務歸淡水同知，改治竹塹；自大甲溪起、至三貂嶺下之遠望坑止，計地三百四十五里有奇。嘉慶十五年，復以遠望坑迤北而東至蘇澳止，計地一百三十里，設噶瑪蘭通判。則人事隨天時、地利爲轉移，欲因陋就簡而不可復得矣。

然由噶瑪蘭上抵郡城，十三日始達；由淡水上抵郡城，亦七日始達：而政令皆統于臺灣府。當淡水設廳之初，不特淡北三貂等處榛莽四塞，即淡南各社亦土曠人稀；今則村社毘連，荒埔日闢。舊《志》稱東西相

距僅十有七里今則或五、六十里或七八十里不等。蘭廳建治以後，由三貂嶺繞至遠望坑復增地數十里有奇：其土壤之日闢不同有如此者。

臺北海岸，前僅八里坌一口，來往社船不過數隻，其餘叉港支河僅堪漁捕；今則八里坌淤塞，新添各港口曰大安、曰後壠、曰香山、曰滬尾、曰鷄籠。而鷄籠、滬尾港門宏敞，舟楫尤多；年來夾板、輪船，帆檣林立，洋樓、客棧闤闠喧囂：其口岸之歧出不同有如此者。

前者，臺北幅員雖廣，新墾之地土著既少，流寓亦稀；百餘年來休養生息，前年統計户口，除噶瑪蘭外已四十二萬有奇。近與各國通商，華洋雜處，睚眦之怨即啓釁端，而八里坌一帶從教者漸多，防範稽查尤非易易：其民人之生聚不同有如此者。

臺地所產以靛、煤、茶葉、樟腦爲大宗，而皆出于淡北。比年荒山窮谷栽種愈盛，開採愈繁，洋船盤運，客民叢集，風氣浮動，嗜好互殊；淡南大甲一帶與彰化毘連，習尤獷悍。同知半年駐竹塹衙門，半年駐艋舺公所，相去百二十里，因奔馳而曠廢，勢所必然；況由竹塹而南至大甲尚百餘里，由艋舺而北至滬尾、鷄籠尚各數十里；命盜等案層見迭出，往往方急北轅，旋憂南顧，分身無術，枝節横生。公事之積壓、巨案之諱飾，均所不免。督撫知其缺之難，必擇循吏、能吏以膺是選；而到任後往往賢聲頓減，不副所望，則地爲之也：其駕馭之難周又有如此者。

淡、蘭文風爲全臺之冠，乃歲、科童試廳考時，淡屬六七百人，蘭屬四五百人，而赴道考者不及三分之一；無非路途險遠，寒士艱于資斧，裹足不前。而詞訟一端，則四民均受其害：刁健者詞窮而遁，捏情控府，一奉准提，纍月窮年；被誣者縱昭雪有期，家已爲之破。矯其弊者因噎廢食，概不准提；則廳案爲胥吏所把持，便無可控訴。而械鬭之釁，萌孽乎其中。至徒、流以上罪名定讞後，解郡勘轉，需費繁多；淹滯歲月，賠纍不貲。則消弭不得不巧，官苦之、民尤苦之：其政教之難齊又有如此者。

所以，前者臺灣道夏獻綸有改淡水同知爲直隸州、改噶瑪蘭爲知縣，添一縣于竹塹之請；臣鶴年、臣凱泰等正飭議試辦，臺事旋起，因之暫停。臺南騷動之時，即有潛窺臺北之患；經夏獻綸馳往該處，預拔機牙，狡謀乃息。海防洋務，瞬息萬變，恐州牧尚不足以當之。況去年以來，自噶瑪蘭之蘇澳起，經提臣羅大春撫番開路至新城二百里有奇，至秀姑巒又百里有奇；倘山前之布置尚未周詳，則山後之經營從何藉手？故就今日之臺北形勢策之，非區三縣而分治之，則無以專其責成；非設知府以統轄之，則無以挈其綱領。

伏查艋舺當雞籠、龜輪兩大山之間，沃壤平原，兩溪環抱，村落衢市，蔚成大觀；西至海口三十里，直達八里坌、滬尾兩口，並有觀音山、大屯山以爲屏障，且與省城五虎門遥對：非特淡、蘭扼要之區，實全臺北門之管鑰。擬于該處創建府治，名之曰臺北府；自彰化以北直達後山胥歸控制，仍隸于臺灣兵備道。其附府一縣，南劃中壢以上至頭重溪爲界，計五十里而遥，北劃遠望坑爲界，計一百二十五里近；東西相距五六十里不等，方圍折算百里有餘，擬名之曰淡水縣。自頭重溪以南至彰化界之大甲溪止，南北相距百五十里其間之竹塹即淡水廳舊治也；擬裁淡水同知，改設一縣，名之曰新竹縣。自遠望坑迤北而東，仍噶瑪蘭廳之舊治疆域，擬設一縣，名之曰宜蘭縣。惟雞籠一區，以建縣治，則其地不足；而通商以後竟成都會，且煤務方興，末技之民四集，海防既重，訟事尤繁，該處向未設官，亦非佐雜微員所能鎮壓。若事事受成于艋舺，則又官與民交困。應請改噶瑪蘭通判爲臺北府分防通判，移駐雞籠以治之。臣等爲外防内治因時制宜起見；是否有當？伏懇天恩飭部議覆，俾有遵循。其建設城署、清查田賦及教佐營汛應裁、應改、應增，容俟奉旨允准後，再由臺灣道議詳覈奏，期臻周密。至蘇澳以至歧萊，現恃營堡爲固；將來田畝開墾，商民輻輳，應否設官，容臣等隨時察看情形，請旨定奪。

謹先將臺北議建府、縣緣由，合詞恭疏具陳；伏乞皇太后、皇上聖鑒訓示。再，此摺係臣葆楨主稿，合併聲明。謹奏。

三二、欽差大臣沈葆楨奏片：臺北議購開煤機器片

[光緒元年六月十八日]，再，臺北開煤一節，臺灣道夏獻綸接據委員何恩綺、李彤恩禀稱：自看煤洋人翟薩到臺後，除風雨阻滯外，晴日必親赴山場，邀同履勘。所有滬尾、八里坌至鷄籠沿溪産煤各山，皆已周歷、或煤質輕鬆、或煤層淺薄、或水口窵遠、或山路崎嶇，均未合採。惟鷄籠附近之老寮坑、深澳坑、大水坑、竹篙厝及暖暖附近之四脚亭、大坑埔、極去樞沖等處，煤質尚覺堅美，而以老寮坑爲最。且山徑低平，車路易造，水口較近，運費亦輕，開採尤便。既設廠興工，應擇煤層深厚之處，以期經久不竭，免再挪移，致多動費。老寮坑煤山共計三層，均在山面，顯而易見。山底所産層數若干，一時未能深測，必須購買洋制鑿山鋼鑽全副，並雇用鑽洋工二名前來探鑿，始便開坑等因；並送來摺略、圖説等件。臣等業飭如議購雇；惟以後辦法，尚有須詳細酌定者，非面詢情形，未敢懸揣。現令該委員等帶同洋人翟薩，坐輪船由臺北到郡，當面考究，明定章程，以便著實舉辦。合先附片陳明，伏乞聖鑒訓示。謹奏。

三三、欽差大臣沈葆楨奏片：請改駐南北路同知片

［光緒元年六月十八日］，再，據臺灣道夏獻綸詳稱：臺灣向設南北兩路理番同知：南路駐紮府城、北路駐紮鹿港。今内山開闢日廣，番民交涉事件日多，舊治殊苦鞭長莫及。如將南路同知移紮卑南，北路同知改爲中路移紮水沙連，各加“撫民”字樣，凡有民番詞訟，俱歸審訊；

將來升科等事，亦由其經理：似于民番大有裨益。其南北路屯餉，向由各縣徵收，交該同知散放者；該同知既經移紮，礙難兼顧，應改由各縣就近自行發給等因。臣等伏思朝廷因事而設官，任官者即宜顧名而思義；該同知既以理番爲名，當以撫番爲事。向惟番境未闢，故分駐郡城、鹿港，以待招徠；今榛莽日開，蠢頑歸化，民熙熙而往，番穰穰而來，杜其猜嫌，均其樂利，咸以官爲依附。倘非躬親坐鎮，何以盡撫循之實，而期聲教之同！合無仰懇天恩，飭部覈議。如蒙允准移紮，更請飭鑄"臺灣南路撫民理番同知"、"臺灣中路撫民理番同知"關防各一顆換給，以資信守。除衙署應另行勘建外，俸廉照舊，毋庸議加。臣等爲因地制宜起見，謹合詞附片陳明；是否有當？伏乞聖監訓示遵行。謹奏。

三四、欽差大臣沈葆楨奏片：報提督王德成病故片

[光緒元年六月十八日]，再，准總統淮軍提督唐定奎報稱：統帶武毅右軍會辦營務處記名提督勤勇巴圖魯王德成，以奉剿兇番積勞成疾，于五月十五日病故枋寮營次。彌留之際，猶以國恩未報爲恨；軍民聞者，無不淚下。所遺該軍五營事務，現飭提督李常孚接管；其正營管帶官，即以幫帶解先祥接辦等因。臣等查王德成忠勇性成，身經百戰；調臺以來，防海剿番，機宜悉協。遽以感受瘴癘，溘逝窮荒，殊堪憫惻！除飭將該提督生平戰功詳報，另行奏懇賜卹外，謹會同大學士直隸總督臣李鴻章附片陳明：伏乞聖監。謹奏。

三五、欽差大臣沈葆楨奏片：催劉璈赴臺片

[光緒元年六月十八日]，再，前營務處浙江候補道劉璈，于本年二月初一日在風港營次聞其父品章病故，懇請奔喪回籍守制。臣等以該員例應丁憂，隨即給咨，俾星馳旋里，勸令營葬一畢，仍即到臺素服從

事；業經奏明在案。現在撫番開路諸務倥偬，該員識力過人，情形熟悉，實爲臺防不可少之員；合無仰懇天恩飭下湖南巡撫，諭令該員葬事一畢，刻日來臺，用資臂助。謹合詞附片陳明，伏乞聖監訓示。謹奏。

三六、欽差大臣沈葆楨奏摺：請改臺地營制摺

[光緒元年七月初八日]，奏爲瀝陳臺地營伍積弊，擬請裁汛並練，酌改管制，統歸巡撫節制，以一事權；恭摺仰祈聖監事。

竊臣等欽奉光緒元年四月二十六日上諭：總理各國事務衙門奏，遵議籌辦海防事宜分别開單呈覽各摺片，海防關繫緊要，亟宜未雨綢繆，以爲自强之計；陸軍須歸併訓練，方能得力。著各該督、撫各就地方形勢量更舊汛，合營並操，畫一訓練，限一年内辦理就緒，奏請派員查閱。欽此。併准恭錄原奏内開：所有議准水陸兼練及選練陸軍，尤以醇親王摺内所指酌撤分汛、汰弱練强、合隊合營爲要；著應如何歸併合操，扼要駐紮，各就地方形勢辦理。又准部咨“議覆巡撫移紮臺灣摺”内：所有該省原設撫、標各營及臺地各營將備員弁如何布置，是否仍由總督節制，抑徑歸巡撫節制之處，應令該督、撫會同該大臣妥議具奏等因。除福建内地練兵事宜，另由臣鶴年等籌議會奏外，查臺灣營伍廢弛，曾經疊次奏陳；上年府城挑練兩營毫無起色，並將營官林英茂等參革在案。府城如此，外汛可知。其積弊之深尤所罕見：汛弁則干預詞訟，勒索陋規；兵丁則巧避差操，雇名頂替；班兵皆由内地而來，本係各分氣類，偶有睚眦之怨，立即聚衆鬬毆；且營將利弁兵之規費，弁兵恃營將爲護符；兵民涉訟，文員移提，無不曲爲庇匿；間有文員移營會辦案件，又必多方刁難需索，而匪徒早聞風遠揚矣。種種積習相沿已久，皆由遠隔海外，文員事權較輕，將弁不復顧忌，非大加整頓不可。

臣等體察情形，計無逾于裁汛並練者。蓋分汛裁撤，則驕擅詐擾，不禁自除；併營操練，則汰弱補强，漸歸有用。臺地除澎湖兩營外，尚

有十五營，擬仿淮、楚軍營制歸併，以五百人爲一營，將南、淡、嘉義三營調至府城，合府城三營、安平三營爲一支，專顧臺、鳳、嘉三縣；其北路協副將所轄中、右兩營，合鹿港一營爲一支，專顧彰化一帶；艋舺、滬尾、噶瑪蘭三營爲一支，專顧淡、蘭一帶。均各認真訓練，扼要駐紮；遇地方有事，接准紮調移撥，立時拔隊，不准延宕。其兵丁换班固多疲弱，而就地招募亦利弊參半，尚須詳加察看。顧立法惟在得人，而事權尤宜歸一；現既巡撫來臺，營伍似應歸統轄。千總以下，即由巡撫考拔；守備以上，仍會同總督、提督揀選題補。臺灣鎮總兵，應請撤去“挂印”字樣，並歸巡撫節制。如蒙俞允，伏懇飭部另行頒换該總兵官關防，以昭信守。值此整頓伊始，將弁之營私骫法者固宜隨時參辦，如有才具出衆、人地相需，亦應立予拔擢署補各缺，暫請勿拘成例，俾收得人之效。

臺地延袤一千餘里，處處濱海，皆可登岸，陸防之重尤甚于水；而臺城以安平爲屏蔽，安平向設臺協水師副將一員，所轄三營，中、右兩營都司駐安平，左營游擊駐鹿港。現擬均改爲陸路，府城有巡撫董率，且有道員隨同辦事，總兵擬請移紮安平，即將安平協副將裁撤，以鎮標中營游擊隨總兵駐安平；其臺協水師中、右兩營都司，改爲鎮標；陸路左、右兩營都司，原設鎮標左營游擊，改爲撫標左營游擊，隨巡撫駐臺；其撫標原設兩營仍行駐省，改左營爲中營，即以中軍參將領之；原設臺協水師左營游擊，改爲臺灣北路左營游擊，歸北路協副將管轄；守備以下弁兵缺額，均仍照舊。

至巡洋艇船萬不及輪船之便利，應將閩廠現造輪船分撥濟用。臺、澎各營現僅存拖罾艇船八號，俟届修時，應請裁撤歸廠變價，以節虚糜。

除改設各官關防，俟准部覆另行題請頒换外，臣等愚昧之見，是否有當？謹合詞恭摺具奏。伏乞皇太后、皇上聖監，訓示遵行。

再，此摺係臣葆楨主稿，合併聲明。謹奏。

三七、欽差大臣沈葆楨奏片：歲科兩試請歸巡撫片

[光緒元年七月初八日]，再，據臺灣道夏獻綸詳稱：臺地遠隔重洋，學政事宜向由巡臺漢御史兼理。乾隆十七年，御史裁撤，所有歲、科兩試改歸巡道考校；其達部事件，呈福建學政轉咨。今福建巡撫來臺，所有臺屬考試，似應統歸巡撫主政；咨達事件，亦逕由巡撫辦理，以一事權等因。臣等竊思歲、科兩試，國家掄才大典，人文所繫，風教攸關；該道所請，具見慎重之意。惟事屬更張，臣等未敢擅便；所以本届科試、臣凱泰仍批飭按照舊章由道舉行，業于五月間扃試竣事。以後應否以巡撫兼理學政之處，仰懇天恩飭部議覆。至淡、蘭兩屬道阻且長，不特費鉅身勞，每遇淫潦爲災，不免有望洋而返者；甚非所以體卹寒畯。可否請旨于艋舺地方，准其捐建考棚；巡撫于閱兵臺北時，順便按臨考試，益廣朝廷作育之意，以順輿情？應懇飭部一併議覆。謹合詞附片陳明，伏乞聖監訓示。謹奏。

三八、欽差大臣沈葆楨奏片：唐守贊等請卹片

[光緒元年七月初八日]，再，准提臣羅大春咨稱：花翎升用總兵留閩盡先副將唐守贊，先由湖南出師江、鄂、蘇、皖，積功洊保今職。去年調臺委帶宣義右營，拏獲彰化著匪。本年總辦臺北營務處，深資得力。嗣赴秀姑巒查看地勢，詎積勞感瘴，于本年六月十五日病故行營。花翎總兵銜盡先副將果勇巴圖魯石得寶，先自湖南出師江、皖等省，積功洊保今職。去年幫帶福靖前營、攻剿斗史社番出力；現帶綏遠前旂，駐紮歧萊、巡防勤謹。詎積勞感瘴，于本年六月初四日在營病故。已革花翎守備楊步高，去歲效力臺南，遇事勇往；冬間來臺北幫帶綏遠前旂，巡防出力。方擬請開復原官，詎積勞染疫，于本年四月十六日在營

病故。綏遠前旂中哨正哨長世襲雲騎尉羅定國，駐紮歧萊，遇事奮勉；以積勞染疫，于本年六月十三日在營病故。又綏遠左旂中哨正哨長軍功趙昌幼，自去冬督護開路，進紮花蓮港北，艱苦備嘗，記功擬保把總，詎積勞感疫，于本年五月二十五日在營病故。練勇後營右哨副哨長軍功楊玉標、左哨副哨長軍功周開岳、中哨正哨長軍功江少華，自去夏由蘇澳進紮大小南澳，巡防耐苦；去冬攻勦斗史兇番，叠獲勝仗，均記功擬保把總。詎積勞感疫，楊玉標于本年五月初八日、周開岳于本年五月二十三日、江少華于本年六月十一日均在營病故，殊堪悼惜等因。合無仰懇天恩，將總兵唐守贊、副將石得寶二員各照原官軍營立功後病故例，從優議卹；擬保開復原官已革守備楊步高、雲騎尉羅定國，請照守備軍營立功後病故例議卹；擬保把總趙昌幼、楊玉標、周開岳、江少華請照把總軍營立功後病故例議卹；均俟臺東設官後附祀昭忠祠，以勵忠藎，而慰幽魂。謹合詞附片籲陳，伏乞聖監。謹奏。

三九、欽差大臣沈葆楨奏片：駱春澤請卹片

[光緒元年七月初八日]，再，據直隸坐探委員、前蘭谿縣知縣鄒梓生禀稱：候選主簿駱春澤，由山東濟寧州附生投效盛軍勦捻，蒙獎今職。上年奉大學士直隸總督李鴻章委探臺灣軍情，冒暑遄徵，嬰疾身歿，殊堪憫惻！懇請奏卹等因。臣等覆覈無异；主簿駱春澤可否以原官照軍營立功後病故例賜卹，出自天恩。謹會同大學士直隸總督臣李鴻章附片陳明，伏乞聖監。謹奏。

四〇、欽差大臣沈葆楨奏片：報胡國恒等病故片

[光緒元年七月初八日]，再，准總統銘、武等軍提督唐定奎報稱：管帶武毅右軍後營擬保總兵兩江補用副將達春巴圖魯胡國恒，于六月初

七日病故峎嶠行營；統帶武毅右軍前營記名提督扞勇巴圖魯李常孚，于六月初十日病故峎嶠行營。李常孚深沈有識，謀勇兼優；胡國恒剛毅有爲，智量出衆：均自同治初年投效銘軍，轉鬬直、東、齊、豫、楚、鄂之交，身經百戰，洊保今職。去年渡臺駐紮東港，力遏前鋒；嗣復進紮峎嶠，該處土客居民、生熟各番時形不靖，該提督與該副將開誠布公，民番帖服。正在論功請奬，遽嬰瘴癘，後先溘逝，殊堪悼惜！又營務處兼帶武毅左軍正營擬保道員分發補用知府田勤生，以積勞感瘴，于六月二十二日病故前敵行營。該員忠勇耐勞，識解超卓；弱冠從軍，以剿捻著功，洊保今職。渡臺以來，操防布置，深賴匡襄。今年剿辦兇番，贊籌大局，破壘擣巢，無役不從，無戰不捷；撫局方起，招徠番衆，俾知感服，尤推首功。正在料理凱旋，遽染沈痾身歿，萬衆失聲等因。除飭將各故員等平生功績詳查另懇恩卹外，合先會同大學士直隸總督臣李鴻章附片陳明，伏乞聖監。謹奏。

四一、欽差大臣沈葆楨奏片：吕耀景等請卹片

[光緒元年七月初八日]，再，准總統銘、武等軍提督唐定奎文稱：該營上年鳳山防次病故文武員弁，業經先復奏蒙恩卹在案。玆自本年二月分起、至六月二十日止，前敵刺桐脚、南勢湖、枋寮。琅嶠各營病歿者，復有五品銜候選通判吕耀景、候選府經歷仰履祥、六品頂翎河南補用從九李鐘、候補縣丞夏涵、五品銜候選縣丞雷澤、山東候選巡檢戴炯、候選教諭許澤溥、提舉銜候選教諭張雲翀、五品銜候選縣丞夏亭峰、候選府經縣丞馬廷楨、五品銜候補縣主簿吕貽謀、五品銜陞用縣丞候選巡檢俞璜、從九李漢卿、擬保從九監生史鏞、擬保從九附生吕金聲、擬保從九文童吕耀華、總兵銜盡先副將黄英龍、兩江補用副將沈義和、盡先參將潘金良、江南補用參將鄒得勝、即補游擊潘士窗，盡先都司黄朝英、游擊銜補用都司陳玉龍、盡先都司李廷梁、楊得勝、馬龍、

趙繼恩、王升平、餘守和、都司銜衛守備傅朝斌、盡先守備吴懷盛、沈泰崧、王文楷、郭衍福、賈鴻魁，何中箴、汪文榜、鄭國良、熊威彪、守備銜千總陳學和、盡先千總沈宗祥、張光品、權祖蔭、盡先把總傅全勝、徐永標、擬保把總五品軍功朱懷福、李長駿、盡先外委黄熙溥、趙金齡、錢楨、擬保外委六品軍功周志科等共五十一員名，或因隨隊進勦，或因翻山奪險，積勞觸瘴，先後身亡，殊堪憫惻！懇請照案奏卹等因。又，藍翎外委王仁盛，經臣等派往卑南一帶開山，亦以積勞染瘴身故。合無仰懇天恩，逾格將吕耀景等四十六員，飭部均以原官照軍營立功後病故例議卹；史鏞、吕金聲、吕耀華、朱懷福、李長駿、周志科等六員，均以擬保官階照軍營立功後病故例議卹，並入祀昭忠祠。至去年十二月分，尚有病故勇丁餘光華等七十九名，本年正月起至六月二十日止，鳳山暨剌桐脚、南勢湖、枋寮、峎嶠各營，計陣亡勇丁賈朋萬等三十一名、傷亡勇丁張逢凱等一十三名、病故勇丁胡得標等九百零四名，業已購地叢葬，應請附祀昭忠祠以慰忠魂。謹會同大學士直隸總督臣李鴻章附片分別陳明，伏乞聖監訓示。謹奏。

四二、欽差大臣沈葆楨奏摺：報淮軍全數凱撤摺

[光緒元年七月二十一日]，奏爲報明淮軍全數凱撤，福寧鎮總兵宋桂芳東來並微臣葆楨内渡日期；恭摺馳陳，仰祈聖監事。

竊臣等于本年七月初八日業將會籌全臺大局情形，並酌改營制各緣由奏明在案。是日，復奉到六月十三日上諭：官軍攻克獅頭等社後，附近各社到營乞撫，經唐定奎示以條約，均尚輸服；即著將應辦各事次第妥籌，務令懷德畏威，以爲一勞永逸之計。臺北兇番出没，經兵勇擊退，現俱安静；仍著妥爲彈壓。木瓜等社就撫、中路開山並卑南一帶招集屯丁建築碉堡等事，著飭該員認真經理。嘉義縣滋事匪首業經格斃，在逃各匪，責成地方文武緝獲。沈楨葆已諭令來京陛見，所有臺灣開山

撫番事宜，著王凱泰督率夏獻綸等實心辦理。著俟與王凱泰妥籌具奏後，再行内渡，將船政事宜妥爲交代，即日起程北上。福建内地並臺灣所屬各縣及各番社，著詳細繪圖呈覽；並著將各種番族形狀，另行詳繪成帙，一併呈進等因。欽此。巨等伏讀之下，欽感莫名。

淮軍十三營，自六月初旬起，均陸續移集鳳山。十三日，臣等前飭船局所雇洋輪名"亨明古"者先到，唐定奎派營務處宋學沂督同武毅親兵副營、武毅左軍左營、右營、銘字中軍左營，共計四營于旂後上船，以風涌异常，不能開駛；至十九日始得出洋：此第一批内渡之情形也。

二十五日，官輪"海鏡"載王福禄所招之勇並淮軍糧餉、器械由瓜洲而來；臣等飭其將勇丁盤上安平，即赴旂後，唐定奎派副將馬加銀督帶武毅左軍正營並原載糧餉、軍火，駛回上海。二十八日，"亨明古"船回，唐定奎又派提督周志本率銘字中軍副營及武毅右軍正營、左營、右營，共計四營陸續登舟；七月初一日午刻出洋：此第二批内渡之情形也。

初八日，官輪"海鏡"復至；初十日，"亨明古"洋輪亦來。官輪"濟安"由省載總兵宋桂芳來臺，宋桂芳登岸後，臣等飭"濟安"駛赴旂後一併配渡淮軍，唐定奎乃親督武毅親兵正營、銘字中軍前營、武毅右軍前營、後營，共計四營暨各局文武員弁夫役人等于十一、十二日分投登舟，均于十二日未刻展輪。其病困不能登舟之弁勇約近二百人，留參將程曾郁爲之調護；俟病愈後，臣凱泰爲派便船載之歸伍：此第三批内渡之情形也。

淮軍已全數凱撤，所有臺灣事宜業交臣凱泰接辦；宋桂芳亦將臺北擬辦大概情形，會商妥葉。臣葆楨當即歸理船政交代，遵旨迅速北行。無如日來海上颱颶大作，猛雨連朝，省門來船避風澎湖；迨二十一日天氣暢晴，"元凱"、"琛航"兩船先後報到。"琛航"裝宋桂芳前往蘇澳，臣葆楨即于二十二日坐"元凱"開行。至船政事宜應如何交代之處，容臣葆楨到省會商再行報明。

謹先將淮軍全數凱撤、總兵宋桂芳到臺並微臣葆楨内渡日期，合詞恭摺由驛六百里馳奏。伏乞皇太后、皇上聖監。再，此摺係臣葆楨主稿，合併聲明。謹奏。

四三、欽差大臣沈葆楨奏摺：安平海神請加封號摺

[光緒元年七月二十一日]，奏爲海神助順，請敕加封號，專建祠宇，以答靈貺，而順輿情；恭摺詳陳，仰祈聖監事。

竊維臺灣府城之西十餘里，其海口曰安平；每年自四月杪起、至九月止，西南風司令，巨浪拍天，驚濤動地，數十里外聲如震雷，隱隱闐闐，晝夜不息。遇海雨狂飛，勢尤汹涌。所以本地商舶，一交夏令，即避往他處；小舠巨艦，斷絶往來。上年倭事方嚴，臣葆楨于五月東渡，即派各輪船分投運載軍裝、礮械、糧餉，兵勇克日到臺，去來梭織，皆由安平登岸；後復于三鯤身口岸建造礮臺，所有木石、甎甓、器具皆由内地而來，亦無非卸載該處。往往連日波浪奔騰，望洋興嘆；及各船抵口，涌勢漸平，停卸開駛，輒獲安穩。有時方風雨交作，遇有要務派船出港，立即風静波平，居民船户咸額手相慶，謂爲向來所未有，實有神助。應請奏懇加封立廟，以答垂庥等因。臣凱泰、臣楨葆躬履其地，見聞較確。伏查江海正神，實能功德及民，例得奏請廟祀。今安平海神肹蠁潛孚，帆檣穩便；足見國家威靈所及，海若效靈。而神之盛德豐功，亦宜邀褒寵。合無仰懇天恩，准于安平建立海神廟一區，敕加封號，編入祀典，以答靈貺，而順輿情。謹合詞恭摺具陳，伏乞皇太后、皇上聖監，訓示遵行。

再，此摺係臣葆楨主稿、合併聲明。謹奏。

四四、欽差大臣沈葆楨奏片：提督羅大春請開缺片

[光緒元年七月二十一日]，再，准陸路提臣羅大春文稱：本年正月

間，在新城染患瘧痢，轉成脅痛、嘔血等癥；經臣等奏明，蒙恩賞假兩個月安心調理。該提督祗聆之下，欽感莫名。遂于淡、蘭等處廣覓醫藥，加意調治。方期迅即痊愈，勉效馳驅；詎時閱三箇月，不但前病莫減、血證轉深，且心神恍惚，夜寐不成。前在軍營所受勞傷乘虛俱發，内則遇事怔忡，外則筋骨酸楚。醫云：係血氣虛損，心脾交困；非静養日久，難以復元。伏念一介武夫，忝膺專閫；苟力能報效，敢惜微軀？惟假期已滿，病勢日增，前調福寧鎮總兵宋桂芳業已東渡接辦臺北撫番開路事宜，責成有寄；而提督本缺以卧病海隅，致曠職守，心實不安。惟有懇恩將福建陸路提督開缺，另行簡放，俾得交卸回籍，從容調理；倘病軀稍愈，仍當重效驅策，仰答生成等因。迭次咨函，請爲代奏前來。臣等查該提督自粤西從軍，轉戰蘇、皖、閩、浙，可謂老于戎行；自渡臺以來，剿撫兼施，條理縝密，臣等正資其臂助。第人才難得，該提督積勞之後，又值臺北苦疫之時。倘回籍可以速痊，尚冀將來爲朝廷收得人之效。後山諸務，業有總兵宋桂芳接辦；其陸路提督可否開缺，另行簡放，俾得回籍調理之處？出自天恩。謹合詞附片陳明，伏乞聖監訓示。謹奏。

四五、欽差大臣沈葆楨奏片：李際泰等請卹片

[光緒元年七月二十一日]，再，准總統銘、武等軍記名提督唐定奎文稱：理問銜擬保知縣福建候補縣丞李際泰，自去冬到營，遇事出力；本年春間進攻獅頭等社，該員入險探幽，備嘗辛苦，尋獲王開俊忠骸，于六月二十七日感瘴病故。總辦前敵行營軍米五品銜擬保州判東河候補縣丞姚正中，當内山餉道阻滯，該員設法轉運，露行草宿，沿途接濟軍食無缺；世襲雲騎尉候補衛守備王萬邦，隨軍多年，今春攻破獅頭社，斬獲悍番多名。積勞成疾，均于七月初九日病故：可否請爲奏卹等因。合無仰懇天恩，飭部將李際泰一員照知縣軍營立功後病故例議卹、姚正

中一員照州判軍營立功後病故例議卹、王萬邦一員以原官照軍營立功後病故例議卹。謹會同大學士直隸總督臣李鴻章分別附片籲陳，伏乞聖監。謹奏。

四六、欽差大臣沈葆楨奏片：吴鼎燮等請卹片

［光緒元年七月二十一日］，再，船政委紳五品銜分發省分知縣吴鼎燮，本年二月間經臣葆楨挈渡臺灣幫辦文案；詎六月間積勞成疾，醫藥罔效，旋于七月初四日身歿。該紳服務船政將及十年，躬赴外國，纍涉重洋，勤苦不辭，辦事精敏，深資指臂；遽爾溘逝，殊堪悼惜！又據臺灣鎮總兵張其光報稱：花翎副將銜浙江參將盧爲霖，自上年管帶振字左營，當卑南開路，該參將親率勇丁，扼守大坑口及崑崙坳西，辦理諸務悉協機宜；本年六月以淮軍撤回，令移營填紮刺桐脚，旋令馳回社寮稽查路工，染受瘴濕，于七月十六日病歿社寮工次。又候選縣丞莫廷璋，上年九月派往昆崙坳東彈壓路工；本年六月間委赴刺桐脚軍營幫理撫番事務，督同通事人等親赴各番社勸諭番童出山就學，沖冒嵐瘴，于七月十六日病歿；均堪憫惻！可否代請奏卹等因。合無仰懇鴻慈，飭部將吴鼎燮一員照知縣軍營立功後病故例，從優議卹；盧爲霖、莫廷璋二員均照原官軍營立功後病故例議卹，出自天恩。謹附片籲陳，伏乞聖監。謹奏。

四七、欽差大臣沈葆楨奏摺：請奬剿番開山出力人員摺

［光緒元年九月二十八日］，奏爲臺地剿服番社，開闢後山，各著成效；所有兩年以來在事出力之文武員弁以及紳士人等，謹遵旨擇尤保奬，以示鼓勵。恭摺彙單，仰祈聖監事。

竊臣等准兵部咨：光緒元年正月初十日奉上諭：沈葆楨等奏“請將開山出力員弁奬勵”一摺，福建臺灣府番地經沈葆楨等督率文武，次第

開闢，漸著成效，在事出力各員弁，准其擇尤保奬，毋許冒濫等因。欽此。六月初三日，復奉到五月十一日上諭：沈葆楨等奏“南路剿番攻克各社情形”一摺，淮軍自到臺後，艱苦出力，准其擇尤保奬，以示鼓勵等因。欽此。臣等跪讀之下，感激莫名。

伏查本年獅頭社之變，臺南一帶紛紛蠢動，經唐定奎等督軍深入，擣巢攻險，將竹坑、本武、草山、内外獅頭等社先後剿克，其脅從之率芒、董的、南片、内龜紋、外龜紋、射不力、中紋、周式濫等社遂均惕息輸誠，甘受約束。時當盛暑，地入窮荒，各將士披荆斬棘，冒瘴沖烟，顛蹈于懸崖荒谷之中，血戰于毒標飛丸之下，危苦萬狀，奮不顧身。除提督唐定奎係一品統兵大員，應如何賞賚奬异之處？臣等未敢擅擬；餘擇其尤爲出力者，擬請天恩從優奬叙，以資鼓舞。

至去年五月以來開山撫番，南路則由内埔、昆崙、諸也葛、大猫鳌等處而入卑南；北路則由蘇澳、大南澳、三層城、馬鄰溪、鯉浪港等處而抵加禮宛、秀姑巒；中路則由大坪頂、大水窟、鳳凰山、茅埔、東埔等處而抵霜山。計三路開地各數百里、百餘里不等，均係束馬懸車，縋幽鑿險，隨地隨時創碉設堡，馘逆撫良，艱苦勞瘁亦比尋常行軍過之，其或襄贊機密于風鶴動心之日，或建築城壘于驚沙烈日之中，或涉重洋以購軍需，或冒奇險以籌接濟，或率偏師以扼要隘，或捕積匪以静内訌，或司偵探以濟兵謀，或聯鄉團以固邊圉；均能始終勤奮，著有成效。自應先行擇尤錄功，用示勸勉。

臣等謹遵前旨，不敢冒濫；逐一覈實，臚列清單，恭呈御覽。合無仰懇聖恩，准予奬叙，以資觀感而勵後來。除將出力稍次者咨部覈奬外，謹會同大學士直隸總督臣李鴻章恭摺附驛具陳。伏乞皇太后、皇上聖監，訓示遵行。

再，此摺係臣葆楨主稿，合併聲明。謹奏。

四八、欽差大臣沈葆楨奏片：黎家本請卹片

[光緒元年九月二十八日]，再，管駕“振威”輪船五品軍功留閩盡先守備黎家本，自同治九年選充駕駛學生。十年，派在“建威”船上練習風濤，穎悟精進，膽智過人。十二年閏六月，充“長勝”大副；十三年六月，調“振威”大副；九月，管駕“長勝”輪船。本年五月，調管“振威”輪船；來往臺灣口岸，運解軍火，濟渡各軍，冒險沖濤，刻期無誤。遽于本年八月二十日積勞病故，殊堪憫惻！合無仰懇天恩，飭部以原官照軍營立功後病故例，從優議卹，以慰幽魂。謹合詞附片陳明，伏乞聖鑒。謹奏。

船政大臣吴贊誠奏摺

一、船政大臣吴贊誠奏摺：初到臺灣勘閲礮臺防勇情形摺

[光緒三年五月十一日]，微臣現抵臺灣勘閲礮臺防勇情形，恭摺仰祈聖鑒事。

竊臣于四月二十五日乘坐“海鏡”輪船渡臺緣由，業經恭摺奏報在案。二十七日，船抵澎湖，因風潮不順，守候半日；乘夜開行，遂于二十八日抵旂後登岸。當即勘閲該處南北兩岸礮臺，現有道員方勛撥勇兩哨駐守，規模已具，礮未配齊。該處港口極窄，兩崖壁立；港外浪涌甚大，輪船驟難駛入：似乎有險可憑。二十九日，經過鳳山舊城，察閲方勳所部兩營隊伍頗爲嚴整，兵民亦甚相安。五月初一日，抵臺灣府城，接見鎮、道以下各官；詢知自撫臣内渡，營中照常操練，由該鎮、道督率營務處知府周懋琦等逐日在校場閲操，分别賞罰，尚無廢弛。自率芒社懲創後，各處番情均尚帖服；惟彰化民情素稱獷悍，已飭方勳撥勇三哨前往，協同代理知縣鍾鴻逵擇尤懲辦。臣所過鳳山、臺灣兩屬地方，早禾已一律刈獲，收成豐稔；足紓宸廑。沿途時有紳耆帶同團丁出迎道左，皆曉以約束子弟、聯絡守望，自衛身家。初三日，往安平勘閲礮臺；令礮勇演放安蒙士郎大礮，雖未一律精熟，而子路已漸有准。臣復調現駐安平之福鋭新中營、鎮海左營等勇在校場閲操，步法皆已整齊，槍法亦漸嫻熟；尤以新中營爲優。臣見郡城及安平、旂後兩口，皆已有備；惟南路恒春甫設縣治，城工未畢，防勇無多。由該縣至卑南新開之路，繞山沿海，荒僻難行。卑南至璞石閣、水尾，爲後山最要之區；現議籌辦撫墾。總兵吴光亮于臣抵旂後之前數日，甫由此路拔營進

紥；其後路必須節節布置，而後聲氣常通。臣擬親往北路察看情形，並與吴光亮面商一切。適“振威”輪船由厦門來，留其暫泊安平，即日乘坐前往恒春、卑南等處查勘。俟查有應辦事宜，自當會商督、撫臣妥爲辦理，以期仰副聖主綏靖海疆至意。

所有微臣現抵臺灣勘閲礮臺防勇情形，理合恭摺由驛馳陳。伏祈皇太后、皇上聖鑒訓示。謹奏。

二、船政大臣吴贊誠奏片：附陳明海口浪涌未能即日乘輪往後山片

[光緒三年五月十一日]，再，“振威”輪船于五月初七日午後抵安平港外停泊，臣即晚出至安平，擬次日黎明浪涌稍息，即乘竹筏登舟遄行。不料夜間風雨大作；次日雨勢不休，風力更猛，海面波浪洶涌异常，一時中外輪船、夾板皆起椗駛往澎湖暫避。臣仍往宿安平，就近查察各營。俟天色開霽、風浪稍平，再飭“振威”前來，即當乘坐前往𡶛嶠或卑南港口登岸，一路查勘前進。謹附片陳明，伏乞聖鑒。謹奏。

三、船政大臣吴贊誠奏摺：查勘臺灣後山情形並籌應辦事宜摺

[光緒三年七月初一日]，爲查勘臺灣後山卑南等處情形，會籌應辦事宜；恭摺仰祈聖鑒事。

竊查臺灣北路蘇澳、大南澳以至岐萊、新城，中阻高山、旁臨大海，路險而遠；經撫臣丁日昌奏明變通辦理：調總兵吴光亮統領各營移駐後山璞石閣、水尾，居中控馭；分布各營于岐萊、秀孤巒一帶，以與卑南聯絡。並飭知縣周有基自恒春八瑶灣新開一路，由大鳥萬以達卑南，較爲平坦。四月間，吴光亮統率大隊，已由此路行過，並無阻礙。

臣見刻下海防静謐，臺地事宜當以後山撫墾爲急務。臣于後山情形未悉，必須親往與吴光亮面商，以期周妥。當于五月初七日馳出安平，

擬乘輪船前往。嗣因連日風雨，涌浪過大，船不能停；十二日，天色漸晴，遂改由陸行，取道鳳山、恒春前進。

查自恒春縣城東北行過射麻里、萬里得、八瑤、阿眉等社，僅越小嶺三重；中間溪澗回環，路旁皆係水田，民番雜居耕作。出八瑤灣，北至知本社百四十餘里中，皆一綫海灘，環繞山脚；怒濤沖擊，亂石成堆。其間巴郎衛一處，地段稍寬，有土人林贊承墾，居然村落；其餘曠地，爲“振”字中營分哨駐防。而牡丹鼻及紅土崁山地勢最險；周有基所開此段石路，二月間撫臣曾派知府周懋琦勘明，必須開鑿寬闊，方能經久。因周有基另有差委，致未興工；現經大雨沖刷，石皆碎裂成片，崩塌入海。臣去時過此，尚有石級參差，勉强可度；回時則弃輿步行，前挽後推，躡足于峻嶒危石之尖，凡數百步乃過。再北去，路雖平坦，中有大小溪流十數道。最深者爲大鳥萬、諸也葛、大猫貍、知本四大溪，在冬、春時皆可徒涉；惟至盛夏大雨時行，山水陡漲，溪流迅急，勢若建瓴，枯樹大石皆隨流而下。臣至大猫貍，阻雨三日；十里中前、後兩溪隔斷，從人幾至絶糧。及晴已兩日，溪水尚不得渡。前此吴光亮經過此路，水尚未發；即飭地方官于每處溪口預備船筏，搭蓋篷寮。臣再三審度，除大鳥萬溪尚可兼用船筏外，大猫貍等三溪水底多石，勢極洶涌，有時船筏皆不能施；即飭署臺防同知袁聞柝、知縣周有基等緣溪開路，溯至上游稍狹處，用生番編藤爲橋之法架設數十丈懸橋，跨溪而過，以通文報。再另紮緊固竹筏，縛以巨藤，于兩岸釘立木樁，安設絞關，左右牽曳；漲水稍平時，尚可借以渡筏。其紅土崁山一路，仍飭周有基添僱石工，開寬至丈，方免崩卸：此自恒春至卑南後山南路山溪間阻，現經設法布置之情形也。

臣于二十八日行抵卑南，吴光亮亦自璞石閣前來會晤。詢知所部飛虎左、右兩營暨中哨親兵，均在璞石閣暫紮；並于成廣澳設立糧局，分勇守護，以資轉運。俟由蘇澳移調之練勇前、左兩營到齊，即分紮水尾、馬大鞍、吴全城等處；移現紥大陂之綫槍營，往紥大港口；原駐新城、花蓮港之江開泰、李英兩營，均仍其舊。計璞石閣以北自水尾、馬大鞍、吴全城、花蓮港以達新城，相距皆在四、五十里以内；其成廣澳、大港口、花蓮港，又皆沿海要地。似此棊布星羅，聲勢可聯成一氣：此後山中路分布營壘，以聯絡南北之情形也。

吴光亮請水尾築城，以廣招徠：亦自有見。惟估計城工需費甚巨，且商賈未集、井邑未成；應俟墾民招有成數，再爲籌辦。自恒春新路以來，阻山偪海，絶少平蕪；過知本溪，則山勢豁然開朗，中間平原彌望，林壑秀美。臣偕吴光亮由卑南阿眉社循海岸北行，踰卑南溪至猴子山麓；憑高眺遠，迤北十數里内山川形勢，歷歷在目。卑南至此，分爲二路。一由外屏山前沿海，以至成廣澳；一由外屏山後緣溪而上，至璞石閣：路皆坦平，而西路地尤寬闊。卑南周回百餘里，爲番社者八、爲民莊者一；止綏靖軍一營分紥數處，兵力似單。惟卑南各社就撫已久，番情尚屬馴良。其中卑南覓大社，向爲七十二社之長，歸化最早。康熙、乾隆間，大軍先後渡臺平朱一貴、林爽文之亂，該社酋長或奉檄搜捕、或遠出迎師；屢受銀牌、衣服之獎，至今傳爲家寶。日本琅嶠之役，署同知袁聞柝等航海至卑南曉諭，該頭目陳安生、鄭仁貴等即首先薙髪具結；各社聞風一律遵辦，使倭人無從借口。厥後開路、撫番諸事，陳安生甚爲出力；時有以邪教相誘者，約束子弟，不爲所惑——惜于本年春間身故。現在頭目鄭仁貴、嘉走等，亦尚肯辦公。臣到卑南次日，該處八社頭目及覓仔爻、阿眉社番目、保桑莊客民、董事人等，以次來謁。臣謹宣布朝廷恩德，反覆諭導；勉以各安本分，同荷生成。其番目尚能辦事者，獎以銀、帛。惟吕家望社素號强悍，自就撫後漸知斂戢；偶有滋事兇番在逃未獲，亦得到該頭目嚴切訓戒，予限交兇：俱各懔遵而去。臣復親至卑南覓；社中議事公所名曰“笆樓館”者，茅屋雖不甚整潔，而竹樹環繞數里，極爲茂盛。該社設有義塾，已故番目陳安生之子年七、八歲，能背誦故撫臣王凱泰所刊《訓番俚言》，琅琅可聽。後山一帶，共設義塾十六處。内保桑莊塾中民童陳姓，已粗通書旨。北絲鬮社丁楊姓之幼女，入塾讀甫兩年，已完《四書》全注並《詩經》一部，于《訓番俚言》能逐句講解大意，能作番語及操漳、泉土音；其弟十一齡，亦粗解俚言字義。臣見該處設塾未久，民番諸童已有鼓舞向學之機；將來涵濡聖教，淪浹日深，其進境亦未可量。因將其塾師並該童等酌加獎勵；仍飭同知袁聞柝查明僻處未設之處，再添設數塾，以廣化導。阿眉本係奴番，邇來生齒日繁，勢寖强盛，不受卑南番目役使，且有誘以爲非者；亦飭署同知袁聞柝隨時開導，加意防範。該番近日漸能自開水田，種蒔禾稻。查卑南自大陂以南，除阿眉番自種田地外，客民陳雲清、吴加炳、潘元琴等各有承墾，已成熟田。其間荒地亦多，有主之業，可以督令陸續自墾；其可招外人承墾者，地已無多。且平埔番雖不習耕，向皆有捕鹿之場、牧牛之所；如卑南寮之類，即諸番游牧公地。若一併奪歸他人，絶其謀生之路，勢必不能相安。惟大陂以北至水尾、馬大鞍、大巴望一路，地廣人稀，曠土不少，可容招墾。若岐萊一帶，地雖可墾，而大魯閣、嘉禮遠、豆欄等社番情尚未甚馴服，墾民亦不敢輕往；必須由近及遠，次第設施。璞石閣亦有民莊，係閩、粤雜居；而番衆民單，勢難相抗。撫臣前遣人赴厦門、汕頭等處分頭招募，須秋後風浪平息，始可由輪船裝載而來；所需耕牛、農具，已飭由臺灣道夏獻綸籌款購置。開墾章程，先已參酌妥協，俾易遵行。至八瑶灣新路中間隙地，雖然偶有數處水源甚旺，稍可墾僻僅容數家及十數家者；現亦招募山前土人前往試墾。緣此路本極荒僻，除巴郎衛一村外，百數十里中絶無人烟；雖節節紥營駐防，而商賈行人尚無食宿之地，無怪其裹足不前。前山土人多習番情，前往耕種，可冀相安無事；而行人望衡投止，得所依托，此路始可通行也。臣維後山自南達北三百里中沃野平疇，開墾如有成效，則米穀、糖、油桐、茶、棉子之利出産日多，銷路宜暢：而居民既集，百物皆需陸運之勞人，不若水運之便。臣復細察八瑤灣以至卑南沿海一帶，實無可以泊船避風之處。吴光亮親往成廣澳沿岸察看，衹有郎阿郎港口水勢較深，溪底無石；擬遣熟悉工程之員覆加確勘，如能開挖深通，可泊本地商船百數十隻，于地方甚有便益。成廣澳並無港口，且有礁石；秀孤巒大港口則巨石蔽塞，港門口狹水急，船隻更難出入。至輪船交夏後，罕能駛往。惟冬、春兩季風色微和，可以暫就海面停輪；裝卸入貨，亦不宜久：此後山地雖膏腴，而水陸運道均多不便，衹可隨時設法、相機辦理之實在情形也。臣此行正當盛暑，行則烈日當空，沙熱如火；宿則茅茨容膝，下溼上蒸：自覺受瘴甚重。回至恒春，隨從員弁、勇丁，皆病不能起。臣衹得輕騎減從，趲程回郡；行抵枋寮，即頭眩胸脹，寒熱交作。六月十三日，勉强抵郡，病勢增劇；現在趕緊調理，仍復力疾辦事。

所有查勘卑南等處情形並會籌應辦事宜，理合會同兼署福州將軍閩浙總督臣何璟、福建巡撫臣丁日昌，恭摺由驛四百里馳陳。伏乞皇太后、皇上聖鑒訓示。謹奏。

四、船政大臣吴贊誠奏片：參後山駐防營朱游擊片

[光緒三年七月初一日]，再，臺灣後山因係初闢，番性未馴；經派營勇分段駐紮，以資巡防。兹于本年五月二十九日，牡丹灣地方有驛夫潘阿順被生番銃斃；三十日，又有“振”字中營告假哨官都司歐陽起泗同勇丁四名經過阿郎一溪地方，突遇生番將歐陽起泗戕害，隨帶行李搶去。該處距大鳥萬地方不遠，紮有“振”字中營，歸游擊朱荷恩管帶。該游擊于營伍毫無振作，勇丁疲弱甚多；致營盤附近地方連出劫殺重案，巡緝實屬不力。除飭該處招撫局委員嚴飭通事協同各社番目查明究係何社生番，勒令交兇懲辦，並將“振”字中營另行派員接帶、認真整理外，應請旨將花翎參將銜、准補浙江提標右營游擊朱荷恩即行革職，

以肅軍律。理合會同兼署福州將軍閩浙總督何璟、福建巡撫丁日昌附片具陳。伏乞聖鑒訓示。謹奏。

五、船政大臣吴贊誠奏片：報明臺北風灾片

[光緒三年七月初一日]，再，臺灣北路于本年五月二十二日陡起颱風，繼以大雨。自淡水、噶瑪蘭所轄以至後山蘇澳、新城，歷大港口、成廣澳等紮營處所營壘、兵房、碉堡、軍裝局概行坍塌。轉運快艇等船十七號，内有四號被風浪擊碎，片板無存；餘均損壞。噶瑪蘭廳衙署、監獄、倉廒、城墻亦多傾圮，民房倒去數百間。蘇澳、新城被灾尤重，廬舍鮮有存者。各處橋梁、道路均有殘缺，軍民壓斃、溺斃者二十餘名。其時“福星”輪船運送營勇、糧米前赴後山，正泊蘇澳。因風勢猛烈，錨鍊折斷，尾柁亦壞，不能自持；船隨浪卷，擁上沙灘擱淺。據總兵吴光亮、臺灣道夏獻綸等具報前來。臣查此次臺北風灾爲數十年所僅見，所有被灾之區，已飭地方官查明賑卹；兵房、營壘暨各項工程，趕緊修整；快艇各船有關後山轉運，並分别驗修補造。“福星”輪船擱淺處所，據該管駕都司楊永年禀報：于船旁挖開沙石做成塢式；一面將器具、礮械起空，俾船身較輕，遇有大潮，可用輪船拖帶下水。經飭設法妥辦，另派輪船前往。以後如何情形，當再續行馳報。理合附片具陳，伏乞聖鑒訓示。謹奏。

六、船政大臣吴贊誠奏摺：臺防安謐因病回工摺

[光緒三年八月初五日]，爲臺防安謐，微臣因病回工；恭摺仰祈聖鑒事。

竊臣于本年七月初一日，經將查勘臺灣後山卑南等處並途次受病回抵郡城各情形奏明在案。臣卑南之行，受瘴甚重。回郡調治，雖外熱

稍清，而畏風惡寒、飲食少進，則日甚一日。臺地水土最劣，既苦無醫，且常用藥餌亦難猝致；纏綿逾月，未有轉機。各營正值訓練之時，竟不能親往校閱；甚至披覽案牘，即眩暈難支。鎮、道等見臣委頓，咸謂臺陽郁熱，養病非宜；勸臣内渡就醫，俾期速愈。臣因日國總領事與道員唐廷樞等所議“唆味蘭”船案急未就範，海防仍難遽鬆；而枋山復有生番戕人之案，正在飭催道員方勛等查辦。未敢以病勢增劇，遽行離臺。旋據方勛等禀覆：“枋山戕人一案查係草山社番，已勒令該社長交出正兇乳務一名到營訊辦。前次牡丹灣伺殺‘振’字中營哨官歐陽起泗之犯，亦查出射不力社兇番冷阿冷等的名。經向該社勒交，據該社番目零阿冷等六人來營，懇願具限將正兇冷阿冷等捆送；已于楓港一帶派兵迎拏，刻日當可得手”等情。查該處各番社懾于兵威，漸能奉法；縱有一二愍無忌憚者，亦可隨時究捕，不至負嵎勾結，爲害地方。彰化縣屬土匪，自派潮普營勇往辦，據報陸續捕獲要匪多名，現已配撤回營。臺北風災後，地方官量爲撫卹，民情亦均静謐。適接督臣何璟來函：“唆味蘭”船案派署興泉永道司徒緒、廣東題奏道葉文瀾在厦會議，已可完結；囑臣暫回診治，並商榷一切公務。撫臣丁日昌亦以病劇請假回籍，彼此有經手事件，亟待清釐；飭船政提調吴仲翔禀請臣早日内渡面商。兼之船廠工程經費，亦需臣回工部署。臣見臺社漸知向化，海防又已敉平；臣駐臺已三閲月，現在病體支離，一切不能躬親，久留無益。計不如旋省趕緊醫調，倘得就痊，尚可力圖報效。當于七月二十四日，坐“飛雲”輪船内渡。二十六日抵工，即赴省門與督、撫臣晤商各事。緣在海面風浪甚巨，閉艙伏枕，僅啜薄粥數口，登岸後，益覺疲憊不勝。幸内地濕熱較輕，當即延醫服藥，日來稍有起色；仍當力疾督辦工程，不敢遽請假期，致曠責任。

所有臺防安謐、微臣因病回工緣由，理合恭摺四百里馳陳。伏乞皇太后、皇上聖鑒訓示。謹奏。

附錄一

上諭檔

一、上諭檔：諭令臺灣孤懸海外福州將軍與提督分年輪值一人稽查

[乾隆五十三年三月初四日]，乾隆五十三年三月初四日内閣奉上諭：前因臺灣孤懸海外，遠隔重洋，民情刁悍，奸徒易于滋事，向來祇派御史前往巡視，職分較小，且不能備悉該處情形，殊屬有名無實，是以降旨將請派巡臺御史之例停止，令該督撫及水師陸路兩提督每年輪值一人前渡臺灣嚴行稽察，如地方文武有□法營私，擾纍兵民之事，即可就近查明據實參奏。今思福州將軍亦係該省大員自應一體輪派，嗣後著該省將軍與提督分年輪值一人前渡臺灣，實力稽查整頓，永期綏靖海疆，倘有仍前已□法貪黷等情，即行據實參辦。至海洋風信靡常，前已降旨令該督撫等祇須視風信平穩時配舡前往，不必拘定時日，但遠渡重洋究係涉險，如該將軍、督撫、提督内有年逾七十者，著免其前往，以示體卹。欽此。

二、上諭檔：諭令李侍堯未行陳謝免其渡海巡視臺灣之恩傳旨申飭

［乾隆五十三年七月二十一日］，大學士伯和字寄閩浙總督李，乾隆五十三年七月二十一日奉上諭：前經降旨，令福建將軍、督撫、提督分年巡視臺灣，其年逾七十者免其前往，現在將軍督撫中惟李侍堯年逾七十，朕從前此旨原爲該督年老體羸，不忍令其遠涉重洋，乃朕格外體卹之意，李侍堯豈不知朕意，接奉此旨自應倍加感激，專摺謝恩，乃迄今已閱數月，並未據該督奏到。本日該督差人賫摺，朕以爲必係陳謝免

其渡海之恩，及披覽奏摺，止係謝賞藥錠，此不過年節例賞衆人者，何關緊要？而于體卹特恩轉不具摺陳謝。李侍堯平日尚爲曉事，不知朕恩若此，著傳旨申飭並令將因何不具摺謝恩之處，據實覆奏。欽此。遵旨寄信前來。

三、上諭檔：諭令李侍堯免其渡海巡臺未曾陳謝不加深究嗣後務當感激朕恩

[乾隆五十三年七月二十二日]，大學士伯和字寄閩浙總督李，乾隆五十三年七月二十二日奉上諭：昨因李侍堯未行陳謝免其巡查臺灣渡海之恩，曾降旨申飭，令其將因何不具摺陳謝之處據實覆奏矣，今日陡思此旨或有遺漏處，因令軍機大臣查閱前此所降諭旨内，福建將軍、督撫、提督分年巡視臺灣，其年逾七十者免其候渡前往之處，係概指年老之將軍、督撫、提督等而言，而于李侍堯未經指名提出，福康安在傍始言及此，但該省現在督撫大員内惟李侍堯年逾七十，朕從前所降之旨原爲該督年老體羸，不忍令其遠涉重洋，格外體卹之意，而旨内既未將李侍堯之名特爲指出，想李侍堯或不經意，未曾陳謝，朕亦不加深究矣。該督嗣後務當感激朕恩，實心辦理地方事務，以副委任。將此諭便傳諭知之。欽此。遵旨寄信前來。

四、上諭檔：寄諭福州將軍賽沖阿蔡牽借機入臺令暫緩内渡布置防務

[嘉慶十二年七月初九日]，軍機大臣字寄福州將軍賽。嘉慶十二年七月初九日奉上諭：賽沖阿奏酌留戍兵在臺防守情形一摺，覽奏俱悉。蔡逆匪船前據阿林保奏稱：經舟師緊跟截剿，現在泉州府一帶洋面游奕，當此南風司令自不能竄越臺洋，但恐八九月間北風漸起，難保其不復萌窺伺之念，賽沖阿此時竟當暫緩内渡，在彼多住數月，督飭戍兵嚴

爲防備，庶人心鎮定不復聽其勾結，地方益臻寧謐。至該逆匪船祗剩十一隻，其大船不過四隻，餘俱小船，慘敗已極，現在李長庚大幫舟師緊躡追剿，又有孫大剛、黄飛鵬等各幫兵船分爲兩路在于内外洋面探蹤合擊，四面皆兵，看來該逆所向俱窮，早晚必當授首。賽沖阿探聞官兵殲擒該逆再行酌量内渡，彼時洋面肅清，賊踪净盡，舟行更臻平穩。賽沖阿將軍本任祗係照例操防，届時回省次第辦理亦不爲遲。至現在所留徵兵一千九百餘名，應行給餉之處，臺灣府庫即無墊發之款，自應移知阿林保等在于内地籌撥以資給發，將此諭令知之。欽此。遵旨寄信前來。

五、上諭檔：寄諭福州將軍賽沖阿蔡朱竄往粤洋臺灣寧謐令離臺回任

[嘉慶十三年正月二十一日]，軍機大臣字寄福州將軍賽。

嘉慶十三年正月二十一日奉上諭：現據阿林保等奏蔡、朱二逆均已勢極窮蹙，逃竄粤洋，去閩洋已遠，逆匪自不能折竄回閩。臺灣地方早經寧謐，止有零星餘犯尚未全行拏獲，不可無將軍大員在彼督辦，賽沖阿應自行酌量。如現無應辦要務，即可内渡回閩將軍本任。其臺灣地方一切巡防事務俱已辦有章程，應即交該處鎮將等遵照妥辦，將此附本日五百里報便，諭令知之。欽此。遵旨寄信前來。

六、上諭檔：寄諭福建陸路提督許文謨朱濆等竄至臺灣督飭防堵

[嘉慶十三年八月初六日]，軍極大臣字寄福建陸路提督許傳諭臺灣鎮總兵武隆阿、按察使銜臺灣道清華。

嘉慶十三年八月初六日奉上諭：許文謨等奏朱濆匪船竄至臺灣籌辦堵捕一摺，覽奏俱悉。該提鎮等此奏係閏五月内所發，前接阿林保等六月奏報據稱：朱濆匪船在滬尾及鷄籠等處洋面游奕，窺伺番界，與此奏情形符合。賊船因内地防堵嚴密，希圖接濟，竄往臺洋，該提鎮等一面派兵前往堵捕，勿任劫掠商船；一面嚴諭蛤仔爛、蘇澳各董事密爲嚴防，不許奸民接濟，所辦甚是。近據阿林保奏報該逆又有竄往銅山之信，已派許松年在彼截剿，賊踪飄忽無定，難保其不仍行折竄臺洋，即蔡逆匪船現雖由崙山外洋竄入浙境，該逆詭詐伎倆或亦乘風超駛竄近臺洋，均未可定。該提鎮等總當隨時督飭水陸官兵實力防堵，不可使匪船近岸滋擾，而于各隘口奸徒接濟，尤當實力稽查，務使水、米、火藥等項杜絶净盡，無致絲毫透漏，此内最要。將此諭令知之。欽此。遵旨寄信前來。

附錄二

清代福建大員輪值巡臺表

巡臺大員	時間	巡臺原因
福建巡撫徐嗣曾	乾隆五十三年	處理善後事宜
閩浙總督伍拉納	乾隆六十年	查辦陳周全糾衆滋事
署陸路提督烏蘭保	乾隆六十年	剿辦陳周全糾衆滋事
水師提督許文謨	嘉慶十一年	蔡牽事件
福州將軍賽沖阿	嘉慶十一年	蔡牽事件
水師提督許文謨	嘉慶十四年	中港械門事件
閩浙總督方維甸	嘉慶十五年	彰泉械門
水師提督王德禄	嘉慶十八年	循例
福建巡撫王紹蘭	嘉慶二十一年	循例
水師提督王德禄	嘉慶二十五年	循例
水師提督羅斯舉	道光元年	海盜犯臺
水師提督許松年	道光三年	循例
福建巡撫孫爾準	道光四年	循例
閩浙總督孫爾準	道光六年	黃斗乃械門；嘉義、彰化械門
水師提督許松年	道光六年	循例
水師提督劉起龍	道光八年	循例
陸路提督馬濟勝	道光十一年	循例
陸路提督馬濟勝	道光十二年	張丙事件
閩浙總督程祖洛	道光十三年	張丙事件善後事宜

福州將軍瑚松額	道光十三年	張丙事件善後事宜
水師提督陳化成	道光十六年	循例
閩浙總督怡良	道光二十三年	查辦姚瑩、達洪阿案
閩浙總督劉韵珂	道光二十七年	循例
閩浙總督劉韵珂	道光二十七年	水沙蓮獻地歸誠事
署水師提督吴鴻源	同治元年	戴潮春事件
水師提督林文察	同治二年	戴潮春事件
水師提督李成謀	同治六年	循例
陸路提督江長貴	同治十一年	循例
欽差大臣沈葆楨	同治十三年	琅嶠事件
陸路提督羅大春	同治十三年	琅嶠事件

資料來源：尹全海著《清代渡海巡臺制度研究》，九州出版社，2007年，第145頁。

後　記

《清代福建大員巡臺奏摺》，與《清代巡臺御史巡臺文獻》（九州出版社，2009年）一樣，作爲“中央政府管理臺灣文獻叢編”之一種，係尹全海主持的教育部人文社會科學研究項目“歷史上中央政府對臺灣管轄方式研究”（08JA770031）中期研究成果之一。

可以説《清代福建大員巡臺奏摺》，爲《清代巡臺御史巡臺文獻》（九州出版社，2009年）之再編，同樣是課題組成員共同完成，爲時一年餘。課題組具體分工和實際完成情況爲：尹全海除全面統籌項目進程、確定檔案文獻範圍外，還負責自序、後記的撰寫和附表編制工作。黄治國完成第一卷“福州將軍巡臺奏摺”，並協助尹全海校對統稿。李志堅、吴天鈞共同完成第二卷“福建督撫巡臺奏摺”。其中，李志堅完成福建總督伍拉納、方維甸、孫爾準、程祖洛、怡良、劉韵珂奏摺部分；吴天鈞完成福建巡撫徐嗣曾、王紹藍、孫爾準奏摺部分，以及光緒元年至十一年間福建巡撫王凱泰、丁日昌、吴贊誠、勒方錡、岑毓英、張兆棟、劉銘傳爲臺灣防務而駐臺期間的奏摺部分。蘆敏完成第三卷“福建水陸提督巡臺奏摺”和“附錄一上諭檔”。陳錦勝完成第四卷“其他巡臺奏摺”。

本課題組成員張元勛副教授也參加了部分奏摺的整理工作。蒙張元勛副教授應允，兹不再詳細注明。

需要説明的是，第三卷“福建水陸提督巡臺奏摺”中，另有福建陸路提督烏蘭保于乾隆六十年赴臺剿辦陳周全事件、江長貴于同治十一年循例巡臺、羅大春于同治十三年因琅嶠事件赴臺，福建水師提督羅斯舉于道光元年因海盜犯臺赴臺、吴鴻源于同治元年因戴潮春事件赴臺、林文察于同治二年因戴潮春事件赴臺、李成謀于同治六年循例巡臺，但因本書所據檔案尚未發現相關奏摺，故暫存闕如，待日後條件具備時一一補齊。

本書之順利完成，得到信陽師範學院圖書館的大力支持與協助，他們爲課題組成員提供諸多方便，甚至爲此放弃節假日等休息時間，爲此深表謝意。

本書之順利出版，得到九州出版社，特別是總編輯王杰先生和責任編輯王守兵、郝軍啟先生的大力支持，在此一併表示感謝。

编者

2011年3月